梅毅说中华英雄史

秦汉

帝国的崩溃与新生

梅毅 著

天地出版社 | TIANDI PRESS

图书在版编目（CIP）数据

秦汉：帝国的崩溃与新生 / 梅毅著. —成都：天地出版社，2017.10（2024年11月重印）
（梅毅说中华英雄史）
ISBN 978-7-5455-3174-9

Ⅰ. ①秦… Ⅱ. ①梅… Ⅲ. ①中国历史－秦汉时代－通俗读物 Ⅳ. ①K234.09

中国版本图书馆CIP数据核字（2017）第235334号

QIN HAN: DIGUO DE BENGKUI YU XINSHENG
秦汉：帝国的崩溃与新生

出品人 杨 政
作 者 梅 毅
责任编辑 杨永龙 聂俊珍 陈文龙
装帧设计 水玉银文化
责任印制 王学锋

出版发行 天地出版社
（成都市锦江区三色路 238 号 邮政编码：610023）
（北京市方庄芳群园3区3号 邮政编码：100078）
网 址 http://www.tiandiph.com
电子邮箱 tianditg@163.com
经 销 新华文轩出版传媒股份有限公司

印 刷 北京中科印刷有限公司
版 次 2018年1月第1版
印 次 2024年11月第7次印刷
开 本 660mm×920mm 1/16
印 张 38
字 数 509千字
定 价 88.00元
书 号 ISBN 978-7-5455-3174-9

咨询电话：（028）86361282（总编室）
购书热线：（010）67693207（营销中心）

名家评论

李国文（著名作家）

梅毅在评骘论定某段历史事实、审知识鉴某个历史人物时，与时下某些史学家、某些文学家，刻意要将历史写成某种样子，以达到取悦谁，讨好谁，达到获取更大利益的个人目的，是有着天壤之别的。……他宁愿坐冷板凳，啃硬骨头，溯本追源，寻出真情，回顾返视，以求真知。有什么说什么，秉持史学家的直笔；有多少说多少，体现文学家的良知，这是难能可贵的治学精神。

蒋子龙（著名作家）

梅毅英美文学专业出身，毕业后即入金融界工作，浸淫资本市场二十余载，风华正茂之年，信笔游缰，以“赫连勃勃大王”名头驰骋互联网，大哉壮哉！吾尝细谈其历史小说《南北英雄志》第一部《驺虞幡》，英伟雄健，如此笔力如此才，“茅盾文学奖”，不亦易乎！

高洪波（著名作家）

“梅毅说中华英雄史”的出现，让我们中国作家这个群体感到欣喜：因为，梅毅让我们看到了作为作家自我扩展的无限可能性，认识到作家书写历史，其实是自司马迁以来的传统！而作家梅毅所撰写的历史著作，无论从文笔还是史实，都可以称之为“好的”。一部“好的”历史书与“坏的”历史书的区别，就在于好的历史学家能够运用他自己独特的判断力去解析历史。

沈渭滨（复旦大学历史系教授）

要写活历史，除了扎实的史学功底和睿智的识见外，生动的文笔当不可少。我细读了“梅毅说中华英雄史”，感到梅毅的文笔确实生动，具有亦庄亦谐的感人魅力。他的一系列历史纪实体作品，似乎有着共同的写作风格：他力图继承太史公开创的历史文学余绪和评判史实的精神，努力效法历史演义家的结构布局和善于演绎的流风，倾心于散文、小说家捕捉细节、铺叙感受的技巧，试图熔于一炉。

王学泰（中国社会科学院文学研究所古代史研究员）

梅毅没有像过去有些历史学家那样，只要不利的资料，都否定。梅毅的书附的史料也很多，包括一些当时人的记载，包括内部文件，还包括一些外国人的记载，给我们开阔了眼界，为我们理解某一段历史提供了一个评价平台。

雷　颐（中国社会科学院近代史研究所研究员）

“梅毅说中华英雄史”有很重要的意义，他把史学界的成果大众化了。从前教条主义的教育，对梅毅来说没有形成一个框架，没有形成一个偏见。他的书里面的很多东西，虽然是近代史学界已经研究过的，已经谈得很多了，但是他的突出意义在于把它大众化。

张　鸣（中国人民大学国际关系学院教授）

梅毅虽然写得很通俗，有点像小说，但是一看就知道他是下狠功夫看过史料的，跟那些网络上完全演绎、完全口语化、变成现代化的历史叙述、根据一点东西进行演绎的东西，还是很不一样的。……梅毅很注意那种历史细微的细节，你一看就感觉挺有趣的，实际上史料都有，但是过去没有人揭示这个。

杨念群（中国人民大学清史研究所教授）

梅毅的书比较可贵的地方在于，在整个的叙事过程中，历史人物的悲欢离合和成败得失，是在历史的叙述中一环环展现出来的，没有马上就进入一种历史判断。……按照历史情景的本身来展现双方的对垒的过程，实事求是地，可以说是相对平实地去展示历史。这样出来的效果，相对来说是有一定的说服力的。

钱文忠（复旦大学历史系教授）

像梅先生这一批具有金融背景的人，可能更了解现代人在想什么。……梅先生“一方面沉醉于纸醉金迷的生活，一方面留恋于历史的幽暗光线”，这种生活状态，这么一种冲突，在一个写作人身上体现出来，经过微妙的递嬗后，又去影响他们的文字，而这种文字，以其独特的韵味来影响现代人的心志。

雷　达（著名评论家）

梅毅高产，又有见解，而且能辩证地看时代、文学的发展，这一点非常棒。最近这些年，我们国内关于历史方面非常“热”，电视热播、网络热聊、影院热映、图书热销。而他 2003 年底就已经开始写中国大历史，可见他极富预见性。

白　烨（著名评论家）

梅毅的历史写作，基本上还是正史的写法，同时有天马行空的类似杂史、野史的感觉，所以让人印象深刻。梅毅的大手笔，是他能在写事件时突出人物，以点带面，这种写法是他的首创。梅毅与众不同的历史写作，还在于他能用现代意识回顾以前的历史，他从人性角度细腻观察历史。

肖复兴（《人民文学》副主编）

梅毅讲述历史一点也不枯燥，正因为他是以人来贯穿的，并不是以从前传统的方式来进行断代史的研究。形象演绎是梅毅书写历史的专长，他写起历史来不仅好看，而且能活灵活现地把过去的历史再现于我们面前。

叶延滨（《诗刊》主编）

梅毅的历史写作有两大优点，第一，他确实有见识，他的历史观察力非常奇特。如果讲历史的真实性，人们宁肯去相信枯燥的教科书，但是人们读梅毅的历史著作，主要是想读作者的见识。第二个优点，梅毅的历史写作以文笔取胜。

刘鸿儒（中国证监会首任主席）

我看“梅毅说中华英雄史”的时候，符契相合，感到由衷的欣喜。在我们证券监管单位的梅毅，竟然打着一面“赫连勃勃大王”的大旗，成为声名显赫的历史学家，而且风生水起，已成“中国互联网历史写作先行者”。他不仅写出了几百万字的中国历史作品，可谓“著作等身”，而且坊内畅销，洛阳纸贵。从2010年开始，他又在中央电视台《百家讲坛》节目开讲《鲜为人知的杨家将》《隋唐英雄志》，好奇之余，我更多感到的还是欣喜。

朱伟一（证监会研究员、社科院法学所兼职教授）

读了梅毅的历史书，我觉得历史比小说更深刻。……梅毅的视角独特，让人读之津津有味。

曹可凡（著名电视节目主持人）

他（梅毅）发现了很多别人没有发现的材料，当然他更多的是可以从现有平凡的材料当中找出历史的端倪。这些可能显而易见，但是有时对显而易见的东西不忽略，反而可以找出历史的真谛，这是梅先生的书突出的地方。……作为一个传媒从业者或者一个普通的读者，通过这个书，我可以获得很多知识。

自序

英雄是民族最闪亮的坐标

2016年11月30日，我作为中国作协九大代表，在人民大会堂，亲耳聆听了习近平总书记的讲话："中华民族生生不息绵延发展、饱受挫折又不断浴火重生，都离不开中华文化的有力支撑。中华文化独一无二的理念、智慧、气度、神韵，增添了中国人民和中华民族内心深处的自信和自豪。"

话语入心，感受颇深！

联想到我本人的创作，从2003年到2015年，12年时间，正是为了弘扬中华传统文化，为了找回中华民族那份沉甸甸的文化自信和历史自信，在中国最物质的南方城市深圳，我坐着冷板凳，独立完成了10卷本、500多万字的《帝国真史》系列丛书。

抚今追昔，纵观历史，如今，我静下心来，俯首思之，得出这样的结论：我们这个民族之所以伟大，就在于我们是一个历史上有无数英雄的民族！

回望中国历史数千年进程，特别是朝代更迭的那些铁血岁月，英雄鹰扬，豪杰虎跳，确确实实让后人无限神往！在每一个令人目眩神迷的伟大时代中，各类英雄横空出世，他们之间的纠葛、交结、争斗，无不充满了动人心魄的感人故事，处处闪耀着人性的光辉，荡溢着历史的波谲云诡，迸发出惊人的感动力！即使在今天，无数中华历史英雄那些激动人心的时刻，肝肠寸断的瞬间，那些汗与泪倾泻而成的故事，依旧晶莹闪耀……

一个没有英雄的民族是不可想象的！物质时代，我们对中华民族的英雄崇拜，可以治疗拜金主义的“软骨症”，可以治愈蝇营狗苟的精神瘫痪，可以让我们在庸常生活中重新体味诗性的、崇高的人性大美与激情，可以一砖一瓦地重新建砌我们民族精神的巍峨华殿，可以让我们在对英雄人物的遭遇感同身受的同时，细细咀嚼诗性而永恒的苦难、孤独与崇高——一切的一切，就是要进一步提升和重铸我们伟大民族的精神风骨！

我在“以人为本”“以人带史”的独特历史讲述中，总会给大家展示历史洪流中那些血肉英雄的人生传奇。大哉英雄，他们离奇跌宕的命运和令人扼腕叹息的结局，他们之间的惺惺相惜和恩义散场，连我这样冷静的写作者都每每为之流泪动容。我希望能够以客观的、现场感的讲述，消除流水账式的干巴巴的教科书式的平铺直叙，一改宫廷史书荒诞不经的星宿下凡式的神化，一改旧时代民间叙事中英雄故事天命巧合的际遇铺陈，涺除昔日怪力乱神的“超现实”力量冲突——最终的目的，就是要重力突破传统中国通史写作那种老旧的格套，从崭新的、完全的、人性义理的角度，去描写、描摹历史中的“人”在乱世之中生存挣扎所遇到的矛盾、痛苦，从而进一步展示出那些伟大时代伟大英雄的反省、发愤、坚忍，展现乱世之中人性的恢宏壮美和平凡生命力的顽强不屈。

在两千多年中国历史的宏大画幅中，我们面对灿若群星的历史人物，有时候，确实不能以成败论英雄。波澜壮阔之间，我总会发现那些欢乐或悲伤英雄身上的熠熠闪光，他们高尚的友情、撼天动地的义气、深沉的亲情以及奋不顾身的勇气——所有这些，无不具体而形象地展现出我们国人一直以来崇尚的价值观，体现出我们最原始、传统的道德。他们的英雄传奇、他们的侠义勇武、他们之间的惺惺相惜，无不与我们中华民族传统的道德观相契合，故而历久弥新！

以历史的逻辑和历史的纵轴、横轴构建传奇化的个人经历，确实非常不容易。为此，如同入群山寻宝，我只能对史料细细爬梳，从汗牛充栋的史料中仔细挖掘，以历史真实为基础，增添合理想象，还原历史，润饰附会，撷取那些细微、深刻而又不经意处的细节，继而细细雕琢，默默推想，最终来张扬我们心目中的历史英雄楷模，体现出那些英雄们平凡中自然而然的感人情怀，挖掘出埋藏于历史深处的复杂而伟大的人性！

正如习近平总书记所言："祖国是人民最坚实的依靠，英雄是民族最闪亮的坐标。歌唱祖国、礼赞英雄从来都是文艺创作的永恒主题，也是最动人的篇章。……对中华民族的英雄，要心怀崇敬，浓墨重彩记录英雄、塑造英雄，让英雄在文艺作品中得到传扬，引导人民树立正确的历史观、民族观、国家观、文化观，绝不做亵渎祖先、亵渎经典、亵渎英雄的事情。"

在十多年的写作过程中，我力避当下坊间最流行的群氓庸俗搞笑史观，扬沙弃砾，以历史守护者的角度，切入中华大历史活生生的血肉肌体之中，从中发现每个伟大时代各路英雄的英伟、自我突破，甚至是狂狷的人格状态，探究辉煌乱世大时代中作为个体的"英雄"的挣扎过程。

看啊，这些人，有血有泪，有悲伤有欢乐，有飞扬有落魄。看啊，这些历史长河中伟大英雄们短暂而辉煌、悲伤的人生历程，真实而丰沛的情感。今天的人们，肯定能够在谛听和仰视中，深刻感受我们伟大历史嬗变无常的命运，沉浸于历史戏剧性的快感中，体悟那些英雄在困境中的抉择和成长。

在我们为泪水所濺湿的笑声中，在惊回首的历史探望中，那些具有冰山大漠魂魄的英雄雕像，在中华民族雄浑壮美的历史背景映衬下，会越来越清晰而丰满！

2017 年 8 月 6 日于深圳

目

录

导读

秦汉并六合 龙飞何雄哉

前221年，秦王嬴政统一六国，结束了自春秋战国以来五百余年的混乱和纷争，建立了中国历史上第一个中央集权君主专制的统一王朝。自兹伊始，书同文，车同轨，中国实现了政治、经济、文化的全面统一。

秦帝国的这次一统天下，短暂而辉煌，使得疆域内的人民此后逐渐融合成一个具有共同地域、共同语言文字、共同经济生活、共同礼尊对象以及共同文化心理的统一民族！

始皇帝沙丘暴崩，赵高立谋，李斯私心，二世胡亥登基。未几，嬴政陵墓之内尸骨未寒，戍卒叫，函谷举，咸阳火光，可怜焦土！陶醉于开天辟地的始皇帝，生前肯定没有料到，他殚精竭虑一生的事业，会如此迅速地分崩离析。

秦朝，曾经席卷海内的伟大帝国，竟然一夕覆灭！

这，又是为什么呢？

儒生贾谊一语道尽：“仁义不施，而攻守之势异也。”

刘邦持三尺剑，以平民而为帝王，开天辟地，在历史呈现断崖式崩溃的时刻，力挽狂澜，以退为进，终于击败天才贵族项羽，开始了汉朝绵延数百年的统治。

汉代秦而立，家国天下，努力经营，由封建而郡县，名将四出，拓野开边，一代又一代，拓展汉民族的生存空间，使得大一统观念，进一步深入人心。

自汉武帝始，罢黜百家，独尊儒术，把儒家思想意识形态和道德观念深植于汉民族观念之中，促成了汉人共同文化心理的进一步成型。

强秦盛汉，绵亘四百余载。艰难苦恨繁霜鬓，这些伟帝英君、王侯将相通过他们艰苦卓绝的努力，建立起稳定的中央集权国家模式，成为后来历朝帝王和政治家所追求的样板，使得中国一直在大一统的风向标下稳固成长。

伟大的大一统国家，也往往被分崩离析的时代中断，但中国的历史文化积淀，从未停止过，中华文明的链条从未断绝。无论是在何种高压政治之下，以“仁义礼智信”为核心的儒家道德传统从未失落过，“温良恭俭让”的做人原则也从未被抛弃过。

在中国历史进程中，野蛮可以暂时战胜文明，但仅仅是在政治形式层面而已。自秦汉以来的中华文明，是在旧基础上新的大一统国家不断形成强有力的道德保障和上层建筑的统治根本。

秦汉时代的中国，作为亚洲乃至全世界最重要的文明之一，毫无疑问是那个时代全人类所向往的拥有高级灿烂文明的核心国家。草原民族多次的铁骑入侵和大一统国家内部的短暂分裂，不仅没有使中华文明成为“暴力秋风”下的落叶，反而为这条东方巨龙体内灌注了勃勃的生机和新鲜血液。

恰如凤凰涅槃，每一次“蹉跌”，都会成为这个伟大民族重焕荣光的巨大契机。

秦汉两朝的历史实践证明，大一统的国家观念是至高无上的不朽理念。由此，秦汉赫赫伟业才会不受时光的侵蚀而日益在中国人的心中永驻不去。我们坚信，中华民族曾经、现在、将来都会在全世界尊敬的目光之中骄傲地存在。

作为一个多民族共同体，从先民胼手胝足伊始的开拓历史中，我们能够自豪地宣称：中华民族是五千多年来不断自我超越、自我更生的伟大族群！在四百多年漫长的岁月里，秦汉人民经历血与火的考验，汰陈除旧，消融野蛮与暴戾，最终，使得淀积忠信与平和的伟大民族人格，在千万里广袤的神州大地上，一次又一次让铁与火最终归于沉寂。

事实证明，中华民族绝对不是一种虚幻的、想象的共同体，我们血肉相融，是以共同文化基因和生理基因为纽带的坚牢无比的伟大共同体。

回望秦汉两朝灿烂的历史，可以发现，我们中华文明和中华民族是在不断的外界冲击中走向强大和完善的，僵化总是被巨力所击破，不稳定性最终总使中华民族的价值观修炼得比前一个时代更加稳定和牢固。

喘定之后，回顾秦汉历史，那个伟大时代的历史经验告诉我们，“天下定于一”，这样的理想，被中国数代伟大政治家奉为至高无上之准则。历史证明，天下一统，乃我们这个幅员辽阔、民族众多的国家在纷乱历史进程中所必需的抉择，也是国家主体向心力、凝聚力得以实现的唯一途径。

作为一个不断思考的历史旅行者，笔者在本书中一直试图把目光集中在秦汉历史中那些饶有趣味的节点，透析某个光荣或者黑暗的历史阶段，细述中华历史中富含深刻意味的人物和事件，试图以崭新的眼光和历史的、情感的思维，去推演大一统国家历史长河中曾经鲜活的血肉人生。

笔者力避枯涩，亦庄亦谐，追溯中华大家庭历史上的恩怨情仇，穿透干戈玉帛的千年风雨，探视长眠历史中仍旧顽强跳动的、永不停歇的沉沉脉搏。

兴也勃焉亡也忽

秦帝国的灭亡

秦始皇三十七年（前210年），七月。平原津。

不可一世的始皇帝嬴政，从昏迷之中苏醒过来。睁开眼睛，他忽然感到莫名的轻松。很久不照镜子了，他挥挥手。一个宫婢依据赵高的眼神指令，赶忙趋前跪下，俯身高举一面铜镜。

猛然看到自己的形象，嬴政还是吓了一跳——一张脸，蜡黄板滞，干枯得近乎凄凉，使得那鼻梁凹陷的鞍鼻更显突兀和丑陋；一双眼睛黯淡无光，眼袋浮肿得近乎透明；特别是眉毛，昔日上翘斜插向鬓的眉梢似乎如霜打的秋草，耷拉下来，显得整张脸孔布满不祥的衰朽气息……

“退下！”至高无上的嬴政歇斯底里般吼叫了一声，虽然已经没有往昔叫嚣的音量，嘶哑的声音依旧吓得宫婢雷击一样浑身颤抖。少女手松镜落，整个人随即瘫软在榻边。

赵高一扬袍袖，马上有两个宦者上前，把宫女拖下去，拉入禁营内的一个帐篷里以锦帛绞死。作为“中车府令”，宦官赵高掌管皇帝印信、墨书，负责皇帝起居以及宫廷御车。这次始皇帝巡游旅途中暴病，自然少不了他在床边侍疾。

始皇帝照过铜镜后，轻松感倏忽消失，顿时心事满腹。他那一双近乎发盲的眼珠不停转动，最后，目光在赵高脸上来回移动了片刻后，便转向帷幕以外一支烧剩半截的灯芯。瞬间，他意识到，刚才忽然感到的身体轻松，不过是临死前的回光返照。

作为至高无上的人间主宰，始皇帝，怎么能够就这样轻易死去呢！

命运无常，嬴政感到了莫名的虚弱和空虚。他的生命，就恰似这眼前的残灯，拼命搏击着黑暗，却苟延残喘。蜡烛微弱的亮光跳动着，使得病榻前桌案上那把青铜剑发出闪闪的亮光。可惜，再也不能挥舞起这把象征着强权的宝剑刺入一个个鲜软的肉体了，再也不能在黑魆魆的夜色中高燃香灯拥抱美丽的处女了，再也不能到那蔚蓝的海边盼望着徐福不死灵药的到来了……

行宫的帐篷外面，风似乎越刮越大，夏日突然一下子变成严冬，冷得让人毛骨悚然。死亡的恐惧袭来，在无边的静寂中，黑暗的旋涡莫名旋转起来。

嬴政感到某种温热的液体冲向他的咽喉，他窒息了，全身战栗。匪夷所思的窸窣声从空气中传来，一种不可抗拒的力量，在虚空中像一只巨手一样扼紧了他的脖颈。牛喘声中，嬴政梦魇一般，说不出话来。

他死命蹬着双腿，想喊什么，想说什么……辽阔无边的帝国、巍峨壮丽的骊山陵墓、逶迤万里的长城、随时待发的金戈铁马，以及自己继承人公子扶苏的影子，一幕、一幕，同时在他越来越模糊的意识中飘闪。

紧接着，一幅幅嬴政无法了解的神秘黑暗影像，浓雾般弥漫开来。他挣扎着，呐喊着，却发不出任何声音了。

秦帝国，和病榻上辗转反侧的始皇帝一样，将迎来它最黑暗的时刻……

秦王扫六合　虎视何雄哉

早在前256年（即周赧王五十九年，秦昭王五十一年），如狼似虎的秦军就开始进攻名义上的天下共主西周国。周赧王无奈，以西周三十六城、三万户降秦。秦昭公大胜之后，把象征天子之位的“九鼎”迁于咸阳（途中有一鼎落于泗水，秦国只得八鼎，但后世习惯上仍称“九鼎”）。

秦昭王五十二年（前255年）起，八只体量巨大、象征天下共主权力的“九鼎”，被安置在咸阳。“九鼎”迁秦，意味着秦国日后可以名正言顺地讨伐诸侯各国。

时光荏苒，过了三十多年，到了秦昭王雄才大略的重孙子嬴政主政，仅仅用了十年时间，秦国采取分化离间的策略，陆续灭掉诸侯六国——秦王政十七年（前230年）灭韩国、十九年（前228年）灭赵国、二十二年（前225年）灭魏国、二十四年（前223年）灭楚国、二十五年（前222年）灭燕国、二十六年（前221年）灭齐国，最终建立起中国历史上第一个大一统的中央集权制国家——秦国。

嬴政，一个人，奋六世之余烈，能做出如此事业，伟哉！

《史记·秦始皇本纪》中，有如下记载：

> 秦王初并天下，令丞相、御史曰：“……寡人以眇眇之身，兴兵诛暴乱，赖宗庙之灵，六王咸伏其辜，天下大定。今名号不更，无以称成功，传后世。其议帝号。”
>
> 丞相（王）绾、御史大夫（冯）劫、廷尉（李）斯等皆曰：“昔者五帝地方千里，其外侯服夷服诸侯或朝或否，天子不能制。今陛下兴义兵，诛残贼，平定天下，海内为郡县，法令由一统，自上古以来未尝有，五帝所不及。臣等谨与博士议曰：‘古有天皇，有地皇，有泰皇，泰皇最贵。’臣等昧死上尊号，王为‘泰皇’。命为‘制’，令为‘诏’，天子自称曰‘朕’。”
>
> （秦）王曰：“去‘泰’，著‘皇’，采上古‘帝’位号，

号曰‘皇帝’。他如议。”制曰：“可。”

追尊庄襄王为太上皇。

制曰：“朕闻太古有号毋谥，中古有号，死而以行为谥。如此，则子议父，臣议君也，甚无谓，朕弗取焉。自今已来，除谥法。朕为始皇帝。后世以计数，二世三世至于万世，传之无穷。”

始皇推终始五德之传，以为周得火德，秦代周德，从所不胜。方今水德之始，改年始，朝贺皆自十月朔。衣服旄旌节旗皆上黑。数以六为纪，符、法冠皆六寸，而舆六尺，六尺为步，乘六马。更名河曰德水，以为水德之始。

笔者之所以不厌其烦照抄司马迁《史记》中这一大段内容，大有缘由——统一天下之后，立国建制，秦帝国面临诸多关涉政治措施的大问题，包括嬴政本人的名号、称谓，秦帝国的五德颜色，以及以“六”为纪的尊崇法度。

首先，面对前无古人的大一统，嬴政沉迷于成功的狂喜情绪中。如何在广袤的帝国疆域内宣示自己的威权和荣耀，如何显示至高无上，给自己脑袋上戴何种“光环”，确实是个迫切的问题。

议下群臣，大家伙自然拍马屁不迭，送嬴政一个“泰皇”称呼，以为拿一个上古有过的最尊贵的“泰皇”名头给嬴政，肯定会大快“朕”心了。

嬴政不过瘾。思忖再三，他把“泰皇”前面的“泰”字去掉，后面加上一个“帝”字，称为“皇帝”！也就是说，他刚刚击灭六国建立的不世之勋，功高“三皇”，勋迈“五帝”，统而兼之，故而称为“皇帝”。

贵为天子，君权神授，为了最大限度地神化自己，嬴政可谓不遗余力。

把自己夸到这个地步，历史上，要属嬴政最横蛮。可以说，这位爷自恋到了近乎臭不要脸的地步。但究根穷底，嬴政确实有如此自恋的本钱。

大王既然如此说，群臣当然忙不迭表示十二万分同意。毕竟新出炉的“皇帝”只是对群臣所上的名号进行了“修正”，其余三条建议都同意了啊——“命为‘制’，令为‘诏’，天子自称曰‘朕’”。

制令、诏令，意味着皇帝的意志就是法律，他拥有国家的最高权力。

嬴政之前，普通百姓都可以自称“朕”；而嬴政之后，“朕”成为皇帝专门的称呼。普通人如果不想遭受灭族，再没人敢自己称“朕”玩了。

名号订立之后，“始皇帝”嬴政颁发的第一道“制书”，也和皇帝家人的称呼有关，那就是对谥号的废弃。嬴政尊奉自己老爹，也就是原来的秦庄襄王为“太上皇”，并且宣布废除流行多年的谥法，严禁以子议父、以臣议君。实际上，他还是想从最大限度上维护君主专制的权威。

而且，既然自己是始皇帝了，日后二世、三世、四世、五世，一直到万世，天下都是姓嬴的！可见，世界上最早的“数字化管理”，嬴政是真正的源头。

上述数项举措，除谥法在秦朝灭亡后得以恢复以外，其余诸项，被后世王朝不折不扣继续执行下去，成为封建王朝的专制制度最重要的组成部分。

此外，秦朝既然在当时以天下正统自居，当然要向天下人表明本朝取代昔日的周朝乃“天意”。依据“五德”理论，周朝是火德，秦朝是水德。既然受命于天，故而秦朝选择以阴阳五行中属水的黑色为最上色。

因此，如果我们今人能够有幸乘坐时光机器穿越到大一统之后的秦始皇时代，会在咸阳恢宏的殿宇中看到这样的景象：宝座之上，始皇帝全身上下黑色衮服；大殿之中，群臣也各个黑衣罩体；满眼望去，旌旗伞盖，乌色遍地——如果茫然不知就里，我们现代人肯定以为秦朝在开什么盛大的追悼会呢。

所以，只要看现在有电视剧出现秦始皇穿着明黄色龙袍在那里唾沫四溅地指点江山，肯定是编剧和导演都是历史盲……

那么，史书中的“数以六为纪”，又到底是什么意思呢？

也就是说，大秦帝国兴国伊始，数字方面以“六”为尊，就是在几乎所有关涉国家制度方面，都是按照“六”或者“六”的倍数施行和命名——始皇帝巡行时，在各地刻石记功的字数、韵数，都是六的倍数；天下分为三十六郡，是六的六倍数；迁移十二万户富民，也是六的二倍数；铸铜人十二座，也是六的二倍数；咸阳宫观二百七十座，算一算，想一想，也是六的四十五倍数！

当时，秦帝国诸臣还曾考虑过封建皇子皇孙。丞相王绾就上言说：“诸侯初破，燕、齐、楚等旧时诸侯国地远，应该封建皇帝诸子以填补昔日诸侯王统治的空缺，希望皇帝考虑诸侯王人选。”

嬴政为此问计于群臣，群臣皆点头赞许，唯独廷尉李斯表示异议：“昔日周朝大封同姓子弟，岁月递嬗，后来族属逐渐疏远，互相攻击，状如仇雠，诸侯之间也更相诛伐，对此乱状，周天子作为天下共主都不能禁止。如今，海内赖陛下神灵一统，皆为大秦郡县，陛下诸子以及功臣，都可以靠国家赋税重赏加赐，控制起来也容易。天下无异意，乃国家安宁之术。所以，重置诸侯，不利国家。”

殿上，群臣大眼瞪小眼，揣摩圣意，等待嬴政发话。忖度良久，这位始皇帝金口顿开：“天下这么多年来苦斗不休，就是因为有侯有王的缘故。赖大秦宗庙保佑，天下初定，又在原先诸侯国领地上重新封建立国，其实是暗树兵端。封建之后，再想要国家宁息安定，岂不难哉！廷尉李斯所议极是！”

于是，秦帝国分天下为三十六郡，每郡设置郡守、郡尉、郡监，百姓也有了官方称谓："黔首"——"黔首"一词，当时并无贬义，"戴着黑头巾的百姓"也！秦朝自以为得水德，衣服旄旌节旗，都以黑为贵，所以，平民也都以黑巾裹头。

从郡县制这种政治制度来说，秦始皇的考虑和心思，比起后来的刘氏汉朝要先进和精明得多，有效防范了宗室侯王的尾大不掉和反叛。

天下一统，嬴政当然不是马上忙于享乐，而是和群臣一道，处心积虑地考虑秦帝国万世基业的巩固。

树欲静而风不止。面对空前广阔的帝国疆域，嬴政内心深知，灭六国难，真正统治昔日六国的人民更难。为了大秦帝国的长治久安，必须深谋远虑，必须果断行事。

在车同轨、书同文的同时，始皇帝嬴政还做了两件大事，一是收兵器，二是迁富民：

> 收天下兵，聚之咸阳，销以为钟鐻金人十二，重各千石，置廷宫中……徙天下豪富于咸阳十二万户。(《史记·秦始皇本纪》)

冷兵器时代，销毁征伐击灭六国后缴获的兵器，乃是消除国内不稳定因素的重大举措。

后世说起秦始皇的这项措施，往往受到贾谊《过秦论》的影响（收天下之兵，聚之咸阳，销锋镝，铸以为金人十二，以弱天下之民），总是以为秦始皇收缴全国兵器之后，只是把它们熔毁铸成十二个巨大的铜人。其实，司马迁史记中写得明明白白："销以为钟鐻金人十二。"

也就是说，除铜人（金人）以外，还有"钟鐻"。钟，就不用过多解释了；鐻，乃古代一种乐器，猛兽形状，本来是木制的，两两一对，放在每个大钟两边。后来，木制改为铜铸，夹置于大钟旁边。

所以，把全国那么多的兵器熔毁，除铸造十二个大铜人以外，秦始皇当时还铸造了不少巨大的钟和鐻，也都放在首都咸阳。

后人对于钟鐻二物往往忽略，说起那十二个巨大的铜人，都无限想往。如今，西安城西的阿房村阿房宫遗址附近，有一座伪“阿房宫”，乃为了挣旅游钱而修的仿古赝品建筑，门票不贵，才每人三十八元，据说每晚都上演模仿“印象阳朔”的实景剧《阿房宫赋》。

在这个假“阿房宫”广场上，挺立着十二个高大的“铜人”，据说先前是西安电影制片厂拍电影后留下的道具。这些仿制的十二铜人，个头挺吓人，每个都有四个成人那么高，威武雄壮。仰头观瞧，游客们纷纷咂舌，以为始皇帝时代的铜人就是这么大了。

其实，如果细读史书，我们就可以发现，秦朝十二个铜人的重量，远远超出我们今人的想象力。史书上说“重各千石”，也就是泛泛而言，是讲每个铜人有“千石”那么重。秦朝时候的计量单位“石”，为一百二十斤。而当时的一斤，相当于今天 256 克。按照这种计量方法推算，每尊巨大铜人，其重量要三十吨左右。依据当时的生产力，铸造这样巨大的铜像，真是太复杂太困难了。

如果我们今天近距离观察出土的铜车马和当时的制式三棱箭头，就可以想见，秦朝时代的工艺，已经非常先进。当时，渗碳钢和铸铁柔化工艺大放异彩。在秦朝军队中，还用铬酸盐处理金属表面生成黑色保护层，厚度只有 10 至 15 微米。这种铬酸盐氧化层防锈工艺，在西方，德国人直到 1937 年才“发明”出来，美国直到 1950 年才申请专利。想想，始皇帝的大秦工匠，在两千多年前就使这种革命性的技术大行其道，我们不得不大发一叹。

为此，在秦始皇时代以“地坑法”铸造如斯巨大的铜人，仔细推究，也并非特别难的事情。数万刑徒或者工匠，不计成本，在锋刃皮鞭下小心翼翼操作，没什么做不出来的东西！

阿房宫遗址公园内的十二“铜人”，基本是仿照皇陵沿路翁仲形象和兵马俑武士形象铸造的，那么，真正的秦始皇时代的大铜人是什么样子呢？

根据《汉书·五行志》所记，“（秦始皇）二十六年，有大人长五丈，足履六尺，皆夷狄服，凡十二人，见于临洮，故销兵器，铸而象之”。也就是说，当时所铸铜人不着汉族服饰，而是着“夷狄”等少数民族的服装。至于相貌，应该也是有别于秦人的“夷狄”的样子。

夷，乃我国上古时期对域外人的称谓。狄是地名，大概方位在今天甘肃的临洮。

和现在的赝品站立铜人像不同，秦朝的铜人是坐姿像。根据史料记载，西汉末期的篡位者王莽曾经梦见五枚铜人起立，可见，铜人原本的造型是坐立姿态。

秦始皇铸造铜人的用意，除销毁兵器这个实际用途之外，也有方术厌胜和粉饰吉祥之意。

那么，秦朝灭亡之后，这十二个铜人下落如何呢？

根据《三辅旧事》记载：“铜人十二，各重三十四万斤。汉代在长乐宫门前。董卓坏其十为钱，余二犹在。石季龙徙之邺，苻坚又徙长安而销之也。”

《三国志·魏书六》载：“（董卓）悉椎破铜人、钟虡，及坏五铢钱。更铸为小钱，大五分，无文章，肉好无轮郭，不磨鑢。”

《关中记》记载：“董卓坏铜人，余二枚，徙清门里。魏明帝欲将诣洛，载到霸城，重不可致。后石季龙徙之邺，苻坚又徙入长安而销之。”

可见，秦朝灭亡之后，咸阳经历了项羽烧焚，十二个巨大的铜人依旧“健在”，后来一直安放在汉朝的长乐宫前面；直到汉末，也就是汉献帝初平元年（190 年），董卓乱政，他下令销毁十二个铜人中的十个，铸成有别于汉朝五铢钱的小铜钱。幸存的两个铜人，被他派兵士推移到长安城的清门里；到了三国时期，魏明帝曹叡下令把这两个铜人转运洛阳。由于铜人太重，当无数工匠费尽千辛万苦，用“滚木法”把这两个

“巨无霸”运到霸城时，由于地势原因，再也推不动，只得把它们留弃在当地；东晋十六国时，后赵羯族暴君石虎不惜人力物力，把两个大铜人运到了后赵首都邺城（今天的邯郸附近）；再后，前秦大帝苻坚统一北方，出于政治和经济考虑，他下诏把这两个巨大的铜人从邺城运回长安，最终销毁。

也就是说，从秦始皇到前秦苻坚，历经约六百个春秋，十二个铜人最终没能逃脱被销毁的命运，也被历史“雨打风吹去”……

铸铜人，目的主要是毁兵器。天下无兵之后，始皇帝对于六国昔日有影响力的“豪富”肯定不放心，很快就下令，把六国十二万富户集体强行迁移至咸阳附近安置。

“徙天下豪富于咸阳，十二万户。”（《史记·秦始皇本纪》）这里的“豪富”，不仅仅是富豪，除六国原来的富商大贾以外，还有六国贵族和豪族。这些人，在秦朝灭六国的过程中，肯定没有公开、明确地抵抗过秦军。秦始皇找不出要他们脑袋的借口，但他也深知这些人绝对不是省油的灯！

既然不能公开没收这些人的财产，也不能公开法办这些“顺民”，始皇帝只能来这招儿，把这些隐藏的异己分子从他们的老窝里面整个端出去，一揽子弄到咸阳，放在帝国的眼皮子底下，谅他们也不敢轻易造反。同时呢，这些人在六国原籍的影响力，也必定会随着迁徙而消失，他们各种不动产在无形中同时被剥夺，可谓一石二鸟。

天下一统之后，秦始皇大力扩建首都咸阳。首都忽然变大，他不可能让自己孤坐在一个空虚的都城里面感受万乘之尊。把十二万户豪富之家迁移过来，就忽然使得咸阳的人口急剧增加。我们知道，“富庶”这个词儿，是形容古代国家强盛的一个标准用词。富，富裕也；庶，人多也。十二万户，可不是十二万人！每户如果把主人、僮仆加起来平均五十人计，十二万户，也有六百万人之多。

这些六国豪富在当地的土地、房屋虽然不能带到咸阳，但他们肯

秦始皇像

定会携带大量贵金属、器物、粮食以及各种各样的生活物资来到秦国首都。如此，始皇帝的帝都，一下子就会因为这些人的到来变成一个无比巨大的宝库，也成为帝国取之不尽、用之不竭的税收来源。

迁徙豪富之家，始皇帝不是仅仅只弄了十二万户。第二年，他又下令迁八万户于外，其中三万户到丽邑，五万户到云阳；秦始皇二十八年（前 219 年），“徙黔首三万户琅邪台下”；三十六年（前 211 年），“迁北河榆中三万家”——其实，这种迁徙豪民的举措，不是秦帝国统一之后才开始的，在攻灭六国的过程中，嬴政一直努力推行这种目的性极强的政治举措——灭魏国后，当地豪富孔氏被迁往南阳；灭赵国后，当地豪富卓氏被迁往蜀地……

从政治层面上讲，嬴政和他手下大臣目光不可谓不远大，迁徙豪富和销熔兵器一样，主要目的就是要从根本上铲除六国旧贵族和旧势力赖以反叛的基础和土壤，是更深层次的政治统治手段。由此，可看出嬴政在专制统治方面的深谋远虑。

赋税满足了，隐藏的反叛可能性被减少到最小，嬴政和他的臣下们，便开始进一步经营大一统帝国——修筑驰道，拆除壁垒。

秦朝统一前的战国时期，各国道路宽窄不尽相同，车轨尺寸大小不一，车辆种类混乱繁多。为了保护路面，提高公用道路的使用效率，秦朝规定全国车轨的统一宽度为 6 尺。秦代 1 尺大概相当于今天的 23.1 厘米，6 尺相当于现在 138.6 厘米。

车轨得到统一，具有标准车型的马车、牛车都可以在全国各地交通大道上畅通无阻，行车效率大大提高。为此，秦朝在原来六国车马道路的基础上，在全国范围内修筑了统一宽度的驰道，道宽五十步（六尺为一步）。这条全国贯通的“高速公路”，据《汉书》记载，它以首都咸阳为中心，“东穷燕、齐，南极吴、楚。江湖之上，濒海之观毕至”，真是四通八达。正是有了这条驰道，秦始皇才可能舒舒服服地多次巡游各地，到处勒石记功。

而嬴政本人呢，也有专用通道，即驰道中间宽三丈的部分，这属于御用专行道，未得皇帝批准，不允许常人使用。

秦朝驰道，我们今天基本找不到踪迹了。但是，有一条道路尚有踪迹可循。当时，秦始皇为了防备北方匈奴入侵，在始皇三十五年（前212年）修筑了一条由云阳直通北方九原郡的“直道”，长达1800里。起点是今天的陕西淳化县梁武帝村，从当地北行到子午岭，循山岭主脉一直往北，入鄂尔多斯草原，过东胜，在昭君坟附近渡过黄河，最终到达包头市西南方向的原清朝九原郡治所。

这条横跨草原和山岭的直道，宽4.5米，许多段未被破坏的遗址上面至今寸草不生，可以想见当时工程质量之高。在公元前修筑这样长、这样难的“高速”公路，现在想起来，都有匪夷所思的感觉。

当然，秦始皇并不是“驰道”的创始者。早在西周时期，就已经修建了“国家级”道路，当时称为“周道”或者“周行”（读háng）。《诗经·小雅·四牡》：“四牡騑騑，周道倭迟。”《周礼》：“周制有之曰：列树以表道，十里有庐，庐有饮食；三十里有宿，宿有路室，路室有委；五十里有市，市有候馆，候馆有积。”

可见，周朝“国道”，规模已经大为可观，路面恰似磨刀石一样平坦光滑，如箭杆一样笔直；周道宽度，竟然能够容纳四匹公马拉的大车从容行驶；绿化也不错，道路两旁植树；每隔十里，都修有供旅客休息、饮食的庐舍；每隔三十里，还有专门供旅客住宿的路室；每隔五十里，设有市镇，镇上还有规模较大的驿馆，里面存储着各种生活资料。推而及之，秦始皇的“驰道”，乃周朝国道具体而宏的翻版。

始皇帝和他的统治班子在大修道路的同时，自然而然，就把战国时期各诸侯国修筑的许多关塞堡垒全部拆除。天下一家了，哪里可能容许还有这样的关河阻隔壁垒呢？在专制统治惊人的效率下，两年多时间内，除在全国主要地区修成了驰道、直道以外，秦始皇还在西南边疆修成“五尺道”，在今天的湖南、江西、广东、广西之间修成了“新道”。

自此，秦国交通网络，可谓四通八达。

内部稍安，肯定要思及外部管理。所以，嬴政北击匈奴，南平“百越”，进一步加强了对“西南夷”的统治。

此前，当嬴政忙于在中原地区逐一击灭六国之时，根本抽不出手来对付北部边境的匈奴人。匈奴铁骑乘机南下，趁火打劫，占领了秦朝北部边郡许多地方，还以“河南地”（今内蒙古河套地区）为根据地，直接威胁秦朝的首都咸阳。

统一之后，秦帝国的当务之急，就是要消除匈奴的军事威胁。

秦始皇任命大将蒙恬率兵驻守上郡（郡治在肤施，今陕西榆林东南），开始耐心经营北部边防，保证秦朝政治中心咸阳的安全。

蒙恬其人，乃秦国军人世家出身。其祖父蒙骜，原为齐国人，在秦昭襄王时代投奔秦国，曾经为秦国攻下九十余城，功勋卓越，在秦国和白起、王翦等名将比肩，官至上卿。其父蒙武，曾作为王翦副将，击灭楚国，阵斩楚将项燕，俘获楚王，也官至上卿。正是蒙家三世的赫赫威名和蒙氏家族对秦帝国的忠诚，才使得秦始皇把帝国最为光荣和艰巨的任务交给了蒙恬。

为此，蒙恬开始悉心经营，十余年间，兢兢业业，对秦国北部山川地形作深入了解，整兵屯田，为日后反击匈奴做足了准备。

统一六国大任完成后，当上“皇帝”后第一次外出巡察，秦始皇正式抵达北地和陇西视察对匈奴的防务。同时，秦朝设置黄（今山东黄县东）、陲（今山东福山）、琅玡（今山东胶南）三大粮仓，专门为击伐匈奴提供后勤粮草保障。

到了秦始皇三十二年（前 215 年），燕人卢生向他献上“亡秦者胡也”图谶，一生迷信鬼神和预言的始皇帝嬴政终于独断乾纲，出击匈奴。既然冥冥中预言灭亡秦国的将是“胡”（匈奴），那就不得不对此“胡”动手了。当然，他做梦也想不到的是，这个谶言歪打正着，所预言的“胡”，最终证明并非彼“胡”匈奴，而是自己的亲生骨肉“胡亥”

秦始皇陵铜车马

（秦二世）。

东巡之后，嬴政下令，以大兵三十万北击匈奴。

根据始皇帝下达的作战计划，蒙恬从上郡出发，经榆林进入河套北部；另一部秦军从义渠萧关之道进入河套南部。两军所向披靡，很快就将河套地区的匈奴部落全部扫荡肃清，匈奴残部向西北渡河而逃。

秦始皇三十三年（前214年）初春，秦军主力军势如破竹，从九原（今内蒙古五原县）渡过黄河，攻击高阙与陶山（今狼山山脉）的匈奴部落。一部秦军西渡黄河，进入贺兰山脉扫荡。匈奴头曼单于正准备集结兵力南下反扑，对于秦军紧追不舍的战术完全没有提防。秦军在军队实力、战斗力、后勤补给方面都占有优势，秦军连战连捷，头曼单于不得不急撤七百余里，向北远遁，退到阴山以北的漠南地区。

于是，昔日秦国、赵国被匈奴侵占之地，至此全部收复。

此后，蒙恬三十万大军依旧在北境驻扎，威慑匈奴。秦朝得胜后，在河南地设置了九原郡，置三十四县，并北迁三万户人口到北河、榆中（今内蒙古伊金霍洛旗以北），和军队一起垦田生产，开拓边疆，大力开发河南地，使这里成为富庶的“新秦”，作为抗击匈奴的大后方基地。

这次大规模的移民，具有重大的经济、军事意义，它不仅有力地制止了匈奴人对中原人民生命和财产的抢掠，还进一步促进了这一地区的开发，促进了当地各民族的融合。

此次北击匈奴，河套地区收归秦有，也使得该地区永远划入中国的版图。

由于匈奴人以骑兵为主，来如风，去如电，机动性非常强，而边界长达万里，处处派兵驻防肯定不可能。所以，嬴政又下令修缮长城，以墙防骑，全面修复昔日秦、赵、燕三国原有的长城，链链相接，最终形成了一道西起临洮、东至辽东的“万里长城”。

作为雄才大略的君主，在做攻打匈奴准备的同时，始皇帝嬴政一直着手制定南平百越的战略。当时的“百越”，是指今天浙江、福建、广东、广西以及越南境内居住的越人部落。由于自古以来越人种群复杂，战国时期就称他们为“百越”。

始皇帝南征“百越”，并非后世腐儒陋士所谓消灭部落文明和奴役掠夺的新殖民行为，而是结束了从东周开始的长达数百年之久的华夏诸族分裂割据的局面。

华夏文明，不仅仅是黄河流域文明，长江、珠江流域的各个文明，都互相有着交流和影响。而华夏远古氏族部落时代，百越中最重要的岭南地区就位于华夏部落大联盟的施政范围，并远至交趾（今越南北部）、南海等地。百越之中，骆越、西瓯等部落国家，在夏商周时期属于偏远的“要服”诸侯。如今，在广西的相关文化遗址考古发掘过程中，就有商王颁赐百越地区首领的佩玉、牙璋等物品。现存史书中记载武王伐纣的各方部队，其中就有百越部落的参与。

先秦以前，各诸侯部落首领都有祀奉天下共主的职责，百越在“五服”之内，属于“要服”，必须定期向华夏天子进贡。

何谓“五服”？根据周制，天子所在京师，四围以外每五百里为一“服”，由近及远，分别是甸服、侯服、绥服、要服、荒服。《国语·周语上》记载：“夫先王之制：邦内甸服，邦外侯服，侯、卫宾服，蛮、夷要服，戎、翟荒服。甸服者祭，侯服者祀，宾服者享，要服者贡，荒服者王。”

所以，属于“要服”的部落方国，一定要向中原共主按时进贡，不得背叛。

秦朝征伐百越的战争，总体来说有三次：第一次，前 218 年，屠睢率领五十万大军南下攻击百越；第二次，前 214 年，秦军在任嚣和赵佗的率领下攻击百越，此战平定了百越之地，一统岭南，设置了南海、桂林、象郡三郡；第三次，前 210 年秦将赵佗攻打瓯骆之战。

第一次攻伐百越，秦朝大将屠睢和赵佗率五十万大军，不可谓不多。秦军兵分五路，经广西北部的越城岭、湖南南部的九嶷山以及江西南康和余干等地，向今天两广地区的越族部落发动攻击。秦军中，要属攻占番禺的部队最为有效。他们经九嶷要塞顺北江而下，直抵珠江三角洲地区，迅速占领了番禺（今广州地区）。而进攻今广西地区越族人的两支秦朝大军，由于地形不熟，占领一些地区后施政不力，在溽热潮湿而且林木深密的山区陷入战争泥潭，三四年间，伤亡将士几十万，粮道被断不说，连主帅屠睢也在一次越人偷袭中被杀。

古代打仗，和现在一样，最主要的就是后勤。前217年，秦朝的监御史史禄，率领秦军开凿灵渠，一举扭转了战争局面。笔者曾经到过距离桂林不远的广西兴安县境内灵渠源头处参观，现在的灵渠，不过是一条基本淤塞的小河沟。但在当时，由于灵渠沟通湘水和漓水，最终使得长江和珠江水系联通起来，秦军的粮饷能够络绎不绝地运到岭南地区，后勤有了足够保障，秦军再也没有了后顾之忧。

历史上，第一次秦攻百越战争也称“秦瓯战争”，当时百越土著部队的最高首领是西瓯国（西瓯国大概位置在今天的广西地区）首领“译吁宋”。当然，参战的百越军，还包括其他百越地区的越人，主力是西瓯军，所以总指挥肯定是这个西瓯国首领“译吁宋”。

“译吁宋”这个名字确实拗口，不少历史学家认为“译吁宋”三个字，很可能是百越军总指挥官在战场上高喊的进攻口令，因为“译吁宋”这三个字的发音和现在壮语和粤语中的“一二三”很相似。当时秦军主力主要是秦人和楚人，不懂西瓯军的百越方言，很有可能把百越军总指挥官的战场口号当成了他的名字……

当然，那个西瓯国统领到底叫什么，“译吁宋”到底是什么意思，今天都已经无法进行确实的验证和考证。

总之，有了灵渠的挖通，确保后勤支持之后，以任嚣和赵佗为统帅的秦军势如破竹，很快击溃了今天广西等地的西瓯部落以及今天越南中、北部地区雒越族的反抗，使得整个岭南地区从此划归秦朝版图。

为了保持岭南的长治久安，秦始皇大规模向当地移民，在下令进军岭南的将士留守当地“屯戍”之外，又把五十万“罪犯”谪戍岭南，让他们与当地越人杂居杂处。最终达到了民族与文化的融合，也向岭南地区输出了先进的文化、农业和手工业技术，为岭南开发做出了重大的贡献。

秦平岭南，在历史上第一次正式将岭南纳入了中国的版图，使得百越部族正式成为中华民族大家庭的一员。

珍奇藏骊山　美女阿房宫

帝王，诸如威威赫赫的始皇帝嬴政，也是常人肉身。其喜好耳目声色之娱，其实也不算什么罪大恶极的事情。但始皇帝嬴政对享乐的沉迷，确实有些过度了，不可能不授人以柄。

总有人指责嬴政四次全国大巡游，认为他是浪费无数物力、财力、民力到处游玩，此乃腐儒之见。始皇帝的巡游全国，和他开疆拓土的意念差不多，既是政治宣示，也是文化巡礼。即使后世暴君如隋炀帝，其规模宏大的巡游也不仅仅是简单的个人旅游玩乐。只不过，秦朝、隋朝，这两个朝代都是二世而亡，后世很少有人替他们说好话罢了。

嬴政最令人诟病的举措，是他穷奢极欲，营造楼台殿宇。幸或不幸，秦朝人这辈子遇到始皇帝这样雄才大略的君王，其实还是不幸大过幸。一般百姓平民，除承担平时摊派的沉重赋税以外，还总被征发去替皇帝营造宫殿、离宫以及各种各样的“形象”工程。早在击灭六国的过程中，嬴政就派人把六国宫殿图形描绘下来，在渭水北岸一比一地营建——“秦每破诸侯，写放其宫室，作之咸阳北阪上，南临渭，自雍门以东至泾、渭，殿屋复道周阁相属。所得诸侯美人钟鼓，以充入之”。

秦国原本就有许多旧宫殿，加上这些新宫新殿，宫殿群真是跨谷弥山，离宫别馆，加起来多达七百余所，遍布于函谷关内外及渭水南北两岸。

如此殿宇如此楼，按理说早就应该满足了嬴政的营建欲望。

但是，始皇帝依旧觉得自己的宫殿比起想象中的样子还是有差距，于是，又在渭水南岸的上林苑开始建造规模骇人的朝宫，设计可容纳十万人。而如今世界闻名的阿房宫，仅仅是始皇帝所设计的朝宫前殿——“前殿阿房，东西五百步，南北五十丈，上可以坐万人，下可以建五丈旗，周驰为阁道，自殿下直抵南山，表南山之巅以为阙。为复道，自阿房渡渭，属之咸阳”。(《史记·秦始皇本纪》)

秦代的一步，合六尺，三百步为一里。而秦尺每尺约0.23米。如此推算，朝宫的前殿阿房宫东西宽六百九十米，南北长一百一十五米，总占地面积，仅仅正殿就达八万平方米，容纳万人自然绰绰有余。

今天，在陕西西安西郊三桥镇以南，东起巨家庄，西至古城村，依旧残存面积约六十万平方米的阿房宫遗址。由此可见，始皇帝的阿房宫无论建筑面积还是规模，都可以说是前无古人，后无来者。

少年时代，笔者被老师强迫背诵杜牧《阿房宫赋》，当时深感背诵之苦。成年之后，再回头背诵，忽然发觉“小杜”文章，真个是灿烂如锦绣，写尽始皇帝的骄奢淫逸：

> 六王毕，四海一。蜀山兀，阿房出。覆压三百余里，隔离天日。骊山北构而西折，直走咸阳。二川溶溶，流入宫墙。五步一楼，十步一阁；廊腰缦回，檐牙高啄；各抱地势，钩心斗角。盘盘焉，囷囷焉，蜂房水涡，矗不知其几千万落。长桥卧波，未云何龙？复道行空，不霁何虹？高低冥迷，不知西东。歌台暖响，春光融融；舞殿冷袖，风雨凄凄。一日之内，一宫之间，而气候不齐。
>
> 妃嫔媵嫱，王子皇孙，辞楼下殿，辇来于秦。朝歌夜弦，为秦宫人。明星荧荧，开妆镜也；绿云扰扰，梳晓鬟也；渭

流涨腻，弃脂水也；烟斜雾横，焚椒兰也。雷霆乍惊，宫车过也；辘辘远听，杳不知其所之也。一肌一容，尽态极妍，缦立远视，而望幸焉。有不见者，三十六年。

燕赵之收藏，韩魏之经营，齐楚之精英，几世几年，剽掠其人，倚叠如山。一旦不能有，输来其间。鼎铛玉石，金块珠砾，弃掷逦迤，秦人视之，亦不甚惜。

嗟乎！一人之心，千万人之心也。秦爱纷奢，人亦念其家。奈何取之尽锱铢，用之如泥沙？使负栋之柱，多于南亩之农夫；架梁之椽，多于机上之工女；钉头磷磷，多于在庾之粟粒；瓦缝参差，多于周身之帛缕；直栏横槛，多于九土之城郭；管弦呕哑，多于市人之言语。使天下之人，不敢言而敢怒。独夫之心，日益骄固。

戍卒叫，函谷举，楚人一炬，可怜焦土！

呜呼！灭六国者六国也，非秦也；族秦者秦也，非天下也。嗟乎！使六国各爱其人，则足以拒秦；使秦复爱六国之人，则递三世可至万世而为君，谁得而族灭也？秦人不暇自哀，而后人哀之；后人哀之而不鉴之，亦使后人而复哀后人也。

在这大大小小近千所殿堂内，始皇帝毕竟只有一个肉身子。宫中珍宝堆若山积，宫内绝色美女数万。他一统天下之后，流连忘返，满怀新奇。即使一天换一个地方住，到他病死沙丘，也不可能把所有宫室住遍，殿宇内寂寥的美人，也多有三十六年不得见者。

可笑的是，虐用民力如此，欺民自大如此，在我们后人挖掘出来的阿房宫地砖上，竟然刻有这样的十二个大字："海内皆臣，岁登成熟，道毋饥人"！

"道毋饥人"，如此粉饰太平，真让我们不知说些什么才好。确实，秦朝条条大路上，没有饥饿的人——都是饿死的人！

当然，说起始皇帝营建之恶行，最骇人听闻的还要属他超豪华的陵墓——骊山陵。

从外观上看，即使在今天，这座陵墓也让人叹为观止：长方形封土底边，南北长五百一十五米，东西宽四百八十五米，占地面积近二十五万平方米。而小山一般的坟头，今存高七十六米多。始皇帝原本的陵墓高度，应该是一百多米高，两千余年来的人为破坏和水土流失，使得封土高度比原来下降了近二分之一——因为，据司马迁记载，秦始皇陵墓原来的高度是“五十余丈”。以当时尺值折算，高度应该是一百一十五米以上。

至于陵墓内部，更是极尽奢华。根据司马迁记载，嬴政的陵墓，一直深挖到近地下泉水处，以精铜加固基座，上面放着巨大的棺椁……墓室里面，堆满奇珍异宝。墓室之内，遍布要道机关，还装有带着利箭的弓弩，如有盗墓者，一靠近就会被射死。此外，整个墓室范围内，遍注水银，象征江河湖海；苍穹般的墓顶上，遍镶夜明珠，象征日月星辰；而墓中为了照明，还用鱼油燃灯，从而长明不灭……

这个陵园工程，不是秦始皇统一六国后才修建的，而是在他十三岁刚刚登上秦王宝座时就已经开始了。在古代，诸侯王生前造陵，是由来已久的“传统”。嬴政陵园工程一直进行了近四十年，即使在他病死沙丘之时，陵墓还没有建造完毕。到了他儿子秦二世胡亥继位，又大张旗鼓地修整了一年多才算消停。

嬴政统一六国之后，也是他的陵墓修造最疯狂的时期，有七十多万囚徒被押解到骊山修陵！人数如此之多，以至于当陈胜的一支部队打到咸阳附近时，章邯不得不建议秦二世下诏赦免营建骊山始皇帝陵墓的囚徒当战士，以抵抗起义军的进攻。从这一个侧面，可以看出陵园工程有多么巨大，修陵人员有多么众多。

秦始皇陵墓营造时间之久，在整个中国历史上也找不出第二个。

清朝大文士阎尔梅路经骊山，作诗叹息道：

游骊山题始皇陵

千尺神皋大半崩，幽王陵逼始皇陵。
金刀斩绝温泉气，铜椁锹残冷水冰。
宝物岂能生朽骨，长眠何用设明灯？
羡门穿透烽台路，可有佳人笑裂缯？

“民，可以与之乐成，不可以与之忧始。”这句话虽存偏颇，确实有一定道理。所以，秦始皇在国防设施以及国内交通方面，比如长城和驰道等工程，耗费了巨大的人力物力和财力，损在当代，利在后世，细究起来，似乎也无可厚非。

作为一个大一统的帝王，为贪图个人享受而大营宫殿，一座复一座，营营不休，敲骨吸髓般压榨小民，负面影响极大，使得人民仇恨的怒火中烧。他们开始怀疑这个政权的合法性，待得戍卒怒吼，群起效尤，最终导致秦帝国的覆亡。

独夫家天下　苛政满神州

秦朝二世而亡，众恶归焉。所以，汉朝臣子，无时无刻不把秦始皇当反面教材，有事儿没事儿就把他拉出来批斗一番，或者有感而发，或是影射谏劝。

不过，嬴政统治的过失，确实在许多方面令人发指。

汉臣中，贾山对秦始皇的评价类似大字报，恶语诅咒，恰当而又中肯：“（秦始皇）赋敛重数，百姓任罢，赭衣半道，群盗满山，使天下之人戴目而视，侧耳而听……秦王贪狠暴虐，残贼天下，穷困万民，以适其欲也……秦皇帝身在之时，天下已坏矣，而弗自知也！”

贾谊的批评，全面而不失准确：“（秦始皇）废王道，立私权，焚文书而酷刑法，先诈力而后仁义，以暴虐为天下始……故秦之盛也，繁法严刑而天下震……秦本末并失，故不能长。”

刘向的议论，文采飞扬而让人印象深刻：“秦之时，高为台榭，大为苑囿，远为驰道，铸金人，发遗戍，入刍稿，头会箕赋，输于少府。丁壮丈夫，西至临洮、狄道，东至会稽、浮石，南至豫章、桂林，北至飞狐、阳原，道路死人以沟量！”

林林总总，汉代群臣总是带着激烈的情绪来对待前朝皇帝，但似乎多是文采胜过事实，泼污多过分析。

最能切中秦朝苛政要害的，要属大儒董仲舒的论点。之所以说他的言语为“论点”，就是因为他有专业的分析和逐条的论证，比较公正地论述了始皇帝的暴政根源所在：

> 古者税民不过什一，其求易供；使民不过三日，其力易足……至秦则不然，用商鞅之法，改帝王之制，除井田，民得卖买，富者田连仟佰，贫者亡立锥之地。又颛川泽之利，管山林之饶，荒淫越制，逾侈以相高；邑有人君之尊，里有公侯之富，小民安得不困？又加月为更卒，已，复为正一岁，屯戍一岁，力役三十倍于古；田租口赋，盐铁之利，二十倍于古。或耕豪民之田，见税什五。故贫民常衣牛马之衣，而食犬彘之食。重以贪暴之吏，刑戮妄加，民愁亡聊，亡逃山林，转为盗贼；赭衣半道，断狱岁以千万数。

董仲舒在这段话中，先是盛誉商鞅之前上古的政治，说那时人民负担比较轻，土地税不过十分之一，徭役也不过每年三天，所以人民乐于承担。而秦用商鞅之法，井田制废除，土地允许自由买卖，致使兼并之风愈演愈烈。而成年男子的徭役日益加重，每年需要无偿为国家服一个月徭役不说，还要在一生中为国家服两年的兵役。由此计之，百姓的徭役和兵役负担达到先前的三十倍，土地税、商税和人头税等税赋和昔日相比多出二十倍。为此，人民困苦难熬，牛马不如。残暴的官吏如狼似虎催逼，致使许多百姓逃亡山林，聚起为盗，以致在大道上行走的人群当中，一半都是被驱赶去服刑的囚徒……

董大儒说的话，许多都是事实，但也对于秦朝商鞅变法之前的税和徭役负担过于美化。而且，废井田，开阡陌，从后世角度看，提高了劳动生产力，秦国百姓获得的土地数量也大幅度增加，政策刺激下，大大提高了政府的税收。所以，商鞅变法并非实行土地私有化，而是更加强化土地国有化。秦国土地私有化的发端，乃是始皇三十一年（前216年）的“使黔首自实田”。而其后的土地兼并，也是一个相对长期的过程。

但无论如何，董仲舒对秦始皇横征暴敛的指控是恰当的。嬴政虐民之苦，都与他的政治贪欲大有关联。他统一全国后，称帝时间只有短短十二年。在这十二年间，从未与民休息，三十万人筑长城，五十万人戍五岭，七十万人营建阿房宫和骊山陵墓。除此之外，还有无数没有明确记入史籍的徭役、兵役。如果推算在全国范围内大修驰道、直道、五尺道、新道，开凿灵渠以及他五次全国巡游而征发的劳力，在虐用民力方面，后世只有隋炀帝和始皇帝这样的“老前辈”有一比。

可以想见，嬴政为帝十多年间，秦朝百姓的徭役远远超出前期，最终造成百姓疲敝，民不聊生，死者遍路。恰如《史记》所言：

> 秦为乱政虐刑以残贼天下，数十年矣。北有长城之役，南有五岭之戍，外内骚动，百姓罢敝，头会箕敛，以供军费，财匮力尽，民不聊生。重之以苛法峻刑，使天下父子不相安。（《张耳陈余列传》）

为了肆逞其欲，秦始皇在极短时间内不断征发百姓，兴兵不断，工程不息，政府支出日益增多。如此重的负担，最后肯定要天下百姓来承担，所以必须通过横征暴敛来维持政府的运转。那么，这种“取之尽锱铢，用之如泥沙”的举动，肯定会招致人民反抗。

人民反抗，暴秦政府肯定尽一切努力去镇压。恶性循环，严刑峻法。其内容就成为秦始皇时代醒目的政治标签。

秦朝最轻的刑罚，当属“赀”。这是一种经济类刑罚，赎刑包括其中，也就是用经济制裁手段，来惩治官吏的一般失职和百姓的一般违法。其内容包括三种：一是纯属罚金性质的“赀甲”“赀盾”；二是“赀戍”，即发往边地做卒；三是“赀徭”，即罚服劳役。相比肉刑和死刑，这种“赀”刑，简直太“温情脉脉”了。

由于秦朝尚未形成完整的刑罚体系，刑罚的形式显得极为残酷，可以从其肉刑种类中窥见一斑：黥（或墨）、劓、刖、宫、笞等。

黥（或墨）刑，就是在犯人身上刺刻；劓刑，就是削鼻；刖刑，就是断足；宫刑，就是对男犯人去势、对女犯人则是幽闭；笞刑，就是当众鞭打。

所有这些残害身体的刑罚，都起源于奴隶制时代。秦始皇统一中国后，变本加厉。

从考古挖掘出来的云梦秦简中可以发现，秦朝肉刑，大多与徒刑结合使用。徒刑，就是剥夺罪犯人身自由、强制服劳役的刑罚。在秦代，徒刑主要包括以下几种：城旦、舂、鬼薪、白粲、司寇等。

城旦、舂：指男犯筑城，女犯舂米，而他们实际从事的劳役并不只限于筑城、舂米，还有其他苦力活。

鬼薪、白粲：男犯为祠祀鬼神而到山中伐薪，女犯为祠祀而集中起来择米，但实际劳役也不止这些。

司寇：乍看这个词儿，以为是罚去当官儿呢。其实，司寇，“伺寇”也。“伺察寇盗”的苦活儿之一，指被罚到边地或者城外顶风冒雨当巡逻兵或者保安。

而最能体现秦朝法令残忍的，当属秦朝的死刑，简直是五花八门。细细展读，让人望而生畏。

死刑包括具五刑、族刑、定杀、阬（坑）、磔、枭首、弃市、戮、凿颠、抽肋、镬烹、囊扑、腰斩、车裂等。

“五刑”最有名的大腕级担受者，也是秦朝严刑峻法的推广者，就是丞相李斯。古稀之年，李斯被赵高和秦二世下令具“五刑”处决——“当夷三族者，皆先黥、劓、斩左右趾，笞杀之，枭其首，菹其骨肉于市。其诽谤詈诅者，又先断其舌，故谓之具五刑”。想想，真够“重口味”，先墨染刺刻肌肤，又利刃削鼻，快刀斩下足，继而竹板子打死。死了还不算完，要把脑袋斩下高悬，然后再用大刀小刀把尸体剁成肉泥——如此精细的刀法，如果不是施之于人，很可能让人误会是做高级的肉馅丸子。

我们仔细分析就可以发现，秦朝的“具五刑”，其实是磔刑的高级形式，也是后来封建王朝凌迟之刑的最早萌芽。

而族刑即秦法所称的“夷三族”，一人犯罪，株连甚众。关于“三族”，或指父母、兄弟、妻子三族，或指父族、母族、妻族三族。

秦朝的“定杀”，是指把患疾疫传染病的罪人抛入水中淹死或活埋处死。

阬杀，又作坑杀，即活埋的刑罚。

磔，即碎裂犯人肢体而处决；枭首，即犯人被处死后首级悬于木上；弃市，即所谓“杀之于市，与众弃之”，公开处决以震吓民众；戮，即先对犯人实施痛苦难堪的羞辱刑，而后斩杀；凿颠，即用铁凿子凿开脑袋；抽肋，看字眼儿就让人肝儿颤，即把活人肋骨抽掉；镬烹，即把人变成油条，小火中火大火，外焦里脆；囊扑，即把犯人装入袋子里面扑打而死；腰斩，即为让犯人多受痛苦，拦腰来一大刀；车裂，即五马分尸……

秦朝官吏杀人的想象力，真是太丰富了。

“劓鼻盈累，断足盈车”，“所割男子之势，高积如山。”（《盐铁论·刑德》）割下的鼻子一串一串，砍断的人足要拿大车来盛，切下的男性生殖器积如丘山……如此人间地狱景象，说明秦朝的法律已经完全演变为赤裸裸的刑罚暴力。

毕竟秦朝大一统是以暴易暴而得，所以始皇帝等人专任刑罚，继续迷信暴力，最终把法家重刑主义推向极端，也使得国人的反抗越来越激烈。

始皇帝君臣，完全被胜利冲昏了头脑，认为既然六国是通过暴力统一的，那么新帝国更需要暴力来维持。逐渐地，他们被暴力蒙住了眼睛，崇拜并且迷信暴力，并进一步把暴力作为意识形态领域的清除剂。这种对思想的钳制，后世读书人尤其不能忍耐，并把秦始皇的这种暴政与一个令人听之发指的专有名词联系起来——“焚书坑儒”。

焚书火焰起　“坑儒”怨声高

但是，如果我们仔细耙梳历史，就会发现，对于始皇帝嬴政来说，焚书确有，坑儒则很可能是汉朝人所编造的一个历史谎言！

我在研究生时代，细读司马迁《史记》，一字一句研究了嬴政“焚书坑儒”之记述，看到“坑儒”，忽然觉得记述内容有些前言不搭后语，逻辑上很有不通之处：

> 始皇置酒咸阳宫，博士七十人前为寿。仆射周青臣进颂曰：“他时秦地不过千里，赖陛下神灵明圣，平定海内，放逐蛮夷，日月所照，莫不宾服。以诸侯为郡县，人人自安乐，无战争之患，传之万世。自上古不及陛下威德。”

坑儒焚书　图出《历代帝鉴图说》

始皇悦。

博士齐人淳于越进曰："臣闻殷周之王千余岁，封子弟功臣，自为枝辅。今陛下有海内，而子弟为匹夫，卒有田常、六卿之臣，无辅拂，何以相救哉？事不师古而能长久者，非所闻也。今青臣又面谀以重陛下之过，非忠臣。"

始皇下其议。

丞相李斯曰："五帝不相复，三代不相袭，各以治，非其相反，时变异也。今陛下创大业，建万世之功，固非愚儒所知。且越言乃三代之事，何足法也？异时诸侯并争，厚招游学。今天下已定，法令出一，百姓当家则力农工，士则学习法令辟禁。今诸生不师今而学古，以非当世，惑乱黔首。丞相臣斯昧死言：古者天下散乱，莫之能一，是以诸侯并作，语皆道古以害今，饰虚言以乱实，人善其所私学，以非上之所建立。今皇帝并有天下，别黑白而定一尊。私学而相与非法教，人闻令下，则各以其学议之，入则心非，出则巷议，夸主以为名，异取以为高，率群下以造谤。如此弗禁，则主势降乎上，党与成乎下。禁之便。臣请史官非秦记皆烧之。非博士官所职，天下敢有藏《诗》《书》百家语者，悉诣守、尉杂烧之。有敢偶语《诗》《书》者，弃市。以古非今者族。吏见知不举者与同罪。令下三十日不烧，黥为城旦。所不去者，医药卜筮种树之书。若欲有学法令，以吏为师。"

制曰："可。"

这件事情，就是秦始皇焚书始末，发生在始皇三十四年，也就是前213年。

当时，秦始皇为了庆祝统一以来自己取得的成就，宣示自己的英明正确，在咸阳宫举办盛大的酒会来招待群臣百僚。除官员以外，还有类似今天司局级顾问调研员的“博士”七十多人。

这样的宫廷酒会，如果当时大家都喊喊万岁，打打哈哈，其实也就过去了。偏偏有个叫周青臣的官员想当众拍始皇帝马屁，竭力赞誉郡县制多么好，奉承说皇帝消除诸侯分裂的可能性，百姓安乐，载歌载舞，反正始皇帝真真前无古人，后无来者。

闻此言，始皇帝大悦，一脑门子高兴。

如果在座大臣们识趣，附和周青臣打打哈哈，避席后匍匐高呼万岁，事情也就过去了。

岂料，出来一个没眼眉的主儿。谁呢，那就是原先的齐国人，当时在秦国当博士的淳于越。他一点也不给周青臣面子，责斥他不是真正的忠臣，只知道当面阿谀奉承皇帝，最终结局，就是彰显皇帝的过错。为此，他回顾历史，以昔日殷朝周朝享国日久为例，认为秦国也应该大封功臣和宗室，提倡师古学旧。

周青臣闻言，自然愤怒；但更愤怒的，自然是秦始皇了。怒则怒矣，当时酒宴盛会，嬴政也不好马上发作，就把淳于越的意见摆在台面上，让大臣们仔细分析是对是错。

对于淳于越这个书呆子的意见，周青臣虽怒，怒在表面；而有一个人怒气和始皇帝差不多高，那个人，正是当国丞相李斯。

早在几年前，李斯曾在始皇帝面前大肆抨击了主张分封制的丞相王绾。经过仔细斟酌，秦始皇最终同意了李斯的意见，因为郡县制非常有利于君主集权统治。所以，无论在感情上还是理智上，李斯更能让始皇帝高兴，并且在后来迫使王绾让出丞相之位。

李斯本人非常明白，郡县制不仅仅是大秦帝国的统治基石，也是自己赖以端立朝堂的权力基石。超乎意料的是，几年之后，在群臣称贺的朝堂之上，竟然出现了与自己和皇帝唱反调的书呆子淳于越，这不得不让人怒从心头起，恶向胆边生。

李斯当然也知道，郡县制或者分封制，绝对不是朝臣之间的什么理论之争，身为儒生的淳于越，肯定也不是想从皇帝手中分权，全面搞从前殷周的分封制。其实他也是另一种思路的拍马屁，尊荣和分封诸皇子，也是为了保证秦帝国的万世不衰。

李斯毕竟是李斯，如同昔日唆使秦始皇杀掉自己潜在的竞争对手韩非一样，他一定要防患于未然。

李斯知道，淳于越这种书呆子，朝廷养了不少。他们做做政治装点还是可以的，但这类人饱读诗书，毕竟爱思考、能思考、容易冲动。日后，他们总会站出来指责自己主持下的法规和政策。如此，这些人必然会成为自己执政过程中的障碍。与其等到皇帝哪天受这群人的影响，不如先下手为强。

作为人精，作为朝廷第一号大臣，李斯的最大优势还是善于察言观色。朝堂宴会之上，周青臣虽然阿谀奉承，但当时始皇帝的脸色是“大悦”；淳于越虽然直言敢谏，但始皇帝脸上显露的，是那种内怀愠怒的隐忍。所以，跟随皇帝的感觉走，是做臣子最大的自保手段。

于是，回到丞相府和秘书班子仔细研究后，李斯决定对淳于越们展开迎头痛击。他马上上书嬴政，把分封制批驳成乱国乱军的大恶，并且牵引扩散，笔锋一转，进而认定要在更高层次上统一思想，反对一切存在的或者潜在的能够对大秦帝国造成意识形态混乱的书籍和思想。

李斯疏中强烈建议，始皇帝应该下诏全国，除医药、卜筮和农业专业书籍以外，应该把从前那些《诗》《书》以及流行多年的百家学派的书籍，全部视为异端邪说，委派各地地方官搜集烧毁。即使敢于私下讨论这些著作的人，也要处以“弃市”刑罚，而敢于公开是古非今的，更要夷其三族！

如此有理论有实际处理方式的奏疏，出于一个丞相之手，不可谓不狠，不可谓不毒。

而始皇帝本人呢，原本对于淳于越和儒生，包括诸子百家和先秦的典籍，都没有明显的恶感。他太爷爷秦昭王“亲切”会见过大儒荀子；

而其父庄襄王的左膀右臂，也是自己青少年时期的良师益友吕不韦，也曾是大杂家，亦商亦文。而且，朝堂所豢养的这帮儒生，在自己平灭六国的过程中，都没少歌功颂德拍马屁。

但是，作为刚刚大一统天下的始皇帝，他的政治嗅觉还是很敏锐的。所以，没有再做任何深入的思考，他马上同意了丞相李斯的奏疏。他拿起笔，很简单写了一个字：“可！”

这个“可”字，也是秦始皇“朕心颇慰”四个大字的“缩写”。这一个字，就定下了日后秦朝无法为后人原谅的焚书决定。

所有的涟漪，都会源于最早的一粒石子。

周青臣不拍马屁，淳于越就不会煞风景；淳于越不煞风景，李斯就不会动杀心；李斯不动杀心，嬴政也不会下焚书的诏令——表面上，全国范围内大肆焚书，似乎统一了思想，即贯彻商鞅派法家原教旨主义。

但恰恰是如此激烈的举动，也使得法家成为当时和后世所有知识分子的公敌。更糟糕的是，秦始皇高兴了，而秦国的储君、作为儒家子弟的扶苏非常不高兴。由此，李斯刚刚愉悦的内心马上涂抹上了一层重重的黑色，他知道，一俟日后扶苏登基为帝，等待自己的肯定是政治清算。正是与公子扶苏的这种“过节”，日后始皇帝崩于沙丘，左思右想，李斯才走出了人生中最大的错招儿，和宦者赵高走到了一起。其结果，不仅自己被虐杀、夷三族，秦帝国最终也灰飞烟灭……

如果从文学角度阅读李斯奏疏，文采飞扬，思维缜密，大有博学鸿文的气势。其思想内核，其实还是取自商鞅以及被他害死的老同学韩非。韩非曾经明确指出：“故明主之国，无书简之文，以法为教；无先王之语，以吏为师。”（《韩非子·五蠹》）

自商鞅变法以来，其实秦国以法家专制集权来钳制思想的政策行之有效，一统天下之后始皇帝继续文化专制政策，也在意料之中。但有一个历史吊诡之处在于，竭力奉劝秦始皇施行文化专制主义的大推手韩非和李斯，他们的老师竟然都是大儒荀子。而荀子的理想，乃是在一个其乐融融的大同世界之中隆礼乐、倡诗书。

始皇帝焚书，令行禁止，雷厉风行，最可惜的是当时被灭六国的国史，基本被烧毁殆尽，所以司马迁写《史记》的时候，大挠头皮。而秦国自己保存完好的《秦记》，又无详细日月记载，更让太史公犯愁。

不细读史书的人，都以为秦始皇当把《诗》《书》以及百家之书都烧光了，其实不是，作为当时的"供批判用"原始材料，李斯在疏奏里面建议，允许朝廷保留了一些原本。可惜，后来项羽怒火冲天，大烧咸阳宫殿，秦廷博士们掌管的那些"国家图书"，都在熊熊烈焰中化为灰烬。其中，也包括秦朝下令特别保护的许多有关医药、卜筮以及实用的科技类图书。而这些书籍的内容，我们后人只有在墓葬挖掘过程中侥幸挖出一些保存完好的。一竹一简，奉为拱璧。

"焚书"，确实是秦始皇一生中最大错棋之一，难怪唐朝书生章碣就大吟一诗：

> 竹帛烟销帝业虚，关河空锁祖龙居。坑灰未冷山东乱，刘项原来不读书。(《焚书坑》)

历史，总是存有无数的黑色幽默！

岂容清史尽成灰！焚书，始皇帝和李斯确实干了，而且遗毒深远；但坑儒一事，确实还值得我们后人大加商榷。

发生在始皇三十五年的"坑儒"之事，司马迁《史记》中这样记载：

> 侯生、卢生相与谋曰："始皇为人，天性刚戾自用，起诸侯，并天下，意得欲从，以为自古莫及己。专任狱吏，狱吏得亲幸。博士虽七十人，特备员弗用。丞相诸大臣皆受成事，倚辨于上。上乐以刑杀为威，天下畏罪持禄，莫敢尽忠。

上不闻过而日骄，下慑伏谩欺以取容。秦法不得兼方，不验辄死。然候星气者至三百人，皆良士，畏忌讳谀，不敢端言其过。天下之事无小大皆决于上。上至以衡石量书，日夜有呈，不中呈不得休息。贪于权势至如此，未可为求仙药！”

于是，乃亡去。

始皇闻亡，乃大怒曰：“吾前收天下书不中用者尽去之。悉召文学方术士甚众，欲以兴太平，方士欲练以求奇药。今闻韩众去不报，徐市等费以巨万计，终不得药，徒奸利相告日闻。卢生等吾尊赐之甚厚，今乃诽谤我，以重吾不德也。诸生在咸阳者，吾使人廉问，或为妖言以乱黔首。”

于是，使御史悉案问诸生。诸生传相告引，乃自除犯禁者四百六十余人，皆坑之咸阳。使天下知之，以惩后。

可见，活埋“诸生”的事件，与其说是“坑儒”，不如说是“坑方士”。

首先带头逃跑的卢生，本身就是一个祸头。他最早劝秦始皇隔绝诸臣保持神秘才能获得仙药，使得嬴政又发无数黔首把咸阳周遭二百里的宫殿以二百七十条神秘复道相联结，其营建过程中，肯定草菅无数人命；接着，由于得知丞相李斯知道自己所在，嬴政大怒，又杀掉当时值班的左右数百人。所有这些，都和这位向秦始皇兜售神仙药方的卢生有直接关系。

干了这么多坏事，骗了始皇帝那么多金银财宝，这位卢生先下脚为强，自己和骗子搭档侯生两个人率先亡命而去。此举，使始皇帝怒不可遏，所以才对留在咸阳的“诸生”下毒手。

咸阳“诸生”，显然是大骗子侯生、卢生的同行。在秦廷狱吏严刑拷打之下，这些人为减免自己罪过，互相攀引揭发、编造诬告，最终一份大名单摆到了始皇帝面前。余恨难消，嬴政亲自勾决四百六十多人，下令在咸阳活埋，以儆效尤。

不知是误读，还是有意曲解，从前言后语中就可以发现，司马迁所讲秦始皇活埋的四百多个方士骗子徒众，虽然以“诸生”称之，显然他们不是“儒生”，而是方士的门徒。为此，始皇帝的心急打假、杀骗子，日后也成为他摧残文化的一大铁证。

当然，接读下文，字里行间，从秦始皇长子扶苏的嘴里，似乎听得出那些被活埋的人和儒家有些关系——始皇长子扶苏谏曰：“天下初定，远方黔首未集，诸生皆诵法孔子，今上皆重法绳之，臣恐天下不安。唯上察之。”始皇怒，使扶苏北监蒙恬于上郡。

每天炼丹、变戏法、搞仙方和忙于观星、看相、占卜的方士诸生，忽然在司马迁笔下成了公子扶苏口中“皆诵法孔子”的一类人。我们今人百思不得其解，但确实是这句话成了秦始皇“坑儒”的“证据”。

再细细琢磨，扶苏的话前言不搭后语。按理说，这位皇子如果劝谏老爸，应该先从骗老爸吃大力丸最后又逃跑的那两个方士谈起，可他却突如其来地扯到被活埋的“诸生”，掰扯这些大骗子的生徒都是诵读和师法孔子之说的，让人摸不着头脑。

“坑儒”这事儿，从逻辑推，也推不通。

普天之下，莫非王土；率土之滨，莫非王臣。方士卢生、侯生，有名有姓有相貌特征，想逃脱秦朝法网非常困难。但历史上，他们就忽然消失无踪了，根本没有受到始皇帝的制裁。而被始皇帝在侯生、卢生逃跑事件发生后指名道姓斥责的徐福，如果当时他的学生和学徒都被活埋了，从“连坐”角度看，他也跑不了，肯定要被活埋、腰斩或者具“五刑”。但这老哥毫发未损，依旧逍遥法外。第二年秦始皇巡游天下、寻找仙方的时候，徐福还在自己洞天福地的老巢琅玡台上和始皇帝亲切会面，又从这个天下最大的“苦主儿”手里骗了一大笔金银珠宝。

从徐福的遭遇看，所谓“坑儒”事件，更让人觉得匪夷所思。所以，我们有理由相信，“坑儒”事件，应为后世、特别是两汉儒臣编造而成，主要是为了配合秦始皇的焚书事件。

而且，司马迁《史记》以前的所有文献，都没有“坑儒”的记载。汉文帝时代的政论大家贾谊对秦始皇暴政有专门翔实的论述，说过焚书，但对于比烧书要严重得多的大埋活人事件“坑儒”，却只字未提。包括后来的文学王爷淮南王刘安所编的《淮南子》，以及劝汉武帝罢黜百家、独尊儒术的董仲舒的大作《春秋繁露》，也从未涉及秦始皇的坑儒事件。

司马迁《史记》中所言及“坑方士”事件，更有可能是从《说苑·反质》中一条类似小说的野史传闻中得到启发。根据这条野史的描述，逃跑的侯生被抓后，还挺大义凛然，敢于当面斥责秦始皇的暴虐，洋洋数百言，宁死不屈……

为了叙述生动，司马迁很有可能把秦始皇活埋术士放进书里。而《史记》中所谓扶苏劝谏中出现的儒生形象，就很可能不是他写作的初衷了。而且，我们这位太史公之所以非常戏剧性描写秦始皇受术士欺骗的情节，也不是空穴来风。世界上没有无缘无故的恨，史学家，其实都爱搞影射——司马迁当时的“顶头上司”汉武帝，也正五迷三道，天天和一帮方士骗子混在一起，整日幻想自己能得道升天、长生不老……

到了光武中兴后的东汉，儒士卫宏也爱编故事，实地考察验证一番，他把始皇陵南面的骊山坑谷作为坑儒大戏的发生地点——大家看啊，“坑儒谷”有了，被活埋人数也从四百多上升到七百多了，连地点、人物、受难者详细身份都做实了。细节添加的目的，就是使得秦始皇的“罪行”证据确凿，故事也栩栩如生。而且，继之而后的班彪、班固父子和女史学家曹大家（家，此处读音为gū。班彪之女，班固、班超之妹），在撰写汉书的时候更目的鲜明，大书特书始皇帝暴政，萃取出秦始皇“燔书坑儒”四个字，并写于《汉书·地理志》中。从此，经过日后演变，就固定为“焚书坑儒”并作为一个专有文化名词留存下来。

还有一个可能就是，《史记》原文没有这段，乃后世儒生掐头去尾硬塞进去的内容，目的就在于彰显秦始皇的“坑儒”。

古书造假，一点也不奇怪，时下版本的《史记》，乃东汉明帝时代版本。难免有官方史学家和儒生心领神会，出于这样那样的目的，在书里面塞入自己的私货。所以，他们删改司马迁的文章，一点也不稀奇。

秦始皇暴虐吗？很暴虐。

秦始皇变态吗？很变态。

秦始皇穷奢极欲吗？真的很穷奢极欲。

但有些事情，比如“坑儒”，他应该没有做过，我们也不能人云亦云，以此证明他的坏、他的恶。

作为中国历史上第一个大一统君王，秦始皇是伟大的；但作为专制主义至上的帝王，他对于多元文化有天然的恐惧，秦始皇无疑又是狭隘的。

在司马迁所有著作中，除借扶苏之口说那些被杀的人“皆诵法孔子”外，司马迁再没有写过秦始皇“坑儒”这件事儿。而在《史记·儒林列传》中，他还讲明了秦始皇活埋的是方士（术士）：“及至秦之季世，焚《诗》《书》，坑术士，六艺从此缺焉。”

如果我们以当时人的眼光看待侯生、卢生这些高级骗子，他们大吃大喝，把始皇帝骗得如痴如醉，跑之前还把皇帝诽谤一顿，以秦法之严，杀掉一些骗子们的徒子徒孙，其实还真不是特别过分的事情。

那么，“坑方士”，如何变成了“坑儒”？“焚书坑儒”这个典故，是如何形成的呢？

其形成是个逐渐发展的过程。最早，应该和代秦而起的汉朝君臣把秦始皇树立成反面典型的大批判运动有关。

特别是到了汉武帝时代，大搞“罢黜百家，独尊儒术”。这种举措，其实与秦始皇“以吏为师、严禁私学”如出一辙，以五十步笑百步而已。同样的专制，同样的霸道，同样都是帝王文化专制政策。但到了后世，秦始皇“焚书坑儒”却成为摧残文化的罪行，而汉武帝“罢黜百家，独尊儒术”却成了尊重文化的举动。显然，这是汉代君臣合力造假和故意导引的结果。

“焚书坑儒”这个专业名词的出现，也是出自一本伪书，即孔子十一世孙孔安国上缴的夹带私货的《古文尚书》。更可笑的是，这本伪书逐渐演变，还有了假冒孔安国写的《古文尚书前序》。正是在这篇伪造的序言中，第一次出现了“焚书坑儒”四个字：

> 及秦始皇，灭先代典籍，焚书坑儒，天下学士，逃难解散。

这篇假冒孔安国所写的序言作者又是谁呢？这个人的出现就更晚一些了，乃魏晋之交的大儒士郑冲。

郑冲这个人，在曹魏最后两代皇帝曹髦、曹奂手下都干过，官拜太保。晋武帝司马炎搞假禅让，他明里暗中出力不少，还以身作则，率群官向司马炎劝进。受禅后，郑冲官拜晋朝太傅，又成为新朝重臣。如果真按儒家伦理角度审视，此人人品也不怎么样。他之所以伪造《古文尚书前序》，肯定是以儒学继承人自居。他删改史说、造假作伪，目的就是想通过大肆抨击秦始皇而提高儒学地位，弘显儒宗。

秦朝灭亡后，两汉递嬗，后世儒者不惜偷梁换柱，把被秦始皇活埋掉的方士加工转换成儒生，然后再把被焚的各种书籍统一成儒家经典，无非是要渲染儒家子弟前赴后继，不惜以身殉道的那种荣光。以死亡维护正义，以肉身格挡强权，最终就在于以这种编造的类似宗教故事的悲壮事迹，宣扬儒家思想的不可磨灭。

其实，回究这个故事，即使“诸生”不是术士学徒而真是儒生，他们的表现也非常懦弱，“使御史悉案问诸生，诸生传相告引”，这些书呆子们互相攀引指诉，没有一点浩然正气和凛然献身的意思。

即使秦始皇在历史上没坑过儒生，但有一点无法否认，那就是他对于儒家学说，确实一直采取抛弃和轻视的态度。

秦国，最初崛起于西北边陲。所以，根在中原的儒家思想，一直以来对秦国统治者所起的作用并不是很大。从今天的角度看，在社会流动性极差、人民对土地依赖极强的封建时代的中国，儒家思想其实是独特的、不二的政治生活的稳定剂。

孔孟之道，一直强调“秩序”，君君臣臣，父父子子。这种理论要求人民各安其道，竭力构筑社会德行的“仁”，努力维持保证社会正常运转的“礼”。而秦王朝的统治者呢，特别是统一之后，无论是帝王还是大臣，太过功利，太过自我膨胀，根本没有注意到儒学的可利用价值，他们固守打天下过程中的法家实用主义，不能与时俱进。其结局，肯定是专制独裁帝国大坝崩溃后空前的“礼崩乐坏”。

咸阳三月彻天红，关东六主泉台笑

晚年秦始皇，不怕天，不怕地，不怕人，不怕鬼，最惧怕的就是死亡。

所以，长生不老，就是他当时最大的追求。而不老仙丹和万岁不死的仙人，就在那虚无缥缈的遥远海上。为此，始皇帝最大的乐趣，就是四出巡游，邂逅能得到不死仙药的真人异士。

细读《史记·秦始皇本纪》，其中有关秦始皇称帝后几次巡游活动，记载得非常详细和清楚：

> 二十七年，始皇巡陇西、北地，出鸡头山，过回中……
>
> 二十八年，始皇东行郡县，上邹峄山……乃遂上泰山，立石，封，祠祀……禅梁父……于是乃并渤海以东，过黄、腄，穷成山，登之罘……南登琅邪，大乐之，留三月……作

琅邪台，立石刻……始皇还，过彭城……乃西南渡淮水，之衡山、南郡。浮江，至湘山祠……上自南郡由武关归。

二十九年，始皇东游。至阳武博狼沙中，为盗所惊……登之罘，刻石……旋，遂之琅邪，道上党入……

三十二年，始皇之碣石……因使韩终、侯公、石生求仙人不死之药。始皇巡北边，从上郡入……

三十七年十月癸丑，始皇出游……十一月，行至云梦，望祀虞舜于九疑山。浮江下，观籍柯，渡海渚。过丹阳，至钱唐。临浙江，水波恶……上会稽，祭大禹，望于南海……还过吴，从江乘渡。并海上，北至琅邪……自琅邪北至荣成山……至之罘……遂并海西。至平原津而病……七日丙寅，始皇崩于沙丘平台……

可见，为帝十一年间，秦始皇共有五次出巡，分别为始皇二十七年（前220年）、二十八年（前219年）、二十九年（前218年）、三十二年（前215年），以及三十七年（前210年）。

也就是说，始皇二十七年（前220年），嬴政第一次出巡的政治目的确实很明显。他从咸阳（今陕西咸阳）出发，大队人马向西，开始巡视陇西（治狄道，今甘肃临洮）、北地（治义渠，今甘肃镇原东）两郡，到达鸡头山（六盘山支脉，今宁夏泾源北）之后，停车立马观察山川形势，然后经回中道（今陕西陇县西）回到咸阳。这次政治意味极浓的巡视，宣扬了秦朝国威，增强了西北地区边防。

秦始皇二十八年（前219年），嬴政第二次出巡。他此次主要目的是到泰山举行封禅之礼。从咸阳而东，他巡视了山东郡县，登上邹峄山（今山东邹县东南），在当地刻石颂功，并召集鲁地儒生讨论。当然不是谈论尊孔祭孔，而是和这些人商议封禅祭山川的事情。而后，秦始皇北上泰山，在泰山极顶举行祭天大礼。

秦始皇二十九年（前 218 年），嬴政第三次出巡。这次出游，有惊无险，在他到达阳武县（今河南原阳）以南博浪沙的时候，韩国贵族张良派一个大力士操铁锤刺杀秦始皇，可惜误中副车。受到如此惊吓，秦始皇大怒大惊，即刻派人追捕，在天下大索十日，结果一无所获。受了如此惊吓，始皇帝还是继续东行，登上芝罘（fú）山，刻石颂功。回程，他经过琅琊，自上党（今山西长治地区）率队而归。

始皇三十二年（前 215 年），嬴政第四次出巡，到达碣石（今河北昌黎北），指派燕国方士卢生寻求羡门等神仙。然后由碣石向西，巡视帝国北部边防，最后取道上郡（今陕西榆林南）而归。那位卢生从海上兜转一大圈回来后，神神秘秘，向秦始皇献书，其中有“亡秦者胡也”字句。大怒之下，秦始皇认定符录书中的“胡”，一定就是匈奴。所以，他命令将军蒙恬率军三十万北伐匈奴。

始皇三十七年（前 211 年），嬴政第五次出巡，这也是他人生中的最后一次出巡。此次巡游，嬴政身边陪同着左丞相李斯、少子胡亥和中车府令赵高等人。

根据历史记述可以发现，始皇帝嬴政确实喜欢出外游历，如果推算可以得出如下结论：他五次巡游，加起来近乎三十个月，平均算起来每次历时约五到六个月，而且大量时间都是在燕齐旧地的海滨地带渡过，绕海而游的时间几乎占总出游时间的一半，总里程为两万多公里；始皇帝每次出巡路线方向、行程不一，但以东巡为主；他到过淄郡三次，是所有游历郡域中到临最多的地区，对于芝罘、琅琊、碣石等风景名胜最为喜爱，还曾在琅琊逗留三个月之久；秦始皇巡游范围非常广阔。秦国一统天下之后，先后设立了四十六个郡，他五次巡游，就到过三十八郡，基本占全国总郡数量的百分之八十还要多。其足迹所至，几乎遍及除西南边地和岭南地区以外所有的秦帝国版图……

所有这些，其实都有寓意在其中。

饶有意味的是，秦始皇的秦帝国兴于巡游，也亡于巡游。

刚刚统一之后，深知匈奴乃帝国北疆最大边患，嬴政开始就巡游陇西等地，完全从政治角度出发，目的在于开疆拓土，稳定边疆。

而后的东巡，自然也有去东南之地宣威扬武的意思。因为，“（谶谣说）东南有天子气，（嬴政）因东游以厌之”。“厌”者，“镇”也。秦国灭六国后，吴楚之地仍存有极强的反抗不满情绪和不稳定因素，即“天子气”所在。所以秦始皇要借巡游之名，去当地视察政务，从迷信角度出发在东南地区到处挖断地脉，改易地名，修筑大量具有厌胜气息的建筑物。该镇压的镇压，该诅咒的诅咒，目的还是想使秦帝国长治久安。

秦始皇去泰山搞封禅，在云梦的九嶷山祭祀虞舜，到会稽去公祭大禹等等。反正，每到一地，他都要去祭祀天地山川鬼神。

当然，对于完成了千古大业的秦始皇来说，他推崇鬼神魔力最大的动力，除祈祷天神护佑秦国帝王基业千秋万世之外，最重要的，还是他自己求仙长生的期望。

这么辽阔的帝国，这么美丽的江山，这么多绝色的红颜，这么美好的口腹之欲，始皇帝嬴政太想永远享有这一切了。如果不能永远，那就最大限度延迟不可避免的死亡的到来——而能够抗拒死亡的，只有不老仙山和海岛之间那仙境中漂洋过海而来的仙人们……

所以，始皇帝后几次巡游最大的目的，就是要逐仙求药！燕齐旧地，濒临渤海，经常会出现海市蜃楼。古人科学知识有限，就觉得那些虚无缥缈的海外仙国确实存在，始皇帝自然求之不疑。

有需求，就有供给。更何况，皇帝有需求，供给就更强烈。在方术丹药文化传统非常深厚的燕齐旧地，一直活动积极的方士、术士等国家级大骗子们，忽然听说皇帝好这口儿，无不欢欣鼓舞，闻风而动。所以，当秦始皇第一次巡游琅玡时，齐国巨骗徐福等人就迫不及待上书，狂吹海中有三座神山，即蓬莱、方丈和瀛洲，上面有仙人居住，仙药仙桃，应有尽有。为了能求得长生不老仙丹，他们请皇帝先静心敬意斋戒，然后组成童男童女队伍，乘坐巨舟到海上寻仙……

绝顶聪明的秦始皇，从此就和徐福这帮巨骗搭上了干系，结下不解之缘，开始了他狂热的、永不停歇的找药求仙活动。

第五次巡游，也是始皇帝嬴政的魂断之旅。十一月，他到达了云梦（今湖南、湖北交界的洞庭湖、洪湖地区），休息不久，就轮毂阵阵，南至九嶷山（今湖南宁远南）望祀虞舜。而后，浩浩荡荡顺江东下，经丹阳（今安徽马鞍山东南）至钱塘（今浙江杭州西南），抵达浙江（今钱塘江）边上。彼时，恰遇河水猛涨（其实就是每年必有的钱塘江潮），嬴政一行被迫转向，沿河上溯一百二十里后方才渡河。于是，嬴政到了会稽山（今浙江绍兴西南），设礼祭祀大禹，立石颂德。

然后，他们经过吴地（今江苏苏州），渡过长江，乘巨舟从海道北至琅玡、芝罘。此时，一直花费始皇帝巨款，不停用新谎言掩饰旧谎言的巨骗徐福，一脸虔诚，又一次现身，骗嬴政说：蓬莱山上有种奇特的仙药，他率领船队，一直努力想到达那里为皇帝取仙丹，回回失败，都是因为海中有大鱼阻挡而无法到达。为此，徐福建议，应该想方设法，先把挡路的大鱼除掉。彼时，仙药到手就容易了。

对于如此谎言，求药心切的秦始皇竟然深信不疑。他下令随他巡游的大部队全体登船，直抵芝罘。

这次海上旅行，风高浪急，费尽周章，终于在狂涛之间发现了大鱼的踪迹。于是，求仙若狂的秦始皇亲自发令操弩，和将士们一道，在海上同心协力，一起射杀掉一条巨鱼（应该就是鲸鱼）。如此举止，也是这位痴狂于神仙丹药的帝王最后的求仙努力。

阻挡仙方海路的大鱼死了，不死丹药应该有眉目了吧。再找大骗子徐福，却得到禀报，说他率领大批童男童女，乘巨舟入海，以为皇帝求药为名，早已不知去向了。怅惘之余，秦始皇只得取道临淄西归，准备转道回咸阳……

而那位骗了无数金银财宝“公款”的徐福，在海上作威作福，最终到达某处“平原广泽”，自己称王称尊，或许就是那个日本传说中的“神武天皇”了。对此，中国国史不详，对徐福这个骗子的最后结局确实也不清楚。

日本方面，昭和天皇御弟三笠宫曾表示说：“徐福是我们日本人的国父”。但如果确认一个中国巨骗缔造日本万世一系皇统，似乎面子无光，为此多数日本人也对“神武天皇”身世讳莫如深。

郁闷之余，旅途劳累，行至平原津（今山东平原西南），秦始皇铁打般的身子忽然出现了状况。他病了，而且病得不轻。

旅途颠簸中，群臣惶急，依旧拥着始皇帝往都城咸阳方向回返。弥留之际，感觉到自己命不久矣，秦始皇让人诏令远在边境与蒙恬防御匈奴的皇长子扶苏急返都城，以交代后事，好让这个儿子承袭帝位。

可惜，盖有玺印的书信未及发出，行至沙丘（今河北广宗西北），嬴政终于扛不住了，病死在当地……

历史，有必然性。但偶然性，有时候在关键时刻也会露出它狰狞的、危险的、不可逆转的面目。

始皇帝咽气，当其时也，无论丞相李斯还是皇子胡亥，真还都没有他想。焦灼间，他们只想着马上拥嬴政尸体归返咸阳，召回皇子扶苏即位，使大秦帝国尽快回归正轨。

此时此刻，一个蛰伏已久的小人，忽然登上历史的舞台。这，就是心怀叵测的宦者赵高。他先以利齿说服了皇子胡亥，然后开始激劝李斯，争取这位秦国第一号朝臣也加入阵营，参与自己废长立幼的阴谋。

司马迁在《史记》中，对于秦始皇暴崩后决定秦帝国命运的那关键的几个时辰，进行了非常文学性的描述：

> （赵）高乃谓丞相斯曰：“上崩，赐长子书，与丧会咸阳而立为嗣。书未行，今上崩，未有知者也。所赐长子书及符玺皆在胡亥所，定太子在君侯与高之口耳。事将何如？”

（李）斯曰：“安得亡国之言！此非人臣所当议也！”

（赵）高曰：“君侯自料能孰与蒙恬？功高孰与蒙恬？谋远不失孰与蒙恬？无怨于天下孰与蒙恬？长子旧而信之孰与蒙恬？”

（李）斯曰：“此五者皆不及蒙恬，而君责之何深也？”

（赵）高曰：“高固内官之厮役也，幸得以刀笔之文进入秦宫，管事二十余年，未尝见秦免罢丞相功臣有封及二世者也，卒皆以诛亡。皇帝二十余子，皆君之所知。长子刚毅而武勇，信人而奋士，即位必用蒙恬为丞相，君侯终不怀通侯之印归于乡里，明矣。高受诏教习胡亥，使学以法事数年矣，未尝见过失。慈仁笃厚，轻财重士，辩于心而诎于口，尽礼敬士，秦之诸子未有及此者，可以为嗣。君计而定之。”

（李）斯曰：“君其反位！斯奉主之诏，听天之命，何虑之可定也？”

（赵）高曰：“安可危也，危可安也。安危不定，何以贵圣？”

（李）斯曰：“斯，上蔡闾巷布衣也，上幸擢为丞相，封为通侯，子孙皆至尊位重禄者，故将以存亡安危属臣也。岂可负哉！夫忠臣不避死而庶几，孝子不勤劳而见危，人臣各守其职而已矣。君其勿复言，将令斯得罪。”

（赵）高曰：“盖闻圣人迁徙无常，就变而从时，见末而知本，观指而睹归。物固有之，安得常法哉！方今天下之权命悬于胡亥，高能得志焉。且夫从外制中谓之惑，从下制上谓之贼。故秋霜降者草花落，水摇动者万物作，此必然之效也。君何见之晚？”

（李）斯曰：“吾闻晋易太子，三世不安；齐桓兄弟争位，身死为戮；纣杀亲戚，不听谏者，国为丘墟，遂危社稷：三者逆天，宗庙不血食。斯其犹人哉，安足为谋！”

（赵）高曰：“上下合同，可以长久；中外若一，事无表里。君听臣之计，即长有封侯，世世称孤，必有乔、松之寿，孔、墨之智。今释此而不从，祸及子孙，足以为寒心。善者因祸为福，君何处焉？”

（李）斯乃仰天而叹，垂泪太息曰：“嗟乎！独遭乱世，既以不能死，安托命哉！”

于是（李）斯乃听（赵）高。

（赵）高乃报胡亥曰：“臣请奉太子之明命以报丞相，丞相斯敢不奉令！”

于是乃相与谋，诈为受始皇诏丞相，立子胡亥为太子。

上述记载，简直就是电视剧剧本的一个完美桥段。从赵高和李斯两人对话当中，可以发现，赵高的口才那真是超级一流。此人腐身绣口，能把智商和情商都高人三头的大秦丞相李斯说得心神恍惚，最终得其所愿。

赵高、李斯见面伊始，赵高没有任何废话，他马上开门见山，劝说李斯应该和自己一起，矫诏拥立胡亥为帝国继承人。

乍听此言，李斯即刻断然拒绝。

赵高呢，早已洞见当时李斯心内的小九九，马上就说：以德以能以功，你李斯都不如现在正和扶苏在一起守边的蒙恬。扶苏这个人，性情刚毅，他即位后，肯定委任蒙恬为丞相。到时候，你肯定难以善终。而相比之下，胡亥为人慈仁敦厚（性情懦弱没本事），你如果对他有拥立之功，定保富贵！

赵高一席话，说到李斯痛处。毕竟秦始皇在世时，自己从前在焚书等事件上，得罪过公子扶苏。内心深处，他对于新主很有不安之感。但此时，他还不了解赵高的真实目的，兀自嘴硬装忠臣，赌咒发誓，说自己不会做出对不起社稷和先帝的事情。

这个时候的李斯，也不能说他百分之百地假装忠臣。始皇帝多年来对自己有知遇之恩，公子扶苏又是贤德好人，从选贤治国角度选择大秦帝国继承人，自然非公子扶苏莫属。

赵高心中有谱，他继续动之以利，晓之以理，大说什么“逆可顺之、顺可逆之”一类的道理，劝说这位大秦丞相应该识时务。

低头思忖，李斯心乱如麻，感慨万千。言不由衷，还得表态，他便举出历史上晋国改太子，齐国兄弟争位以及商纣王杀戮宗亲的事例，举一反三，认为这种废长立幼的事情大不祥，最终会导致亡国之乱。

话虽如此说，赵高已经从李斯的絮絮叨叨中，听出了一些端倪。李丞相现在这种委蛇与逡巡的态度，已经暴露了他内心的真实想法：他太想保住自己的相位了，他太想自己的宗族依旧富贵荣华了，他太不想在都城咸阳看到扶苏和蒙恬决定自己和家族日后的命运了。

于是，赵高接着劝之以理，诱之以利，表示说：如果李斯听从自己的建议，拥立胡亥，肯定富贵无边；如果不听，下场肯定是身死人手，祸及子孙……

矫诏拥立，事关重大。李斯思虑久之，泫然涕流。沉默，就是允从。至此，李斯终于“从”了。

李斯之所以顺从赵高，并非大宦官派人持刀挟持性命威胁下的心理防线崩溃。当其时也，赵高，不过是一个阉奴宦者。作为丞相，一声呵斥，李斯即可让从人把赵高绑起杀掉。

而赵高呢，他对人性有足够的了解，特别是对李斯这种秦廷中追功逐利之辈，更是了如指掌。所以，他才敢于冒天下之大不韪，劝说身为丞相的李斯，参与自己和胡亥密谋的这个惊天动地的大阴谋。

没有李斯参与篡改遗诏，按照秦国体制，以胡亥之能和赵高之力，根本不能成事。

那么，李斯也是年近古稀老臣子了，为什么赵高一席话，就使得他最终背叛了始皇帝的遗愿，把自己和秦国的命运交给一孺子一阉奴了呢？

无他，私心杂念使然。一直潜伏于李斯内心的功利欲望，最终主宰了这位聪明人的决断。决定是艰难的，后果是严重的。他的默许，不仅把他自己和宗族性命拱手于人，也把威威赫赫的大秦帝国，送入了万劫不复的深渊！

赵高，一个阉宦；李斯，一个大臣。双方身份虽然大异，但有一点非常一致，那就是，这两个人都是以“人性本恶”作为人生哲学基础，以功利追逐作为人生目的。

纵观李斯一生，艰难苦恨，也真不容易，细细分析，大致可以分为四个阶段：第一，从担任郡小吏到学成于荀子；第二，从依附吕不韦到秦国统一。这期间，由于“郑国渠事件”，李斯差点被逐出秦国；第三，即是李斯担任丞相以来到秦始皇驾崩这一鼎盛时期；第四，也就是从流泪从了赵高和胡亥那一刻起，直到不久的将来自己备受五刑而死、三族被杀的那一刻。

作为出身贫寒的庶族士阶层，李斯的成功，绝对是那个时代白手起家、自我奋斗的成功典型，用现在的时髦话语，叫“裸奋”。但也恰恰因“裸奋”成功，使得贫贱出身的李斯始终缠绕于富贵得来不易的思虑。最终，这种思虑，也成为他不择手段保留功名利禄的思想负担。

位极人臣，诸子皆尚公主，诸女悉嫁宗室。此时的李斯，富贵荣华到达顶峰。但也恰恰在这个时候，他最害怕最恐惧的事情，就是失去他为之奋斗了一生的一切！

当李斯眼睁睁看着胡亥手下带着赐死公子扶苏和蒙恬的始皇帝“诏书”出发的那一刻，这个绝顶聪明之人的内心深处，肯定会涌起一阵阵不祥的预感……

千秋霸业万事竞，任他后人论短长

大秦帝国的猝然死亡，乃我中华文明史上一个巨大的、血淋淋的伤口。

我们想一想，在生产力极其落后的铁器时代，曾几何时，赫赫大秦帝国变法图强，并以排山倒海之势统一寰宇，重塑华夏文明规范。中国之所以成为中国，以松散联邦小国形式存在那么多年的夏商周文明之所以能够得到新生，威威帝秦，功莫大焉！

春秋战国以来，华夏民族聚攒了五百多年灿烂文明的果实。帝秦赫赫，以让人眼花缭乱的速度和效率，在最短时间内实现了天下大一统，成为那个时代世界上最伟大的国家，极大促进了人类文明进步。

根据历史经验看，如此伟大的法权国家，如此健全的国家体制，如此高效率的强力政府，依据历史惯性，也会延续和存在相当长的一段时间。令人惊诧的是，这么强势的帝国，仅仅存在了十余年，沙上帝国一样，随着嬴政的撒手西归而轰然倒塌。

其兴也勃，其亡也忽！恰恰也是帝国的短命，使得后世有关大秦帝国的攻讦与谎言无休无止。

众口铄金，积毁销骨。帝秦，长久以来，一直和暴政、屠杀、残虐等词语相联系。但从历史最高处审视，历史发展具有不可违抗的正当逻辑，作为权力主体，帝国，它的突然死亡，绝对不意味着它所代表的文明体系的全面崩溃，也不会打乱历史逻辑的最终走向，更不会使得始皇帝嬴政成为一个可以随便丑化和攻击的靶子。

从我们今人的角度看历史，秦始皇首先是个英豪之主，是个雄才大略的帝王。但自秦以降，绝大多数学者和文人墨客都认为他是一个暴君。特别是代秦而起的汉朝儒臣，对嬴政大加鞭挞，不遗余力。不仅贾谊、董仲舒认为秦始皇贪鄙暴虐，连后来篡汉的王莽也一本正经地痛斥说：

> 秦始皇即位三十九年，内平六国，外攘四夷，死人如乱麻，暴骨长城之下，头颅相属于道，不一日而无兵。由是山东之难兴，四方溃而逆秦。

当然，学者和儒臣不会像普通小民那样仅仅因为秦朝二世而亡就群起攻之，他们有根有据，从思想文化、政治、经济以及司法等多个方面着手，抨击秦始皇，进而论事及人，把嬴政这位千古一帝论定为千古暴君。

简单盲从，容易人云亦云。为此，笔者层层剥茧，从古人批判入手，简明扼要阐述一下自己对嬴政的认识。

首先，我们先看看对嬴政的头条指控。说起秦始皇，天下读书人，从古至今，对他“焚书坑儒”之举，没有不切齿痛恨的。姑且对坑儒之事的真假不评，仅仅焚毁百家之书、钳制思想、残害儒士等行为，嬴政的形象便再也高大光辉不起来。为此，大儒董仲舒曾愤慨而言：

> 重禁文学，不得挟书，弃捐礼谊而恶闻之，其心欲尽灭先王之道，而颛为自恣苟简之治。

精于儒学和历史的梅福说得更详细：“秦为亡道，削仲尼之迹，灭周公之轨，坏井田，除五等，礼废乐崩，王道不通，故欲行王道者，莫能致其功也……”

由此论之，秦始皇以法家功利主义治理国政，似乎完全忽视伦理教化，最终导致纲常不振、风俗糜烂，礼义廉耻全部沦丧殆尽。

其实，我们细读历史，嬴政从统一六国到“焚书”事件发生，在他为帝最长的一个时间段内，秦国并无任何“焚书”之事记载。秦廷之内，秦始皇还一直征用和礼遇儒生。行政体系中，就设有“博士”衔位，博士之下还设置“诸生”，皆备皇帝顾问。秦帝国建立之后，嬴政不仅征聘七十余名儒士学者担任过“博士”，还召集两千多人为“诸生”。那位后来被人称颂为“汉代儒宗”的叔孙通，其名声之所以显耀，也恰恰于彼时从秦廷而得。

始皇二十八年，嬴政开始第二次全国大巡游过程。封禅泰山之后，他曾经亲自瞻仰过孔子故居，召见群儒，并加封孔子后裔孔甲为“鲁国文通君”。即使“焚书”之事发生过后，依旧有儒士被引入秦廷拜为“博士”，积极参与秦国的政治活动。

恰恰是朝堂之上淳于越等人依据儒家典籍“以古非今”，跳出来反对郡县制，而以李斯为首的秦臣唯恐“浮议”引起政局不稳，这才激劝始皇帝嬴政对儒学和百家之学大加警惕。随后而至，秦始皇才有焚书之举。

回望历史，在社会大转型时代，始皇帝君臣对于政改异见的这种精神高度“过敏”，我们如果设身处地，应该能够认识和理解。

关涉治国方略，秦始皇和李斯等人一直是法家的忠实信徒。不过，我们可以发现，始皇帝君臣在治国理念方面，曾经或多或少也吸取了不少儒家有关伦理教化的理念。

无论是泰山石刻还是琅琊石刻，其中有不少专有词语，都属于儒家传统的理念范畴：“男女礼顺”，“圣智仁义”，“移风易俗”等等。所有这些，无论是字面还是具体含义，都有儒家影响的痕迹。只不过秦始皇在提倡这些伦理教化的时候，把它们严格纳入秦朝严苛的法律体系当中了。即便如此，从秦始皇自始至终对伦理教化如此重视就可以看出，礼法和教化，确实是秦帝国保障统治的关键。后世儒生所谓秦帝国促使中国伦理道德体系全然崩塌的说法，显然有些过分。

其次，在政治方面，秦始皇所谓“废先王之道、废五等之制”，成为他执政的最大污点。从儒学角度观察，似乎秦始皇彻底废除分封制，就是从根本上违背上古以来遵行久之的“王道”和“王制”，也是秦帝国迅速灭亡的最主要原因。如此说来，似乎秦始皇不搞分封、不复立六国后裔、违背殷周以来的“封建”传统，就不是以仁德治理天下，就是独夫暴政。

那么，儒者们推崇的“先王之道”到底是什么东西呢？原来，正是昔日西周时代落后的政治经济制度和意识形态。这种思想，现在分析起来，极其迂腐。从春秋战国开始，社会生产力的发展就决定了西周那种“先王之道”的崩溃。而秦帝国从中央集权的角度出发，废封建而立郡县，反而从政治体制上对当时产生了革命性的积极作用，这恰恰是他的历史功绩之一。

由此可见，分封制绝对不利于维护大一统的政治格局。无论是秦始皇还是李斯，都不会走历史回头路，使得大秦帝国辛辛苦苦建立起来的大一统国家，又重新回复到“诸侯更相诛伐”的崩裂状态。

秦汉之后的历史经验也明白无误地证明，郡县制的施行，对于中央集权的发展和国家统一的维护，功莫大焉。为此，不仅唐代文豪柳宗元在《封建论》中盛赞秦朝郡县制，清初大思想家王夫之也在其巨著《读通鉴论》中评论道：

> 郡县之制，垂两千年而弗能改矣，合古今上下皆安之，势之所趋，岂非理而能然哉！

第三，经济方面，始皇帝嬴政所颁行的“除井田之制”，一度成为他赋敛无度、穷奢极欲的强力手段之一，被后世大加鞭挞。儒者们认为，井田制温情脉脉，乃上古三代圣王所确立的基本制度。秦国自商鞅以来，废井田，开阡陌，在富国强兵的同时，引发了土地兼并，造成了贫富不均、风俗奢靡等一系列社会问题，进而量变到质变，上升为秦始皇时代赋敛无度和法繁政苛等重大政治问题。

实际上，“除井田之制”并不是秦国专利。早在春秋时期，鲁国就曾经施行过“初税亩”。秦始皇三十一年，“使黔首自实田”政令得以实施，标志着以井田制为主的传统奴隶制生产关系彻底消亡，其根本目的，也是要通过重农措施增加国家和个人财富。

从历史经验看，秦国当时的这些措施极大提高了农民生产的积极性，相比过去井田制，有着显而易见的优越性，促进了生产力的巨大发展。因此，"除井田之制"，乃顺应社会历史发展潮流之举，也是秦始皇对中国经济发展的一大贡献。

而秦代田租赋敛，实际上也只是继承六国旧制，没有特别加重。在历史发展过程中，秦国正是依靠这种制度勃然而兴，靠这种制度统一全国。所以，说"除井田之制"是秦国亡国一大理由，完全站不住脚。

秦始皇时代整个经济政策的目的，显然最主要的不在于秦始皇个人的"穷奢极欲"。嬴政北修长城、南建灵渠，在都城咸阳营造阿房宫、骊山陵，确实工程营建不息。但所有这些营建，还真不能笼统指斥为始皇帝出于个人目的的好大喜功。特别是长城、灵渠以及驰道等国家建设工程，都是出于巩固国家统治的需要，对于后世王朝和民众来说，利大于弊，有的更成为万世之利。

长城修好以后，秦朝在抵御匈奴方面大量节省了开支，国防效益和社会效益相当可观。而且，我们进一步联系到秦朝对匈奴的战争，其战争性质，于秦朝方面来讲是正义的。当华夏文明面对随时而来的草原文明冲击，不能不战，而且势必一战。既然能"以战止战"，既然一战有时候能收一劳永逸之效，既然有利于整个国家经济的发展，那么，秦朝人民对匈奴战争方面的负担，应该也属于"合理"的范围之内。

虽然蒙恬率三十万秦朝大军坚守北境十多年，战争负担沉重，但这个负担是必须的。否则，华夏文明根本得不到任何保障。秦亡之后，到汉朝初年，对于外来威胁，新朝廷每次对匈奴用兵，大体上也要保持几十万兵力。到汉武帝时代，军费开支巨大，比起秦始皇时代来说就多得多了。

即使一直为后人所诟病的秦始皇暴虐"符号"阿房宫，也不能简单地全盘否定。如果我们认为那些煌煌建筑延亘绵绵，仅是秦始皇纯为自己骄奢淫逸所修造，则未免有失偏颇。

帝国大修宫室，有时候还真不仅仅是为了帝王个人享受，肯定有“威重天下”的考虑。所谓“王者居宸极之至尊”，为了让属国和治下臣民畏威怀德，就需要营建豪华宫殿来展示皇权尊严和君临天下的成就感。这种弘大规模的营建，也是帝国时代大一统的政治需要。

汉臣一直对秦始皇大修宫殿展开大批判，其实汉朝在立国之初，汉高祖和萧何等人也大肆营建。根据《史记·高祖本纪》记载，汉高帝八年，萧何主持未央宫营建，差遣无数工匠，修造了东阙、北阙、前殿、武库以及太仓等殿宇，宫阙壮丽，豪华无限。见此，刘邦起先还假装愤怒，表示说国家初建，就如此营造，肯定要劳民伤财。萧何回答说：“天子四海为家，非壮丽无以重威！”经此解释，刘邦大悦。

第四，有关秦始皇时代的法治，后世以四字概括抨击：“刑罚酷虐”。从治术角度来看，秦朝确实刑罚暴酷，刑名众多、轻绝人命、吏治刻深、赏罚不当。

如果放到当时的大时代背景下考察，秦朝的“刑罚酷虐”也有其缘由。自春秋战国时代，各国法制体系就深受殷商奴隶制时代法律影响，偏于严刑酷罚。始皇帝嬴政，不过是在原有基础上汲取先秦法治思想，在本国法律基础上进行了系统化整理而已。嬴政为帝数年，在特别出格的酷刑严罚方面，他自己也没有什么“独创”之处。

历史上，后世史学家们常常将秦法与汉法进行比较，似乎秦法无比残暴，汉法特别宽仁。实际上，汉承秦制，制度因循，在刑罚方面一点都不“温柔”。只不过，汉朝一直以“仁德”作酷法的装饰，又加上儒者涂饰，所以才显衬出秦法的“残暴”来。

乱世用重典，是大混乱时代的共同特征。从“法治”实施结果来看，繁法严刑而天下振，禁暴诛乱而天下服。所以，秦始皇的严刑酷法，并非一无是处。

从吏治角度看，严刑峻法，也成为秦始皇建设和锻炼一支高效职业官僚队伍的基础，促成了秦朝政府有效、合理的运行，进而在制度建设方面卓有成效，培育出一批实干、专业的官僚人才。这批“技术官僚”，无论是在政治才干、军事谋略、内部协调或者外交业绩层面，都堪称杰出，他们陆续在平灭六国过程中发挥出各自的才能。

在嬴政继位为秦王的时刻，他面对的六国，绝对不是可以随便各个击破的庸君统治下的小国，而是由一批政治家族经营数百年之久的国家。

秦国如果没有内部的法治强制，没有一批高效率、才智超群的技术官僚，嬴政也不可能在短短数十年时间内扫平群雄，实现真正的大一统！

嬴政所处的时代，正是春秋战国时期向中央集权封建社会大转型的时期。为此，作为大有作为的一代君王，嬴政的某些“暴政”，实际上也是他赖以深化和完成社会变革的强有力手段。当然，嬴政本人性格里面固有的暴虐或许会一直推波助澜，但嬴政之所以能够成为“秦始皇”，也正说明，他是被那个时代选择出来的不二君王，是大时代剧变的执行者，是历史使命的践行者。

> 秦并海内，兼诸侯，南面称帝，以养四海。天下之士斐然乡风，若是者何也？曰：近古之无王者久矣。周室卑微，五霸既殁，令不行于天下，是以诸侯力政，强侵弱，众暴寡，兵革不休，士民罢敝。今秦南面而王天下，是上有天子也。既元元之民冀得安其性命，莫不虚心而仰上。

在《过秦论》中，贾谊虽然对秦始皇暴政痛心疾首，但也肯定了秦始皇统一中国的历史功绩，以及当时广大民众对大一统国家的向往和盼望。

“万代皆行秦制度”。秦始皇所创立的中央集权制度，在中国延续了两千多年，一直被后世所继承，并不断予以完善和发展。这种中央集权制度，对于维护多民族国家的团结和统一，具有十分重要的意义。而大秦帝国采取的郡县制，破封建、利统一，基本杜绝了地方割据势力依恃土地、臣民以及财富与中央政府相抗衡的现象，更有利于国家政治统一。对此，即使一直抨击秦朝恶政的历史学大家班固，也不得不在《汉书》中承认：

> 汉家承秦之制，郡县治民，主有专己之威，臣无百年之柄！

经济方面，秦始皇统一了货币和度量衡。这些举措，看似枝节末端，实则意义重大。由于币制和度量衡的统一，中国经济从此进入规范化、标准化的轨道。国内商品交换和经济往来，也有了质的飞跃，而封建国家的赋税征收，也得以标准化、系统化、制度化。

文化方面，针对各国“文字异型”状况，秦始皇推行“书同文”。在全国范围内统一了文字的字形和书体，将各国繁杂的字体统一为小篆，并将它作为官方文字颁行全国。两千多年来，中华大地分分合合，最终之所以能够具有共同的文化传承和精神血脉纽带，统一的文字是其中重要因素之一。

继“书同文”颁布不久，秦始皇又要求人民“行同伦”，移风易俗。他下令要在帝国所有地区建立一致的生活习俗和道德规范。

遥想秦朝统一之前，六国习俗、文化各异，“田畴异亩，车涂异轨，律令异法，衣冠异制，语言异声，文字异形……”——所有这一切紊乱，在嬴政称帝之后，即刻令行禁止。

从长远角度看，他的这些文化举措，为日后汉民族形成共同的文化心理积淀，奠定了深厚的基础。正因为有了共同的语言文字、共同的经济生活、共同的心理积淀、汉民族的终极文化特性，终于日趋定型。

可惜，秦始皇毕竟难以超越时代的局限，他大起宫室，沉溺声色，穷奢极欲，疲极百姓，还欲图从精神和思想意识上统治天下人。结果适得其反，使得秦帝国统治走向暴政的极端，使其千秋万代美梦破碎，也使自己永世不替的希望成为千古笑柄：

> 咸阳气正豪，六雀巢俱扫。琅玡碑镌不了秦官号，绿云鬟妆不了阿房俏，人鱼膏照不了山泉奥，童女郎采不了长生料。怎知一霎时有赤帝子斩蛇当道，巨鹿北，干戈倒；函关上，旌旗耀；轵道旁，婴前导。试看那咸阳三月彻天红，枉惹得关东六主泉台笑。（归庄《万古愁》）

至今思项羽，不肯过江东

楚汉战争论英雄

东城，深秋。本来应该是阴雨连绵的季节。

而如今，苍穹中，高悬一轮巨大的太阳。干爽，晴朗，在这样秋天的日子里，真是难得一见。这轮大而惨白的太阳，没有丝毫暖意，苍白无光，兀自悬挂在那里。南徙野鸟，俯瞰着洒满鲜血的战场，发出阵阵凄切惊心的悲鸣，掠过凉意深深的大地。

初寒时节，从高空飘掠过阵阵凛冽的北风，边地的荒草泛着黄色，沼泽地里的被鲜血染红的浅流中冒着泡沫，无数裹着甲胄的尸体，懒散地躺在原地，似乎睡觉一般，但散发出轻微的腐烂气息，证明他们已经死亡了一段时间……

西楚霸王项羽，稳稳骑在那匹天下闻名的乌骓马上。这匹马，身躯细长，筋肉强壮，毛色如鸦，黑中带丝丝白毛，望之滑如绸缎。

深秋的寒风以及正在头顶的白日，使得项羽微微皱起眉头。他眯着眼睛，神色平静，眺望着周遭一望无际的、沉默的、亮着白晃晃兵刃的汉军士兵。

那么多汉军军将，弓身伏在鞍头，惊惶的黑脸陷在兜鍪之中，瑟缩着。从敌人那一双双黯淡无光的眼睛中，项羽看到的是他最熟悉的东西——恐惧。

地平线上，升起一片淡红色温柔的阴影。一群群乌鸦，从头上阴云一般飞过，在铅白色残云映衬下鸣叫着，散发着不祥的预兆。高高摇曳的衰草上面，许多寒露还未消尽。

罡风猛烈，把沼泽地里面那些腐烂的芦苇、湿润的泥土以及无数尸体腐烂的混合气味送到人们的鼻孔里面，让人感到莫名的烦躁。

对战的士兵们，都知道最后的时刻即将来临。人员对比如此悬殊，忽然之间，双方似乎都松弛下来。特别是人数占绝对优势的汉兵，反而忽然再没有什么喧哗，面无表情地静默着。只有数匹受了伤重的马匹，在地上翻滚着，偶尔打着响鼻哀鸣。隐约能够听到，几个经过一夜折磨还没有死掉的士兵，辗转着，发出低沉的哀号，夹杂着他们断断续续沉重的喘气声音。

总之，阵地上一直陷于一种朦胧的寂静状态。似乎在沼泽深处，还能听到隐约可闻的野雁叫声，那样沙哑，那样无奈。

项羽站在高岗上，默默远望暮色苍茫的田野。他感觉甲胄上凝结的鲜血味道，幻化成袭人的寒意。秋日冷风彻骨，烟雾渐浓，令人黯然神伤。远眺，在那些茂密的树林后面，是无垠的沼泽。这地方，昔日到处生长着红莓般的野果。如今，它们星星点点，犹如四处飞溅的鲜血。

项羽感觉自己有些迷离恍惚。昔日辉煌的胜利恰如昨日，今天却落到如此地步，让人梦里雾中一般……

怔忪过后，他很快就清醒过来。他的目光，犹如飞鹰一般，在这些点缀着一块块绿中透黄的草地的沼泽广原中起伏着、游弋着。惨白日色招摇下，西楚霸王犹如一尊降落凡间的战神，浑身上下散发着悲壮、无畏的英雄气息。

长长发出一声低沉的叹息之后，扫了一眼汉军中波浪般涌动的无数赤帜，项羽高坐马上，右手高举大戟，对属下的 26 名精骑兵发出冲锋的命令……

年少曾经万兜鍪——项羽的青年时代

秦始皇暴死沙丘之后，赵高和李斯篡改遗嘱，矫诏拥立胡亥为二世皇帝。自此，秦朝的灭亡，已经不可避免。

赵高、胡亥主导下的秦国，成为无比恐怖的国度。矫诏甫下，公子扶苏和大将蒙恬被逼自杀。秦国内廷大权，全部由赵高把持。

由于得位不正，胡亥对赵高言听计从，下令处死了蒙毅等对秦国耿耿忠心的臣子。为了稳固帝位，胡亥又惦记上了那些可能对自己皇位有威胁的同父异母的兄弟姐妹，惨杀了 22 个皇子和公主。而他们的姻亲受株连而死者，不计其数。

忧死不暇，秦国上上下下笼罩在恐怖氛围中，人人自危。自始皇帝以来的暴政，愈演愈烈。

高压政治下，秦国黔首终于无法忍受。戍卒一叫，举国皆惊——陈胜、吴广，在大泽乡动手了！

多米诺骨牌效应产生，天下震动。特别是昔日为秦所灭六国的旧贵族，纷纷出动，英雄四起。

而响应陈胜、吴广起义的楚国贵族之中，最吸引人们眼球的，肯定要属占据会稽城的项梁、项羽叔侄。

项氏爷俩，绝非等闲之辈！项梁的父亲，乃楚国赫赫名将项燕。

战国末年，秦国大军以秋风扫落叶之势，席卷大地，进逼楚国。危急关头，项燕临危受命，谋略有方，指挥楚国部队大败秦国军团。消息传到咸阳，使得不可一世的秦王嬴政也大惊失色。为此，嬴政不得不请出已退休的秦国名将王翦为帅，倾秦国之力，发六十万大军再次南下，征伐楚国。

而项燕经此一战，已经成为全体楚人心目中的大英雄。无论贵族还是贫民，都认为项燕肯定能够重振楚国雄风。

秦军大将王翦，乃百战良将，他深知楚军内部弱点，到达前线后，他指挥秦军坚壁清野，就是不和项燕率领的楚军正面作战，持续消耗楚军的军力和实力。

最终，果然不出王翦所料，楚军因为粮食缺乏而退兵。

抓住时机，老将王翦指挥秦军果断出击，给楚军以灭顶之击。溃退过程中，项燕苦战，最终不敌，力竭而死。

项燕虽身死，但楚国人内心都不愿意接受这个残酷的现实，总有传言，说他依旧活在人世，藏于某隐秘地点，随时等待机会率领楚国人复国。为此，“楚虽三户，亡秦必楚”的谶言，在亡国后的楚地广为流传（这个谶言，还有一个解释，即“楚虽三户”的“三户”乃地名，指“三户津”，在相州滏阳县界。所以，谶言喻指，秦朝肯定亡于“三户津”——后来，项羽就是率领大军渡过三户津攻破章邯大军，进而击灭秦朝）。

即使在秦始皇统一后的暴虐统治下，在楚国旧地，项燕的威名依旧不息。而陈胜、吴广军队初起之时，更是假托项燕楚军残余军团的名义，领导、鼓舞楚人反抗秦朝的暴政。

陈胜、吴广起义，时间是二世元年（前 209 年）的七月。而项梁、项羽叔侄，两个月后就在楚地揭竿响应。

要知道，项燕死时，他有几个儿子随从战死，诸子当中，应该只有第四子项梁一人逃脱。各种史书上，有关项梁如何逃脱的过程，完全没有交代；而且，对于项羽的父亲到底是谁，是否跟随项燕一同战死沙场，也完全没有交代，这确实是让人很纳闷的事情。唯一可以解释的，就是项梁、项羽叔侄两个人，或许原本就是项氏疏宗，在尊崇等级制度的时代，他们借靠项燕威名以成大事。

无论如何，项氏叔侄，绝对是人中龙虎。特别是项羽，时年二十四岁，身高八尺余。换算到今天，也有一米八的个头。在当时普遍低矮的楚国人群当中，肯定算鹤立鸡群的了。

根据司马迁记载，在青少年时代，项羽就表现不同凡响：

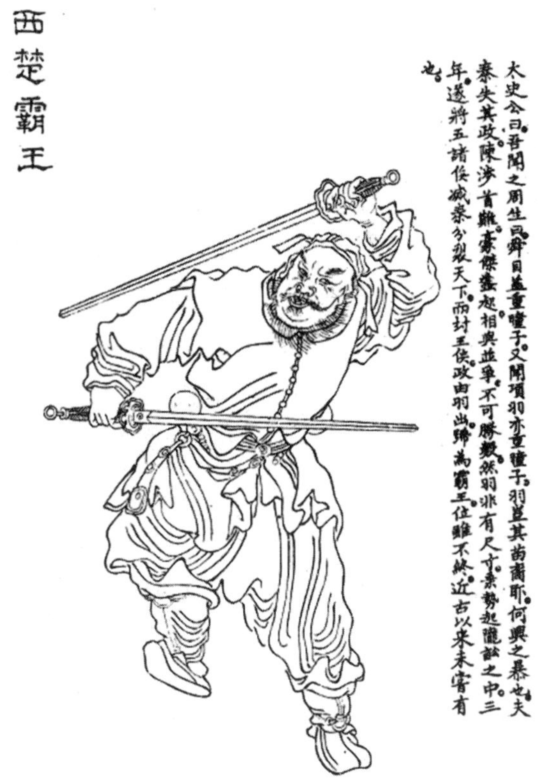

项羽像　图出《晚笑堂竹庄画传》

项籍少时，学书不成，去学剑，又不成。项梁怒之。（项）籍曰：“书，足以记名姓而已。剑，一人敌，不足学，学万人敌。”于是项梁乃教籍兵法，（项）籍大喜，略知其意，又不肯竟学。

青少年时代的项羽，看似对一般武功没有耐心和毅力，实则胸怀大志，从小就有领袖气质。

后来，由于叔叔项梁杀人避祸，爷俩就躲到了吴中地区——那里有昔日楚国旧部族的庇护，可以暂时避开秦国严苛细密的法网。

秦朝时的吴中，指现在苏州一带，原为吴国中心地带。秦灭楚国之后，隶属于会稽郡。古代的吴中地区，民风彪悍，人民性格坚忍。

项氏叔侄，既是人杰，又有贵族血统，自然在当地得到吴中地方长老豪族的拥护和爱戴。古人所重，无非是丧事和祭祖。由于项梁非常有人望，他就常常被地方豪杰推举主持这样的事情。本来就胸怀大志，项梁积极组织，稳妥行事。几年下来，在得到众人拥戴的同时，项梁也暗地里为自己日后的起事构筑了吴中地区的组织班底和行事法则，随时准备乘势而起。

秦始皇巡幸会稽郡在江口举办大型的渡江仪式。秦军千乘万骑，以排山倒海之势，大耀军威和君威，借此震慑楚人。

遥望如此威赫的皇帝出行阵仗，项羽在人群中朗言大声：“彼可取而代之！”

听侄子如此说，饶是项梁胆大，当时也差点吓尿裤子。他赶忙捂住项羽的嘴：“这事儿哪能如此公开大言，会让吾项氏宗族遭受族诛啊……”

项羽依旧豪气万丈，丝毫不畏惧。由此，项梁心中更是有数，深知自己这位侄子不同凡响，日后肯定能乘云而上，建立非凡功勋。

当时的项羽，二十岁左右的年纪，不仅身长八尺，而且力大无穷，能举起青铜大鼎，使吴中年轻人对他畏而惮之，成为时人崇拜的偶像级人物。

项羽看到始皇帝仪仗队，发出一声“彼可取而代之”的豪言壮语；差不多同时期，一个沛县亭长，近五十岁的半老头子刘邦，在咸阳出公差，看到始皇帝出行的威武队伍，也发出一句感慨：“大丈夫当如是也！”

刘邦和项羽两个人的感慨，似乎都挺胸怀大志。但仔细琢磨，大不相同——项羽之言，透露出的是具有贵族气息的、睥睨一切的英雄豪气；而刘邦之叹，其实就是当时寻常一位天命之年的老头儿的羡慕而已。

由于黑道白道皆通，项梁在吴中地区的名气越来越大。因此，他不仅仅和当地豪族长老相交甚欢，就连秦朝的会稽郡守殷通，也不得不高看他一眼，时常邀他入府，请他摆平当地的大事儿小事儿（殷通当时的官名就叫“会稽守”，到汉景帝时代，郡守才称为“太守”）。

秦帝国时期的会稽郡，辖区不小，大概是春秋时代吴、越两国旧疆，也就是今天浙江及江苏南部之地，人口约百万人，几乎就是当时秦帝国的东南半壁。

而会稽郡守殷通，基本就是这个辽阔疆域的一把手。由于秦帝国实行的是郡县制，郡守的主要工作，是负责为朝廷征收租税、派遣劳役，实际上权轻责重。而秦法严酷，对黔首百姓严，对官员也严，随便哪个工作有闪失，咸阳一道谕旨，殷通随时都可能被抓入狱。正因如此，殷通必须和项梁这样的“地头蛇”处好关系，才能最有效地推动政令实施，上可以对朝廷有交代，下可以避免政令难行情况的出现。

而郡守殷通对项梁的尊重和依赖，反过来也更让项梁在地方的影响力越来越大。在某种程度上，项梁在吴中地区的声望甚至要超过殷通。

陈胜、吴广大泽乡起义，风起云涌。自北而南，很快就蔓延到吴中地区了。民乱四起，秦帝国岌岌可危。胆战心惊之余，身为会稽郡郡守的殷通深知，郡内一旦乱起，第一个掉脑袋的肯定是自己。于是，他一方面想提前表示自己要独立，一方面也是想探探当地豪杰的口风。他叫来项梁，对这位好汉说出自己掏心窝子的话："天要亡秦！先发制人，后发制于人，我也想发兵响应陈胜，所以，我很想委任您和桓楚为大将……"

说完这些话，殷通眼巴巴望着项梁。

这时的殷通，很难说他不想起义。眼见天下已经大乱，指望秦国军队及时开拔到会稽平乱，肯定不可能了。作为秦帝国老吏，或许他确实要先下手为强。

而殷通对项梁所说的桓楚，是当时秦朝通缉的一个吴中要犯。搬出桓楚，一方面表明自己的立场，一方面他也想在起事后有一位能够制约项梁的当地豪杰。

项梁何等人也，眼珠一转，马上洞悉殷通心思。

心内如明镜，话却不能明白讲。项梁毕恭毕敬，马上对殷通说："桓楚一直在大泽中东躲西藏，天涯亡命，别人都不知道他确切的藏身之地。还好，我侄子项羽和他关系好，只有他一个人知道桓楚藏身的详细地点，我出去问问他，然后向您汇报。"

殷通当然不疑有诈，立刻颔首。

危急时刻，项梁心急火燎，马上跑到郡守府外，和站在当地更心急火燎的侄子项羽耳语一番。

如此这般，一顿吩咐，项羽握剑在手，点头允诺。

不大工夫，项梁急匆匆回到议事厅，对殷通说："我把项羽找来了，您派人唤他入厅，直接交代他，让他马上召桓楚入城听命吧……"

殷通很高兴，这项氏叔侄，办事能力真是太强了。端坐片刻，他发令，让手下从人马上请项羽入厅受命。

项羽大踏步入内，殷通立刻起身，笑脸相迎。

当然，项羽这一路小跑，不是我们现在电视剧中张牙舞爪地举剑狂奔，乃是古人体现对上级尊敬的“趋行”。如果我们看过十多年前那部收视率很低的历史电视剧《孔子》，我们就能够体会古人行走坐卧的神韵。

不料想，快速入门的项羽，进来后不是跪地行礼，而是出人意料地趋前一大步，拔出腰中宝剑，朝着郡守脑袋横向一挥。殷通根本来不及有任何反应，随着白光一闪，血糊糊人头，顿时落在地上……

> 项梁持守头，佩其印绶。门下大惊，扰乱，（项）籍所击杀数十百人。一府中皆慴伏，莫敢起。

项梁手持殷通滴血的人头，身配象征权力的印绶，洋洋而出；殷通手下从人众多，事出仓促，惊扰狂跑。纷扰之际，项羽虎入羊群、宰杀犬羊般又弄死将近百人，终于使得郡守府内众多文武畏惧匍匐，再无一个人敢出头反抗。

大英雄处乱世，快刀斩乱麻。会稽郡即刻成为项氏叔侄的天下。

有人可能会问，秦朝的郡守殷通，不是已经表明他的态度了吗，有必要杀他起事吗?

很有必要。

殷通毕竟是秦帝国干吏，老奸巨猾。他的反秦，迫于形势而已，私心甚重。当时的项氏叔侄，不过是殷通棋局内两粒棋子而已，即将被召来任用的桓楚，也是棋子一枚。随时随地，殷通都可能翻脸。一旦秦帝国势力转大，殷通很可能就会拿项氏叔侄的人头当作自己重新“归队”的筹码。

此外，殷通再怎么表现，他都是秦国在会稽当地政治统治的符号，是仇恨的目标。项梁、项羽杀掉他，不仅除去后患，而且还能起到巨大的宣示作用，让吴中父老知悉反秦活动正式开始，再没有任何回旋的余地。

为此，杀殷通乃项氏叔侄正确的选择。杀人服众之后，项梁举重若轻，马上在郡守府召集故旧相识以及会稽郡内所有重要官吏，商谈大计。

会稽郡多数官吏，本来就是楚人，绝大多数都和项梁关系不错。眼见天下大乱，项梁叔侄又把郡守殷通都杀了，莫不乐得顺水推舟，无一人持有异议，都赞成反秦独立。

计成之后，吴中豪杰纷纷帮助项梁、项羽出头出面，安抚郡内事宜。

得到众人正式拥戴之后，项梁也体现出他杰出的领导才能。在极短时间内，他选贤任能，在吴中招募了八千子弟兵。这八千江东战士，具有极高的军事素养和旺盛的战斗力。

而后，项梁亲自从当地豪强中挑出人员，分别任命为军中、府中各级将领和官吏，重新搭建起一套崭新的会稽郡领导班子。

其中，有位原籍吴中的地方豪强头目也是项梁好友。他在这次任命中未获提名，非常不快，就当众质问项梁："您为什么舍我不用，难道有什么私心不成？"

略一沉吟，项梁说："前些日子，我曾派您主持办理某家的丧事，但您的表现，根本没能力胜任。以小见大，所以我这次不能重用你。"

一席话，说得对方心服口服，也让吴中父老豪杰人皆叹服，更从中得知了项梁的识人能力和领导能力。从此之后，众人对他更加言听计从。

大事办妥，小事摆平，项梁自任为会稽郡守，并以侄子项羽为副将，集结会稽郡内各种力量，真正加入到反秦的武装斗争中去。

叔侄两个，叔叔项梁在城内负责全盘领导工作。军中掌管大事的，其实就是侄子项羽一个人。这位飒爽英姿的将军，时年才二十四岁，和日后叱咤风云的拿破仑出道时年纪相仿。

史籍上说，项羽"力能扛鼎"，似乎就是个肌肉发达、头脑简单的大力士。在真实历史中，项羽文武双全，是秦汉交际那个令人目眩神迷的伟大时代中不可多得的英雄人物。

值得一提的是，差不多和项氏叔侄起兵的同时，苏北沛县地区，一个年近五十岁的老头，也趁火打劫，开始了反秦武装暴动。这个嗜酒好色的半大老头，就是日后汉朝的开国皇帝——汉高祖刘邦。

刘邦，这位昔日秦朝的“泗水亭长”，因不能按期到达骊山而私放囚徒，流窜山中，变成一个小团伙的头目。大泽乡陈胜怒吼之后，他也乘势而起，以沛县为根据地，开始了他姗姗来迟的传奇一生。

出师多捷不免死：陈胜的灭亡

“大楚兴，陈胜王。”

陈胜、吴广兴兵之后，秦帝国的中原地区一片大乱。

秦二世元年（前209年）七月，陈胜当月起兵、当月称王，除派出张耳、陈余、武臣等人北上进入昔日赵国旧地攻伐之外，更派出周文和吴广两人分兵西进。

仅一个月时间，陈胜派出的大将武臣就在赵地称王了；到了九月，昔日燕国旧地也拥立武臣派出的韩广为王；不久，武臣在内讧中被杀，诸人拥赵国王室赵歇代武臣为赵王；同时，楚地项氏叔侄、刘邦等人各自兴兵，攻城略地；而齐国旧境，故宗室田儋被拥立为王；魏国故地，陈胜派魏国宗室魏咎为魏王……

昔日被秦国击灭的六国，纷纷复起。

为了攻取大粮仓作为根据地，被陈胜委任为“假王”的吴广在西进过程中，率领一队主力军包围荥阳。但猛攻多日，却不能攻下荥阳坚城。

当时固守荥阳城的，正是秦国宰相李斯的儿子李由。本来，他的官职是三川郡（郡治在洛阳）郡守。大乱甫起，李由很有大局观，他在安抚境内百姓的同时，深知粮仓在战乱时期的重要，亲自率军到荥阳坚守。

相比李由，小军官出身的吴广，自然再无先前摧枯拉朽的态势。由此，起义军被拖在荥阳城下动弹不得。

福兮祸兮。陈胜派出的两支西进大部队，吴广被李由牵制在荥阳，另外一支大部队，却在周文率领下势如破竹，屡战屡胜。

周文是文人出身，作战经验不多。但他曾做过楚国名相春申君黄歇帐下宾客，当初项燕举兵对抗秦国部队时，也曾出任过项燕手下的参谋。因此，文韬武略，周文都算在行。

最主要的是，周文的组织和领导能力很高，加上运气好（因为吴广在荥阳替他牵制了许多大据点的秦军），所以，虽然年过六旬，这位周爷却一路攻城略地，迅速攻下颍川等地。大军得胜后，赶来投奔他的人越来越多，恰似滚雪球一般。

待周文大军十月底抵达函谷关的时候，其麾下已经集结了数十万兵力，就连“豪华战车”也有千辆之多，盛况空前。

六国贵族纷纷起兵，陈胜手下的周文大军，已打到函谷关前。天下大乱如此，很长一段时间内，都城咸阳城内的秦二世竟然对这些乱状一无所知。

多年以来，秦国一直以函谷关为屏障。咸阳城所属的关中地区，北有萧关要塞、西有散关、南有武关。因此，一夫当关，万夫莫开，地势非常险要，易守难攻。不论中原有多大乱局，只要守得住关隘，关中地区就不会有太大危险。四五个世纪以来，秦国依靠关中要地，稳步经营，最终一统天下。

二世皇帝胡亥在赵高、李斯矫诏情况下被拥立为帝，根本没有任何治国才能。除享受以外，他最主要的精力和注意力不是治国安邦，而是铲除和他有直接血缘关系的兄弟姐妹，把这些他认为可能威胁到自己帝位的人和亲眷基本上诛杀殆尽。

而丞相李斯深知秦始皇晚年法律严酷，军役、劳役过分严苛，人民已经苦不堪言，为此，他很想抓住始皇帝去世这个机会，在国内政治改革方面有一番新作为。于是，他想在检讨施政过失的同时，先叫停一些不是非常紧急的徭役，采取与民休息政策，缓解国内矛盾。经过审慎考虑之后，他和右丞相冯去疾、将军冯劫等人，共同向二世皇帝胡亥上谏，希望国家能够减税薄赋，借此平息民怨，收揽人心。

胡亥庸才，如果内无赵高，或许能听得进李斯等人的谏言。而赵高在除掉公子扶苏和蒙恬兄弟之后，深知在朝廷之内最大的政敌，就是昔日的盟友李斯。为此，他以帝王应该享受生活为名，劝胡亥不要以帝王之尊随意面见群臣、处理政事。“陛下您但居深宫之内，享受人生。外间琐事，由微臣和丞相等人一起去处理好了。”

胡亥闻言大喜，巴不得听这样知心疼人的话呢。于是，他就在宫内纵情享乐，一切大事，皆委任赵高。

赵高把胡亥玩弄于股掌之内，又削夺了李斯等人权力，对于宫廷政治，可谓驾轻就熟。但天下乱起，烽火处处，这位大宦者却一点办法都没有。为此，他严禁宫内有人把外面的乱象告知二世胡亥，想一直隐瞒帝国祸乱四起的真相。

结果，当陈胜手下大将周文率领数十万起义军抵达戏水驻扎的时候，就真瞒不住了。

戏水，在新丰东边，就是今天临潼县以东，基本算是秦帝国都城咸阳的大门口了。

千乘万骑几十万造反者，汹汹如此而来，叩关叫阵，赵高也没办法再不让胡亥知道了。

惊惶之余，赵高先痛谴丞相李斯等人的处理不力，然后才把叛军抵达戏水扎营的事情告知胡亥。该轻描淡写的就轻描淡写，该添油加醋的就添油加醋，赵高本人的错失，似乎全然不见分毫。

军情如此紧急，叛军已经攻到首都门口，内部防守空虚，胡亥着实吓了一大跳。他赶忙升殿坐朝，召集众大臣计议。

可怪的是，对于如此重大问题，史书上没见李斯等人有什么真知灼见，倒是身为“少府”的章邯，从群臣之中脱颖而出。

“少府”这个官职，始于战国时期。秦汉相沿，为朝廷“九卿”之一，主要负责国家山海地泽收入以及监督皇室的手工业制造和支出，乃皇帝的私府官员。说白了，就是皇帝个人小金库的具体负责人。

作为这样一个国家政治外围官员，章邯一直对关东流寇有切身感受。除他本人的素质修养很高以外，还是因为自动乱以来，作为直接负责官员，他对宫廷财富收入急剧减少的情况有近距离感受，从而对国内政治乱局一向保持清醒的思考。

眼见危机迫在眉睫，章邯出班，果断说出自己的判断和建议：“如今大批盗寇已到戏水，人多势众，即使我们马上征发咸阳周围的郡县武装来支援，时间上也来不及了。而近在骊山，有多达七十多万做苦役的刑徒。请陛下对这些人予以大赦，然后发放武器给他们，肯定能收得成效！”

在这大几十万犯人当中，不乏先前的帝国职业军人。特别是先前的扶苏、蒙恬兄弟事件，有无数军内官员牵涉其中。多达数万的大小军官，也因为政治事件被罚为刑徒。这些人一旦被赦免，其战斗力和军事领导能力，肯定不是周文所率领的以流民为主的杂牌军所能够抗衡的。

廷对之时，章邯话虽不多，但抢尽风头。史书中，没有记载李斯和赵高当时的反应，估计都只能顺水推舟，把卫国大事全权交与这位崭露头角的章邯去处理。

当是时也，蒙恬兄弟被杀，秦国已经没有军事领袖；而李斯政事经验虽然丰富，却是文官出身，军事战略非其所长；赵高乃高级内廷官员，对于宫廷权术阴谋，他是个大家，至于抗敌作战，此人全无经验。

至此，二世皇帝胡亥只能完全听从章邯建议，大赦天下，以章邯为军队统帅，命令他携带诏书赶赴骊山，赦免七十万刑徒，即刻编成作战军团，赶赴函谷关、戏水等前线。

由于缺乏作战后勤支持，咸阳城内，就连不少奴隶后裔也被朝廷收编为后勤部队，接连开拔，和骊山刑徒一起，出城保卫秦帝国的首都。

既然担当过“少府”，章邯肯定熟悉始皇帝的骊山陵园工程，也熟悉骊山刑徒的心态和战斗力。

接受二世皇帝任命后，章邯部署得当，对骊山刑徒尽行改编后，大开府库，将秦军传统的黑色战服发给骊山，迅速带领这支新军抵达前线。

章邯为人，坚忍顽强，深谋远虑，对于即将到来的大战，这位文人统帅成竹在胸。

志骄气傲之余，周文大军没有料到，咸阳城内忽然冲出来这么多军队。这些人，相比周文一路招募的流民，显得要训练有素得多，而且武器精良，斗志旺盛。

帝国军队旌旗猎猎，玄色一片。

周文色变魂飞之际，双方甫一交战，他手下数十万流民组成的部队很快不敌，被章邯率领的骊山新军一举击退。

败出关后，周文手下军队还不至于一时星散，他驻军曹阳，得以喘息。曹阳，在今天的河南陕州区。

周文军队退出函谷关后，秦帝国首都咸阳的直接威胁一下子得以解除，关中地区也暂时得以保全。此战，为章邯赢得大大的名声，他秦军统帅的职务再无人质疑，拥有了指挥帝国内部重大军事力量的权力。

为了给他暂时拼凑的刑徒军队增加新鲜血液和让人放心的中坚力量，朝廷紧急征调驻扎蜀汉的兵力增援咸阳，还即刻内调部分屯驻长城沿线的北部军和部分屯驻岭南的军队，准备汇聚更多的军力，全力配合章邯大军，一举镇压国内叛乱。

章邯用兵，老成慎重。文人的缜密和多年干吏的经验，使得他具有深刻的军事洞察力。他深知，戏水之战，主要依靠护卫帝国首都的中尉军。有了这支核心作战部队，那些仓促武装起来的骊山刑徒和犯人新军，就处于中尉军的驱赶和监视之下，所以他们不敢不用力。此胜过后，如果自己轻举妄动，驱使骊山刑徒新军出关，继续和退到曹阳的叛军决战，周文穷寇，逼急了他们，说不定拼死反扑，到时候胜负难料。

于是，在收复函谷关以后，章邯马上停止进军，下令秦军采取守势。在争取宝贵作战时间的同时，他火速动员和调动各地秦军正规军，源源不断前来咸阳附近协防，并就全面镇压各地叛乱做出统一部署。

秦始皇一统天下之后，虚内实外，秦帝国军事部署的重心移向南北两大边疆。除三十万大军屯驻北部边境防御匈奴之外，还有五十万军民屯驻岭南。为此，造成关东空虚，外重内轻。而陈胜、吴广在大泽乡振臂一呼，四处乱起，昔日六国割据乱局瞬间重现。

审时度势，章邯深知，帝国对内对外的军事部署，不得不推倒重来。

部署完毕后，章邯果断出击。一切都在章邯计划之内，秦军在曹阳大败周文军。而后，他乘胜追击，指挥秦帝国正规军在渑池进击，与周文军队激战十多天。最终，帝国军队全面击败几十万“张楚”大军。

眼见败局已定，周文绝望之余，不堪被秦军俘获受辱，阵中挥刀自杀。

得知章邯胜利消息后，二世皇帝胡亥大喜过望，即刻派长史司马欣和董翳二人，率领生力军到前线协助章邯，准备集全力击灭陈胜、吴广叛军。

击溃周文数十万叛军后，章邯指挥秦帝国军队乘胜东向，直杀三川郡的郡治洛阳，进而奔赴被吴广围攻了四个多月的荥阳城。

荥阳，不仅仅是帝国巨大的粮仓，也是控制三川东海大道的重要军事据点，是大秦帝国经营关东地区的战略要地。只要荥阳不失，三川安定，帝国的关中本土就可以高枕无忧。而且，荥阳掌握在自己人手中，其实也就扼住了进出中原的门户。

章邯领军过成皋后，并没有直接向荥阳发动攻势。他绕开荥阳不打，直接奔向荥阳北部的敖仓（今河南荥阳西北），准备从吴广手中夺取敖仓，想从根本上断绝吴广军队的食物来源。

荥阳城，几个月来，一直由当朝丞相李斯的儿子、时为三川郡守的李由率军坚守。到章邯驰援的时候，他几乎到了坚持不住的地步。

本来虎视眈眈、旦夕克城的吴广，此时忽然腹背受敌。同盟军周文军败，章邯秦国大军节节逼近。一时之间，外患逼临，继以内忧。

起义队伍中，吴广是堪与陈胜比肩的人物，所以被陈胜委任为“假王”（“假王”，也就是评书中常用的“一字并肩王”的意思），让他督促诸将，率领大军围攻荥阳。

但吴广这个人，志大才疏，在大泽乡帮助陈胜装神弄鬼起事没问题，他本人实际上并没有让人信服的军事才能。所以，才使得这一路大军久攻荥阳不下。

士气低落之际，周文友军败亡，天上又掉下来一个秦朝战神章邯，吴广神慌意乱。于是，吴广部下对这位统帅的应变能力和指挥能力，大起疑窦。

迫于形势，情急之下，将军田臧等人觉得，一定要临阵换帅，军队才能避免覆亡的命运。秘密商议之后，几个军将诈称收到陈胜密令，忽然而起，冲入军帐，杀掉了吴广，并派人把吴广首级送到陈胜处。

看着吴广首级，陈胜喜忧参半。喜者，日后唯一能够威胁自己地位的“假王”吴广被人干掉了；忧者，荥阳附近的军队领导权，如今全落在田臧手上。这个田臧，在没有自己命令的情况下擅杀统帅吴广，显然也不是什么好人。时势如此，好人坏人只能先不追究了，陈胜必须承认现状。毕竟，田臧还没有公开造自己的反。

陈胜下令，任命田臧为令尹（丞相），全权统领围攻荥阳的前线军队。

田臧得到陈胜正式任命后，也想干出点新意，以此来证明他比吴广的指挥能力要强得多。于是，他委派部将李归带领少量军队继续包围荥阳城，自己则亲率主力军队开赴敖仓方向，想要对前来的章邯大军展开迎头痛击。

田臧的战略意图很明了，也很正确。可惜的是，他太不自量力，低估了章邯的军事指挥才能和秦帝国生力军的战斗力。

敖仓大战，双方都属于有准备之战。

在这场从人数上来说还算势均力敌的战斗中，秦军一举击败田臧大军，阵斩田臧；而后，章邯乘胜而进，率军在荥阳城下又击溃李归军，阵斩李归。

至此，秦帝国的荥阳之围解除，东方防线得以保全。叛军吴广一军，完全溃灭。

稍事休息，章邯指挥秦朝大军，对陈胜"张楚"政权转入全面的战略进攻，在很短时间内南下攻克颍川郡。

在命令帝国郏县方面军继续南下的同时，章邯本人统领秦军主力，东向逼近陈郡，准备对张楚政权的"首都"陈县展开最后的攻击。

在陈县附近，秦军所向披靡，击杀陈胜派出的大将房君蔡，最终兵临陈县城下。

眼看秦帝国军队已经逼近大本营，楚王陈胜在深宫中也待不住了。享了这么多天的福，也要出来面对残酷而黑色的命运。他硬着头皮，不得不以楚王之尊，亲自乘车，出城监军。

这个时候，陈胜在自己"都城"附近能拿出来和秦军拼命的本钱，已经少之又少，只剩下一名叫张贺的军将所率领的流民组成的杂牌军。

张贺人倒是耿直，虽兵弱将少，他也排兵布阵，弄一帮人在陈县西门外，准备迎击来势汹汹的章邯大军。

这完全是一场没有任何悬念的战斗。没打多久，义军即被秦军打得大败亏输。张贺本人也阵中战死，陈县"都城"，此时全然洞开。

眼看自己成为"光杆"楚王，河南地面肯定待不下去了。陈胜倒是好汉不吃眼前亏，撒丫子就跑，率领零星残余的守卫部队，乘车往东南方向狂逃，准备向汝阴（今安徽阜阳）方向撤退。

穷寇必追。章邯派遣军队，乘胜撵着陈胜，一路追打。当陈胜逃到城父县东南的下城父（今安徽蒙城县西北），他身边除车夫庄贾以外，已经没有任何护卫和从人了。

思来想去，流氓无产者出身的车夫庄贾起了贼心，也不多言，扔下马鞭子，扭头一刀就杀死了陈胜。然后，他拿着陈胜的脑袋，向秦军投降。

自起事称王，到被自己的“司机”摘了脑袋，仅仅六个月，陈胜就以失败告终。

追忆陈胜起事经历，确实有许多可怪之处——他先是诈称公子扶苏和项燕起兵，让人云里雾里。扶苏乃秦帝国继承人，项燕乃被秦帝国所灭的楚国大将，这两人如何能混到一块来呢？兴兵之后，陈胜先自称要光复楚国，但成事后并未立楚国后裔，而是自己称王，国号又弄个“张楚”，很有些不伦不类……

但回顾陈胜为王之后，他自己深居陈县“王宫”，却一直指挥若定，封王遣将，派人北攻荥阳、西入函谷关、西南叩击武关——这些谋略，非一般畏懦无谋者能想到的。这位陈王种种立意和举动，又让人觉得此人智略超群，几有匪夷所思之感。

无论如何，陈胜首事反秦，虽自身先死，但他所遣置的王侯将相，竞相奔走，前赴后继，最终灭亡了暴虐至极的秦帝国，完成了他未竟的大业。

陈胜死，章邯扬。

仅仅用了短短两个月的时间，章邯指挥若定，以极大的智慧和耐心，一一消灭了“张楚”大军各部主力，接连收复三川、颍川、南阳、陈郡等地，等于是给秦帝国打了一针回光返照的救心剂。衰败到骨子里面的帝国，似乎又重新迎来了中兴盛世。

在咸阳，朝廷内外，笼罩在一种虚假的胜利和庆祝氛围之中。

秦军击灭陈胜的“张楚”，昔日楚国南部旧境和韩国旧地得以平定。审时度势，章邯率领秦军奔往砀郡和东郡方向，全力平定魏国旧境，其主要打击目标，就是当时占据临济（今河南封丘东）的魏王魏咎。

恰在此时，有一支本来不起眼的军队从会稽出发，渡过长江，沿东海郡北上行军，气势汹汹，奔向下相、下邳、彭城方向，准备参与诸侯军队对秦军发起攻击。

这支军队，正是项梁、项羽叔侄所率的楚军。

而项氏叔侄渡江参战的借口，乃是响应陈胜的号召，率领吴中子弟兵与各部义军勠力同心，击灭无道之暴秦——让人感觉荒谬的是，当项氏叔侄渡江赴战之际，陈胜已经被杀多日了。

有一点值得注意，项氏叔侄迢迢赴战，倒不是攀龙附凤以陈胜命令为借口到中原地区蹚浑水，他们爷俩在当时，确实真以为陈胜对自己发出了参战的邀请函。

那么，是哪个胆大包天之徒，假借陈胜的名义欺骗项氏叔侄渡过长江的呢？

破釜沉舟誓死战：项羽的横空出世

这个人，说起来不是很有名，他叫召平。

召平，广陵（今扬州）人，乃陈胜部将。原本他是被陈胜委派出去到东海郡地区扩展地盘的。召平出发之时，身边从人并不多，所以在领军攻打自己老家广陵县时，打了好久都不能攻下。正胶着期间，陈胜大败消息传来，得知秦兵势猛，召平也不敢逡巡于广陵了，南下渡过长江来与项梁会面。

客来主地，肯定要狐假虎威，于是召平从箱底摸出一份空白委任状，填上“上柱国”的职衔，作为和项梁的见面之礼。

当然，这封委任状，肯定是以陈胜的口气给项梁封官的。在旧日楚国，上柱国的官职不可谓不大，基本就是副丞相了。见此，项梁十分高兴。

需要解释一下的是，这个广陵人召平，在历史文献中，似乎只是在项氏叔侄准备渡江前作为“群众演员”出场了一下，后来就再无此人踪影。他的结局和身世，也成为千古之谜。但在许多现存辞典中，又说此人是“东陵瓜”的创始人，似乎他摇身一变，又变成关键时刻劝萧何不要居功自傲的落魄贵族东陵侯。其实，这完全都是张冠李戴。秦汉之际，叫召平的有三个人，除广陵召平、东陵侯召平，还有一个召平，乃汉初刘氏齐王的国相。

假戏，一定要真做。召平看项梁接受了任命，第一幕挺顺利，也很高兴，就继续假借陈胜名义，命令项梁率领会稽楚军即刻渡江西进。

项梁的基本工作本来就已经准备就绪，吴地现在根本不能施展抱负。真是想什么来什么，现在有了陈胜的任命，自己威信又高了一层。所以，他根本不质疑召平所带陈胜命令和委任状的真实性，马上和侄子项羽一起，精中选精，统领八千江东子弟兵渡过长江，杀入秦朝的东海郡内。

一路之上，得知项梁乃陈王手下上柱国，各路义军也纷纷响应，前来投靠的人络绎不绝。而第一拨来的人最多，由陈婴率领。这位陈婴一带就带来两万多能征善战之士。

陈婴，东阳县（今江苏盱眙）人，原本是秦朝东阳县令史，也就是县城的高级公务员。关东大乱之时，东阳县一群“少年”（准黑社会组织的一群年轻人）杀官反秦，看陈婴人品好，就推他做了头领，欲立他为王。

陈婴属于谨小慎微之人，早孤，由母亲抚养长大，但凡大事，都要和母亲商议。陈母仔细想想，就嘱咐说：“自从我嫁给你们老陈家，从没听说过你们陈家上几辈子出过什么大贵人。如今暴得大名，不是什么好事儿。你自己千万不要称王，不如有所归属，事成犹得封侯，倘若事败，逃跑也比较容易……”

恰好，项梁出军接近东阳。得知项氏乃楚国名族，陈婴就按照母亲的意思，率兵归属项梁。

一下子多出两万多人马，项梁如虎添翼。

陈婴和陈婴之母的思想意识，不是我们现在人所想那种自己不出头、让别人担祸那么简单。陈婴母子这种避祸意识，源于当时普通人的正常观念。秦汉交迭之际，中国人等级观念很重，一般人都难有非分之想。所以，陈胜在大泽乡高喊“王侯将相宁有种乎”，基本属于亡命无赖的无所忌惮之语，在当时非常“非主流”。

为了报答关键时刻陈婴带领众多人对自己的投附，不久之后，项梁投桃报李，任命陈婴为楚国“上柱国”。基本和自己从陈胜处接受的虚拟官职差不多大了。

从项梁出兵路线可以看出，他当时接受了召平带来的“上柱国”任命状，但没有接受“西击秦军”的军事命令，而是一路北上，从广陵北上渡过长江，然后走东阳。合并陈婴军之后，项氏叔侄继续沿大泽（今洪泽湖）至东北，在淮阴一带渡过了淮河。

项梁大军继续北上，经由淩县（今江苏泗阳北），到达下相（今江苏宿迁西）。

下相这个地方，正是项氏家族的传统封地和宗籍基础所在。所以，项梁、项羽叔侄在老家修整了较长一段时间，遍拜父老宗族，使得项氏家族势力在楚军中盘根错节。日后构成项氏家族政权基础的宗族亲属，如项伯、项庄等项氏族人，也都是在这个时期投于项梁军中。

下相整编后，项氏叔侄率军抵达下邳。

几个月下来，项氏叔侄北上进军顺利，秦朝的东海郡基本纳于囊中。而活跃在当地的多股武装力量，纷纷投靠，其中就包括日后鼎鼎大名的英布、柴武（号“蒲将军”）等人。这些江洋大盗出身的头目，皆被项梁委任为大将。同时，老谋士范增和日后的军事天才韩信，也都是在这一路上加入楚军的。

此时的项家军，人数膨胀，大概发展到六七万之多。

本来一路顺利，岂料到了彭城西部，项梁遇到了一位叫秦嘉的人率领部伍在那里挡路。这位秦嘉，本来也是反秦的“同志”，但此人一向不听号令，曾杀过陈胜派到他军队里面的监军。陈胜被杀后，秦嘉更是擅自做主，找了一个楚国王室的后裔景驹做楚王。实际上，景驹不过是个幌子，秦嘉自己拥兵自重。

在项梁指挥下，项家军中的大将、鄱阳湖大盗出身的英布表现非常勇猛，他身为先锋，率领兵士涉淮奋击，在两次战斗中，都杀得秦嘉军大败亏输。最后，楚军威武，临阵把秦嘉和他拥立的“楚王”景驹都宰了。

景驹和秦嘉死了，余众投降。至此，项家军又多了几万步卒，队伍发展到十来万人。

至此，项家军名头越来越大。很快，有位叫刘邦的人亲自来向项梁宣誓效忠。而当时刘邦手下，还有一位“貌好如妇人”的大名士，那就是张良。张良这位韩国公子，当时本来在下邳瞎晃，找机会反秦，听说景驹被立为楚王，就从下邳跑过来，原本想投靠景驹。结果，张良在半路上遇到刘邦，就先投靠刘邦了。

现在，既然景驹都被项氏家族杀了，张良、刘邦一商量，两个人就带着军队归附了项梁。

所以，日后显赫无限的汉高祖刘邦，曾经也是项家军中一分子。

项梁看半大老头子刘邦来投奔自己，当时就很大方，给了对方五千人马和十多名指挥官。刘邦捡了便宜之后，流涕效忠，雀跃而去。

整顿收编秦嘉和景驹旧部之后，项梁摩拳擦掌，准备领军西向和秦军正面交锋。此时的秦军统帅章邯，已经领大军北上，开始对魏国发动进攻。

到了秦二世二年四月，项梁大军抵达薛郡薛县（今山东滕州）。这时候，楚王陈胜被杀的消息才得以确证。于是，项梁在薛县集合部伍，为陈王戴孝发丧。然后，他以楚国盟主的名义，召集楚国各地起义军首领前来，共同商议推翻暴秦统治、重建楚国的大事。参加会议的人中，自然包括当时已经小有名气的刘邦。

薛县会议上，老谋士范增对项梁所说的一席话，基本为日后项家军的发展定下了基调：

> 陈胜败固当。夫秦灭六国，楚最无罪。自怀王入秦不反，楚人怜之至今……今陈胜首事，不立楚后而自立，其势不长。今君起江东，楚蜂午之将皆争附君者，以君世世楚将，为能复立楚之后也。

范增对项梁一席话，说得很有道理：陈胜的失败，理固宜然。秦国昔灭六国，楚国最是无辜。自从楚怀王受骗入秦国没有回来，楚国人至今念念不忘。陈胜起兵反秦后，不立楚国宗室之后而自立为王，号召力有限，政权因之不能持久。如今，项将军起兵于江东，楚国各地将领蜂附蚁从，就因为他们认定您项家世世代代都是楚国将领，他们期待您能拥立楚王后代，以此恢复昔日楚国天下。

沉吟良久，思前想后，项梁点头。于是，他马上下令四处寻找楚王在世的后裔。恰好，楚怀王有个孙子辈的人叫熊心的，当时流落民间，替人牧羊，于是大家把熊心找到后送到了薛县。

秦二世二年六月，项梁与各路楚军将领共同拥立这位熊心为楚王。为了纪念那位被秦国人骗走无辜而死的楚怀王，就上号熊心依旧称“楚怀王”，并以盱台为大楚国的首都，重建了楚国政权。

历史上的楚怀王，其实是个优柔寡断的昏君，他不听屈原等人的忠言，自己前往武关和秦国人谈判，结果被秦国扣留。前296年，楚怀王在秦国病死，秦国把他的遗体送还楚国，“楚人皆怜之，如悲亲戚”。前278年，秦国大将白起带兵南下，攻破楚国国都，大诗人屈原，就是在同年五月五日投汨罗江悲愤自杀，这成为“端午节”的肇始。

至于新楚怀王熊心，我们不要望文生义，看史书中说项梁找到他的时候他正替人牧羊，就以为他和日后王莽时代刘盆子一样是一个吹笛放牛的牧童。当时，这位熊心根本不是小孩子，连小伙子都不是，已是四十岁左右的成年人了。

楚怀王新政权建立以后，“项梁自号武信君”，也就是说，项梁自己任命自己为“武信君”，显然，新楚国真正的主人不是熊心，正是项梁自己。不过，在正式名义上，他是当时新楚国的大统帅，各路楚军人马十万多人，都要接受他的领导和指挥。

薛县会议，在秦汉交际之际非常重要。诸雄在此达成了协议，结束了陈胜败亡后群龙无首的局面。

有了新楚怀王熊心这个共主，楚国法统得以建立，各路反秦武装力量得以统一。

由于刘邦手下张良的建议，韩国国号也在这次会议上得以恢复。自陈胜起兵，为秦所灭的战国六国基本都已复国，唯有韩国未立。至此，张良在民间找到韩王的后代韩成立为韩王，而张良自任韩国司徒。

经由项梁同意，张良和韩成领兵前往韩国旧境，即秦朝的颍川地区，力图恢复韩国旧土。

恢复六国，确实符合天下民望，也说明当时的项梁确实没有太大的个人野心。从客观上讲，六国复国运动，分散了秦朝军队的注意力和攻击目标，对于项梁的楚国，也大有益处。

但项梁没高兴多久，让他焦虑的消息就传来了。刚刚复国的魏国，正在遭受章邯大军的猛烈进攻。

这个魏国又是怎么回事呢？

陈胜当初称王后，曾派部将四路出击。而魏国人周市，奉陈胜命令，领军北上攻击原魏国地区，即秦朝的砀郡和东郡。周市领军北上，势如破竹，一直打到齐国故地，即秦朝的济北郡，很想把齐国旧土也占了。但当时齐国旧贵族田儋在齐地已经称王，不得已，周市就退回到东郡，一心一意兴复魏国。

当时，田儋自立为齐王，武臣自立为赵王。所以，周市部下诸将，也要拥戴周市在魏国旧土为魏王。周市断然拒绝。他认定，在魏境，只有拥立魏国宗室后裔为魏王才能令当地人心服。而他心中的魏王人选，名叫魏咎。但当时魏咎不在魏境，而在陈胜大本营陈县当人质。

陈胜称王后，很反感六国旧贵族纷纷称王复国。所以，周市派出使者四次到陈县请求归返魏咎，都遭陈胜拒绝。后来，章邯大军已经逼近陈县，不得已之下，陈胜才放归魏咎给周市送个人情。至此，魏国终于得复，魏咎为魏王，委任周市任丞相。

由于魏国旧都大梁当年被秦军破坏成废墟，魏咎、周市两人一商量，就把魏国新都迁移到大梁附近的临济。

章邯灭掉陈胜张楚政权之后，锁定的第一个消灭目标，就是魏咎和周市所在的魏国。

秦军挟胜利之威，连战连捷，横扫砀郡魏军后，很快就包围了魏国首都临济。

面对来势汹汹的秦军，魏王魏咎自然派人到各国报急，更派出丞相周市亲自到齐国求救。

齐王田儋虽然和周市先前有些过节，此时激以大义，也和周市一起，亲自率领齐军主力来救临济。而当时人在彭城的项梁，也派族人项佗率领一部楚军，与魏咎弟弟魏豹一道，急速西行来救魏国。

章邯真非常人可比。他谋略在胸，在临济城下严阵以待，围点打援，大破齐、楚两国援军，接着，还阵斩大名鼎鼎的齐王田儋和魏国丞相周市。

丞相周市战死，来援的齐王田儋也战死，见救援无望，魏王魏咎为了挽救临济城内居民，只得和秦军签订降约。而后，这位新魏王，确实算条血性汉子，他得到秦军不会屠城的允诺后，阖门自焚而死。

齐王田儋阵亡后，他的族弟田横、田荣惶惧，带着残余齐军撤退到东阿。面对来势汹汹的章邯大军，他们只能向项梁求救。

项梁真能救人之急，他马上带领项羽、英布、刘邦一干人等，率领楚国主力即刻北上。

第一次真正出头对敌，东阿城下大战，楚军竟然把刚刚得胜的秦军打得大败。

死伤惨重之余，秦军向西狂逃。

庆功宴上，项梁本来要拉着田荣、田横兄弟一起追击秦军，却得到了田氏兄弟不辞而别的消息。原来，齐王田儋被杀之后，一帮齐国旧贵族心虚，拥立从前被秦国灭掉的齐王田建的弟弟田假为王。相比田儋、田荣、田横兄弟，这位田假的王室血统要纯正得多。

这样一来，在齐国首义的田荣、田横肯定不干，所以他们要赶回去把田假干掉。没多久，哥俩就把田假赶跑了，重新拥立先前阵亡的齐王田儋的儿子田市为齐王。

那刚刚坐上位子不久就被赶跑的“齐王”田假，运气不错，还有命逃出。思前想后半天，他肯定不敢投靠秦朝，就丧家犬一般投奔了项梁。

田横、田荣兄弟闻讯，马上向项梁要人。项梁挺讲义气，说田假“穷来投我”，我怎么好意思把他交出去呢。而田横、田荣呢，又不好为了一个田假，就和先前帮过自己的项梁翻脸。他们憋了一口气，愤然怒然。为此，好长一段时间内，齐国都不发兵帮助项梁的楚国。

经历了东阿大战，真正和秦军主力部队正面交锋过后，项梁自信心有些爆棚——秦朝不可一世的正规军，原来不过如此！更让项梁自信的是，胜利一而再、再而三地到来，想不自信都不行：

东阿击败秦军之后，项梁接着在濮阳附近再次打败章邯，并把章邯秦军截成两部，一部东退躲入城阳县城（今山东菏泽东北），而秦军主力残部，则由章邯带领向西退入濮阳城中，龟缩不出。

濮阳在黄河南岸，乃秦朝东郡的郡治，紧靠白马津。章邯虽然退守，由于控制住黄河水运渡口，所以军队补给大可无忧，给了他日后伺机反攻的大机会。

濮阳大胜后，项梁分军，他自己率领主力追击章邯，围攻濮阳。同时，他派出项羽、刘邦统领另外一军，向东继续追击往城阳方向败走的残余秦军。

项羽、刘邦真有战斗力，猛攻多日，终于克城。由于秦军和城阳当地人抵抗激烈，楚军死伤不少，所以刘项二人下令屠城以为报复。

城阳攻克之后，项羽、刘邦联军又南下进攻定陶（今山东定陶西北）。但定陶城池太牢固，二人最后决定放弃此城不打，前往雍丘县（今河南杞县）方向，对从三川郡方面过来的秦军增援部队实行突袭。

这支部队，主要领头人是秦朝丞相李斯的长子李由。先前，他坚守荥阳有功。如今，自恃经验和能力，兴冲冲增援而来。

结果，半路遇到项羽、刘邦联军这么一荡，秦军大败。败还不说，连官为三川郡守的李由，也在战斗中被楚军斩杀。

击溃李由所率秦朝援军之后，项羽、刘邦回军北向，向秦军占领的外黄县发动猛攻，目的在于呼应从濮阳抵达定陶作战的项梁楚军主力。

东阿大胜后，项梁在濮阳大败秦军，属下的项羽、刘邦联军攻克城阳，继而在雍丘杀败李由秦军。这些胜利，成效极大，基本断绝了秦军西南方向的增援。章邯秦军无奈，只得困守濮阳。

项梁指挥大军逼近定陶，准备一举攻克这个东方大城。

连战连捷之下，项梁开始膨胀了，对于秦军和他们的统帅章邯产生了轻视之心。

不过，这个时候，项梁身边还是有一个明白人。这个人，就是项梁的部将宋义。宋义对项梁说："战胜而将骄卒惰者败。今卒少惰矣，秦兵日益，臣为君畏之。"

显然，宋义还不好意思直接说项梁大意，他先委婉说楚军连胜之后，将领骄傲，士卒惰慢。然后，他才警告项梁，说现在增援秦兵源源不断，很替项梁担心。

项梁正陶醉在胜利之中，自然把宋义的劝告当耳边风。为了不继续听宋义唠叨，他派宋义出使齐国，与田荣、田横兄弟交涉出军会战之事。

而章邯方面，胜不骄，败不馁。虽然在东阿、濮阳、城阳以及雍丘等地连败，他并未灰心，而是不断总结经验教训，连召援兵。在保障后勤的同时，他密切关注形势，憋足劲要转败为胜。

在表面上，章邯做足戏份，他率领秦军龟缩于城内，佯作示弱，继续麻痹项梁。暗中，在他的不断催促下，秦廷同意抽调正在河北攻击赵国军队的王离一部秦军来援，目的在于与章邯会师，合力攻打日渐骄惰的楚军。

秦二世二年九月，秦朝几路援军和王离秦军一部秘密抵达白马、濮阳一带，悄悄渡过黄河，成功和章邯秦军会合。

至此，秦军不仅士气大振，后勤补给也得到了更加有力的保障，军力忽然增强许多。

机不可失。章邯军率领秦军主力，大概有十多万人，忽然从濮阳冲出，东南急行军二百多里地，直杀定陶而来。

当时，正值夜晚，本来正率领楚军主力包围定陶坚城，项梁根本没料到龟缩在濮阳城内的章邯敢于突围。

正当项梁自以为高枕无忧之际，忽然发现自己的楚军一下子被秦军反包围——章邯秦军从外面攻袭，定陶城内的秦军也忽然大开城门杀出来。如此，包饺子一样，把楚军围在当中猛揍，直打得楚军上下晕头转向。秦军趁势，直杀得楚军血流成河。

饶是能掐会算的大英雄，项梁在这场战斗中也挺不过去。一场乱战过后，楚军大败，秦军大胜。项梁本人也在乱中被杀。他的头颅被切下，高高悬挂在秦军的大戟之上……

得胜之后，章邯秦军下一个大目标就是河北地区的“赵王歇”。

项梁被杀，楚军大败，按理说，章邯应该非常高兴才对。但此时此刻，他一点也高兴不起来。

章邯不高兴，当然不是忧虑“赵王歇”，更不是忧虑项梁的侄子项羽多有本事。当时项羽的名头，还不足以让章邯睡不着觉。让章邯睡不着觉的，乃是咸阳的赵高。

章邯何许人也，在首都咸阳，他有头号文臣丞相李斯给他撑腰。李斯一直以来都配合章邯，明里暗里支持。但如今刚刚有消息传来，李斯李丞相，死了！那可不是一般的自然死亡，李斯是被“具五刑”慢慢折磨后杀死的。被杀头之后，这位丞相的尸体还被大卸八块，剁成肉泥。这还不算，李斯的父族、母族、妻族，皆被秦廷诛杀。

原来，自从章邯得胜之后，咸阳稍安，赵高就开始算计李斯。政治，讲究的就是先下手为强。赵高用尽种种伎俩，使秦二世胡亥最终倒向自己一边，逼使李斯的政治同盟冯去疾、冯劫自杀之后，又逮捕了李斯。受尽酷辱之后，这位帮助秦始皇统一天下的李丞相，最终被秦廷虐杀，三族被诛。

李斯死了，章邯在咸阳的政治后台就倒了。这，让他睡不好觉，睡不着觉。

这个时候，章邯应该鼓足干劲，集中军力和精力马上挥师，配合秦朝另一位大将王离，去消灭赵国的“赵王歇”。

那么，这位“赵王歇”，又是怎么一回事儿呢?

当初陈胜称王之后，定都陈县的张楚政权经过深思熟虑，决定派兵北上渡河，目的就是在黄河以北的燕、赵旧境开辟北部战场。当然，这个战略决策，不是陈胜自己提出来的，而是由隐居陈县多年的两位游侠张耳和陈馀主动提出来的。

想想这个计策不错，派别人自己又不放心，陈胜就派自己老哥们、也是大泽乡起兵以来就忠实于自己的老部下武臣为将军，统领三千人马北上。出主意的张耳和陈馀也都被任命为校尉，一路上辅佐武臣北上略地。

别看武臣手下人不多，才三千多人，他们趁着当时秦国大乱，很快就经砀郡入东郡，从白马津（今河南滑县东北）渡过黄河。由于赵国人深恨暴秦统治，纷纷起义拥护，武臣军队势如破竹，攻城略地，很快攻入赵国旧都邯郸。

在张耳和陈馀的策动下，武臣也要自己过瘾了，于是他在邯郸称王，自己当起了“赵王”。然后，武臣任命张耳为右丞相，陈馀为大将军，建立了新赵国。

为了扩展地盘，武臣还派遣手下部将韩广进入燕国旧境开拓。不料想，那韩广就是燕国贵族后裔，手下人虽然也不多，可他进入燕国旧境后如鱼得水，燕人都拥戴他。所以，韩广一个月后就自称燕王，燕国也复国了。

燕国独立后，为了不被武臣吃掉，也在西面南面步步设防，抗拒赵国的可能进攻。

无可奈何之际，武臣听从文士蒯通的建议，开始悉心经营赵国，对于赵国旧境内秦帝国的文臣武将，陆续招降纳叛。这种“不杀”政策，确实争取了不少秦朝文武投诚。其中，就有秦朝高级将领李良。

天下大势，波谲云诡。不久，由于章邯击灭了周文的张楚主力大军，形势急转直下。投降武臣的秦朝大将李良，再次被秦军“策反”。李良反戈一击，就近杀入邯郸，基本一下子就把武臣和他手下重臣全部一勺烩掉。万幸的是，张耳和陈馀眼线众多，马快人精，两个人侥幸有命逃脱。

张耳和陈馀逃出邯郸后，迅速召集旧部，在齐国田氏兄弟援军的帮助下，在民间找到了赵国王族的后裔赵歇，拥立他为国王，建立起新的赵国政权。而赵歇为国王的赵国政权，就把首都定在邯郸北部的信都县（今河北邢台）。

由于赵歇是赵国王室后裔，所以新赵国得到了当地民众拥护，很快就站稳了脚跟。

此后半年多时间内，赵军与齐军共同抗秦，同时还得到北部韩广燕国的声援。

赵、齐、燕这新三国，相互扶持，多次抵挡住秦国北部兵团的攻击，成功将秦朝北部军主力死死拖在黄河以北。

秦帝国的北部军团，原本就是负责征伐、抵御匈奴的主力边防军队。其第一任统帅，乃秦国大将蒙恬，监军乃皇长子扶苏。秦始皇三十七年，始皇帝暴崩于沙丘，胡亥、赵高、李斯三人合谋，伪造诏书。而后，派使者送假诏书到达上郡。不疑有他，扶苏和蒙恬先后自杀。从此，北部军团改由王离统领。

王离这个人也不简单，其祖父王翦、父亲王贲都是秦国名将。秦始皇统一天下，父子二人出力极大，可谓秦朝的鼎鼎功臣。蒙恬任统帅的时候，王离在蒙恬军中担任副将。蒙恬自杀后，王离自然就接替蒙恬出任秦朝北部军团统帅。他手下两位副将分别是苏角和涉间。

王离所统领的秦北部主力军，由于多年和匈奴打仗，战斗力特别强，很快就收复了秦朝的上党郡，一部兵临井陉，由恒山郡方向威胁赵国；一部沿黄河东进，直接威胁邯郸郡南部。至此，由南而北，秦朝的王离大军对赵国首都信都形成夹击之势。

由于有齐国和燕国的支援，赵齐两国联军作战顽强，王离秦军进展并不顺利。他手下那支由太原东出的军队，与赵国军队相持于井陉关一带；北上的一部军队，更被赵齐联军阻击于漳水南岸。

当时章邯军队在濮阳告急，秦廷立刻征调停留于漳河南岸的王离部队秘密南移。最终，王离与章邯成功合军，进而奔袭定陶，一举击溃了项梁楚军主力。

定陶大战胜利后，章邯认识到，南北两支秦军主力兵团联合作战，化指为拳，威力巨大。同时，他认定项梁死后，黄河以南残留的楚军大势已去。

所以，章邯就注力北顾，准备合军集力，一举消灭赵国旧贵族以及张耳、陈馀帮助其建立的新赵国。

于是，在章邯统一部署下，秦军南北两军的主力，全部渡过黄河。此时秦军的目标，就是让赵王歇的赵国彻底“歇”掉。

秦军在定陶大胜之后，气势正旺，特别是中部、北部两支王牌军合军，更是所向披靡。秦军大破赵齐联军，一鼓作气，乘胜攻陷赵国旧都邯郸城。然后，章邯下令将邯郸城墙彻底拆毁，还把邯郸居民全部强行迁移到河内郡。此行此举，可谓摧城拔寨，不留后患。

眼见邯郸失守，新首都信都肯定不可能抵挡秦军攻势，于是赵国君臣举国东迁。迁都也禁不住败势，他们连连败走，最后退入巨鹿城（今河北邢台平乡县西南）。

在依托齐国援军作长期抵抗的同时，身在巨鹿城内的赵王歇和张耳不断派出使臣，到各国乞求紧急救援。

审时度势，章邯决定派王离率领秦朝北部兵团主力追击赵齐联军，进围巨鹿，将赵王君臣和赵齐联军逼成瓮中之鳖；而章邯主力军，则留在河内郡和邯郸郡内，目的在于掩护王离大军，确保攻城大军的后勤安全，保证敖仓粮食能够源源不断运到巨鹿前线的秦军军营。

从战术上说，章邯的计策非常正确。他所采取的围城打援战术，屡试不爽。王离大军包围巨鹿，准备在那里以逸待劳，困死城内敌军。如果各国援军赶来，秦军也可以利用优势兵力在巨鹿一带与敌人援军进行战略决战；如果各国援军不来，那么总有一天，巨鹿城内粮尽兵疲，到时候，可能连攻城都免了，赵王歇和他手下大臣自可一举成擒。

无论如何，事情发展到如此地步，巨鹿守军依旧顽强，仍然在张耳和赵王歇指挥下拼死抵抗。

那么，巨鹿城君臣哀求的主要对象——昔日项梁主导的楚军，近况又如何呢？

项梁战死之后，楚军主力损失惨重，在定陶基本被秦军全歼。而当时的楚怀王熊心，本人待在相对安全的楚国首都盱台，所以他还是活得好好的。

项梁死讯传来，楚怀王君臣大恐。但熊心毕竟是个成年人，他即刻命令臣下跟随自己快速北上，把政权中心转移到彭城，准备在那里重新振作起来。

项梁战死，对于楚怀王来说是坏事，也是好事。至此，他倒能不再做幌子国王，真正自己来主持朝政。

到达彭城后，楚军残余各部纷纷集结于此。楚怀王熊心收拾残局，重新部署，很有气象一新的意思。于是，他命令项羽一军屯驻彭城西，吕臣一军屯驻彭城东，刘邦一军则屯驻砀县。

由此，刘邦一军作为楚军中重要的一支部队，也开始正式显露峥嵘头角。如果项氏家族当政，刘邦肯定没有这样独当一面的机会。

借助这次军事战略调整，楚怀王熊心终于亲自掌握了楚国军队的指挥权。他任命陈婴为柱国，全面负责楚国的政务；又把楚军中的实力派人物吕臣吕青父子吸收到政权核心，和陈婴共同辅政；刘邦也得到重用，被封为“武安侯”，并被任命为“砀郡长”，继续统领他的本部兵马在砀县屯驻，全权负责彭城西部防务。

项梁战死，项氏家族对楚国有莫大之功，也肯定要加以安慰。于是，楚怀王就封项羽为“长安侯”，以鲁县作为食邑，项羽当时就号称“鲁公”。这个名号虽好听，但和刘邦有所不同的是，项羽手中的军事指挥权却被楚怀王收回了。

楚怀王政权，之所以能够在项梁死后在彭城得到喘息，还是因为章邯大军北上进攻赵国，无暇顾及黄河以南地区。

趁着这段宝贵的时间，楚怀王干得还算不错。他借机整军建制，重新建立了自己的政权架构和威信。虽然简选了这么多重要干部，但真正选出能够替代昔日项梁作用的人，还真不好选。选来挑去，楚王熊心看中了一个人——宋义。

宋义原本并无过人之处，不过就是项梁手下的一员战将。他是如何得到楚怀王青睐的呢？

读者肯定记得，当初项梁连连克捷，骄傲自满之时，正是这位宋义言语谆谆，给他以提醒。但项梁不耐烦，赶忙打发宋义为使臣，让他出使齐国，以免在面前碍眼添堵。

在去齐国的路上，宋义恰好碰见齐国派来赶往项梁军营的使者“高陵君显”（“高陵君”是封号，“显”是使者的名字。此人是齐国的高陵君田显）。

得知齐国使臣高陵君要去定陶见项梁，宋义就劝他说：“我预见项梁肯定近日兵败。你如果慢行缓去，或可免于一死；如果快马加鞭去，肯定不免大祸。”

齐国使臣高陵君，听从定陶来的楚国使臣宋义如此说，也将信将疑，在路上放慢行程。没过几天，果然有消息传来，项梁在定陶军败身死。为此，他对宋义大为佩服。

得知楚怀王熊心亲政，这位高陵君就改道去彭城谒见。接待宴会上，他竭力向楚怀王推荐宋义，说这位宋先生肯定是个真人才，他还能推算战争胜负。

楚怀王马上召见宋义。本来就心存好感，宋义又能言善辩，熊心大喜，马上任命宋义为上将军，号为“卿子冠军”，代替死去的项梁出任楚军统帅，并命令他统领楚军主力，前去救援赵国。

“卿子”，是当时的褒尊之辞；“冠军”，上将也，意思是位于诸军之上。

同时，楚怀王还任命项羽为副将，范增任末将，派二人辅佐宋义。

至于其他军将，包括桓楚、英布、“蒲将军”等人，也随军出征，全部听从宋义指挥。

在当时，由于赵国被秦军逼压得厉害，楚怀王本来要派人领军西攻咸阳，准备开辟第二战场。而项羽急于为叔父项梁报仇，多次要求自己带兵进关攻打秦军。可楚怀王身边有几个老臣，总是劝告说：“项羽这个人，性子暴躁，喜爱杀人。而刘邦是个忠厚人，不如派他西去。”

颠来倒去，最终楚怀王还是把艰巨的西攻任务派给了能力普通的刘邦。

秦二世三年十月，宋义率领楚军主力由彭城出发，北上救援，诸将随行。路上，一行人各怀心事，匆匆行军。

过了沛县、胡陵、亢父之后，大军抵达安阳（此安阳为当时相州所辖县，不是今天河南的安阳，而是山东西部的成武县），宋义忽然下令就地驻扎。

楚军近十万人马，从此就在当地停留，长达四十六天之久。

待了那么多天，见宋义始终没有开拔命令。项羽心急，他入帐向宋义请战：“吾闻秦军围赵王巨鹿，疾引兵渡河，楚击其外，赵应其内，破秦军必矣。”

项羽说的一点都不错。秦军正围困赵王于巨鹿城，如果楚军迅速渡河北上，从外面攻击围城秦军，而巨鹿城内赵军从里面冲出攻击，正好对秦军反包围。忽然受到赵楚夹击，秦军肯定会被击溃。

宋义大不以为然，他反驳项羽说：“不然。夫搏牛之虻不可以破虮虱。今秦攻赵，战胜则兵罢，我承其敝；不胜，则我引兵鼓行而西，必举秦矣。故不如先斗秦赵。夫被坚执锐，义不如公；坐而运策，公不如义。”

古人说话，和作诗一样，都喜爱比兴。这宋义也挺能说，以牛虻斗牛为喻，意思是说，现在打仗，应该抓大放小，我们楚军最终目的是要灭秦，而不是为了救赵。如今，秦军锐力攻赵，战胜则兵力消疲，我军可以乘其弊而胜之；如果秦军不胜，我军恰好可以乘势鼓行西进，直接就把秦国连锅端了。所以，我们不如先在这里待着，坐看秦赵龙虎相斗。

话说到这份儿上，宋义还倚老卖老，教训项羽说：披坚执锐，我宋义不如您项将军；至于坐定谋略，您项将军就不如我宋义了。

眼见项羽听自己一番话后气呼呼离去，宋义不快，即刻针对项羽一个人，让人号令军中："猛如虎，很如羊，贪如狼，强不可使者，皆斩之！"

笔者上中学的时候，读《史记》上这段原文，对于"很如羊"三个字非常不解——羊那么柔顺的动物，哪里狠（我当时以为"狠""很"通假）啊？后来才知道，古书中的"很"，是指羊"不听话"。

我们接着说宋义和项羽。

宋义威胁着要砍头的对象，其实就是项羽一个人而已。既然他现在是楚军统帅，肯定全军都是他一个人说了算。封住项羽的嘴，军内就不会再有人敢和自己叫板了。

宋义态度如此嚣张和自负，除怀王给予他生杀予夺之权以外，升官太快也是原因之一。项羽所代表的项氏家族，以及昔日和他们关系亲近的将领，遍布军中，如果宋义真是智慧之人，也不应该对项羽的建议如此断然回绝。

当然，宋义如此傲慢自得，也不排除楚军驻军观望的主意是旨从内发，或许临行之前，楚怀王就是这样告诫他的。

无论如何，项羽要求大军迅速北上救赵的请求被宋义驳回之后，就积怨成恨，怒火满胸。

膨胀之余，宋义还做出一件让全体官兵都为之侧目的事情——宋义在定陶大战前受项梁派遣出使齐国。在齐国首都临淄，他很会为人处事，和齐王田市以及齐相田荣等人关系良好。此后，齐国使臣又在楚怀王前大力赞许他，使得他能升任楚军统帅。

为了进一步稳固自己在联盟中的地位，宋义还让齐国延聘自己儿子宋襄到齐国出任大臣。为隆重其事，作为楚军统帅的宋义竟然离开安阳驻地，兵车隆隆，亲自把儿子送到楚齐边境的无盐县（今山东东平），大肆张扬和庆祝。

当时，恰值十一月隆冬，楚军驻地安阳，连日冻雨连绵。冷风一吹，彻骨生寒，楚军战士的补给出现了严重困难，冻饿难挨。在这种情况下，宋义却远行三百里地，就为了儿子到友邦当官儿这事儿显摆、挥霍，引起军队内部将士的强烈不满。要知道，楚军大军所要救援的巨鹿，距离扎营地也就四百多里，而宋义愣能远行三百多里去送儿子。

送子入齐之后，宋义带着齐国人送给他的大批礼物，携宾客、从人以及齐国一些使者回营地，天天在帐内置酒高会，高兴得不行。

这种情况，无疑给了项羽鼓动将士的机会。

（吾等）将勠力而攻秦，久留不行。今岁饥民贫，士卒食芋菽，军无见粮，乃饮酒高会，不引兵渡河因赵食，与赵并力攻秦，乃曰“承其敝”。夫以秦之强，攻新造之赵，其势必举赵。赵举而秦强，何敝之承！且国兵新破，王坐不安席，扫境内而专属于将军，国家安危，在此一举。今不恤士卒而徇其私，非社稷之臣。

项羽挺会鼓动人，他讲道，本来我们大家要同心勠力攻打秦军，谁想停在安阳久留不行。岁饥民贫，军队缺粮，士兵冻馁，宋义还天天置酒高会，不下令军队渡河与赵国军队合作同力进攻敌军，还说什么秦赵相争，吾军可乘其余敝。如今秦军强大，赵国新建，猛攻之下必一举灭赵。赵国败亡，秦军更会强大，哪里有什么余敝可乘？而我们楚军刚刚在定陶大战遭受重大失败，怀王坐不安席，征发楚国全境军力委托给宋义，国家安危，在此一举。如今，宋义不恤士卒，枉徇私情，出于一己私利与齐国相交，根本不是社稷忠臣！

项羽一席话，肯定说到诸将心坎上。所以，趁着宋义无盐送子的空隙，项羽在军中的串联非常成功，基本摸清了广大将士的底细，感觉楚军大多数人都对宋义不满。

知人之诈而大言，揭人之短而高声，本来不是什么好事儿。但项羽为人，刚毅果决，是那种敢说敢干的主儿。

不等愤怒进一步发酵，没等宋义有所戒备，项羽在楚军驻留安阳第四十七天的早晨，就开始行动了。

当时，恰值诸将和宋义例行的早参会，项羽作为第一副将，首先入帐行礼。但此次项羽入帐，没什么情况要汇报，连话都没多说，他直接拔出腰间宝剑，朝前一挥，宋义人头即刻落地。

项羽出手之快，别说宋义的从人，连宋义自己都没缓过味儿来。

然后，项羽手提血淋淋的人头，走出帐外，对诸将高呼道："宋义和齐国人阴谋背叛楚国，我受楚王密令诛杀之！"

说宋义和齐国人联合叛楚，项羽这话，有人信吗？或许有人信，但真相信的肯定不多。

不过，项氏家族本来对楚国劳苦功高，项羽又是万人敌的彪悍之人。在场诸将，没有一个出来表示反对。反对也没用，宋义已经身首分离了，支持他没有任何意义。

稍稍沉默片刻，在场诸将就纷纷表态，拥护项羽的英明举措。大家当时就定议，公举项羽为"假上将军"，也就是"代理上将军"。之所以用了"假"这个词儿，毕竟任命由上而下，楚怀王还没有正式发布任免令。

一不做，二不休。杀了宋义，也饶不了他儿子。项羽即刻派人奔驰而去，深入齐国境内，杀掉了天天做友邦贵臣美梦的宋襄，携头而回。

这些事情都办利索了，项羽才派遣桓楚携带漆好的宋氏父子脑袋，回到彭城向楚怀王解释。

眼看桓楚打开两个匣子，里面是宋氏父子首级，楚怀王没有办法，只能接受既定事实。

楚怀王熊心随坡下驴，让项羽接替宋义职务，任命项羽为“上将军”，作为楚军新统帅，继续提兵救赵。于是，兵权事权在一天之间又回到项氏家族手里。

说句实话，就在项羽手杀宋义之前，他的名声还不怎么响亮，因为项氏家族的光环，原先基本都笼罩在项梁一个人头上。人们知道项氏家族都挺能干，但项羽、项伯、项它，等等，那么多姓项的，都出乎其类，也就显不出项羽特别拔乎其萃。

得到楚怀王的正式任命之后，项羽即刻率领大军从安阳出发，急速行军，赴援被包围在巨鹿已经达三个多月之久的赵国君臣。

包围巨鹿城的秦军，主要是王离率领的北部兵团主力。协同他的是章邯的中部兵团主力。由于章邯派人大修甬道，王离军队后勤保障有力，围城三个多月，秦军天天活蹦乱跳，不断消耗着城内赵国君臣的物资积储和意志力。

如果项羽不杀宋义，楚军再晚几天到来，巨鹿都可以不救了——食尽粮绝，城内军民或许就因为绝望开城投降了。

那么，除楚军以外，诸侯军队就没有其他救兵了吗？有，当时来的还真不少。

三个月前，当赵王歇和丞相张耳率领赵齐联军主力退入巨鹿城之时，赵国大将陈馀也在恒山郡集结几万赵国军队南下驰援。由于惧怕围城秦军人多势众，他一直远远停驻城北的围城秦军外围，深沟高垒作壁上观。

被包围的赵王赵歇和丞相张耳，曾经多次派人跑到陈馀军营，恳请陈馀攻击秦军以缓解巨鹿城内巨大的压力。

陈馀倒不是胆小，而是不行和不能，回回恳请来人别再劝自己了，爱莫能助啊！

愤怒之余，张耳几乎要和陈馀翻脸。最后，张耳派张黡、陈泽二将突围，杀到陈馀营垒，责问这位老朋友，为什么连君王赵歇和我这样的“刎颈之交”，你都见死不救。

陈馀很冷静，回答说，以我现在的军力，如果进攻秦军，不仅解不了巨鹿之围，而且肯定全军覆没，恰如以鲜肉饲猛虎一般。从长远看，我不如保存兵力，日后还有机会为张将军和赵王报仇！

但当时陈馀确实不是推脱，在巨鹿外围观战期间，他不停派遣使者到楚、齐、燕、魏各国催促，恳请诸侯派出援军前来救援赵国。

陈馀的初衷，就在于等诸侯军力和围城秦军兵力相当的时候，再合力解围。

所以，陈馀的话语和行动，确实有他的道理。张黡和陈泽也无话可说，只得激劝陈馀：“巨鹿危急如此，多说也没用。陈将军您再怎样，也要拼死一搏，这才不辜负赵王和张丞相啊。”

张黡和陈泽这两个人，对陈馀来讲不是一般人，都是最早与张耳、陈馀一起奉陈胜之命和武臣北上略取赵地的兄弟。几年来，哥几个风雨同舟，说出话来也有分量。

陈馀无奈，于是，他派出五千精兵，交给张黡和陈泽，说：“你们率领这些人冲锋一下，如果有效果，我马上领军随后杀入。”

张黡和陈泽不多想，也不想再和陈馀费口舌，即刻率领这五千精兵杀入王离的围城秦军之中。结果，如轻草入巨浪，包括张黡和陈泽在内，陈馀的五千将士，在极短时间内，全部阵亡，被严阵以待的秦国士兵杀得一个不剩！

至此，赵王歇和张耳也不派人突围催促，陈馀也死心了，只得眼巴巴远望巨鹿城。

别说是陈馀，张耳亲儿子张敖也早就来了，他率领代郡兵万把人，在陈馀隔壁扎营。即使亲爹困在巨鹿城内，作为亲儿子的张敖也没办法，只能干瞪眼等着。

陆陆续续，燕王韩广深知唇亡齿寒的道理，派大将臧荼率领一部燕国援军南下。但他和陈馀一样，惧怕秦军威力，只得深沟高垒，远望巨鹿城。

来援众人，特别是在亲眼目睹了张黡和陈泽率领五千精兵攻击秦军那以卵击石的覆灭一幕后，没有任何人再敢挑战气势正盛的秦国军团，皆固守不出，引颈以待，盼望实力最雄厚的楚军到来。

关键时刻，项羽来了，楚军来了。

巨鹿之战，是一场决定秦帝国命运的大战，而文学大家司马迁，对此大战的描述，虽只有寥寥二百多字，却解神解髓，把项羽的英武写得淋漓尽致：

> （项羽）乃遣当阳君、蒲将军将卒二万渡河，救巨鹿。
>
> 战少利，陈馀复请兵。项羽乃悉引兵渡河，皆沉船，破釜甑，烧庐舍，持三日粮，以示士卒必死，无一还心。
>
> 于是至则围王离，与秦军遇，九战，绝其甬道，大破之，杀苏角，虏王离。涉间不降楚，自烧杀。
>
> 当是时，楚兵冠诸侯。诸侯军救巨鹿下者十余壁，莫敢纵兵。及楚击秦，诸将皆从壁上观。楚战士无不一以当十，楚兵呼声动天，诸侯军无不人人惴恐。
>
> 于是已破秦军，项羽召见诸侯将，诸侯将入辕门，无不膝行而前，莫敢仰视。
>
> 项羽由是始为诸侯上将军，诸侯皆属焉。

可见，抵达前线的项羽，一刻都没耽搁，即刻派出英布和“蒲将军”率领两万先遣军渡过漳水（原文中的“河”，即指黄河故道漳水）。

项羽派出这两个人率领两万士兵，并非作前锋军，而是让他们骚扰秦军，对章邯部署在棘原和巨鹿间之间的秦军运粮甬道实施破坏。

当时，负责主攻巨鹿城的秦军是王离部北方兵团，而章邯部秦军中路兵团主要分布在巨鹿以南的河内郡和邯郸郡，任务是策应和协同王离军。

古代打仗，最重粮食供给。章邯之所以战无不胜的关键，就是每次战斗和战役前他都把粮食供应布置得有条不紊。有了棘原充当船运码头和仓储，洛阳以北位于黄河岸边的敖仓屯粮可以通过黄河源源不断输送到王离军营之中。军内有粮，心中不慌。为了确保粮食到位，章邯还在粮道一路上大修甬道，保障粮食运输，可谓是准备齐全。

而项羽派出去的英布和蒲将军，就是要去捣毁秦军粮道的。所以，这两万楚军的主要任务不是杀人，而是骚扰。他们到处摧毁秦军粮道，四处兜转，打完就跑，跑后再到别处打。在袭扰秦军运输线的同时，这支游军也从心理上让处于巨鹿城下的王离秦军产生惴惴不安之心。

由于这两万楚军的横冲直撞，王离和章邯两部秦军也被迫分离开来，不再像从前那样联系紧密。

眼见楚军到达后盟军作战形势稍有改观，陈馀再次派使者到达项羽处，希望楚军能派出主力攻击秦军。此时的项羽，天降战神一般，他果断发布决战命令，率领楚军主力全部渡过漳水。

为了宣示必死必胜的决心，他下达了“破釜沉舟”的命令，也就是明白无误地告诉全体楚军，此战不胜，唯死而已！此种强烈的心理暗示，对日后楚军以一当百的战斗力，起到了极大极强的激发作用。

于是，项羽率领楚军逼近巨鹿。

面对名闻天下的秦帝国王离北部军团，楚军气都不喘，即刻展开了殊死战斗。秦帝国虽然宫廷腐朽，但帝国军队多年来一直是攻无不取，战无不胜，打遍天下无敌手。而且，帝国北部军团多年在北方和匈奴作战，见多识广，战斗力非凡。加上秦军原本就身材高大，武器精良，当他们看到身材相对矮小的楚军呐喊冲锋之时，心内并无丝毫畏惧。

结果，一待双方白刃相接，楚军的顽强和战斗力让秦军内心顿生惊恐。一日之内，楚军与秦军不间断交战。楚军九战九胜，完全断绝了秦军甬道，最终，楚军几乎把王离军团二十多万精锐全歼，秦军主帅王离被俘，副将苏角被杀。另一名秦军副将涉间眼见突围无望，入帐自焚而死。

当时情景，惊天动地。巨鹿城下，血肉战场。面对人数超出自己一倍多的敌人，楚军人人争先，各个奋勇，迎着比自己高出半头的高大秦兵，抱必死之心，挥刃举盾，一心一意冲锋、杀敌，直杀得秦军尸堆如山！

而就当楚军和秦军殊死作战之际，来援的诸侯军队，首领皆作壁上观。

最终，当得胜的楚军将士欢舞雀跃，站在巨鹿城下发出惊天动地的胜利呼声的时候，这群友军竟惴恐无限。

最精彩一幕，当属楚军大胜之后。其时，项羽召见诸侯各军统领入营议事。这些人行至楚军辕门之时，由于敬崇畏惧，无不匍匐膝行，诚惶诚恐，没有一个人敢抬头望一眼高高在上的项羽。

至此，项羽也达到了他人生的巅峰时刻！

经过巨鹿之战，诸侯对项羽心悦诚服。此时的他，不仅仅是楚军上将军，而是诸侯上将军，成为各国联军的最高军事统帅。

驰入咸阳灭暴秦：项羽的灿烂人生

自从王离所率的秦帝国北部兵团被楚军歼灭之后，章邯一直坚持了长达半年多。他最后向项羽投降，不是因为自己指挥无能或者遭受重大军事失败使然，而是因为国内宫廷政治斗争压力太大，迫使他不得不走出投降那一步。

对于巨鹿城下王离秦军被全歼，当时和后世对章邯都有猜疑：王离友军被楚军按住猛揍，你章邯咋不出手来援啊?

仔细从人性角度出发分析后，笔者认为，这和章邯谨慎持重的性格有关、也和他战前稍显粗糙的判断有关、更和这两位秦军统帅地位的不分高下有关。

章邯和王离一直有分工，他是协同王离作战，主要负责确保粮道不失；而经历过那么多次胜利之后，章邯也认为有必要让王离的北部军团立下一次大功；即使楚军汹汹而来，章邯也没有预料到王离会在巨鹿城下惨败。而且，章邯和王离基本平级，秦廷也没有明确巨鹿战场总指挥权的归属。危急时刻，章邯在没有得到王离确切的求援信号前，还真不好主动放弃后勤支援而杀入巨鹿主战场。

楚军出奇顽强，形势如此诡异，待章邯明白过来，王离军团已被彻底歼灭。我们可以想象，当时章邯内心的恐惧几乎无以言表。

但是，章邯毕竟是章邯，王离大军溃败后，他没有慌忙逃窜，而是保持镇定，指挥自己的兵团回撤河内防线，在漳水南岸深沟高垒，开始与楚军相持。

本来，漳河以北还有邯郸城可以当作稳固据点。冷兵器时代，凭城据守非常有利，巨鹿就是一个例证，赵国君臣人少力寡，凭借一城就能挡住几十万秦军三个多月。可惜，就是这个邯郸城，先前被章邯本人下令夷平，百姓全部内迁。所以，他此时只得命令秦军在漳水南岸设防。

此时此刻，秦帝国虽然丧失了王离近二十万主力，但依旧有章邯二十多万主力，如果内外消息畅通，政通人和，以章邯的智力和坚忍，反败为胜，最终击败诸侯联军逆转形势，也不是不可能的事情。

可惜的是，咸阳内廷，赵高杀了李斯，章邯本人已经开始遭受朝廷的猜忌和指责。特别是巨鹿之战的失败，王离北部兵团悉数被歼，章邯肯定要担负无法推卸的责任。

雪上加霜的是，当章邯率军和项羽楚军对峙、双方进行拉锯战的时候，楚军别部，也就是楚怀王派出的刘邦部队，正西向而行。由刘邦开辟的这第二战场，让身在前线的章邯更感到忧心忡忡。

项羽大胜后，不骄不躁，不断攻打龟缩在壁垒内的秦军，同时一步步集合大军，迫使秦军向河内郡安阳县（今河南省安阳市）方向收缩。章邯很有耐心和毅力，他步步为营，灵活调遣，竭力确保河内郡的安全。但是，初夏四月，有件事情让他头疼——诸侯中赵国有位大将司马卬，率领一支军队从上党郡突入河内郡西部，直达孟津北。

消息传来，章邯五内俱焚：如果司马卬赵军渡过孟津攻占了三川郡，河内郡与河东郡将即刻被隔断。那样的话，秦军粮道丧失不说，困守河内的章邯大军会被彻底包围。

还好，不久消息传来，诸侯间似乎出现内讧迹象，因为刘邦一军也来凑热闹，突然攻占孟津，这就使得赵国大将司马卬不敢南渡。不久，进攻洛阳的刘邦一军后力不足，被秦军击退，三川郡得以保全。

正是刘邦和司马卬两军的动作，使得一向思虑久长的章邯非常紧张。他即刻派遣手下长史司马欣专程前往咸阳，表达自己前后失据的忧虑，希望朝廷能够再派出兵马增援河内郡一带的防护力量。

而恰恰是司马欣的咸阳之行，促成了章邯的投降。

司马欣到达咸阳后，想马上赶往宫中谒见二世皇帝胡亥。但是，他苦苦等了三天，秦廷没有任何消息反馈。

司马欣身为统帅章邯的代表，皇帝不见，也不给出任何理由，这位长史心内大恐。谁都知道，朝廷内外大权都在赵高手中，那个大阴人连丞相李斯都能族诛了，谁敢担保他不杀自己和统帅章邯呢。

惶急之下，司马欣撒丫子就溜了。他逃跑的时候，留了一个心眼，没敢从来时的大路乘专而行，而是间道回返。果然，赵高得知司马欣离开咸阳的消息后，即刻派兵在大路上等着，准备逮捕他。结果，还是让司马欣跑掉了。

司马欣回到章邯身边之后，边庆幸自己有命逃回，边立刻劝说起章邯来。

司马欣这个人，原本是栎阳人。从前项梁在关中地区犯法的时候，曾经被关押在栎阳县大牢内。当时，司马欣正是栎阳县的“狱掾”。项梁和泗水郡蕲县的狱掾曹咎有关系，项氏族人暗地打通关节。那曹咎马上写了一封信，顺附一些金银，派人一起送到栎阳，希望身为栎阳“狱掾”的司马欣能高抬贵手。

司马欣与曹咎交情不错，而当时项梁所犯也不是什么大罪，司马欣就暗中把项梁释放了。出狱之后，司马欣还为项梁买酒压惊，从此他和项氏家族就有了很不错的交情。

世事难料，司马欣后来做到了秦军统帅章邯的长史，也就是方面军的参谋长了。这官不小，他在章邯面前也算得上人威言重。特别耐人寻味的是，昔日替项梁求情的司马欣老友曹咎，后来跟随项梁打天下，现今正好是楚军主要将领、项羽手下大将之一。

乱世之中，这些秦朝干吏出身的官员想必都明白，还是多踩几只“大船”最安稳。

听司马欣如此说，章邯也心惊肉跳。秦法严苛，无论自己是什么大官统帅，咸阳秦廷随便派一介使臣来，弄死自己和弄死一只蚂蚁差不多。当初公子扶苏和蒙恬在上郡率领几十万大军，李斯、赵高派去一个携带假诏书的使者，登时就干死一个皇长子和一个大将军。更何况自己，不过是一个从“少府”官职发迹起来的人。李斯死后，朝内又没了后台，章邯浑身冷汗，越想越害怕……

狐疑之间，诸侯中的陈馀又派人给自己捎来一封文采飞扬的信笺。章邯展开竹简一看，字字惊心：

白起为秦将，南征鄢郢，北坑马服，攻城略地，不可胜计，而竟赐死。蒙恬为秦将，北逐戎人，开榆中地数千里，竟斩阳周。何者？功多，秦不能尽封，因以法诛之。

今将军为秦将三岁矣，所亡失以十万数，而诸侯并起滋益多。彼赵高素谀日久，今事急，亦恐二世诛之，故欲以法诛将军以塞责，使人更代将军以脱其祸。夫将军居外久，多内隙，有功亦诛，无功亦诛。

且天之亡秦，无愚智皆知之。今将军内不能直谏，外为亡国将，孤特独立而欲常存，岂不哀哉！

将军何不还兵与诸侯为从，约共攻秦，分王其地，南面称孤；此孰与身伏铁质，妻子为僇乎？

这陈馀还真能劝人，信中话语，都是掏心窝子的话。其中所举事例，都能打动章邯——秦朝大将白起，南征楚国，攻克鄢郢地区，北伐赵国，坑灭赵括四十万大军。攻城略地，不可胜数，结果被秦王赐死；蒙恬北逐匈奴，开辟榆中数千里新疆土，结果身斩阳周。为什么会这样呢？因为二人功劳太大了，秦国不能尽封，只有想方设法杀掉他们。如今，章将军您统领秦军已有三年，败亡相继，亡失将士以十万计。就秦国内部来看，赵高本以谄谀希旨得到二世宠信，如今秦国事急，他本人也怕二世杀他，肯定要罗织罪名杀掉您，然后派人接替您的职位，转嫁祸责。将军您久在关外作战，咸阳朝廷多有内变，有功也诛，无功也诛！当今大势，上天必定亡秦，天下人都明白这个事理。而章将军您在内不能直言劝谏二世皇帝，在外失败恐作亡国之将，内外孤立，还想自我保全，岂不哀哉！不如与我们诸侯合盟，共同攻秦，瓜分秦地而拜王。这种结局，相比自己身陷囹圄后惨受刑辱、妻子儿女被诛杀，是多么不同啊！

听了司马欣的话，看了陈馀的信，章邯肯定动心。

但是，章邯还是不能马上做决断——换了谁，都不敢马上做决断。为什么？就是因为章邯和诸侯一方的仇怨太大了！自从章邯提军在戏水攻打周文开始，大几十万的诸侯造反者都死于自己的指挥之下，更别提什么楚王陈胜、齐王田儋、魏王魏咎了。而最近的一次，恰恰就是对阵的诸侯大将军项羽的叔父项梁，他也是在定陶死于自己手里……

为此，狐疑之余，章邯不敢立刻表示要投降。更何况，手下还有二十多万虎狼之兵呢，还是走走再看。

于是乎，章邯的秦军和项羽的楚军，使者来来回回不断接触（章邯还特别派出一名名叫“始成”的心腹亲自和项羽谈判），但双方大大小小的战斗，也接连不断。

项羽也不着急，边谈边打。趁秦军军心不稳之际，楚军在漳水支流的汙水附近（今河北临漳西）又一次大败秦军。

无奈，章邯只得放弃漳河防线，退守洹水一线。至此，安阳城也快保不住了。

雪上加霜的是，诸侯赵国有位将领叫申阳的，忽然率领一支赵军从孟津强行渡河进入三川郡，攻占了洛阳和新安之间的河南县。

自此，秦军关中与关东的交通大道断绝，粮道也堵了，诸侯大军基本完成了对章邯秦军的战略合围。

章邯完全灰心了。投降，也真不是一件容易的事情。夜长梦多，如果内部有人提前得知自己暗地里一直在和楚军做交易，随便召集几个人，就能以朝廷的名义把自己当众杀掉。

到这地步，章邯不敢再拖了，只得硬着头皮派人到项羽军大营，非常正式地表示自己要率领手下秦军向诸侯军投降。

楚军为首的联军，其实打到这个时候也有强弩之末的意思。于是，项羽召集各路诸侯将领，商谈是否要接受章邯的投降。

项羽话不多，几个字而已：“我军粮少，想接受秦军投降，你们看呢？”

众人也都长叹一口气：“善！”

诸侯将领即刻百分百同意项羽建议，马上约降秦军。

秦二世三年（前 207 年）七月，在洹水南岸的殷墟上面，二十多万秦军解甲放仗。章邯灰心丧气，与项羽盟军正式举行投降仪式。

由于秦军属于有条件投降，与会双方将领筑坛结盟，杀牛歃血，正式进行盟誓仪式。

仪式完毕，“章邯见项羽而流涕，为言赵高。”——司马迁这十二个字，给我们后人以极大的想象空间。

约降协定达成之后，章邯见到项羽，禁不住痛哭失声。不过，他倒不是向项羽道歉自己把人家叔父给杀了的事情，而是说起自己被赵高逼迫的无奈。

可见章邯在内心之中，对于自己的投降行为还是很感羞辱的。赫赫强秦的统帅，今日竟然屈膝诸侯。如果不是奸贼赵高把持朝政，哪里会有今天的耻辱呢……

项羽对眼前的结局很高兴，也很大方，他即刻下令委任刚刚投诚归降的章邯为“雍王”。当然，也是假借楚怀王名义封的，因为项羽本人此时还不是王。

虽然封章邯为“雍王”，项羽并未放归这位秦军统帅重新统领原先的部队，而是把他安置在自己楚军大营中，锦衣玉食地好好供养起来。

而后，项羽任命与章邯一起投降的、并且先前与自己项氏家族有旧的司马欣为上将军，让他率领二十多万秦军为前导，直杀秦国关中地区！

至此，支撑秦帝国的三支大军已经丧失其二——北部王离军团和中部章邯军团。而另外一支秦军主力，即由秦将任嚣和赵陀统领的南部军团，竟然不在都城咸阳，而是远在岭南。

秦朝的帝国大厦，基本处于摇摇欲坠的地步了。

处于项羽掌握下的大军，诸侯军四十多万人，加上投附的秦军二十多万人，共六十多万钢铁洪流，浩浩荡荡涌向关中。

此时的秦帝国都城咸阳，又是怎样一番境况呢？

正当项羽和章邯在安阳举行约降盟誓的时候，秦帝国的都城咸阳，有两方力量也在秘密联系。这对秘密联盟，参加人员听上去很别扭——一方是楚怀王派出西攻秦国的刘邦，一方是二世皇帝胡亥宠信的赵高。

当时的秦帝国，寿命已经要按天来计算了，不仅章邯率领二十多万大军投降了项羽，刘邦的十万楚军，也已经攻打到关中的武关外。

为了提前践行“怀王之约”，刘邦也顾不得秘密谈判的对手是人见人恨的赵高了，他派出密使到咸阳谈判。

那么，“怀王之约”，又是怎么一回事儿呢？

当初项梁战死，楚怀王熊心及时赶往彭城，在那里大会诸侯，制订了纲领性部署，也就是“怀王之约”。其大概内容如下：诸侯军队以复兴六国、击灭暴秦为宗旨；消灭秦国后，哪个诸侯第一个攻入关中，就任命他为秦地之王，统治昔日秦国旧土。

由于当时战国六国都已经复国，而楚怀王熊心、齐王田市、魏王魏豹、赵王赵歇、韩王韩成等人，都是六国旧王族。“怀王之约”的主要目的，在于扶植各国旧王统的王政复兴，同时也对天下英雄做出了积极承诺：无论是谁，只要第一个攻入咸阳灭秦，秦地王位，非他莫属！

所以，“怀王之约”在当时算是比较公正的天下公约，也为各路诸侯所承认。

既然快人一步打到了武关，刘邦想当秦王的意念就无比强烈。为此，他派人秘密和赵高联系，双方最后达成了一个共识：赵高在咸阳杀二世胡亥，打开武关让刘邦入关中；作为回报，刘邦入关后，把秦国旧境分成两半，一半归赵高，一半归刘邦。

要是放到从前，赵高肯定要和刘邦讨价还价。但现在王离被俘，章邯投降，帝国最后一支大军远在岭南，刘邦已经在武关叩关。此时的赵高，手上最大的“奇货”，只剩二世皇帝胡亥本人了，没什么硬牌可打。于是，“指鹿为马”试探过后，感觉廷内朝臣都在自己控制之下，赵高开始准备动手。

第一步，由于二世胡亥噩梦不断，赵高就说皇帝肯定中邪了，应该远离咸阳宫到咸阳北郊的望夷宫禳祷避灾。由此，赵高就把二世皇帝封闭起来，成功地使这位皇帝脱离了政治中枢。

虽然远远住在咸阳外围的望夷宫，毕竟国内大乱，胡亥似乎听到了某些不对的风声，就派人到咸阳城内，询问赵高国内到底有何大事发生。

一向先人一步的赵高，这时候再次主动行动，马上找来弟弟赵成和女婿阎乐共商大计。（赵高宦者，为什么有女婿？后世解释多多。有说他中年后阉割，所以有女儿、女婿；有说他生于隐宫，所以称为宦者；有说那女儿是他兄弟之女，不是亲生……）

赵高弟弟赵成官居郎中令，掌管皇帝侍卫，但咸阳郊外的望夷宫宫城很牢固，进出警卫由秦廷的卫尉指挥，赵高还不能马上控制。但赵高女婿阎乐当时为咸阳令，手里有兵可以使用。望夷宫恰好又在咸阳辖境。于是赵高就让阎乐牵头，诈称咸阳境忽起盗贼，让他以此为借口发兵冲入望夷宫，和赵成会合后，借机杀掉胡亥。

赵高真是个心思深沉的阴谋家，也不完全放心女婿。他以保护为名，把女婿阎乐之母转移到丞相府内。实际上，就是把阎乐的母亲接到自己手中当人质。

看老妈在老岳父手中，阎乐还挺卖力气，率领一千多号兵，呐喊着就强行攻入望夷宫。

事出仓促，秦二世没见过大市面，根本就不知道如何抵挡和处理内乱。逃来逃去，最终还是逃不脱，赵成和阎乐已经带兵攻打到近前了。

赵高女婿阎乐，本来官不大，看到二世皇帝的惨样，他不知哪里来了精神，上前数落胡亥说：“足下骄恣，诛杀无道，如今天下共叛足下，请足下自行了断！”

可见，从“陛下”到“足下”，就是几分钟的事情。

此时，秦二世偷生欲念挺强，问：“丞相赵高可得见否？”

阎乐摇头：“不可。”

秦二世说：“吾愿得一郡为王。”

阎乐又摇头。

秦二世又哀求：“愿为万户侯。”

阎乐摇头，那赵成脑袋更是摇得和拨浪鼓一样。

秦二世灰心，绝望之余，发出最后请求：“我愿与妻子为黔首百姓。”

阎乐大不耐烦，再耽搁下去，没准老丈人把自己老妈给剐了，哪里有时间听胡亥唠唠叨叨，于是高声责斥说：“臣受命于丞相，为天下诛足下。足下虽多言，臣不敢报！”

说话间，阎乐命令手下士兵上前去杀胡亥。

而后情状，史书上说“二世自杀”。

胡亥死了，阎乐回报赵高。赵高本来想立刻揣着玺印也过过皇帝瘾，但察见群臣默默，都隐隐不服。没办法，他就在咸阳宫召见大臣和宗室，解释自己诛杀胡亥的原因，并说，现在六国复立，秦国只能放弃帝号了，依旧称王国。同时，他从秦朝宗室中挑出公子嬴婴为秦王，自己依旧为丞相，继续作为影子国王，控制秦国政权。

《史记·秦始皇本纪》记载说赵高“立二世之兄子公子婴为秦王”，而《史记·李斯列传》又说赵高“乃召始皇弟，授之玺”。这个公子嬴婴，是始皇帝嬴政弟弟长安君嬴成的儿子，当时不小了，大概三十多岁。由于他不属于始皇帝正宗嫡系，对胡亥帝位没威胁，所以才能活到了当下。

赵高之所以先立嬴婴为秦王，不过是个过渡，想暂时先把咸阳内部的政局稳定下来再说。

古人讲礼，尤其是立王的仪式，全套礼仪需要做齐。赵高就让嬴婴先在家斋戒五日，然后再前往秦国宗庙告祖祭祀，在正式封王仪式上接受秦王玺印。

嬴婴已是成年人了，也不是懦弱之辈，就和两个儿子及亲信宦者韩谈密谋："丞相赵高把二世胡亥杀于望夷宫，害怕群臣诛杀他，假意立我为王。我听说，赵高与楚国（刘邦军队）有密约，屠灭秦国宗室而在关中为王。他现在让我斋戒后前往宗庙举行仪式，肯定是想在庙中杀我。我称病不去宗庙，赵高一定会亲自前来询问。来，则杀之！"

等了五天，嬴婴一直在斋宫称病不出。赵高数次派人催问，嬴婴依旧称病不出。

当时，赵高还真没拿嬴婴当回事儿，而且也没想马上杀嬴婴，就亲自入斋宫，想请嬴婴出去举行仪式。

见面后，赵高说了一句："宗庙大事，王上您为什么不来？"

话音甫落，嬴婴手下宦者韩谈就冲出来，一剑把赵高捅死。杀掉赵高后，在群臣支持下，嬴婴下令诛灭赵高三族。

嬴婴即位为秦王后，也想重新振作秦国国事，但为时已晚。

刘邦楚军，已经趁乱攻破武关，直趋蓝田。秦国戍卫京师的中尉军虽然在峣关和蓝田设防，也没起到什么作用。

攻破峣关后，刘邦军队在蓝田再破秦军，沿灞河而下，直杀咸阳而来。

十月，刘邦十万大军浩浩荡荡，已经抵达咸阳西南灞上地区。

当时，帝国军队基本星散，咸阳无险可守。为了保全咸阳军民性命，嬴婴只得无条件开城投降。"系颈以组，白马素车，奉天子玺符，降轵道旁。"

组者，天子黻也；系颈，做个自杀的样子；素车白马，乃丧人之服，表示国亡；轵道，在长安东十三里。

嬴婴这种举止，多年以来，秦国人都是看着六国君主演出这样的大戏。始皇帝嬴政尸骨未寒，他在地下做梦也想不到，自己平时最喜欢的戏份，主角竟然换了，变成自己的嬴氏族人来上演！

刘邦大军开入咸阳，仅仅维持了二世的秦帝国，戛然灭亡。

自秦襄公八年（前770年）开国以来，秦国共延续了五百六十三年历史。至此，全然结束。更可悲的是，末代秦王嬴婴，总共在位四十六天。

当时，刘邦部下有人建议把嬴婴杀掉，被刘邦拒绝，他以“怀王之约”为口实，说嬴婴投降后遭杀，对我们来说乃大不祥之事。而嬴婴的投降，其实也代表当时咸阳官民对自己的归附。

刘邦乃关东楚人，在秦国没有任何群众基础。他不杀嬴婴，目的在于赢取秦地人民的好感。

想当初，刘邦作为秦帝国底层小吏，曾经到咸阳出过公差。如今，他以胜利者身份再入咸阳，深入秦国宫室内部，自然感慨无限。他跃跃欲试，很想住上些时日，享受一番。

刘邦这样想，跟随他入城的乱兵们也这样想。所以，刚刚入咸阳的时候，楚军很是忙活了一大阵子，纷纷冲入秦朝的宫室和仓库大肆劫掠。幸亏张良和樊哙直谏，加上还有项羽为首的六国诸侯，刘邦自觉翅膀不够硬，忍了半天，最终打消入居秦宫享乐的念头。他下令勒兵清道，查封咸阳府库财物，还军灞上。

别说，既然装都装了，刘邦索性就装得更像一些。在萧何协助下，他尽力恢复秦地的统治秩序，摈弃一切秦朝苛法，以非常简洁的三章法约束秦地民众：“杀人者死，伤人及盗抵罪。”

同时，刘邦还慰谕当地父老，说自己先前与楚怀王和诸侯各国有约定，先入关中者为关中王。自己肯定就是未来的秦王，希望父老们支持。

由于在平灭六国过程中秦人与六国人结怨极深，秦人最怕的就是国亡后遭受诸侯军队血腥报复。如今看刘邦如此仁德，少抢不杀，连从前政府官吏也都该干啥干啥，案牍如故，所以大家都衷心拥护刘邦，唯恐刘邦在诸侯大军到达后做不成秦王。

当刘邦所部楚军攻下咸阳灭亡了秦政权，势力最大、军势最强的项羽部楚军，又在干什么呢？

殷墟受降之后，项羽联军在河内稍作停留修整，然后渡黄河进入三川郡，与占据河南县一带的赵军申阳部队、东郡一带的魏军以及颍川郡的韩军合军，声势浩大，沿三川鼓行西进，直杀关中。

联军当中，楚军肯定是主力；其次，就是赵国丞相张耳、赵将司马卬以及申阳所统领的三支赵军；齐军方面有田间、田角兄弟，齐王建的孙子田安以及齐将田都分别统领的三支齐军；燕国军队，主要是将军臧荼所带援军；魏王豹，也亲自率领一支魏军；此外，还有韩王成所率韩军。这些军队，加起来有四十万众。而章邯降附的二十万秦军，作为先遣军走在大军最前列。

由此一算，项羽所统大军，共有六十万之多，包括了七国最勇猛善战之士。

秦国虐民久矣，尤其在平灭六国过程中，杀人无算。始皇帝统一之后，兵役、徭役不断，六国人作为亡国贱俘，多年来被秦人驱使干苦力。所以，六国民众对秦人怨毒满胸。如今，忽然变天了，秦军成为败国降俘，六国出身的士兵，自然会一路欺侮他们。

虽然号称是联军，但走走停停间，大家内讧不断。此时所谓的“内讧”，还仅仅是争执扭打，基本属于打打斗斗的小摩擦，没有大的流血事件发生。

当七国联军接近关中地区的时候，扎营新安县（今河南渑池东）的秦军士兵怨气越来越大，纷纷串联，互诉苦水：章邯等将领，当初骗我们向楚军投降。秦法严酷，如果此行灭秦成功，那么万事大吉，没人追究责任，我们也成胜利者了；如果楚军攻咸阳失败，我们这些人的父母妻子，肯定要被秦廷诛杀。

其实，在项羽大军抵达新安的时候，咸阳早已经变天，嬴婴都向楚军刘邦部投降了。不过古时候资讯不发达，别说这些秦国降兵不知道情况，连项羽等诸侯军统领也不知道当时的关中情势。

秦军的负面情绪传染很快，大有蔓延势头。

项羽得知消息后，也忧心忡忡。要知道，这二十多万秦军，可不是当初章邯病急乱投医所找的骊山刑徒所组成的杂牌军，都是实打实的秦朝正规军。他们虽然放下武器投降，如果忽然在营内暴动，谁也拿不准会出什么大事儿。

如何处置降附秦军，项羽没和诸侯商量，也没和文臣儒士计议，而是找来平时他最信用的两位部下，英布和“蒲将军”。三人一合计，项羽做出了他一生中最坏的决断：

> 秦吏卒尚众，其心不服，至关中不听，事必危，不如击杀之，而独与章邯、长史（司马）欣、都尉（董）翳入秦。

经过三人周密安排，楚军连夜行动，一个晚上，就把秦军降兵二十万人全部解决掉，坑杀在新安县的南部。

此种手段，不可谓不毒！

所谓“坑（阬）杀”，实际上是集体处决。因为一夜之间，挖出一个能埋二十万人的大坑，完全不可能。而且，那么多活人，一个个捆起来也会把人累死。所以，“坑杀”的具体处理方式，应当是利用类似山谷、盆地等低洼地势，强行把二十万秦兵驱赶到高崖处，先推下去摔死一批，然后刀剑砍杀，箭射戟捅。

“坑杀”这种事情，原本秦朝军人最在行。因为世界军事史上最大的坑杀事件，就是白起干的。在长平，他曾经率领秦军坑杀过四十万投降的赵军。

杀降不祥，谁都知道。但项羽在天下未定之时，却犯了如此巨大而低级的错误。在当时，项羽用兵治军的能力肯定不同凡响，但他最缺乏的是治理天下的政治才能。

新安杀降，使得项羽永远失去了秦国人心，致使秦人对他怨入骨髓。

更奇怪的是，算算项羽大军行走的时间，也让我们后人觉得扑朔迷离——章邯在秦二世三年七月投降项羽，而项羽率诸侯盟军在十月才渡河到达河南县。新安杀降卒，则在十一月发生。这支以灭秦为主要目的的大军，竟然用了整整四个多月时间在河内郡、三川郡地区兜转，其详细过程，史书上没有任何合理解释，让我们后人难以理解。

正是由于项羽大军的迟滞行军，刘邦那支楚军偏军才捡了大便宜。他们在八月攻破武关之后，九月又攻克峣关、蓝田，十月已经接受嬴婴投降进入咸阳修整，给秦帝国画上了休止符。

一直到当年十二月，项羽才携四十万诸侯联军，从渑池、陕县一路冲到函谷关前。而在这时，项羽才知道刘邦大军已经先行攻入关中地区，并接受了嬴婴的投降。

更可气的是，刘邦已经提前做足准备，把所有进入关中的通道统统封闭，似乎是抗拒诸侯联军的入关。

气急败坏之余，项羽马上进行军事部署，强攻函谷关后，大军沿着渭水南岸由函谷关到咸阳的大道一路西进，直到戏水西岸的鸿门一带才扎营。

项羽大排战阵，诸侯大军四十万人北临渭水、南靠骊山；刘邦十万军队，北倚渭水，紧张地与项羽盟军对峙。

双方剑拔弩张，大有决一死战之势。

天下嚣嚣重归乱：楚汉争霸

虽然刘邦先克咸阳，但对于项羽来说，手中有四十万大军，刘邦根本不是对手。

很快，刘邦部下又有司马曹无伤秘密派人，向项羽报告说：刘邦企图占据关中称王，抵抗诸侯大军。

盛怒之下，项羽怒吼：“明日一早大飨士卒，一举击灭刘邦！”

而后，就是鸿门宴了。

这个故事，中国人耳熟能详，中学课本也摘录详尽，笔者不再赘述。

项羽并非头脑简单之人，他之所以能够听族人项伯为刘邦辩解，最后放过对方，还是基于政治利益。毕竟，刘邦已经接受了极其苛刻的和谈条件，不仅把咸阳及关中地区移交给项羽，还把秦王嬴婴、秦朝官吏以及投降的秦国军队，全部交给项羽处理。

为了体现自己最大的诚意，刘邦还表示只领本部暂驻灞上，完全听从项羽统一调度。

自从反秦开始，项羽、刘邦一直同属一个阵营，同为楚军将士，二人也曾共同作战，拼死抗敌。昔日战友之情，也可能使项羽没有立刻对刘邦起杀心。

有了刘邦一方的隐忍屈服，有了项羽一方的宽仁大度，楚军内部终于没有发生血腥内讧，和平解决了问题。

全部大权在握之后，项羽指挥诸侯大军，从戏水鸿门开进秦帝国的都城咸阳。

入城之后，为了报复昔日暴秦统治，项羽马上下令处决了降王嬴婴，还把秦国的嬴姓宗族诛灭殆尽。接下来，项羽听任诸侯军队劫掠秦朝宫室内的金银财宝和宫女嫔妃，还派人四处放火，把巍峨壮丽的秦朝宫室全部烧毁。对此，史书上有这样的描写：“烧秦宫室，火三月不灭！”

项羽此行，后世之人多以“惨酷”二字加以形容。其实，坏城焚宫，当年秦国军队攻破六国之后，基本都是如此，不算什么特别特殊的举动。

当咸阳都城到处熊熊大火之际，有人规劝项羽，说关中阻山河四塞，东有函谷关，南有武关，西有散关，北有萧关，土地肥沃，完全可以以咸阳为首都雄霸天下。

这时候，眼见秦朝壮丽的宫室都被大火烧得残破不堪，稍稍后悔之余，项羽只得推搪说："富贵不归故乡，如衣绣夜行，谁知之者！"

说者见项羽如此说，内心鄙之，过后就对人讲："人言楚人沐猴而冠耳，果然。"

沐猴者，猕猴也。给猕猴穿上人的冠带，没多久，猴子就会不耐烦而脱掉，用来比喻楚人项羽的本性躁暴。

项羽听说那个人背后说自己坏话，勃然大怒，让手下把那人抓起来，架火用大锅将其煮死。至于这位多嘴的倒霉蛋，有说姓蔡（《楚汉春秋》），有说姓韩（《汉书》）。

但这个倒霉蛋说的话，其实特别有道理：关中地区阻山带河，土地肥沃，既富且庶，四面险关，具有极好的战略地理位置。笔者揣测，项羽之所以不愿意在关中立足，倒不是他所说的富贵后非要穿上好衣服回到家乡显摆，而是他已经知道，自己不可能在关中和当地百姓安然相处了。

项羽刚刚在新安坑杀了二十多万秦军士卒，关中民意已失，宫室尽毁。这个地方，敌意四伏，对于项羽来说，不可能长久待下去。

那么，杀掉嬴婴，遍诛嬴氏，烧毁宫室，暴秦的都城已经残毁殆尽，作为楚国贵族和被秦国所灭六国贵族的领袖，项羽大仇已报，下一步，就是处理战后的分封问题。

如果依照战前的"怀王之约"，先入关中者当秦王，刘邦肯定应该被封为秦王。对于项羽来说，这又是不情愿之事——叔父项梁被杀后，自己请缨西向灭秦，被楚怀王拒绝，转而派刘邦领军西向。显然，在当时刘邦已经不是和自己一路；而刘邦捡了大便宜先行入关，又敢于闭关拒守，诸侯军之间差点血拼，这更让项羽对刘邦心存芥蒂。

鸿门宴后，双方表面和解，但对刘邦的忠诚度，项羽还是大存疑虑。

但是不让刘邦作秦王，也就意味着撕毁先前的“怀王之约”。

作为名义上的天下共主，楚怀王熊心还在彭城。为此，项羽派出使节，试探性地向楚怀王询问灭秦之后该如何分配天下的事情。其实，他是借此试探楚怀王的志向和意向。

岂料，楚怀王熊心派人带来两个字：“如约！”

也就是说，楚怀王明白无误地告诉项羽，应该按照从前约定，先入关者为秦王。

项梁死后，楚怀王一直想摆脱项氏家族的控制，所以，他用刘邦、任宋义，削夺项羽的兵权。项羽杀掉宋义，而后带诸侯军大破秦军，已成尾大不掉之势，项氏家族的权威，已经牢牢树立。此时此刻，项羽派人来试探自己，如果再往后退，楚怀王自己的威信肯定全失。

如果刘邦为秦王，楚怀王或许还能在关中地区有个同盟军，双方遥相呼应，能给项氏家族以极大的牵制。

得知楚怀王的态度之后，项羽愠怒。

项羽深知，怀王熊心在叔父死后，从来没有真正信任过自己。君臣之间，已经产生了不可弥合的裂隙。如果承认“怀王之约”，那就不仅仅意味着刘邦统宰关中，还意味着七国王族旧势力的崛起。那样一来，楚怀王熊心肯定会成为真正的天下共主，而赵王赵歇、齐王田市、魏王魏豹、韩王韩成、燕王韩广以及秦王刘邦等人，各自成国。而自己，还有那帮几年来和自己并肩战斗、浴血奋战的老部下们，只能在旧六国系统内混饭吃了，看着别人的眼色行事，窝窝囊囊活着。这种情况，别说是项羽，换了任何一个人，也不可能让它发生！

为此，项羽咬定牙关，出于争强好胜的本性，准备自己来决定天下新秩序了。按照论功行赏原则，项羽开始重新宰割天下。

项羽先给了楚怀王熊心一个虚号：“义帝”。然后，他废“怀王之约”，开始召集诸侯诸将，说明自己意志的正确性和合理合法性：

> 天下初发难时，假立诸侯后以伐秦。然身被坚执锐首事，暴露于野三年，灭秦定天下者，皆将相诸君与籍之力也。义帝虽无功，故当分其地而王之。

听项羽如此说，诸将马上赞和：“善！”

确实，那楚怀王是由项氏所立，没有丝毫功劳勋阀；当时天下乱起，暂时拥立六国后人，也都是权宜之计。三年多来，真正亲身披坚执锐和秦军野行血战，都是项羽和这些将领的功劳啊！

所以，对于诸将来讲，项羽的主张得到了绝大多数人的支持。

从今天角度看问题，我们对项羽当时所为也真是有些奇怪，他既没有继承秦帝国霸业自己称帝的野心，也没有完全另起炉灶打破六国模式的最终举措，而是任性而为，重新创造了多个新诸侯国。

当然，项羽如此决定，肯定有他的合理之处。秦帝国体制破灭之后，诸侯贵族复国的意念也无法全部违逆。天下希望重新回到暴秦统治前的政治旧轨。六国正统王政复兴虽然被项羽否决，但“封建”体制肯定要得以修复（此“封建”非我们今天语意中的封建）。

于是，项羽重新排列，把已经复国的战国七国，即楚、秦、赵、魏、韩、燕、齐的领土，重新再分。他循照秦帝国原先的郡治，重新把天下分割为 19 个新王国：

三分关中，立章邯为雍王，王咸阳以西，都废丘（今陕西兴平东南）；司马欣由于从前和项梁有旧，又劝章邯投降有功，封为塞王，王咸阳以东至河，都栎阳；都尉董翳为翟王，王上郡，都高奴（今陕西延安北）。

改徙魏王魏豹为西魏王，王河东，都平阳（今山西临汾）。

赵国将领申阳是张耳亲信，先攻下河南县，在河上迎接楚军，故立申阳为河南王，分割从前韩国国土与他，都雒阳。

韩王韩成还故都，都阳翟（今河南禹州市）。

赵将司马印定河内郡，功多，封为殷王，王河内，都朝歌。

改徙赵王赵歇为代王，都代郡（今河北蔚县北）。

赵国丞相张耳声名一直不错，又从楚军入关，故封张耳为常山王，王赵地，都襄国（今河北邢台，乃赵国旧都信都，改名襄国）。

当阳君黥布（英布）为楚将，常冠军取胜，封为九江王，都六（今安徽六安）。

鄱君吴芮率百越兵帮助诸侯军队，又从楚军入关，封为衡山王，都邾（今湖北黄冈北）。

共敖原本是楚怀王的柱国，将兵击南郡，功多，封为临江王，都江陵（今湖北荆州）。

改徙燕王韩广为辽东王，都无终（今天津蓟州区）；燕将臧荼从楚救赵，又从入关，封臧荼为燕王，都蓟（今北京）。

改徙齐王田市为胶东王，都即墨（今山东平度东）；齐将田都一直帮助楚军，率军救赵，又从入关，封为齐王，都临淄；秦朝灭掉的原齐王建之孙田安，曾经在项羽渡河救赵的时候攻下济北数城，引兵降项羽，故立为济北王，都博阳（今山东泰安东南）。

至于原先的齐王田荣，多次不听项梁管束，又不肯将兵从楚击秦，所以啥王都不封。

成安君陈馀，由于在巨鹿大战后和张耳闹翻，弃官而去，不从入关，本来没有封赏。但此人一直有贤名，立赵有功，封他南皮三县（今河北南皮一带）为侯爵。

对于刘邦，项羽绞尽脑汁之余，封这位最先入关的老哥们为汉王，王巴、蜀、汉中，都南郑（今陕西汉中）。

当时巴蜀道险，地属荒蛮，根本不是今天“天府之国”的概念，先前一直作为秦朝流放犯人的地方。

而且，把刘邦封为汉王，项羽同时让章邯、董翳、司马欣三分关中，目的就是堵塞日后汉王刘邦可能的入关之路。

在萧何劝说下，刘邦忍气吞声乖乖上路。

从前的楚怀王熊心，虽然为“义帝”，实际上却被架空，被项羽迁徙到郴县（今湖南郴州），远在南楚，等于流放于偏僻远地。

而项羽本人，就自立为“西楚霸王”，即“天下霸主”的意思，王九郡，都彭城（今江苏徐州）。

项羽这九个郡，原属于楚国和魏国旧土，大致包括昔日秦帝国治下的东郡、砀郡、泗水、薛郡、东海、会稽、陈郡、南阳等郡，基本上是今天安徽、江苏、浙江的大部分地区，还包括山东和河南部分地区。

项羽分封诸王，建立新列国，并非是一种重新搞割据的历史倒退。项羽的做法，在当时深得人心，是对秦始皇暴力消灭六国行为的“拨乱反正”。秦朝末年，六国旧民风起云涌，奋起倒秦，就是要恢复昔日六国境土，推翻秦帝国的统治。

反秦大起义，也并非我们原先认识中的农民大起义。反秦起义主力，主要是旧六国的贵族阶层以及城邑之中的无产者。就连大泽乡陈胜最先振臂一呼率领的那九百多戍卒，也非农民——“闾左九百”，皆城市贫民。陈胜、吴广本人，更不是农民出身，都是秦帝国的低级军吏。

我们耳熟能详的陈胜早年“为人佣耕”，也不能说明陈胜是农民出身——无非他当时家穷，近乎流氓无产者，不得已才到城邑附近替人打短工挣口饭吃。

诸侯多方势力，跟随楚军，一路攻城略地，如果不承认当时现状，急于效仿嬴政称帝，项羽不可能得到诸侯的支持，肯定顿时陷入四面受敌的境地。

虽然封王裂土，项羽明里暗里也使用了一些手段，对六国旧王有所贬抑，特别采取了迁徙异地为王的做法，很有效果。比如，他将赵王赵歇迁徙到赵国北部，改为代王；把齐王田市迁徙到齐国南部，改为胶东王；将燕王韩广迁徙到辽东，改为辽东王；魏王魏豹虽然保留魏王称号，统治的主要区域却被迁徙到河东一带；韩王韩成，仅仅保留了韩王之号，最后被带到彭城杀掉。而且，就连远徙到郴县的义帝熊心，项羽后来也派英布等人杀之。

以此观之，原封原样复立六国，根本不是项羽本意。

项羽其实在分封过程中费了不少脑筋。他封降附秦将为三王，实际上是为了堵住刘邦日后入关之路；对臧荼、张耳、田都、田安的分封，也是想让他们内斗，肯定有日后收渔人之利的意图。

对于项羽来说，真正的论功行赏，只是对他项氏手下诸大将的封赏，即英布、吴芮、共敖等人的封王。

以此观之，项羽的诸王封建，还是很有一些策略在其中，这些举措很可能是他借助霸主名义日后统一全国的第一步。这种分封，既像周朝初期的分封，又有秦帝国郡县制的影子。

四月，诸侯罢戏下，各就国。

经过三年战争，大家都累了。如今，封王占地，都该消停一下。于是，诸侯怀着各自不同的心情，从戏水附近的营地出发，各自返回封国。

其间，义帝熊心自不必言，不久就被项羽派英布等人做掉；韩王韩成没军功，被项羽带回彭城软禁，先降为侯爵，不久觉得留着这个人累赘，将其杀了；臧荼了封地，驱逐原燕王韩广去辽东给自己腾地方。韩广不听，臧荼一不做二不休，把韩广击杀于无终，顺便把他的封地也占了。

本想休养生息，过几天好日子，也让大家都“与民休息”一下。岂料，几十天不到，旧齐地就开始乱了。不仅乱，还是大乱。

我们知道，早在项梁时代，齐国和楚国就不和。而项羽杀宋义之后，还派骑兵深入齐境，连当时已经被任命为齐国大臣的宋义儿子宋襄也杀了。为此，齐国的实际主宰人田荣心内更恨。在诸侯联军中，唯独齐国没有派出主力军队。当项羽北上经过齐国济北郡和博阳郡时，只有当地的两个齐国宗室田安和田都给项羽以支持。而这两个人，又和田荣不是一条道儿上的，田荣心内更怒。

田荣怒，项羽也怒。灭秦的最后战斗，六国都有所表示，唯独齐国没有发一兵一卒参加联军，这笔账，他一直记着。入得咸阳，论功行赏之际，由于齐国丞相田荣既不参加巨鹿大战，又没有派人随联军入函谷关，所以，裂土封王当然没份儿。不仅田荣没份儿，连被他掌握的原先的齐王田市也被降封，改封为胶东王。至于齐王一职，改由对联军帮助甚大的田都去当，另外一个有功于联军的齐国宗室田安，被封为济北王。

齐国田荣在此次封建中什么爵位封赏都没得到，定然切齿。于是，他扣押下原先的齐王田市，不让他去当胶东王。不久，田荣索性起兵，主动迎击兴冲冲来齐地做王的田都。田都不敌，慌忙走避楚地。而原来的齐王田市，心内特别畏惧项羽，私自和从人逃跑，想躲开田荣控制，自己去当胶东王。

田荣愤怒，在即墨追上先前自己拥立的大侄子田市，把他杀死在当地。田市死了，田都跑了，田荣就自立为齐王。

既然撕破脸了，田荣就公开竖起反楚的大旗，先在周边地区寻找帮手。正好，有个叫彭越的，心狠手辣，正好拉过来反楚。

这彭越乃江洋大盗出身，属于那种有奶就是娘、有钱就是爹的主儿，一直在巨野泽附近率领一竿子人马出没，非常独立，谁势力大就帮谁。当初刘邦军队攻打昌邑的秦军，他曾经出兵赞助。后来刘邦离开，彭越就率领军队回到巨野泽养精蓄锐，憋足劲要出头。而他的根据地巨野泽，地处魏国东郡、砀郡、楚国薛郡和齐国济北郡交界地带，属于“三不管”地区。

项羽分封诸王，既没有封赏彭越，还把魏国迁徙到河东地区，于是引起了包括彭越在内的部分魏国人的不满。

现在，齐王田荣封自己为将军，彭越大喜，即刻点齐数万山野贼兵，进攻济北，杀死了项羽任命的济北王田安。

有了彭越配合，齐王田荣实力大增，把原先齐国旧境全部纳入掌握之中，有了与楚国对抗的本钱。

齐地大乱，距离项羽的咸阳大分封还不到三个月时间。由此，天下再次大乱。所有在项羽分封中没有捞到好处的各路人等，无不跃跃欲试，准备和楚国一搏。

田荣反楚，毕竟这个人一直有反骨，和楚国貌合神离，反了也不出项羽意料。但接踵而至的陈馀反楚，很是让项羽吃惊。

这位陈馀，本来是灭秦统一战线的。他本是赵国大将军，和张耳一起扶立过武臣和赵王歇。巨鹿之战后，被誉为有着“刎颈之交”良好关系的张耳和陈馀闹翻。气愤之余，陈馀带着一些手下不在赵国干了，当起了“隐士”。岂料，项羽在咸阳分封的时候，还是念计陈馀昔日功劳，把南皮三县封给陈馀。此举，与其说是讨好陈馀，不如说是得罪了陈馀——我陈馀才得区区三县封地；而那个忘恩负义的老匹夫张耳，竟然被项羽封为常山王；昔日的赵王，却被改封为代王——如此这般，使得本来退隐江湖的陈馀目眦尽裂，从此走上了反楚的道路。

也巧了，项羽封给陈馀的南皮三县，就在赵国东部边境，紧临齐国。所以，看到田荣略定三齐之后，陈馀马上派人去找田荣，要齐国给自己援助，先把张耳那个老匹夫打跑。

陈馀用三县兵力和齐军部分兵力，一举击破张耳的常山兵，打得他最后只能跑到刘邦的汉国避难。接着，陈馀又为赵王歇复国，迎他回赵国重新当赵王。

为了报答陈馀，赵王赵歇封陈馀为代王，投桃报李。

田荣看到这个情况也高兴，在热烈祝贺陈馀的同时，他还撺掇彭越南下攻击楚国境土，如此，就直接把战事扩大到整个黄河下游的南北两岸。

项羽大怒，派出手下大将萧公角（萧公角，其实叫“萧角”，“公”是他的爵号）去打彭越。岂料，这位猛将没多久就“折”了，竟然被那个盗贼出身的彭越打得大败，连项羽本人都百思不得其解——萧公角楚国悍将，怎么会败在一个水贼手里？

齐地乱起，汉中的刘邦集团乐坏了。在汉地这几个月，刘邦一直没闲着，抓军事，促生产，又有“萧何月下追韩信”，军事领导层输入了新鲜血液，汉国上下，面貌已经焕然一新。

八月间，趁着四处乱起，刘邦派出大将韩信，明出子午，暗度陈仓，开始还定三秦的军事行动。

汉军乘乱，回击关中非常顺利，先后击败章邯，并迫降司马欣、董翳二人。很短时间内，就把项羽处心积虑设置的“三秦”王国一一击破。

不久，河南王申阳也向刘邦投降。

这样一来，项羽就出现了两大阵营的敌人，一边是齐地田荣、赵地陈馀以及彭越，一边是占领关中地区的刘邦。

先打谁好呢？正当项羽托颐琢磨时，张良受刘邦之托，送来书信请和，说汉国只想按照昔日“先入关中为王”的约定，没有别的野心。而汉王得到关中之后，肯定止兵，没有任何东向的意思。同时，刘邦还把齐国田荣写给自己的密信转送项羽。上面的内容，无非是田荣要联合齐赵力量，与刘邦一起击灭楚国。

项羽真怒了，也真信刘邦了。他点起大军，怒冲冲杀向田荣。同时，他还向自己的老战友英布征兵，想让英布和自己一起灭齐。

但英布现在也是诸侯王了，称疾不出，坐山观虎斗，只派一个大将率几千号人马随行。由此，项羽暗恨英布，二人之间的关系产生了裂痕。

由于项羽锐意灭齐，新仇旧恨怒火烧，杀到齐地后就一直追着田荣打。最后，城阳（今山东菏泽东北）大战，楚兵大胜，田荣败逃到平原（今山东德州南）。在那里，他被当地民众杀掉，摘下脑袋献给项羽请功。

田荣虽死，项羽余怒未消，在齐地大肆淫威，每过一地一城，都把当地建筑物全部烧毁，还下令把投降过来的齐国士兵也尽数坑杀，虏老弱妇女随军，所过之地多残灭。

这种高压政策，适得其反。齐国人一看，战也是死，降也是死，还不如战死呢。于是，相聚而叛。

田荣弟弟田横收集残兵数万人，在城阳附近重新和楚军开打游击战，使得项羽连战而不能下。

一连三个多月，楚军被拖在了齐地。

项羽被拖在齐地，刘邦一直没闲着。他从临晋（今陕西大荔县）渡河，攻打西魏王魏豹的河东地区。本来魏豹就恨项羽将自己改封，他就投附了刘邦，加入汉王阵营。接着，他还和刘邦一起从河东杀入河内郡，攻打被项羽封为殷王的司马卬。

这司马卬由于当了王爷后不听话，项羽先前曾派大将陈平过来收拾他。他倒老实，即刻服软，项羽也就没有杀他。刘邦一来，司马卬没一点先前配合诸侯联军攻打秦军的劲头，抵挡了没多久就被刘邦俘虏，顺势委身，降附了汉王。

项羽得知消息后，非常气恼，马上派人责备先前派出的陈平等人，说他们没看好司马卬。这下倒好，项羽为渊驱鱼。陈平怕被项羽派人杀掉，单身一人逃出营盘，也背楚投汉，倒向刘邦阵营。

降了司马卬，收了陈平，刘邦继续往东，从平阴津（河南孟津县北岸）南渡黄河，到达洛阳新城。在当地父老劝告下，刘邦把自己军队打扮成“仁义之师”，为先前被项羽杀掉的义帝熊心发丧。

汉军全军缟素，刘邦大搞仪式，把项羽弑主当成一大罪行，发檄天下，作为联合诸侯打击项羽的口实。

至此，楚汉战争正式揭开序幕。

由于项羽楚军和齐军残余田横一部在城阳一带胶着，造成了楚国都城彭城地区的防守非常空虚。为此，刘邦在洛阳大会诸侯之后，连拉带吓唬，聚集五十六万大军，分兵三路，合击彭城。

如今刘邦这阵势，比当初项羽率诸侯联军抵达函谷关时的兵力，还多出十来万，鼓行而进，气势汹汹而来。

三路军中，汉将曹参、灌婴、周勃等人率军从围津（今山东东明）渡河，攻占煮枣（今山东东明南），在定陶（今山东定陶西北）击败楚国大将龙且、项佗所部，杀至胡陵（今山东鱼台东南），从西北方向进逼彭城；将军薛欧、王吸、王陵等人，率军由宛（今河南南阳）经叶县（今河南叶县西南）出阳夏（今河南太康），从南面进攻；刘邦本人则率夏侯婴、卢绾及各路诸侯军主力，经曲遇（今河南中牟东北）向东南攻占了外黄（今河南兰考东南）。

此时，刘邦的“老朋友”彭越见汉王势大，马上率三万人马归附。为了掩护联军侧后翼，刘邦拜彭越为魏相，令他攻占梁地（今河南东北部）。身为魏相，但彭越根本不统属于魏豹麾下。

由于项羽的老战友九江王英布坐守不出，刘邦大军由西向东，进展顺利，连克砀（今河南夏邑东南）、萧（今安徽萧县西北）二县。

几乎兵不血刃，汉军一下子就攻占了西楚霸王项羽的大本营彭城。

此时此刻，本来如红日当空的政治明星项羽，忽然陷入绝境——连大本营都给人端了，这仗还怎么打？

史书上没有记载项羽在彭城被占领后的犹疑和忧惧。面对类似绝境的情势，他反而爆发出一个军事家惊人的能量。

为了避免陷入两面作战的窘境，他命令楚军诸将继续率领大军，和齐国田横等人死缠烂打，给汉军以楚军一直陷在齐国的假象。而他本人则亲率三万精兵，从鲁（今山东曲阜）飞速南下，兵出胡陵，迅速占领萧县。神不知鬼不觉，一战就切断了汉军的退路。

然后，项羽沉着果断，有条不紊地率领大军由西向东反攻。

彭城方面，汉军和诸侯联军忽然占据了西楚霸王的根据地，大喜过望。其间无数珍宝美人，着实让诸人好好享受了一大把。

正当刘邦等人纵情享乐、日日置酒高会之时，项羽率领军队从萧县一路对汉军发动猛烈进攻。楚军直刺汉军腹心，一下子就造成了汉军指挥系统的全面瘫痪。

天神下降一般，面对突然出现在面前的楚军，汉军也不知道来了多少敌人，忽然间彻底崩溃，四散奔逃。

到了中午时分，楚军已经大破汉军，并将刘邦主力挤压在谷水、泗水（今江苏徐州市西）之间的狭窄地带。

自相践踏逃命之间，汉军被楚军斩杀十多万人，残部慌忙向西南山地溃退。

楚军追汉军至灵璧（今安徽濉溪西南）附近的睢水，刀劈剑捅，竟然把十余万联军逼入睢水，淹死者不计其数，睢水为之不流。

此时的刘邦，众叛亲离，随从或死或降或逃，基本没剩下多少。

项羽指挥大军包围了三层，准备生擒这位汉王。如果不是当时忽起狂风，刘邦几乎难以逃得性命。

飞沙走石之际，天色大暗。古人迷信，楚兵纷纷慌乱走避，队形大乱。至此，刘邦才勉强率数十骑，从楚军空隙间逃遁出去，脱离了主战场。

逃亡途中，刘邦途经沛县，想派人接妻儿老小一起跑。但项羽早已派人去沛县拘捕刘邦家人，所以那一大家子皆逃亡一空。

半路上，刘邦遇到了儿子刘盈（日后的汉惠帝）和女儿（日后的鲁元公主），就让他们也坐上自己车子一起逃。

忽然间，楚军追兵赶来，杀声阵阵。刘邦深恐自己被俘或者被杀，竟然将自己一双儿女从车子上踹下去好几次，唯恐两个小孩拖累马车奔行。

多亏了当时为刘邦赶车护卫的夏侯婴，再三把两个孩子重新拉上马车，好说歹说，也不放弃这两个“龙种”。

刘邦两个孩子找到了，但他爸爸和媳妇可没那么幸运。刘邦手下大臣审食其原本跟随刘太公和吕雉从小道逃跑，结果半路被楚军抓住，作为俘虏，送到了项羽营内。

不过，这位霸王还挺厚道，对刘家的老头儿和妇女都没怎么着，只是把他们扣在军营中当人质。

五十六万大军星散，自己差点被杀，狼狈不堪的刘邦跑到下邑（今安徽砀山县），终于遇到了自己人——吕雉的哥哥吕泽率领小部人马在这里驻扎。由此，这位汉王保得一命。

喘息之余，他让人收集残兵，思量日后东山再起。

经此大战，汉军联军主力完全被击垮，项羽的政治环境重新得以改善，原来投向刘邦的诸侯，此时纷纷背叛刘邦，重回项羽麾下，如塞王司马欣、翟王董翳等人；有的则脱离刘邦，并且兴兵相拒，如魏王魏豹和陈馀等人。

值得一提的是，当初率领一二十万秦军向项羽投降的章邯，其最后表现完全像个爷们。他一直未向刘邦投降，在废丘城坚守长达十个月，最后，汉军水淹灌城，废丘军民无奈，只得投降。章邯本人并未二次投降，在汉军入城之前，他自刎而死，既对得起自己“雍王”的称号，也对得起霸王项羽了。

至此，项羽似乎扭转乾坤，重新掌握了楚汉战争的主动权。

当然，对于项羽而言，彭城战役虽可称“完胜”，但最大的遗憾，就是跑了“贼头”刘邦，使他得以西窜。

刘邦不仅有命逃脱，还占据了“荥阳—成皋”地利，依靠关中的资源和民心，开始了和项羽长达四年之久的相持。

彭城大战，几乎打得刘邦老本全部报销。

《史记·项羽本纪》中说："（刘邦）至荥阳，诸败军皆会，萧何亦发关中老弱未傅悉诣荥阳，复大振。"

也就是说，刘邦这次一败涂地，几乎成为光杆司令。幸亏有萧何能够在后方经营，把关中二十三岁以下、五十六岁以上的本来不该服役的男子，都征用为兵役力役，才填补上汉军在彭城大战的"亏空"（所谓"老弱"，也有专门讲法：古时以男子未满二十三为"弱"，过五十六为"老"）。

可见，彭城大战，如果换了项羽如此大败亏输，肯定一下子就完蛋了。他和刘邦不一样，由于新安杀降，在关中地区留下的只有骂名和仇恨。而刘邦集团，具有坚实的战略纵深，其军政集团的整体实力和应变实力，显然强过项羽集团，从而能在最后关头拖垮项羽，赢取天下。

彭城大战之后，荥阳地区就成为楚汉主要的争霸战场。

由于萧何发关中力量支持，韩信又收集亡散败军来会，最终遏制了楚军西进势头，汉军军力得以复振。

这时候，忽然又出现了一个插曲，还是大插曲——刘邦盟友魏王魏豹，本来以探母病为由回到封国，但他人走脸也翻，忽然封锁了河关，宣布叛汉，再次与项羽约和。

如此一来，魏军等于切断了汉军退路，对一直固守"成皋—荥阳"一线的汉军，立刻造成极大威胁。

刘邦慌了，马上派出能言善辩的郦食其前往河东地区，劝说魏王魏豹回心转意，但被魏豹一口回绝："汉王慢而侮人，骂詈诸侯、群臣如骂奴耳，非有上下礼节也，吾不忍复见也。"

还好，刘邦手下现在有能将韩信，于是就任命韩信为左丞相，会同将军曹参率兵击魏。

此时，魏军占据蒲坂，封锁关河，以大河险川作为屏障，本来想迫使汉军强渡黄河，再借地势之利一举消灭汉军。

魏豹能够想到的事情，军事天才韩信早就想到了。他观察到魏军主力和注意力都集中在黄河天险，而国都安邑空虚。于是，韩信“避实击虚”，先令曹参率一部大军在临晋河口与魏军对阵，佯作强渡，暗地里却派遣汉军精锐在夏阳轻装渡河，奔袭安邑。

得讯之后，魏军仓促分兵回救安邑，恰好被汉军乘势击破，魏王魏豹也被汉军生擒。

灭魏之后，刘邦把从前魏豹的魏国变为汉国的河东、上党、太原三郡，悉平魏地。

还好，念计前情，刘邦没有杀掉魏豹，把他弄到荥阳软禁起来。

如此一来，韩信灭魏，就重新打通了楚汉前线与关中的战略通道。然后，韩信向刘邦建议：“分兵三万，北举燕赵，东击齐，南绝楚之粮道”。从此，可以对项羽实施战略包围。

刘邦对韩信言听计从。在汉军主力于荥阳坚持对楚军正面作战的同时，他分兵三万给韩信，以张耳为辅，让他二人率军东进，为汉军开辟北方战场。

我们知道，陈馀帮助赵王歇复国之后，赵王歇重做赵王，封陈馀为代王。当时，刘邦联合诸侯伐楚，希望陈馀出兵相援，陈馀只要一个条件：杀了张耳，我就出兵。没办法，刘邦当时就找了一个样子和张耳几乎一模一样的倒霉蛋，杀掉后把脑袋切下来给陈馀送去。陈馀看到老朋友张耳的人头，大喜，马上发兵援汉。

刘邦彭城大败后，陈馀得知张耳活得好好的，怒极，即刻断绝和刘邦的关系，和赵王歇一起坚守赵地。

进入北方后，韩信、张耳迅速攻灭代国，准备通过太行山井陉口，进攻赵国。

陈馀虽然被赵王歇封为代王，他自己却一直和赵王歇在一起。得知汉军此次来者不善，赵国聚集二十万大军，准备在井陉口击破来犯汉军。

赵国的广武君李左车给陈馀献计：

韩信、张耳乘胜而去国远斗，其锋不可当。今井陉之道，车不得方轨，骑不得成列；行数百里，其势粮食必在其后。希望您给我奇兵三万人，从间路绝汉军辎重；而您深沟高垒勿与汉军交战。如此，汉军前不得斗，退不得还，野无所掠，不至十日，韩信、张耳人头必会送达麾下；否则，必为二子所擒矣！

李左车计策，极其稳妥，如果赵军深沟高垒，分兵绝汉军粮道，待汉军人困马乏之时前后对进，汉军最终肯定成擒。如果坚守井陉，韩信所依恃的“势”与“速”，就根本无法发挥。

但陈馀这个人，脑子里还是有正大光明作战的思想残余，他把赵军称为“义兵”，认为使用诈谋奇计，会让诸侯认为自己胆怯，日后会被众人看不起。最主要的，他还是过于轻视韩信。确实，韩信这个人的名声，当时对于陈馀来讲，还不够显赫。他以为赵军凭借井陉之险，又占人数上的绝对优势，一战而全歼汉军是必然的。

侦知李左车计策未被采纳，韩信长舒一口气，他连夜分兵两路，一路由两千汉军轻骑组成奇兵，每人手持红旗一面，趁夜色从小路潜入井陉口一侧隐蔽待机；另一路，则为汉军主力，渡过绵蔓河背水列阵。此阵大有来历，即孙子的“置之死地而后生”。

对于陈馀来说，韩信的这种阵法使他产生了错觉，他更认定韩信根本不懂用兵之道。

次日天明，韩信打出大将军旗号，鼓行而进，直击井陉口。

赵军出营迎击，大战良久之后，韩信主军抛弃鼓旗，假装逃跑，退到河边背水的军阵之中。

赵军见状，为争夺汉军丢弃的旗鼓邀功，倾巢而出追逐韩信。

至此，韩信背水大军勃然而发。由于无路可退，他们奋力拼死，无不以一当十，使得刚刚得胜的赵军竟然束手无策，无法攻退背水而阵的汉军。

恰在此时，韩信所派两千轻骑利用赵军追击汉军的空档期，冲入赵军营垒，遍竖汉军红旗。

久战不胜，赵军正犹疑疲敝，想退未退之际，回头一看，自己营中汉军红旗招展，顿时大乱。

汉军乘势反击，大破赵军，得势不饶人，汉军追到泜水，在岸边斩杀陈馀。

而后，汉军乘胜而前，几天后活捉了赵王歇。

陈馀绝非等闲之辈，乃武乃文。想想昔日章邯最后之所以能以二十多万秦军投降诸侯盟军，陈馀那封劝降书信功不可没。而且，当初受陈胜之命，辅佐武臣略定河北，继而扶立赵王歇，陈馀都居功甚伟。可惜，遭逢韩信，陈馀如此大英雄，只得含恨而殁。

“井陉之战”的结局，对楚汉战争走势也有重大意义，甚至可称为“楚汉战争”的转折点。由此，汉军逐步在战略全局上获得优势，使得韩信能够不断为楚汉的“成皋—荥阳”前线输送大批兵员和物资。

三万破二十万，韩信正是借此战正式成名。战后，他善待被俘的李左车，听从对方建议，安抚赵地，派人兵不血刃说降了燕王臧荼。由此，黄河以北，刘邦再无后顾之忧。

项羽得知韩信灭赵，非常气恼，数次派楚军过河攻击韩信和张耳，一度打得汉军无法招架。

紧急时刻，刘邦派说客来到项羽盟友英布的九江王属地，说服英布归汉。

英布叛变，后院忽然起火，项羽忧惧，只得暂缓进攻河北，派出自己手下大将龙且，率军去进攻叛变的老战友英布。

楚军老人当中，英布也算大英雄了。恰如陈馀遇韩信，英布也没拿后起之秀龙且当回事儿。

结果，几个月下来，龙且有智有勇，把英布打得大败。英布本来想带点人马到刘邦那里做见面礼，但又害怕自己人多可能招来龙且大军。狼狈之余，昔日的大英雄英布只得像小偷一样，跟随当初说服他叛楚的汉军说客随何，仓皇避走小路，一行几十个人，辗转抵达荥阳汉营。

“淮南王至，上方踞床洗，召布入见，布大怒，悔来，欲自杀。出就舍，帐御饮食从官如汉王居，布又大喜过望。”（此时的英布还没有被立为淮南王，前 203 年 7 月才得立。司马迁为了叙述方便，所以称他为“淮南王”而不是“九江王”）。

从《史记》这段传神描写中，我们可以发现，江洋大盗出身的英布，没有一点自重自尊的精神，比起魏王魏豹差远了。本来，他觉得刘邦洗脚接见自己不给面子，羞愧得要自杀。结果，回到汉王给他准备的豪华招待所，看见种种陈设和金银珠宝，英布又马上大喜过望。可见，此人原本就是一个利益之徒。这种人，正合刘邦胃口，也极容易驾驭。

高兴之余，英布住在豪华招待所内，欲报汉王恩德。于是，他派人返回自己的九江王故地，准备招收自己的残余旧部。使人到后，才得知项羽已经派项伯把英布妻儿杀个精光。家属是接不回去了，使者就领回英布的数千旧部士卒归汉。

至此，英布和项羽完全撕破脸。刘邦幸灾乐祸，赏给英布一些兵马，派他在成皋帮助汉军守城。

虽然汉军在河北地区和河东地区在韩信指挥下取得几场重大胜利，但在楚汉正面战场，也就是“成皋—荥阳”战场，双方却打得非常艰苦。

正面战场上，项羽直接指挥楚军，刘邦一直处于守势。

我们知道，荥阳乃山东通向关中的战略要道，从战国以来，秦国就已经把荥阳的战略地位提高，作为兼并战争的关键战略枢纽。在派驻强兵劲旅的同时，为了保障后勤，秦朝在其附近的敖仓囤积大量粮食。为此，仓城西面的成皋，地位更加重要。

成皋古称虎牢（唐朝以后避讳，改称武牢），北临黄河，南傍嵩山，是屏障洛阳、确保关中地区安全的军事重镇。无论是哪一方，只要能够真正控制“成皋—荥阳”战线，就意味着对关中腹地的相对战略优势。

彭城大战取得胜利之后，项羽一直率领楚军主力围攻汉军在“成皋—荥阳”的战线，想一举粉碎刘邦集团对关中地区的占领。

楚汉双方，在这一广大地区展开了旷日持久的战争，你争我夺，杀得不亦乐乎。

在刘邦大败于彭城之初，本来他要放弃东进方针，专心经营关中地区，但当时张良给他出主意说：“九江王黥布，楚枭将，与项王有郄；彭越与齐王田荣反梁地，此两人可急使。而汉王之将独韩信可属大事，当一面。即欲捐之，捐之此三人，则楚可破也。”

所以，刘邦派随何劝说九江王英布反楚，又派人联系彭越响应汉军。同时，他派韩信将兵，一举收有燕、代、齐、赵等地，加上又有萧何经略关中、巴蜀，使得汉军后方战略基地巩固。如此，效果极佳，汉军的战略和战术都非常合理。

后来，刘邦还采纳陈平计谋，派遣间谍，在楚军内部大行重金贿赂，离间项羽和属下关系，进一步瓦解楚军。

即使这些计策成功，但军事力量决定一切。由于楚军兵势强盛，接连打得汉军节节败退，运粮甬道也多被摧毁。

慌乱之余，刘邦派人向项羽求和，表示愿以荥阳为界，以西属汉，以东归楚。

当时，项羽本来想接受这个建议，其谋士范增强烈反对。最后，还是陈平反间计奏效，不仅使得项羽疏远了劳苦功高的钟离昧等人，最后竟然成功地让项羽遣散了他最重要的谋士范增。

范增走到半道就气死了。老谋士死后，项羽有所后悔和觉悟。

为了击破扼守“荥阳—成皋”战线的汉军，能够率领大军北上与韩信争锋，前 204 年春天，楚军终于下定决心，全力强攻荥阳。

真打起仗来，汉军还不是楚军对手。

眼见荥阳城即将被攻破，无奈之余，刘邦只得出一招“下三烂”计策：先在半夜强迫两千当地女子身披铠甲出东门，做出突围状。楚军闻声，即刻包围过来，很快就把汉军乔装打扮成战士的良家妇女杀得七零八落。

这时候，刘邦手下大将纪信乘坐刘邦平时出行时摆排场用的黄屋车，冒充刘邦本人，派人大喊说："城中食尽，汉王降。"

听见此言，楚军皆欢呼，一时间全都放松了警惕。

趁此机会，刘邦率领数十近卫军骑兵，从西门仓皇逃出，奔向成皋。

结果，逮捕了黄屋车内的"刘邦"，楚军才发现是假的。

项羽很生气，问："汉王安在？"

纪信挺老实，答言："汉王已突围了。"

项羽恨极，让人架起柴堆，把这位假刘邦变成了人形大烧烤。

此时的荥阳，还有刘邦手下的御史大夫周苛、枞公以及先前被刘邦俘虏的魏豹，这三个人算是共同守护。

眼见事急，周苛、枞公两人嘀咕："反国之王，难与守城。"于是，他们就派人把一直逡巡反复的魏豹骗来，先给宰了。

不过，现在杀了魏豹也没用。楚国兵强，在项羽指挥下，一举攻克荥阳城，活捉了周苛和枞公。

劝降不成，项羽心怒，架起大锅把周苛煮了，同时让人把枞公砍了。

从成皋逃出后，刘邦很快死灰复燃，在萧何帮助下补充了兵源，准备再次东进荥阳，和项羽正面战斗，争个胜负。

此时，刘邦手下谋士袁生力劝，建议刘邦应该自己率军出武关（今陕西商南东南），借此调动楚军南下。这样一来，就会减轻荥阳一带汉军守军的压力。同时，袁生还建议刘邦派韩信加紧经营北方战场，巩固河北、河东地区。迫使楚军分散兵力后，汉军就可以择机重夺成皋。

刘邦思忖过后，觉得此计甚妙，就没回荥阳，而是率军经武关出宛

（今河南南阳）、叶（今河南叶县）之间，和先前派在当地的英布配合，对楚军展开攻势。

韩信此时也率部由赵地南下，直抵黄河北岸，和刘邦、英布以及荥阳汉军相互呼应。

这招果然见效。

项羽本性倔强，认死理儿，刘邦到哪儿他到哪儿。于是，项羽很快就率兵南下，迎击刘邦。

刘邦见项羽上钩，又玩老一套，转攻为守，坚壁不出。

这时候，先前和汉军呼应的彭越开始活跃起来。这位贼人出身的将军到处打游击战，四处袭击楚军，截杀楚军的运粮士兵。更出格的是，彭越还攻占了鲁南战略要地下邳（今江苏睢宁西北），杀掉楚军大将薛公。

由于害怕首尾不能兼顾，项羽被迫回师东击彭越；刘邦则乘机收复了成皋。

彭越真看到项羽亲自来，他就禁不住一打了，很快逃之夭夭。

打跑了彭越，项羽率军回还，再次包围成皋。

三十六计，走为上计。见项羽又来，刘邦只得再逃。他北渡黄河，逃到小脩武（今河南获嘉东）的汉军传舍之中。

由于此次输得大发，刘邦为了免使自己真成光杆司令，竟然诈称汉使，趁韩信和张耳沉睡的工夫，把这两位大将的符节夺到手中，自己重新夺得军队指挥权。

别看连吃败仗，刘邦脑子还挺清醒，他指挥汉军一部据守于巩（今河南巩义市西南），一部屯驻小脩武，深沟高垒，避免与楚军交锋。同时，他派张耳领军备守赵地，让韩信以赵国相国之职，率领赵国新军（当时的新赵王是张耳）东向击齐，继续开辟北方战场。

在郎中郑忠建议下，刘邦在坚壁高垒的同时，派将军刘贾、卢绾率领二万人，抢渡白马津，攻入楚地，和大盗彭越一起，四处焚烧楚军仓储，袭击楚军粮道。

当楚军前来迎战的时候，刘贾、卢绾就坚壁不战，和彭越呼应保全。

而彭越那位游击战之王则趁着楚军焦头烂额之际，竟然能够在梁地攻占了睢阳（今河南商丘南）和外黄（今河南杞县东北）等十七座城池。

得知军报后，项羽七窍生烟，马上点起一军回头去打彭越。

虽然愤怒，项羽临走的时候还挺清醒，他嘱咐楚军大司马曹咎说："你稳稳守住成皋，即使汉王挑战，千万不要理他。十五日之内，我必定梁地，马上回来和你合军。"

于是，项羽引兵东行，很快就攻克陈留、外黄、睢阳等城，再次把彭越打跑没影儿。

趁项羽东去之机，刘邦反攻成皋。

项羽所信用的楚国守将曹咎开始还挺听话，他遵照项王告诫，坚守不出。而后，汉军连日辱骂和挑战，这位楚国爷们终于受不了了。一怒之下，他率军出击。

曹咎毕竟不是项羽，刘邦打他还足够。汉军挥师大进，在汜水大败曹咎楚军。

想起项王嘱托，曹咎悔恨无极，羞愤自杀。

汉军乘机再夺成皋，并乘胜挥师，推进到广武（今荥阳东北）一线，复得敖仓积粟。同时，汉军乘势，在荥阳以东包围了楚将钟离眛部。

听到成皋失守，项羽大惊，急忙从睢阳率领楚军主力返回，同汉军争夺成皋，并与汉军对峙于广武，欲与刘邦一决雌雄。

刘邦故技重施，凭据险要地形，坚守不战。双方对峙数月，项羽没有任何办法。

相持数月，楚军粮少。

项羽心急，也想效仿刘邦玩个“下三烂”，就把刘邦他爹刘太公弄身鲜亮衣服装起来，出营列阵，竖起一个高杆。高杆上面，安置一块大案板，然后项羽让人把刘太公摆在上面。

这老头还好，没有畏高症，坐在那里对着远方的刘邦大喊：“吾儿救我。”

项羽临阵对着刘邦大叫：“今不投降，吾烹太公！”

刘邦装出一副一丁点都不着急的样子，马上回喊：“吾与大王，曾经同时在怀王面前受命，约为兄弟。所以，我爹就是你爹。如果你烹你爹，千万别忘了分我一碗肉羹啊！”

闻此言，项羽这个气啊，就让人把刘太公放下来，要往大开水锅里面放。危急间，项伯劝说道：“天下事未可知。且为天下者不顾家，虽杀之，无益，只益祸耳！”

项羽听叔父如此说，也觉得有理，就暂时把老刘头儿给饶了。

眼望脸皮厚厚、意气洋洋的刘邦，项羽也掏心窝子，真心实意地对刘邦说：“天下汹汹数年，百姓因战争疲苦至极，都是因为我们两人的缘故啊。不如这样，我们哥俩到阵前，单打独斗一番，决个雌雄胜负，就别再继续祸害天下百姓了！”

刘邦乐了。他当然知道自己论武功不是项羽对手，笑着说：“吾宁斗智，不能斗力！”

怒急相兼，项羽三次派楚军大力士出阵挑战，都被汉军中善于骑射的楼烦射杀。

项羽大怒，亲自披甲持戟。

出阵，楼烦张弓欲射。

项羽瞋目大呼，舞戟而前。真是英雄威武，看到项羽亲自出阵，楼烦竟然吓得浑身颤抖，目不能视，手不敢发，逃入汉军壁垒，不敢复出。

汉军之中，无论是刘邦还是众将士，对于项羽的神武，都有切身感受。

为了鼓舞士气，刘邦也挺身出阵，大声数落项羽，列罪十条：

羽负约，王我于蜀、汉，罪一；矫杀卿子冠军（宋义），罪二；救赵不还报，而擅劫诸侯兵入关，罪三；烧秦宫室，掘始皇帝冢，收私其财，罪四；杀秦降王子婴，罪五；诈坑秦子弟新安二十万，罪六；王诸将善地而徙逐故主，罪七；出逐义帝彭城，自都之，夺韩王地，并王梁、楚，多自与，罪八；使人阴杀义帝江南，罪九；为政不平，王约不信，天下所不容，大逆无道，罪十也。吾以义兵从诸侯诛残贼，使刑余罪人击公，何苦乃与公挑战！

气急，项羽亲自操作弩机，给了刘邦一箭，正中老刘前胸。

嗖然一声，差点弄个透心凉。刘邦深知自己伤得不轻，还算聪明，他伸手捂住自己的脚，大叫道："狗奴伤我脚趾！"

虽然伤重，在张良建议下，刘邦还暂时要假装没事人一样，强行微笑劳军，以安定军心。

演过一幕大戏之后，刘邦疼得不行，只得被人护持着回成皋，赶紧上药养伤。

正和刘邦相持之时，又一个对于项羽不好的消息传来：韩信所部汉军，已经攻占了临淄，齐地即将不保。

齐国本来一直和项羽是冤家。当初项羽离开之后，田横就把田荣的儿子田广立为齐王，自己做国相，再次建立了齐国。楚汉在荥阳打得难解难分的时候，齐国小日子过得还不错，也不拉偏手，自顾自在齐地休养生息。

而刘邦在派出韩信率领一支赵军前往收齐的同时，手下儒生郦食其也自告奋勇，说要靠一张嘴说服齐王归附汉国。为了双保险，刘邦当时也同意了。

郦食其一行人少脚快，先到了齐国首都，凭借他三寸不烂之舌，还真把田横、田广叔侄给忽悠了，当即决定和汉国联盟。于是，田氏叔侄不仅把郦食其待为座上贵宾，还下令本来坚守历城的田解二十万大军解除戒备，就等着和汉国正式签订和平协定。

韩信从赵地整军，好不容易做好战前准备，就引兵东进击齐。还未到平原渡口，却听说郦食其已经说服了齐王和齐相，齐国同意与汉国联盟了。

韩信本想中止进攻，但他手下辩士蒯彻（说一句，这位蒯彻，在所有汉朝的史书中都写为“蒯通”。他原名就叫蒯彻，日后汉武帝刘彻继位，汉朝臣子写史书，为了避讳，就把这老哥们改名成“蒯通”了）劝说道：“将军受诏击齐，而汉独发间使下齐，宁有诏止将军乎？何以得毋行也？且郦生一士，伏轼掉三寸之舌，下齐七十余城，将军将数万众，岁余乃下赵五十余城。为将数岁，反不如一竖儒之功乎！”

您看，汉王并没有下令您停止进攻齐国，您哪能中止不前呢？郦食其，不过一个读书人，趴在车子上凭三寸之舌，就能说下齐国七十多座城池；将军您统数万军队，苦打一年，才攻克赵地五十余座城池。您做大将几年多，功劳难道还比不上一个腐儒吗？

这位蒯彻也够缺德的，大家都是知识分子出身，人家郦食其也没得罪过他，经他一说，韩信改主意了，指挥大军继续进攻齐国。

由于齐国已决计降汉，完全放松了对汉军的戒备。为此，韩信一举击溃齐国历下（今山东济南西北）守军，大军直抵临淄。

齐王田广又气又怕，但暂时是气愤占上风，叫来郦食其一顿痛骂，就把这白胡子老头用大锅活煮了。

随后，齐王田广一路仓皇，最后逃到了高密。

喘息之余，田广倒不计前嫌，低声下气派人到项羽军营，哀求楚国发兵救援自己。

齐国虽败，元气大伤，但主要人物基本还都活着。田广在高密，田横走博阳，田光走城阳，田既在胶东。

项羽听说韩信袭破齐都，也只能不计前嫌了，赶忙派大将龙且率兵，号称二十万众，汹汹而去，到达齐地后，与齐王田广在高密合军。

由此，楚、齐二十余万联军，与韩信数万汉军在潍水（今山东安丘东潍河）两岸对峙，大战一触即发。

其间，龙且手下有个参谋，非常有远见和谋略，献计说："汉兵远斗穷战，其锋不可当。齐、楚自居其地战，兵易败散。不如深壁，令齐王使其信臣招所亡城，亡城闻其王在，楚来救，必反汉。汉兵二千里客居，齐城皆反之，其势无所得食，可无战而降也。"

这个计策挺好，分析得也到位：汉军远征作战，肯定拼死战斗，兵锋锐不可当；而楚、齐联军在本国境土作战，士兵怀土念亲，小败就易散。不如深沟高垒，让齐王派手下招抚那些沦陷城邑。齐人得知齐王尚存，楚救已至，必然相起反汉。如果汉军大老远在齐地异地作战而丧失了给养供应，粮食都没得吃，肯定不战可降！

龙且摇头不听。特别是把先前名闻诸侯的老将英布打败后，他膨胀得厉害，就想一举击败韩信，再添新功。

于是，龙且率兵而前，在潍水岸边做出和汉军决战的架势。

韩信暗笑。他连夜派人装填了万余袋沙袋，壅塞住潍水上流。然后，韩信指挥汉军渡水，前击龙且。

龙且挥军而前。都没怎么交手，汉军佯装败走，转头回跑。

龙且大笑，对手下说："我就知道韩信是个胆小鬼！"于是，他挥军指挥楚兵渡水追击。

岂料，楚兵刚刚走到半截，韩信让人把上游的沙袋坝垒决开。

水流大至，汹涌澎湃，除许多人被淹死以外，楚兵大部分兵士都没能过河。

汉军冲向前，把渡河的楚军几乎全歼，龙且也在乱中被杀。

没有渡河的楚军见势不妙，散败而逃；齐王田广也顾不得楚军了，自己也率领残余齐军逃得飞快。

田广逃得再快，也快不过汉军追兵。韩信追到成阳，生擒田广；

灌婴也在博阳杀败齐军，活捉了守将田光。

齐国相田横反应还算快，即刻自立为齐王，率军攻击灌婴汉军。结果，反被灌婴击败，逃向梁地。丧家之犬一般，这位齐国英雄惶急之余，不得已向彭越归附。

田横一跑，齐地别的将领就不禁一打了。灌婴进击齐将田吸于千乘，曹参击田既于胶东，皆攻而杀之，尽定齐地。

潍水之战，以汉军全胜而告终。

此战之后，由于韩信指挥正确，汉军不仅占领三齐之地，还消灭了项羽最后一支强大的预备队，楚国北地屏藩尽失。

从此之后，战争形势完全倒向汉军一边。项羽的统治中心彭城，受到刘邦的直接威胁。

仗打到这个份儿上，楚军再也无力灭汉，完全进入了被动防御的境地。而汉军则士气大振，准备全面反攻。

虞兮虞兮奈若何：项羽的败亡

韩信那边，平定齐地之后，也产生了裂土为王的野心，就派使者前往荥阳见刘邦，请示说："齐地伪诈多变，反覆之国，又南邻楚地，如果不以我为'假王'镇之，其势不定。希望大王您封我为'假王'。"

也就是说，平定三齐之后，韩信其实在齐地已经自称"假王"，即"代理齐王"的意思。

读完韩信来书，当着使者面，刘邦忍不住大怒，骂道："我一直困在荥阳被项羽所攻，旦暮忧心，期盼韩信前来助我，谁想到他自立为王！"

当时，恰好张良、陈平在旁边，见此都用脚轻踩刘邦的脚，予他暗示。张良还附耳低语："我们和项羽相争这么久还占不到便宜，哪里能管得了韩信在齐地称王呢。不如因而立之，善待于他，使他自守齐地。不然的话，或许变生不测。”

刘邦反应挺快，知道自己刚才的表现被韩信使者传回去之后，或许会生出事端。

但骂都骂了，不好转弯太急。所以，刘邦接着“骂”：“大丈夫定诸侯，即为真王耳，何以假为！”

也就是说，刘邦做了个顺水人情，你韩信也别当“假王”了，代理啥啊，我就封你为真齐王了。

为了安慰韩信，刘邦还特意派遣张良亲自到齐地宣布对韩信的齐王任命。

韩信大喜，马上派出不少齐地兵马来援助刘邦击楚。

由于最后一支强力的后备军龙且军团被韩信消灭在潍水，齐地归汉，实际上汉军已经对楚军形成了战略合围。同时，彭越在后方到处展开游击战，截断楚军粮道，项羽补给匮乏；而归顺汉军的英布，又在淮南东荡西杀，最终造成项羽腹背受敌。

进既不能，退又不可，楚军极其被动。

忧惧之下，项羽也派人到齐地去劝说韩信：“天下苦秦久矣，我们诸侯相与勠力破秦，而后计功割地，分土而王，以休士卒。如今，汉王兴兵而东，攻破三秦，夺人之地，而后引兵出关东击我楚国，想要尽吞天下，显然他永远不知厌足！汉王数次在我们项王掌握之中，但项王多次对他怜而活之。每次刘邦得脱，就会背约反扑，其为人不可亲信如此！如今，齐王您虽然自认与汉王交情深厚，为之尽力用兵，但日后必为其所擒。齐王您之所以能存活至今，正是因为有项王存在。当今汉王、楚王，大事在齐王您一人手里。您投汉王，则汉王胜；您投项王，则项王胜。项王今日亡，下一个就轮到您自己了。况且您和项王是故交，何不反汉与楚联和，三分天下！”

对于项羽派来劝说的使臣，韩信回答得很干脆：“我昔日在项王帐下，官不过郎中，位不过执戟；言不听，计不用，所以背楚归汉。汉王授我上将军印，予我数万众，解衣衣我，推食食我，言听计用，所以我才能今天得封齐王。汉王厚我如此，背之不祥！”

费尽口舌也不能说动韩信，项羽使臣悻悻而去。

见韩信被封齐王之后仍对刘邦如此死心塌地，他手下的谋士蒯彻看不过去，也意味深长地劝说：“天下初发难也……忧在亡秦而已。今楚汉分争，使天下无罪之人肝胆涂地，父子暴骸骨于中野，不可胜数。楚人起彭城，转斗逐北，至于荥阳，乘利席卷，威震天下。然兵困于京、索之间，迫西山而不能进者，三年于此矣。汉王将数十万之众，距巩、雒，阻山河之险，一日数战，无尺寸之功，折北不救……此所谓智勇俱困者也……百姓罢（疲）极怨望，容容无所倚。以臣料之，其势非天下之贤圣固不能息天下之祸。当今两主之命悬于足下，足下为汉则汉胜，与楚则楚胜……诚能听臣之计，莫若两利而俱存之，参（三）分天下，鼎足而居，其势莫敢先动。夫以足下之贤圣，有甲兵之聚，据强齐，从燕、赵，出空虚之地而制其后，因民之欲，西乡为百姓请命，则天下风走而响应矣，孰敢不听！割大弱强，以立诸侯，诸侯已立，天下服听而归德于齐。案齐之故，有胶、泗之地，怀诸侯以德，深拱揖让，则天下之君王相率而朝于齐矣。盖闻天与弗取，反受其咎；时至不行，反受其殃。愿足下熟虑之！”

蒯彻的话，非常有道理，以当时韩信之威势，足以三分天下、称量诸侯，最终能作为英杰之间的仲裁人，稳坐天下霸主之位。

韩信低头思忖，说：“汉王遇我甚厚，我怎能向利而背义！”

蒯彻纵横家出身，对于人性有着无比深刻的了解。他接着劝说：“当初张耳、陈馀两人为布衣时，友情甜蜜，为刎颈之交；后因张黡、陈泽之事（即巨鹿之战陈馀没有即刻救援），二人反目成仇。井陉大战之后，张耳杀陈馀于泜水之南，首足异处。这二人昔日交情，属于天下至欢！但最终捉兵相向，到底是为什么呢？欲壑难填，人心难测啊！

如今，您想以忠义之心而事汉王，更是大谬！从前越国大夫文种挽救危亡，帮助勾践称霸，功劳如此，依旧被勾践诛杀，即所谓‘立功成名而身死亡，野兽已尽而猎狗烹’。所以，如以交友言之，您和汉王关系不如先前的张耳和陈馀；以忠信功大言之，您对汉王来说，肯定超不过从前的文种之于勾践！希望您深思熟虑！我听说，‘勇略震主者身危，功盖天下者不赏’。如今您戴震主之威，挟不赏之功。归楚，楚人不信；归汉，汉人震恐。如此，日后您到底该怎么为人处世呢？”

蒯彻的一番话言语谆谆，都说到这个份儿上，韩信依旧对刘邦对自己的封王裂土之恩念念不忘，就暂时推搪，说：“您别再说了，我好好想想。”

数日之后，蒯彻再次诚恳游说韩信：“功者，难成而易败；时者，难得而易失也；时乎时，不再来！！”

韩信犹豫再三，终于不忍背叛汉王刘邦。更重要的，他自以为于汉功大，认为刘邦再怎么着也不会削夺他齐王的王封。所以，最终谢绝了蒯彻的建议。

眼见韩信不接受自己规劝，蒯彻心惧，很快佯狂而去，不敢在韩信营中再接着干下去了，就混迹于民间做了巫医以求自保。

说不动韩信，粮食又尽，项羽见大势尽去，被迫与刘邦议和。

最终，楚汉双方约定，以鸿沟为界，中分天下。

鸿沟，是秦始皇攻打大梁时派人掘取的引河河道。如今的鸿沟遗址在河南省荥阳市黄河南岸广武山上，沟口宽约八百米，深达二百米，走向非常明显。

项羽一看双方罢兵了，就把刘邦老爸和老婆吕氏都放还给对方，自己引兵东归。

至此，“成皋—荥阳之战”结束。从战略角度上讲，这场大战以汉胜楚败而告终。

“成皋—荥阳之战”，历时两年多，楚汉双方共投入百万以上兵力。

刘邦集团伐谋攻心，在政治、军事和外交方面三管齐下，“正兵”与“奇兵”同出，坚持正面相持、后方袭扰、翼侧牵制，不断调动和削弱楚军的有生力量。

最终，刘邦集团以坚忍无比的耐心，造成了双方根本力量的反转。

九月间，项羽率领大约十万楚军，绕南路经固陵，向楚地迂回撤退；刘邦也累得够呛，准备如约率领汉军西返关中。

这时候，谋士张良、陈平却劝刘邦说：“汉有天下太半，而诸侯皆附之。楚兵罢食尽，此天亡楚之时也，不如因其机而遂取之。今释弗击，此所谓‘养虎自遗患’也。”

也就是说，张良、陈平两个人力劝刘邦不能放虎归山，应该单方面撕毁“鸿沟和议”，趁着楚军疲师东返，在背后发动偷袭，从而可以一战而定天下。

刘邦本来就不是信义之人，即刻同意二人建议，跟着楚军屁股后面追打，突然对楚军发起战略追击。

汉军一路尾随，追至阳夏。此时，刘邦遣使，约集韩信和彭越共同南下，和汉军配合合围楚军。

但当刘邦亲率汉军主力追击楚军到固陵（今河南太康）时，韩、彭二人却没有出兵。

韩信、彭越之所以按兵不动，是因为利益是政治最高的法则。

项羽眼见刘邦背信弃义撕毁合约，怒极，率领楚军反击，一战就斩杀汉军两万余人，把汉军打得大败，迫使刘邦退入陈下，重新龟缩不出，深堑自守。

刘邦又急又怕，向张良问计。

张良说：“楚兵将破，韩信、彭越没有得到大王明确的分地承诺，按兵不动，也在情理之中。希望大王您马上有所表示，告诉他们二人要和他们共分天下，二人肯定马上就会来攻项羽。如果您不能分地与二人，天下事亦未可知。您最好自陈州到海为界，把三齐旧地全部划给韩信；而睢阳以北至穀城之地，尽予彭越。如此，命令二人各自为战，则项羽易败也。”

刘邦依计，马上派出使臣对韩信、彭越二人做出书面允诺。

果然，韩、彭二人马上尽起精锐，南下击楚。

齐王韩信军力最盛，他亲率大军从齐地南下，很快就占领了包括彭城在内的楚国北部地区，兵锋直指项羽侧背，自东向西助汉进攻；当时已是梁王的彭越，也率军数万从梁地出发，与刘邦汉军主力会师，共同对楚军形成压制；汉将刘贾，率军数万和九江王英布合军，从淮北出发，从西南方向对楚地发动进攻，克寿春、下城父。

最让项羽吃惊的是，萧墙乱起，本来替自己镇守南线的大司马周殷，竟背信弃义，也忽然叛楚投汉。

这位周殷率领军队屠灭六县之后，又与汉军英布、刘贾会师，联合北上，和汉军主力合击项羽。

此时，刘邦又得到了萧何在关中地区征募的兵源，共有大军二十多万，出固陵东进，咄咄逼人。

如此，刘邦集团共有五路大军，总人数多达七十万众，形成了从西、北、西南、东北四面合围楚军之势。

面对如此态势，饶是项羽能战、敢战，也寡不敌众。于是，他被迫率十万楚军向垓下方向（今安徽灵璧南）后撤。这个时候，局势对项羽大为不利，因为他已经失去了长江以北的全部土地，同时，距离自己发迹的江东五郡路途遥远。即使楚军最终能够冲破汉军包围圈，也很难在追兵不停的情况下及时回到楚境核心地带。此时的十万楚军，其实已经成为名副其实的孤军。

很快，汉军各路人马陆续到达，刘邦、韩信、刘贾、彭越、英布五路大军，齐集垓下，基本完成了对垓下十万楚军的合围。

为了便于统一指挥，刘邦任命韩信为全军统帅。审时度势，韩信命令刘贾、英布在垓下以南，将楚军外围出路全部封闭；命彭越军阻挡楚军北去通路；而韩信本人则亲率齐军主力与刘邦本部合军，大概有五十万人，开始准备向困守垓下的十万楚军发起总攻。

即使兵力数倍于楚军，毕竟项羽善战敢斗。为了防止楚军的困兽之斗，韩信还是将汉军主力排成了非常厚实的层叠式军阵，围之数重，以此来抑制项羽刺心摘肺式的冲锋。

一切安排就绪后，韩信率本部军先向楚军发动挑衅性进攻。项羽如同一头被激怒的雄狮，立刻率领十万楚军冲锋，力图中央突破，直冲韩信中军。他想通过凌厉的冲锋攻势，将韩信中军击溃，力图重演昔日彭城大战的大戏，先直接把汉军的指挥中枢摧毁。

但是，韩信只是和楚军稍作简单接触后，便命令汉军后撤，以避项羽锋芒。

由于汉军人数众多，又有坚实的纵深，项羽此次进攻失效。战到最后，前后军相脱节，侧翼也遭受到汉军重创。

见时机成熟，韩信率汉军再次反击。楚军气衰，大败，不得不退入壁垒，最终为汉军所围，陷于“十面埋伏”之中。

此时的项羽，狼狈至极。对此，《史记》记载如下：

> 项王军壁垓下，兵少食尽，汉军及诸侯兵围之数重。夜闻汉军四面皆楚歌，项王乃大惊曰：“汉皆已得楚乎？是何楚人之多也！”
>
> 项王则夜起，饮帐中。
>
> 有美人名虞，常幸从；骏马名骓，常骑之。于是项王乃悲歌慷慨，自为诗曰：“力拔山兮气盖世，时不利兮骓不逝。骓不逝兮可奈何，虞兮虞兮奈若何！”
>
> 歌数阕，美人和之。
>
> 项王泣数行下，左右皆泣，莫能仰视。

英雄泪下，美人歌舞，左右皆泣。当时场景，豪华而心碎，动人且凄凉。千载之下，英雄悲歌，美人泪水。此情此景，后人回顾，依旧扼腕叹息，沉思不已。

《史记》和《资治通鉴》两本书，都没有明确记载项羽爱姬虞美人的下落，但根据《楚汉春秋》记载，虞姬当时回歌："汉兵已略地，四方楚歌声。大王意气尽，贱妾何聊生！"

即使没有此种近乎文学小说的记述，我们也可以想象，楚汉之际的英雄美人，悲歌慷慨，纵横义气，虞美人应该在项羽纵马突围之后即自杀身死。

无论如何，在真实历史中，到了最后关头，为了给予项羽最后一击，韩信还命令汉军士卒夜唱楚歌，对残余楚军展开心理战，让项羽产生楚地尽被汉军所夺的错觉。至此，由于思乡厌战，楚军士卒内心皆忧惧如焚，郁郁待毙。

深夜时分，项羽非常失策地放弃楚军残余主力，与属下八百骑兵乘夜突围。

到了早晨，汉军才得知项羽已经率人溃围，即刻组织追兵。韩信派遣将军灌婴率领五千劲骑飞速追击。

一路血战。渡过淮河之后，项羽身边，只剩下百余士兵跟从。一行人逃到阴陵，迷路，下马问一种田老父，老父骗说："左"。仓皇不辨真假，项羽等人马踏泥泞，陷于大泽之中。

马蹄声声，汉兵追及。

争杀数年的霸王项羽，从来没有像今天这样狼狈过。于是他引兵而东。

到达东城（今安徽定远东）之时，项羽身边只剩下二十八骑。而周遭围上来的汉骑追兵，多达数千人之多。自度不得脱，项羽反而异常冷静下来，对这二十八人说："吾起兵至今八岁矣；身七十余战，所当者破，所击者服，未尝败北，遂霸有天下。然今卒困于此，此天之亡我，非战之罪也。今日固决死，愿为诸君快战，必三胜之，为诸君溃围，斩将，刈旗，令诸君知天亡我，非战之罪也。”

于是乎，项羽展露了最后神威，把二十八骑分为四队，四向对敌。汉军人数多出几百倍，围之数重。

项羽朗声大笑说：“看我为公等杀其一将！”

于是，他先令这二十八人四面骑驰而下，约定于小山东面再会合。而后，项羽瞋目大呼，纵马奔驰而下。

虽然人数如此众寡悬殊，见项羽驰下，汉军皆肝胆碎裂，人马披靡。

项羽即刻手杀汉军一员大将。当其时也，汉军郎中骑杨喜紧追项羽，项羽回头瞋目怒叱，这杨喜竟然人马俱惊，辟易数里，如丧肝胆。

杀过一圈之后，项羽与手下骑兵会为三处，以迷惑汉军。即便如此，为了确保抓住项羽，汉军把追兵分为三队，重新包围了项羽以及他分为三个小队的骑兵。

鼓起神勇，项羽纵马驰骋，又杀汉军一都尉，阵斩近百人。几冲几荡，项羽身上马上，溅满了汉军将士的鲜血。此后，他复聚手下，二十八骑之中，只丧失了两人而已。气定神闲，项羽笑问手下“何如？”。

众人皆马上拱手：“诚如大王所言！”

至此，项羽还有一丝幻想，欲东渡乌江。

无论《史记》还是《汉书》，在记载这段历史的时候，都以司马迁的记述为主，说有个乌江亭长备船而待，劝项羽过江东。

这么多年以来，由于戏剧、评书等民间叙事的渲染，让我们后人觉得：项羽一下子就率领残余骑兵跑到了乌江边上，最后也自刎在乌江岸边。

实际上，只要细读史书，包括《史记》中《高祖本纪》《樊郦滕灌列传》以及《高祖功臣侯者年表》，都明确记载说“灌婴追杀项羽东

虞姬像　图出《晚笑堂竹庄画传》

城”。即使司马迁在《项羽本纪》中文学描述了项羽与乌江亭长对话的悲壮之后，还是以“太史公曰”的语气，称项羽“身死东城”。到后来班固纂修《汉书》，写项羽败亡这段，基本照抄《史记》，都是说项羽身死东城。

古书中的“乌江”，指长江自芜湖以下斜北行的那一段。如果我们今天实地考察，从东城到长江边，最近距离也有二百多华里。而且，附近多为山地和丘陵，如此冈峦起伏之地，身边兵力寡弱，身后有数千汉军骑兵追杀，项羽再英雄，最后也不可能跑到乌江边上。

所以，项羽和乌江亭长见面后，拒绝回江东的桥段，第一可能是司马迁的文学渲染，第二可能是项羽在东城附近接见了乌江亭长。因为从垓下跑到东城县城还有可能，跑到乌江边上绝对不可能。

既然表示了自己无颜再见江东父老，那就只能死战明志。项羽命令手下皆下马步行，持短兵与汉军接战。

在最后史诗般壮烈的战斗中，项羽以大无畏的勇气和高超绝伦的武功，依旧手杀汉军数百人。

战至最后，项羽身上受创十余处，血流如注。此时，他看到了汉军骑司马吕马童，还笑着朝他打招呼：“这位，原来是我的老朋友吧？”

吕马童原本是项羽手下，后来投降汉军。此时，他内心怀惭，不敢直视项羽，就背过脸去，忙向汉将王翳说：“此项王也！”

项羽笑言：“我听说汉军对我的脑袋悬赏很高，得我头者，赏万金，邑万户。好吧，现在，我把这个大人情送给你吧！”

言毕，项羽横刃，自刎而死。虎躯巍巍，轰然倒地。

王翳赶忙下马，割取项王首级。

其余汉军，争先过来分割项羽的尸体。为此，汉军互相争夺之际，相杀数十人。

最后，郎中骑杨喜、骑司马吕马童、郎中吕胜、郎中杨武，各抢得一块项王肢体。

包括王翳在内，最后都因夺得项羽尸体而被封为侯爵：王翳为杜衍侯，杨喜为赤泉侯，杨武为吴防侯，吕胜为涅阳侯。

反思项羽一生的失误，最大问题就是败在人才的选用方面。韩信、陈平，均为项羽旧部，前者不得重用而离去，后者畏罪而归汉。即使是刘邦第一号谋臣张良，也一度与项羽有故交——这些文臣武将，都在历史中与项王失之交臂，没能为项羽所用。而唯一深谋远虑待在这位霸王身边的谋士范增，最后还被汉军离间，失去信任，气死在回家的路上。

项羽在楚汉战争过程中，不仅有才不用，而且还无才可用。他所用之人，多属选择失当，比如曹咎不遵将令失成皋，龙且贪功潍水丧师，周殷叛楚归汉助敌——这样的偏才下才，竟然在楚国军队中独当一面，想必不败也难！

更重要的是性格决定命运。项羽禀性之中，怀有一种华丽的残暴。他初登历史舞台，甫一亮相，就是手提会稽郡守殷通血淋淋的人头，在郡守府内大肆杀人的形象。其姿态之凶悍，骇人心目。而后，屠襄城、屠城阳，在新安更是屠杀二十万降卒，入关后大烧秦宫，杀尽秦朝宗室，又暗杀义帝怀王——杀，杀，杀，可谓肆逞杀欲，以快己心。

让人叹异的是，与这些视人命如草芥的残暴行为相反，当时项羽还有“仁而爱人”的口碑，待人和蔼可亲，知恩图报。但所有这些人性中的矛盾表象，最后皆被韩信一语道破：“妇人之仁”。

项羽在政治方面的短视，加上他一直怀有嗜杀成性的大私大利，最终也造成了他不可挽回的失败。

但是，从人格魅力方面看，项羽绝对不是一个逞血气之勇的莽夫。虽然他在政治上毫无可取之处，但他的军事才能和解决问题的手段，有时候常人根本无法企及。比如，他能毅然决然斩杀宋义夺取军权，而后提兵救赵，在巨鹿大胜；比如，他能克服诸多险阻，击降章邯，降秦军二十万众；比如，他能够在当时无比复杂的政治条件下，主持分封，重新宰割天下；比如，楚汉战争之中，项羽在正面战场与刘邦屡战屡胜，体现出他的军事天才……

刚猛无俦，才气过人，傲然自立。正是有这么多精彩的人性特点，项羽才能在秦汉交叠之际极其复杂的政治局面中脱颖而出，击灭暴秦，收拾残局，称霸五年之久。

垓下被围，四面楚歌，决意赴死之际，项羽依旧不忘施恩于人，以自己首级为昔日部下博取“万户侯”。这种无所畏惧的品质，千载之下，令项羽依旧勃勃如生！

元朝词人萨都剌曾作《彭城怀古》，最能道尽英雄情怀：

古徐州形胜，消磨尽，几英雄。想铁甲重瞳，乌骓汗血，玉帐连空，楚歌八千兵散，料梦魂，应不到江东。空有黄河如带，乱山回合云龙。

汉家陵阙起秋风，禾黍满关中。更戏马台荒，画眉人远，燕子楼空。人生百年如寄，且开怀，一饮尽千钟。回首荒城斜日，倚栏目送飞鸿。

犯强汉者，虽远必诛！

百年战争：汉朝与匈奴

说起汉元帝，我们一般读者很少知道这个人。但如果提起“王昭君”这个名字，大家都眼前一亮——美人啊，梨花带雨千行泪，远嫁匈奴路迢迢。

而把玉貌美人王昭君嫁给匈奴人的，正是汉元帝。

元朝戏曲大家马致远曾写过《汉宫秋》的戏文，讲的是宫廷画工毛延寿因未收到金钱贿赂而心中积怨，把美女王昭君画成丑八怪。画像上呈御览，汉元帝挑肥拣瘦，指名道姓，依照“玉照”好赖，把王昭君赐给匈奴单于。

王昭君陛辞。汉元帝临别一看，这王昭君竟如天仙美人，登时心如刀割。花容玉貌翩翩步，赢得君王带泪看。汉元帝在戏中唱道：“她，她，她伤心辞汉主，我，我，我携手上河梁。她部从入穷荒，我銮舆返咸阳。返咸阳，过宫墙；过宫墙，绕回廊；绕回廊，近椒房；近椒房，月昏黄；月昏黄，夜生凉；夜生凉，泣寒螿；泣寒螿，绿纱窗；绿纱窗，不思量。”

戏曲之中，汉元帝的满腔悲凄，通过歌词衬托得无比悲凉，似乎汉元帝就是我们见怪不怪的大辽强金欺压下的宋朝皇帝，既委屈又无奈。我们后人看戏文，觉得这汉元帝所代表的汉朝君王，好像都忍受着匈奴人多大凌辱似的。

接着，看马致远《汉宫秋》第二折，那汉元帝又叹道："我呵，空掌着文武三千队，中原四百州，只待要割鸿沟！"

千般无奈，万种委屈，没有丝毫巍巍大汉气象，反而很像距马致远所处时代不久前的南宋君王的屈辱叫喊。

历史，果真是这样吗？

势与天齐的强汉，真像戏文当中的汉元帝那样一直向金戈铁马的匈奴低三下四吗？汉朝，果真要每年送美女送金宝给匈奴人吗？

汉家青史上，计拙是和亲

汉初与匈奴的关系

汉与匈奴的关系，还要上溯到西汉刘邦开国之初。

汉高祖七年，也就是前200年，坐在帝位上的刘邦依旧心事重重——先前为了打败项羽，刘邦封了那么多异姓诸侯为王。裂土封疆之后，那些人手握众兵，又都不是自己的亲骨肉。为此，刘邦如鲠在喉，做梦都想弄死他们。

于是，登基甫两年，燕王臧荼心惧被杀先动手造反，被刘邦带兵攻杀了。而后，为了防止功劳最大、能力最强的韩信造反，他就把韩信贬为淮阴侯，把昔日韩信控制的楚国故地分为两国，分别交由刘姓宗室管理。

正当刘邦磨刀霍霍，准备大杀功臣的时候，消息传来：匈奴人南下了！

说起匈奴，我们都知道，秦始皇时代，他们已经被蒙恬等人打得大败，远遁而去。但当秦朝内乱之时，边疆防守松懈，不少边境屯戍据点逐渐废撤。此消彼长，匈奴人势力逐渐恢复，竟然慢慢回迁到河南地，也就是河套以南地区。

司马迁在《史记》中讲："自淳维以至头曼千有馀岁，时大时小，别散分离，尚矣，其世传不可得而次云。然至冒顿而匈奴最强大，尽服从北夷，而南与中国为敌国，其世传国官号乃可得而记云。"

也就是说，匈奴世系挺长，也是传承已久，但时大时小，时强时弱。到了冒顿这个人做单于时，匈奴已经非常强大。

而这位冒顿单于得袭单于之位的经历也很传奇。其过程，对于守礼忠孝的汉人来说，听上去简直大逆不道：

> 单于有太子名冒顿。后有所爱阏氏，生少子，而单于欲废冒顿而立少子，乃使冒顿质于月氏。冒顿既质于月氏，而头曼急击月氏。月氏欲杀冒顿，冒顿盗其善马，骑之亡归。头曼以为壮，令将万骑。冒顿乃作为鸣镝，习勒其骑射，令曰："鸣镝所射而不悉射者，斩之。"行猎鸟兽，有不射鸣镝所射者，辄斩之。已而冒顿以鸣镝自射其善马，左右或不敢射者，冒顿立斩不射善马者。居顷之，复以鸣镝自射其爱妻，左右或颇恐，不敢射，冒顿又复斩之。居顷之，冒顿出猎，以鸣镝射单于善马，左右皆射之。于是冒顿知其左右皆可用。从其父单于头曼猎，以鸣镝射头曼，其左右亦皆随鸣镝而射杀单于头曼，遂尽诛其后母与弟及大臣不听从者。冒顿自立为单于。

可见，冒顿本来是匈奴头曼单于的太子。他长大之后，头曼单于喜欢上当时自己宠爱的阏氏（匈奴皇后）所生的小儿子，想立少子为太子。于是，头曼单于把长子冒顿派往西域的月氏作质子。很快，头曼单于发兵攻打月氏。月氏首领恼怒，就要把冒顿杀掉。冒顿听说后，非常冷静，盗得月氏一匹上好战马，迢迢而行，逃回了匈奴。头曼单于见冒顿智勇双全，就再生爱心，让他统领万骑。

表面假装无事，冒顿内心深恨亲爹，知道他先前故意要害死自己，转立异母弟为继承人。

于是，为了把自己属下训练成绝对服从、忠于自己的部队，冒顿制造了一种“鸣镝”（响箭），下令说：“鸣镝所射而不悉射者，斩！”

令下之后，马上就试验。冒顿出猎，射出鸣镝，只要随从中有人不随他的鸣镝射向同一目标，立皆斩首；而后，他用鸣镝射自己的宝马，左右有不敢射者，也被立斩；接着，他又用鸣镝射向自己的爱妻，左右仍有不敢射者，又被即刻斩杀。最后，他以鸣镝射向亲爹头曼单于的宝马，左右无一人再敢不射——至此，冒顿知道部下对自己既畏且惧，就在随后一次头曼单于出猎时，忽然发难，用自己的鸣镝射向头曼。冒顿左右即刻随之放箭，这下可好，一下子就把头曼射成了一只大刺猬。

杀掉亲爹后，冒顿发威，马上诛杀后母和所有的异母兄弟，尽诛异己大臣，自立为匈奴单于。

得位后，冒顿单于东灭东胡，西击月氏，征服了楼兰、乌孙等二十余国，控制了西域大部分地区。接着，他向北征服了浑庾、屈射、丁零、鬲昆、薪犁等国，向南兼并了楼烦（今山西东北）及白羊河南王的辖地，重新占领了昔日被秦朝收复的河套以南地区。

至此，冒顿单于控制下的匈奴，拥有了南起阴山、北抵贝加尔湖、东达辽河、西逾葱岭的广大地区，手下能征善战的战士有三十多万众，匈奴成为北方最强大的部落。

我们知道，刘邦称帝后他所封的异姓诸侯王有七位，其中除韩信以外，还有一位韩王信。其实，这个人也叫韩信，是从前的韩国国王后裔。不过，为了和大名鼎鼎的淮阴侯韩信区分开来，我们还是称呼他为“韩王信”。

韩王信最早的封地是“韩国”，在今天河南禹州一带，正好地处中原腹地。相比韩信这种一流人物，韩王信的才能也就算五流。可是，刘邦还是不放心，毕竟这位小爷身高八尺五寸，挺有“材武”的一个人。于是，刘邦第二年就找借口把韩王信改封到今天的太原一带，都晋阳（今太原南）。如此，既可以使得韩王信远离中原腹地，又可以利用他的武略在北地抵御匈奴的侵袭。

开始，韩王信似乎还真挺有心为汉朝守边，不久就上奏说，晋阳距离与匈奴交壤的边疆太远，不利于守御，请求刘邦把自己的王都迁到更北方的马邑（今朔州）。

刘邦挺高兴，照准。

韩王信真到了马邑就后悔了，匈奴人可和他想象中的根本不同，兵力强盛不说，弓马娴熟，能征善战。而且，当时的匈奴，已经从松散的部落联盟发展成为成熟的部落国家，根本不是韩王信所能控制和抵御的。

结果，与匈奴交战数次，韩王信败多胜少。入秋之后，匈奴草盛马肥，攻势凶猛，连韩王信的都城马邑也被围困。韩王信只得暗中派使者向匈奴求和。

刘邦对异姓诸侯王本就猜疑多端，得知情况后，他认为韩王信有“二心”，就派使臣责问韩王信。

刚有燕王臧荼被杀、楚王韩信被囚的前车之鉴，韩王信怕了。他索性就近投降了匈奴。这小子反噬得很快，投降后马上联合匈奴大军一起去攻打太原。

山西地区，对于中原王朝来说非常重要，不仅仅是北方屏障，也是游牧民族进入中原的主要通道，乃兵家必争之地。为此，韩王信投降和匈奴入侵的消息传到汉廷之后，刘邦大怒，点起兵马亲自征讨匈奴。

前200年，刘邦御驾亲征前去平叛，随行人员中，文有陈平、娄敬，武有樊哙、夏侯婴、周勃等人。

刘邦的亲征大军从长安出发之后，不久在铜鞮（今山西沁县南）大败韩王信主力，斩杀其大将王喜。韩王信不敌，远逃到匈奴近地。他手下部将有位叫王黄的，收罗散兵败将，拥立从前赵国后裔中一位叫赵利的人，复立为王，在当地和匈奴兵联合，准备接着与汉军打。

冒顿单于派出左右贤王，带领一万多骑兵前来，他们与王黄部在广武（今山西代县西南古城）会合，逼近晋阳与汉兵交战。

有皇帝御驾亲征，汉军很强悍，击败匈奴和王黄联军。匈奴败走，逃至离石（今山西离石），又被汉军击败。连连克捷之余，汉军继而在楼烦（今山西宁武）又打败匈奴军队。

驻扎在晋阳的刘邦接到一封封汉军捷报后，不免骄傲，对匈奴军队更加轻视。得知冒顿单于正驻扎在代谷（今桑干河谷），他就亲自追击，想一举灭掉匈奴大军的主力。

战前，刘邦派了十拨使节，假装和匈奴通使，以打探敌方内部情状。这十拨人回来都报告说，一路上所遇到的匈奴人，都属于老弱病残，连他们驱赶的马牛等牲畜，也羸弱得像好多天没吃过草一样，看上去不堪一击。

十拨人所带回的“情报”，其实都是冒顿单于故意装出来的，他隐匿壮马肥牛，就是为了麻痹汉军。

刘邦也是老滑头出身，不敢轻信，还派出娄敬去匈奴大营打探。

娄敬回来说：“两国相击，为了炫耀武力，应该自相夸矜优势。我到敌营，只见羸瘠老弱，想必是匈奴故意给我们造成假象，显示他们羸弱不堪一击，我认为，他们是要出奇兵来攻打我们。还是慎重些好，我们不要轻易和匈奴交战。”

但这个时候，汉军大部人马已经越过了句注山，几乎就要追到匈奴主力了。听娄敬如此说，刘邦大怒，骂道：“你这个齐地贱人，不过是以口舌得到官职，如今竟敢妄言胜败沮我军心，看我回来不收拾你！”

于是，刘邦命令人把娄敬绑了，押到广武等待处理，他自己先率军前进。

求胜心切，刘邦亲自率领几万骑兵突进。在他们身后，还有大约三十多万步兵随行。

过了平城（今山西大同），汉军先抢占白登山高地。刘邦意气风发，准备在山上指挥发动对匈奴主力的歼灭战。

汉军刚刚立营，号角四起，兵士来报，匈奴精骑四十万，已经将白登山团团包围，铁桶一般！

时值冬季，天降大雪，一向习惯在中原作战的刘邦从来没遇到过这种情况。无奈之余，他只得暂时先待在山上，据险而守，等待援兵。

匈奴冒顿单于很是得意。马鞭高指，匈奴四十万骑兵，把刘邦三四万骑兵围个水泄不通。

司马迁这样描述匈奴大军："西方尽白马，东方尽青駹马，北方尽乌骊马，南方尽骍马。"

我们可以想象一下，匈奴兵多就算了，盔甲鲜明之外，连战马颜色都这么齐整，能不骇人心目吗！

被困山中，汉军缺粮少水，一困就是七天七夜。

刘邦被匈奴围困的白登山，在《史记》《汉书》中都有明确记载。但书中的白登山到底在何处，一直说法不一。东汉学者服虔在给《史记》做注释时说："白登，台名，去平城七里。"也就是说，"白登"是台名，不是山名，距离平城（今大同市东北古城）不远，才七里地。但北魏地理学家郦道元在《水经注》一书中，又说："平城东十七里有台，即白登台。台南对冈阜，即白登山也。"似乎这个白登山就是山，而且距离平城大概二十里地。到了唐朝，历史学家颜师古等人坚持郦道元之说，认为白登山就是山，不是台地。根据清朝乾隆年间所修《大同府志》记载，又讲白登山"俗名马铺山，西距府治七里"。

其他一些研究文献中写道，历史上真正的白登山，在距离马铺山十多公里以外的采凉山。那座山高两千多米，乃大同地区第一高峰，具备战略制高点优势。在那样的山顶居高临下，刘邦汉军才可能支撑七天之久。

白登山上，天寒地冻。天上乌云四合，山下匈奴人漫山遍野，嗷嗷直叫，插翅难飞啊！

对于刘邦的白登山解围，史书上写得特别简单，简单到让人起疑的地步，就是只讲刘邦接受谋士陈平的计议，走“枕边路线“，送了大大的一份厚礼给跟随冒顿出征的单于皇后（匈奴人称“阏氏”）。

这招儿似乎特别管用，阏氏劝单于说：“两主不相困。今得汉地，而单于终非能居之也。且汉王亦有神，单于察之。”

阏氏的话，细琢磨起来，也挺让人摸不着头脑，前句话有理，后句话则说不通。如果“汉主有神”得天助，也不会陷于被围的绝地。

但无论如何，大英雄难过美人关，单于就从了，没有一鼓作气攻上山去。加上降将韩王信手下兵马迟迟未到，冒顿单于更犹豫了，他这个人性情狐疑，此时就怕韩王信手下和汉军暗通最后把自己给卖了。因此，他下令匈奴军暂停进攻。

由此一来，冒顿大军擒杀汉朝皇帝的机会就错过了。刘邦手下大将樊哙，很快率领三十多万汉军赶到平城。至此，如果匈奴开打，就不是四十万打三万，而是双方的大会战。

这样规模的战斗，谁都不敢说百分之百能赢。思前想后一番，冒顿就有意放了刘邦一马。

趁着大雾天气，刘邦在卫士保护下，狼狈解围而出。保得老命一条，刘邦高兴坏了，撒丫子后撤到今天原平和忻州的交界处。而忻州之所以得名，也是刘邦跑到这里的缘故：“忻”者，“欣”也。帝意欣然之意。而刘邦当年驻马回望的那个山口，也被称为“忻口”。

老刘行至广武，赶忙把娄敬给放了，道歉说：“吾不用公言，以困平城；吾皆已斩前使十辈矣。”放了娄敬不说，还封娄敬为关内侯，食邑二千户。

刘邦虽然全须全尾回到国内，匈奴边患并未消除。当年年底，冒顿单于再攻代地（今河北蔚县东北），吓得刘邦的二哥代王刘仲弃国而逃。

为此，刘邦问计于娄敬。

娄敬回答说："天下初定，士卒疲于征战，匈奴肯定不可以武力征服。冒顿杀父代立，妻其群母，以力为威，不能以仁义道德加以劝服。我有一计，就怕陛下你不能用！"

刘邦也好奇，问："啥计策啊？"

娄敬回答："陛下如果能把长公主嫁给冒顿单于为妻，厚送珍宝，冒顿肯定高兴。匈奴以长公主为阏氏。长公主生子，必为匈奴太子。陛下您呢，可以接着把我们大汉朝剩下的而匈奴所缺的东西，每年都给他一些，然后再派使节辩士，出使到匈奴，使他逐渐知晓仁义礼节，慢慢加以感化。冒顿单于活着，肯定就是陛下您的子婿；他死了，那您的外孙就会继位为单于。但我有个疑虑，如果陛下舍不得派自己的长公主出嫁，而让宗室或者后宫妇女诈称公主嫁给冒顿，等匈奴人知道真情，事情也不好办。"

刘邦想了想，就答应下来。

等真要把自己的长公主嫁给匈奴，吕后不干了，日夜哭诉："妾唯有太子、一女，奈何弃之匈奴！"

最后，刘邦自己也不舍得，就派了一个宗室女孩装成长公主，送给冒顿当老婆。当时，也还真没怎么露馅。此后，好久好久，汉朝和匈奴之间的大战，也就没再发生。

值得一提的是，在《汉书》《史记》或者是《资治通鉴》等书中，娄敬，往往被写为"刘敬"，使他看上去似乎是汉室宗亲。其实，刘敬原本姓娄，最早就是他力劝刘邦，以长安为都城称帝。由于有功，后来刘邦赐姓娄敬姓"刘"。所以，不少史书中他都是以"刘敬"之名出现。

娄敬建议的和亲政策，几千年来总被后人诟病，在当时也确实有丧国格。但如果我们想想汉朝建立之初的经济能力，送东西送女人这种下之又下的举措，也是刘邦等人当时最正确的选择。

相比匈奴这类外寇，对于刘邦来说，更具有危险性和威胁性的，是那些心怀不轨的异姓王们。所以，老刘暂时先把宗室美女送给匈奴单于享受着，自己闷头在国内清除异己分子，诛灭功臣。同时，积蓄国力，与民休息。

匈奴稍稍消停，刘邦加紧动手贬斥、诛杀异姓王。高祖九年，废赵王张敖为宣平侯；高祖十年，杀赵相国陈豨；高祖十一年，族诛淮阴侯韩信，醢梁王彭越（醢刑，就是把人弄死后再把尸体剁成肉酱），击杀淮南王黥布；高祖十二年，攻打燕王卢绾，导致卢绾逃入匈奴避祸……

等开国功臣杀得差不多了，刘邦也嘎崩一声，放心蹬腿而去……

大汉皇帝死了，冒顿单于活得正欢，也开始不安分起来，他还倨傲给吕后写信，字里行间，满是戏谑的意味：

> 孤偾之君，生于沮泽之中，长于于平野牛马之域，数至边境，愿游中国。陛下独立，孤偾独居，两主不乐，无以自虞，愿以所有，易其所无。

冒顿单于的书信，如果直接翻译过来，内容其实挺简单：吕姐，你我都单身，不如我们配对儿戏耍，大家一起欢乐！

估计冒顿单于以为吕后是个年纪不大的美娇娘，如果知道对方是个黄脸阴险老妇，也不会搞这套把戏。

贵为天下之母，吕后接到冒顿书信后大怒，对大臣们发誓要攻打匈奴。当时，她有勇无谋的妹夫樊哙也大言：“愿得十万众，横行匈奴间。”

这位樊哙，历史上只有鸿门宴表现出众，在霸王项羽面前狠吃生猪腿。此人平生最佩服最崇拜淮阴侯韩信。韩信被免掉王爵后，终日怏

鸿门宴　图出《千金记》

怏不快，穷极无聊到樊哙家里串门，这位大将跪接跪送，喜出望外，感激涕零，说：“大王您这样的人物，竟然肯屈尊到为臣我这里来！”韩信离开樊哙处，对随从长叹息说：“我现在真是沦落了，竟与樊哙这样的人为伍！”刘邦死前，樊哙在外打仗，被人告发要谋反，刘邦派人要杀。幸亏他是吕后妹夫，大臣们怕吕后在刘邦死后反攻倒算，才集体决定留他一命。

看到吕后震怒，大臣们无人敢劝，最后还是季布解劝：“高祖军队三十二万人，被围白登十日，当时樊哙任上将军，就在附近却不能前去解围。现在，他再次夸口领兵十万击打匈奴，简直就是欺君！夷狄（冒顿单于）蛮夷，恰如禽兽，得其善言不足喜，恶言不足怒！”

吕后思虑半晌，其怒也息。确实，刘邦百万军队，横行天下，打败了不可一世的西楚霸王。但他第一次和善骑好射的匈奴人正面交锋，竟然大败亏输，老刘本人还差点把命搭上。

刘邦那次惨败，不得不让汉朝君臣集体股栗，内心从此产生了匈奴恐惧症。

吕后想想，还是打不过匈奴，那就和为贵吧，派人卑辞报书，晓之以理：

> 单于不忘弊邑，赐之以书，弊邑恐惧。退日自图，年老气衰，发齿堕落，行步失度，单于过听，不足以自污。弊邑无罪，宜在见赦。窃有御车二乘，马二驷，以奉常驾。

单于您不忘敝国，赐以书信，敝国上下恐惧。羞愧自念，我年老色衰，发少齿落，走路不稳。现奉上御车二乘，御马两匹，以供您享用……

我们想想，吕后诛韩信，醢彭越，人彘戚妃，如此一阴毒老妇，竟然对冒顿单于如此卑辞下意，可见匈奴当时的强盛。

于是，双方重新互换礼物，匈奴人送牛马，汉朝人送美女玉帛，和亲政策继续。

冒顿单于是有雄才大略的，和汉朝关系搞好了，正好继续在周边用兵。于是，他不断扩展匈奴领地，同时大搞政治、经济改革，奠定、健全了匈奴奴隶制国家军事政权。他的统治，一直延续到汉文帝初期。

汉文帝之时，延续先前的和亲政策。当时，匈奴右贤王常常率兵侵掠边塞，俘夺人民，气得文帝亲自带兵到太原征讨。恰巧，赶上汉朝国内济北王造反，汉文帝不得已收兵。

而冒顿单于依旧活着，他刚刚大破月氏国，对属下右贤王掠夺汉境之事假装不知道，很快遣使来请和亲，索要女人。汉朝慑于其势强，不得不答应，依常例，送宗女的同时，又送大批珍宝礼物过去。

不久，冒顿单于病死，其子稽粥得立，号“老上单于”。

新单于登基，礼尚往来，汉文帝又送宗室女去匈奴，并让宦者中行说作为陪同侍臣一起去。

中行说籍贯是燕地，估计从小对匈奴人既惧且怕，死活不肯去。汉文帝也怒，你一个被阉割的奴才，派你去，你就得去！

结果，中行说被汉廷强行派遣。怨恨之下，他到了匈奴后，马上宣布归降。

宦者出身的中行说，能说会道，善于谄谀，估计也会匈奴语言，很快受到老上单于的宠信。

在匈奴王廷，中行说还竭力劝说匈奴贵族，不要太看中汉朝衣服食物的精美，竭力增加匈奴人对自己食物、器械、风俗的自信心。他还教学相长，教给匈奴人记数方法。从此，匈奴人才知道算字计数。

在中行说鼓动下，老上单于自信心爆棚，给汉文帝的回书也语气傲慢，甚至在书信的尺寸上也大做手脚：

> 汉朝皇帝致单于书，牍以尺一寸，辞曰“皇帝敬问匈奴

大单于无恙”，所遗物及言语云云。中行说令单于遗汉书以尺二寸牍，及印封皆令广大长，倨傲其辞曰“天地所生日月所置匈奴大单于敬问汉皇帝无恙”，所以遗物言语亦云云。

显然，中行说教会了匈奴人在礼仪来往规格上要高出汉朝，连书信尺牍也要比汉朝皇帝的尺牍大，自称的尊衔字数，也比汉朝皇帝多好几个字。

不仅如此，老上单于对出使到匈奴的汉朝使臣威逼利诱，动不动就索要钱物金银。如果汉朝不给，他就威胁秋熟后大发兵马入汉境践踏。

孝文帝十四年，匈奴十四万入侵，杀汉朝北地都尉，俘抢大量人畜。等汉军赶到当地反击，人影也看不见，无获而还。

这位老上单于果真承继了冒顿单于的衣钵，在不断言语威胁汉朝的同时，还继续从事扩张。他在伊犁河流域奴役月氏、乌孙，对西域各小国颐指气使，把匈奴势力继续外延，东至辽河，西至葱岭，北抵贝加尔湖，南达长城。

此时的匈奴，真是声势浩大，国力军威，基本要盖过汉朝一头。

匈奴，扩张强盛到达了顶点。而汉朝也经历了“文景之治”，几十年下来，国力大增。同时，多年来，汉朝在西北和北部设立了几十个牧马场，训练精锐骑兵，逐渐积蓄反击匈奴的力量。

前 141 年，汉武帝刘彻即位，汉人扬眉吐气的时刻，也即将来临。

肯将铁骑迎，不遣红颜去

汉武帝继位之初对匈奴的政策变换

前 141 年，汉景帝驾崩，太子刘彻即位，时年仅十八岁，他就是中国历史上大名鼎鼎的汉武帝。

汉朝之所以威名赫赫，汉民族之所以在今天屹立于世界民族之林，汉武帝刘彻，功莫大焉！

自汉高祖七年平城白登山为匈奴包围，屈辱和亲，送钱送物，将近六十年过去了，大汉帝国也经历了高祖、惠帝、文帝、景帝四世。在此期间，汉朝国内无大乱，加之文景两代的盛世积累，汉朝国力已经达到非常强盛的地步。

汉武帝刘彻，性格刚强，胸怀远大，对于匈奴长久以来的桀骜不驯和不断的边境入侵，已经忍无可忍。所以，他从继位之初，在表面上延续汉初对匈奴和亲政策的同时，已经做好精神和物质两方面的准备，要大雪前耻，把匈奴一举击垮。

汉武帝时代的匈奴，在位的是军臣单于，此人为冒顿单于之孙，老上单于之子。这祖孙三代，在百年时间内，悉心经营，持续扩张，匈奴国境日臻广阔，东达辽河，西迄今中亚大部。康居、大宛等诸多西域小国，皆唯匈奴马首是瞻，为其属国。而匈奴的贸易，更是迢迢四达，无论是大月氏（今咸海以南及阿富汗）、安息（今伊朗、伊拉克），还是大秦（即罗马），都与匈奴通使贸易。同时，匈奴铁骑四至，风袭云卷，成为当时世界上最显赫的游牧帝国。

军臣单于依旧继承了父祖骄悍跋扈之风，在接受汉朝美女财帛的同时，岁岁入边，杀掠汉地。只要汉朝对他的勒索要求稍有犹豫，便派遣骑兵在秋熟之际冲入汉地，蹂躏庄稼，杀人放火，无恶不作。

基于强烈的民族自尊心，刘彻在少年时代就立下大志，誓灭匈奴。继位之初，万象伊始，他在真正开始北击匈奴之前，先从南方动手，欲北先南，经营南越、闽越和东瓯，平定三越。

而后，他又花费巨亿，开通道路，发兵遣将，服夜郎、开蜀道，经营西南夷，在西南地区正式设立郡县。

平定三越和西南夷，成为汉武帝出击匈奴的成功尝试和预热。其间，蜀人司马相如所作《难蜀父老》中一段话，成为日后汉武帝“外事四夷”的座右铭：

> 盖世必有非常之人，然后有非常之事；有非常之事，然后有非常之功。非常者，固常人之所异也。

从此，在内心深处，汉武帝认定自己就是司马相如笔下那位为“常人所异”的“非常之人”。所以，就是要做前人未做、不能做、不敢做的“非常之事”，从而成就“非常之功”。

而司马相如本人，其实也是一个“非常之人”，他因钦慕赵国名臣蔺相如，自己也改名为“相如”。从此可见其飞扬的个性。作为西汉辞赋大家，他的辞赋，文辞富丽，景象壮观，才气充溢，难怪和汉武帝一拍即合。

而武帝刘彻，他的思想其实是一个异常复杂的混合体，有儒家的政治理想、法家的权谋治术，还有方术神仙家的迷信，总之是那个时代特有的、独特的产物。

在崇尚文学的同时，刘彻也醉心于武功，毕生追求长生不老，在他身上，涵括了那个伟大时代最高级的进取精神和最愚昧的疯狂追求。他具有勃勃的雄心、丰富的想象力和无比坚强的意志力。

建元六年（前135年），匈奴又要求和亲。趁此机会，汉武帝朝会，下令诸臣朝议其事。

当时，丞相田蚡和御史大夫韩安国等人都赞成继续与匈奴和亲。而官为大行的王恢，却鲜明表示反对。以后王恢上《匈奴和亲论》，引起汉武帝的注意和欣赏。

王恢当时所言，确实大合刘彻心意：“臣闻全代之时，北有强胡之敌，内连中国之兵，然尚得养老、长幼，种树以时，仓廪常实，匈奴不轻侵也。今以陛下之威，海内为一，然匈奴侵盗不已者，无它，以不恐之故耳。臣窃以为击之便。”

王恢讲，在战国时期，北方匈奴也很强大，中国内地诸侯互攻，但那时的代国，虽然处于前后夹击的境地，尚能依靠充裕的公私粮食迫使匈奴不敢来犯。现在，汉朝的国力与当年的代国完全不可同日而语，但匈奴一直对汉朝侵盗不已。没有别的原因，就是因为匈奴对汉朝根本没有畏惧心理。所以，我们一定要出兵进攻匈奴。

廷辩之时，汉朝的“鹰派”和“鸽派”各抒己见，争论不休。最后，汉武帝还是站在了王恢一边，决定和匈奴开战。

当时，正好有个马邑人叫聂壹的，上书说，如今匈奴正想和汉朝和亲，内心对汉朝必无防备。我对匈奴内情很熟，可以当间谍前往。如果我把匈奴诱引入关，汉军伏击，必能一举破之。王恢也竭力赞成此事。于是，汉武帝就采纳聂壹、王恢之谋，决定在马邑诱击匈奴。

由此，汉朝建国以来对匈奴最大规模的战争序幕，已经拉开。

六月间，汉武帝以御史大夫韩安国为护军将军，作为统帅统辖诸将；卫尉李广为骁骑将军；太仆公孙贺为轻车将军；太中大夫李息为材官将军；大行王恢为将屯将军。数将共出，汉军总人数在三十万以上，分五路大军。

军事安排方面，韩安国、李广、公孙贺三将分别埋伏于马邑旁句注山中，准备以主力伏击；王恢、李息则伏军于代地，准备截击匈奴军队的辎重。

所有一切准备完毕后，汉武帝派聂壹为“诱饵”，假装成汉朝的罪人，逃入匈奴后诱引单于来攻汉地。

聂壹这个人非常有胆略，见到军臣单于后，很快得到信任，表示说可以让自己在马邑的熟人做内应，希望单于率军攻取马邑，掠取那里的财货人民。

半信半疑间，军臣单于接受了聂壹的建议，让聂壹回马邑做内应。聂壹说，我回去后即刻杀掉马邑的汉朝长官，以人头作为信号。果然，聂壹和汉朝当地官员杀了一个死囚。然后，聂壹到了城头，高举人头示意。城下匈奴间谍亲眼看到血淋淋的人头已经在聂壹手中，即刻迅速回报军臣单于，说马邑城已被聂壹控制。

军臣单于兴高采烈，率十万匈奴骑兵越过边界，直杀马邑而来。

汉军方面，也有斥候时刻报告匈奴军队动向。韩安国得到的最新情报是，匈奴大军距离马邑只有百里之遥，很快就会进入汉军伏击圈。

等来等去，匈奴军队忽然在距离马邑百里之遥的地方停止前行。因为，他们发现一个很奇怪的现象，汉朝人所放牧的牛羊，千百成群，竟然没人管理，四处乱跑。此情此景，让军臣单于大起疑窦。

军臣单于由此多了一分小心，指挥大军暂停行进，派人再去侦查情况。

当时，汉帝国在靠近匈奴边境的县，每百里左右设置一个哨所，一个哨所内配备五个人，包括障塞尉一名，士史、尉史各两名。这些人，主要工作就是在自己辖区内巡边，有动静就发书信或者放狼烟报告。可巧，当时有位尉史，照例巡逻执勤之时，被匈奴尖兵抓到。此人极其胆小，没等军臣单于大刑伺候就马上报称：汉军已经埋伏三十万大军，在前面等着您呢……

军臣单于立刻下令全军撤回，把这位汉朝被俘的尉史也带了回去。

回到匈奴地界后，军臣单于把这个历史上没有记载姓名的尉史，当成上天派来拯救他的使者，封为“天王”。

汉军这边，在马邑城附近苦等的韩安国焦急万分，忽然接到消息，说匈奴军原路撤退了，几十万汉军大失所望。但韩安国也没敢下令追击，他担心对方有诈。

另外一个方向，本来负责断敌后勤的王恢，虽然率领三万汉朝部队，竟然也不敢进攻匈奴的辎重队伍，直接回撤了。

由此，劳师动众，三十多万汉军无功而返。

刘彻震怒。

特别是对王恢，刘彻恨得牙根痒痒——就数你在朝堂上慷慨激昂，信誓旦旦，要我们汉军攻打匈奴。结果，到了前线，眼睁睁看着敌人防卫最差的辎重队伍路过，连像样的出击都不敢。不杀他，不仅天下人不答应，自己也没面子。于是，武帝下令把王恢抓起来审问。

廷尉自然知道皇帝心意，很快做出叛罚：王恢临敌观望，斩！

于是，王恢被投进大牢，等待处决。

得知判决后，王恢觉得自己还不至于没救。他倾家荡产，凑了不少金子，向天子舅父、也是当时丞相的田蚡行贿，求他在皇帝那里救自己一命。

田蚡收了钱，自然大包大揽答应。但田蚡人精，知道当朝皇帝不是好说话的主儿，就先找到自己同母异父的姐姐、汉景帝皇后、汉武帝生母王娡求情，并教给王娡到时如何向皇帝说情——“王恢是马邑设伏的首谋，如今匈奴未灭，先把王恢杀了，不等于给匈奴人报仇吗？”

刘彻听皇太后说情后，连老妈的账也不买，冷冷回答道：“首为马邑事者（王）恢，故发天下兵数十万，从其言为此。且纵单于不可得，恢所部击其辎重，犹颇可得以慰士大夫心。今不诛恢，无以谢天下。”

收人家钱没为人家干成事儿，田蚡就把皇帝这话转告王恢。王恢得知皇帝态度如此，无可奈何，只得在狱中自杀。

兵法上有句话，叫“兵不空出”。汉军此次设伏三十万，一事无成，确实让汉武帝愤恨、遗憾。

此次无功而大劳，究其本源，聂壹所献之计，原本不错，若能成功，肯定能给匈奴一个大大的下马威。但是，三十万大军做伏兵，本来应该是奇计，属于最高军事机密，汉军一个小小尉史竟然知情，可见，汉朝的保密工作极差。

所以，三十万大军无功而返，也在情理之中了。

马邑伏击未成，汉匈之间完全丧失了国与国之间的互信，双方撕破脸皮。但是，由于匈奴在盐、铁等战略物资方面完全依赖汉地交易，加之匈奴贵族阶层对于汉朝金宝锦帛等奢侈品求之若渴，他们在不时侵掠汉地边境的同时，还是不断派出商队在汉朝的各边地关市场与汉人通商。汉朝隐忍不发。

元光六年（前 129 年）春，一支匈奴军队进犯上谷郡（今河北怀来西南），掠杀当地吏民。

忍无可忍！经过悉心准备，武帝分遣四路大军进击匈奴，车骑将军卫青、骑将军公孙敖、轻车将军公孙贺、骁骑将军李广，各率万骑，四路分击匈奴。

这次出击，乃汉朝建国后开天辟地第一次主动寻击匈奴，意义非常重大。而外戚卫青，也从此战中脱颖而出，开始建立他的赫赫功勋。

这次出军，四路汉军结果各异。卫青率兵杀至龙城（匈奴单于祭天处），斩杀匈奴士兵七百人；公孙贺出云中，一路不见匈奴，一无所得；公孙敖为匈奴所败，损失七千骑；李广一万骑兵出雁门，遭遇匈奴主力，最后寡不敌众，为匈奴所败。由于他的名声大，单于下令活捉。李广被匈奴兵用绳索网置两马之间。半路，李广忽挣脱绳索，骑上一匈奴兵马背，遂得逃出生天。

归朝之后，以上四路大军，只有卫青有功，被汉武帝封为关内侯。公孙敖和李广惨败，下狱当斩，皆赎为庶人。

此次出击，两路兵败，一路无功，确实也和武帝计划不周有关。上谷以西至云中之间这一地区的阴山山脉，山谷纵横，水草肥美，乃当时匈奴本部生息繁衍所在，匈奴主力肯定游荡其间。而汉军李广、公孙敖，不过两万多人，忽然遭遇匈奴主力大军，环境又不熟悉，失败自然在所难免。相比之下，卫青虽然智勇双全，但也不一定比李广高明多少，还是他运气好，所攻之地，又正好属于匈奴本部与其左贤王的交界处，加上公孙敖和李广两部汉军已经成功将匈奴主力吸引，所以卫青才能够趁匈奴防守虚弱而一举成功。

无论如何，汉军此次出塞，兵力不过四五万，可以视为是大规模出击匈奴的热身。而且，卫青能够攻入匈奴腹地作战，显示出汉军具有很强的作战能力，这使得汉武帝大受鼓舞。

为了击灭匈奴，汉武帝改革兵役制度，在国内建立了职业化的常备军，对于兵种也实行改革和完善，车骑并重，还在中央和地方加强军队建设，设置全新的幕府指挥体系，改革了军功爵赏制度，在军队中大行激励机制。

一年之后，汉军再次出塞。这次，汉朝的攻击目标就大多了，是最初秦朝蒙恬率军夺得、后又被匈奴夺去的河套以南地区。

河套以南地区，当时称为“河南地”，即如今的河套平原，主要指内蒙古鄂尔多斯市北部一带，是夹在贺兰山、阴山和鄂尔多斯高原之间的一块平原。这个地区，地势平坦，大河横穿，土壤肥沃，水草丰美，多年以来都是匈奴人、汉人志在必得的要地。而且，河南地距长安不足千里，匈奴骑兵一两日便可从这里直杀关中。

自从匈奴占据河南地以来，长安无时无刻不在匈奴骑兵威胁之下，让人寝食难安。所以，汉武帝反击匈奴，他首先想到的第一个大动作，就是要重兵收复河南地。

而这次汉军出兵，还不是特别主动，乃匈奴自找——当时，匈奴兵分三路，突破长城防线，大举入侵汉朝国土：东路两万骑兵杀入辽西，阵斩汉朝辽西太守，掠民两千余人；中路攻入渔阳，击败渔阳太守军千余人，不久围攻韩安国，幸亏汉朝救兵赶至，渔阳得以不陷；而匈奴本部主力攻入雁门郡，败雁门校尉，杀掠千余人。

几乎同一时间，汉朝北方边防同时告急。

于是，武帝急令卫青、李息二将领兵从马邑出兵，声援渔阳。特别是卫青一部，至雁门击败匈奴，斩首数千，使得匈奴攻势受到极大遏制。

遭受败绩之后，匈奴单于大怒，派出左贤王部猛攻汉朝东北部的上谷、渔阳二郡，大掠而去。

此时，大将卫青率精骑四万急出云中，向西迂回运动。卫青采用

“迂回侧击”的战术，西绕至匈奴军的后方，先沿黄河左岸西进，在长城掩护下，快速推进到高阙塞（今内蒙古航棉后旗西北[①]）。然后，汉军骑兵忽然南下，很快完成对河套及其以南地区的包围。

稍事修整，卫青指挥大军，突然向匈奴白羊王、楼烦王两部发动攻势。由于对于汉军完全无备，匈奴白羊、楼烦二王大溃，汉军一战即斩首俘虏五千余人，获牛羊牲畜百余万头。

大败之余，匈奴白羊、楼烦二王北遁。由此，汉军一举收复了昔日秦朝蒙恬所获的河南故地，完全控制了河套地区，取得汉朝建国以来前所未有的胜利。

眼见卫青立此显赫之功，武帝大喜，贬斥匈奴，褒扬卫青：

> 匈奴逆天理，乱人伦，暴长虐老，以盗窃为务，行诈诸蛮夷，造谋籍兵，数为边害，故兴师遣将，以征厥罪。诗不云乎？“薄伐猃狁，至于太原”，“出车彭彭，城彼朔方”。今车骑将军青度西河至高阙，获首二千三百级，车辎畜产毕收为卤，已封为列侯，遂西定河南地，案榆谿旧塞，绝梓领，梁北河，讨蒲泥，破符离，斩轻锐之卒，捕伏听者三千七十一级，执讯获丑，驱马牛羊百有余万，全甲兵而还，益封青三千八百户。

嘉奖封侯，汉武帝由此来炫耀汉军此役大胜，大力肯定攻伐匈奴的基本国策。

这次胜利，汉武帝确实指挥得当，当匈奴逞威于汉朝东北边境之时，他不为局部失利所动，反而采取避实就虚战略，派出卫青等人奇袭

① 关于高阙塞旧址，现学术界存在争议，一说在今内蒙古临河正北的“二狼山”山口之处。——编注

匈奴防御空虚的河南地，从而在关键时刻掌握了战场的主动权。

卫青成功使用远程奔袭以及大迂回战术，以精锐骑兵孤军深入，英雄虎胆，从白羊、楼烦二王与右贤王辖区之间的空隙而过，行军千余里，切断白羊、楼烦二王和匈奴本部的联系，迂回包抄，直达陇西。最终使得敌人措手不及，大溃而去。

此役，汉军收复了河南地，把汉朝北部边防推至黄河沿线。从此，基本上解除匈奴对长安及关中地区的直接威胁。

在大臣主父偃建议下，汉武帝设置五原郡、朔方郡，还派遣校尉苏建征发十余万人，修筑朔方城，修缮秦时蒙恬所筑城塞营垒，因河为固，募集百姓到当地屯垦。其目的，就是要把河南地建设成为攻击匈奴的战略基地。

那么，为汉武帝攻打匈奴首立大功的卫青，又是怎样一个人呢?

卫青这个人，出身极其低贱。他的母亲，年轻时在平阳公主的夫家做女仆，因为丈夫姓卫，所以被称为“卫媪”（平阳公主是汉武帝的姐姐，原来的封号是“阳信长公主”，后来嫁给了曹参曾孙平阳侯曹某，改称“平阳公主”）。

卫家生活艰苦，卫青的母亲当时和县里小吏郑季私通，生下卫青。卫青幼时，被送到了生父郑季家里。郑季少恩，就让这个年幼私生子天天到外面放羊，而郑家几个儿子也不把卫青当成手足兄弟看待，以奴隶视之。等卫青长成少年时，不愿再受郑家奴役，就回到母亲所在的平阳公主府，做了平阳公主的骑奴。

有一次，卫青在甘泉宫当差，有一位囚徒仔细看了看他的相貌，说：“你这面相，真是贵人啊，肯定官至封侯。”

卫青笑道：“我身为人奴之子，免遭笞骂就知足了，哪里有机会能够立功封侯！”

结果，随着自己姐姐被汉武帝看中，卫青的人生终于发生了翻天覆地的变化。

建元二年（前 139 年）春，卫青的姐姐卫子夫被当时十八岁的汉武帝看中，卫青也随之入宫。建元三年，卫子夫怀孕，引起汉武帝皇后陈阿娇的嫉妒。这陈皇后乃汉武帝姑姑馆陶长公主刘嫖的女儿，一直无子。馆陶长公主听说卫子夫一家人飞黄腾达，非常恼火，就派人把当时在建章营当差的卫青秘密逮捕，准备处死。幸亏卫青好友公孙敖听到消息，拔剑而出，和几名壮士赶往营救，救得卫青性命。

汉武帝得知后，对于姑姑馆陶长公主很生气，就马上任命自己所宠美人卫子夫的弟弟卫青为建章监、侍中，大加赏赐。由此，卫青跃升为宫内高等侍卫官。

从建元三年到元光六年，九年时间内，卫青一直从侍于汉武帝左右，出入禁中，参与朝政，深得汉武帝信任。

所以，如果说当初龙城首战取胜是运气好，那么为汉武帝收取河南地，卫青真正显示出了他卓越的军事指挥才能。

唐朝诗人王昌龄有首《出塞》诗，大家耳熟能详：

秦时明月汉时关，万里长征人未还。

但使龙城飞将在，不教胡马度阴山。

其实，这首诗就是歌颂卫青的，而不是我们一直认为的李广。因为，卫青首战就打下了龙城，而李广至死未到过龙城。李广祖籍，现在号称陇西龙城，但王昌龄在写《出塞》诗前后，李广的老家不叫“龙城”。诗歌最后一句“不教胡马度阴山”，从此就更可以看出是描写卫青了。在汉代，阴山就是朔方城一带。李广当年守城的地方，大概在今天山西南部和辽西地区（右北平），距离阴山较远。相反，卫青却一直与阴山关系密切。

元朔二年（前 126 年）冬，匈奴的军臣单于病死，他的弟弟右谷蠡王伊稚斜篡立，赶走了军臣单于的太子于单，自立为单于。

太子于单没办法，有命逃出后，到汉地向汉朝投降，被汉武帝封为涉安侯，但几个月后便死去。为此，后世不少人猜测，可能由于武帝深恨于单上三辈单于对汉朝的侵掠，就设计暗杀了于单。笔者揣测，根据日后汉武帝对来降匈奴贵族的处理手法，暗杀之说不可能成立。汉武帝也爱搞“统战”，于单应该是到汉地后水土不服死掉的。

军臣单于死后的转年，元朔三年，大概刚刚当上单于要立威，伊稚斜单于对汉朝进行了新一轮大进攻。

当年夏天，匈奴数万骑兵侵入代郡，杀汉朝太守，掠千余人而去；秋天，又攻入雁门，杀掠千余人。

元朔四年冬天，匈奴数万骑兵分别杀入代郡、上郡、定襄，大杀大掠一番而去，并攻入河南地大掠。

元朔五年，出使西域达十三年之久的张骞回到长安，向汉武帝汇报多年来他所掌握的匈奴和西域诸国情况。武帝大喜，拜张骞为太中大夫，封为博望侯，作为汉朝处理对匈奴征战问题的高级顾问。

深思熟虑之后，汉武帝派遣卫青为统帅，发动了对匈奴的漠南之战。

在河套平原北方，横亘着一道巨大的阴山山脉。阴山附近各个山谷，是匈奴繁衍生息的主要地区，当时匈奴单于的王廷，就在阴山南麓。

由于作为阴山南麓屏障的河南地被汉朝大军夺回，匈奴王廷就直接暴露在汉军攻击之下。所以，趁汉军立足未稳，匈奴大军开始不断进攻河南地。

面对匈奴几条战线的进攻，汉朝采取了重点反击策略，决定派出大军主要打击匈奴右贤王一部。

元朔五年春，武帝先派大行李息、岸头侯张次公率领军队出右北平，攻匈奴左部虚张声势以行牵制；以卫青为统帅，直接统领三万本部精骑，任命左内史李沮为强弩将军、太仆公孙贺为骑将军、代相李蔡为轻车将军、卫尉苏建为游击将军，总共十余万人马，主攻匈奴右贤王一部。

汉军此次出战，以朔方为后方基地。当时，匈奴右贤王王廷，在今狼山以北。由于张骞熟悉匈奴、西域地理虚实，汉武帝派他协同汉军出征。这位博望侯为汉军向导，他对哪里有水草、哪里可歇息皆了如指掌，故而一路上汉军无饥渴之虞。

得知右贤王对汉军不备，卫青率部疾驰六七百里，自朔方渡河，行五原稍息，趁夜潜军出高阙塞，忽然袭击匈奴右贤王帐落。

自以为远在战略大后方，匈奴右贤王做梦也想不到汉军能远行到达自己的领地。所以，他终日饮酒作乐，沉湎酒色。岂料，恰如天降，忽然一夜，汉军喊杀声起，杀到了自己帐外。

猝不及防，右贤王军大乱，一下子就被汉军打得大败。惊恐之余，也管不了儿孙和诸亲戚了，右贤王只带着一个爱妾，在数百亲骑护卫下向北纵马狂逃而去。

此次奇袭歼灭战，卫青所部汉军以微弱代价，生俘右贤王以下小王十余人，男女一万五千人，牲畜数十万。

由于卫青再建显赫之功，大喜之余，汉武帝马上遣使，带着新刻的大将军印，在军中拜卫青为大将军，封卫青八千七百户，其三子皆为侯爵。

卫青很谦虚，推辞不受，声称此次成功，皆要归功诸将。

武帝更喜，于是大加封赏，公孙敖、韩说、公孙贺、李蔡、李朔、赵不虞、公孙戎奴、李沮、李息诸人，皆以功封侯。

右贤王虽然大败，匈奴根本未动。当年秋天，匈奴出动万余精骑进攻代郡，斩杀汉都尉朱英，大掠千余人而去。

汉武帝深知，汉军一定要巩固阴山一线防护，如果不让匈奴伤筋动骨，他们肯定会很快恢复对汉朝的强大攻势。

稍事修整，元朔六年（前 123 年）春二月，汉武帝派遣大将军卫青率大军东指，直趋匈奴本部单于庭。卫青所率，除公孙敖、公孙贺、苏建等人以外，还以郎中令李广为后将军、右内史李沮为强弩将军、翕侯赵信为前将军。汉军中即将冉冉升起的又一颗璀璨新星霍去病，当时也鲜衣骏马，以剽姚校尉的名号出征。剽姚者，劲疾也。

将军卫青此次所统十余万骑，由于是攻打匈奴单于本部，所以集中行进，五部配合，大兵团集体展开行动。

卫青率大军出定襄，向北推进。刚出定襄，汉军就和匈奴一部打了一场遭遇战，成功击溃对方，斩首三千级。修整后，卫青再出定襄，向北挺进数百里，到达阴山主脉地区后，忽然发现匈奴有主力伏兵在此。当时，匈奴左贤王部突然自东北方攻来，汉军前军赵信和右军苏建猝不及防，被匈奴军杀伤甚众。卫青见状不慌，改令前军与右军会合，以保护汉军主力右侧。但锐气受挫，汉军前、右两军鏖战久之，死伤殆尽。

关键时刻，汉将赵信临阵向匈奴投降。赵信一降，苏建挺不住了，部下几乎全部战死，他本人得间逃归。

这个赵信其实是先前投降汉朝的匈奴降将，降汉后被封为翕侯。眼看汉军有大败势头，就率领部属八百多匈奴人，飞奔归降匈奴大军。

眼看汉军要大败，卫青关键时刻挽狂澜于既倒，指挥主力反败为胜，大败匈奴军，斩首一万九千级。

这次大战，乃多年以来汉朝和匈奴主力大军的第一次正面交锋，结果，以汉军大胜告终。至此，汉军兵威，终于为匈奴所见。

虽然大获胜利，但在战斗过程中，赵信跑了，苏建丧师。一战而失两将军，功过相抵，大将军卫青未得增封封邑，汉武帝只给他千金赏赐。

右将军苏建逃回，没功劳也有苦劳。刘彻也没杀他，赎为庶人。

而初上战阵的青年将军霍去病于此役大放异彩。他在匈奴兵溃后，仅率八百精骑，脱离汉军主力，孤军追击匈奴军队数百里，斩首二千余级，不仅杀掉了单于叔祖藉若侯产（藉若侯，是匈奴的侯爵名号；产，是这个匈奴人的名字），还活捉了匈奴相国、当户和单于叔父罗姑。

为此，汉武帝特颁诏令，封霍去病为冠军侯，食邑一千六百户。至此，汉匈战争史上最杰出的汉朝将军，登上了历史的舞台！

冠军临瀚海，长平翼大风

原本是汉朝将军的赵信投降匈奴后，和伊稚斜单于投脾气得很。唠嗑高兴，单于特意为赵信筑了一座城供他当“别墅”使用。赵信把汉朝军事底细全部兜给了同族的老哥们。

而赵信给单于出的最有效的主意，是劝匈奴人把王廷转移到更北端的大漠地区，主力部队也不要接近汉匈边境，以此计策，诱使汉军长途奔走，消耗汉朝国力。

伊稚斜单于挺听话，把匈奴王廷远迁于漠北地带。从此，汉军进据阴山地区，匈奴退居漠北。最终结果，倒使得昔日汉朝北部边疆一直受到匈奴部队侵袭的局面大有改观。

既然漠南匈奴军队罕来，汉武帝就把目光投向了河西走廊地区。

在今甘肃省张掖西南，西至酒泉，南至武威，绵延着一座大山，即祁连山脉，为当时匈奴右部所管辖。河西走廊位于祁连山脉南麓，东南——西北走向，长约一千公里。由于这个狭长的走廊地处大河以西，古称“河西”，因此称“河西走廊”。河西走廊连接着今天的内蒙古高原和青藏高原，秦汉时期土壤肥沃，水草丰美，战略地位非常重要。张骞在西域这十多年确实没有白待，他回来后，竭力劝说汉武帝要全力控制西域，那里不仅物产丰富，而且产马有粮，还可以借此“断匈奴之右臂”。

汉武帝当然同意张骞的建议。漠南大战结束后，匈奴主力北遁，汉朝在北部战场上已经有打空拳的感觉。所以，武帝决定把和匈奴相抗的主战场转移至河西地区，也希望借此打开通往西域的大门。

当时，河西地区被匈奴浑邪王、休屠（屠音储）王二王分治。浑邪王居河西西部，即今甘肃酒泉一带；休屠王掌控河西东部，即今甘肃武威。匈奴二部以此地为根据地，西控西域诸国，南制西羌诸部。这一广大地区，一直是汉朝西北边境大患。

汉武帝注意力转向河西，使降将赵信诱汉军深入漠北截击的战略失效。

元狩二年（前 121 年）春三月，汉武帝命霍去病为骠骑将军，派遣这位青年军事天才长途行军，深入河西匈奴要地突袭，准备打通河西走廊。

此时的霍去病，时年才十九岁！

霍去病是卫青外甥。他的孩提时代，也是奴隶身份——他的生母，乃平阳公主府的女奴卫少儿；生父，乃平阳县小吏霍仲孺。和卫青生父一样，小吏霍仲儒不敢承认自己与公主的女奴私通，所以霍去病是以私生子身份来到人世。值得庆幸的是，霍去病呱呱坠地不久，他的姨母卫子夫受到汉武帝宠幸，并怀孕生子。从此，不仅卫子夫的命运得以改变，卫氏一族的命运，也都发生了天翻地覆的变化。

当舅舅卫青建功立业之时，以贵胄公子身份逐渐长大的霍去病，也默默注视着舅父的功绩。在卫青影响下，在武帝的鼓励下，霍去病从小就弯弓射箭，练习武艺，随时准备投身到奋击匈奴的队伍当中，渴望杀敌。

元朔六年以卫青为统帅的漠南之战，使得虚岁十八的霍去病脱颖而出，一战即斩首二千余人，杀死、生擒数位匈奴重量级贵族，由此一举成名。

当时，为了表彰霍去病的功绩，汉武帝将他封为“冠军侯”，表彰这位年轻人功冠诸军。武帝还特意割穰县卢阳乡和宛县的临骁聚为“冠军县”，作为霍去病封地，食邑一千六百户（《史记》记载此数，《汉书》数字是二千五百户）。

霍去病此次出征，部伍不多，但皆是精骑。汉军从长安出发，沿渭水河谷西进，在今兰州一带渡过黄河，向陇西挺进。

翻越乌鳌山后，汉军沿乌鞘岭北坡急速行军，过匈奴所属脩濮部落，渡过狐奴河（今石羊大河），马不停蹄，转战六日，一举扫荡了天水陇西一带匈奴辖下的五个小王国。对于匈奴部众，不战而降服者赦之，敢于抵抗者诛之。

骏马飞驰，霍去病抓住战机，率领汉军翻越焉支山（今甘肃山丹县），向西北长驱直入千余里，终于在途中与匈奴浑邪王、休屠王主力军相遇。

跋涉千里，意气风发，霍去病亲自指挥汉军和二王军队开打，双方箭战、马战，最后汉军下马与匈奴人短兵相接。由于武器精良、体格强壮，汉军最终杀得匈奴主力大败而溃。

此役，汉军斩首八千九百余级，阵斩匈奴折兰、卢胡二王，生擒浑邪王王子、匈奴相国以及都尉等数位匈奴贵族，并且还把休屠王两个祭天金人也夺取到手。

这次远征，本来是汉武帝试探性地派霍去病独自率兵锻炼一下。长驱深入的机动闪击战，一战而收实效，霍去病带领汉军以极少兵力一举击溃河西匈奴部诸军，实在超出了汉武帝预料。为此，汉朝君臣顿受极大鼓舞。

待霍去病凯旋敦煌之时，武帝派使者到营，加封他食邑二千二百户，以资鼓励和荣显。

霍去病的传奇，才刚刚开始。

眼见霍去病如此骁勇善战，汉武帝马上策划了一次规模更大、计划更周密的出征。

当年夏天，汉军竟然令人难以置信地消除骑兵部队远地作战对季节的依赖，在数月内，再一次集结数万骑兵，兵分两路，分别由骠骑将军霍去病和合骑侯公孙敖率领，出击匈奴。

武帝以霍去病为右路，兵出北地（今甘肃宁县西北）；公孙敖为左路，兵出陇西（今甘肃临洮西北）。按照事前计划，两军最终要在祁连山地区会师。同时，为牵制匈奴单于主力部队，武帝还派出博望侯张骞和郎中令李广出兵右北平，两路进击匈奴左贤王部。

汉朝出兵数路，匈奴也没闲着。伊稚斜单于亲自率领匈奴主力，杀到代郡、雁门二郡。可见，此时的汉朝和匈奴双方，都有打红眼的势头，在东西长达数千里的战线上同时开打，显然汉匈战争进入了高潮期。

霍去病率领骑兵出北地，从灵武（今宁夏银川西北）渡河，然后，汉军翻越贺兰山，穿越浚稽山沙地（今巴丹吉林大沙漠），打到了居延海（今内蒙古阿拉善盟额济纳旗北部。居延是匈奴语，《水经注》中将其译为“弱水流沙”，汉代时曾称其为“居延泽”，魏晋时称为“西海”，唐代起称为“居延海”，现在叫“天鹅湖”）。

稍作修整，霍去病领兵沿额济纳河南下，行进小月氏（今酒泉），在张掖耀兵，显示汉朝威力。而后，急行军快速挺进二千里，到达祁连山及合黎山一带。

未等公孙敖一军抵达合军，霍去病把握战机，以迅雷不及掩耳之势，对匈奴发动猛烈攻击，生擒匈奴辖下单桓、酋涂、稽且、脩濮、呼子耆等五王，而后乘胜逐北，击走诸羌，志在打通河西走廊。

此战结束后，清点军功，汉军斩首三万零二百级，除生擒五王之外，还活捉了王母单于阏氏、匈奴王子等五十九人，生擒匈奴相国、将军、当户、都尉六十三人；诸部族都尉相国率众降汉者，共二千五百人。

武帝大喜过望，增封霍去病五千户，其所部属将皆得封侯。

霍去病在数月间，率领所部汉军两次远征河西走廊，深入数千里，连战连捷，名动天下，真是天赐神将。

这么一个二十岁不到的年轻人，指挥得当，有勇有谋，突破对匈奴作战的常规计划，出其不意，攻其不备。而且，霍去病常为士卒先，勇敢善战，使得所部汉军胆气日豪。同时不能忽视的是，汉武帝给予霍去病的军队，是作战经验最丰富的精锐部队，骑兵所骑战马，也是当时汉朝最优良的品种。如此保障到位，汉军能实现长距离的机动迂回，使得霍去病部汉军能够不断奇袭与突破，以少胜多。

可叹的是，长年和匈奴作战的汉朝勇将公孙敖所部竟然迷路失道，未能按时和霍去病会师于祁连山。依据汉律当斩，赎为庶人。

霍去病一路汉军大胜。而汉军东线右北平方面，李广率四千骑先行，不料，被匈奴左贤王部四万多精骑所包围。李广乃汉朝“飞将军”，全无所惧，马上命令其子李敢率数十骑直杀敌阵，从匈奴阵营左右部间盘旋穿越而过。

李敢千骑归来，丝毫无损，于是对战友高呼：“胡虏易于耳！”

在李敢鼓舞下，汉军士气大振。李广审时度势，命令汉军以兵车结为圆阵，持弩外向，严阵以待。匈奴主力仗势兵多，连续对汉军发起冲击。箭如雨下，一时间汉军死伤过半。李广下令士兵持弓弩不发，他本人操作大黄连弩，在极短时间内射杀匈奴裨将数人，匈奴军震恐，攻势稍缓。

战至日暮，由于敌军越来越多，李广将士眼见箭少人稀，皆面无人色。回首望见主将李广，意气自如，严密号令，有序治军。由此，军中皆服其勇。

转天，平明号角吹响，双方再次激战，汉军胆气益厉。

即便如此，毕竟匈奴人多势众，李广所部逐渐受到压迫而阵脚移动。幸亏，博望侯张骞及时带兵赶到，匈奴不知汉军援军多少，一时间不能取胜，只得撤兵。

河西惨败消息传至匈奴本部，伊稚斜单于大怒。当年秋天，他派遣使臣到达河西地区，欲召浑邪王、休屠王二王还王廷，准备当众诛杀以作为惩戒。

浑邪王害怕，就急急忙忙和休屠王密谋，准备一起归顺汉朝。

汉朝大将李息得到匈奴二王密报后，马上派人驰报汉武帝。武帝大喜之余，担心二王诈降，就派霍去病率领汉朝精骑迎之，探看虚实。

匈奴二王方面，派出使者与汉朝约降后不久，休屠王单方面有些后悔。一不做，二不休，为防事情败露，浑邪王先人一步，在帐内就把休屠王宰了，然后并领其部众，准备归降汉军。对于当时场面，司马迁如此描述：

> 骠骑（霍去病）既渡河，与浑邪王众相望。浑邪王裨将见汉军而多欲不降者，颇遁去。骠骑乃驰入与浑邪王相见，斩其欲亡者八千人，遂独遣浑邪王乘传先诣行在所，尽将其众渡河，降者数万，号称十万。既至长安，天子所以赏赐者数十巨万。

也就是说，霍去病大军渡河后，与浑邪王所部迢迢相望。望见汉军军容甚盛，人马众多，浑邪王裨将害怕，那些原本就不愿降汉者，开始率众哗变，临阵逃走。一时之间，场面非常非常混乱。霍去病当机立断，即刻率精锐骑兵突入匈奴阵中和浑邪王相见。

这样一个才二十岁左右的年轻人，稳坐马上，号令汉军，在极短时间内，指挥汉军在混乱中斩杀匈奴逃亡者八千人，一下子就使局面稳定下来。

然后，霍去病派人“护送”浑邪王乘坐汉朝“传车”前往长安，自己率领汉军押解着匈奴投降的数万多人渡河，也赶往长安，参加汉武帝安排好的受降仪式。

浑邪王及其部众抵达长安后，武帝大喜，封浑邪王为万户漯阴侯，其余小王三人和大当户一人，皆得封侯。而后，汉廷将匈奴降众分处于河南地原先的秦长城之外，作为汉朝属国加以管理。

值得一提的是，日后在武帝一朝几乎与霍光齐名的大名鼎鼎的金日磾，正是被浑邪王杀掉的休屠王的太子。浑邪王投降汉朝之后，他本人和亲戚、贵臣都成为汉朝的侯爷，而休屠王的家属，包括休屠王太子、太子弟以及他们的母亲，却被汉廷没入宫中为奴隶，归属于黄门监，负责替宫廷养马。

有一次，武帝在御苑游宴，当时后宫美人满侧，金日磾等数十人牵马过殿。那些奴隶第一次看到皇帝和众美人，无不窃视，唯独金日磾目不斜视。这个金日磾，身高八尺二寸，容貌甚严，所养之马又肥又好。为此，汉武帝异而问之。武帝召问，言语合心，即刻拜金日磾为马监，迁侍中、驸马都尉、光禄大夫。过后，日磾未尝有过失，深得武帝信爱，出则参乘，入侍左右。由于休屠王曾作金人祭天，所以，武帝赐日磾姓金。

此次大胜之后，汉武帝在河西置武威和酒泉两郡。

霍去病功高如此，汉武帝颁布嘉奖令，诏曰：

> 骠骑将军（霍）去病率师攻匈奴西域王浑邪，王及厥众萌咸相奔，率以军粮接食，并将控弦万有余人，诛獟（音乔）駻（音悍），获首虏八千馀级，降异国之王三十二人，战士不离伤，十万之众咸怀集服，仍与之劳，爰及河塞，庶几无患，幸既永绥矣。以千七百户益封骠骑将军。

河西之战取得全胜之后，汉军进至祁连山一带。至此，汉朝通往西域的大门终于打开，实现了“张中国之左掖，断匈奴之右臂”的既定目标，一下子豁然开朗。

而匈奴方面，则是哀声一片。失去河南地后，继之又在河西失去这一水草丰美的狭长地理通道，只得黯然退回祁连、焉支山脉以北地区。为此，当时匈奴人哀歌道：

> 失我祁连山，使我六畜不蕃息；失我焉支山，使我嫁妇无颜色。

确实，对匈奴人来说，丧失河套地区、河西走廊这二处大牧场，后果异常严重，使得匈奴的牲畜、人口数量大为减少。从历史地理学、气候学角度看，汉军的步步进逼，迫使匈奴部落的生存空间退缩到年降水量 15 英寸一线以北的苦寒之地，压力巨大。

霍去病声名如日中天之际，很快为汉朝再立新功！

> 拥旄为汉将，汗马出长城。长城地势险，万里与云平。凉秋八九月，铁骑入幽并。飞狐白日晚，瀚海愁云生。羽书时断绝，刁斗昼夜惊。乘墉挥宝剑，蔽日引高旌。云屯七萃士，鱼丽六郡兵。哀笳关下听，玉笛陇头鸣。骨都先自詟，日逐次亡精。玉门罢斥候，甲第始修营。位登万庾积，功立百行成。天长地自久，人道有亏盈。未穷激楚乐，已见高台倾。当今麟阁上，千载有雄名。

南朝诗人虞羲的诗歌《咏霍将军北伐》，就是咏叹霍去病元狩四年的军事行动。

元狩三年（前 120 年）秋，匈奴单于愤于右部之惨败，各遣数万骑大侵右北平及定襄，杀掠数千人而还。

为此，转年的元狩四年春，见河西大定，汉武帝决定出师漠北，准备犁庭扫穴，对匈奴王廷予以歼灭性打击。

由于汉朝降将赵信曾经说汉军不可能深入漠北而久留，所以，匈奴对于汉朝军队深入漠北，从来没有任何心理准备。

汉武帝这番决定，可谓出其不意，攻其不备。

武帝此次出兵，可谓穷心剧力，安排妥当。他将汉骑兵主力分成两部，每部主力五万精骑兵，步卒和辎重兵加起来几十万人跟随，分别由大将军卫青和骠骑将军霍去病统领。

右部军主帅是大将军卫青，下辖前军将军李广、左将军公孙贺、右将军赵食其、后将军曹襄、西河太守常惠、云中太守遂成。

左部主帅，就是意气风发的骠骑将军霍去病，统领从骠侯赵破奴、昌武侯安稽、北地都尉卫山、右北平太守路博德以及李广的儿子校尉李敢等人。

卫青、霍去病二部出塞时，武帝又下令征发民间私马十四万匹。如此大规模举兵，在汉朝可谓前所未有。武帝暗下决心，想在漠北一战中全歼匈奴。

根据情报，武帝判断匈奴单于应该率领主力在西，就命令霍去病率精锐出定襄以击单于，卫青领兵代郡。

霍去病初出定襄后，就捕得匈奴俘虏，供称说单于主力大军在东边。为了让霍去病主力独当匈奴主力，武帝改派霍去病为右部出代郡，寻歼单于主力；而让卫青为左部，领兵出定襄。

匈奴得知汉军大举北征后，自然也召集诸将商议对策。赵信大不以为然："汉军即使到达漠北，人马也会疲惫不堪，到时候我们匈奴大军坐待就可以把他们全都活捉！"

瞧赵信这大话说的。岂料，单于还真信了，他一方面集中主力精锐于漠北（今蒙古国库仑），一方面将其辎重军需远置于更北方向。

汉军方面，还有一件事情需要交代。大将军卫青出塞后，从俘虏口中得知单于主力所在，于是亲率精兵趋进，改令前军李广及右军赵食其出东路以为掩护。

由于东路绕远而且沿途少水草，李广自告奋勇说："我部本为前将军，今大将军您改命我出东道，希望能收回成命。我自结发而与匈奴战，如今才得到和匈奴单于本人正面交锋的机会，我希望能为前锋，即使战死也心甘情愿！”

可是，卫青出发前，汉武帝亲自交代过说：“李广年老，运气又差，千万不要派他首当单于，恐怕他不能成功。”此外，由于上次战争中卫青好友公孙敖兵败失去侯爵，所以卫青也想让公孙敖和自己一起去迎击单于主力，立功后，这位老友才能恢复侯爵称号。由此，卫青做出让李广改道的决定。

李广亲自面见卫青要求为先锋，卫青坚持己见。

李广大怒，愤而起身，不辞而行。

卫青率部出定襄不久，自向北急行千余里，终于遭遇匈奴单于主力。经验老到的卫青，马上下令汉军以武刚车（一种兵车）环绕为营，立定阵脚，防止匈奴突袭。然后，他派出五千骑进击。

匈奴也不弱，以万骑迎战。大战开始。

战至黄昏时分，双方依旧不分胜负。突然间，大风刮起，沙砾击面，估计是间歇性沙尘暴，吹得两军战士连敌人的面目都分不清。

趁此机会，卫青派汉军左右翼迂回包抄单于主力。仗打到这个份儿上，单于先软了，唯恐兵败被擒，他乘坐六骡车，在数百精兵护卫下，溃围而去。当时已经薄暮时分，汉军和匈奴军都不知道单于跑了，双方还殊死搏战，杀伤相当。等汉军捉到一个匈奴中级军官，才知道单于已经逃跑，于是卫青遣轻骑兵马上追击。匈奴兵不久也得知单于逃跑，无心恋战，四处溃逃。

追击一夜，黎明时分，汉军追赶了二百多里，虽然没有生擒单于，但追击过程中，汉军斩首一万九千级。而后，卫青一直率部北进，杀到窴颜山赵信城，缴获匈奴辎重军粮，堆如山积。

汉军休整一日后，尽烧匈奴余粟，而后震旅而还。

卫青大军还至漠南，才遇到了李广和赵食其二军。

这两个人因为在沙漠中迷了路，从而失去了和匈奴主力对阵的机会。汉法严苛，卫青派军中文吏到李广军中责问迷路过程，并召李广到大营幕府待查。

为此，李广对部下羞愤言道："广结发与匈奴大小七十余战，今幸从大将军出接单于兵，而大将军又徙广部行回远，而又迷失道，岂非天哉！且广年六十余矣，终不能复对刀笔之吏！"

言毕，李广拔刀自刎。

李广为人，廉洁奉公，每得皇帝赏赐，就分给部下同享。平时，与士卒饮食与共。为二千石官四十多年，却家无余财。

李广天生是大将材料，猿臂善射，百发百中。每次带兵出征，乏绝之处见水，士卒不尽饮，李广不近水；士卒不尽食，李广不吃饭。由此，士卒为之乐死。

所以，当李广自刭消息传出，一军皆哭。汉朝百姓闻之，不分老少，皆为之哀伤垂涕。

李广虽死，汉军大胜的事实却不容改变。

匈奴伊稚斜单于向西北遁去后，汉军轻骑随后一直追击，以至于他和匈奴部众失散十余日。

混乱之间，匈奴的右谷蠡王为了稳住军心，自立为单于。后来发现伊稚斜单于还活着，忙去其号。可见，当时匈奴内部有多混乱，多狼狈。

在东线，霍去病率领五万骑兵出代郡，一路轻装前进，在兴城（今多伦附近）与右北平太守路博德及渔阳军队会师。然后，他们挺进两千多里，遭遇匈奴左贤王部，双方展开大战。

此时汉军气势强盛，以一当十，打得左贤王军大败。

得势不饶人。汉军穷追不舍，越鸡侯山，渡弓庐水，一直追击到狼居胥山（今蒙古国乌兰巴托以东），杀得左贤王部仅剩下十分之一二。

大捷之后，霍去病祭天地于姑衍，登临瀚海（今呼伦贝尔湖，一说

金银错车饰　猎虎纹

今贝加尔湖），而后振旅凯旋。

此次霍去病所率汉军，转战两千余里，斩单于近臣，比车耆王，擒屯头王，韩王等三人，将军、相国、当户、都尉八十三人，斩首七万四千余级。

为此，汉武帝兴高采烈，置“大司马”官位，以大将军卫青与骠骑将军霍去病皆为“大司马”，下诏单独褒奖霍去病：

> 骠骑将军（霍）去病率师，躬将所获荤粥之士，约轻赍，绝大幕，涉获章渠（章渠，单于之近臣，汉军涉水而破获之），以诛比车耆（匈奴王号），转击左大将，斩获旗鼓，历涉离侯（山名），济弓闾（水名），获屯头王（匈奴王号）、韩王等三人，将军、相国、当户、都尉八十三人，封狼居胥山，禅于姑衍，登临翰海（登海边山以望海）。执卤获丑七万有四百四十三级，师率减什三，取食于敌，逴（音卓）行殊远而粮不绝，以五千八百户益封骠骑将军！

李广虽然自杀，其子李敢却因军功得封关内侯。

由于此役大将军卫青未能完成擒杀单于的任务，故无封赏。

此次大战，汉朝虽然大胜，付出的代价也很惨重。李广自杀，数万汉军精锐战死，出塞马匹十四万，归来不足三万。所以，此战过后，汉朝因为严重缺马，再也不能组织大规模骑兵部队出塞。

两年后，也就是元狩六年深秋，年仅二十四岁的骠骑将军霍去病暴卒。痛失良将之后，汉武帝在七年之内，没有组织大军重讨匈奴。

至于匈奴方面，也是伤筋动骨，主力骑兵被汉军杀死近十万，部众、牲畜在战争中死亡更是不计其数。匈奴左贤王部几乎被霍去病全歼，左贤王也率部远遁。单于伊稚斜虽有命逃出，但由此远遁漠北，漠南再无匈奴王廷。

汉武帝发起的这场阶段性战争，从元光二年（前 133 年）起，到元狩四年（前 119 年）止，持续长达十四年之久。

回顾汉匈双方战绩，汉军出塞凡八次（不计马邑伏击），除首次出塞稍有败绩，此后汉军无往而不利，小战小胜，大战大胜。

从秦末以来危害中原百余年的边患，至此基本得以解决。

此节最后，我们再说说霍去病。

司马迁在史记中记述说：

> 骠骑将军为人少言不泄（质重少言，胆气在中），有气敢任（果敢任气）。天子尝欲教之孙吴兵法，对曰："顾方略何如耳，不至学古兵法。"
>
> 天子为治第，令骠骑视之，对曰："匈奴未灭，无以家为也！"由此上益重爱之。
>
> 然少而侍中，贵，不省士。其从军，天子为遣太官赍数十乘，既还，重车余弃粱肉，而士有饥者。其在塞外，卒乏粮，或不能自振，而骠骑尚穿域蹋鞠。

司马迁对于卫霍二将，内心颇有微词，所以在称赞霍去病之后，也说他年少贵重，出征过程中不是很爱惜士卒。军士饿肚子，他却饱弃粮肉。有时候，大军在塞外，士卒缺衣少粮，他却还和左右踢球玩耍为戏乐……

其实，正是这些司马迁所记述的霍去病"劣行"，让我们看到了一个历史中更为真实的英雄人物。人，毕竟都不是完人，更何况一个 23 岁就建立了不世勋劳的青年人。

生为奴子之身，长于绮罗之间，如此富贵青少年，竟然不曾沉溺于荣华，而一直把建功立业作为自己的人生追求。而他的骄奢，他的不羁，他的唐突，他的人性率情，更让我们觉得，这，才是一个真正的血肉人生！

年仅二十三岁，霍去病就病死，真让人扼腕叹息！

他因何病而死，千百年来也众说纷纭。最有可能的，是他年纪轻轻就长期征战，积劳成疾，最终染病而死。

霍去病死后，只有一个儿子霍嬗，其生母到底是谁，未见于任何史书。霍去病死后，霍嬗袭冠军侯爵位，一直颇受汉武帝疼爱，有意等他长大以后再像其父那样用为将军。

霍去病死后六年，霍嬗从汉武帝登泰山封禅。礼毕后，武帝只带霍嬗这个小孩子一个人到顶峰，与“神仙”单独对话。不知道为什么，这孩子下山后就暴卒，谥号为“哀”。当时武帝非常悲痛，还亲自作诗哀悼。

霍嬗死时，大概只有十岁。至此，英雄霍去病嫡系后裔断绝。

霍去病去世之时，汉武帝哀悼无限，他大发玄甲军，排列部伍为这一代英豪送葬。全副武装的送葬队伍，从长安一直送到茂陵。

为了彰显霍去病大功，汉武帝下令高建冢墓，冢形像祁连山，以这位英杰奋击匈奴的大功，汉廷定谥，谥曰“景桓侯”。根据谥法，“布义行刚曰景，辟土服远曰桓”。

为了纪念霍去病，笔者以一首佚名作者的《将军行》终结此节：

世人十八安环堵，将军十八身行伍。朝向魏阙辞天子，暮逐穷边御强侮。胡沙射马锐箭镞，胡月照人寒刀斧。匈奴杀戮为耕作，白登髑髅夜能语。八百骁骑从天来，控弦十万不足数。射雕儿作将军俘，昔何勇兮今如鼠。献馘分茅冠军侯，再出陇西骠骑旅。横截焉支收金人，匈奴阏氏色如土。断取祁连系名王，匈奴六蓄足灶釜。明年更封狼居胥，羽檄无复动三辅。英气不与身俱没，事去千年犹虎虎。君不见茂陵密迩将军冢，石马至今踏胡虏！

山东沂南汉墓戴武冠执长剑武士像

矢尽道亦穷，空拳冒白刃

漠北大战后，武帝君臣鉴于国内马少，对匈奴进逼的态势稍松。攻势稍松，并不意味着精神松懈，汉武帝依旧视匈奴为强虏大敌。他们仍然在一步步，有计划地向匈奴施加压力。

在光禄（今内蒙古乌拉特中旗）、居延（今宁夏居延县）、今居（今甘肃民勤县），汉武帝指示汉朝军民在那里武装殖民，开拓今宁夏、甘肃等西北要地，通沟渠，置屯戍，步步为营，以之作为日后汉朝向西发展的基地。

同时，汉朝对西域的经营也没有放松，派张骞二去西域，远结乌孙，交通大宛、康居、大月氏、大夏、安息以及于阗、身毒（印度）等国，重新树立汉朝在西域的威望。

在国内，武帝继续平定南越，巩固对西南夷的控制，并实行了一系列经济改革，出台新经济政策，鼓励百姓养马。

元鼎三年（前 114 年），匈奴单于伊稚斜病死，其子乌维立为单于，由于国力衰弱，他没有像先辈那样当单于后立即入侵汉地。

不久，西羌十多万人造反，联合匈奴夹攻汉朝西北边郡，想夺回匈奴的河西走廊故地。为此，武帝非常重视。元鼎五年，汉朝派陇西、安定、天水等地军队，配合河南、河内十多万兵士，由李息和徐自率领，奋击西羌，平灭了当地与匈奴联合的叛乱。而后，为确保河西走廊畅通，武帝下令在武威、酒泉两郡之地，再辟置张掖、敦煌二郡，是为“河西四郡”。

这年冬天，汉武帝亲自率军北巡，经雍（今陕西凤翔南）过陇西，登崆峒，出萧关，与大军狩猎于新秦中，耀兵于境上。

由于匈奴常有小股骑兵在河西骚扰通西域之道，汉军分为三路，发兵征讨。汉朝这次作战规模不大，军事打击对象也是河西匈奴残部及若干部族游骑。

元封元年（前 110 年）冬十月，武帝又亲率大军北巡，自云阳发军，向北经上郡、西河、五原，出长城北，登单于台；又至朔方，临北河，耀兵十八万骑于境上。而后，汉武帝派遣使臣郭吉面见单于，警告说：

> 南越王头已悬于汉北阙。今单于能战，天子自将待边；单于即不能，即南面而臣于汉。何徒远走，亡匿于幕北苦寒无水草之地！

看似国书，实则武帝的豪言壮语。单于大怒，把汉朝使者郭吉扣押于北海（今蒙古国乌布萨泊），同时，确实慑于汉之兵威，不太敢轻举妄动。而后，单于数次遣使于汉，但已经不像从前勒索大言，而是卑言甘辞地求和亲。

汉朝方面，外交军事双管齐下，一面继续充实河西四郡之民，断绝匈奴和西羌的联系；一面派使臣到匈奴，让单于遣子入侍汉朝。

匈奴方面，以冒顿单于和汉高祖前约为辞，拒绝遣子入侍，并数遣游骑侵扰朔方及东边诸郡。

汉朝和匈奴双方都使尽外交、军事手段，从对方手中争取、分化西域诸国，以为己用。

武帝是个征服欲非常强的帝王，对匈奴这边随时待战不说，他还派遣楼船将军杨仆及左将军荀彘两路大军东征朝鲜，并于元封三年秋平定其地，在朝鲜远地置乐浪、真番等四郡。

元封六年（前 105 年），匈奴乌维单于卒，其子乌师卢立。由于年少，时号“儿单于”。

主少国疑，此时匈奴国势更加衰落。

趁着匈奴国内不安，武帝分遣二使者，一至单于王廷，一至右贤王处，想离间单于君臣。当年冬天，北方暴风大雪，匈奴牲畜冻死无数。

由于新继位的“儿单于”年少凶暴，国内不安。匈奴左大都尉很想杀掉新立的“儿单于”，先派人秘密告知汉军，请求汉军接应。

武帝大喜，于太初元年（前104年）夏，派公孙敖筑受降城（今内蒙古乌拉特中旗北）准备接应。

太初二年夏，思虑久之，武帝认为受降城距匈奴太远，就又派遣赵破奴率二万骑出朔方西北，远行二千余里到达浚稽山（今阿尔泰山北阿利山）；再让人秘约匈奴左大都尉，让他杀单于后到浚稽山和赵破奴汉军会师后归汉。

结果，等汉军到达后，才得知匈奴左大都尉谋泄，已经被单于杀掉。由于知悉了汉军和自己手下的预谋，单于诛杀左大都尉后，马上命令左部兵迎击赵破奴。

赵破奴很被动，率军且战且退。汉军勇猛，远道奔袭不成，困疲之余，依旧在撤退途中杀敌数千。

当汉军退至受降城北四百里时，单于率八万骑兵包围了汉军。由于众寡太过悬殊，汉军不敌，随之宁死不降，全军覆没。奇怪的是，汉军皆战死，汉将赵破奴与儿子两人倒逃出了战场。结果，半途被匈奴斥候生擒。四年之后，他和儿子才趁匈奴不备而逃归汉朝。

此役，赵破奴一部汉军全军覆没，但匈奴内部已经出现大乱征兆。

息战数年之后，汉朝和匈奴的大战又将展开。

当时在西域有个地方叫伊吾卢地，就是今天新疆伊吾、哈密等县西北天山山脉附近地区，水土丰美，资源富饶，是当时的战略要地。一旦汉军得此要地，即可西控西域三十六国，东制匈奴右翼。

漠北大战后，匈奴西撤。休战近十年后，汉武帝再次发起对匈奴大规模的征战，而这个阶段双方的主战场，就西移至距汉地本部数千里之外的西域及天山以北地区。

太初三年（前102年）夏四月，武帝派大将徐自出五原塞数百里，沿途千余里悉心经营，修城建亭，西至庐朐（今陕西省神木市南）。而后，武帝派遣将军韩说、卫伉等人率兵驻守，又派出路博德率领汉军屯于酒泉张掖附近。

这一年，匈奴的乌师卢单于病死，其子年少，国人拥立右贤王呴犁湖为单于。这个单于很“传统”，当上单于后为了马上立威，就派遣两路大军南侵，左路入定襄、云中、五原、朔方，一路破坏徐自所筑的城池亭障，杀掠数千人；其右路骑兵在酒泉、张掖等地杀伐，大肆破坏汉人屯戍据点，强掳数千人而去。汉军追击，夺回不少被匈奴所掳百姓。

入冬之后，汉朝的贰师将军李广利攻破大宛，斩其王头，得良马数千匹，威震西域。震恐之余，诸国皆派子弟跟随李广利来汉为质子，臣服于汉。

此时，匈奴见汉军军盛，袖手而不敢出击。不久，新立不久的呴犁湖单于病死，其弟左大都尉且鞮侯被国人立为单于。

由于且鞮侯单于初立，国人不附，很怕汉军大至，就派使臣赴汉，卑辞下意地对汉武帝说：“我儿子，安敢望汉天子。汉天子，我丈人行也。”

为了进一步示好于汉，且鞮侯单于把从前所拘留的汉使尽数礼送回朝，并遣使贡献。

天汉元年（前 100 年），汉武帝派遣苏武为使，张胜为副使，前往匈奴。表面上是要厚赂单于，实际上张胜暗地里已经提前和先行的汉朝使者秘密联系，准备在接见时趁匈奴无备，劫持单于和其阏氏归汉。可惜，事情泄露，汉朝使臣一行皆被匈奴拘留。

奇计失效，武帝决定还是要以武力摧毁匈奴。

天汉二年，汉武帝派出三路大军进击匈奴，贰师将军李广利将三万骑出酒泉，目标是匈奴右贤王。骑都尉李陵率所部五千，为李广利主力监护辎重；公孙敖率万余精骑，出西河（今内蒙古鄂尔多斯左冀前旗），杀奔涿邪山；强弩都尉路博德，率万余骑出居延，目的是抵达涿邪山与公孙敖会师。

出发前，骑都尉李陵不愿意了。他所率五千兵卒，皆为荆楚勇士，一直教射于酒泉张掖之间，跃跃欲试。此次出军，竟然被编为后备队监护辎重，大家深感耻辱。于是，李陵上书武帝，请自为："臣所将屯边者，皆荆楚勇士奇材剑客也，力扼虎，射命中，愿得自当一队，到兰干山（今蒙古国阿尔泰山南真思台山）南以分单于兵，毋令专乡贰师军。"

那么，这个李陵，到底何许人也呢。

李陵，乃"飞将军"李广之孙！

当初李广自刭，李广之子李敢对卫青怀恨在心。借一次参见的机会，把大将卫青臭揍了一顿。卫青为人非常谨慎，没敢告诉汉武帝。但卫青外甥霍去病不干了，利用一次陪同皇帝打猎的机会，暗箭射杀了李敢。汉武帝当然不愿意自己的爱将因杀人而得罪，私密其事，对外声称李敢被鹿撞死。

李广有三个儿子，李敢是三子，长子李当户，次子李椒。李当户早死，李陵就是李当户的遗腹子。

将门出将。李陵长大后，作为贵族子弟，被选为建章监，充任宫内卫队的骑兵总管。和祖父李广一样，李陵善射，友爱士卒。汉武帝见李陵勇武，曾经派他率领八百精骑，深入匈奴地界两千余里，过居延，侦查匈奴战略地形。一路上，李陵如入无人之境，不损一骑而还。

回朝后，武帝拜为李陵为骑都尉，率领丹阳楚地勇士五千人，教射酒泉、张掖，保卫边疆，抵拒匈奴。

对李陵果敢有直接的认识，汉武帝同意李陵所请，改派路博德将兵半道接应李陵部。但路博德得知自己做接应部队，耻于在李陵之后，于是他也上书武帝说："如今正值秋高马肥之际，匈奴未可与战，希望您能允许我和李陵所部俱留，到春天我们一起出击。"

看到这封路博德发来的疏奏，武帝以为李陵后悔不想出兵，而教唆路博德上书，大怒。于是，武帝诏令路博德先击西河匈奴部队，又令李陵九月出发，抵至东浚稽山南龙勒水（今图音河）上，沿路行进，侦察匈奴动静。如果不遇匈奴，则率兵到达受降城休整。

李陵有口难辩，只得率部于九月出发，率步卒五千加上少数骑兵从行，同时，以兵车载箭矢百余万，出居延北。汉军一行走了三十多天，到达浚稽山，扎营短暂修整。

李陵把沿路所绘制的山川地形图集中起来，令飞骑陈步乐回报武帝。武帝接见后，陈步乐详细向皇帝说明了李陵一路进兵的情况，报告说在李陵率领下，汉军斗志旺盛。武帝大喜，即刻封陈步乐为郎官。

但陈步乐走后，让李陵意料不到的事情发生了。李陵所部正在修整的五千汉军步兵，忽然遇到了匈奴且鞮侯单于本人率领的三万骑。

天降恶魔一般，三万匈奴劲骑，居高临下，把李陵五千多人团团围住。

由于汉军扎营于低地山谷之中，李陵便下令汉军以兵车为营垒，绕列一圈，然后，箭矢外向，出营为阵，前排持大戟、盾牌，后排持弓、弩以拒匈奴大军。

匈奴见汉兵少，即冲前攻。李陵指挥汉军千弩俱发，冲上来的匈奴骑兵无不应弦而倒，只得退还上山。汉军乘势，追杀数千人。

人数如此悬殊，汉军不惧反而迎战得胜，使得单于大惊，他即刻下令，招来八万精骑与自己合军，共击汉军。

由此，汉军和匈奴军之间的军力更加悬殊，五千对十一万！

由于远离根据地，汉军且战且退，向南后撤。匈奴在单于指挥下，紧追不舍。相斗数日，汉军抵达一山谷之中，与追及的匈奴交战数阵，汉军中箭的人也越来越多。

李陵有条不紊，安排伤员，中三箭者以辇载之，中两箭者凭车，中一箭者依旧随军战斗。如此众寡不敌情况下，李陵神机妙算般指挥，汉军又斩首三千！

接着，李陵引兵东南，循龙城故道疾走了四五天，抵达一处大泽芦苇荡中。匈奴紧随，见汉军入芦苇丛，就在上风纵火，想借机把汉军都烧死。李陵非常懂得行军自救之道，他马上命令兵士也在自己军中点燃芦苇，纵火自救。

过了大泽之后，汉军到达山下，单于本人亲登南面山上一高台指挥，派他一个儿子亲自将兵，率领一部精骑攻击李陵。

汉军借林木掩护步战，又杀掉匈奴精兵几千人。

得知单于所在，李陵还指挥汉军发连弩射击单于，嗖嗖声吓得单于慌不择路，赶忙纵马下山跑掉。

下得山来，且鞮侯单于心中已惧，就对属下说："这群汉朝精兵，击之而不能下，日夜引我军南近汉朝边塞，他们不会在那里安排了伏兵等着我们入口袋吧？"

单于如此说，显然他已经惧战，想以怕中埋伏为借口，挥兵后撤。

单于手下众多指挥官都急了，劝说道："单于您自将数万骑，攻打汉军几千人不能击灭，那以后还怎么能指挥部落军队呢？如此怯战，又会使得汉军越来越轻视我们匈奴人。我们还是在山谷中和汉军继续力战，四五十里以外，就到平地了，我们骑兵可以发挥优势，如果到时再不能破，回军也不迟。"

单于听了，无可奈何，就接着率领军队追击。

匈奴骑兵很多，追击中与汉军一日交战数十合，但汉军勇气益厉，又杀匈奴两千多人。

沮丧之余，匈奴准备撤退。

恰在此时，李陵军中有个小军官叫管敢的，被校尉所辱骂，一气之下投降匈奴，具言汉军虚实，劝说单于："李陵军队根本没有后援部队，箭矢又马上用尽。每次交战，李陵和他副手韩延年各率八百人为前锋，以黄白旗作指挥。如果单于您能派遣精骑轮射，定破汉军！"

得知李陵箭矢将尽，又无援军和伏兵，单于大喜，在派出一支大军遮断汉军归路的同时，马上合军，准备派出全部骑兵一起进攻汉军。进攻前，匈奴骑兵大呼李陵、韩延年的名字，让汉军即刻投降。

由于当时汉军在山谷谷地，匈奴军居高临下，四面射箭，矢如雨下。

汉军依旧边打边退，南行不已。一日汉军五十万支箭矢，几乎用尽，只得把原本装载箭矢的兵车丢弃（这种大车还能在空旷地带围成营垒）。

苦战至此，汉军还有战士三千多，戟断矢尽，只得截断车辐以为盾用，军吏持尺刀，近身与匈奴追兵肉搏。

再后，汉军残兵进入一处狭谷中，单于指挥骑兵穷追，掩袭其后，并且登山乘高，抛砸垒石，汉军士卒多被砸死，遂不得行。

入夜，李陵便衣独步出营，喝止左右说："不必跟随我，大丈夫我要独身生俘单于！"

良久，李陵浑身鲜血归营，大声叹息道："兵败，死矣！"

矢尽兵竭，李陵命令战士尽斩旌旗，和军中所载珍宝埋于地中。拄刀而立，李陵叹道："如果我们再有数十支箭，足以得脱！如今我们手中没有兵器，天明再和匈奴兵交斗，只能是坐而受缚了。"

绝望之余，李陵命令兵士乘夜各自为战突围，希望最终能够有人得脱回报天子。

行前，李陵和士卒约定，如果大家能够力战有命逃回居延遮虏障（即居延以北汉军所筑之城障），到时候再集合相见。

夜半时分，李陵击鼓集合，鼓竟不鸣。无奈，李陵与韩延年俱上马，随从壮士十余人，乘夜突围。

匈奴早有所备，精骑几千人尾随追击。饶是此部汉军能战，疲惫如斯，追兵众多，众寡不敌，血肉格杀之中，包括韩延年在内，几十个汉军尽皆战死。

黎明时分，战场上只剩下李陵一人，面对包围上来的数千匈奴骑兵，李陵投刀于地，叹息说："无面目报陛下！"

此时，如果有援兵稍来增援，李陵和部下残余汉军都能得脱。因为李陵投刀下马之地，距离汉朝边塞据点仅有百余里！

李陵败降匈奴后，单于非常重视，以己女妻之，立李陵为右校王。

李陵败降消息传到汉廷，武帝大怒。

确实，李陵的投降，到底是真降还是假降，当时后世一直争论不休。无论如何，他的投降，确实对当时汉朝军队的士气造成重大打击。为此，汉武帝在上朝的时候听到李陵投降匈奴的消息，勃然大怒，即刻下令逮捕了李陵全家。

见皇帝怒极，群臣希旨，都上书说应该对李陵宗族治罪。其间，唯独太史令司马迁出班力保，劝武帝说："陵事亲孝，与士信，常奋不顾身以殉国家之急。其素所畜积也，有国士之风。今举事一不幸，全躯保妻子之臣随而媒蘖其短，诚可痛也！且陵提步卒不满五千，深輮戎马之地，抑数万之师，虏救死扶伤不暇，悉举引弓之民共攻围之。转斗千里，矢尽道穷，士张空拳，冒白刃，北首争死敌，得人之死力，虽古名将不过也。身虽陷败，然其所摧败，亦足暴于天下。彼之不死，宜欲得当以报汉也。"

从私人关系上说，司马迁和李陵非亲非故，完全是从汉朝根本利益出发，他认定李陵之所以不死投降，不过是暂时假装投降，日后必定会借机重新投汉。

汉武帝当时怒火攻心，觉得李陵不战死，使得汉朝大失脸面，而司马迁如此言说，反衬得武帝自己本来要荣显的外戚李广利也很没面子。于是，武帝认定司马迁为李陵游说，涉嫌诬罔，下令把司马迁即刻逮捕，处以宫刑。

过了很久，汉武帝回过味儿来，觉得李陵确实因为失援而败，就派使臣迎劳从战场苦战逃归的李陵部下四百多人。

李陵之战，虽败犹荣，乃汉匈战争史上的一次奇计。从整体上看，大概先前打匈奴占了便宜，武帝君臣很有些膨胀，故而天山战役战略部署非常草率，不仅战略轻敌，后勤保障也非常不到位，这从李陵部下全是步兵就可以见出端倪。如此单薄兵力，原本的计划竟然是牵制匈奴主力，以几千缺乏机动性的步兵完成如此不可能完成的任务，显然准备太不充分。此外，从李广利在此战中的表现看，这位大将，完全欠缺统帅的才干。

一年多后，武帝派遣公孙敖率领一队精骑，深入匈奴境内寻找李陵，结果无功而返。

为了塞责，公孙敖向武帝回报说："据俘虏交代，李陵教单于兵法以备汉军，所以臣此去一无所得。"

汉武帝闻言大怒，下令杀掉李陵三族，母弟妻子皆伏诛。至此，以李广为首的陇西名族李氏，竟然全部被汉朝自己人杀光!

后来，汉朝使者出师匈奴，李陵当时作为匈奴贵臣在座。酒酣之时，他乘醉质问汉朝使者："我为汉朝提步卒五千人横行匈奴，最终因为没有救援而败降。我没有什么地方对不起大汉朝的，朝廷为什么杀我全家？"

使者回答："皇帝听说有个李将军教授匈奴拒汉兵法，以为是您。"

李陵俯首思之，长叹一声："那个李将军，是李绪，不是我！"

李绪，原本是汉朝塞外一个都尉，后来降附匈奴，给单于出了不少拒汉的主意，所以在匈奴特别有名。

由于痛恨自己宗族遭受汉廷诛杀，怨恨之余，李陵派人刺杀了李绪。

杀了李绪，李陵自己宗族的百口也不得活转。

此后，李陵在匈奴备受敬崇和尊贵，又活了二十多年才死。

汉武帝死后，汉昭帝立，汉廷的大将军霍光、左将军上官桀辅政。这两个人，青年时代都和李陵是极好的朋友，于是，汉朝特意派遣李陵旧友陇西人任立政等三人出使匈奴，想把李陵感召归国。

酒席宴上，宴饮极欢。此时的李陵，已经是胡服辫发，完全一副匈奴贵族打扮。

酒酣，任立政低语劝说李陵，说：如今您的老友霍光和上官桀主管朝政，如果您归汉回乡，肯定富贵无忧！

思虑久之，李陵万念俱灰，最后说出一句话：“大丈夫不能再辱！”

李陵死后，后世流传有《苏武李陵诗》数首，虽然前人早有论证这些诗歌乃汉末文人托名伪作，但五言华章，典雅深情。如今读之，依旧让人击节而叹：

> 良时不再至，离别在须臾。屏营衢路侧，执手野踟蹰。
> 仰视浮云驰，奄忽互相逾。风波一失所，各在天一隅。
> 长当从此别，且复立斯须。欲因晨风发，送子以贱躯。

说完李陵，再说说贰师将军李广利。

李广利部汉军进至天山之后，取得节节胜利，大败右贤王，斩首万余级。汉军大胜后，得意返军。

但当汉军得胜回军之时，半路与匈奴单于主力大军遭遇，一下子反被匈奴包围。

攻防战斗中，汉军寡不敌众。最后，还是依靠赵充国带着数百敢死队冲锋，为贰师将军李广利杀出一条血路，这个皇帝小舅子才能率领残余汉军溃围而出。

即使如此，三万汉军，也战死十分之六七。

相比李陵五千步卒就能敌十多万匈奴，撤退中还连杀一万多劲敌，而李广利身率三万汉朝精骑，却战得如此狼狈。

李陵和李广利，高下立判！

天汉二年这次大战，另外两路汉军，也由于匈奴主力已被李陵和李广利部吸引，皆无功而还。

如果总结这次战役，应该说汉军以惨败告终。特别是陇西李氏，一门世代为将，竟就此被汉朝族诛，最让人感慨无限！

佳人颜色能倾城，将军无才能倾国

汉武帝天汉二年秋天的天山战役，汉军损失惨重，不仅阵亡近三万人，流星般闪耀的汉将李陵，最终也成为帝国的敌人。

从匈奴方面讲，虽然说取得了重大胜利，但也损失了二万多优秀骑兵。和泱泱大汉不同，匈奴部族人员补充一直是个大问题。二万多，这个数字，对于单于来说，触目惊心。

战后，汉武帝余怒未消，痛定思痛，认定天山战役的失败，完全是汉朝轻敌造成。为此，他开始与臣下精心策划，准备重新发起一场大战，以报复匈奴。可巧，转年的天汉三年秋，匈奴轻骑袭击雁门，汉武帝马上找到了兴兵的借口。

天汉四年正月，汉武帝在全国内完成了大规模征兵活动，集结二十一万人的庞大军队，分成三路大军，杀伐匈奴。

中路主力军共十三万，骑兵六万，步兵七万。统帅竟然是天山战役的败军之将贰师将军李广利，出朔方；右路军由因杅将军公孙敖为主将，共四万人，骑兵一万，步兵三万，出雁门。此外，游击将军韩说将三万步兵出五原；左路汉军，主将是强弩都尉路博德，共领步兵一万多人，出居延。

由此，汉军总兵力达二十一万，骑兵七万，步兵十四万，可谓出尽血本。

将帅之中，除统帅贰师将军李广利，其余还都是经验丰富的老将。

而汉武帝此次出兵最大的错招儿，还是他错用统帅李广利。

贰师将军李广利此人，乃武帝宠妃李夫人的兄长。这位李夫人，大美人一个，在中国历史上非常有名。

李夫人的长兄，乃汉朝大音乐家李延年。李延年早年犯罪，受腐刑入宫。这小伙子长得漂亮，知音律，善歌舞，成为武帝男宠。

一次，李延年伺候宫宴，翩翩起舞，唱道："北方有佳人，绝世而独立，一顾倾人城，再顾倾人国。宁不知倾城与倾国，佳人难再得！”

武帝眼观妙舞，耳听好音，叹息道：“善！世上岂有此等佳人乎？”

侍宴的平阳公主估计提前和李延年有交易，马上答话说：李延年有个妹妹，长得就是这个倾城倾国的样子。

武帝大喜，即刻召见。轻歌曼舞一展示，果然妙丽善舞。由是，此女得幸，还生下一男孩，即昌邑王。由此，李氏兄妹两个，皆成武帝内宠，李妹妹还被武帝封为夫人。

可惜，红颜薄命，没享几年福，李夫人忽患重病。死前，汉武帝探望，李夫人以被蒙脸，死活不让皇帝看她的容貌。过后，其亲属问李夫人原因，她说：“所以不欲见帝者，乃欲以深托兄弟也。我以容貌之好，得从微贱爱幸于上。夫以色事人者，色衰而爱弛，爱弛则恩绝。上所以挛挛顾念我者，乃以平生容貌也。今见我毁坏，颜色非故，必畏恶吐弃我，意尚肯复追思闵录其兄弟哉！”

想必这位李夫人长相太好，死后，武帝一直无法忘怀。

皇帝先以皇后之礼埋葬了李夫人，然后下诏封李夫人兄长李广利为贰师将军，升李延年为协律都尉。不过，后来由于李延年的弟弟李季淫乱后宫，天威不测，武帝一怒之下，就把李延年、李季兄弟两个双双灭族。但看在死去的李夫人面上，武帝对李夫人兄长贰师将军李广利依旧重用，并想把他打造成卫青、霍去病那样的英才。

武帝对李夫人的迷恋，确实让后人极其惘惑。这位美人死后，武帝以皇帝之尊，还亲自作诗悼念：

秋风起兮白云飞，草木黄落兮雁南归。
兰有秀兮菊有芳，怀佳人兮不能忘。
泛楼船兮济汾河，横中流兮扬素波。
箫鼓鸣兮发棹歌，欢乐极兮哀情多。少壮几时兮奈老何！

武帝写的这首诗，在中国文学史上一直挺有名，唐诗宋词之中，后世诗人词客以此为典故，又“跟帖”无数。

李夫人的籍贯，在史书中为“中山”。汉代所设置的这个中山郡，治所在卢奴（即今河北定州），辖境相当于今河北狼牙山以南，保定、安国以西，唐县、新乐以东，滹沱河以北地区。由于当时中山辖地有些地方地处河东，聚集了不少胡人，很可能是赤狄、白狄或者羯族，这些人中，不少部族应该有雅利安人血统，样子应该属于皮肤白皙、鼻挺目秀那种。所以，李夫人所属的李氏家族，很可能是在汉文帝时代汉军征服西北地区羯族人后，被俘或者流浪到了汉朝的中山郡。这样的家族，不可能像汉人那样以农耕为生。由于他们擅长歌舞，就充当歌舞伎，也就是汉人口中的“倡优”，靠音乐才能和技艺吃饭糊口。

很可能正是因为李夫人不同于汉女的奇异相貌，才使得汉武帝对她念念不忘。

可叹的是，武帝这一古怪的嗜好，爱屋及乌，美人死了，他就以李美人的兄长为军队统帅。完全不搭杠的两回事儿，其结果，将是无数汉朝将士的为国捐躯。

听说大汉军队来伐，匈奴人也害怕，赶忙把所有人员和畜产进行转移，以余吾水（今蒙古国土拉河）以北地区为基地。且鞮侯单于集中匈奴最精锐的十万骑兵列阵水南，严阵以待。

匈奴单于派出左贤王率部在左翼，以迎击公孙敖、韩说的汉军，防止汉军从侧翼迂回来攻。

先前漠北之战的大败，确实也让匈奴人吸取了教训。战前，匈奴军队侦察工作也很充分，不再像从前那样骄慢，备战工作很完善。

李广利军出塞后，率领汉军主力到达涿邪山，一路并未发现匈奴骑兵。后来，得知匈奴主力全部转移到余吾水以南，李广利就指挥汉军转向东北，气势汹汹朝余吾水方向进击。

对阵之后，汉匈双方主力相逢展开了激战。由于李广利所部汉军主力总人数超过匈奴军，似乎暂时占据了上风。但汉军骑兵数量不及匈奴，机动性不够。

双方大军在草原上展开拼杀，大战数日，互有胜负，一时倒也难分高下。

在汉匈主力接战的同时，汉军右翼公孙敖所部和匈奴左贤王也争杀激战。由于左贤王有备，公孙敖军渐感不支。

汉军韩说所部三万步兵，一路未见敌军，擅自引军回退。

按理说公孙敖是多年出征匈奴的老将了，可他很害怕丧师败绩，见和左贤王交战不能取胜，也先撤了。

李广利提领如此多的汉军，连战十多天，发现侧翼失去掩护，辎重补给又跟不上，逐渐心虚。趁着汉军在交战中还处于上风，他也指挥军队撤退。

匈奴单于心悸，看到汉军先撤，他没敢追击汉军，停留在当地观望。由此，汉军得以全身而退。

此次余吾水大战，对于汉朝来讲，二十一万大军出塞，最终却如此平淡收场，可谓虎头蛇尾。

统帅李广利能力太差，几乎不知道如何利用骑兵优势，而是笨拙地在正面战场上和来去如风的匈奴骑兵硬碰硬，致使汉军军力消耗太快。而公孙敖和韩说两位大将，根本没有战场大局观，在未得许可的情况下，擅自引军撤退，完全把李广利主力汉军两翼暴露，全然庸才所为。

余吾水战役后，汉匈双方一时间似乎都知道奈何不得对方，双方进入了长达六年的休战期。

汉武帝太始元年（前 96 年），且鞮侯单于死去，他的长子左贤王被立为单于，是为狐鹿姑单于。

征和二年（前 91 年）秋天，匈奴军队入侵上谷、五原，杀掠吏民。转年，匈奴复入五原、酒泉，杀汉朝两部都尉。

此时，年老的汉武帝大怒，决定再兴大军，进攻匈奴。

由此，汉武帝时期对匈奴的最后一战——燕然山战役开始。

汉武帝到了晚年，吃了太多的“神仙大力丸”。这些西域麻药类的东西侵害了他的神经系统。由于身体衰弱，武帝的性格变得更加多疑乖张，导致他屡兴大狱。征和元年武帝穷究巫蛊案，最后连自己的太子也自杀。皇后卫子夫自杀，多名宗室和贵戚被诛。

都城长安血雨腥风，使得武帝的统治出现重大问题。加之连年征战，横征暴敛，国内矛盾愈演愈烈。

就是在这样内忧外患的情况下，武帝又大规模发兵，三路进击匈奴。而大军统帅，还是那位贰师将军李广利。

三路大军中，中路由贰师将军李广利帅七万人出五原，杀向匈奴王廷所在地；右路，御史大夫商丘成将三万人出西河；左路，重合侯马通将四万骑兵出酒泉，往天山方向前进。

为保证左路马通的侧翼安全，防止西域小国车师的军队遮击马通后路，武帝还派遣匈奴降将、开陵侯成娩率领楼兰、尉犁等六国兵先行，直杀车师。这支部队，循上次李广利部队方向杀入西域，目的就在于斩断车师和匈奴的联系，完全消除匈奴在西域的影响力。

此次大战，汉军总兵力大概十四万人。人数不可谓不多。

如此重大战役，汉武帝之所以起用李广利为主帅，理由听起来极其荒唐：战前武帝在宫内让巫师卜卦，得卦结果，匈奴必灭，诸将中贰师将军最吉！

以李广利为帅，与其说是上天给汉武帝开的玩笑，不如说是汉武帝给汉朝命运开的玩笑。

李广利出师，率领他的军事统帅班子离开长安。为此，与李广利有姻亲关系的丞相刘屈牦亲自送行到渭水之滨。将相二人，密谈良久。他们所谈的中心内容，关乎国运：武帝年老，身体虚弱。太子已在巫蛊之祸中被杀，帝国一直没有继承人。一旦武帝病重，丞相刘屈牦在京城，一定要扶立李广利妹妹李夫人之子昌邑王刘髆为帝。

那么，李广利和刘屈氂两人是何种姻亲关系呢？

李广利的女儿，乃刘屈氂儿媳。如果李广利的外甥昌邑王刘髆能够为帝，李广利家族自不必言，刘屈氂家族肯定也受贵幸。

得知汉兵大出，匈奴依旧是固有策略，坚壁清野，各部悉弃辎重，单于还下令把昔日的赵信城也连根拔起，全部物资转移到郅居水（今杭爱山北麓色楞格河）。左贤王也受单于之命，驱其部民渡余吾水六、七百里远，退居兜衔山一带，远避汉军。

准备完毕，狐鹿姑单于自率精兵，小心翼翼渡过姑且水（杭爱山东南），防范汉军主力的进袭。

李广利所部汉军出五原，一路进展顺利。汉军到达夫羊句山（今蒙古国古里精呼都克）的时候，遇到匈奴单于派出的右大都尉和卫律所率五千精骑迎击。本来想给汉军来个下马威，结果匈奴骑兵却被李广利所部汉军迎头痛击，大败。

李广利率领汉军追击，一直追到范夫人城。一路之上，匈奴奔走，莫敢拒抵。

汉军右路军商丘成所率三万余人西出，没有发现敌人，就引兵归还。为此，单于派出手下大将，协同昔日汉将李陵，率领三万骑兵追击汉军。双方转战九日，抵达蒲奴水之后，匈奴兵接战不利，便掉头还去。

三万匈奴精骑对数量差不多的汉军步骑混合军队，竟然不能取胜。这和李陵的眷恋故国情节，肯定大有关系。

汉朝的马通率军向西转到天山进攻左贤王。左贤王派大将偃渠率领部族军队精骑二万人迎击。匈奴人发现前来汉军兵力强盛，人数又多，惊惧之下，没接仗即逃。由此，马通所部汉军未得战果，只得撤退。

此时，汉军主力在李广利率领下，在范夫人城修整，士气弥厉。

和士气高昂的汉军相反，匈奴军数败，士气低落。如果汉军在这个时候见好就收，此役不失为一场胜仗。

恰在此时，长安有个叫随但的太医令和李广利关系极其密切，他从长安派人到军中密见李广利，秘密向这位汉军统帅讲述了一个消息：丞相刘屈牦的夫人诅咒武帝事发，刘屈牦承认曾与李广利共写祷词，欲立昌邑王为帝。为此，盛怒之下，武帝把刘屈牦逮捕，以囚车载入闹市腰斩，其妻子也在华阳门当众枭首。而李广利妻子也因牵连而下狱，等待审判。

听此消息，李广利五雷轰顶。本来李家李延年、李季两兄弟先前都被武帝族诛，当初皇帝还是看在妹妹李夫人面上留了自己一家性命。这次事发，一旦还军回到长安，说不定李家又要面临第二次族诛！

此时，李广利一个心腹，避罪从军的下属胡亚夫劝说道："夫人、室家皆在吏，若还，不称意，适与狱会，郅居以北，可复得见乎？"

也就是说，您李将军现在宗族家人都在大牢里面，如果您此行再不立功，又牵涉如此大案，还有可能活着回去吗？

惊惧之下，李广利方寸大乱，他只得硬着头皮继续打仗，想深入匈奴立大功，最好能把单于杀掉或者活捉，这样才能将功赎罪。

于是，李广利继续率领汉军深入，长途行军一千余里，到达郅居水上，与狐鹿姑单于主力对阵。

这时候，汉军远离边塞，左右两路侧翼军都已经后撤，完全属于孤军深入。

不过，由于一路所向皆捷，汉军士气和战斗力都很高涨。准备与匈奴开战之时，摩拳擦掌，显然有能力、有信心和匈奴主力拼死搏杀。

匈奴军则心生怯意，不敢与汉军对阵，远远撤到郅居水以北。

作为汉军统帅的李广利，此时不是趾高气扬，而是心乱如麻。他忘了穷寇莫追的古训，派手下领二万精骑度过郅居水，继续深入敌境。

退无可退，匈奴狐鹿姑单于只得派出左贤王、左大将率二万匈奴骑兵迎战汉军。

双方兵力大致相当。大战一天下来，远来赴敌的汉军，竟然大败匈奴军。匈奴骑兵死伤甚众，连左大将也被汉军阵斩。

恰恰在这个时候，统帅李广利家属在长安被拘的消息在汉军中传开。一下子，汉军军心动荡。

军心一乱，猜疑顿起。汉军内部就有不少军官怀疑李广利怀有异心：这么迢迢而来，似乎是有意带领汉军深入绝地，这贰师将军到底葫芦里面卖啥药啊？想拿我们的人头换取匈奴的赏赐？

于是，贰师将军李广利手下长史就和决眭都尉烽渠侯一起密谋，想在军中逮捕李广利，然后率军回撤汉地。

李广利毕竟是主帅，事先得到消息后，先下手为强，把密谋逮捕自己的长史和军官都抓起来，一起杀掉。

知军心大乱，李广利不得不撤军。于是，在与匈奴大军临阵之时，汉军忽然后撤，从郅居水西向赶往燕然山。

狐鹿姑单于发现汉军忽然后撤，简直不敢相信自己的眼睛。本来自己和部下连战死的心理准备都有了，岂料，如此强大的汉军，忽然不战而退，太让人不可思议了。

很快，单于得知了汉军内乱的情况，大喜。

稍事安排，单于就亲率五万精锐骑兵紧紧尾追汉军。终于，匈奴军在燕然山追上了汉军。

此时此刻，汉军人马疲乏，军心不稳，谣言满天飞，实际上斗志已失。

所以，当匈奴骑兵呼啸而来之时，汉军已经没有了前几天那种昂扬的斗志，他们勉强列阵，与匈奴骑兵缠斗一番之后，才稍稍稳住阵脚。

一战下来，双方都死伤惨重。

狐鹿姑单于看到汉军没有全乱溃逃的意思，知道不可能马上全歼对方，就与部下商议，准备计取汉军。

当时，天色已暗，双方都停止战斗。

李广利知道自己的军队十分疲劳，匆忙下令安营扎寨，准备转天再战。

趁黑，匈奴战士干了一件大苦活儿，他们在汉军前面挖掘出一条深达数尺的大堑壕。

李广利所部汉军疲极，不明就里，也没有对营外匈奴人的举止查验究竟。

半夜时分，绝大部分汉军正在熟睡。突然，号角声起，匈奴人乘夜进攻。

汉军从睡梦中惊醒。匆忙之下，匈奴骑兵从后面攻入营盘。

汉军部队乱成一团，混乱中纷纷逃跑。许多人根本不知道匈奴人已经挖了一条巨大而深的堑壕，在逃跑过程中，纷纷坠落其中，后人砸前人，死伤无数。

于是，匈奴人开始了“打猎”。

匈奴骑兵弯刀挥舞，汉军被杀无数。可以这样说，一场大战下来，七万汉军，基本被匈奴人一晚上杀个干净。

走投无路，汉军统帅李广利只能投降。他深知，即使自己有命逃回，等待他的还是一条路：死！

燕然山之战，对于汉军来说，绝对是惨败。即使有零星逃出的汉军，由于距离汉匈边境太远，最终能够活着回去的人也没几个。

汉军此次大败，李广利当然要负最大的责任。但人在长安的汉武帝，更要为惨败负责。李广利统领那么多军人征战在外，在都城长安，朝廷竟然把他全家老小抓起来关进大牢。如此，军心可能稳定吗？

本来军事素养就不高的李广利，在这样的心理压力下，更不可能承受得住。汉军最终惨败，由此观之，也是情理之中的事情。

得知李广利投降，近十万大军尽数被歼，汉武帝大怒，立刻在长安杀掉了李广利全家。

中山李氏，自此族灭，老少无遗。

想当初，美丽如花的李夫人，为了使得兄弟、宗族能在自己死后得到皇帝照顾，处心积虑，不让自己的病容为皇帝所见，梨花带雨，残蕊入墓，确实也使得李氏宗族在短时间内大放异彩，光宗耀祖。

殊不料，人算不如天算，荣华富贵皆如昙花。倘若李氏宗族安静度日，或许也不那么快被皇帝族诛！

美人心计，惜哉！

李广利投降后，由于是汉朝统帅，深得狐鹿姑单于厚待。依李陵前例，单于以女妻之，尊宠在卫律之上。由此，引起卫律嫉妒。

卫律原本长水胡人，长于汉朝。起先，他和李广利的哥哥协律都尉李延年关系挺好，并受李延年举荐，为汉朝出使匈奴。恰好当使团要返回汉朝时，他听说李延年因为弟弟李季淫乱后宫的事情遭到族诛。为避免回去受到株连，卫律即刻投降了匈奴，被封为丁灵王。

由于卫律通晓胡语，又深知汉廷内情，他一直受到且鞮侯单于宠幸，地位与投降匈奴的李陵平起平坐，有时候甚至位在其上，常为匈奴单于出谋划策。

如今，看到李广利大受单于尊崇，卫律非常妒忌。恰恰不久之后，狐鹿姑单于的母亲得病，卫律就买通巫师，让那披头散发的巫师在作法的时候，冒称死去的匈奴单于，大叫："我们从前一直在出兵的时候祈祷，日后得到汉朝贰师将军之后，以其为牺牲祭神，如今得之，何故不用！"

匈奴人笃信巫鬼，在母亲撺掇下，狐鹿姑单于不得不把李广利捆起来，准备在神社中杀之，以为祭祀。

李广利也真够倒霉的，那边厢宗族百口刚刚被汉朝屠戮，自己身降匈奴，也就刚刚一年，就要被绑起来杀掉。情急之下，李广利大骂："我死，阴魂必灭匈奴！"

骂也没用，匈奴人宰杀牲畜一般，把李广利割喉断肢，用作牺牲来祭神祈祷。

李广利，死则死耳，糟糕的是，这么一个非人才的人被武帝强行推上位，当作人才来用。害了他本人不说，也让近十万汉军惨死异域，真让人扼腕叹息。

汉武帝自从元光二年马邑伏兵准备攻打匈奴开始，到征和三年李广利败降为止，他在位期间对匈奴的战争，竟然长达四十四年！

四十多年来，虽然汉朝对匈奴予以重创，但汉朝国内的负担也是惊人的沉重。对于武帝一朝而言，北击匈奴只是国策一部分，武帝南征南越，东征朝鲜，西伐西域，持续对西南夷用兵。可以这样说，作为雄才大略的君主，自从他继位之后，整个汉朝国家的战争机器就几乎和他的呼吸喘气一样，从未止歇过。

即使有文景之治的积存，汉朝的财富依旧经不起武帝这样的消耗。所以，堆如山积的府库，还是不能支持汉朝近半个世纪的战场持续挥霍。积贫积弱，汉朝本身也疲态毕现。最重要的是，卫、霍死后，汉朝再无良将能帅。

军无战魂，取胜也难。

今天，当我们回望历史，对于汉武帝的苛责似乎会少一些。虽然武帝好大喜功，但他对匈奴的战争，从骨子里剔除汉人长久以来对北方游牧民族渗入骨髓的恐惧。最终，汉人血性空前，把曾经内心无比畏惧的匈奴人打得远遁漠北！

匈奴狐鹿姑单于因此役大胜汉军，无限欣喜。因为列祖列宗，没有哪位单于能够一战而歼灭如此数量的大汉军队。

得意忘形之际，狐鹿姑单于派人给汉武帝捎去一封国书，语气极其傲慢：

> 南有大汉，北有强胡！胡者，天之骄子也！不为小礼以自烦，今欲与汉闿大关，取汉女为妻，岁给遗我糵酒万石，稷米五千斛，杂缯万匹，它如故约，则边不相盗矣！

后世北方游牧民族自称的所谓“天骄”，追本溯源，就是从狐鹿姑单于这封国书而来。

其实，此战虽然大胜，匈奴不过是避免了一次灭顶之灾而已。这个民族当时所处的整体态势，依旧困窘不堪，他们在战争中付出的人力、物力、财力代价，极其沉重。

从长远角度看，匈奴人总是占小便宜吃大亏。每次大战过后，匈奴人口都要锐减一次，外部生存环境也要恶化一轮。因此，在汉匈争斗之间，他们始终处于被动状态。

天灾人祸，匈奴确实多年日子不好过。伊稚斜单于死后，其继任者皆短命。十六年间，先后换了五位单于。乌维单于、乌师卢单于在位三年，呴犁湖单于在位不到半年即死，且鞮侯单于在位两年……

所以，到了狐鹿姑单于，虽然取得空前大胜，但匈奴元气大伤，对汉朝也就只能嘴上占点便宜。日后，匈奴既无力南下收复漠南水草丰美地区，甚至再无力乘胜对汉朝边境发动大规模袭击。

细翻史书，可以发现，匈奴如此大胜后，基本没有了下文，三年后（前 87 年），单于才象征性地派少量游骑骚扰了一下汉朝的朔方郡。

获得如此惨败，收到单于如此不知天高地厚的国书，不知道为什么，汉武帝没有大怒，连匈奴使者都没杀，挥手放他回转。

如此，此役过后，汉武帝晚年对匈奴的战争，也就基本结束了。

战争暂停的原因，主要是汉匈双方都筋疲力尽，不能继续作战了。

后元二年（前 87 年），汉武帝驾崩，一个战争的时代结束了。一个辉煌的时代，也结束了。

犯我强汉远必诛，单于血首悬国都

汉武帝崩后，太子刘弗陵得立，是为昭帝。昭帝即位时年仅八岁，朝政大权，皆在大司马霍光手中。

汉武帝在位汉朝一直和匈奴作战，国力消耗殆尽。昭帝即位后，汉朝和匈奴时和时战，处于僵持状态。在霍光辅政下，汉朝基本政策是与民休息，没有中等以上规模的战争。

狐鹿姑单于虽然取得燕然山大捷，内心还是想缓和与汉朝的关系，很想重新和亲。

燕然山大捷四年后，狐鹿姑单于病重。当时，匈奴左大都尉是单于同父异母弟，为人贤能，国人思附。狐鹿姑单于阏氏害怕单于死后自己的儿子不得立，就派人把左大都尉暗杀。为此，左大都尉同母兄极其怨恨，率其部远走，不肯到单于王廷朝会。

狐鹿姑单于临死，知道自己的儿子太小不能治国，就遗命自己另外一个弟弟右谷蠡王为单于。

狐鹿姑单于咽气，其阏氏马上与大臣卫律等密谋，篡改单于遗命，拥立狐鹿姑单于的儿子为单于，是为壶衍鞮单于。此时，乃汉昭帝始元二年。

壶衍鞮单于得立，由于并非前单于遗命，其母阏氏行事处世不正，国内部族不服。

匈奴左贤王、右谷蠡王皆心怀怨望，都想率部众南归汉朝。恐事不成，这两个王爷就远离王廷，不肯再向龙城的小单于朝会。

由于内部不稳，壶衍鞮单于即位后，采用卫律之策，想效仿汉人筑要塞守城的方法抵御汉军，到处穿井伐木，建设据点。不久之后，这些措施就都停止了。匈奴人本来就不善于城守，马上民族效仿汉人守城，东施效颦。接着，匈奴内部频繁计议，想以归送先前扣押的汉朝使者苏武、马宏等人为友好表示，借此与汉朝和亲。

汉朝不予理会。

元凤元年（前 80 年），匈奴派出两万骑兵，分四部入侵汉边，但很快就被汉军打败，偷鸡不成蚀把米，被杀近一万人。匈奴的瓯脱王，也在战斗中被汉军生俘，汉军基本没有任何损失。

经历此次大败后，深恐瓯脱王降汉后为汉军带路来袭，壶衍鞮单于于是远徙西北，不敢向南逐水草放牧。

当时，匈奴内部的主和派卫律已死。卫律活着的时候，常对单于灌输与汉朝和亲的好处，他的这种观念总不被匈奴贵族接受。卫律病死后，匈奴兵数困，国益贫，这时候他们念叨起卫律的好处了，想尽办法与汉朝和亲。

可是，壶衍鞮单于也犹豫逡巡，觉得匈奴被拒多次，自己若再提出和亲被汉朝拒绝，会很没面子，所以就一直拖拉，不肯首先向汉朝讲和亲的事情。汉朝也不提这件事情。

元凤二年，贼心不死的单于派出匈奴右贤王、犁吁王率四千精骑入侵汉朝的日勒、屋兰、番和（皆在今甘肃张掖），遭到汉朝张掖太守迎头痛击，犁吁王被杀，匈奴兵大败，仅数百匈奴骑兵有命逃脱。从此之后，匈奴再不敢入张掖。

元凤三年，匈奴发三千骑入五原，在汉地杀掠数千人，后又派数万骑近汉边塞，以行猎为名，想借机入侵。临近边境，发现边郡防备严密，匈奴骑兵只得怏怏离去。

汉朝军人在盘问匈奴降者的时候，得到一个情报：由于乌桓首领曾经挖掘单于墓，匈奴人怨恨，已经派出两万骑兵驰击乌桓。

见机会大好，大将军霍光就拜中郎将范明友为度辽将军，统领两万汉朝精骑出辽东。

匈奴心底畏惧汉军，立刻退兵，躲开汉军兵锋。事前，霍光就告诫过范明友曰："兵不空出，如果我们追不到匈奴，就转军攻击乌桓。"为此，汉军扑向没有太大准备的乌桓，一举破之，斩首六千余级，获其三王首级。

元平元年（前 74 年），汉昭帝崩，无嗣。霍光拥立武帝曾孙刘病已，是为汉宣帝。

汉昭帝在位十三年间，霍光一直采取轻徭薄赋、与民休息政策，对匈奴的大规模战事几乎没有。

汉宣帝即位之时，已经是十八岁的年轻人。他自幼生长于民间，洞悉民情宦情，乃英才大略之主。

汉昭帝时，匈奴攻打乌桓，见汉军来袭，匈奴就后退，转而把兵锋指向汉朝属国乌孙。汉武帝时，为联合乌孙，曾经远嫁宗室公主给乌孙国王昆莫为妻。匈奴攻打乌孙，就是想抢走汉朝这位公主作为日后要挟的砝码。

匈奴打乌孙比较容易，很快就攻破不少城池。为此，汉朝公主上书汉廷，向当时的昭帝求救。君臣未决，昭帝就崩了。汉宣帝刚即位，乌孙国王再次上书，表明态度，说乌孙愿意把国内一半的兵力拿出来帮助汉朝合击匈奴。乌孙国一半兵马，大概有五万多骑。为此，乌孙疏奏写得挺可怜，还拿汉朝的宗室公主说事儿："唯愿天子出兵，哀救公主！"

这位公主，乃楚王刘戊的孙女、汉昭帝的表姐，号为"解忧公主"，不仅人长得漂亮，智商又高，眼见自己老公的国家乌孙受欺负，愤愤不平。于是，她就不停写信给汉朝，想搬娘家军队来帮乌孙抗击匈奴。

汉昭帝崩后，汉朝没有马上出兵，因为按照礼仪，皇帝死的当年不能出兵。

本始二年（前72年），汉宣帝要救皇姑奶奶（解忧公主是宣帝姑奶奶辈分），汉朝大发国内兵士十多万，组成攻打匈奴的大军。其中，御史大夫田广明为祁连将军，率四万余骑出河西；度辽将军范明友，率三万余骑出张掖；前将军韩增，率三万余骑出云中；后将军赵充国为蒲类将军，率三万余骑出酒泉；云中太守田顺为虎牙将军，率三万余骑出五原；校尉常惠为使者至乌孙，发乌孙兵五万骑，以西向东，与汉军一起夹击匈奴。

本始三年春正月，五将军自长安出发，进击匈奴。由此，韬光养晦多年的汉朝铁骑，终于再次现身塞外。

祁连将军田广明率部出塞一千六百余里，一路杀至鸡秩山，沿途匈奴诸部皆望风遁走，所以汉军收获不大，仅斩首虏十九级，获牛羊百余头。

度辽将军范明友率部出塞一千二百余里，至蒲离侯水，斩首虏七百级，获马牛羊万余匹而还。

后将军赵充国出塞千余里，进击至候山，斩单于使者蒲阴王以下三百余级，获马牛羊七千余匹而还。

前将军韩增出塞一千二百余里，至乌员，追击匈奴残部于侯山，斩首虏百余级，获马牛羊二千。

虎牙将军田顺出塞八百余里，此人懦弱，谎称斩虏首一千九百余级，获马牛羊七万余而还。

校尉常惠与乌孙联军收获最大，他们向东进击，至匈奴右谷蠡王的王廷所在，生俘单于叔父辈贵族，还活捉了匈奴嫂居次（匈奴公主）、名王、千长等贵族，基本把右谷蠡王王廷一锅端了，斩首三万九千余级，获马牛羊七十多万，振旅而还。

后世都知道“苏武牧羊”，而这位常惠，乃苏武副使，近二十年苏武被拘于北地，常惠照样挨冻受饿，还没匈奴媳妇照料，其实应该比苏武更苦。如此经验丰富的外交人才，对匈奴、乌孙内情熟悉，所以他才能取得如此功勋。

本来，匈奴得知汉军大举北上消息后，故技重施，徙其老弱，转移辎重，坚壁清野，想以远遁拖延的战术拖垮汉军。匈奴人的荣誉观和汉朝截然不同，所以这种惹不起就逃跑的伎俩，屡试不爽。结果，此举挺得力，汉军五路，皆无大获。

岂料，同为游牧民族的乌孙亦发兵，完全超出匈奴预料。匈奴右谷蠡王一部本来是躲避汉军主力的，结果和追错方向的常惠和乌孙大兵迎头碰上。一仗下来，匈奴损失惨重，人马牲畜损失无数。至此，匈

苏武牧羊　图出《大备对宗》

奴恨极乌孙。

此战过后，汉宣帝主持公道，认定田广明畏战不前，田顺谎报军功，皆下诏拘狱。不久，二人畏罪自杀。其余诸将，收获虽少，所失不多，皆宽而不罪。而常惠监理乌孙军破匈奴最有功，得封长罗侯。

汉武帝崩后十余年，汉军首战匈奴，花费近一亿五千万钱，劳民伤财，虽无大收获，但引发了日后匈奴和乌孙两国的仇恨。二国相互杀伐，攻击不断。二虏相斗，汉朝乐观其争。

汉朝本始三年，匈奴自从遭受汉朝、乌孙联合打击之后，国势大衰。因此，匈奴上下对乌孙怨入骨髓。当年冬天，壶衍鞮单于自率万余精骑攻击乌孙，抢得不少妇女儿童和牲畜等战利品。

匈奴回师之时，天降大雪，一夜间雪深丈余。为此，匈奴的一万人马多数冻死，还者不及十分之一。匈奴国内，也因为此次暴风雪损失惨重，死亡的人员、牲畜，无法数计。

趁匈奴衰弱之际，昔日受匈奴人压迫的各部族趁乱而起，丁零攻其北、乌桓攻其东、乌孙攻其西，三国所杀，匈奴骑士死者数万，马牛羊损失无数；匈奴国内人民因饥饿而死者，十之有三，牲畜十之有五。

匈奴国力大大减弱，原先臣服匈奴的大小附属部落、属国，分崩离析，互相征伐杀掠。对此乱象，作为宗主国，匈奴已经无力控制。

汉朝趁乱，也出三千多精骑，侵入匈奴地区，俘虏数千人而还。事后，匈奴也不敢侵入汉地报复，当时，匈奴上层只想着一件事：与汉朝和亲！

前68年，汉宣帝地节二年，得立十七年后，壶衍鞮单于病死，其弟左贤王立，是为虚闾权渠单于。

虚闾权渠单于初立，以其右大将之女为大阏氏，废掉壶衍鞮单于特别宠幸的颛渠阏氏。为此，颛渠阏氏的父亲左大且渠内心怨恨。

此后，匈奴发生大饥荒，人民饿死十分之六七，牲畜饿死者无数。转年，西域诸城国共击匈奴属国车师，生擒车师国王，各携车师人民及财宝为战利品而去。

由于汉朝派遣郑吉率领汉将在车师等地屯垦戍防，使得匈奴势力渐处下风，汉朝在西域声望日隆。

当了九年单于之后，汉朝神爵二年（前 60 年），虚闾权渠单于病死。先前被废的颛渠阏氏和她弟弟密谋，拥立右贤王屠耆堂为单于，是为握衍朐鞮单于。颛渠阏氏之所以和弟弟拥立右贤王屠耆堂，是因为她一直和这位右贤王私通。

握衍朐鞮单于初立，即大开杀戮，尽杀先前虚闾权渠单于所用之人，尽免先单于的子弟近亲，而代之以自己的亲族子弟。

匈奴王室如此血腥大清洗中，各派系你争我夺，新仇旧怨，尽数爆发。所以，握衍朐鞮单于得立三年之内，都是忙于匈奴内耗，部族之间互相杀伐攻击。

汉宣帝神爵四年（前 58 年），匈奴东部姑夕王纠结匈奴左地贵族，共立稽侯珊为单于，是为呼韩邪单于。

新单于呼韩邪单于得立，集合左地兵四五万人，发兵西击握衍朐鞮单于。

大军行进至姑且水以北，双方临阵未战，握衍朐鞮单于知道国人不附，即率领部下逃走。逃跑途中，他让人到他弟弟右贤王处求救："匈奴各部共来攻我，你肯发兵助我吗？"

其弟右贤王派人回话："你不恤国人，残杀昆弟诸贵人，天要亡你！你还是死在你该死的地方吧，不要过来脏我一块地！"

穷途末路之中，听弟弟如此说，握衍朐鞮单于愤恚自杀。由此，匈奴民众尽归降呼韩邪单于。

没过几个月，匈奴内乱又起。其右贤王立日逐王为屠耆单于，并击败呼韩邪单于；转年，呼揭王自立为呼揭单于，右奥鞬王自立为车犁单于，乌籍都尉被李陵儿子立为乌籍单于。一时间匈奴分裂，出来五个单于。

五单于互相攻战，或降或败。后来，呼韩邪单于的哥哥左贤王也自立为单于。这个人，就是因倒霉而有名的郅支单于。

哥俩儿混战，弟弟呼韩邪单于败走，哥哥郅支单于占领单于王廷。

趁着匈奴内乱，汉宣帝设置西域都护，负责监视、管理西域乌孙、康居等三十六国，派出郑吉为首任都护。自此，汉朝正式控制西域全境。

汉宣帝甘露元年（前53年），呼韩邪单于和其兄郅支单于相斗，屡战屡败。于是，他手下左伊秩訾王就劝呼韩邪单于称臣入汉，借助汉朝力量，平定匈奴内部反叛。

但当呼韩邪单于把降汉的想法说出来，诸大臣都表示反对：

> 不可！匈奴之俗，本上（尚）气力而下服役，以马上战斗为国，故有威名于百蛮。战死，壮士所有也。今兄弟争国，不在兄则在弟，虽死犹有威名，子孙常长诸国。汉虽强，犹不能兼并匈奴，奈何乱先古之制，臣事于汉，卑辱先单于，为诸国所笑！虽如是而安，何以复长百蛮！

左伊秩訾王则大不以为然，陈说时势，认定汉朝强盛，匈奴日衰，未尝一日得安。所以，事汉则安，否则危亡。

形势不由人。大家争论良久，呼韩邪单于最终还是决定归汉。于是他派出使节提前报告，说单于要引众近塞，成为汉朝附庸。

消息传来，汉朝君臣起先都以为匈奴单于又玩诡计，根本不相信这消息是真的。待消息获得确实，汉朝上下一片狂喜。汉宣帝即刻派遣车骑都尉韩昌，前往边塞迎接呼韩邪单于。

甘露三年正月，呼韩邪单于入朝称臣，面朝天子于甘泉宫。汉朝以殊礼待之，特意规定，单于位在诸侯王之上，赏赐无数。

随后，在长安，汉宣帝亲登单于住所入观，呼韩邪单于匍匐称臣，其左右群臣夹道列观。同时，臣服汉朝的诸君长王侯数万人，都在渭桥下夹道观看。待汉天子步登渭桥，诸臣服的部族贵族皆伏地拜舞，高呼万岁。

至此，昔日骄悍跋扈的匈奴单于，终于亲自来到汉朝国都，恭立于汉朝皇帝殿宇下称臣！

留居长安月余，汉宣帝并没有锦衣玉食把这位单于关起来当高级囚徒，而是赏赐无数之后，派汉朝军队护送他出塞，接着当单于。呼韩邪单于感动得都哭了，当即跪拜汉宣帝，说我怕那位匈奴大哥揍我，陛下您把我的部族安排在距离大汉边塞近点的地方，有事儿大汉好接应我一下。潜台词就是，如果我被郅支单于打得不行，好能跑回大汉国土避难。

汉宣帝照准。于是，汉廷下诏，徙呼韩邪单于部众居于朔方鸡鹿塞，与其兄长郅支单于相抗。

至此，匈奴正式分裂为南北二部。

西域诸国见匈奴降服中国，都望风使舵，纷纷向汉朝臣服。

听说呼韩邪单于降附了汉朝，北匈奴的郅支单于也心慌。不久，他也派儿子驹于利受为人质，在长安朝见汉宣帝。

如此一来，南北两部匈奴都表示臣服，皆有质子在汉朝。

黄龙元年（前 49 年），北匈奴郅支单于害怕呼韩邪单于与汉朝联合攻打自己，就徙其部众向西逃窜，想和乌孙联盟。

这个时候，乌孙哪里听郅支单于的话啊，即刻杀掉匈奴使臣，还让人把匈奴人的脑袋交到汉朝的西域都护府报功。而后，乌孙派出八千精骑攻打郅支，殊不料，反被郅支打败。

郅支见乌孙国兵多，对方又和汉朝结盟杀自己使者，就勒兵攻打乌孙，并且连连取胜。

乘胜，郅支单于北击乌揭国，乌揭投降；又发其兵西破坚昆，北降丁零；由此，郅支单于合三国之兵，数次遣兵攻击乌孙，常胜之。

由于原先的坚昆国属地东去单于王廷七千里，南去车师五千里，郅支觉得这个地方安稳，就以此为自己的新王廷，留居于此。

黄龙元年十二月，宣帝崩，太子刘奭即位，是为汉元帝。

元帝即位后，北匈奴郅支单于久居坚昆，数与乌孙为敌互攻。此时，郅支更以为汉朝大军不可能远路迢迢地来攻打自己，又怨恨汉朝帮助自己的弟弟呼韩邪单于，就在初元五年（前44年）遣使到长安，希望先前到汉朝当质子的儿子能回匈奴（宣帝神爵年间郅支遣子入汉）。

得到郅支单于的“请求”书信后，汉廷想派遣卫司马谷吉送郅支太子回国。当时，御史大夫贡禹等人认为，郅支单于所在绝远，归化之心未彰，建议朝廷使者送郅支太子到边塞就可以。

但那谷吉也是个倒霉蛋，飞蛾扑火，自己上书表示：“中国与夷狄的恩义绵延不绝，现在已经在国内养其太子十年，德泽甚厚，如果不把太子送到老家，有弃捐不顾的意思，会使匈奴忘记前恩而生怨心。我有幸能成为使臣，应该勇敢前往。万一匈奴杀掉臣下，肯定也会畏罪远逃，我国边境就会安宁清静。死掉一个使臣而使百姓安乐，正是为臣所愿。”

汉元帝以谷吉疏奏宣示群臣，贡禹等人仍坚持不可，认为谷吉去匈奴内庭，肯定会为汉朝取悔生事。不过，右将军冯奉世等人倒认为谷吉可行。最后，汉元帝决定派谷吉等人出使匈奴。

迢迢千里把郅支太子送回国都，郅支单于不仅不领情，忆起这几年汉朝不帮自己而偏向呼韩邪单于的旧怨，一怒之下，他还真把谷吉等一行汉朝使节都杀掉。

痛快过后，细想已经和汉朝闹翻，弟弟呼韩邪单于又在近处觊觎不已，郅支单于越想越怕，就率众往西直奔康居。

康居国王见郅支单于势力强，又与自己距离近，就和郅支单于套关系，互相嫁女作姻亲。康居国王原意，是想狐假虎威，依靠郅支单于的影响威吓邻国。

有了这层关系，郅支单于就多次借康居骑兵攻打乌孙，杀掠抢劫，打得乌孙几乎不敢抵抗，以至于空边千里，无人居住。

郅支单于对乌孙打胜仗后，更加骄横无礼，寻茬怒杀康居国王女儿及贵臣、人民几百人，甚至有的杀掉后大卸八块肢解了扔入河中。

骄横之余，他还强迫康居国人替他建筑城防，并遣使威胁阖苏、大宛等城国给他进贡。

汉朝三次派使臣向郅支单于索取谷吉等人尸骨，郅支不肯，并且困辱使者，百般欺骂。

建昭三年（前 36 年），陈汤奉命到西域。陈汤，字子公，好读书，善属文。他年轻时家里很穷，常常四处向人借钱度日，同乡人很讨厌他。到长安后，富平侯张勃看中他的才华，于元帝初元二年上荐他为茂材。

陈汤做官心切，父死也不回家奔丧，为司隶所究，连累得张勃也被削夺封户二百。根据汉法，陈汤不孝应下狱，后来因为他确实有才，被推荐为郎官。

混了这么久运气还这么差，陈汤也觉自己在都城待着很没面子，就多次上书，请求出使外派。正赶上甘延寿为西域都护，他就以西域副校尉的身份一同去往边塞。

陈汤为人，深沉智勇，“多策谋，喜奇功”，一路上每经过城邑山川，都要登高望远，观察地形。

到西域都护治所以后，陈汤对甘延寿说：“夷狄之人，畏服强者是天性。西域本来就是匈奴的地盘，郅支单于如今威名远闻，不时侵凌乌孙、大宛等国，又常常为康居国出主意四出劫掠，假设他哪天灭掉乌孙和大宛，挟众四处扩张，数年之间，那些向汉朝进贡的城郭国家肯定都会被他灭掉。郅支单于为人，剽悍凶猛，喜好征伐，屡战屡胜，如果我们对他长久姑息，此人以后必为西域大患。郅支单于王廷虽然所在绝远，但匈奴传统上没有坚城劲弩的守备，如果我们调发屯田兵士，加上乌孙国士兵，出其不意直攻其城，他跑没地方去，守城也不足自保。如此，千载之功，一朝可成！”

甘延寿觉得陈汤的话很有道理，就想上奏朝廷请求批准发兵。

陈汤说，“朝廷那些公卿大夫议事，都是空讲道理侃侃而谈，肯定不会依从我们的计谋。”

但甘延寿作为西域一把手，坚持要上奏。

正巧，由于久病不愈，甘延寿作为西域都护，有些日子不能入府主持政事。陈汤趁机，就擅自作主张，他假借朝廷名义，征发西域各国兵以及屯田的汉军。

直到城外大军调动纷纷，甘延寿才惊觉，想出外制止。

陈汤大怒，接剑怒叱甘延寿：“大队人马已经集结，你小子敢阻挡众军吗？”

无可奈何，甘延寿依势就势，和陈汤一起部勒行阵，增加扬威、白虎、合骑三个纵队，点数兵马，共有四万多。

临行，他们派人出发到长安，上书自劾矫制出兵的情状，不待回报，即日出兵。

郅支单于城，在今天哈萨克斯坦南部的江布尔，当时来讲，确实地处偏僻。

四万大军分为六队。三队从南道越过葱岭直向大宛，另外三队从北道入赤谷，经过乌孙，到达康居国境。

行进中，恰恰赶上亲郅支单于的康居副王带数千骑人马侵掠赤谷城。这些人，不仅抢夺周边部族大批畜产，还常常侵袭汉军。于是，陈汤命所部西域联军马上进攻康居副王，杀死对方四百多人，夺回被康居副王俘虏的赤谷城民。安抚当地百姓之后，陈汤把俘获的牛、羊、马作为军粮，驱赶前行。这样一来，以战养战，连军粮都充足了。

到达康居东界后，陈汤、甘延寿严禁军人抢掠当地人，并与当地的康居首领饮酒为盟，谕以威信。

而后，汉军大军势如破竹，一直到单于城60里才停军立营。当地的康居人也怨恨郅支单于的残暴，把城内匈奴人的实情尽数告知陈汤。

转日，大军又前行三十里，扎营待命。

直到此时，郅支单于才知汉兵已到眼前，惶急失措。他急派使臣前来问询："汉兵为什么前来？"

陈汤答："天子可怜单于远弃国土，屈身于康居境内，现在，派西域都护前来迎接单于一家回去。由于我们怕惊动单于，所以没有直接抵达单于城下。"

如此，双方使节往来问答数次。

这边，甘延寿、陈汤觉得时机差不多了，攻城准备工作已经就绪，就忽然变脸，责让郅支单于使臣："我们为单于远道前来，至今没有名王大人过来拜见听命。郅支单于真是无礼至极！我们兵来道远，人畜疲惫已极，军粮又快吃完了，肯定不能这样回去，也无法回去，你禀告单于，让他马上和大臣商量，尽快回复我们。"第三天，联军前进，距城三里扎阵。

汉军向前望去，单于城上遍布五彩旗幡，数百人披甲站立于城上，又有百余骑在城下来往驰骋，以耀兵威；城门口，还有百余步兵摆成鱼鳞阵，操练演习；城上，匈奴守军披甲，张牙舞爪，不停向联军叫喊："前来进攻啊！"如此等等，反而暴露出郅支单于的胆怯和心虚。

正观望间，匈奴骑兵百余人朝联军阵前驰来。汉军马上用弩机瞄准来人，匈奴兵掉转马头跑了回去。

陈汤命令联军向城门口的骑兵步兵放箭，吓得那些人都跑回城中。于是，甘延寿、陈汤亲自击鼓，诸军立时齐向前冲，直扑城下，穿堑攻城。由于汉军使用劲弩，射得楼上那些披甲兵士死伤多人，有命的赶忙跑往楼下。

由于土城外还有一围木城，匈奴兵从木城栅格里向外射箭，给予汉军不小杀伤。

联军纵火，很快烧掉木城。天黑时，数百骑匈奴禁不住大火灼烧，趁黑往外逃，全被汉军迎头射杀。

郅支单于刚知道汉兵到来时，本来想纵马出城逃跑，但他怀疑康居人因为怨恨自己而作汉兵的内应，踌躇不决。接着，又听说敌国乌孙及其他城郭国都出兵助汉人征伐自己，更感觉自己无所逃遁。

好笑的是，郅支单于一度已经带人跑出城了，转了几圈，思前想后，他还是决定回城坚守，对左右说："汉兵远来，不能久攻。"

郅支单于身披甲胄在楼上指挥，他几十个大老婆小老婆（阏氏夫人）也很英勇，皆操弓向汉军射箭。

汉军联军矢发如雨，有一支箭不偏不倚，正中郅支单于的鼻子。单于一声惨嚎，脸上鲜血横流。

饶是女中豪杰，单于几十个夫人也不敌汉军联军威武，很快死伤殆尽。

郅支单于勉强支持，他下外城后骑匹好马，逃入内城。

半夜，木城即将被联军攻陷之时，守城匈奴兵向城外大呼求援。当时，还有亲匈奴的万余康居骑兵，一直绕城环行，声援匈奴。

此时此刻，如果陈汤、甘延寿稍显无能，汉军联军就很可能被匈奴和康居骑兵反包围。但是，多年以来，汉军在实战中不断累积经验，有一套骑兵野战、步兵攻坚、车兵防御的协同战法。围点打援，汉兵汉将使用得炉火纯青。所以，汉军联军当时攻防兼备，那万余康居骑兵对防守如此严密的联军阵地，根本无计可施。

相比匈奴和康居士兵的装备，汉军长短兵器装备更是显得精良无比。

黎明时分，四面火起，联军士兵大喊登城，锣鼓声惊天动地。

看城墙损毁得差不多，汉军推着高大的攻城车，叩刺城门，最终攻进土城中。

见势不好，外围来援的万余康居兵拍马逃走。

汉兵背后再无敌人，更加气勇，呐喊着攻入内城，到处纵火。

联军士兵蜂拥入内，匈奴残兵勉强抵抗。格斗之中，横行万里的郅支单于由于脸部已经中箭，失血过多，浑身没多大力气，最后被剑捅戟刺，马蜂窝一样，躺在地上死掉。汉兵杜勋跃前一跳，把郅支单于的脑袋一刀割下。

这次攻防战，郅支单于犯了一个最大的战术错误。面对四万多联军，如此敌众我寡，竟然画地为牢，以游牧民族最不擅长的方式据城自守，当然正入汉军彀中。

此次战役，除杀掉郅支单于之外，汉军联军共斩单于阏氏、太子、名王以下一千五百多级，生俘一百四十五人，投降的匈奴也有一千多人。

大胜之后，甘延寿、陈汤给汉元帝发去那封流传千古、扬眉吐气的疏奏：

> 臣闻天下之大义，当混为一……匈奴呼韩邪单于已称北藩，唯郅支单于叛逆，未伏其辜，大夏之西，以为强汉不能臣也。郅支单于惨毒行于民，大恶通于天。臣延寿、臣汤将义兵，行天诛，赖陛下神灵，阴阳并应，天气精明，陷阵克敌，斩郅支首及名王以下。宜悬头市槁街蛮夷邸间，以示万里，明犯强汉者，虽远必诛！

此雄词壮语，想必非军中文书所为，是由陈汤自己亲自撰写。史中明载陈汤“善属文”，因此可以想见，这位文武全才的大汉将军，当时果真是“气吞万里如虎”。

建立如此不世之功，书奏朝廷后，朝臣意见不一。丞相、御史都怪罪陈汤、甘延寿两个人矫制发兵，中书令石显又因为怨恨甘延寿不娶自己姐姐的前隙，乘间攻击两个人擅自兴兵，为国生事招难。

由于陈汤本人确实有贪财的毛病，击败匈奴后把不少胜利品归为己有，也为司隶校尉所弹劾。为此，朝廷派人前去按验审查。

陈汤上疏："臣与将士共诛郅支单于，万里振旅凯旋，应有使者于路上慰留欢迎。现在司隶来审查按验，是为郅支单于报仇啊。"

接疏细看，元帝觉得有理，诏令州县准备酒食于路劳军。

甘延寿、陈汤回朝后，石显等人不断上书二人乘危侥幸、矫制兴军之罪。而汉元帝内心其实很叹赏两人大功。但汉法严厉，因此他也迟疑不决。对于陈汤、甘延寿的赏罚诏令，朝廷一时间不能决定。

最后，还是宗室大臣刘向上疏："郅支单于囚杀使者吏士以百数，伤毁大汉国威。甘延寿、陈汤总百夷之君，揽城郭之兵，出百死，入绝域，斩郅支之首，悬旌万里之外，万夷慑伏，莫不惧震。立千载之功，建万世之安，群臣功劳莫过于此！武帝时代贰师将军李广利兴师五万，费钱数亿，经四年劳顿，仅获骏马三十匹，武帝仍不录其过错，封拜军人共两侯、三卿、二千石一百多人。现在甘延寿、陈汤不劳汉师，不费斗粮，斩郅支之首，功高百倍于贰师将军。所以，朝廷对这些人应该高官厚爵，以奖有功。"

疏上，汉元帝连连点头，于是下诏，拜甘延寿为义成侯、陈汤为关内侯，各食邑三百户，另各赐黄金百斤。

甘延寿命短，不久病死。

后来，汉成帝即位后，从前诋毁陈汤、甘延寿他们两人的匡衡等朝臣，又复奏甘、陈二人盗收康居国财物，老账新算，陈汤被贬为民。再后，陈汤又犯事，下狱当死，因前功，被贬为士兵。

十多年后，西域都护段会宗为乌孙兵围困，上书告急，希望朝廷征发敦煌士卒救援。

当时，丞相王商、大将军王凤及百官商议数日也做不了决策。王凤最后对汉成帝说：陈汤对西域事了解很多，可问他的意见。

陈汤在攻打郅支单于时患上严重的风湿病，双臂都不能伸屈。皇帝召入后免其拜礼，把段会宗的告急文书给他看。

陈汤久废在家，一肚子怨气，辞诉说："将相九卿都贤达聪明，小臣区区一个残废人，不值得问我国家大事。"

成帝说："国家有急，您不要推辞。"

陈汤想了想，说出自己的看法："臣以为肯定没有什么事，敌围自解。"

成帝问其原因。

陈汤说："胡兵五个才能当一个汉兵，因为他们的兵器质量不行。最近听说他们的铸造技巧已效仿汉人得以改进，仍然是三个人当我们汉兵一个。现在包围段会宗的乌孙兵，人数不足战胜汉军，又不能久攻。不出五天，当有好消息传来。"

四天之后，段会宗疏奏果然送到，报告敌围已解。

由此，大将军王凤上报皇帝以陈汤为从事中郎，参决军政事宜。

陈汤复官后，老毛病又犯，常常受人金钱为作奏章。后来王凤的政敌成都侯王商执掌朝政，又指奏陈汤惑众不道和大不敬之罪。于是，陈汤又被贬至敦煌。

敦煌太守怜惜陈汤，上奏："陈汤先前亲诛郅支单于，威行外国，不宜近边塞。"于是，朝廷又把他迁到安定安置。

最后，还是议郎耿育上书皇帝，痛心疾首。

书奏后，朝廷协商后觉得陈汤毕竟有过大功，就允许他回归长安家中。不久，陈汤病死。

大英雄荣耀一时，大半生落寞，毕竟是节行有亏，不能善始善终。思及种种，反倒觉得他是个真正立体的人，有功有过，能喜能忧。千载之下，凛凛犹生。正是：

寒日征西将，萧萧万马从。
吹笳覆楼雪，视纛满旗风。

枪垒依沙迥，辕门压寨雄。

燕然如可勒，万里愿从公。

郅支单于伏诛后，南匈奴的呼韩邪单于心情非常复杂，又高兴又恐惧——高兴，因为自己的哥哥、死敌郅支单于已灭；害怕，是因为汉军神威，实力太强。于是，他更加恭谨地迢迢奔赴长安，第三次单身朝见，表示要给汉朝皇帝当上门女婿。

由此，汉元帝才把王昭君当作宗室之女赐给呼韩邪单于为妻。“昭君出塞”这场历史大戏，得以上演。

也正是从彼时起，南匈奴彻底把自己和大汉王朝绑在了一起，北方匈奴边患，从此一举消除。直至王莽篡汉，汉朝北部边塞五十余年无事。

班固所著整部《汉书》，涉及王昭君的内容，不过寥寥三十七字。班固是东汉史学家，其书大多承袭其父班彪的六十五篇《后传》（此书为续补《史记》而作），几乎就是记载当时最真实情况的信史）。到了范晔的《后汉书·南匈奴传》，有关王昭君的记载已经有所铺陈：

初，单于弟右谷蠡王伊屠知牙师以次当（为）左贤王，左贤王即是单于储副。单于欲传其子，遂杀知牙师。

知牙师者，王昭君之子也。昭君字嫱，南郡人也。初，元帝时，以良家子选入掖庭。时，呼韩邪来朝，帝敕以宫女五人赐之。

昭君入宫数岁，不得见御，积悲怨，乃请掖庭令求行。呼韩邪临辞大会，帝召五女以示之，昭君丰容靓饰，光明汉宫，顾景斐回，竦动左右。

帝见大惊，意欲留之，然难于失信，遂与匈奴。生二子。及呼韩邪死，其前阏氏子代立，欲妻之，昭君上书求归，成帝敕令从胡俗，遂复为后单于阏氏焉。

字里行间，小说家的渲染已经很多，情节更加复杂，为日后戏剧、评书等民间叙事增添了不少“戏肉”成分。

自古至今，有关王昭君的诗词近千首，最早当属北朝诗人庾信的《昭君辞应诏》：“片片红颜落，双双泪眼生。”

众多诗篇中，以杜甫和李商隐的诗句最为著名：

《咏怀古迹五首》 杜甫

群山万壑赴荆门，生长明妃尚有村。
一去紫台连朔漠，独留青冢向黄昏。
画图省识春风面，环佩空归月夜魂。
千载琵琶作胡语，分明怨恨曲中论。

《王昭君》 李商隐

毛延寿画欲通神，忍为黄金不顾人。
马上琵琶行万里，汉宫长有隔生春。

而支持汉朝和亲，最早认为王昭君生活幸福的当属唐朝张仲素：

仙娥今下嫁，骄子自同和，
剑戟归田尽，牛羊绕塞多。

还有北宋王安石：

汉恩自浅胡恩深，人生乐在相知心。

此外，今人翦伯赞也有诗：

汉武雄图载史篇，长城万里遍烽烟。
何如一曲琵琶好，鸣镝无声五十年。

究其实也，一个自幼生长于湖北的年轻女子，迢迢千里，背井离乡，故国渺渺，置身于一个全然不同的陌生地方，艰苦定居下来，三年后丈夫死去，想回国又因“政治任务”被迫继续留下。后来，按匈奴风俗，这位汉女又嫁给儿子辈的单于继续做“阏氏”。

辛苦如斯，对于浸染于中原文化中的一个弱女子，确实不是件容易的事。因此，万古千秋，我们都能在历史的回声中听见绝色美人王嫱微弱的、无可奈何的叹息。

时光荏苒，岁月如流。

到了 48 年，即东汉光武帝建武二十四年，匈奴又分裂为南北两部分，南匈奴的呼韩邪二世单于臣服于汉。而南北两部匈奴互攻，南匈奴不敌，东汉就把南匈奴全部迁入长城以内，并设置护匈奴中郎将、度辽将军等职，昔日为匈奴侵塞发愁不断的大汉朝，反而要派兵去保护南匈奴免受北匈奴的侵掠。

73 年，东汉明帝永平十六年，大将窦固从酒泉出发，占领匈奴最肥沃的土地之一伊吾卢（今哈密），驻兵屯垦；89 年，东汉和帝永元三年，大将窦宪与度辽将军邓鸿和南匈奴单于共同进军，会师涿郡山（今阿尔泰山），深入大漠，一直追到稽落山（今古尔班察汗山），终于击溃北匈奴主力，斩首一万三千级，共有二十多万匈奴人投降。而后，窦宪将军“勒石燕然”，在燕然山上竖立巨大的石碑纪念这次大胜。

91 年，窦宪属下大将耿夔、任尚再次大胜北匈奴，俘虏其太后亲王五千多人，北匈奴单于仅率数骑于混乱中落荒而逃。自此，北匈奴残余部落在漠北再也无立足之地，一路向西流亡。

三个世纪后，匈奴余部终于侵抵黑海北岸，导致了原居民西哥特部落向西侵入多瑙河。而多瑙河原住民汪达尔部落，又被这帮“失败者”赶得向西侵入罗马帝国。强盛一时的罗马帝国，经不住这些彪悍民族的滚滚大潮，最终灭亡。

所以，当时谁都没有想到，汉朝窦宪将军的一击，恰似一根强有力的手指推倒了一个多米诺骨牌，引发了日后影响整个世界格局的民族大迁徙。

北匈奴汗国西迁后，南匈奴内附中国，再也不成气候。216 年，最后一位呼厨泉单于去邺城拜见曹操，大丞相“因留不遣”，把匈奴分为五部，实际上按照汉人的郡县制进行管理，正式结束了匈奴的历史。

后来，这些匈奴残余的部落族群，只在西晋灭亡后昙花一现，建立过后汉、前赵两个“国家”。而且，这两个小国的皇帝都姓刘，皆冒称是汉朝皇帝的后代，都自诩母系乃汉朝公主，夸耀血统。这两个匈奴国家的建立，给中原人民带来深重灾难，所以，匈奴排在“五胡乱华”的第一名。

而这些严重汉化的匈奴贵族，很快就被鲜卑人和羯人灭掉，消失并融合在中国的北方民族之中……

小来惟射猎，兴罢得乾坤

汉宣帝和他的时代

汉昭帝元平元年（前 74 年）秋七月。

秋高气爽。

长安尚冠里，忽然间有大队宫内卫士出现。

一辆马车戛然停定，从里面走出专门负责皇族宗室事务的宗正刘德。

“宣皇太后命，召刘病已入内廷！”

听刘德如此当众高声宣言，站立在一旁本来正看热闹的一个小伙子，吓得浑身一激灵，赶忙趋前，在刘德面前跪下，浑身瑟瑟发抖。

尚冠里的几个老人，都面色大变——刘病已，虽然如今不过是抄写小吏，可他来历不凡，乃昔日因巫蛊之祸而死的武帝太子刘据的孙子。昭帝崩后，昌邑王刘贺刚刚被拥立为新帝。莫非新帝继位后，记念前罪，要逮捕这位武帝曾孙不成。

刘病已长身玉立，隆准日角，是一个人见人爱的年轻人。作为一个记账的小吏，一年多来他干得不错，人缘非常好。

他是被杀的武帝太子唯一幸存的骨肉，如今忽然被召入宫，显然凶多吉少。

看到刘病已趋前跪在自己面前行礼，宗正刘德大骇，短时间内，几乎反应不过来。

呆立半晌，刘德忽然明白过来。随后，他做出的举动，又让所有的人大惊失色：

“皇孙请起！请您洗沐后更换御府衣服，皇太后和大将军在宫内等您！”

说着话，刘德，这位宫内掌管皇族事务的清贵高官，竟然扑通一声跪倒，朝着正跪在当地的刘病已郑重回礼。

刘病已听刘德如此说，心内稍安。起身之时，他偷瞥了一眼刘德所指的车，乃宫内特有的軨猎车。

“我这样一个小吏，皇太后和大将军找我作甚？”

刘病已的心，依旧咚咚跳个不停……

谗语能令骨肉离，奸情难测事堪悲

巫蛊之祸

元朝诗人吴师道写过一首《望思台》：

桐人气迫前星黯，思子宫成翠华晚。
高台有恨碧草新，大野无踪金犊远。
一朝弄兵儿罪轻，百年钟爱天伦深。
戾园魂魄夜寂寂，湖城风雨秋阴阴。
汉宫楼观连天起，方士熏香召仙鬼。
望思望思终不归，茂陵老泪如倾水。

这首诗，气韵悲凉，语意苍茫，描写了汉武帝晚年的一出大悲剧。

在这场人为的悲剧中，武帝太子刘据被杀，大汉朝痛失储君。那么，这场万古含悲的悲剧事件，又是如何发生的呢？

我们都知道，武帝盛壮之年，邂逅绝色美人卫子夫，数度云雨，生下了刘据。当时，年近而立的汉武帝非常兴奋，孩子甫一出生，就作《皇太子赋》，这等于提前昭告天下：此子就是当国皇太子！

子以母贵，元朔元年（前 128 年）三月，武帝立卫子夫为皇后；元狩元年（前 122），武帝立刘据为太子，时年七岁。

> （刘据）少壮，诏受《公羊春秋》，又从瑕丘江公受《穀梁》。及冠就官，上为立博望苑，使通宾客，从其所好，故多以异端进者。（《汉书》）

可见，汉武帝对自己这个太子曾经寄予重望，不仅延请名师教授学问，成人之后，还专门为太子开辟博望苑，让他可以自由招待文人墨士，研习学问，遍晓天下大事。

刘据具有典型的长子性格，“仁恕温谨”。但这样的性格特征，相对于雄才大略的汉武帝，就显得太柔弱了。虽然如此，刘据的母家一族，包括卫青、霍去病在内，毕竟都是对汉朝立下赫赫功勋的大将军、大司马，根基深厚。武帝后来察觉太子和他母亲卫子夫常有不自安之意，就对太子舅父卫青表示“太子敦重好静，必能安天下，不使朕忧。欲求守文之主，安有贤于太子者乎！闻皇后与太子有不安之意，岂有之邪？可以意晓之。”

这些话，倒不是安慰人的虚言。当时的武帝，确实还没有任何更易太子之心。毕竟刘据没有任何秽行，人品不错，学问又好，礼待士人，声望极高，加之母家威权赫赫，所以皇太子的地位，很难动摇。

元封五年（前 106 年），大将军卫青病逝。在此之前，霍去病也已经病逝。由此，皇后卫子夫和太子刘据，就失去了先前家族的有力后援。加之卫子夫逐渐年老色衰，纵情声色的汉武帝本人又属于寡恩之人，所以，卫子夫皇后位虽然一直没动，但武帝已经很少和她见面交谈。

疏远之间，夫妻、父子之间的感情日益产生出嫌隙来。

> 群臣宽厚长者皆附太子，而深酷用法者皆毁之。邪臣多党与，故太子誉少而毁多。卫青薨后，臣下无复外家为据，竞欲构太子。(《资治通鉴》)

由于成长期内一直受儒家教导，太子刘据经常劝谏武帝，为了百姓生计，应该减少对四夷的战争。武帝不乐，回言说："朕事四夷，兴兵动武，最终目的就是你当皇帝后可以安享太平！"

武帝一直严刑峻法，太子为人宽厚，主张宽仁治狱。逐渐父子在这些事情上的政见不和，日积月累，慢慢上升为感情上的疏离。

太子刘据这种宽仁主张，得到不少士人和百姓支持，但使得许多附和武帝主张严刑峻法的官员大为不满。

而后，汉武帝重用酷吏江充。这个人的上台，对于太子刘据来说，完全就是个丧门星。

江充，字次倩，原名江齐，赵国邯郸人也。其为人阴贼沉猜，骨子里就是小人。他在汉朝宗室赵王的封国内离间赵王父子，得罪了赵国太子刘丹。结果，江齐父兄都被刘丹杀掉。

于是，这位江齐跑到首都长安后，更名为江充，诣阙上告赵国内部隐私，说赵国太子刘丹与同母姐姐以及赵国后宫妃子奸乱，还交通郡国豪猾不法之人，违反汉朝国法。

书奏，武帝大怒，他最恨宗室诸侯逾制犯法，就马上派遣使者到赵国收捕了刘丹，最后，将那位赵国太子按罪诛杀。

杀了赵国王子，武帝褒奖上告的江充。江充这个人，深知武帝是个以貌取人之人，便奇装异服，想给武帝留个好印象。

结果，服装秀一招成功——江充本来就魁梧高大，容貌甚壮。加上他那套行头，也给武帝留下深刻印象。

殿内问话，江充有事先准备，他很清楚武帝好大喜功，殿见武帝，他口沫四溅，陈说攻伐匈奴的计策。

此说，正中武帝下怀，龙颜大悦，马上派江充作汉朝使臣出使匈奴。

回朝后，武帝立拜江充为“直指绣衣使者”，专门负责监督治理三辅盗贼，并禁察都城之内王公贵族逾侈违制的案件。

“直指绣衣使者”不是汉朝正式的官称，乃武帝派一些他信得过的官员充当耳目搞侦探工作的。

由于当时京城不少贵戚近臣多有奢僭之事，江充没有丝毫含糊，一一举劾，不仅把那些人违制的车马没收，不少犯禁的公子哥都抓到军中。然后，江充放风，说要让这些人充当罪人，发配到边境地区去打匈奴。

惶恐之下，这些贵戚子弟都入宫到武帝那里叩头哀求，希望能够出钱赎罪。武帝暗中高兴，马上点头赞同。最后，这些贵戚子弟家里所出的赎金，数目达到数千万之多，大大充实了汉朝的军费。

武帝大悦，更认定江充忠直可靠，奉法不阿。

江充这些作为，其实起先和太子刘据没多大关系。但是，江充的急于表现，最终得罪了太子刘据。

一次，江充巡视甘泉宫，恰逢太子的家臣乘车在皇帝专用的驰道中行走。江充来了精神，马上扣留车马，把太子家臣抓起来关入狱中。

太子听说后，挺紧张，就派人到江充处求情：“请江君把我的车马和人都放了吧，我倒不是爱惜那套车马，其实是不想让皇帝知道我手下违制在驰道行车的事情，希望江君宽大处理！”

但江充太想表现了，根本不给储君面子，把事情一五一十上奏。

武帝闻知，内心大悦，不停点头说：“人臣当如是矣！”

由此，江充大见信用，威震京师。

武帝高兴了，太子和皇后卫子夫肯定不高兴。

当时武帝身体很差，没准哪天就会驾崩。一旦太子刘据继位，江充深知，肯定对自己不利。

小人心狠手辣，江充知道武帝这个人多疑，于是，他就利用当时汉武帝、太子父子之间的嫌隙，先行一步，以“巫蛊事件”为由，往死里诬陷太子。

江充本来目的，是想通过这一事件促使武帝废掉太子。结果，事情闹大发了。

汉武帝晚年，由于长年服食“仙药”，身体衰弱，神经系统也受到药物毒害，特别多疑，时常出现幻觉，甚至“白日见鬼”，看到带剑之人在宫内转悠。为此，一向信邪信神的武帝，特别忌讳“蛊道祝诅”。

在武帝晚年，死于巫蛊事件的人有很多，王公贵族都不免于祸，就连武帝昔日宠臣丞相公孙贺父子、阳石、诸邑公主以及卫青的儿子长平侯卫伉，都因巫蛊之罪而被诛杀。

江充全权负责有关巫蛊的案件后，更在都城范围内到处收捕验治。抓到嫌疑犯后，以酷刑相逼，许多人屈打成招，互相攀引牵连。

罪名确定后，江充属下官吏则以“大逆不道”之罪判决，前后杀掉数万人。

接着，江充还编造事实，说宫中大有蛊气。武帝怒极，马上派按道侯韩说、御史章赣、黄门苏文等官员协查。

江充先假模假式在宫内到处挖掘，甚至把汉武帝平时的御座都搬开深挖一遍，使得宫内处处大洞。

接着，江充又带人来到太子宫掘蛊，以一个号称能视鬼探蛊的胡巫为先导，泼酒验地，果然掘出不少桐木做的人偶。

这些东西，显然都是江充提前让人埋好的，专门用以充当太子巫蛊的罪证。

当时，武帝正在长安城外的甘泉宫避暑，都城宫内，只有皇后和太子留守。惶急之下，太子刘据就召问少傅石德，商议如何面对此事。

石德深知，只要太子被诬得罪，自己作为太子师傅，离不开一个死字。恐惧之下，他对太子说：“前丞相公孙贺父子、两公主及卫伉都因为巫蛊之罪被杀。现在江充押着胡巫到太子宫内掘得人偶，到底是原先地下就有，还是这些巫婆神汉事先放置的，您无以自明。当今之计，可以矫称皇帝诏旨，把江充抓起来关入牢狱，穷治其罪。皇帝如今在甘泉宫内养病，皇后及家吏前去探问，无人回报，皇上生死都未可知。如此情况下，奸臣江充凶横跋扈如此，太子您如果不动手，难道让昔日秦朝扶苏一样的悲剧重新发生吗？”

仓皇之下，太子刘据依旧犹疑：“我乃皇帝之子，哪敢擅自诛杀大臣呢？不如面见父皇，幸得明察免罪。”

太子这边心软，江充那里一点不怠慢，不停派人到太子宫挖掘，大有马上逮人的意思。

要知道，先前受巫蛊之罪被杀的两个公主，都是太子刘据的同母妹妹。两个妹妹的昨天，很可能就是自己的今天。惶恐之余，刘据同意了老师石德的建议。

武帝征和二年（前91年）七月壬午，太子派人假冒武帝使者，忽然前去收捕江充等人。

武帝先前派来帮助江充审案的助手韩说，很怀疑使者身份，不肯受诏，当时就被杀掉。而御史章赣也在乱中被砍了几刀，向武帝养病的甘泉宫方向狂逃。而太子抓住江充后，亲自临场监斩，大骂道：“你这个赵地的奸人，从前害死赵国太子，现在又想离间我们父子！”

江充的脑袋，随着大刀一挥，掉落在黄泥地上。

而后，太子刘据派人把那个号称有看蛊视鬼特异功能的胡巫也绑起来，吊在上林苑的树上，下面点火，把这个骗子变成了一只“烤全羊”。

怒杀二人后，太子派人持节，夜入未央宫的长秋门，禀告自己的母亲皇后卫子夫。然后，他矫诏召集弓箭手，打开武库分给长乐宫卫兵，向百官宣布江充谋反。

当时，江充另一助手苏文趁乱逃到武帝处，向武帝控诉太子兴兵。开始，武帝并不相信此说，声言："太子肯定是因为害怕才这样做，估计他是被江充气激而成。"于是，他派使者召太子前来甘泉宫面见。

使者害怕被杀，不敢到太子那里，转悠一圈，就回报武帝说"太子真造反了，欲斩臣，臣逃归。"

武帝怒极。于是，他下令丞相刘屈牦率兵平乱，下令关闭都城周围的城门，禁止造反的人逃出长安。

唯恐事态得不到控制，武帝本人也离开甘泉宫，驻扎在长安西边的建章宫，诏发三辅县兵来援。

太子纠集了数万人，与丞相刘屈牦所率军队激战五日，死者数万人。

当时，长安城内传言太子谋反。由此，太子势孤力弱，归附丞相刘屈牦的人越来越多。

交战不利，太子刘据只有逃离长安，南奔覆盎城门。本来大门已经闭合，由于守门的大臣田仁认为太子与武帝有父子之亲，又属于无罪被逼反，所以还是放开一条生路，刘据得以从长安城逃脱。

大军入城后，武帝派人收取卫子夫皇后玺绶。知道儿子已经失败，绝望之余，卫子夫自杀。

大怒未息，武帝下令大肆捕杀太子宾客，多人以谋逆罪被族诛。

武帝怒甚，群臣忧惧，不知如何劝说。此时，壶关三老令狐茂上书，劝说武帝：

> 臣闻父者犹天，母者犹地，子犹万物也。故天平地安，阴阳和调，物乃茂成；父慈母爱，室家之中，子乃孝顺。阴阳不和则万物夭伤；父子不和则室家丧亡。故父不父则子不子，君不君则臣不臣，虽有粟，吾岂得而食诸！昔者虞

舜，孝之至也，而不中于瞽叟；孝已被谤，伯奇放流，骨肉至亲，父子相疑。何者？积毁之所生也。由是观之，子无不孝，而父有不察，今皇太子为汉適嗣，承万世之业，体祖宗之重，亲则皇帝之宗子也。江充，布衣之人，闾阎之隶臣耳，陛下显而用之，衔至尊之命以迫蹴皇太子，造饰奸诈，群邪错谬，是以亲戚之路鬲塞而不通。太子进则不得上见，退则困于乱臣，独冤结而亡告，不忍忿忿之心，起而杀充，恐惧逋逃，子盗父兵以救难自免耳，臣窃以为无邪心。《诗》曰："营营青蝇，止于藩；恺悌君子，无信谗言；谗言罔极，交乱四国。"往者江充谗杀赵太子，天下莫不闻，其罪固宜。陛下不省察，深过太子，发盛怒，举大兵而求之，三公自将，智者不敢言，辩士不敢说，臣窃痛之。臣闻子胥尽忠而忘其号，比干尽仁而遗其身，忠臣竭诚不顾鈇钺之诛以陈其愚，志在匡君安社稷也。《诗》云："取彼谮人，投畀豺虎。"唯陛下宽心慰意，少察所亲，毋患太子之非，亟罢甲兵，无令太子久亡。臣不胜惓惓，出一旦之命，待罪建章阙下。

这封疏奏，写得中肯，在为太子申辩的同时，令狐茂指出，正是因为江充奸邪，才最终导致事变发生，诚恳劝说武帝在国内赶紧停止军队集结，不要使逃亡的太子流离过久而再生事端。

武帝接疏后，稍有感悟。

太子逃到湖县（今河南三门峡灵宝市豫灵镇）后，携两个小儿子在泉鸠里一户贫穷人家躲避。户主对太子非常忠心，常卖屦来维持太子生活所需。毕竟太子所需费用不菲，忽然想起有一位从前相熟的属下老家在湖县，太子就派人找他。

结果，太子行踪被汉朝官吏发现，朝廷立刻派人逮捕太子。

情急之下，太子自杀（或者是被杀），户主在格斗中被杀，太子身

碟形佩　出土于海昏侯墓

边两个小儿子也被杀。太子刘据有三子一女，至此全部遇害。

而太子妃史良悌所生的孩子“史皇孙”刘进，本人在长安被杀后，倒留有一个出生不久的孩子。由于小孩太小，又是武帝曾孙，没被立刻杀掉。武帝下诏，把这小孩子押到专门的监狱中关押起来。

所以，武帝太子刘据身后，只剩下这么一个孙子。而恰恰是这个小孩子，日后被霍光拥立，成为汉朝历史上彪炳千秋的一代帝王——汉宣帝刘病已（刘询）。

随着岁月流逝，武帝对巫蛊之事有所后悔。经过仔细复审，武帝发现从前官吏和百姓以巫蛊害人罪相互告发的，基本没有犯罪事实。而后，田千秋等大臣不断为太子鸣冤，武帝终于发现自己因多疑而致误。

后悔无及，武帝深知太子刘据本无反心。于是，他下令把江充灭族，把江充亲信苏文活活烧死在横桥上。

处理了江充余孽后，武帝在湖县建“思子宫”，并派人在太子遇害地修建“归来望思台”，借此寄托对太子和两个孙子的怀念之情。

太子刘据死后，作为儿子的燕王刘旦请求宿卫。汉武帝对此非常不满，惩罚燕王，其后，他选择少子刘弗陵为太子。

到此，在武帝晚年扰乱一时的“巫蛊之祸”，终于告一段落。

巫蛊大案，导致了汉武帝晚期政治的重大转变。

那么，什么是巫蛊呢？

“巫蛊”二字，在汉朝之前的典籍上没有记述。有人认为《易经》之中的“蛊卦”和巫蛊有关系，完全是牵强附会。易卦之“蛊”，乃故老之“故”的通假，和巫蛊的“蛊”全无关系。

蛊，蛊惑也。蛊，其古音和“鬼”字通假。所以《说文》中记载：“枭桀死之鬼亦为蛊。”同时，蛊还通“诅”，诅咒之术也。可以这样说，“巫蛊”，乃巫鬼之术或者巫诅（咒）之术。

《汉书》记载说，“巫蛊”起自胡巫，从匈奴传到中土，也非常有道理。因为匈奴人信奉的萨满巫术，和史书中记载的巫蛊术操作方法非常近似，就是以桐木制作小偶人，上面写上被诅咒者的姓名、生辰八字，然后施以诅咒，最后将木偶埋放到被诅咒者的住处或附近。信者认为，被诅咒者的灵魂即可受控制，他的性命就能掌握在施法术者的手中。

自从战国晚期开始，由于战乱导致的民族迁徙和融合，使得匈奴萨满巫术渐至中土，逐步流行，下层百姓和上层王公贵族，皆对巫术深信不疑。

武帝继位之初的元光年间，皇后陈阿娇失宠，也曾使用巫蛊之术诅咒刚刚得武帝宠爱的美人卫子夫。武帝发觉后，就把昔日金屋藏娇的表妹皇后废黜，受此事件牵连，被杀的女巫和宫人多达三百人。但当时的巫蛊案件，仅限于皇宫内廷，对于国内政治影响很小。

武帝征和元年冬天开始的巫蛊之祸，影响就太大了，甚至延绵数年，牵连诛死者甚众。而且都是与皇族有关的公卿大臣，甚至包括皇太子刘据、皇后卫子夫，丞相公孙贺、刘屈牦，诸邑、阳石二公主以及武帝三个皇孙。而牵扯入内的公卿大臣，更是多而又多：江充、韩说、章赣、苏文、石德、赵破奴、任安、暴胜之、田仁、朱安世、商丘成、张富昌、李寿、马通、马何罗、景建等等。汉朝政治中心的都城长安，也在此次重大政治动乱中流血成渠，平民死伤数万。

巫蛊之祸，成为武帝晚年空前的一场政治乱局，对日后的汉朝运祚影响深远。

宋朝大文士洪迈在其《容斋续笔》这样评说道：

> 汉世巫蛊之祸，虽起于江充，然事会之来，盖有不可晓者。武帝居建章宫，亲见一男子带剑入中龙华门，疑其异人，命收之，男子捐剑走，逐之弗获。上怒，斩门候，闭长安城门，大索十一日，巫蛊始起。又尝昼寝，梦木人数十，持杖欲击己，乃惊寤，因是体不平，遂苦忽忽善忘。此两事可谓异矣。木将腐，蠹实生之。物将坏，虫实生之。是时帝春秋

已高，忍而好杀，李陵所谓法令无常，大臣无罪夷灭者数十家。由心术既荒，随念招妄，男子、木人之兆，皆迷不复开，则谪见于天，鬼瞰其室。祸之所被，以妻则卫皇后，以子则戾园，以兄子则屈牦，以女则诸邑、阳石公主，以妇则史良娣，以孙则史皇孙。骨肉之酷如此，岂复顾他人哉？且两公主实卫后所生，太子未败数月前，皆已下狱诛死，则其母与兄岂有全理？固不待于江充之谮也。

逐本寻源，巫蛊之祸也有它的“科学”解释。

武帝天汉年间，汉朝国内疫病大流行，连霍去病这位天下无双的青年英才，也在这场大疾疫中得病而死。这种疫病的最初原因，很可能是由于匈奴所致。当然，并非匈奴萨满巫师多有能耐能把人咒死，但他们行动的后果，导致了疾疫的发生和流行：匈奴萨满巫师指导匈奴军人，将死的牲畜埋到汉军经过的水源上方，或者将未死的受传染的战马驱赶到汉军军营内，最终造成汉军人马染病。

这种病毒随着汉军的凯旋，被军人带到了长安等地，造成了疫病在都城和附近地区的大爆发和大流行。

即使在今天，我们对于许多变种的病毒都束手无策，更何况科学很不发达的汉朝呢。时人迷信，就把这种致人死命的疫病归结为巫蛊诅咒。为此，年老体弱的汉武帝，更是疑心四起，加深了对巫蛊的恐惧。

纨绔子弟非英才，刚登陛上复下来

烂泥扶不上墙的昌邑王刘贺

汉武帝崩后，根据他生前钦点，小儿子刘弗陵八岁登基，是为汉昭帝。

昭帝在位，由大臣霍光辅佐。此人短命，为帝十三年，就因病去世，年仅二十一岁。

汉昭帝没有子嗣，崩逝之后，汉帝国最大的问题，就是继承人的选择问题。

从血统和辈分上推，汉武帝儿子辈中，只有广陵王刘胥活着。依据血缘和继位顺序，似乎这位广陵王最合适。但是，这位广陵王一向为人轻佻，行事不检点，汉武帝生前就不喜欢他，霍光也不想拥立这个原本就有一套王爷班子的人为皇帝。

刘贺为昌邑哀王刘髆之子，乃汉武帝孙辈。霍光与群臣商定，并征得上官皇后的同意，决定让刘贺继承皇位。

上官皇后颁下诏书，派人到昌邑王府邸迎接刘贺到长安。

汉昭帝暴崩后，当时大汉朝名义上的第一把手，乃是昭帝的皇后上官皇后。这位上官皇后，是霍光的亲外孙女。六岁时，上官皇后就被爷爷上官桀送入宫内，给同样是少年儿童的昭帝做了皇后。

如今，虽然才十五岁，上官皇后就是大汉朝名义上最高级的人物了。如果新帝得立，她立马就会变成“皇太后”。

在昭帝活着的时候，霍光正是因为怕自己的外孙女在宫内受到冷落，严格限制宫女们接近昭帝，甚至规定宫女裙内要穿结绳有裆的内衣（古人无现在内裤类的内衣），以免青年昭帝弄出个非霍氏家族无血缘关系的继承人来。正因为这种限制，昭帝才没孩子生出来。

国不可一日无君，霍光反复寻思，到底立谁为君呢？

其实，如果立长君，武帝儿子广陵王最适合，群臣中也有许多人支持他。为此，霍光以武帝曾经厌恶广陵王为借口，说他不适合当皇帝。

这位广陵王从武帝元狩六年（前 117 年）获封，当王爷都四十多年了，显然政治经验丰富，势力不可小觑。而且，根据《汉书》记载：“（刘）胥壮大，好倡乐逸游，力扛鼎，空手搏熊彘猛兽。”这样勇如项羽的人一旦成为皇帝，显然非霍光能控制的。

另外，还有一个难言之隐，那就是广陵王乃刚刚崩逝的汉昭帝的哥哥。依照儒家礼法，如果广陵王继位，他应该是以汉昭帝和上官皇后的后代身份继位。而广陵王这样刚武鲁莽之人，当了皇帝后，肯定不会认时年才 15 岁的上官皇后当“妈”，说不定会大张旗鼓尊崇他自己的生母。如此一来，上官皇后母仪天下当皇太后的美梦很可能就泡汤。

霍光肯定算计过，自己的外孙女当不成皇太后，自己的地位肯定也接着受到贬损。

如此一来，大臣们肯定要从外藩王爷中选一个适当的继承人。

那么，武帝从前有六个儿子——刘据、刘闳、刘旦、刘胥、刘髆、刘弗陵。其中，最小的儿子是刘弗陵，就是刚刚驾崩的昭帝；武帝太子刘据因巫蛊事件被杀，他的三子一女当时也被杀，独留下嫡长孙刘病已，这一支不必考虑，毕竟是罪人后代；次子齐王刘闳，八岁夭折；燕王刘旦，在昭帝时代谋反伏诛；昌邑王刘髆，也早死；广陵王刘胥虽然活着，但显然不能用他。

这样一来，只有昌邑王刘髆的子嗣、现任昌邑王刘贺的血统最近。而这个昌邑王刘贺，活到现在也挺不容易，他的祖母乃汉武帝曾经特别宠爱的李夫人，舅爷爷就是被汉武帝因巫蛊事件和投降事件族诛的贰师将军李广利。幸好，李广利宗族被杀的时候，刘贺的爸爸、当时的昌邑王刘髆没有被牵连。

刘髆病死时，刘贺才五岁，在昌邑（今山东金乡县北）继承昌邑王王位。天高皇帝远，自小又少管教，刘贺自幼就调皮捣蛋，稍大些后更成为坏人一个。

但刘贺到底是什么样的人，霍光和亲信诸臣当时并没有任何成见，反正觉得他比广陵王刘胥好控制。经过商议，霍光就委任少府乐成为代理大鸿胪，派宗正刘德等人为辅，一行人带着皇帝仪驾，前往昌邑封地，迎刘贺至长安即位。

这位昌邑王刘贺，平日在自己封国骄纵惯了，所作所为毫无节制。

无论是汉武帝驾崩，还是汉昭帝去世，刘贺依旧如故，照样出外巡游狩猎，放纵如常。

得知昌邑王要当皇帝，其封地内的官员皆兴高采烈，但昌邑国中尉王吉马上上书昌邑王，谏劝说："今帝崩无嗣，大将军惟思可以奉宗庙者，攀援而立大王，其仁厚岂有量哉！臣愿大王事之敬之，政事壹听之，大王垂拱南面而已。愿留意，常以为念。"

王吉挺有远见，告诫刘贺，等你入宫为帝之后，千万不要马上管事儿，万事都听大将军霍光的。

可惜刘贺庸才，根本不为所动。

别说到了宫内当皇帝后如何装了，刘贺在路上就控制不住自己了，荒唐无比——玩赛车一样，他日中从昌邑出发，晡时就到了定陶。也就是说，仅仅用了短短三个时辰，就驾马车狂奔一百三十五里！

车驾一行到了济阳（今河南兰考东北）时，刘贺知道当地有特产，派人四处寻找长鸣鸡，购买积竹杖，抚竹斗鸡，一点没有先帝刚死的悲痛。

到了弘农（今河南灵宝北），刘贺更过分，他派属下奴仆给他找来几个当地的漂亮女子，藏在衣车之中，随时在路上泄欲……

一行人到达灞上之后，朝廷派大鸿胪专门郊迎，刘贺换乘皇帝专用乘舆。

刘贺坐上车，高兴非凡，觉得自己就是皇帝了。即将到达长安东都门时，郎中令龚遂劝他："按照礼仪规定，凡是前来奔丧的人，一看到国都，就应当开始痛哭，前面就是长安外郭的东郭门了。"

刘贺拒绝："我咽喉疼痛，哭不出来。"

又走了一会儿，到达城门之前，龚遂再次提醒他应该行哭礼。

刘贺又找理由说："城门和郭门都一样。"

等车驾到达未央宫东门了，龚遂恳求说："前面大门所对的驰道北方，就是昌邑国吊丧帐幕了。未至丧帐，有一条南北行道，马足未至数步，大王应该下车，面对高楼西面伏地而哭，尽哀而止。”

看到宏伟的宫阙，昌邑王有点被吓到了，点头答应。于是，昌邑王跪哭如仪。反正是装的，趴在那里干号就可以。

干号属于即兴表演，刘贺还行。霍光此时对他全无认识，就带着这位昌邑王礼仪性地拜见上官皇后。

于是，十五岁的上官皇后像模像样，接见了这位年纪比自己还大的儿子辈昌邑王之后，下诏立他为“太子”。

六月，刘贺以皇太子身份在登基仪式中接受皇帝玺绶，即皇帝位。继位后，尊昭帝遗孀上官皇后为皇太后。

忽然从“昌邑王”变成皇帝，刘贺感觉完全上来了，变本加厉地淫纵。

当时，汉昭帝巨大的灵柩还停在前殿，全国处于国丧期，刘贺就把以前在昌邑和他一起玩乐的宵小们全部召到长安，陪自己变着法地淫乐；同时，还把他任昌邑王时的官属也全都调到长安，加官晋爵，不离左右，酒醉金迷，赏赐无度。

可以这样说，原本庄严肃穆的皇宫内地，一时间成为刘贺的超级游乐场。

酒醉之时，他还答应给手下心腹娶十个老婆，赐金千斤。他在昭帝大棺材前召集昌邑王府的乐人击鼓、歌吹，极尽一时之欢；没白天没黑夜的，他让人赶着皇帝法驾，在北宫、桂宫之间驱驰奔走，享受着速度的快感；与群小到御苑，观看斗虎游戏，以矛戟刺杀野猪，嬉笑为乐；随意简取诸侯王、列侯、二千石官员的绶带、墨绶、黄绶等物品，赏赐给昌邑国的奴仆；让人从御府中随意取出金钱、刀剑、玉器、彩缯等贵重物品，赏赐和他一起游戏的家奴和从人。

更出格的是，他还派人把皇太后上官氏的专用御车也弄过来，派遣官奴骑乘，在掖庭中游戏冲荡。

这刘贺也是嚣张，连霍光大将军外孙女上官皇太后的小马也敢骑！

如果他日后政权稳固，别说皇太后拉车的小马，皇太后都能欺负。

而如今，国内所有大权还都掌握在霍光手中，如此不知检点，可见刘贺不败也难！

忽一日，刘贺梦见殿堂西阶的东侧，堆积着绿头苍蝇的粪便，约有五六石之多，粪便上面还盖着大片屋瓦。恍惚之余，刘贺就问龚遂自己为什么做这样的梦。

龚遂说："陛下身边奸佞之人太多，正如陛下梦中见到的苍蝇粪便一样。您应该选拔先帝大臣的子孙，作为亲信侍从加以信用。如果总是任用您在昌邑国的故旧，信任进谗阿谀之人，日后必有祸事！"

刘贺不听。

玩玩乐乐这些事情，霍光忍忍就算了。但刘贺一件又一件的违背汉朝礼制的大事件，最终让霍光和群臣忍无可忍。

虽然已经当上了皇帝，但刘贺正式的登基典礼还没有举行，应该在为昭帝服丧后，才能正式到刘氏宗庙内登基。所以，象征皇权的皇帝玉玺，当时都应该暂时封存。但刘贺好奇心重，权力欲也强，在汉昭帝灵柩前接受玉玺后，回宫后他就擅自打开，并以皇帝名义盖印加玺，向各级官署征求调发，次数多多。

照理说，他承继汉昭帝皇位，应该以昭帝后人的身份继位。结果，大行未殡，他私自派自己手下到父亲昌邑王刘髆的墓园，进行高规格祭祀，还自称"嗣子皇帝"。也就是说，刘贺显然不想承认自己和先帝昭帝、上官皇后的母子关系。如此，霍光恼怒。

让霍光最终定下废立大事的，是刘贺和昌邑国手下开始暗中策划铲除霍光的计划——"变易节上黄旄以赤"。

节信旄色，乃汉朝代表皇帝授权传令的符号。汉朝节信原本是纯赤色，汉武帝时太子刘据起事，汉武帝怕太子以其手中节信调兵，才急忙下诏把汉朝节信上的旄从赤色改成黄色。由此，太子刘据当时手中执有的节信全部失效。现如今，刘贺变易节信旄色，显然是手下有人给他出主意，以此来控制兵权。

那么，刘贺当时真的想杀霍光吗？答案是肯定的。

刘贺被废之后，昌邑国的群臣被霍光下令集中到闹市诛杀。这些人号呼市中，有人高叫："当断不断，反受其乱！"

可见，当时刘贺手下确实有能人。主要是刘贺本人懦弱犹疑，未能先下手为强诛杀霍光。最后，反倒被霍光抢先得手。

不过，废立大事，弄不好就是九族被诛的事情，谁也不敢贸然行事。于是，霍光首先单独和自己最亲近的心腹、时任大司农的田延年密议。

田延年很爽快，建议霍光废掉刘贺，然后禀报太后，另立他人为帝。

如此惊天大事，以臣废君，霍光心内疑惧，就问田延年，前代先朝，是否有如此这般的先例。

> 伊尹相殷，废太甲以安宗庙，后世称其忠。将军若能行此，亦汉之伊尹也。

听田延年如此说，霍光心定，于是委任田延年为给事中，使得这位心腹能够随时出入宫禁。然后，他私下里又说动丞相杨敞、车骑将军张安世等人，决定废掉刘贺。

万事准备好，严卫之下，霍光召集丞相、御史、将军、列侯、中二千石、大夫、博士等朝中重要大臣，在未央宫召开会议。

大家甫坐定，霍光开门见山："昌邑王行昏乱，恐危社稷，如何？"

群臣听霍光如此说，皆惊惶失色，没一个人敢发言表态，唯唯而已。

此时，田延年离席，按剑高声说道："先帝属将军以幼孤，寄将军以天下，以将军忠贤，能安刘氏也。今群下鼎沸，社稷将倾；且汉之传谥常为‘孝’者，以长有天下，令宗庙血食也。如汉家绝祀，将军虽死，何面目见先帝于地下乎？今日之议，不得旋踵，群臣后应者，臣请剑斩之！”

霍光也演戏，诚惶诚恐：“九卿所责斥，说得太对了！天下汹汹不安，都是我霍光的过错！”

田延年红脸，霍光白脸，一个按剑，一个惶恐。

戏演到这份儿上，大臣们也都觉得刘贺确实所托非人，于是皆俯首听命，言道：“万姓之命，在于将军，唯大将军令！”

如此惊天动地的废立大事，就这样全部跪地通过了！

霍光这边如此紧张，那刘贺和手下正干吗呢？

刘贺正玩得欢，他一点没认识到事态的严峻性，皇帝都当上了，想太多干吗。

霍光在决议通过之后，就走必须走的形式。他率领群臣入宫，向皇太后请示，请废昌邑王刘贺。

在霍光安排下，皇太后的车驾起驾，幸未央宫承明殿。这排场，显然是要办大事了。同时，霍光以皇太后诏命，诏令各个宫门严禁昌邑王群臣入内。

刘贺啥都不知道呢，入朝见太后之后，乘辇欲回温室。他刚刚入内，大门就关上了，随行的群臣皆不得入。

刘贺大惊失色：“何为？”

霍光跪称：“有皇太后诏，禁止昌邑群臣入内。”

刘贺惊魂未定：“何乃惊人如是！”

霍光当然不会让步，派人把昌邑群臣都赶到金马门外集中。车骑将军张安世率领禁卫军骑兵，上前就捆绑了二百多人，全部送入廷尉诏狱。

看着目瞪口呆的刘贺，霍光对禁卫军说：“小心宿卫！不得有他杀自杀的事情发生。如果陛下死了，肯定令我负天下，担杀主恶名。”

刘贺还不知道自己会被废掉，对周围人说：“我先前的昌邑群臣有什么罪啊，大将军干吗把他们都抓起来啊？”

话音未落，太后派人召他入见。此时，刘贺有点慌乱：“我犯什么罪了，现在宣召我！”

入殿后，刘贺匍匐跪拜。

十五岁的上官太后身披珠襦，盛装坐于武帐之中；数百名禁卫军侍卫，全部手持兵器；期门武士自上而下，皆持戟而立；群臣表情肃穆，依次上殿。

安静片刻，太后宣召刘贺伏前听诏。

此时，霍光与群臣联名奏劾昌邑王，尚书令当庭宣读奏疏。这封奏疏，乃古往今来罕有的大臣公布皇帝罪状的奏疏：

> 丞相臣敞等昧死言皇太后陛下：孝昭皇帝早弃天下，遣使征昌邑王典丧，服斩衰，无悲哀之心，废礼谊，居道上不素食，使从官略女子载衣车，内所居传舍。始至谒见，立为皇太子，常私买鸡豚以食。受皇帝信玺、行玺大行前，就次，发玺不封。从官更持节引内昌邑从官、驺宰、官奴二百余人，常与居禁闼内敖戏。为书曰：“皇帝问侍中君卿：使中御府令高昌奉黄金千斤，赐君卿取十妻。”大行在前殿，发乐府乐器，引内昌邑乐人击鼓，歌吹，作俳倡；召内泰壹、宗庙乐人，悉奏众乐。驾法驾驱驰北宫、桂宫，弄彘，斗虎。召皇太后御小马车，使官奴骑乘，游戏掖庭中。与孝昭皇帝宫人蒙等淫乱，诏掖庭令：“敢泄言，要（腰）斩！”

尚书令读到此处，毕竟是十五岁的少女，这么多乱七八糟的淫行，上官太后听不下去了，玉音愤怒：“够了！为人臣子，怎能悖乱如此！”

小姑娘声音虽然不大，却吓得刘贺离席而伏。

尚书令顿了顿，估计把刘贺淫乱内宫的一些事情省略未读。如此，史书中则缺了不少后世小说家上好的创作素材。

但是，罪状显然还没有完全宣布，拿着竹简挑了一会儿，尚书令接着读道：

> 取诸侯王、列侯、二千石绶及墨绶、黄绶以并佩昌邑郎官者免奴。发御府金钱、刀剑、玉器、采缯，赏赐所与游戏者。与从官、官奴夜饮，湛沔于酒。独夜设九宾温室，延见姊夫昌邑关内侯。祖宗庙祠未举，为玺书，使使者持节以三太牢祠昌邑哀王园庙，称“嗣子皇帝”。受玺以来二十七日，使者旁午，持节诏诸官署征发凡一千一百二十七事。荒淫迷惑，失帝王礼谊，乱汉制度。臣敞等数进谏，不变更，日以益甚。恐危社稷，天下不安。臣敞等谨与博士议，皆曰：“今陛下嗣孝昭皇帝后，行淫辟不轨。“五辟之属，莫大不孝。”周襄王不能事母，《春秋》曰：“天王出居于郑”，由不孝出之，绝之于天下也。宗庙重于君，陛下不可以承天序，奉祖宗庙，子万姓，当废！”臣请有司以一太牢具告祠高庙。

愤怒未消的皇太后连稍作考虑的姿态都没有，即刻说了一个字，就批准了大臣们的请求：“可！”

这句话说出口，跪在地上的刘贺就不是皇帝了，而是一个普通的罪王。

霍光命他站起来，拜伏受诏。

刘贺这个时候，情急智生，还挺能掉书袋，说了一句话：“闻‘天子有争（诤）臣七人，虽亡道不失天下。’”这意思，就是还想让霍光给他日后改过的机会。

霍光气得差点笑了，大殿上也不好说太多，只得呵斥刘贺一句：

“皇太后有诏废黜你，哪里还能以天子自居！”

说着话，霍光抓住刘贺的手，从他身上解下象征皇帝身份的玉玺绶带，呈给皇太后。然后，扶刘贺下殿，从金马门走出皇宫。

刘贺毕竟当过几天皇帝，群臣礼节性地随送。

刘贺出宫后面向西方叩拜道：“我本人愚蠢，不能承当汉家大事！”

为保险起见，霍光亲自以皇帝乘舆的副车陪送刘贺到达京城的昌邑王府邸。临别，他对刘贺说：“大王所作所为，乃自绝于上天。我宁愿对不起大王，不敢对不起社稷！希望大王自爱，我不能再侍奉于大王左右了。”

而后，史书上说霍光是“涕泣而去”。

霍光废黜刘贺，很大程度上出于是权力旁落的危机感。

霍光一直琢磨，刘贺被自己拥立为帝，本应完全依赖和重用自己以及自己的团队，但这位昌邑王竟然把原来昌邑国的全班人马一窝蜂挪到都城长安。日后，倘若这些人当权，估计自己和先前拥立刘贺的诸大臣连命都不一定得保。所以，刘贺不得不废！

当时的霍光肯定预料不到，他一手推立的新皇帝，最后会把他霍家杀得三族不剩！

刘贺被废后，群臣奏言，说昌邑王应该放逐远方，应该把他流放到汉中房陵县。最后，上官太后下诏，让他复归昌邑原地；赐刘贺汤沐邑二千户，原先昌邑王的财物都还归他所有；刘贺姐妹四人，各赐汤沐邑千户；昌邑国除，改为山阳郡（太后这些诏令，其实还都是霍光的主意）。

刘贺，这么一个大倒霉蛋，二十七天黄粱梦破，皇帝被废黜不说，连昌邑王都当不成了。日后十多年，他一直在规定地点反省苟活。

原昌邑国群臣，霍光处理起来一点都不手软，一股脑全部抓起来下狱。审讯后，只有中尉王吉、郎中令龚遂及王成免死；其余二百多人，全部诛杀。

世上苍龙种　人间武帝孙

天下掉下来的皇帝位号

昌邑王刘贺被废黜后，帝位不能空，那么，谁能担此大任、坐此大位呢?

有一个，武帝曾孙，也就是先前被江充逼反的太子刘据之孙——刘病已!

父母、祖父母、曾祖母尽数因巫蛊之祸死于非命，命兮运兮，彼时的刘病已刚刚出生。如此一块肉，无论是趁乱杀人的军人，还是屠害太子亲属邀功的官吏，都不忍心杀掉这个呱呱坠地不久的婴儿。

虽然是婴儿，也是罪婴。所以，这小孩子还是被收押入狱。

可巧，婴儿遇到了贵人——负责协办审理巫蛊案件的丙吉，时任廷尉监，正好负责监狱管理。

丙吉是厚道人，他深知太子没有造反，不忍心看着婴儿死于非命。于是，他从监狱中找了两个人品谨慎、忠厚的女囚，一个叫胡组，一个叫郭徵卿，让这两个女人给婴儿喂奶，并嘱咐她们要把孩子放在通风的地方，以免得病。为了保险起见，丙吉每天两次探视孩子，精心照养。

太子刘据自杀后，武帝晚年巫蛊案的审理持续了很长时间。武帝年老多病，常往来于长杨宫、五柞宫。其间，有在武帝身边"望气"的风水家就对武帝说："长安狱中有天子气。"

武帝挺烦，于是就派遣使者，到长安各个监狱送去诏旨，下令对监狱内关押的犯人，无论罪行大小，一律杀之。

武帝身边红人内谒者令郭穰半夜到达刘病已所在的郡邸狱，传达武帝旨意。

丙吉闭门不纳，声言："皇曾孙在此。他人无辜死者犹不可，况皇帝亲曾孙乎!"

于是，宫里来的卫士和丙吉手下的士卒相持到天明，也没能入内杀人。

郭穰回宫，此人还算好，没有添油加醋撺掇、激怒武帝，只实打实汇报了当夜的情况，但也劾奏丙吉抗旨不遵。

武帝低头思忖后，叹口气说：“天意如此吧。”于是大赦天下。

由此，郡邸狱内所有的犯人，包括武帝曾孙刘病已，都得赖丙吉解救而得活。

刘病已活了下来，但监狱环境非常恶劣，营养医疗条件很差。丙吉向京兆尹打报告，说皇曾孙已经获得特赦，不应该再关在监狱里面，希望官府能够放胡组、郭徵卿出狱，一起照顾皇曾孙。

这个请示，马上被京兆尹否决。毕竟太子谋反事实已经成立，谁都不敢得罪当今皇帝。

不久，胡组服刑期满，应该即日离开监狱。当时刘病已正在胡组怀中吃奶，哭闹不已。丙吉只得以自己的私钱雇佣胡组，让她继续和郭徵卿两个人一起喂养刘病已。

后来，狱中官吏对丙吉说：“我们没有得到诏令要喂养皇曾孙啊。”眼看公款公物不能用来在狱中喂养皇曾孙，丙吉又把自己的禄米和食肉交出来，给小孩子当口粮和支出费用。

由于年幼体弱，刘病已大病数次，每次都几乎病死。幸亏有丙吉在，令乳母等人细心呵护，煲汤煮药，熬过了鬼门关。

小孩子真命苦，他征和二年入狱，到后元二年出狱的时候，都五岁了。由于在狱中得病几次差点随他亲爷爷到黄泉，丙吉就给这孩子起名“病已”，希望这孩子以后不再得病遭灾。

刘病已，这名字跟霍去病的名字意思差不多。霍去病与太子刘据是表兄弟，所以，从辈分上说，霍去病就是刘病已的姨表祖父。

后来，得知皇曾孙的祖母史良娣的母亲还在世，丙吉就用车把皇曾孙送给他太姥姥抚养。孩子到了太姥姥家，这才终于一块石头落地，得到悉心照顾，逐渐长大成人。

武帝崩逝，巫蛊事件基本平息，刘病已终于归属掖庭管理，属籍也划到了刘氏皇族名籍中，归属宗正。当时，负责管理后宫掖庭事务的掖庭令张贺，从前曾经在太子刘据手下做事，感怀旧恩，就对皇曾孙特别好，奉养甚谨，不停地将自己的俸禄私钱供给这个少年人，还找人教他读书。

张贺乃酷吏张汤的儿子，为人很正直。他之所以入宫为宦者，也正是由于从前是太子属官而受腐刑。

作为朝廷宫内的中级管理人员，张贺待遇要比丙吉高，钱多关系多，好吃好喝供着刘病已。待少年长成，张贺还想把自己的孙女嫁给这位落难的皇曾孙。

当时汉昭帝刚刚举行了加冠典礼，春秋正盛。而张贺的弟弟张安世，时为右将军，正作为昭帝的辅政大臣。他每每听哥哥张贺夸奖皇曾孙聪明，一直忍着没吱声。此次忽然听说哥哥要把女儿嫁给皇曾孙，勃然大怒："皇曾孙，乃造反太子刘据的后代，有幸保命，以百姓庶民身份吃口公家饭就不错了，千万别再对我说你要嫁女给他的事情！"

惹不起当大官的弟弟，张贺就没敢把女儿嫁给皇曾孙刘病已。但眼看孩子大了，确实要娶媳妇，于是，张贺就找到"暴室啬夫"许广汉，请他喝酒。

二人酒酣耳热之际，张贺就对许广汉说："皇曾孙乃皇帝亲族，日后怎么也能弄个关内侯当当，不如你把女儿嫁他。"

许广汉当即许诺。

"暴室啬夫"也是个官名，官不大，是负责宫内织染部门的小官。

许广汉是昌邑人，年轻时曾在昌邑王手下做过郎官。这个昌邑王，应该不是刘贺，而是刘贺的爸爸，即汉武帝和李夫人生的儿子、第一代昌邑王刘髆。后来，许广汉被调到长安。一次，许广汉随侍汉武帝往甘泉宫，误取其他郎官的马鞍装在自己马背上，被发现后，有司弹劾他"从驾行盗"。依据汉律，罪当处死。汉武帝对他印象还算不错，就下诏改判他宫刑。

受了宫刑，许广汉就入宫做了宦者丞，当起了宦官小头目。祸不单行，昭帝时代，上官桀谋反。为此，朝廷预先准备了数千条绳索准备用来捆绑抓获的谋反者。临行动，派许广汉去取绳索，他转来转去，却一直没有找到装绳索的箱子。于是，他又以失职坐罪罚为“鬼薪”，也就是被罚做三年苦役的徒刑。再后来，他才到掖庭主管染织的官署“暴室”做一名“啬夫”，也就是佐吏小官了。

正因为如此，身为宦者，许广汉是个有老婆有女儿的人。

许广汉的女儿许平君，正是豆蔻年华。本来许给内者令欧侯氏的儿子做媳妇。没想到，快过门的时候，准新郎死了。

许广汉妻子在女儿出嫁前，曾找人给她看相。那个江湖相士大夸，说这小姑娘将来一定尊贵无比，尊贵到什么地步，都不敢说出来。

半信半疑，许家人心里挺高兴。

转天，许广汉老婆听说老公要把自己的女儿嫁给那个造反太子的孙子，大怒，差点和老公拼命。

但许广汉重承诺，还是把女儿许平君嫁给了刘病已。张贺也大出家财，替刘病已出了一大笔聘金。

由此，刘病已告别照顾自己好几年的恩公张贺，搬到了长安附近的杜县，和岳父一家住在一起。

虽然是上门女婿，但许广汉对这个女婿非常好。更让人心暖的是，许平君貌美善良，对待刘病已体贴入微。

活了这么大，看尽人间辛酸，终于有了一个温暖的家，刘病已感动非常。而在结婚的第二年，夫妻俩就生下了一个儿子。

毕竟是王子公孙，刘病已虽然聪明好学，但青春期荷尔蒙旺盛，也喜欢游侠之事，斗鸡走狗，常常和一群少年游乐，因此遍知下层社会的虚实以及吏治得失。

对此，老丈人许广汉也睁一眼，闭一眼。翁婿两个其乐融融。

忽然一天，这个皇曾孙出身的女婿晚上没回来。一打听，说是宫内来了一大堆士兵，把小伙子“弄”走了。

原来，刘贺被废后，霍光等大臣商议继承人问题，当时已经升任光禄大夫的丙吉，就向执政大将军霍光递交了一份奏章，推举刘病已为继承人。丙吉保证说，以嫡以亲以人品以学品，这个小伙子肯定能成！

说实话，当时的刘病已，还真没进入霍光视野。但等到提出这个名字与众大臣一商议，却得到了绝大多数人的一致同意。毕竟，前太子刘据曾经广得人心。

群臣奏议，很快送到上官太后那里。既然是外祖父送来的奏疏，当然要马上同意。而上官氏拿笔在疏奏上写下“可”字的一瞬间，这个十五岁的女孩就又升了一辈儿，成为“太皇太后”。也就是说，她成为比自己还大三岁的刘病已的奶奶辈。

红日初升！

一头雾水的刘病已，可以说是糊里糊涂就被人拥上了大汉天子的宝座。所以，唐朝诗人李商隐才如此感慨：“小来惟射猎，兴罢得乾坤。”

刘病已入宫当了皇帝，很想马上把患难妻子许平君封为皇后。但帝位未稳，他也不敢冒失，就依据宫内礼官建议，先把许平君封为皇帝最高级的妾侍——婕妤。而这个时候，拥立刘病已做皇帝功劳最大的大臣霍光，想把他的小女儿霍成君嫁给皇帝做皇后。百官们心知肚明，纷纷上书，请宣帝马上册立皇后，并指名道姓，说大臣霍光的女儿霍成君性格良淑，出身高贵，非她莫属。

即使身为皇帝，宣帝也根本不敢得罪霍光。但毕竟结发夫妻，情深意厚，宣帝还是想把许平君扶作皇后，思来想去，他就绕着弯子下了道诏书，说自己年少贫贱时，在民间得到过一把宝剑。如今，虽然做了天子，虽然有新剑，但还是惦念从前那把旧剑，希望大臣们帮帮忙，把自己那把旧宝剑找回来。

汉朝大臣们明白，原来皇帝还是想结发妻子做皇后啊。再想想，汉朝江山毕竟姓刘不姓霍，最终大臣们多数转向，支持宣帝立许平君为皇后。

而宣帝不忘旧情的这个典故，也就是现在我们都知道的“故剑情深”了。

宣帝如此有主见，超出霍光意料，他心里非常不痛快，但也不好说什么。后来，当宣帝又想把岳父许广汉封为侯爵的时候，霍光就明白表态：许广汉乃受宫刑的罪人，给他封侯，有失朝廷体面。

不好再得罪大将军，宣帝当时只好作罢。过了一年多，感觉霍光稍稍气消，宣帝把许广汉封为“昌成君”，虽然封号有点不伦不类，毕竟也能让岳父高兴一下。

宣帝刘病已这个人，确实挺知恩图报的。继位之后，想想从前的掖庭令张贺待自己胜过亲生儿子，他感激无限。但此时张贺已经病死，而张贺的儿子死得更早。没办法，宣帝就命令张贺兄弟张安世把小儿子张彭祖过继给张贺做儿子，世袭“恩德侯”爵位，还要拨二百户人家专门替张贺看守坟墓。

当时，张安世以为皇帝是看重自己的功勋才给儿子这么大的赏赐，替儿子推辞爵位不说，还请求皇帝把给哥哥张贺守坟的户数减到三十户。

宣帝脸一沉，对他说：“这赏赐，乃是我为了报答已故掖庭令张贺的，不是赏给您的！”

话里有话，想起当年哥哥张贺想把女儿嫁给刘病已被自己阻止，张安世大脸一红，也是后悔不已。

最终，宣帝还厚待张贺唯一的一个孙子。当时这个孩子虽然才七岁，宣帝就拜他为“散骑中郎将”，赐爵关内侯，授予三百户的食邑。

汉宣帝对张贺如此忆念恩情，但登基后似乎对丙吉没有任何表示。这倒不是因为他对恩人差异对待，而是因为他当时并不知道丙吉对他有那么大的恩德。当初襁褓时，如果不是丙吉在牢狱中悉心照看，刘病已可能都死了几十次了！

丙吉是个忠厚人。宣帝继位后，他绝口不提当年救护宣帝的大恩。后来，有个“则媪”出现，派老公上疏鸣冤。这个名“则”的老宫婢，年轻时在掖庭服役过，她让自己老公上书表功，说自己曾经抚养过皇上，所以请求朝廷照顾酬功。为了找人证明，她在疏中提到了丙吉。

看了奏疏，宣帝就把丙吉找来，和那个宫婢“则媪”当面对证，如果有功，肯定厚赏无疑。

看到这个老太婆，丙吉有些生气，说：你确实抱养过皇上，但因为疏于照顾，曾经受过我的责打。抚育皇帝真正有功的人，要属渭城人胡组和淮阳人郭徵卿，二人用乳汁养育皇上，她们才是皇帝的大恩人。

而后，丙吉一五一十地向宣帝详细讲述了胡郭二人在狱内共养宣帝的劳苦。感动之余，宣帝下诏求访二位乳母下落。

官吏回报，二人都过世了。人死了，但两个奶妈的子孙都找到了，于是宣帝厚赐报答。对于那位“则媪”，毕竟也养育过自己，宣帝也赐给她十万钱养老。

由于“则媪”事件，宣帝亲自查看了掖庭和长安监狱的一些原始文件，才得知丙吉从前对自己有大恩，非常感动。于是，他决定封丙吉为博阳侯，给他一千三百户食邑。结果，快要册封的时候，丙吉得病几死。怕大恩人挨不到受封那一刻，宣帝立刻派人到丙吉家里，想把侯爵印绶系在他身上让他受封。

当时，太子太傅夏侯胜劝宣帝说：“皇帝您如此顾念丙吉，他这次一定不会死。臣听说，积有阴德之人，上天一定会降福其子孙。如今丙吉没获封赏却得病，肯定不是什么致命重疾。”

果然，天佑善人，丙吉的病真好了。

得知皇帝封自己为侯爵，丙吉马上推辞，说自己无功受禄，寝食不安。宣帝当然不允。五年之后，宣帝还委任丙吉为丞相。

有好爹没好儿，丙吉死后，其长子丙显很快因罪失去了一等侯爵

“通侯”，被降为关内侯。后来在太仆任上，又因大肆贪污受贿，为人所弹劾。依据法律，估计这次连小命都要玩完。那时，已经是汉宣帝儿子汉元帝在位时期。

还好，关键时刻，从前郡邸狱里有个叫伍尊的人，曾经和丙吉一起伺候过襁褓中的宣帝。他此时上奏疏给元帝，详尽叙述了当时丙吉照顾宣帝的事情，包括方方面面每个细节。

这些细节，宣帝活着的时候，其实还都不是很清楚，诸如丙吉在狱中天天检查宣帝所睡的草席、查看草褥干燥潮湿程度、监督胡组和郭徵卿片刻不离宣帝、屡次选取容易消化的食物给宣帝享用，等等。

伍尊还说，这些事情，宣帝在世的时候我都仔细上奏过，但疏奏当时先到达丙吉手中，他因为谦让，就把疏奏中有关他详细养护宣帝的功绩都删除，把功劳全部让给宣帝乳母胡组和郭徵卿。虽然丙吉后来也受封为博阳侯，但他所受的赏赐还远远不够。本来，我有心不提旧事，以成全丙吉一片忠心和苦心。但现在丙吉的儿子丙显，因为金钱小过就要受处罚，我不得不冒死为丙吉出头……

当然，人情很复杂，伍尊当年和丙吉一起照顾过宣帝，又是老同事，肯定要替丙吉后人出头。最重要的是，当年丙吉把伍尊疏奏刻意删减呈报给宣帝，所以宣帝一直到死也不清楚丙吉对自己照料的细节，那么，也肯定更不清楚伍尊对自己呵护的恩惠。

从这么多年的情况看，伍尊受赏程度肯定远远不及胡、郭二位乳母，原因也在于丙吉推功的牵累。所以，伍尊彰显丙吉的功劳，第一出于对老同事的义气，第二也是为自己表功。

汉元帝亲自读了这封疏奏，十分感动，就没对丙显贪污大案深究，自然也厚赏了伍尊……

接着说宣帝报恩。

宣帝祖父太子刘据共有三男一女。事败之时，太子和两个儿子死在湖县，而太子的夫人史良娣、史良娣之子“史皇孙”刘进和妻子王夫人，以及太子嫁给平舆侯嗣子做媳妇的唯一女儿，都在动乱中被杀。

动乱后，自杀的太子之母卫子夫卫皇后和史良娣被埋在长安城南，史皇孙和妻子王夫人以及妹妹三人被葬在广明苑。

宣帝即位，还不敢马上给祖父平反，但从他给自己定的第一个年号“本始”看，显然要追本溯源，没有忘记祖父和父亲的冤屈。

于是，宣帝下诏，希望百官商议为父母置办祭守园邑。

经过一番讨论，有司上奏：根据《周礼》，陛下的皇位从昭帝处继承，所以对亲生父母不能以父母之礼祭祀。而且，孝昭皇帝已经为故皇太子在湖县修了陵墓，史良娣的陵在博望苑以北，陛下亲生父亲“史皇孙”神位，也已经安奉在广明苑外城墙的北面。根据谥法，皇帝生父谥号定为“悼”比较恰当，皇帝生母称‘悼后’。陵园规制，按照汉朝诸侯王配备，以三百家规格看守陵园。

宣帝看着疏奏，心里咯噔一下，他做了一个吞咽的动作，忍了。

不久，有司又呈上关于祖父刘据的谥号，宣帝看着奏疏，心里更不是滋味：故皇太子刘据谥号定为“戾”，配备二百家看守陵园；史良娣称“戾夫人”，配备三十家看守陵墓。

根据谥法：不悔前过曰戾，不思顺受曰戾，知过不改曰戾。戾，这个谥号，肯定属恶谥。当然，东汉时期成书的《说文》中还有解释：“戾。曲也，从犬出户下。戾者身曲戾也。”所以，“戾”字，在当时暗含有蒙冤受屈的意思。

由于自己刚即位，大臣霍光强势，宣帝还是忍了。八年后，元康元年（前65年），当时宣帝已经铲除霍家势力，大权在握，就为自己生父上尊号为‘皇考’，设立家庙，增加看守陵园的百姓至一千六百家，规格提升。

即便如此，对于祖父的谥号“戾”字，宣帝依旧没有改动。因为祖父刘据虽然冤屈，毕竟他背着武帝兴兵动众，擅杀大臣，其实还是有谋逆的举止。为了惩前毖后，原则还是要坚持的，宣帝要以此事来警示后人，以子反父的事情，绝对做不得！

宣帝地节三年（前 67 年），他又下令大臣们到处寻找生母王夫人娘家的人，还好，第二年就找到了亲姥姥王媪。当时这个老婆婆差不多老年痴呆了，回忆许久，才说自己曾经嫁给王乃始为妻，生下女儿王翁须和儿子王无故、王武。为此，宣帝追封外公王乃始为“广望王”，封外祖母为“博平君”，赐一万一千户给外祖母作为汤沐邑。两个舅舅也封为“平昌侯”和“乐昌侯”，每人食邑六千户。

让人鼻酸的是，浪迹偏僻乡下多年，当老婆婆王媪带着两个儿子来到长安的时候，坐在公家派出的一辆黄牛大车上，确实造成了一时轰动。长安城内百姓纷纷跑去看热闹，当时不知道车上那个老太太和另外两个人是谁，就称呼王媪为“黄牛妪”，也就是“黄牛车上的老太太”。

至此，悲剧终以喜剧收场。

有情报答许皇后，寡恩灭却霍家族

汉宣帝初露锋芒

汉宣帝本始元年（前 73 年）春，有司研究定策安宗庙大功，给大将军霍光增封一万七千户，加上原先的食邑，共两万户。同时，也给车骑将军富平侯张安世等十人增加了封邑，新封侯者五人，赐爵关内侯者八人。

显然，大将军霍光功劳最大。平心而论，如果不是霍光，帝位还真轮不到刘病已来坐。

从汉昭帝时，霍光长子霍禹及其侄孙霍云皆为中郎将，霍云弟弟霍山为奉车都尉、侍中，兼领胡、越士兵，霍光两个女婿都是东、西宫卫尉，其昆弟、诸婿、外孙皆奉朝请，为诸曹、大夫、骑都尉、给事中——可以这样说，整个朝廷，基本就是霍家的，盘根错节，枝蔓横生，成为汉朝最重要的政治势力。

举朝之中，根本无人能与霍氏家族势力相抗衡。

显赫如斯，霍光的夫人还嫌不足，非要把女儿嫁给宣帝成为皇后。如此，自己就能成为皇帝丈母娘。

宣帝初继位的时候，由于坚持己见，霍光女儿霍成君没能做成皇后，霍光虽然觉得有点没面子，毕竟是大臣，就是有些不痛快而已，毕竟自己外孙女是太皇太后了，不能把后宫都让自己霍家人占了。但是霍夫人就不干，处心积虑，非要当皇帝丈母娘不可。

俗话说，强扭的瓜不甜，更何况人家许皇后活得滋滋润润的，一时半时死不了，皇后的位置也空不出来。

别说，霍夫人真有主意，胆大包天，她真惦记上许皇后了。

霍夫人原本不是霍光原配妻子。霍光原配是东间氏，这位夫人身体不好，生了一个女儿就死了。那个女儿，就是上官皇太后的妈妈。而霍夫人不过是当时东间氏的陪房丫头，出身卑贱。依据古代的婚姻制度，陪嫁丫头不只是打扫房间侍候老爷、太太，也有接个短在床上侍候老爷的义务。后来她怀孕了不久，正巧正妻东间氏死了，她直接从婢女升级为夫人。

霍光这个人，在皇家政坛出生入死这么多年，为人特别谨慎。但霍夫人这个妇人，显然完全和霍光不是一路人，不仅不是一路人，简直就是截然不同的两类人。尤其是她自己出身卑贱，所以对身份和地位特别敏感。

汉宣帝继位之初，如果不玩那步“故剑情深”，诸大臣推波助澜，霍成君早就当皇后了。现如今，许平君是皇后，显然成为霍夫人的眼中钉、肉中刺。所以，这个许皇后要清除掉。

由于许平君出身平民，她为人特别和善，即使当了皇后，在宫内从来不奢侈浪费，不仅自己身边服侍的宫女人数少，平时吃穿用度都很简朴。

不仅如此，许皇后对长辈也毕恭毕敬，特别是和她自己年纪差不多的上官太皇太后，许平君低眉下气，每五天都去朝见一次，服侍周到，礼貌周详。宫内上下，都夸赞许皇后是个好人。

这样的皇后，深居宫中，咋清除呢？

机会来了。

本始二年（前72年），许平君再次怀孕。隆冬时节，即将分娩。

孕妇需要照顾，有个名叫淳于衍的女医者常常出入宫中。

这个淳于衍的丈夫，乃掖庭护卫，由于是禁卫军小头目，和霍家也比较熟悉，常常让自己老婆淳于衍和霍夫人走动，找一下大将军亲信的感觉。

做了好久宫廷侍卫，淳于衍的丈夫想外派当官捞点油水，于是他就对老婆说：你有空见霍夫人的时候，给我走走关系，最好能让大将军派我去当安池监。

安池，就是今天的山西芮城县。在汉代，那里是著名的盐池。制盐业在汉朝属于政府高度垄断的产业，到那地方管理盐池，油水大了去了。

无事献殷勤，非奸即盗。淳于衍就到霍家大院去见霍夫人，说出自己丈夫想外派的事情。

霍夫人一听，马上觉得淳于衍可用，就屏退左右，单独接待淳于衍，亲热地对她说："既然你信任我，我也信任你。不过，我也有件事要求你，你能帮我忙吗？"

淳于衍立拍起了胸脯："夫人说吧，您吩咐，哪里有我做不到的！"

霍夫人一笑："你也知道，我们大将军最爱的就是小女成君，一直想让她成为奇贵之人，所以，此事你要帮忙。"

乍听霍夫人此言，淳于衍当时有些反应不过来。"您啥意思，这事儿我能帮啥忙啊？"

霍夫人接着说："女人分娩生孩子，是人生鬼门关，十死一生。如今许皇后正要分娩，你可以趁着你当女医的身份投毒，许皇后死了，我女儿成君就能当皇后了。如果你肯帮这个忙，日后我定与你共享荣华富贵！”

饶是天天走街串巷，见多识广，淳于衍还是大惊失色。待了好久，她嗫嚅说：“皇后用药，种类繁多，而且每次成药后都要我们这些医生先喝先尝，没机会下手啊！”

霍夫人一拍胸脯，鼓励说：“事情怎么办，就看你本事了！我们霍家如今掌管全天下，谁敢乱说乱动！万一出意外，霍家也能保你平安。现在，就怕你不肯帮我们这个忙啊。”

霍夫人把话都说到这个份上了，淳于衍更为难了。

思前想后良久，淳于衍也知道自己根本没有选择，只能回答说：“我一定尽力而为！”

确实，如果淳于衍拒绝，或许当时她就不可能活着离开霍府。所以，她只能答应，必须答应。

心怀惴惴，事情还要干。于是，淳于衍弄了一些附子捣碎，偷偷带入皇后所居的长定宫内。

淳于衍为了行事利索，她在医生为皇后制作的大药丸子里面放了不少附子粉。

没过多久，许皇后就出现了中毒症状。

痛苦之余，许平君还问淳于衍：“我头昏昏的，这药里不会有毒吧？”

淳于衍连忙斩钉截铁说：“绝对没有！”

很快，许皇后就出现昏迷症状，不停抽搐，最后呼吸衰竭而死。

许平君被毒死的时候，距离她入宫才三年不到，时年 19 岁。

惊天大事做成，淳于衍立即去见霍夫人，报告消息。

霍夫人听后，虽然高兴，但毕竟谋杀了皇后，还是惊大于喜。她只是空加承诺，不敢马上特别明显地赏赐淳于衍。

为霍家行如此大事，啥好处没有，淳于衍也挺失落。

不久，宣帝收到举报，说许皇后乃非正常死亡。

惊怒之下，宣帝派廷尉按问，把许皇后分娩时在身边伺候她的所有医生和宫女都关押起来，准备严加审问。

廷尉希旨，皆劾以大逆不道之罪，加紧究治。

消息传出，霍夫人又怕又急，事情到了这个地步，不告诉霍光就没办法了。于是，密室之内，夫妻对言，霍夫人一五一十具告所以。最后，她求霍光说："既然我已经失计，让淳于衍干了这件事情，没有退路了，您就想想办法，千万不要让淳于衍受审啊！"

见多识广如霍光，听到自己老婆干出了这种招致灭族的事情，他一时间惊得发呆，良久默然不应。但毕竟是自己老婆，如果出事儿，自己难逃干系。最终，他还是滥行职权，让廷尉放掉淳于衍。由此，霍氏家族暂时躲过一劫。

如此大罪犯下，被自家老公庇护躲过，霍夫人依旧没忘让女儿入宫当皇后的事情，天天撺掇霍光赶紧趁热打铁。

事情如此，只能硬着头皮上了。朝中大臣，也纷纷上疏，推举霍成君为皇后。

当时的宣帝，虽然内忌霍光专权，但怎么也想不到霍光老婆霍显敢把自己的结发妻子毒死。既然许皇后都死了，皇后位子肯定不能久空，于是顺坡下驴，下诏纳霍光小女儿霍成君为皇后。

本始四年（前 70 年）春三月，霍光小女成为皇后，如此，霍家两个女孩在宫内为后，一个是太皇太后，一个是皇后。可笑的是，本来辈分高的霍成君，反而要在辈分低的上官氏面前俯首行礼。

许平君当皇后的时候，宫内从官车服非常节俭；霍成君当了皇后，舆驾、侍从越来越多，赏赐官属的金钱以千万计，所作所为，和先前勤俭节约的许皇后判若云泥。

霍夫人得意非凡。自从女儿入宫后，前皇后许平君的儿子一直没能被立为太子。可以想见，哪天女儿肚子一大，生下一个儿子，应天顺人，肯定就是大汉皇太子。如此一来，日后的皇帝就是我外孙。大汉天下，就是我老霍家天下。

许皇后死后，传言日盛。宣帝虽然年轻，但很老到，韬光养晦，把一切怀疑和反感都压在心间，对霍光依旧毕恭毕敬。而且，对待新皇后霍成君，宣帝也一副琴瑟和鸣、毫无芥蒂的样子。

皇帝皇后关系虽好，霍成君的肚子却一直没见动静。而宣帝后宫其他美人一个接一个地生下龙子，什么华婕妤、张婕妤、卫婕妤，大胖小子一个接一个。

女儿终于当成皇后了，霍光的身体却不行了。

地节二年（前68年）三月，霍光病薨。为此，宣帝和太皇太后上官氏亲临霍光葬礼，所赐霍光的梓宫、葬具以及下葬的乘舆规格，皆和帝王差不多，并下诏谥霍光为“宣成侯”。

霍光执政多年，杀人不少，得罪人无数。霍光活着，这些人敢怒不敢言；霍光一死，马上有人要清算霍家。更何况，宣帝本人早就对霍光的专权心存不满。《汉书》记载：

> 宣帝始立，谒见高庙，大将军光从骖乘，上内严惮之，若有芒刺在背。后车骑将军张安世代光骖乘，天子从容肆体，甚安近焉。及光身死而宗族竟诛，故俗传之曰：“威震主者不畜，霍氏之祸萌于骖乘。”

可见，“芒刺在背”这个成语，就是出于霍光。宣帝继位之初，霍光陪同新帝谒见刘邦庙，宣帝就感觉极其不自在，犹如芒刺在背，可见他对霍光的忌惮。可以这样说，当时宣帝的那种感觉，就种下了日后霍氏家族大祸的根源。

第一个跳出来揭发霍家跋扈的，乃御史大夫魏相。他托宣帝老丈人许广汉上疏，尽道霍家毒害许皇后之事。

得知此事后，宣帝依旧不动声色。他深知，霍氏家族势力在朝廷日久，盘根错节，没有十分把握，就不能轻举妄动。于是，他一步一步，慢慢收回霍氏家族男性成员的权力，特别是对那些手中有兵权的霍家子弟，皆分次削夺。

冰山都倒了，霍氏子弟依旧飞扬跋扈。霍夫人本人广治第室，马车规格拟于帝王乘舆，没事就在府内让侍婢以五彩丝绳拉着自己奔驰游戏。她是更年期老妇人了，还和府内的监奴冯子都通奸；霍禹、霍山大肆缮治第宅，成日在平乐馆走马驰逐；霍云多次称病私出，带着一堆宾客从人在皇家黄山苑中围猎，还派家奴冒充自己上朝谒见，朝中无人敢揭露；霍夫人依恃女儿是皇后，昼夜出入长信宫殿，无止无休。

一次，霍氏家奴与魏相家奴于马车抢道，双方发生冲突。霍氏家奴猖狂惯了，觉得都城之内霍家最牛，于是仗势欺人，竟然闯入魏相御史府大打出手，并扬言要砸倒御史府大门。无奈，府内官员对霍氏家奴叩头哀求，霍氏家奴才得意而去。

于是，心存大恨的魏相，开始和宣帝在深宫密谋，准备一举铲除霍氏家族。

就在霍光死去的第二年，宣帝册立结发妻许平君的儿子、时年七岁的刘奭为皇太子。霍夫人大恨，她绝对是个不知死的老妇人，霍光都死了，没人再罩霍氏家族了，她还想故技重施，教女儿霍成君去毒死太子刘奭。

身为皇后的霍成君竟然对母亲言听计从，好几次对太子刘奭欲下毒手，还差点得手……

日复一日，宣帝和魏相等人谋划，先从霍禹下手，逐渐削夺霍氏家族权力：

徙（霍）光女婿度辽将军、未央卫尉、平陵侯范明友为

> 光禄勋，出次婿诸吏、中郎将、羽林监任胜为安定太守。数月，复出（霍）光姊婿给事中、光禄大夫张朔为蜀郡太守，群孙婿中郎将王汉为武威太守。顷之，复徙（霍）光长女婿长乐卫尉邓广汉为少府。戊戌，更以张安世为卫将军，两宫卫尉、城门、北军兵属焉。以霍禹为大司马，冠小冠，亡（无）印绶；罢其屯兵官属，特使（霍）禹官名与（霍）光俱大司马者。又收范明友度辽将军印绶，但为光禄勋；及（霍）光中女婿赵平为散骑、骑都尉、光禄大夫，将屯兵，又收平骑都尉印绶。诸领胡、越骑、羽林及两宫卫将屯兵，悉易以所亲信许、史子弟代之。

眼看手中兵权渐无，霍氏一门都觉惊恐，满心怨尤。特别是霍夫人得知自己毒害许皇后的事情已经败露后，更是惊恐万状，家宴之时，反复催促霍家男人赶紧谋反。

其中，霍云的舅舅李竟出了个馊主意：让上官皇太后出面，诏召魏相和许皇后父亲许广汉赴宴。他们到后，霍光两个女婿立即在席间杀掉二人。而后，接着入宫杀掉皇帝，立霍禹为帝。

这事儿还没实施，就被人告发了。即使到了如此地步，宣帝依旧隐忍不发。

不久，李竟交通诸侯王事发，被逮之后，他把霍氏家族谋反的事情全招了。

此时，宣帝布置基本就绪，开始收网！

大案已成，霍云、霍山、范明友先行自杀；朝廷逮捕了霍夫人、霍禹、邓广汉等人，廷尉审讯后，霍禹腰斩，霍夫人及诸女昆弟皆砍头弃市；与霍氏相连坐的姻亲故旧，诛灭者数十家。

将霍氏家族全部诛灭之后，八月，宣帝派人向霍皇后颁令："皇后荧惑失道，怀不德，挟毒与母博陆宣成侯夫人显谋欲危太子，无人母之恩，不宜奉宗庙衣服，不可以承天命。呜呼伤哉！其退避宫，上玺绶有司。”

如此，时年二十三岁的霍成君，不得不结束皇后生涯，搬进冷宫昭台宫。十二年后，不知宣帝如何又想起了这位霍氏后人，可能觉得住昭台宫软禁还是太便宜她，复下令让她搬到云林馆监禁。至此，这位霍氏前皇后终于发觉全无生趣，只得上吊自杀……

霍氏一门，如果从霍光同父异母兄霍去病算起，在西汉政坛闪耀达六十年之久。殊功伟业，名动天地。但一朝败亡，恰似土崩瓦解，家族顿时烟消云散！

班固感慨说：

> （霍光）阖受襁褓之托，任汉室之寄……匡国家，安社稷，拥昭立宣，光为师保，虽周公、阿衡何以加此！然光不学亡术，暗于大理；阴妻邪谋，立女为后，湛溺盈溢之欲，以增颠覆之祸，死财（才）三年，宗族诛夷，哀哉！

在肯定霍光莫大功劳的同时，班固认为霍光不识大体，最后家族败于妻女之手。

而司马光，语深意切，说得更中肯：

> 霍光之辅汉室，可谓忠矣；然卒不能庇其宗，何也？夫威福者，人君之器也；人臣执之，久而不归，鲜不及矣。以孝昭之明，十四而知上官桀之诈，固可以亲政矣，况孝宣十九即位，聪明刚毅，知民疾苦，而光久专大柄，不知避去，多置私党，充塞朝廷，使人主蓄愤于上，吏民积怨于下，切齿侧目，待时而发，其得免于身幸矣，况子孙以骄侈趣之哉！

> 虽然，向使孝宣专以禄秩赏赐富其子孙，使之食大县，奉朝请，亦足以报盛德矣；乃复任之以政，授之以兵，及事丛衅积，更加裁夺，遂至怨惧以生邪谋，岂徒霍氏之自祸哉？亦孝宣酝酿以成之也。
>
> 昔斗椒作乱于楚，庄王灭其族而赦箴尹克黄，以为子文无后，何以劝善。夫以显、禹、云、山之罪，虽应夷灭，而光之忠勋不可不祀；遂使家无噍类，孝宣亦少恩哉！

司马光一席感叹，大意是说，霍光辅佐汉朝，可谓忠心无私，但他最后却不能保全家族，为什么呢？因为作威作福，乃国君独有的权力，大臣掌管权力而又长期不还政的，很少不遭大祸。昭帝十四岁就能察觉上官桀的奸诈，当时其实可以亲政了；何况宣帝继位时都十九岁了，聪明刚毅，了解民间疾苦，完全可以即时亲政。但霍光长期专权而不避让，安排亲党充塞朝廷，在上使国君愤怒，在下使大臣百姓怨恨。为此，霍光本人死前免遭清算，就非常不错了。而他的子孙不知收敛，反而变本加厉，怎能不垮台呢？

不过，司马光认定汉宣帝本人也有错，如果他在霍光死后只给霍氏家族以丰厚的利禄，让那些人做些虚官，也足可报答霍光拥立大德了。但宣帝却故意委任霍氏族人以重任，授以兵权，等到怨恨矛盾越来越多，便施以强制性的权力裁夺，如此，肯定招致霍氏族人怨恨而生谋反邪念。如此后果，不单单是霍氏家族自己招罪，也是宣帝故意酝酿而成。

蒲类成秦地，莎车属汉家

冯奉世宣抚西域

宣帝地节四年（前 66 年），龟兹国国王绛宾和王后来到长安，觐见宣帝。

西域小国国王，大老远的，他来汉朝国都干吗？

龟兹绿洲小国，在西域诸国中确实不大，但它的地理位置很特殊，向西南，是阿克苏、喀什；向东经过轮台，可以到达焉耆、楼兰；从龟兹河上行，进入天山中部的巴音布鲁克草原，然后就能到达开阔的伊犁河谷地区。

处于这样一个具有历史意义的十字路口之上，龟兹国的命运，肯定就和地形一样，起伏不定。

这样一个城邦国家，在龟兹王绛宾继位的时候，不过只有八万多人口。忽然有一天，这个小国忽然遭到了一支五万大军的袭击，而联军统帅，竟然是汉朝的使臣常惠。

汉朝天使主持下的西域联军，为什么要打龟兹呢？

早在武帝时代，贰师将军李广利曾经西征大宛，弄了不少“天马”凯旋班师。当时，汉军途径龟兹，发现如此蕞尔小邦，竟然以盟主自居，背着汉朝私下扣押小国扜弥的王子赖丹做人质。

龟兹、扜弥，皆大汉属国，龟兹没有权力让小国扜弥对它称臣。于是，贰师将军李广利痛斥龟兹国王之后，把赖丹王子带回汉朝。昭帝时代，汉朝就派这位赖丹王子为校尉，率领部伍到轮台屯田，替汉朝守边。

眼见汉朝培植的赖丹王子临近属地，当时的龟兹王就在龟兹贵族姑翼力劝下，发兵相攻，杀掉了王子赖丹。而后，龟兹王上书汉帝，表示自己擅杀赖丹很不对，积极承认错误。

龟兹国大胆妄为如此，汉朝肯定恼怒。但龟兹小国，路途迢迢，专门派军队去打它，显不出大汉威风，胜之不武。于是，就暂且搁置不提。

到了宣帝时代，当时杀掉赖丹的老龟兹王已经去世，绛宾继承王位。

这个时候，汉朝刚刚打完一场和匈奴的大仗，几路大军出击，唯独汉使常惠所率的乌孙雇佣军建功最多，奋击匈奴大胜而回。常惠回到汉朝后，被赐金封侯，然后宣帝就派他携带大量金币，转回乌孙国，代表汉朝厚报那些协助汉朝攻打匈奴的乌孙贵族。

临行，常惠忽然提起从前龟兹杀害赖丹王子的事情，希望顺便能够带着乌孙等军队教训一下龟兹。当时，怕常惠生事，宣帝摇头不许。临出国都，大将军霍光却暗中对常惠说，你既然代表大汉出使西域，可以见机行事。

有了当朝大将军的默许，常惠可就来精神了。到达乌孙，他以大汉天朝名义赏赐完乌孙贵族之后，就以自己所带的五百汉朝将士为主要前锋，集结西域联军近五万人，三面攻打龟兹。

正式开打前，常惠派出使者，入城谴责龟兹先前擅杀赖丹王子的罪行。

汉军最近常常打得匈奴远遁，如今，集结大军到达自己家门口，刚当国王不久的绛宾忙不迭派人求哀："这事儿和我没关系，乃先王之时贵族姑翼撺掇先王做的，小王我无罪啊！"

常惠一听，也挺高兴，不战而屈人之兵，善之上善者也！于是，他让使者传话："既如此，把姑翼绑起来送到我们这里，我饶你不杀！"

龟兹王绛宾的执行力太强了。汉使刚刚入城送信，龟兹贵族姑翼，已经被龟兹王绛宾派人五花大绑，变成一个粽子等候汉使发落。

姑翼也倒霉，他被汉朝使者带到龟兹城外后，常惠在数万西域联军面前，以大汉帝国的名义，宣示他昔日杀掉赖丹王子的罪行，然后当众斩首。

大汉恩威并重，在西域讲究信用。姑翼脑袋切下来后，常惠守信义，舍龟兹不攻，而且马上遣散西域联军，率领汉朝使团回国。

就此，龟兹和汉朝恢复了关系正常化。

日后的事实证明，龟兹国王绛宾的决定非常正确。匈奴日弱，大汉日强，龟兹蕞尔小邦，事大才可以生存。

同为汉朝属国，乌孙使团一次又一次在龟兹国内休息。每次接待之时，绛宾都会从乌孙使者那里听到大汉多么强大，而且能够看到汉朝赐给乌孙的礼物是多么丰盛。不仅乌孙如此，西域诸国都是如此。只要臣服大汉，使臣一去，每次都可以从长安大打秋风，从来没有一次空手返回的。

没过多久，龟兹王绛宾心动，也想和汉朝攀上亲戚。

怎么攀啊，芝麻小的国家，汉朝不可能嫁公主给自己啊。还好，一队乌孙使团路过，其中有乌孙美女第史。这第史来历不凡，她的母亲乃是汉朝嫁到乌孙的解忧公主。第史，作为大汉公主和乌孙国王所生的女儿，够尊贵了。龟慈王绛宾爱上了第史，并与之成婚。

小两口日子过得火热，解忧公主也高兴。于是，她就给宣帝上疏，希望能允许自己的女儿、女婿到长安觐见。

按理说，龟兹这种小邦国王，真没资格到长安去。岂料看在解忧公主的面子上，汉宣帝同意了。

大张旗鼓，全国总动员，龟兹王绛宾带着无数当地特产，万里迢迢，去大汉都城长安朝拜宣帝。

为了继续孤立匈奴的政策，汉廷怀柔远人，对于西域来客更是热情招待。加上有解忧公主这层关系，汉朝特别提升招待第史一行的级别，还破格正式任命第史为汉朝的公主。连同夫婿龟兹王绛宾，双双都被宣帝赐予印绶，还有象征地位和荣誉的车骑旗鼓两套，金银珍宝以及绫绸缎绮更不用讲，车载斗量，琳琅满目。

这夫妻俩在长安被招待了一年之久，才满心欢喜地回到了龟兹。

在这一年时间里，绛宾眼界大开，眼福大饱，大汉的繁荣和富足，使得天天满眼黄沙的小国国主觉得自己已经在天堂里面生活了。

最终，就是这一年的富贵荣华，使得龟兹王绛宾成为铁杆的汉文化超级粉丝。回到龟兹国都，他仿效大汉宫室，按千分之一的比例缩小，也建立了自己的“宫殿”。宫里宫外，仆从宫人，都要穿戴汉式服装，行动坐卧，礼仪一依汉式！

绛宾这种努力，肯定使得当时的龟兹文化焕然一新。当然，也有人对绛宾这种小国盲目模仿汉朝文化的举止大加讥讽：“驴非驴，马非马，若龟兹王，所谓骡也。”日后“非驴非马”的成语，就是这样出来的。

这句话，显然出自龟兹周遭的西域国家，基于酸葡萄心理，他们批评绛宾的所为不伦不类。

绛宾形式上的汉化模仿，看似雷人，实际上也挺精明。巴结大汉朝，就等同给自己国家上了保险。到绛宾儿子辈，还真以“汉朝外孙”为标牌，天天在西域诸国面前显摆。

在当时西域那样错综复杂的形势下，绛宾果断事大，完成他作为一代国王的使命。到东汉时期，龟兹已经发展成为环塔里木盆地最强大的绿洲王国。

带了不知多少金银珠宝和绫罗绸缎回到龟兹，绛宾显摆一路，可把西域诸国给眼馋坏了。在当时的西域，诸小国林立，并不是所有王国都有资格直接和大汉搭上关系。为此，眼红羡慕之余，一个小国也开始活动了。这个国家，就是莎车国。

乌孙解忧公主除第史这个女儿以外，还有个儿子万年，正在长安留学读书。恰好，莎车国王病死了，大臣们一商量，觉得乌孙、龟兹两国，正是因为和汉朝有姻亲关系，吃香的，喝辣的，整车整车从汉朝往回带金银财宝。既然我们莎车老国王死了，就拥立解忧公主的儿子万年做国王吧，这样一来我们就能直接跟大汉朝攀上亲戚关系。

于是，莎车国诸大臣联名上疏，哀求汉宣帝把正在长安的万年派到自己国家，做新一任莎车国王。

万国来朝的感觉挺好，汉宣帝一高兴就同意了，派奚充国为使者，正式护送万年回到莎车国，登基为王。

万年带回去不少汉朝赏赐的好东西，一时间大家多多少少都有份，上下都挺高兴。

但利益这东西，总会让有的人不高兴。死去的莎车国王的弟弟呼屠征，就很不高兴。

有汉朝这么大的靠山支持，呼屠征不高兴也就不高兴了，如果万年会笼络人心，拉拢莎车国人，慢慢也就会坐稳王位。偏偏万年这个年轻人属于富二代，在长安待惯了，喜欢挥霍享受。他在莎车国内就赏杀随意，于是，很快不得人心，激起众怒。

此时，该呼屠征高兴了。他趁机联络临近支持自己的部落，忽然起事，冲入王宫中杀死了醉醺醺的万年。

如果仅仅是杀了万年，日后上表谢罪，估计汉朝还不好即刻对莎车怎么样。

过分的是，呼屠征杀得手滑，连汉朝使者奚充国以及他带去的一些汉朝使团的人都一起杀了，然后，他自己趁势做了莎车王。

这还不消停，呼屠征派人到天山南路各国，到处煽动说："西域北路各国，全部都归附匈奴，脱离了汉朝，希望南路各国也应该和我们莎车联合起来，脱离汉朝，和匈奴联合！"

此时此刻，汉朝如果没人出头追究，西域又这么边远，估计也就和当初龟兹老国王听姑翼杀赖丹王子一样了。

孰料，当时汉朝有个能人，就在西域！

这个能人是谁呢?

冯奉世!

冯奉世，字子明，其先世冯亭，战国时代威名赫赫，曾与赵将赵括共同抵抗秦军，最后战死长平。秦灭六国后，冯亭后人在秦国为大将，包括冯毋择、冯去疾、冯劫，皆为秦国将相级人物。二世继位后，赵高用事，冯去疾、冯劫相继自杀。

汉朝建立，冯氏家族又出了个名人冯唐。冯唐一生困顿，历经文帝、景帝、武帝三代，白发皓首，依旧为郎官。一次，汉武帝乘轿路过郎署，发现这么一个白头发老头子，就问："你这么大岁数了，怎么还是一个郎官？"冯唐直言不讳："文帝时我已经是郎官，可是当时文帝好文，而我好武；景帝时代，景帝提拔人看相貌，而我貌丑；陛下即位，您喜欢年少有为之人，而我糟老头子一个，故而蹉跎如此。"武帝听冯唐一席话，大有触动，立刻提拔他为车骑都尉。

所以，这就是"冯唐易老"典故的由来。到了唐代，大诗人王勃在其名篇《滕王阁记》中，有这样的诗句："时运不齐，命途多舛。冯唐易老，李广难封！"此"冯唐"，即指冯奉世的祖父。

冯奉世生于武帝时期。武帝末年，他以"良家子弟"被选为郎官；昭帝时，补为武安长。而立之年，他却没能得立，失去了官职，回到家乡蹉跎了好久。

家居期间，冯奉世苦读《春秋》，一心研究兵法，后来被在朝中执政的大将韩增推荐，到军中任职。汉宣帝本始三年（前 71 年），他随军攻打匈奴有功，回来后恢复了他以前的职务，重新担任郎官。

而后，韩增又推荐冯奉世出使西域。在他之前，朝廷曾多次派大臣出使西域各国，多数人都不称职，有的乘机大肆贪污，有的受到西域属国的困辱，光荣完成使命的人不多。由于近期乌孙协助汉军打击匈奴有功，汉廷就决定派出使团予以安抚，顺便在西域诸国宣扬汉朝国威，加强与当地各部族的联系。于是，宣帝授冯奉世为卫侯，奉命持节，出使大宛（在中亚费尔干纳盆地，当时有属邑七十余城），并负责护送大宛使臣回国。

冯奉世一行走到伊修城（今新疆鄯善境内）时，都尉宋将向冯奉世报告：莎车与周遭部族共同发兵，攻杀了汉朝所立的莎车王万年，并杀汉朝使者奚充国。同时，匈奴又发兵攻车师城，因城坚不能攻克而暂时离去。莎车趁此乱局，遣使到处扬言北道诸国皆归附匈奴，发兵攻劫南道诸国，结盟叛汉。从此，鄯善以西道路都被堵截。而在当时，汉朝的都护郑吉和校尉司马意皆在北道诸国出使，如果事态恶化，汉朝这两个使节和他们的随从，都有性命之忧。

冯奉世忽然得知西域发生了这么大的意外变故，感觉事态严重，就对副手严昌说："如果我们不马上攻打莎车国，其势日强，越来越难控制，接下去，西域各国肯定受到莎车威胁，再想收拾就难了。"

如果莎车联合周围诸国反叛汉朝，肯定会使得西域南道陷于战火之中。届时，在北道经营的汉使郑吉肯定会非常被动。所以，进攻莎车，就是恢复西域南道的平静，就是支持北道的郑吉能够一心一意和匈奴争夺车师。

冯奉世当机立断，马上以汉朝使节的名义，高举汉朝节旄，代表汉天子向各国征兵。

汉朝在西域有威信，没几天，冯奉世就征集到一万五千人马，浩浩荡荡杀向莎车。

莎车新王呼屠征傻眼了，王位还没坐热，人家汉朝使臣就率领联军攻打到城门口了。这时候，先前他发兵杀国王万年和汉使奚充国的果决，丝毫不见。惶急之下，呼屠征在没住几天的皇宫内转了几圈，最后，下定决心，拔出一把大刀，猛力一挥——把自己给砍了！

有本事你出去和汉军联军过几招也好啊，还没交手呢，他先畏罪自杀了。

莎车王呼屠征自杀，莎车大臣们都大松一口气，国王这大胡子脑袋，可以换得满城人民的性命。

莎车大开城门，把国王脑袋装在盘子里，毕恭毕敬跪送给汉朝使者冯奉世。

于是，冯奉世立刻派人把莎车王首级送到长安阙下。西域先前和莎车国王呼屠征结盟的诸小国，顿时派人来表示孝敬，辩称自己从前都是受到莎车要挟才断绝和汉朝的关系，希望汉朝饶恕。

汉宣帝得知冯奉世大定莎车的事迹，高兴异常，马上对先前推荐冯奉世的韩增将军说："祝贺将军，你真是举荐得人！"

既然莎车不攻而下，冯奉世就遣散了诸国联军兵士，继续陪着大宛使者，到达了大宛国。

大宛国王得知这位使者冯奉世不费吹灰之力就打败了莎车国、逼得莎车王自杀，又惊又服，对这位汉朝使臣格外尊敬，天天刻意招待不说，临行，还特意把几匹"象龙"宝马（这种宝马，应该就是汉武帝孜孜以求的"汗血"宝马）奉上，希望冯奉世带回去孝敬汉朝皇帝。

由此，汉朝更是威震西域，西域各国，再无人敢与汉朝作对。

回到长安后，冯奉世向汉宣帝详细报告了平定莎车国的经过，并将大宛国赠送的宝马奉上。欢喜之余，宣帝让大臣们商议一下，可否因为平定莎车的功劳而封冯奉世为侯爵。

丞相魏相和将军韩增等人都认为："按照《春秋》之义，大夫出疆，只要能够有利于国家，矫制专擅也是可以的。冯奉世功勋卓著，应该封他为侯爵。"

但是，身为大儒的文臣萧望之却不以为然，他认为冯奉世出使西域，假传圣命，擅自发西域诸国兵，进攻莎车。虽然取得功效，但不应该成为后世效仿的榜样，所以不应该鼓励。如果封他为侯，那么以后出使各国的使者，都可以拿冯奉世当借口，争相发兵，于万里之外贪图立功，以"为国争光"的名义在夷狄远地生事。为此，朝廷不能开这个口子，冯奉世不能封侯。

萧望之虽然有些迂腐，其言其语也不无道理。最后，汉宣帝还是赞同了萧望之，封冯奉世为光禄大夫、水衡都尉。

后来，汉元帝即位，冯奉世被拜为执金吾，负责京城的卫戍防卫。

常惠死后，他即代常惠为右将军、典属国。几年之后，得拜为光禄勋。

元帝永光二年（前42年）秋，陇西羌人反叛汉朝。冯奉世不仅出谋划策，还亲自到前线坐镇指挥。最终，羌人的陇西叛乱得以平息。

班师凯旋后，冯奉世封爵关内侯，调任左将军。

作为汉朝著名的儒将，冯奉世一生转战南北，当机立断，建立奇功，确实能置生死于度外，一心报国。

冯奉世死后二年，西域都护甘延寿、陈汤以诛杀郅支单于被封为列侯。当时，不少人因此而想起了先前平定莎车而不获封侯的冯奉世，并有大臣上书，为死去的冯将军未得应有封赏而大鸣不平。

北宋诗人黄庭坚写过一首诗，从艺术角度讲，这诗写得很差，但却能概括冯奉世将军的一生功业：

> 前世秦将相，先祖汉冯唐。《春秋》涉大义，《兵法》参精详。恭送大宛使，击毙莎车王。不畏风寒苦，声威震西疆。

汉宣帝时代，是西汉最后的闪耀时代。宣帝君臣，恰如璀璨的星辰，高高悬挂在历史的蔚蓝天幕中，让后人追思无限。

对于汉宣帝的历史功绩，班固在《汉书》中赞叹道：

> 孝先之治，信赏必罚，综核名实，政事、文学、法理之士咸精其能，至于技巧、工匠、器械，自元、成间鲜能及之，亦足以知吏称其职，民安其业也。遭值匈奴乖乱，推亡固存，信威北夷，单于慕义，稽首称籓。功光祖宗，业垂后嗣，可谓中兴，侔德殷宗、周宣矣！

汉宣帝执政以来，乾纲独断，恢复了被霍氏外戚把持的刘氏天下，

汉宣帝像

澄清吏治，惩治腐败，削弱权臣势力，使得王朝政令畅通。在中央，调整了内、外朝关系，减省了尚书中间环节，恢复了汉初丞相职位；在地方，宣帝严把郡国守相简选的条件，认真甄别人才，把治国安邦之术作为官员挑选的标准，使得地方官员的权力合理化；对于汉朝所属的郡国，悉心关注守相选择，保证国家权力牢牢掌握在皇帝手中；同时，宣帝健全了官吏考核与奖惩制度，不定期派使者巡行郡国，对二千石官员的工作进行考察，综合名实，信赏必罚。

宣帝执政时期，励精图治，任用贤能，汉朝的吏治整顿取得明显效果，培养和造就了一大批“良吏”，强化了中央集权。如果我们统计整个西汉时代的官员，就可以发现在宣帝一朝，良吏最多，他们为政宽简，执法公平，甚得民心。而且，由于具有一套管理吏治的奖励机制，宣帝属下的官吏素质得到进一步提高，使得当时的汉朝国家机器正常而高效运转。

在意识形态方面，宣帝继昭帝召开盐铁会议之后，在甘露三年（前51年）于石渠阁召开儒家经学大会，全方位讲论“五经”同异问题。不仅萧望之等大臣参加评论，汉宣帝本人也亲临会场，随时对当时学界所争论的问题做出裁决。汉武帝“独尊儒术”以来，儒家经书在汉代有至高无上的权威。经过这次讨论，原属民间学派的如梁丘《易》、大小夏侯《尚书》以及穀梁《春秋》都进入了官学，可谓百家争鸣，百花齐放。

宣帝时代，继续奉行昭帝时期的轻徭薄赋方针，在徭役方面，也尽量减省。同时，为减轻农民转漕和徭役不息之苦，宣帝还有计划地在西北地区进行大规模屯田，认真抚恤流民，抑制兼并。宣帝时代，朝廷还深入实际，对汉朝流民的抚恤措施更加具体化，把国家苑囿或郡国公田借给少地或无地的贫民耕种，使他们有机会重新变为国家编户。

宣帝时代，整顿官营，调整工商，对于工商官营政策进行了极大的整顿，在很大程度上减轻了官员徇私枉法、贪污腐败等问题，有利于百姓的休养生息。

当然，后世对于宣帝时代最神往的，当属宣帝君臣开疆拓土，匈奴来服的壮举。神爵元年（前 61 年），汉朝击败西羌，赵充国将军实行屯田，加强边防，羌人归顺。神爵二年（前 60 年），宣帝在乌垒城（今新疆轮台东北）设立西域都护府，监护西域诸城郭小国，使天山南北正式归属于中原政权。

在悉心经营西域的同时，宣帝还大力打击匈奴势力，不给对方喘息时间和机会。特别是神爵二年（前 60 年），匈奴发生内乱，汉朝抓住了历史性机遇，最终迫使呼韩邪单于于甘露三年（前 51 年）亲至五原塞，请求入朝称臣。从此，多年为敌的匈奴成为汉朝藩属，汉匈关系终于实现了历史性的转变。

黄龙元年（前 49 年）冬，宣帝忽然得病。十二月，暴崩于未央宫，年仅四十四岁，在位二十五年。

群臣上谥，谥之曰“宣”，上庙号“中宗”。根据谥法，“圣善周闻曰宣”。汉朝，特别是西汉，是中国历史上制定庙号和谥号最严格的朝代。而中宗宣帝刘病已（刘询）之所以能够成为汉朝四位拥有正式庙号的皇帝之一，还是因为他的历史功绩。我们只要看另三位的名字，就可以得知宣帝是多么重要的一位皇帝——太祖高帝刘邦、太宗文帝刘恒、世宗武帝刘彻——如果不是一代英主，不可能在西汉拥有正式庙号。

可以这样说，汉宣帝确实雄才大略，他的文治武功，彪炳史册！他所统治的时期，也成为汉朝人民生活最安定、武力最强盛、经济最繁荣的时期！

香气氤氲的年代

汉成帝和赵氏姐妹

沉香，这种烧钱的东西，从古至今，几乎都是皇家贵族奢侈放纵的巨大符号。

那么，沉香何时首次出现在中国史书中呢？

我翻看了不少有关沉香的非专业人士写的“专业”著作，发现不少学者都言之凿凿，说沉香首先出现在汉朝史籍，汉成帝宠爱的美女姐妹花赵飞燕、赵合德都使用过这种东西。但言及原始史书文献中如何描述，学者们皆语焉不详。

经过仔细钻研，我发现，所谓“赵氏姐妹爱沉香”的“史料”，不是出现在汉朝史籍里，而是出现在明朝时期朝鲜半岛的《文苑楂橘》中：

> 婕妤（赵合德）奏书于后（赵飞燕）曰：谨奏上三十六物以贺。金屑组文茵一铺，沉水香莲心碗一面，五色同心大结一盘，鸳鸯万金锦一匹，琉璃屏风一张，枕前不夜珠一枚，含香绿毛狸藉一铺，通香虎皮檀象一座，龙香握鱼二首，独摇宝莲一铺，七出菱花镜一奁，精金鋡环四指，若亡绛绡单衣一袭，香纹罗手藉三幅，七回光莹肪发泽一盎，紫金被玉香炉三枚，文犀辟毒箸二双，碧玉膏奁一合……

后（赵飞燕）报以云锦五色帐，沉香水玉壶。

婕妤泣怨帝曰："非姊赐我，死不知此器！"

帝谢之，诏益州留三年输，为婕妤作七成锦帐，以沉水香饰。

看这些文字，赵氏姐妹互相送礼的奢侈用品，真是琳琅满目。而这本书其实根本不是朝鲜某位文人的原创，而是当时半岛一个酷爱中华文明的文人小圈子根据明朝文人同名小说《文苑楂橘》传抄翻刻而成书。

《文苑楂橘》原书内容，大概更加丰富杂芜，经朝鲜人选摘后，至今仅存二卷，都是汉语文字，现藏于韩国鲜文大学中文系。

也就是说，所谓"'沉香'一词在汉朝史书中首次出现"之说法，乃当今某些"历史学家"望文生义，把明朝小说当正史了。

那么，汉朝有"沉香"吗？一本东晋时代托名"葛洪"的著作《西京杂记》，确实言及赵飞燕喜欢香料："玉几玉床白象牙簟绿熊席，席毛长二尺余。人眠而拥毛自蔽，望之不能见。坐则没膝，其中杂熏诸香。一坐此席。余香百日不歇。"

也就是说，汉成帝时代，赵飞燕、赵合德姐妹使用的香料中，可能有沉香，但《西京杂记》并没有确切记载。

《西京杂记》这本托名著作，应该是东晋无名氏杂抄汉魏六朝佚史所成，其中所述西汉之事，怪诞不经，多不足信。但如果拿这本书当小说看，就很有趣味了。

无论如何，汉朝时代，王公贵族已经开始频繁使用香料。这种高级奢侈品，气味之芬芳，肯定超出我们常人的想象力，其价格肯定也是骇人心目。

芳香迷茫日色昏，沉迷犹在汉宫春

作为盛衰分水岭的汉元帝时代

作为中兴之主的汉宣帝刘病已崩后，其太子刘奭继位，这位皇帝就是历史上的汉元帝。

汉元帝生于昭帝元平六年（前75年），属马，乃宣帝与嫡后许平君生的儿子。

由于霍光等大臣所拥立的昌邑王刘贺昏淫，被废去皇帝封号。当时，刘奭出生才几个月，其父刘病已就作为武帝嫡系曾孙，被霍光拥立为皇帝。两年后，元帝生母许皇后被霍光妻毒死。

霍光死后，地节三年（前67年）四月，刘奭被宣帝立为太子。黄龙元年（前49年）十月，宣帝崩，刘奭继位。

一朝天子一朝臣，一朝天子一代新人。元帝刘奭继位以后，宫内有两个女人的身份也有所“提升”，其中一个，乃霍光的外孙女上官氏宣帝时已是太皇太后，又长了一辈；另一个是汉宣帝皇后王氏，升为“皇太后”。有些人看汉史不细，以为这位姓王的皇太后就是日后王莽的那位姑姑王太后。其实不是，那个王太后的名字是王政君，在历史上要有名得多。而汉元帝名义母后的这个王太后，历史上一般称为“邛成太后”（因为她父亲被封为邛成侯）。而帮助侄子王莽最后篡汉建立新朝的那个王太后王政君，是这个王太后的儿媳。

宣帝的王皇后，也就是元帝的王太后，宣帝在位之时并不为宣帝所喜，她是宣帝刘病已在民间斗鸡玩狗时代认识的老好人王奉光的女儿。宣帝这个人很念旧，他继位之后，从前对他好的人，无不厚加赏赐。老王从前和自己玩斗鸡的时候常常故意输钱给自己，为此，宣帝就把老王的女儿纳入宫中。

许皇后被霍夫人毒死后，宣帝为了找人替自己看养太子刘奭，除派丙吉、疏广、黄霸以及萧望之等大臣担任太子太傅之外，就封老王的女儿为婕好，让这个老实巴交的女人抚育太子。

在宫内，王婕好虽然不受宠，但她很知足，毫无怨言地精心照顾太子。为此，宣帝后来把这位养育太子劳苦功高的婕好封为皇后。

五凤元年（前57年），宣帝为十八岁的太子刘奭举行成人冠礼。当时的汉朝看上去一切都喜气洋洋，四夷来朝，国强民富，宣帝身体健康，储君孝顺有礼，一派祥和气氛。但是，随着太子的长大，宣帝越来越不喜欢这位太子。

宣帝不喜欢太子，倒不是因为太子不好，而是因为这位太子太好了！

根据汉书记载：

> （汉元帝）壮大，柔仁好儒。见宣帝所用多文法吏，以刑名绳下，大臣杨恽、盖宽饶等坐刺讥辞语为罪而诛，尝侍燕从容言："陛下持刑太深，宜用儒生。"
>
> 宣帝作色曰："汉家自有制度，本以霸王道杂之，奈何纯任德教，用周政乎！且俗儒不达时宜，好是古非今，使人眩于名实，不知所守，何足委任？"乃叹曰："乱我家者，太子也！"由是疏太子而爱淮阳王，曰："淮阳王明察好法，宜为吾子。"而王母张婕好尤幸。
>
> 上有意欲用淮阳王代太子，然以少依许氏，俱从微起，故终不背焉。

大概宣帝昔日为皇太子刘奭选的师傅都是儒生，加之长子性格，刘奭太喜欢儒家经术了。为此，对于父皇所任用的官员多为严刑酷法的干吏，他就有看法。

从表面上看，历史上的宣帝似乎特别重视儒教，但他这个人实事求是，在实际施政过程中，根本就不是那种食古不化的书呆子皇帝。所以，在尊儒的外衣下，宣帝着重实际的效应，崇尚功用实效。当然，宣帝所谓的“霸道”，并非只是包括先秦法家关于刑名学说的治国之道，其中也包括了《春秋》《诗》《尚书》《礼》等著作。

但太子一句“宜用儒生”，换来宣帝深深叹息。嗟叹之余，他又说：“日后乱我刘氏皇国者，太子也！”

这话，其实说得非常重。

身为皇帝，说自己儿子日后可能会导致家国混乱，按理说，应该换人了。而当时，宣帝特别宠爱张婕妤，爱屋及乌，更爱张婕妤生的儿子淮阳王刘钦。宣帝这个次子刘钦，和宣帝一样，也特别喜欢研究律法，聪明伶俐。由此，宣帝曾有几次当着大臣的面称赞刘钦说：“真我子也！”

也就是说，元帝当时的皇太子位置，也看上去岌岌可危。

可是，有两个因素，最终保证了刘奭太子地位不失：第一，刘奭的母亲恭哀皇后许平君，毕竟是宣帝微贱之时的结发妻子。宣帝忆念旧时恩情，不忍换掉他和许平君所生的太子；其次，刘奭的儿子，也就是日后的汉成帝刘骜，深为宣帝所喜。当时的宣帝，出去游玩宴饮，都会把这个大孙子带在身边，宠爱异常。

汉元帝，从人品上说，百分之百好人一个。在他作皇太子的时候，姬妾虽然有十多个，但最喜欢的要属司马良娣。红颜命薄，汉宣帝甘露三年（前 51 年），司马良娣病重，临终，她悲伤无限，拉着刘奭的手，说：“我觉得自己并非寿数已尽，而是宫内那些美人嫉妒我，她们轮番诅咒我，我才会到今天这个地步！”说了这话之后，司马良娣撒手西归。

刘奭还真信了，他过后大病一场。病好后，这位皇太子闷闷不乐，再见到自己那些姬妾，恨从心起，总觉得司马良娣是她们诅咒死的，所以干脆一个都不见。

但刘奭毕竟是皇太子，你不喜欢女人没关系，帝国可是需要继承人，这是真正的“政治任务”！

为此，汉宣帝就派王皇后精心为皇太子挑选几个出身良家、年轻貌美的宫女。

于是，王皇后根据自己的审美，挑选了王政君等五个美人。她知道，单独让皇太子挑，人家小伙子肯定烦。既然是“政治”任务，王皇后就乘太子来拜见宣帝的时候，让那几个姑娘展示了一下，给太子挑选。

对于刘奭来说，司马良娣乃自己最爱，临次花丛懒开眼，心中只有逝美人。所以，那几个姑娘晃了几次，刘奭根本连看都懒得看。

王皇后很上心，不停派人催问太子，到底看上哪个美人了。被催无奈，刘奭随手瞎指了一下，那个还行……

宫内宦者心内也急，那边皇后催着，这边太子眼睛都不大开一下。怎么办，他随手一指，到底是哪个呢？！

得，反正太子瞎指是完成任务，我也给皇后完成任务。宦者着急计生。恰好有个叫王政君的姑娘离皇太子位置最近，那天又偏偏穿了一件镶着绛色边缘的掖衣。皇太子胡乱这么一指，宦者只能论衣服取人了。

于是，宦者像模像样，马上趋至王皇后处，报告任务完成，说太子已经喜欢上一个美人了，挑拣之后，表现得还心事重重的，显然是特别喜欢。

王皇后很高兴，希望被挑出来的这个王政君能够成为皇太子的“药丸”，治好他对司马良娣的相思病。于是，马上派人收拾打扮，郑重其事，打发侍中杜辅、掖庭令浊贤亲自把王政君送入太子宫内的丙殿。

也真奇怪，虽然并不喜欢王政君，大概是郁闷无聊，又出于青春晚期，刘奭当夜就与她春风一度。恰恰是这春风一度，王政君竟然怀孕了。太子后宫之内，娣妾几十人，诸如司马良娣，受御幸长达七八年，也没怀孕。而这位王政君仅仅陪睡一次，就龙子上身，确实让人感到不可思议。

甘露三年，王政君为大汉帝国生下了皇孙。宣帝特别高兴，亲自给他起名刘骜，字太孙，没事到哪儿都爱带着这个小孩子。骜者，骏马也，可以想见宣帝对这个孩子多么寄予厚望——希望他成为大汉王朝千里驹！

等这孩子大了，他爸爸汉元帝死了，刘骜就成为皇帝，也就是日后的汉成帝。

汉元帝摸黑随意上床的这个王政君，生于魏郡元城（今河北正定），出身也算上是一个官宦世家。她祖父叫王贺（字翁孺），在武帝年间任绣衣御史，类似皇帝私人特务，奉武帝诏命，到各郡国监督、催办当地官吏，参与审讯当地所抓到的“贼人”。

王贺本人倒不是江充那样的坏人，对于多数走投无路被逼造反或者闹事的百姓，他能放的就放，对于审理案件的官吏也睁一只眼闭一只眼。所以，回朝之后，因为他的业绩不好，没通过武帝考核，就被就地免职了。

王贺当时挺能想得开，叹息道：“我听说一个人如果能够救千条人命，子孙会得到善报而封爵！我放过了一万多人，子孙将来的回报应该不会差吧！”

还真不差！王贺有个儿子叫作王禁，一步一步稳定做官，最后官至廷尉史。而且，王禁的生育能力也很强，他共有四个女儿、八个儿子。而其中的二女儿，就是日后汉宫中大名鼎鼎的王政君。那王政君本来都许配给别人了，但不久那个准新郎就病死了；再许配，攀了一个高枝儿，汉朝的东平王准备纳她做姬妾。这姑娘真命硬，聘礼接到没多久，东平王也呜呼哀哉了。

如此大“扫帚星”养在家里，王禁也嘀咕，赶紧找个卦师算卦。卦师眼球乱转了数次，故作神秘状，对王禁说：你家闺女命太好了，贵不可言，日后肯定会嫁个大富大贵之人！

刘贺玉印　出土于海昏侯墓

王禁特别高兴，对女儿王政君的投入也加大，琴棋书画都找老师教。

宣帝五凤年间，王禁把王政君送入宫中。卦师暗示作用很大，既然闺女要嫁给大富大贵之人，那人肯定在宫中。

王政君初入宫时，级别特别低，属于最普通的宫女，即史书中所谓的“家人子”。这个级别在宫内，比起嫔妃中最高级别的婕妤，要整整低了十四级！

汉元帝这个人，“柔仁好儒”，但作为一个帝王，柔仁有时候就是“优柔寡断”的同义词。“仁”，说不定是“妇人之仁”。

元帝“好儒”不是假装，他本人应该可以说是一个经学能手，那种功底，还真不是只会背诵一些文章啥的，而是有深刻研究。身边从小有那么几个大儒做老师，元帝想不当专家都不可能。

汉元帝继位后，汉朝政治日趋腐败，天灾频繁，加之汉朝土地兼并日趋加剧，农民破产人数日益增多，各地不断暴发民变。面临如此严峻的社会形势，其实元帝应该采取的是“霸术”，而不是“纯任德教”的儒术。岂料，汉元帝就是反其道而行之。

首先，元帝大肆宣扬尊崇儒学。他即位当年，就下诏尊奉孔子。当时，孔子第十三世孙孔霸上书，要求国家加强对孔子的祭祀。为此，元帝下诏：“其令师褒成君关内侯（孔）霸以所食邑八百户祀孔子焉。”为此，元帝封孔霸为关内侯，赐食邑八百户，号“褒成君”，官为给事中，加赐黄金二百斤，府治一所。元帝以皇帝名义奉祀孔子，大张旗鼓褒奖孔子后人。他的这些举措，都大大提高了儒家在汉朝的社会地位。

元帝本人就是一个淳儒，所以他下诏天下，以儒家标准选官用人。由于元帝偏好儒生，朝廷大臣也都以经学互相矜夸，无论是朝中公卿还是地方长官，大批儒生进入汉朝政界。有了这么多儒生当官，汉朝在元帝时代的施政理念也多以经义为本。元帝所发布的各项政令以及诏书中，多引经为据。元帝如果看到大臣奏议上的语言不符合经义，也会加以严厉责斥。

元帝这种“纯任德教”举措，从实质上讲目的在于用儒家理念来缓和当时深刻的社会矛盾。但是，以儒治国，负面影响其实很大。虽然“以经取士”为元帝选送了大批人才，但类似后世八股考试，许多人读经的目的就是做官、做大官。入仕以后，儒家经典的深意往往被他们抛在脑后，只想保持自己来之不易的禄位，最终成为尸位素餐的腐败官僚。如此一来，势必影响到汉朝各级政权的效能，最终也使得蝇营狗苟之风遍布中央和地方。

汉元帝以经取士，也使得不少“书呆子”进入各级政府机构，官和吏泾渭分明，行政效率更加低下。王夫之对元帝广用儒生一事说得最中肯：“自是以后，汉无刚正之士，遂举社稷以奉人。”

汉宣帝临终，给儿子元帝留下了一套辅政班子：外戚侍中、乐陵侯史高，太子太傅萧望之，太子少傅周堪，三人并领尚书事。史高乃宣帝祖母史良娣侄孙，宣帝幼年时养在史家，和史高关系亲密；萧望之、周堪都是元帝师傅，当代名儒。但元帝即位一年不到，辅政的三人班子就出现内斗。

由于汉元帝尊信两位师傅，萧望之的影响力越来越大。史高不满，和萧望之嫌隙日深。由此，宦官石显就开始趁机干政，元帝的威权日益旁落。

面对朝内外戚、儒臣以及宦官三种势力，汉元帝的最终选择还是宦官。这种选择，原本还是出于帝王素朴的认知能力：宦官没有家室，形不成能够威胁王朝政权的巨大势力。

其实，宦者石显虽然深居宫中，但早就和外朝大臣中的不少人结成朋党，盘根错节，势力越来越大。元帝身体本来就多病，起初他想通过宦官石显来控制内外大权，结果却大权旁落，连师傅萧望之都被迫自杀，周堪也被贬为庶民。

元帝自幼生长于深宫，易欺而难悟，政治治理水平和宣帝根本没法比。宦官石显的专权，从根本上离不开汉元帝的纵容。所以，西汉的宦官秉政，最早就是出现在元帝时代。

岁月是最好的止痛剂。元帝刘奭继位后，嫔妃不少，他当皇太子之时所忆恋的司马良娣，自然也在脑海中渐行渐远。宫内，有两个美貌嫔妃同时获得元帝的宠幸——一个姓傅，一个姓冯。

傅氏美人，原来是“太皇太后”上官氏身边的一个女侍。刘奭当了皇太子，她被派去服侍刘奭。傅美人很有心机，逐渐得到刘奭的欢喜。傅氏得幸后，为元帝生了儿子刘康，于是被封为“婕妤”。

冯美人的父亲大名鼎鼎，是虎胆英雄冯奉世，宣帝朝以汉朝使节身份率领诸国大军不战而击服莎车国。冯美人比傅美人入宫晚，在元帝当上皇帝后才做的妃子，她也给元帝生下了一个皇子刘兴，和傅美人一样，也被封为“婕妤”。

对于傅美人和冯美人，当时汉元帝都挺喜欢，两个人都为自己生了儿子。虽然受宠，但她们不可能被封为皇后。所以，除皇太子刘骜外，元帝刘奭就只有这两个儿子：刘康被封为定陶王，刘兴被封为中山王。

汉元帝儒生天子，好礼，所以就在嫔妃顶级的“婕妤”上面又加了一个封号，叫“昭仪”。“昭仪”者，昭显其仪也，地位稍逊皇后一个小台阶。后来汉成帝、汉哀帝之时，赵昭仪、董昭仪皆无子，也被封为“昭仪”，大悖元帝初衷。不过，这个封号，日后也流传下去，后世王朝不少美人获得“昭仪”名位。

汉元帝刘奭所喜欢的冯昭仪，在历史上还流传下来一个千古佳话——挺身卫帝。一次，元帝带着一群嫔妃到御苑观赏野生动物，观看猛兽搏斗。聚精会神之时，忽然有一只大黑熊窜出牢栏。黑瞎子扑哧扑哧几下子，就越过栅栏直扑看台。逃命是人的本能，包括傅昭仪在内，众嫔妃嗷嗷数声，皆惊慌逃避。

元帝大傻子一样，呆呆还在原处坐着不动，他倒不是多么冷静多么有帝王威仪，其实是吓傻了。

众人都跑，唯有冯昭仪挺身而上，以娇弱身体为庇护，挡在皇帝面前。

结果嘛，自然有惊无险。熊瞎子本来就蠢笨，不像豹子那么灵敏，皇帝身边卫士又多，士兵们冲上去，很快把黑熊格杀。

惊魂稍定，刘奭问冯昭仪："大家都惊慌逃窜，为什么你敢于上前阻挡？"

冯昭仪答道："猛兽抓住一个人之后，应该会停止攻击别人。我怕黑熊直扑陛下御座，甘愿以身承当。"

为此，元帝刘奭大赞不已，自此对冯昭仪在恩爱之外，又多了一层敬重。

冯昭仪挺身护帝这个故事，后世文学作品和绘画常常有表现。如果我们买古董瓷器，看到有个天仙般的美人挡在一只大熊面前，那不是和玉皇大帝、王母娘娘有关的什么荒诞不经的神话故事，而是历史中曾经真实发生的事情。

对于冯昭仪的表现，元帝高兴了，有一个人自然就很不高兴。谁呢，自然就是和冯昭仪具有等同地位的傅昭仪。

女人之心，如春山之云，易怒而难消。二人同为昭仪，同为王子之母，你冯昭仪如今显摆了，我傅昭仪在皇帝心目中的形象自然就要差一截。羞愧之余，傅昭仪暗暗地恨上了冯昭仪。

汉元帝崩后，傅、冯二昭仪都去了儿子的封国。傅昭仪成了定陶王太后，冯昭仪成了中山王太后。而后，汉成帝崩，傅昭仪的孙子刘欣成了皇帝，即日后的汉哀帝。这时候，傅昭仪身份就大不同了，她变成大汉王朝的太皇太后；中山冯太后呢，她的儿子刘兴早死，刘兴有一个儿子，当时还不满周岁，嗣位为王，当时被称为"中山小王"。这个小王爷体弱多病，没事就抽风昏厥，于是冯太后亲自抚育这个幼孙。

汉哀帝即位后，当然知道冯太后的名望，特派宫内一个叫张由的礼官陪同御医前往中山国，替冯太后的孙子中山小王看病。不料，这个张由患有间歇性突发精神病，到中山国后，他突然发作，也没见冯太后和中山小王，就跑回长安了。到了长安，他病又好了。这个时候，朝廷派人来查问："你为什么自己谁都不告诉，没有完成任务就跑回来啊？"

张由眼球一转，计上心来，回禀说："中山太后冯氏，诅咒皇上与傅太后，我觉得事态严重，这才急急赶回来奏报！"

汉哀帝正琢磨张由的话，旁边的傅太后高兴了。多年积怨，终于找到了机会报复。于是，傅太后马上派御史前往中山国"调查"。

御史希旨，到了中山国后，马上把中山国官吏以及冯家亲属一百多人都抓起来，异地审讯，分别关进洛阳、魏郡、巨鹿等地监狱，大刑伺候。

查了数十天，根本没有任何冯太后巫蛊诅咒的事情。傅太后更怒，又派出自己的亲信宦官继续调查。最终，涉案的一些人被屈打成招，说冯太后有谋逆之心。

于是，主审宦者和官员拿着那些屈打成招的人招认的口供，审问冯太后，让她认罪。这位老美人根本没干诅咒之事，她当然不认。

于是，宦者和官员当面讥讽说："当年黑熊上殿，你都能那么无所畏惧！现在，犯罪事实都被别人讲得这么清楚了，你却如此怯懦，不敢承担罪名！"

这次对话之后，冯太后心灰意冷。由于她是在自己儿子的封国进行审讯，审讯后还能回到宫内。于是，冯太后就对身边人讲："黑熊上殿之事，发生年代久远，都隔了元帝、成帝两世了，这样的宫廷秘闻，还能被朝廷派出来的小吏知道，显然，宫内有人要陷我于死地。我不死，人家怎么肯罢休？"

这个时候，其实冯太后已经完全明白，肯定是从前的傅美人要害自己。人家孙子都是当今皇帝了，自己想活也太难。绝望之余，冯太后服毒自杀身亡。

冯太后死了，事情还没完。她的妹妹冯习与其丈夫、儿子，还有小弟弟宜乡侯冯参等亲属，都被牵涉入案。有的自杀，有的被杀，这么一个冤案下来，冯家一共死了十七口人。

冯美人的父亲冯奉世，当时替汉朝立了那么大的功勋，他的后代，竟然被如此冤屈、杀害！

傅美人对冯美人的嫉恨，导致了当日冯氏宗族的家庭惨剧。那么，距离冯昭仪挺身护帝的事情，时间过去多少年了呢？

三十二年！

三十二年，傅太后还能记恨前仇。可见，这个女人的嫉妒心和卑鄙。

相比傅昭仪和冯昭仪两个人的明争暗斗，当时元帝的皇后王政君挺“逍遥”，虽然贵为皇后，却无宠。但是，毕竟有儿子，有一个皇太子儿子！

可没过多久，皇后王政君也发愁了。元帝不仅不爱自己，他好像连自己的儿子也不待见了。

作为元帝嫡长子，太子刘骜沉湎酒色，元帝越来越不喜欢他。

那么，元帝喜欢谁呢？当时，元帝挺喜欢傅昭仪的儿子定陶王刘康。这小伙子，儒学基础特别深厚，精通音律，没事儿就和父皇、母亲一起薰香弹琴，大得父皇“知音”之叹，母子双双受宠。

元帝本人身体一直不好，常常卧病在床。每当这个时候，傅昭仪、定陶王母子都会侍奉汤药，天天在床边伺候。所以，年长日久，元帝就很想把太子刘骜给换了。

虽然贵为皇帝，换太子之事，还真不能随便做到。大臣史丹等人的坚决反对，加上元帝的父皇宣帝曾经特别喜欢刘骜，元帝本人又是儒家信徒，嫡长顺序不能随便改变的道理，他最清楚。拖到最后，元帝还是没换太子，刘骜最终保住了皇太子之位。

定陶王刘康于永光三年（前41年）封王，中山王刘兴于建昭二年

（前 37 年）封王，成帝绥和二年（前 8 年）病逝，大约活了四十多岁。

大概是因为遗传了元帝病病歪歪的体质，这两个皇子寿命都不长。不过，他们各自的儿子，后来都有命成为汉朝的帝王——定陶王刘康的儿子刘欣，继汉成帝之后成为汉哀帝；刘兴的儿子刘衎，继汉哀帝之后成了汉平帝……

披香殿前花始红，流芳发色绣户中

荒淫汉成帝

小时了了，大时未必——这八个字，形容汉成帝这位被汉宣帝隔代指定的皇帝接班人，再恰当不过。

汉成帝刘骜生于汉宣帝甘露三年（前 51 年），乃宣帝皇太子、日后汉元帝刘奭的嫡长子。当其时也，这孩子呱呱落地，大概样子长得好看，深得祖父宣帝喜爱。宣帝亲自为他起名为“骜”，天天带着他，哄他玩耍。

有了宣帝对皇孙的钦点，刘骜的皇太子宝位，基本不可动摇。所以，元帝继位之后，很快就在初元二年（前 47 年）四月立刘骜为太子。

在元帝崇儒的大时代背景下，少年时代的刘骜，专心致志研读经书，对于文学也很有见地，为人谨慎，处世行事基本中规中矩。有一次，元帝派人召时为太子的刘骜前来议事，听父皇如此紧急召见，刘骜如果横跨皇帝专用的“驰道”，可以马上入见。但他还是在宫内折了一大圈，避开“驰道”不走。最后，当他见到父皇的时候，已经晚了时辰。

元帝本来想怪太子见君迟缓，待他得知原委之后，大为高兴，认为太子行不逾礼，显然是一位好储君。于是，元帝下令，日后太子有事，可以享用皇帝专用的“驰道”。

如此谨小慎微的太子刘骜，一到青春期，却越变越坏，酗酒爱色，荒唐成性。时间一久，连他父皇汉元帝都知道了，很不高兴。

刘骜不争气，他的母亲皇后王政君也不得宠。如此娘俩二人组，又面对当时元帝宠爱的两个昭仪和她们的儿子，刘骜的皇太子地位岌岌可危。

冯昭仪不说，勇能挡熊，但这个女人厚道，没太多心思；傅昭仪这个女人不寻常，很有心机，一直想把儿子刘康推向皇太子的宝座。深知元帝喜欢音乐，傅昭仪在刘康小的时候就为他延请名师，努力学习声乐技巧。

汉元帝这个人，大概他母亲许皇后怀他的时候家里正穷，所以先天条件不是很好，自小就体弱多病。继位后，年纪不到四十，元帝就已经齿堕发落，提前衰老。为此，他常常在宫内养病。

无聊之余，元帝就寄情于丝竹管弦，以音乐自娱。

> 或置鼙鼓殿下，天子自临轩槛上，隤铜丸以擿鼓，声中严鼓之节。(《汉书·史丹传》)

可见，汉元帝平时喜欢把鼙鼓安置在殿下，自己凭栏，以铜丸向鼓面投掷，竟然可以击打出有节奏的鼓声。说句实话，这种音乐才能，如果放到今天，都能上电视选秀或者搞大型巡回演出了。

元帝乐此不疲。后宫之中，唯一能和皇帝玩到一块的，只有傅昭仪的儿子刘康。这小伙子不仅相貌英俊，而且多才多艺。和父亲一起，他也投掷铜丸，鼓声阵阵，铿锵咚咚，合律合点，为此父子大乐。

汉元帝非常喜欢这个聪明伶俐的儿子，爷俩“坐则侧席，行则同辇”。

本来汉元帝心目中的太子位置越来越倾向刘康，作为皇太子的刘骜，又在一件事情上非常严重地得罪了父皇——元帝所宠冯昭仪的儿子、中山王刘兴，年龄和太子刘骜相仿，两个人平时还总在一起玩。建昭四年（35 年）。刘兴突然暴病身亡。葬礼之上，元帝发现前来吊唁的太子刘骜面无丝毫哀戚之容。

元帝勃然大怒，对左右人讲："皇太子如此不慈不仁，这样的人可以继承社稷吗？"

恰逢大臣史丹在侧，作为太子师傅，他赶忙摘冠谢罪道："臣见陛下悲哀太盛，故在丧礼之前劝戒太子不要悲泣，以免增添陛下忧患，臣罪该万死！"

史丹如此一说，还真把元帝瞒过了。元帝随之气消。

史丹不是旁人，乃大司马史高的儿子。史高乃宣帝祖母史良娣的侄子。史良娣，昔日是武帝太子刘据的夫人。刘据被杀的时候，她同时被杀。宣帝继位后，念旧报恩，大加赏赐史氏家族。为此，作为外戚，史丹也很得元帝倚重。平时元帝出入乘辇，史丹都作为贴身官员陪坐左右。太子刘骜初立，元帝即命令史丹护导太子。所以，史丹同太子刘骜的关系非常密切。

史丹不是外人，有一次，元帝忽然对他说："定陶王刘康多才多艺，论才能，太子真比不上他！"言语间，已经流露出废立之意。

史丹心知肚明，赶紧进谏："臣以为，治国大材，莫如皇太子，如果陛下以把玩丝竹鼙鼓为才能，那么黄门鼓吹郎陈惠和李微两人，肯定比丞相匡衡要玩得好，您为何不请他们两人为丞相呢？"

元帝一听，尴尬一笑，也觉得史丹所言有理。

竟宁元年（前 33 年），汉元帝病入膏肓，傅昭仪带着儿子定陶王刘康，天天侍奉汤药，在榻前百般伺候。作为皇后的王政君和太子刘骜，却很少有机会面君。

病困之中，元帝多次召见尚书官，询问前代汉景帝废太子刘荣改立胶东王刘彻的过程。显然，他想在临终前废长立幼，改立定陶王刘康为皇太子。

这事儿传出来，皇后王政君和太子刘骜几乎愁死，终日以泪洗面。

还好，幸亏王政君娘家人得力，她的哥哥王凤忽然想起史丹，就带着王政君、刘骜的礼物，赶忙去请史丹出面帮这个大忙。

毕竟自己也是太子属官，一荣俱荣，一损俱损，史丹听王凤这么一讲，也急了。由于他是汉室皇亲，又是驸马都尉，一天，趁寝殿中只有元帝之时，他闯入殿内，在床前涕泗横流地进谏："皇太子以嫡长得立，已经十多年了。其名号地位，早已经深入民心，天下人莫不归心拥戴。如今，百姓都知道定陶王蒙陛下宠爱，为此道路流言四起，以为您要废掉太子转立定陶王。如果此事为实，公卿大臣，必以性命为太子谏争！为臣不才，也愿先自请死！"

汉元帝本来就仁弱，不能断决大事，如今宠妃和爱儿不在旁边，史丹这个外戚忠臣又涕泗横流，他的心，忽然又动摇了。

思前想后，汉元帝最后还是打消了废立的心思，对史丹表示："皇太子为人素来谨慎，先帝（宣帝）又爱太子，我岂可更改呢……"

由此，刘骜皇太子的地位才得以稳定下来。

史丹这个人，表面上是忠贞老臣，其实也是一个足智多谋的人精。他外表随和，内心谨密，家中僮仆数百，妻妾数十，是一个酷好酒色之徒。但他在汉元帝面前的"忠贞"表现，确实使得刘骜的皇太子之位得保。

同年五月，汉元帝去世。六月，时年二十岁的太子刘骜继位。

这位宝贝，就是历史上以声色著称的大名鼎鼎的汉成帝。

刘骜当了皇帝，马上尊生母王政君为皇太后。

由于赵飞燕姐妹的原因，后世之人评价汉成帝，基本上把他描绘成一个皇帝中的"西门庆"。但在当时，刚刚继位的汉成帝，望之如神——"成帝善修容仪，升车正立，不内顾，不疾言，不亲指，临朝渊嘿，尊严若神，可谓穆穆天子之容者矣！博览古今，容受直辞。"——这些话，不是臣子拍马屁谄谀的，乃是时人真正的印象。

写汉书的班固，他的姑姑是汉成帝嫔妃班婕妤，所以，亲戚之间传话转述印象，可知汉成帝的相貌确实神采非凡。

小时了了，大时未必；外表俊爽，内实草包！他样子威仪赫赫，内里完全是个不晓政事、性格软弱的大草包！

王政君，自从儿子当上皇帝，变成了皇太后，就不再老实了！

苦尽甘来！汉元帝晚年，王政君、太子刘骜娘俩，真是有好大一阵子天天心惊肉跳，她的整个家族成员也都天天心惊肉跳，唯恐元帝临崩把太子给换了。

经历过如此惊心动魄的政治危机，王政君皇太后和她身后的王氏家族，更加深刻理解了权力的滋味，知道失去权力有多么可怕。

当上皇太后，王政君马上大力扶植娘家人。对于古代宫廷妇人来说，娘家人确实最信得过。

王政君娘家兄弟还真多，她有八个兄弟：王凤、王曼、王谭、王崇、王商、王立、王根、王逢。其中，王凤、王崇与王政君是同母所生。

为了让亲妈高兴，汉成帝马上下诏封王凤为大司马、大将军、领尚书事，如此，王凤集汉朝军政大权于一身，总理朝政，基本就是从前霍光的角色，一开王氏擅权之风气。其后，王商、王根也曾担任此职。

王政君同母弟王崇，也封为安成侯，食邑万户。王凤庶弟王谭等人也加官晋爵，配享食邑。一日之间，王氏兄弟有“五侯”之封（王崇已先受封，王曼早死）。汉朝朝廷，至此基本为王氏外戚把持。

政治生态此消彼长，王氏家族高兴，就有人不高兴了。谁呢？王商！

这个王商，当然不是王政君的弟弟王商，而是汉宣帝的舅舅王武的儿子王商。王武当初“乡巴佬”一个，和妈妈“黄牛妪”乘坐牛车来到长安。但今非昔比，经过宣帝、元帝两代，人家王商也是汉朝有根基的重要外戚。

得知王商有异动，王凤马上派人举报王商和其父王武的侍妾通奸，又说王商的妹妹是大淫妇，和别人通奸不说，还曾经杀人灭口。

这么一个桃色事件一经王凤等人渲染，王商百口莫辩。结果，他扳倒王氏家族未成，自己反而先被汉成帝罢黜。

丢官之后，王商越想越想不开，用了整整三天时间，活活把自己给气死了。

人死了也不能饶过，王凤开始动手剪除王商党羽。于是，新起的王氏外戚，仅用一个回合，就把以王商为代表的前朝王氏外戚给消灭掉了。

政治斗争，一向是你死我活。

对于王氏外戚的专权，王商没能搬动，但还有不怕死的。京兆尹王章又上疏汉成帝，痛斥王凤擅权，建议天子撤换王凤。

结果，王章的秘奏，还真得到汉成帝的认可。因为皇帝本人确实也被诸舅闹得不开心，他就召京兆尹王章入宫。君臣两个人黑灯瞎火，偷偷摸摸讨论把王凤撤职后派谁来当大司马的问题。

君臣二人讨论这么重要的政治人选问题，竟然保密不严。皇太后王政君有个堂弟叫王音，当时的职务是侍中，常常在宫内行走。而汉成帝和王章的秘密会见和谈话，被他眼见耳闻。这王音马上紧急通知了王凤。

得知外甥皇帝对自己不满意，王凤也害怕，就玩个以退为进，称病回家了。他天天卧床不起，上疏要辞职。

这下不得了，皇太后王政君听说自己的兄弟不受儿子待见，开始撒泼。玩绝食抗议。这样一来，做儿子的汉成帝吓坏了，于是他赶紧安慰母亲。

汉成帝无奈，只能派人多次到王凤宅邸哀请，求王大司马赶紧病好上班。

王凤装得差不多了，就官复原职回去了。到了尚书省，他第一道命令，就是以大逆不道的罪名，把上疏指斥自己擅权的京兆尹王章抓起来。最后，把王章全家都流放劳改，才消恨意。

京兆尹王章的下场，就是杀鸡给猴看。日后，满朝文武大臣们，就鲜有人敢惦记王氏外戚了。

为了酬报王音的告密功劳，王凤任命这位堂弟为御史大夫。在汉朝，御史大夫权力很大，是最高监察官员，与丞相、太尉一起，合称“三公”。

王音成为御史大夫，意味着王政君家族的人可以随意监察别人，而别人再无权力和机会监察王氏外戚。而且，依据汉朝惯例，丞相退休后，一般都由御史大夫递补。这样一来，即使王凤日后退休，王音就自动成为接班人，王氏外戚的权力，就可以保持下去。

王政君这个家族兄弟众多，他们不可能只满足于在中央取得要职。很快，王氏兄弟就四处开花，对地方郡国的官员也开始调换，全部安插上自己人。逐渐地，整个刘家天下，似乎短时间内就变成了王家天下。

汉成帝这个人，本性懦弱，又特别害怕母亲王政君。愤恨之余，对于诸舅的骄横，也只好听之任之。

从本质上讲，汉成帝确实是个“好人”，不阴险，不记仇。他即位以后，包括他的母后王政君在内，都没有记恨傅昭仪和定陶王刘康母子。相反，成帝和这位兄弟感情很好，即位后，他一直善待刘康，平时赏赐给这位兄弟的金银财宝，都要十倍于其他诸王。

刘康这个年轻人多才多艺，情商很高。从封国到京城朝觐天子哥哥后，汉成帝竟然舍不得放他回封国，准备让他常住京城。

汉成帝身体不好，就对弟弟说：“我现在还没有儿子，人生无常，万一我哪天有意外，再也不能相见了。所以，你还是常住京师吧。”言外之意，汉成帝打算把弟弟刘康当储君，哪天自己酒色玩乐过头崩了，也好有亲兄弟来个“兄终弟及”。

皇帝哥哥都发话了，定陶王刘康就暂时留在了京城。这位小王爷的存在，立刻让外戚王氏全体人员都有了危机感。

阳朔元年（前 24 年）二月，有日食发生。王凤马上上疏，认为日食乃上天示警，竟为阴盛侵阳，暗示定陶王刘康应当奉藩在国，不应该在京城逗留。

古人特别迷信天相，诸舅又咄咄逼人，汉成帝只得下诏遣定陶王刘康归国。兄弟泪眼相对，竟无语凝噎。这一去，确实差不多生离死别了。

王氏外戚，属于政治暴发户，各个骄奢淫逸，肆无忌惮。这些人贪赃枉法，争相奢侈，无所不为。

皇太后王政君的弟弟成都侯王商生病时，竟然以避暑消夏为名，住进皇帝外甥的明光宫，公然僭越。后来，他还擅自凿穿都城长安城的厚厚城墙，把澧水引入自己住宅中行船取乐；而曲阳侯王根僭越更甚，竟然仿照未央宫白虎殿，在自己家中弄了个高仿的白虎殿，赤墀青琐，完全就是天子皇宫式样……

耳闻目睹了这些事情后，汉成帝大怒，把王音叫来大骂一顿。

王音看到皇帝盛怒，也害怕了，召集诸位王氏兄弟后，他出了一个馊主意，让王商、王根兄弟俩不打自招，先去当姐姐的皇太后王政君那里来个自行黥劓，表示谢罪。

成帝知道两个舅舅要玩自残，更加愤怒，对王音说："他们难道想黥劓流血在太后面前表演不成？祸国添乱，徒伤慈母之心！如果敢这样做，朕必定把他们戮于太后之前！"

消息传出，王政君和她两个兄弟都害怕了。商量之后，在王太后安排下，王商、王根来个"负荆请罪"，哥俩光着脊梁，背后各捆一把大斧头入宫，趴在刑具上向皇帝外甥请罪。

旁边，老妈叽叽歪歪抹眼泪；堂下，两个舅舅叩头请罪。汉成帝毕竟是个柔弱皇帝，心一软，这事儿就又过去了……

总之，在王政君皇太后的纵容、包庇之下，王氏家族为所欲为，其权势气焰，更是火上浇油，不可一世。

汉成帝本人作为政治废物一个，为人窝囊，也就发昏当死，整日沉湎于酒色之中，反正政事由诸舅管理，也乐得清闲。

爱酒爱女色以外，汉成帝还喜欢男风。他喜欢的美男子，就是富平侯张放。

张放不是一般人，其五世祖乃武帝时期著名的酷吏张汤，曾祖父乃宣帝时期大司马张安世，其母为敬武公主，所以，张放也算是外戚之一。

张放非常漂亮，史书说他容貌“殊丽”，性格又开朗聪慧，惹得成帝对他宠爱异常——“与上卧起，宠爱殊绝”。除日后的赵飞燕姐妹，大概张放是成帝最喜欢的性伴侣。

作为汉成帝的玩伴，张放知道深宫之内寂寞无趣，没事就带着汉成帝出外“微服私访”。而汉成帝出宫几次之后，才知道外面的世界很精彩，渐渐地，他开始酷爱化装出游。

汉成帝微服私行，总要有个称呼啊，于是他就自称“富平侯家人”——瞧，堂堂皇帝，竟然自称是张放家的仆人。仔细分析，他其实就是让男宠张放高兴。

日后，张放娶许皇后的妹妹、平恩侯许嘉的女儿为妻，汉成帝还亲自为他主持婚礼，赐甲第一区，珍宝无数，拿出自己专用的皇帝乘舆和皇后服饰作为张放夫妻的婚车婚服。这件事情，轰动一时，号称“天子取妇，皇后嫁女”。

在汉成帝宠爱下，张放历任侍中、中郎将，光禄大夫，可以自置幕府，仪比将军。

和张放这么一玩一折腾，慢慢地，太后王政君就很不高兴，皇帝诸舅也很不高兴。

大司马和皇太后不高兴，马上有大臣希旨，假借上天有灾异，参劾张放，说张放这人祸乱家国，一定要将其外放就职。确实，自从汉成帝爱上了张放，各地总有地震、日食等天文地理事件发生。

成帝无奈，只得让张放出京。

张放被贬为北地都尉。不久，汉成帝非常思念他，很快就重新召他入长安为侍中。王政君太后也很愤怒，亲自出面，贬张放为天水属国都尉。

见不着自己的心肝宝贝，成帝只能派使者不停劳问，给张放捎去许多礼物。

一年以后，张放的母亲敬武公主生病，小伙子趁此机会回到首都长安探病。没过几个月，公主痊愈，张放只得再次外放，这次，他被贬为河东都尉。

不久，成帝又想他了，就下诏把张放征为侍中、光禄大夫，秩中二千石。

过了一年，有皇太后催办，加上丞相王凤坚持，汉成帝不得不再次罢免张放，赐钱五百万，遣其归国。

日后，张放和汉成帝两个人相见日少。在宠爱赵氏姐妹的同时，成帝时常思念这位同性恋伴侣，甚至涕泣成愁。

皇太后王政君和她的兄弟整走了张放，又把目光放到了汉成帝昔日非常宠爱的许皇后身上。

汉成帝建始四年（前 29 年）春四月，日食。在汉代，只要有日食，朝廷就会认为是皇帝施政不当而导致上天示警。

按照惯例，汉成帝颁发一道诏书，谕示文武百官可以随意上书，诉说朝廷执政的过失。

光禄大夫刘向和太常丞谷永呈上奏章，说这次日食的时间，恰巧和汉惠帝和汉昭帝崩逝的日子相同。先前这二位皇帝，有一点还相同，就是两人均无子嗣。

冥冥之中，显然此次日食祸在后宫。所以，二人建议，皇帝应该对后宫加强管理。

那时候，后宫名义上最重要的人物，自然是皇后许氏。汉成帝即位五年，一直挺宠爱许皇后。许皇后当刘骜太子妃的时候，曾生过一个男孩，后来又生过一个女孩。但她命不好，两个孩子相继夭折。所以，汉成帝都二十五岁了，依旧没有子嗣。

刘、谷两个人上疏指向后宫，后宫有啥需要改进的呢？无非是节省开支、减少赏赐而已。

其实，刘、谷两个人都是王氏家族的党羽。他们的批评，目的就是指责许皇后母仪天下有所缺失。

成帝当时没看出疏奏内含的意蕴，觉得两个大臣说得有理，他一方面下诏让后宫注意节省费用，同时还没事人一样，依旧和许皇后恩爱如常。

许皇后很聪明，她按捺不住性子，开始反击。

这个许皇后，和汉宣帝那个许平君许皇后有亲戚关系，是许平君皇后的娘家侄女。其父许嘉，官拜大司马、车骑将军，爵封为平恩侯。当初汉元帝在位，感念母亲的不幸，格外厚待舅家，不仅给舅舅封官，还把舅舅许嘉的女儿许配给太子刘骜当太子妃。太子一下就看中了年纪比自己年轻的表姑。婚后，这两个人的感情一直不错。

但汉成帝当了皇帝之后，皇太后王政君诸兄弟逐渐秉政，一家五侯，王氏家族势力逐渐压过了许皇后一派的许氏家族。

特别是在皇太后王政君庇护下，王家兄弟逐渐坐大，而许皇后的父亲许嘉被逼辞职，最后窝囊而死。

如今趁着日食，又有大臣上疏皇帝说后宫管理有问题，许皇后自然不能忍耐。于是，她亲自写奏章给皇帝，事无巨细，详加辩解。

由于这种事情在汉朝还是第一次，班固在《汉书》中全文摘录了许皇后的奏疏：

妾夸布服粝粮，加以幼稚愚惑，不明义理，幸得免离茅屋之下，备后宫扫除。蒙过误之宠，居非命所当托，洿秽不修，旷职尸官，数逆至法，逾越制度，当伏放流之诛，不足以塞责。乃壬寅日大长秋受诏："椒房仪法，御服舆驾，所发诸官署，及所造作，遗赐外家群臣妾，皆如竟宁以前故事。"妾伏自念，入椒房以来，遗赐外家未尝逾故事，每辄决上，可覆问也。今诚时世异制，长短相补，不出汉制而已，纤微之间，未必可同。若竟宁前与黄龙前，岂相放哉？家吏不晓，今壹受诏如此，且使妾摇手不得。今言无得发取诸官，殆谓未央官不属妾，不宜独取也。言妾家府亦不当得，妾窃惑焉。幸得赐汤沐邑以自奉养，亦小发取其中，何害于谊而不可哉？又诏书言服御所造，皆如竟宁前，吏诚不能揆其意，即且令妾被服所为不得不如前。设妾欲作某屏风张于某所，曰故事无有，或不能得，则必绳妾以诏书矣。此二事诚不可行，唯陛下省察。

宦吏忮佷，必欲自胜。幸妾尚贵时，犹以不急事操人，况今日日益侵，又获此诏，其操约人，岂有所诉？陛下见妾在椒房，终不肯给妾纤微内邪？若不私府小取，将安所仰乎？旧故，中宫乃私夺左右之贱缯，乃发乘舆服缯，言为待诏补，已而贸易其中。左右多窃怨者，甚耻为之。又故事以特牛祠大父母，戴侯、敬侯皆得蒙恩以太牢祠，今当率如故事，唯陛下哀之！

今吏甫受诏读记，直豫言使后知之，非可复若私府有所取也。其萌牙所以约制妾者，恐失人理。今但损车驾，及毋若未央官有所发，遗赐衣服如故事，则可矣。其余诚太迫急，奈何？妾薄命，端遇竟宁前，竟宁前于今世而比之，岂可耶？故时酒肉有所赐外家，辄上表乃决。又故杜陵梁美人岁时遗酒一石，肉百斤耳。妾甚少之，遗田八子诚不可若是。事率众多，不可胜以文陈。俟自见，索言之，唯陛下深察焉！

刨除琐细详情，许皇后奏疏大概的意思，就是说，现在比起元帝时代大不相同，物价飞涨不说，宫内制度也不一样。宫中之事，取长补短，只要我们能够遵照汉家法度就可以，一些细微小事，显然不能和前朝相比较。如果什么事都按前朝事例来比办，那么掖庭官吏都会约束于我，我就没办法公平办事了……

接着，她还对后宫改革提出了自己的想法，说改革不能操之过急，应先作调查，再修计划，一步一步来。至于改革标准，也不能以前朝为模式，这不大合时宜，应有新标准才能成功。而且，为了提高自己的地位，许皇后还提出改革计划应由皇后审查，不能由外廷大臣干涉……

许皇后贵族之女，能够亲自写出这样文采斐然的一篇奏章，确实很不容易。成帝庸才，连自己老婆和手下大臣之间的和事佬都不会当，他没办法回答许皇后，就把许皇后的奏疏转给刘向和谷永"研究研究"。

刘、谷二人笔杆子出身，他们马上回奏，根本不正面回答许皇后提出的问题，反而以阴阳春秋之说，对许皇后再行攻击，把汉朝这几年来的灾异现象，统统归咎于后宫也就是许皇后头上。

刘向和谷永，看人下菜碟，见朝中有王太后，当然就变成了王凤的党羽，以打击许皇后来博得王氏家族的青睐。

当然，刘向和谷永的奏疏没有当即产生效果，汉成帝对许皇后还是恩爱有加。可是，奏疏转达之间，朝廷内外舆论逐渐形成，似乎汉朝当下所有的天灾人祸，都是由后宫许皇后专宠太过所致。皇后专宠，皇帝就不能御幸别的美人。别的美人得不到机会，自然皇嗣就会匮乏。

刘、谷两人的潜台词就是：许皇后的专宠，其最终后果就是龙脉断截。

看过刘、谷二人的奏疏，经过诸兄弟的撺掇，皇太后王政君不高兴了。

随着岁月流逝，许皇后年纪渐长，色衰而爱弛。而成帝后来性取向又丰富，爱上小白脸张放，所以，他对许皇后也日渐疏远。

更要命的是，有一天成帝微服私行，到阳阿公主家里去玩。在公主家里，一个跳艳舞的美人忽然闯入汉成帝眼帘，成帝一下子就酥了全身。

这个美人，就是赵飞燕！

于是，赵飞燕当天就躺在了后宫御榻之上。

第二天，赵美人一步登天，成为嫔妃中最高等级的“婕好”。这位赵婕好，由此闯入了历史。

赵飞燕出身微贱，其父赵临乃宫府家奴，赵飞燕出生后，因无力抚养，赵临将她扔到荒郊野外。晚上，赵临心亏，总梦见婴儿在哭，于是四天后到原地寻找，发现这个女孩竟然没死。叹息此女命大，赵临又把她抱回家中勉强养活。

由于家穷，赵飞燕很小就被卖到阳阿公主家做歌舞伎。这小姑娘天资聪颖，舞技高妙绝伦，如燕子般轻曼飞翔，阳阿公主替她取别号为“飞燕”。她的妹妹赵合德，更是肌如白雪，面似桃花，和姐姐一样，佳人绝代。

为了固宠，赵飞燕被封婕好后，竭力推荐妹妹赵合德给成帝。成帝当然高兴，见到赵合德，更是魂飞天外，一见倾心。从此，左拥右抱，赵氏姊妹花盛开在未央宫内。

有人欢喜有人忧。许皇后人老珠黄，再也引不起成帝兴趣。

伤心之余，原本智商情商都高的许皇后开始干傻事。

一天，她姐姐许谒（当时是平安侯夫人）进宫看她，许皇后就向姐姐倾诉委屈。岂料，许谒出馊主意，说可以找巫师诅咒，让掌权的王凤以及后宫怀孕的王美人都倒霉！

别人没倒霉，许皇后自己先倒霉——许谒为人所告，诅咒之事案发。皇太后王政君怒极，下诏诛杀许谒等人，许皇后被废，徙至昭台宫。其许氏亲属，皆遣归山阳原籍。如此一来，许氏外戚势力，被王氏外戚完全铲除！

许皇后被废昭台冷宫一年后，还居长定宫。又熬了九年，也就是元延四年（前 9 年），她另一个姐姐许孊到长定宫探望她，说自己丈夫亡故，当下正和属于王氏外戚集团的定陵侯淳于长私通，可以搞关系疏通，恢复妹妹的皇后位子。

淳于长轻薄浪子，乃皇太后王政君外甥，深得太后和成帝宠信。现在，听说姐姐和淳于长相好，也属于有病乱投医，许皇后就拿出许多金宝托姐姐送给淳于长，恳求他在皇帝和皇太后面前说情，希望皇帝回心转意。

收了许皇后无数金宝，淳于长就骗许孊说："我能说服皇帝，复立许后为左皇后。"这话完全瞎掰，当时赵飞燕已经是皇后，哪里可能再容下一个"左皇后"。

淳于长这些鬼话，许皇后还真信，多次托姐姐许孊做中间人，一次又一次，从宫内送金银财宝给淳于长，并和对方书信来往。

淳于长逐渐也把和许皇后的书信来往当成一项消遣，信内多有悖谩挑逗之辞。最后，纸里包不住火，许皇后和淳于长之间的往来终于被王氏族人的眼线发觉，告到汉成帝处。

别看当时皇后赵飞燕给自己戴了许多真绿帽，成帝不知道，所以也不会生气；但成帝对给自己戴假绿帽的许皇后很生气，即刻派遣廷尉孔光持节，赐废后毒药一大杯。事情发展到了这个地步，任谁也救不了自己了，哀伤绝望，欲哭无泪，许皇后只得自杀。

许皇后的两个姐姐，来一个，许皇后倒霉一次，最终枉送性命。

掌中舞罢箫声绝，三十六宫秋夜长

姊妹花开数赵家

说到赵飞燕、赵合德姊妹，肯定不少文学家、剧作家眼睛发亮。编排了两千多年，这姐俩依旧是文学和戏剧的最佳“戏肉”——历史上的名美人，虽然说“环肥燕瘦”，但杨贵妃不如赵氏姐妹好写好演，毕竟杨玉环不符合现代人的审美观，还是能作掌上舞的赵飞燕最能给今人以遐想。毕竟，赵氏姐俩，有关她们的“史料”太充分了！

真实史料中，有关赵飞燕、赵合德姊妹的资料，最权威的要属班固的《汉书》，其中关涉二人舞技、容貌的，大概只有几百个字，而事关床上香艳，少之又少，几乎没有。班固最多就是渲染一下汉成帝专门为赵合德装修的昭阳殿有多么奢侈和豪华：

> 孝成赵皇后，本长安宫人。初生时，父母不举，三日不死，乃收养之。及壮，属阳阿主家，学歌舞，号曰“飞燕”。成帝尝微行出，过阳阿主，作乐。上见飞燕而说之，召入宫，大幸。有女弟复召入，俱为婕妤，贵倾后宫。
>
> 许后之废也，上欲立赵婕妤。皇太后嫌其所出微甚，难之。太后姊子淳于长为侍中，数往来传语，得太后指，上立封赵婕妤父临为成阳侯。后月余，乃立婕妤为皇后。追以长前白罢昌陵功，封为定陵侯。
>
> 皇后既立，后宠少衰，而弟绝幸，为昭仪。居昭阳舍，其中庭彤朱，而殿上髹漆，切皆铜沓黄金涂，白玉阶，壁带往往为黄金釭，函蓝田璧，明珠、翠羽饰之，自后宫未尝有焉。姊弟颛宠十余年，卒皆无子。
>
> 末年，定陶王来朝，王祖母傅太后私赂遗赵皇后、昭仪，定陶王竟为太子。

明年春，成帝崩。帝素强，无疾病。是时，楚思王衍、梁王立来朝，明旦当辞去，上宿供张白虎殿。又欲拜左将军孔光为丞相，已刻侯印书赞。昏夜平善，乡晨，傅裤袜欲起，因失衣，不能言，昼漏上十刻而崩。

民间归罪赵昭仪，皇太后诏大司马莽、丞相大司空曰："皇帝暴崩，群众谨哗怪之。掖庭令辅等在后庭左右，侍燕迫近，杂与御史、丞相、廷尉治问皇帝起居发病状。"赵昭仪自杀。

可见，上述史料中，没有多少笔墨叙述赵氏姐妹和汉成帝之间的淫荡故事，主要强调的是，她们专宠十多年，谁都没有生孩子。同时，文中涉及了一项重要事情：定陶王刘康的母亲傅美人（元帝美人，此时已经是老美人）带着孙子小定陶王来长安，送了无数珍宝给赵氏姐妹。收人钱财给人好处，最终姐妹合力，使得小定陶王能当成汉成帝的太子。

至于汉成帝多么荒淫，班固也没有任何细致描写，只说他身体一直挺健康，忽然一天早晨，这位爷刚刚起床绑缚袜带，忽然就手抖昏迷，话都说不出来了。迁延未久，成帝就暴崩了。

从症状上看，成帝应该是急性脑出血或者脑溢血，估计是喝酒太多所致，并不是纵欲而死。

成帝昏死当夜，当时是否正好有昭仪赵合德侍侧，史书也没讲。只是民间有关赵氏姐妹传言多，确实议论纷纷。最重要的，还是皇太后王政君非常恼火赵氏姐妹，于是就派掖庭令和有关司法官员组成联合调查组，对赵合德立案审查。

成帝毕竟死在自己宫里，惶恐之余，昭仪赵合德就自杀了。

接下来，《汉书》所载，基本都是"案件"资料，照实抄录了当时司隶解光的奏疏，其中基本都是指斥赵氏姐妹害死宫内别的美人所怀汉成帝骨肉的罪行：

哀帝既立，尊赵皇后为皇太后，封太后弟侍中驸马都尉钦为新成侯。赵氏侯者凡二人。后数月，司隶解光奏言：

臣闻许美人及故中宫史曹宫皆御幸孝成皇帝，产子，子隐不见。臣遣从事掾业、史望验问知状者掖庭狱丞籍武，故中黄门王舜、吴恭、靳严，官婢曹晓、道房、张弃，故赵昭仪御者于客子、王偏、臧兼等，皆曰（曹）宫即（曹）晓子女，前属中宫，为学事史，通《诗》，授皇后。

（道）房与（曹）宫对食，元延元年中（曹）宫（赵飞燕）语（道）房曰："陛下幸（曹）宫。"后数月，晓入殿中，见（曹）宫腹大，问（曹）宫。（曹）宫曰："御幸有身。"

其十月中，（曹）宫乳掖庭牛官令舍，有婢六人。中黄门田客持诏记，盛绿绨方底，封御史中丞印，予（掖庭狱丞籍）武曰："取牛官令舍妇人新产儿，婢六人，尽置暴室狱，毋问儿男女，谁儿也！"（籍）武迎置狱。（曹）宫曰："善臧（藏）我儿胞，丞知是何等儿也！"

后三日，（田）客持诏记与武，问："儿死未？手书对牍背。"（籍）武即书对："儿见在，未死。"有顷，（田）客出曰："上与昭仪（赵合德）大怒，奈何不杀？"（籍）武叩头啼曰："不杀儿，自知当死；杀之，亦死！"即因（田）客奏封事，曰："陛下未有继嗣，子无贵贱，唯留意！"

奏入，（田）客复持诏记予（籍）武曰："今夜漏上五刻，持儿与（王）舜，会东交掖门。"（籍）武因问（田）客："陛下得武书，意何如？"曰："憆也。"（意即成帝瞋目大怒）

（籍）武以儿付（中黄门王）舜。（王）舜受诏，内儿殿中，为择乳母，告"善养儿，且有赏。毋令漏泄！"（王）舜择（张）弃为乳母，时儿生八九日。后三日，（田）客复持诏记，封如前予（籍）武，中有封小绿箧，记曰："告（籍）武以箧中物书予狱中妇人，（籍）武自临饮之。”

（籍）武发箧中有裹药二枚，赫蹄书，曰：“告伟能：努力饮此药，不可复入。女自知之！”伟能即（曹）宫。

（曹）宫读书已，曰：“果也，欲姊弟擅天下！我儿男也，额上有壮发，类孝元皇帝。今儿安在？危杀之矣！奈何令长信（长信宫，以宫名代指太后王政君）得闻之？”（曹）宫饮药死。

后宫婢六人召入，出语（籍）武曰：“昭仪言‘女无过。宁自杀邪，若外家也？’我曹言愿自杀。”即自缪死。

（籍）武皆表奏状。（张）弃所养儿十一日，宫长李南以诏书取儿去，不知所置。

许美人前在上林涿沐馆，数召入饰室中若舍，一岁再三召，留数月或半岁御幸。元延二年怀子，其十一月乳。诏使（靳）严持乳医及五种和药丸三，送美人所。

后（于）客子、偏（王）、（臧）兼闻昭仪（赵合德）谓成帝曰：“常绐我言从中宫（赵飞燕）来，即从中宫来，许美人儿何从生中？许氏竟当复立邪！”怼，以手自捣，以头击壁户柱，从床上自投地，啼泣不肯食，曰：“今当安置我，欲归耳！”

帝曰：“今故告之，反怒为！殊不可晓也。”帝亦不食。

昭仪曰：“陛下自知是，不食为何？陛下常自言‘约不负女’，今美人有子，竟负约，谓何？”

帝曰：“约以赵氏，故不立许氏。使天下无出赵氏上者，毋忧也！”

后诏使（中黄门靳）严持绿囊书予许美人，告（靳）严曰：“美人当有以予女（汝），受来，置饰室中帘南。”

（许）美人以苇箧一合盛所生儿，缄封，及绿囊报书予

（靳）严。（靳）严持箧书，置饰室帘南去。

帝与昭仪坐，使（于）客子解箧缄。未已，帝使（于）客子、（王）偏、（臧）兼皆出，自闭户，独与昭仪在。须臾开户，呼客子、偏、兼，使缄封箧及绿绨方底，推置屏风东。（中黄门吴）恭受诏，持箧方底予（籍）武，皆封以御史中丞印，曰："告（籍）武：箧中有死儿，埋屏处，勿令人知。"（籍）武穿狱楼垣下为坎，埋其中……

元延二年五月，故掖庭令吾丘遵谓（籍）武曰："掖庭丞吏以下皆与昭仪合通，无可与语者，独欲与（籍）武有所言。我无子，（籍）武有子，是家轻族人，得无不敢乎？掖庭中御幸生子者辄死，又饮药伤堕者无数，欲与（籍）武共言之大臣，票骑将军贪耆钱，不足计事，奈何令长信得闻之？"（吾丘）遵后病困，谓（籍）武："今我已死，前所语事，（籍）武不能独为也，慎语！"

上述奏文，乃典型汉代司法文件，笔者原文摘抄，加以括号诠释。

解光奏文中最耐人寻味的，当属赵氏姐妹的骄横之态，真让我们后人感到吃惊。堂堂汉成帝，竟然对姊妹花言听计从。为了让她们解气，竟然下令害死自己两个呱呱坠地的亲生骨肉。

从解光的奏疏中，我们发现，汉成帝最少有两个男孩，都是因为赵飞燕、赵合德姐妹而死。

宫人曹氏所生的男孩，生下来就头发浓密，长相特别像汉元帝。就是这样一个健壮活泼的男孩，因为赵飞燕的恼怒和赵合德的哭闹，成帝被迫派人毒死了曹氏，还活活饿死了小孩，甚至孩子死后埋在什么地方，解光都查不出来了。

同时，我们还看到了历史中真实的、没有经过掩饰的、一个类似泼妇的赵合德。这个国色天香的美人，竟然敢对汉成帝公然撒泼，捶胸顿足，以头撞柱，并且怒问汉成帝："你不是说你天天在我姐姐那里吗？那许美人生的儿子从哪里来的！你不是想又立这个许美人为皇后吗？"随后，她在地上打滚，哭泣绝食。尊为天子，忧急之下，汉成帝也唉声叹气，不吃东西。最后，为了让赵合德消气，他只得让人强逼许美人交出孩子。

而从已经病死的掖庭令吾丘遵的言语中（大概是籍武后来向解光交代的），我们还得知，掖庭内部上下官吏，都被赵合德买通。凡是宫内美人有机会被成帝御幸怀孕生子的，无一能避免被杀。而在赵氏姐妹淫威下，怀孕后被强迫饮堕胎药而导致身体伤残的宫人，也有无数。

发人深省的是，所有这些事情，似乎皇后赵飞燕参与并不深，恶人基本都是赵合德一个人做了。

解光奏疏递上后，新继位的汉哀帝不置可否。当时，这位新皇帝不过是他祖母傅太后的傀儡，由于刚刚搬入皇宫，这一老一小似乎还不太懂得如何处理朝中大事。

无论如何，新帝继位，对先帝暴崩的事情肯定要有所表示。但赵合德已经自杀了，"主嫌"已死。于是，哀帝以新帝名义，下诏免去赵合德哥哥新成侯赵钦和他侄子的爵位，将其废为庶人，将他们的家属也都流放辽西郡。

而后，又有议郎耿育上疏，这次矛头直指赵飞燕，怒斥她没有母仪天下的资格，应该被废掉。但新继位的汉哀帝之所以能当太子，先前赵飞燕出力不少。而汉哀帝的奶奶傅氏（即汉元帝的傅昭仪，此时是傅太后），也认为赵飞燕有恩于己。娘俩和他们身后的傅氏外戚一商量，最后决定对耿育的奏章进行冷处理。所以，当时成帝暴崩这事儿，就以赵合德的自杀为暂时的终结，没有再追究赵飞燕的罪行。

后来，汉哀帝崩后，太皇太后王政君和她侄子王莽终于抓住机会一泻恶气，指使有关法司指斥赵飞燕和她六年前自杀的妹妹赵合德，得出处理建议：

姊弟专宠锢寝，执贼乱之谋，残灭继嗣以危宗庙，悖天犯祖，无为天下母之义。贬皇太后为孝成皇后，徙居北宫。

当了多年皇后，赵飞燕还想苟活，毕竟还有一个“孝成皇后”的位号。岂料，刚刚月余，又有新诏：

皇后自知罪恶深大，朝请希阔，失妇道，无共养之礼，而有狼虎之毒，宗室所怨，海内之仇也，而尚在小君之位，诚非皇天之心。夫小不忍乱大谋，恩之所不能已者义之所割也，今废皇后为庶人，就其园。

接诏后，发现自己已经被废为庶人，再活也难。绝望至极的赵飞燕只得选择了立即自杀。

综观汉成帝一生，确实是放荡昏庸。让后人叹息的是，如此好色的帝皇，连一个子嗣也没有。赵飞燕、赵合德姐妹，把持后宫、专宠弄权，确实属于奇事。但如此昏君美人三人组，其宫闱秘事，按理说年代久远，就凭着班固《汉书》中那点资料，不会让后世人觉得那么香艳淫荡。

汉朝之后，说起浓情艳史，文人墨客都离不开汉成帝、赵氏姊妹，所有这一切，都是因为一部“史料”——《飞燕外传》的原因。

这部书，号称是西汉伶玄所作。其中些许描写，还被司马光撰写资治通鉴的时候引用过，所以，从宋朝之后，越来越多的人都以为这部书是一部信史。（司马光修《资治通鉴》时，曾援引披香博士淖方成骂赵飞燕姐妹“此祸水也，灭火必矣”等类似话语。）

《飞燕外传》的作者伶玄，在这篇故事末尾自称，他曾买一个美妾，名叫樊通德。而樊通德，乃赵飞燕的姐妹亲戚之女。由于有亲戚关系，耳听为实，他才尽知汉成帝时代的宫廷密事。这部《赵飞燕外传》，就是经樊通德之口说出，再由伶玄执笔。上述情况，就是这一部“信史”出炉原委。

清人因朝廷大兴“文字狱”而压力巨大，多数文人一辈子白首穷经，都把精力放在考据方面了。所以，他们能够考据出《飞燕外传》这部书是后人伪托写成的。在为乾隆帝编纂《四库全书》的时候，文人们已经明白无误地指出：

> 此书记飞燕姊妹始末，实传记之类。然纯为小说家言，不可入之于《史部》，与《汉武内传》诸书同一例也。(《四库总目提要》)

所以，从历史角度看，《飞燕外传》荒诞无经，而且作者“伶玄”也不是西汉、东汉之交的文人，更可能是魏晋时代的文人托名。但从文学史角度看，这篇仅仅三千多字的文章，乃中国艳情小说的始祖！群交，乱伦，偷窥，恋足癖，采阳补阴，以致“精尽人亡”。所有这些关键词和桥段，无不在这三千多字的描写中得以体现。

小说中，赵飞燕入宫前就和禁军中的射鸟者有染，入宫之后，汉成帝对她的印象却好得不得了：“丰若有余，柔若无骨，迁延谦畏，若远若近，礼义人也”。

特别让人惊异的是，赵飞燕“既幸，流丹浃藉”。春风第一度，汉成帝看到象征处女贞洁的鲜血，更加高兴。为此，赵飞燕的姑妹樊嫕大惑不解，私下问赵飞燕：“禁军中射鸟者没有和你发生过关系吗？”赵飞燕回答：“吾内视三日，肉肌盈实矣。帝体洪壮，创我甚焉。”

赵飞燕所说的“内视”，应该是指某种道家采补术。小说中的美女，显然还是一个会内功采炼的人！而“帝体洪壮，创我甚焉”，更给后人留下了无限的艳情想象空间。

帝尝蚤猎，触雪得疾，阴缓弱不能壮发，每持昭仪足，不胜至欲，辄暴起。

我们都知道，中国女人裹小脚，大概在李后主时代才开始流行。恋足癖大概也是从那个时候逐渐开始。而根据《飞燕外传》，在汉成帝时代已经有这种癖好了。

这篇小说还写到汉成帝因患阳痿，四处搜求奇药。最终，他也是死在了春药上：

尝得“慎恤胶”，遗昭仪，昭仪辄进帝，一丸一幸。一夕，昭仪醉，进七丸。帝昏夜拥昭仪，居九成帐，笑吃吃不绝。抵明，帝起御衣，阴精流输不禁，有顷，绝倒。裛衣视帝，余精出涌，沾污被内，须臾帝崩。

明朝中后期，继《金瓶梅》后，艳情、世情小说大兴。在这样的大背景下，催生出描写赵飞燕、赵合德姐妹的白话“淫书”《昭阳趣史》。

在所有关涉赵飞燕、赵合德姐妹的史料和文学作品中，《昭阳趣史》篇幅最长。

其实，如果我们翻看《汉书·成帝本纪》，班固对汉成帝的负面描写，其实根本就少之又少，只有四个字：“湛于酒色”。

日后民间叙事当中，在赵飞燕、赵合德姐妹衬托下，汉成帝完全成为一个皇帝中的超级“西门庆”。他的这个形象，还要“归功”于《赵飞燕外传》《赵飞燕别传》，特别是《昭阳趣史》的渲染。

诗仙李白的《阳春歌》，极尽铺陈，最能道出汉成帝时代的骄奢淫逸：

长安白日照春空，绿杨结烟垂袅风。
披香殿前花始红，流芳发色绣户中。
绣户中，相经过。
飞燕皇后轻身舞，紫宫夫人绝世歌。
圣君三万六千日，岁岁年年奈乐何。

真书生竟做假皇帝

王莽的悲剧

地皇四年（23 年）十月初三，天明时分，一个面色仓皇的老头子，坐一辆乘舆，被一群人簇拥着，往渐台方向狼狈撤退。

渐台，乃汉武帝时代在建章宫太液池内所建的一个巨大的高台，有二十多丈高，巍峨耸立，似乎是个安全的制高点。

车内，那个浑身挂着玺韨，手持虞帝匕首的头发稀疏的老头子，就是新朝皇帝王莽。

从白虎门到渐台的路上，地上遍布尸体。看他们的服色，绝大多数都是新朝士卒。

跟随王莽逃窜的队伍，都是新朝的公、卿、大夫、侍中以及黄门郎等从官，这些人大概也是初次目睹这么多血淋淋的尸体，内心充满了战栗和恐惧，很快队伍就乱了。

秋雨绵绵，地上到处是烂树叶、污泥以及尸体流出的血液，如果仰头，或许可以闻到轻柔的秋雨具有的某种清淡的气味。

忽然，并排躺着的五六具尸体挡住了车轮，王莽的乘舆被阻在当地。

往外看去，王莽看到紧挨车轮半倚在一匹死马身上的一位新朝军官。此人四十多岁年纪，嘴巴大张，似乎他最后一次无声的号叫还在继续，眼睛微阖，浓密的黑胡子上面溅满了自己的血迹。他的脖子被砍出一个大伤口，苍白的脸上，长着两道和王莽很相似的大宽眉毛。此刻，它们忧郁地紧锁在一起，大概是猝然降临的死亡痛苦所致。

在这个军官近旁，散落着一个被砍下的头颅。那个士兵的头盔系带断了，一半脸颊紧贴在地上，似乎在使劲亲吻那片血迹斑斑的泥土地。仔细看，他旁边还有一个被砍掉的脑袋。

这两具尸体搬走后，车轮又咯噔一下，碾压过一堆胡乱堆集的士卒残肢和战车的残碎部件。忽然，又一个孩子的尸体映入王莽的眼帘，他几乎是站立着，弯曲的膝盖抵在一匹伤残的战马身上，倚在一辆断了轮子的车子上，胸上插着一柄看不出是刀或者是剑的手柄，由于捅刺力量过大，他几乎被钉在了那辆战车上面。

王莽看着眼前的景象，充满了恐惧，他沉重地喘着粗气。当士兵们搬开乘舆车轮下面尸体的时候，紧随身边的近臣们，全都低着头站在当地，因为即将到来的死亡而全体沉默无语。和皇帝一样，大家都艰难地喘着粗气，脊背上打着冷战，等待着可以预见的悲惨的未来……

莘莘学子王莽

《汉书·王莽传》开篇，就把王莽来历交代得一清二楚，而且没有任何贬义：

> 王莽字巨君，孝元皇后之弟子也。元后父及兄弟皆以元、成世封侯，居位辅政，家凡九侯、五大司马，语在《元后传》。唯莽父曼蚤死，不侯。
>
> 莽群兄弟皆将军五侯子，乘时侈靡，以舆马声色佚游相高，莽独孤贫，因折节为恭俭。受《礼经》，师事沛郡陈参，勤身博学，被服如儒生。事母及寡嫂，养孤兄子，行甚敕备。

又外交英俊，内事诸父，曲有礼意。

阳朔中，世父大将军凤病，莽侍疾，亲尝药，乱首垢面，不解衣带连月。凤且死，以托太后及帝，拜为黄门郎，迁射声校尉。

这段文字，最重要的，其实是最后一部分，讲王莽叔父大将军王凤病重，王莽侍疾，衣不解带数月。这几个月，对于王莽来说，才是他日后精彩而狂乱的人生最关键的时期！

作为汉元帝皇后，当时王政君虽然母仪天下，其实她在汉朝皇家中的地位，还不如两个婕妤——冯婕妤和傅婕妤。只有她的儿子汉成帝做了皇帝，王政君成为皇太后，她才终于有了实权和话语权。

王政君并非吕后那样的阴毒妇人，更无吕后那样纯熟的政治手腕，不过就是个撞大运的女人而已。如果当初不是汉元帝胡乱指点，如果不是春风一度就有孕在身，像她这样无才无德、无高门背景、相貌平平的女人，皇后的位置肯定轮不到她坐。

如同所有的"政治暴发户"一样，一人得道，鸡犬升天。王政君当了皇太后，凡是和王氏家族沾亲带故的人，几乎全部飞黄腾达。最先得势的，当然就是王政君几个兄弟。先后有九人封侯，五人担任大司马，王氏家族成为当时最显贵的家族。

身为将军、列侯，王氏家族这些人一步登天，自然生活侈靡，日日声色犬马，鼎铛玉石，以互相攀比为荣。

凡事总有例外。王政君八个兄弟当中，唯有异母弟弟王曼没有封侯。这倒不是因为王曼和姐姐王政君因为同父异母所导致的偏心使然，而是因为王曼本人"不争气"——他死得太早了，王政君总不能给死人弟弟也弄个侯爵当当吧。

王氏家族王曼这一枝，在繁花似锦的大家族封官后，就寂寞野花独自开了。

作为王曼的儿子，王莽自然缺少父荫，根本没有骄奢淫逸的资本。他姑姑王政君当皇太后之时，他才十三岁。福兮祸兮，也正是在这样的条件下，青少年时代的王莽谦卑折节，勤俭爱学。他身为儒生，以大儒为师，博学强记，生活简朴。成长过程中，他尽心尽力服侍母亲及寡嫂，抚育兄长遗子，行为严谨检点。

当然了，王莽并没有死读书。毕竟属于王氏大族，虽然比起那些将军、列侯家的王氏子弟要清贫得多，但他衣食不缺，也常有机会对外结交贤士达人。同时，他对内侍奉诸位叔伯，礼节周到，无不惬意。

作为当时人皆侧目的外戚家族，老王家出了这么一个人才，尤其引人注目。可以这样说，他简直就是时人的道德模范。

我们相信，当时的王莽，绝非是个“胎里坏”，也肯定不是从青少年时代就学会伪装和演戏。青青子衿，悠悠我心。作为儒家弟子，王莽在当时当地绝对沉浸在儒家典籍所构造的理想秩序中，不仅“克己复礼”，还“仁者爱人”。

阳朔三年，即前22年，王莽二十四岁了。在本来应该意气风发获取“万户侯”的年纪，他依旧没有出仕的机会。

我们有理由相信，处于这个年纪，王莽肯定会有所焦躁，即使官爵富贵非其所望，但儒家理想总是要在现实中去实现的。没有一官半职，如何实现理想呢？

机会，总是为有准备的人准备的。不过，这次的机会不是在殿堂上，而是在病榻前——王氏家族当时权势最大、身为大将军的王凤，病了！

久病床前无孝子。这句民间谚语，自古至今，都很有效。王凤那些子侄兄弟，数年来锦衣玉食惯了，真让谁天天守着一个浑身臭气的糟老头子，还确实挺难。

疾风知劲草。王莽来了。

在长达几个月的时间里，王莽衣不解带，尝药试水，知冷知热，嘘寒问暖，让叔父王凤大为感动。

作为帝国最高级别的行政干部，昔日又落魄过、穷过，王凤肯定也是饱经人间风霜雨雪的人精一个。所以，一般的事情是感动不了他的。一般的人情，也打动不了他。而侄子王莽这种耐心细致对长辈的服侍，这种油然亲情的尽心尽力，全部是出自真心。

当然，毕竟是老王家侄子，别人也没有这种无事献殷勤的机会。

老人的心，特别是患病老人的心，都异常纤敏和脆弱。侄子王莽这一番孝敬，使得王凤在临死前终于获得了亲情和真情的感动。弥留之际，他上疏给自己的姐姐王政君皇太后，竭力推荐侄子王莽。

所以，王凤死前，非常欣慰地看到了“好人好报”的结果：朝廷下诏，任王莽为黄门郎。

当了几个月尽职尽责的“男护士”，我们这位主人公王莽，终于得到机会，登上了历史舞台。

黄门郎，并不是一个显赫的官职，但属于汉朝内朝官员，如果不是高级贵族子弟，根本得不到这样的职位。而且，在年轻同事当中，还有刘歆、扬雄这样志同道合的人，没事和他们在一起研讨学问、臧否人物，使得王莽在熟悉宫廷政治的同时，学业方面也眼界大开。

有时候，死人往往比活人还管用。不久，皇太后王政君忆念哥哥王凤的嘱托、想起弟弟王曼的可怜，很快就给了王莽一个实职：射声校尉。

射声校尉，字面上看似官不大，其实已经是两千石级别的高官了。如果王莽不是皇太后内亲，这样重要的京师部队长官，他是当不上的。

奖掖提拔自己的伯父王凤死了，由于有姑姑皇太后王政君在，代替王凤当大将军要职的肯定是自己别的王氏伯父。依据惯常的人情推理，应该轮到和王凤、王政君同父同母的王谭。

让所有人，包括王莽都大感惊讶的是，接替王凤的不是叔父王谭，而是王氏家族的一个疏宗、御史大夫王音！

这是为何？

无他，有时候亲兄弟闹起别扭，都可以变成仇人。王凤在世的时候，王谭根本不拿这位大哥当回事儿。所以，恨极之余，王凤死前就上疏给自己的皇帝外甥汉成帝，痛诉自己几个亲弟弟不是东西，希望皇帝从天下苍生的角度考虑接任人选。这篇奏疏，很有大义灭亲的意思。在奏疏中得到王凤竭力赞赏的，乃是王氏家族的疏宗王音。王凤大力赞许这位堂弟大公无私。

本来汉成帝就一直对几个骄悍跋扈的舅舅心内有气，读了王凤的疏奏，立刻照准，下诏让王音接班成为大将军。如此一来，不仅王谭气炸了肺，王氏五侯兄弟子侄们也个个痛心疾首，觉得大将军这样的权位让王音弄到手，太不近人情、太不可思议了。

群情激奋之下，王氏家族的“大佬”王谭更是怒火冲天。由于没有当上大将军，数日之内，他愣是给气死，估计在九泉之下找哥哥王凤算账去了。

王谭一死，王政君亲兄弟家族的人，更是雪上加霜、又急又气。

此时，对于王氏家族的后辈王莽，时人都在观看。对于一般的读书士子或者普通的京城百姓来说，王莽这位身为儒生、熟读经书的青年才俊，肯定会背叛他骄横霸道的王氏家族，和汉成帝一道，支持王音当大司马。

政治，宫廷内部最高级的政治，其实说白了很简单，就是一个站队问题。站好了，一朝鸡犬升天；站错了，很可能株连九族，永世不得翻身。

怎么办？连皇帝都表示支持王音了，作为一个聪明人，王莽还不像提拔他的伯父王凤一样站在王音一边吗？

出人意料，王莽站在了自己王氏亲族一边，坚定支持自己的叔叔成都侯王商。

王莽傻吗？王莽鲁莽吗？不，王莽很聪明，很冷静，很老练。

山东沂南汉墓戴进贤冠穿褒衣的文人像

他没有忘记，在当时的朝廷，最高发言人是皇帝的妈妈、自己的姑姑皇太后王政君。女人最重感情，如果亲弟弟和远房堂弟闹矛盾，她肯定会倾向于自己的亲弟弟，更何况王氏大家族根深叶茂，谁敢把权力最终交给与自己关系疏远的王音手中呢？

王莽押宝押对了！

在社会舆论和宫廷舆论最不利于王氏家族的情况下，看似年轻气盛的王莽，不仅没有背叛自己的家族，还雪中送炭般地公开表示支持。忽然之间，王氏家族的全体人员，开始对这个一直不受待见的王莽刮目相看了。

亲舅舅王凤病死，王谭气死。老妈王政君天天泪眼蒙眬，汉成帝软了，不是手软，是心软。为了安抚老妈皇太后王政君，他竟然下令把昔日被贬的舅舅王商（这位爷曾经僭越，占用自己外甥皇帝的宫殿避暑）重新启用。如此，释放出一个明显的政治信号，皇帝还是最信任自己的亲舅舅。

本来根基不深的王音也慌了，马上和王商等人暗地讲和。这样一来，王氏家族的大危机，就算有惊无险地过去了。

为了报答大侄子王莽这次危难之时的挺身而出，王商特意上书皇帝，要求把自己的部分封地转给王莽，还对王莽的品德和才干赞不绝口。

作为王氏家族的后起之秀，王莽也进入了汉成帝的视线。

不仅仅是自家叔父赞扬，当时名士，诸如长乐少府戴崇、侍中金涉、胡骑校尉箕闳、上谷都尉阳并、中郎陈汤（诛杀郅支单于那位），都纷纷上疏，赞扬王莽的才干，并且为他大鸣不平，认为皇帝对他的封赏不够。

永始元年（前16年），汉成帝真心实意地下诏，封王莽为“新都侯”，封国在南阳新野的都乡，食邑一千五百户。此时，王莽才三十岁。而立之年，他真的就“立”起来了。

没过多久，他又升官，迁为骑都尉、光禄大夫、侍中。这种官职，显然成为皇帝施政班子的一员了，属于近侍顾问，荣宠无比。

在如此声誉日隆的情况下，王莽“爵位益尊，节操愈谦”。俸禄虽多，王莽从来不贪财，而是把这些财物全部拿出来，接济名士、交结士大夫。所以，不仅在位的官员多说他好话，那些民间有影响力的贤达也都到处替他宣扬。一时间，王莽声名日益响亮，相比他那些贪渎成性、巧取豪夺的诸位伯父，王莽获得时人的真心拥戴和赞扬。

当然，只是散钱散物也非长久之计，还需要做出一些让人从心底钦佩的事情。王莽的大哥王永早死，其子王光为遗孤。为此，王莽安排侄子王光拜一位儒学博士为师。每逢官员休假，王莽都大摆排场，满载羊酒，大张旗鼓到侄子王光学习的儒生博士家里拜访。不仅老师家里吃喝不愁，连作为王光同学的许多士子都会沾光，热酒烹羊，上下招待齐全。

作为当时炙手可热的外戚家族的大官，王莽居然能够如此对待知识分子，使得“诸生纵观，长老叹息”。社会舆论，对王莽赞誉备至；社会才俊，无不与他倾心交结。

对待寡嫂、侄子如此周全，王莽还觉得不够。不久，他就给儿子王宇和侄子王光同时举办婚礼。而侄子婚礼的规格，甚至超过亲生儿子。

酒席宴间，总会有仆人过来说王莽母亲不舒服，需要服用某种药物。王莽坐不安席，没吃几口就起身，小步疾趋，赶到后庭去伺候母亲服药，让人觉得王莽对母亲无比孝顺。

当然，正值壮年，王莽内心其实很好色，就暗中买了一个美貌侍婢放在家中。不久，他的宗族昆弟得知了这件事情，议论纷纷，都觉得这位王莽也是一个言行不一的主儿。

得知消息后，王莽赶忙把这个美婢当作“礼物”送出去了。并公开对别人说：“后将军朱子元一直没儿子，我听说这个婢女很能生养，所以自己出钱买过来，其实就是给朱将军预备的啊。”

别说，那个后将军朱子元（朱博）一直没儿子，苦于找不到生孩子“机器”。忽然天上就掉下来一个能生能养的美貌婢女，自然高兴到飞起，日后也成为王莽的铁杆心腹和哥们。

此时的王莽，已经从一个文质彬彬的儒生好青年，成长为一个颇有城府的高级官员了。该装的时候，他比谁都会装。这种行为，班固一语道破：“匿情求名。”

成为道德的楷模，代价有时候是很高的，必须“克己复礼”，必须压抑住自己的欲望，包括性欲。

声誉日隆，官爵频升。到了最后，一般的官职对于王莽来说就没什么吸引力了。此时，他唯一觊觎的高位，就是“大司马大将军”。

不过，这个职位，对于王莽来说，还真不是能够唾手而得的，他面对着一个强有力的对手——他和汉成帝两个人的表兄弟——淳于长！

淳于长，字子孺。这个人，其父族淳于家族乃汉朝一般的贵族，但他的亲妈王君侠，乃皇太后王政君的姐姐。作为皇太后亲外甥，从亲戚程度上说，和作为皇太后侄子的王莽差不了多少。

淳于长和王莽不仅与皇太后的亲戚关系亲疏程度差不多，两个人最初上位当官的过程也特别类似——昔日大将军王凤躺在床上，伺候他拉屎尿尿的不仅仅是王莽一个人，另外一个人，就是这位淳于长了。不过，和王莽当时的白身不同，淳于长那时已经是黄门郎。王凤临死，推荐了两个亲戚，一个是王莽，另外一个就是淳于长。

显然，从仕途起步角度看，淳于长快王莽一步。官场上的一步，那可不得了。弄好了，多这一步就能赶上趟；而弄不好，少这一步可能就永远原地踏步。

当时王氏家族的“大佬”王根得病后，他的大将军位子一般没人敢惦记，而距离“大将军”位子最近的倒不是王莽，而是居官为“卫尉侍中”的淳于长。本来他当时的官职就是大将军大司马副手，加上又是皇太后王政君的外甥身份，日后接替王根，可以说是名正言顺。

更重要的是，当时的社会舆论，对于王氏外戚一直当政颇有不平。淳于长虽然是王氏外戚的骨干力量，但他不姓王，这一点，就很有利于消除王氏家族代代接班当大将军的非议。而且，作为王氏疏宗的王音，也支持淳于长。

官比自己大，样子长得比自己好，社会关系比自己多，对于淳于长这个表兄弟，王莽还有什么能和他比肩甚至超过他的长处呢？

还真有！

那就是道德名声！

淳于长这个人，典型的花花公子，淫荡成性，贪污受贿，无所不为。先前连汉成帝老婆许氏他都敢调戏，还敢收人家钱不办事，可以说是个道德败坏、声名狼藉之人。如果他不是皇太后的亲外甥，估计早就被人"办"了。这么厚颜无耻的人，从道德层面上讲，可就比王莽差天高地矮的一大截！

不过，在汉成帝时期，政治极为黑暗，道德水准不是谁当大官的标准，还是要看他们走关系的妙门和最后谁能在皇帝面前得到青睐。

怎么办？王莽不可能到皇太后王政君那里痛斥她外甥是个大流氓大坏蛋，也不可能到皇帝面前说自己表兄弟的坏话。要知道，赵飞燕当皇后，淳于长也出力了。皇帝"枕边风"的方向，肯定不在王莽这边。

向谁痛陈淳于长的坏话呢？有一个人，那就是虽病重，但意识还非常清醒的叔父王根。

王根缠绵病榻，大侄子王莽又过来了，依旧是衣不解带，依旧是殷勤侍奉。多日下来，感动得王根老泪长流。对比之下，昔日在大将军王凤床前和王莽一道端屎端尿的淳于长，此时连个人影都看不到。那个势利小人，由于自认为马上可以代替王根当大将军，天天在宫内值班，没事就到尚书省溜达。他现在毕竟是"二把手"了，王根一死，大将军职位就属他了。所以，这位外甥就没再走心思专门巴结马上要入阴曹地府的舅父王根。

王莽和淳于长，孰轻孰重，孰亲孰疏，王根太明白了。但是，淳于长毕竟不是自己儿子，也不是自己老王家的侄子，人家也是辅政大臣，不来伺候自己，王根还真说不出什么来。

这个时候，王莽开始说话了。他向王根倾诉的，当然不是淳于长的罪恶。那些都是公开的事情，谁都知道淳于长是个大贪官、大流氓、大无赖。所有这些坏处，都因为他是皇太后的亲外甥而消失。

王莽对王根说得不多，他先这样说："叔父大人，淳于长看您病躺榻上，高兴非常，天天和心腹商量着给您接班的事情，人员安排都提前做好了……"

就这几句话，气得王根一口痰堵在嗓子眼，差点当时就过去了。

多年的官场老油条，他当然知道侄子所言非虚。淳于长这样的人代替自己当了政，不仅自己在地下不安，老王家的活人也不会消停啊。

愤怒过后，王根冷静了。他问王莽："有犯罪事实吗？"

太有了！王莽把早就准备好的有关淳于长的材料，全部和王根说了。

王根咳嗽半晌，笑了。

于是，王根和王莽仔细商量后，王莽绞尽脑汁整出一个"材料"来，呈报给皇太后王政君。

告密和整人，是一项特别高超的技术活。如果王莽有关淳于长的材料里面都是他贪污纳贿的事情，皇太后王政君是淳于长的亲姨母，不可能上心理会。自家骨肉多拿点钱算啥！但王莽奏疏最大的"亮点"，就是渲染淳于长暗地和汉成帝废后许皇后勾结的事情。

这个淳于长确实肆无忌惮，他不仅娶了许皇后寡居的姐姐许孊为妾，还贪图成帝废后许皇后的财宝。要知道，许皇后被废后虽然失去了地位权势，"私房钱"却不少。所以淳于长就让许孊牵线搭桥，表示自己要在成帝面前为许皇后说情，最终会让皇帝回心转意，重新立她为

“左皇后”。许皇后信以为真，不惜拿出几乎全部身家来贿赂淳于长。淳于长人品确实差，他利用一个被抛弃的女人的复杂心理，每次都让许皇后的姐姐给她带去一些幻想，以为通过淳于长的努力，皇帝正在“回心转意”呢。所以，许皇后把自己多年积蓄的珍宝，毫无吝惜地不断地送到淳于长家里。淳于长则心安理得地享用着这些金宝，纵情声色，快乐无比，还在和许皇后的信中极尽挑逗之意。

王莽抓住的材料，最主要的是淳于长和许皇后的来往信件，以及对许皇后姐姐许孊的审讯记录。

皇太后王政君看到这些东西，勃然大怒——婆媳关系乃千古心结，如果被废的许皇后日后重新入据后宫，就意味着许氏外戚家族重起。那样一来，不仅王政君自己地位不稳，王氏家族也会岌岌可危。

老太太思及此处，也顾不得亲情了，顿时把儿子汉成帝叫来，让他即刻处理淳于长。

汉成帝听老妈一撺掇，也大怒。表兄弟淳于长竟然和被自己废掉的许皇后勾结，还有给自己“戴绿帽”之嫌，成帝马上下诏，免除淳于长“卫尉”官职，把他罚回封地去省。

如此一来，马上要接王根大司马大将军职位的淳于长，算是在政治上彻底告栽。

这拨儿赶不上，下一拨，便不知要等到猴年马月了。

丧家之犬般的淳于长被流放到封地，如果夹着尾巴做人，估计命还是能保的，毕竟是皇太后亲外甥嘛。

小人不甘寂寞，病急乱投医。淳于长唉声叹气半晌，就急于找机会重新回到京城继续他的政治生涯。于是，他开始大撒金钱，贿赂舅舅红阳侯王立，央求他在皇太后王政君面前为自己说情。

虽然红阳侯王立是淳于长的舅舅，但和淳于长之间一直存有嫌隙——王立一直想辅政，总未如愿，一直以来怀疑淳于长在成帝面说自己坏话。所以，舅甥二人，根本连见面都互不搭理，连成帝本人都知道他们两个人有“宿怨”。

钱能通神。淳于长和王立儿子王融联系上，通过王融向王立递送了大量金宝。本来对淳于长这个外甥的被免正幸灾乐祸，忽然看到这么多好东西送上家门，王立心软了，马上上疏给成帝，替淳于长叫屈，希望皇帝能慰留淳于长。

成帝虽然是个昏君，但智商不低，别人替淳于长求情也就算了，王立和淳于长舅甥关系原本形同水火，几乎就是仇人，他怎么会替淳于长求情呢？于是，成帝马上下诏有司追问。

这样一来，王立慌了，竟然逼迫给自己和淳于长通气的儿子王融自杀。王融死了，显然有人要灭口。成帝更怒，立刻下诏逮捕淳于长。

淳于长这个老花花公子真被关进监狱，马上就瘫软了，连大刑都不用伺候，自己全招了。其实，收纳贿赂、替人求官这些罪名，在成帝眼里还真不算什么。但是，看到淳于长口供中有关于他和废后许皇后的来往细节，成帝目眦尽裂——这厮真活腻歪了，胆敢勾引我不要的女人！

杀！

结果，淳于长被定罪：“戏侮长定宫（指废后许氏），谋立左皇后”。

按照汉律，这是“大逆”之罪，皇太后王政君也不好替这位外甥求情。京城没能回转，命还搭上了。淳于长终于身首分离，像个下水道耗子一样，可耻地死在狱中。

淳于长死了，连废后许氏也受他牵累，被赐自尽。可怜的女人，那么多金银财宝，最后换来的不是“左皇后”位号，而是一根帛带。

所有这一切，有一个人一直在暗中观察、在暗中促成、在暗中推进——这个人，就是王莽！

淳于长被诛杀后，为了斩草除根，王莽还派人杀掉淳于长的儿子淳于酺，并把淳于长的家属赶出京师。由此，王莽面前最大一块绊脚石终于被清除。

道德败坏、弄巧成拙的淳于长，确实不是王莽的对手。

韬光养晦的王莽

对于淳于长的倒台，虽然王莽暗中做了不少手脚，但他一直在后台。站在前台的，乃身为丞相的翟方进。

这翟方进，又是何等人物呢?

翟方进，在汉朝，特别是西汉，赫赫有名。西汉王朝二百多年，真正以儒生身份晋身丞相的人不算少。汉武帝时代有公孙弘，汉昭帝时代有蔡义，汉元帝时代有韦贤、韦玄成，汉成帝时期有匡衡、张禹、孔光以及翟方进，汉哀帝时期有平当，汉平帝时期有马宫，王莽新朝时期有平晏……

这些儒生丞相，一般都是以皇帝老师身份出仕，同时又成为各门儒家经典学说的领军代表人物。作为春秋学的首席研究者，翟方进门生弟子满天下，在朝廷内外，逐渐形成了他自己的政治关系网。

但是，说到翟方进的政治功绩，几乎没有，他显然属于腐儒丞相。史书记载过这样一件事:

> 初，汝南旧有鸿隙大陂，郡以为饶，成帝时，关东数水，陂溢为害。方进为相，与御史大夫孔光共遣掾行视，以为决去陂水，其地肥美，省堤防费而无水忧，遂奏罢之。及翟氏灭，乡里归恶，言方进请陂下良田不得而奏罢陂云。王莽时常枯旱，郡中追怨方进，童谣曰:“坏陂谁?翟子威。饭我豆食羹芋魁。反乎覆，陂当复。谁云者?两黄鹄。”

当时，汝南一带有不少大湖泊，郡内人民巧妙利用其中资源，其乐融融。汉成帝时期，由于多次有水灾发生，这些大湖就常常有水漫溢出堤坝，对周边地区造成某种程度的灾害。翟方进当丞相后，和御史大夫孔光遛到这里巡视，他们认为，如果把湖水堤坝掘开，会多造出不少肥美的良田来，如此，不仅能节省修补堤坝的费用，还可以使得日后再无水患。于是，这两个人就上疏汇报，而后朝廷下诏，严命当地掘湖造田。其实，翟方进当时出这个馊主意，主要原因是他从前想把湖边良田占为己有不成，就故意玩阴的来公报私仇，把湖边良田淹没成为废地。后来，王莽时代汝南郡这些原湖泊周边地区常常遭受旱灾，郡人追怨翟方进，就编童谣骂他："坏陂谁？翟子威。饭我豆食羹芋魁。反乎覆，陂当复。谁云者？两黄鹄。"

这位翟丞相虽然是儒生出身、穷孩子出身，但他成年富贵之后，搞起政治斗争来还挺擅长。在刺史任上，翟方进就特别会卖弄成绩，一般他干三分，汇报上去就变成了十分。不久，自吹自擂的翟方进就升任丞相司直。

作为丞相的高级幕僚，丞相司直的权力非常大。入京之后，他马上表现，一举参倒了当时的司隶校尉陈庆，而后，恶狗一般，逮谁咬谁。而他参劾别人的武器，就是儒家的道德标准，生搬硬造，给别人下套。

翟方进挺有心眼，他专门捡当时名声大的官员搞，没事就"上纲上线"，最终就是为了自己能够落得不惧权贵的名声。

由于学问深厚，干活对路，翟方进在元帝、成帝时期特别受宠。到了汉成帝永始二年（前 15 年），翟方进已经当上御史大夫，成为"三公"之一，地位仅仅次于丞相。没过多久，汉成帝提拔他当了丞相，成为首席行政官员。

翟方进不仅很会通过参劾别人当官上位，他还是个见风使舵的小人。淳于长得势的时候，翟方进和这位皇帝表兄弟关系特铁。后来，淳于长惹恼了皇帝，被抓起来杀了，翟方进也很害怕。

怕皇帝追究，他就主动上疏要求辞职。为此，汉成帝还慰劝他，说："朝过夕改，君子与之。"你也别为这事儿犯愁犯疑了，该干啥还干啥……

一看皇帝对表示自己原谅，翟方进又来了精神。他马上反咬一口，奏疏连连，严词攻击昔日和淳于长交情深厚的京兆尹孙宝、右扶风肖育等官吏二十多人，最后把那些人都免职了事，以此来划清自己和罪犯淳于长的界限，使得汉成帝感觉这个人觉悟很高。

所以说，淳于长被扳倒后，不需王莽再费力，朝中就有翟方进替他"除残去秽"了，几乎把淳于长势力一网打尽。

淳于长倒了，水到渠成。作为当时天下向往的政治道德完人，王莽被皇帝任命为大司马。他登上汉朝权力顶峰的这年，才三十八岁。

当了大司马之后，王莽依旧一副谦恭模样，继续演戏。在朝中，他友爱同僚，削减自己的开支；在家中，他厉行节约，关门闭户。他母亲得病的消息传出，公卿大臣前去拜望，发现门口肃立着一个身穿布衣、一脸谦恭、婢女一样打扮的女人。最后发现，这个女人竟然是大司马王莽的发妻……

公私两方面，王莽都如此优秀，人们对他的赞誉越来越多，而且越来越出自真心。在当时各个王公贵族腐败透顶的年代里，大家都翘首期待这样的官员楷模。

但是，看着丞相翟方进上蹿下跳挺欢实，王莽也烦，很怕这位大儒日后会给自己添麻烦。于是，他就想尽方法先除掉这位老翟。

天遂人愿。不久，天文事件发生，绥和二年（前 7 年）春，"荧惑守心"。也就是说，火星（荧惑）运行到心宿的位置。这种天文现象，我们现在看平淡无奇，但在古代占星学中，这可是大凶之兆，如果没有人世间的对应，那就会出现大灾大难，事关大汉朝的存亡。

当时的人都特别迷信。如此大灾，如果皇帝不担当，也需要弄出来一个大臣担当顶一下，以此来上应天相。

拿谁顶呢？肯定不能自己站出去，肯定不能撺掇皇帝自己站出去。于是，王莽就看准了老翟。

在王莽授意下，丞相翟方进手下有个叫李寻的人，就先对上司发难了。他给皇帝上奏章，推荐翟丞相应该自告奋勇，去当此次上天的“祭品”。

李寻奏疏内容引经据典，大概就是讲：如今天下政治混乱，君主肯定不该担当责任，但大臣们难辞其咎……

汉成帝一看李寻的奏章，特别高兴。我这个皇帝当得还算好，上天示警降灾，应该有丞相顶缸。于是，他就给翟方进写了一封册书。这册书，相当于私信与公文之间的一种特别函件：

> 皇帝问丞相：君有孔子之虑，孟贲之勇，朕嘉与君同心一意，庶几有成。惟君登位，于今十年，灾害并臻，民被饥饿，加以疾疫溺死，关门牡开，失国守备，盗贼党辈。吏民残贼，殴杀良民，断狱岁岁多前。上书言事，交错道路，怀奸朋党，相为隐蔽，皆亡忠虑，群下凶凶，更相嫉妒，其咎安在？
>
> 观君之治，无欲辅朕富民便安元元之念。间者郡国谷虽颇孰，百姓不足者尚众，前去城郭，未能尽还，夙夜未尝忘焉。朕惟往时之用，与今一也，百僚用度各有数。君不量多少，一听群下言，用度不足，奏请一切增赋，税城郭堧及园田，过更，算马牛羊，增益盐铁，变更无常。朕既不明，随奏许可，后议者以为不便，制诏下君，君云卖酒醪，后请止。未尽月。复奏议令卖酒醪。朕诚怪君，何持容容之计，无忠固意，将何以辅朕帅道群下？而欲久蒙显尊之位，岂不难哉！
>
> 传曰：“高而不危，所以长守贵也。”欲退君位，尚未忍。

君其孰念详计，塞绝奸原，忧国如家，务便百姓以辅朕。朕既已改，君其自思，强食慎职。使尚书令赐君上尊酒十石，养牛一，君审处焉。

成帝这封册书的内容，主要是斥责翟方进，要他对当政期间造成的天下乱象负责。表面上，成帝还挺客气，朕都改过了，本来应该免去你的丞相职务，但朕还是不忍心这样做。现在，朕赐你牛酒，你还是回家反省吧……

皇帝这封信其实挺委婉，说是不免老翟的丞相职务，实际上是暗示他赶紧自裁。

话说到这份儿上，老翟如果足够聪明，就应该马上自杀以谢天下、以应天象。

毕竟饱读诗书，看到皇帝也引经据典以孔子为借口来痛斥自己，老翟毕竟是大儒出身，真挂不住了。他接到册书之后，当天就自杀了。

上秘之，遣九卿册赠以丞相高陵侯印绶，赐乘舆秘器，少府供张，柱槛皆衣素。天子亲临吊者数至，礼赐异于它相故事。谥曰恭侯。长子宣嗣。

可见，既然老翟都替自己当上天的牺牲祭品死掉，就不好再大张旗鼓给他不好看了。于是，翟方进自杀之后，汉成帝对外隐藏了他自杀的真相，多次亲自去翟府吊唁他，赏赐非凡，并谥封他为“恭侯”，允许长子翟宣袭封。

老翟死了，翟家哭声一片。

此时此刻，王莽乐了。这个潜在的对手，终于被“老天”给除掉了！

王莽没高兴多久，真是天有不测风云。“荧惑守心”，这个古怪的天象还不是闹着玩的。翟方进自杀后的一个月，汉成帝竟然暴崩在婕妤赵合德的床上！

春风得意马蹄疾。

福祸相依。王莽成为大司马刚得意没多久，皇帝死了。这件事情，不仅对王莽关系重大，对于王政君皇太后以及她所代表的王氏外戚家族，也关系重大——汉成帝没有儿子，他暴崩后，就只有推立他的侄子定陶王刘欣继位，是为汉哀帝。

刘欣继位的时候，都二十岁了，应该算长君。

皇太后王政君，对自己儿子成帝暴死在赵合德床上的事情暴怒。赵昭仪也挺伶俐，立马就自杀了。

对于赵合德的兄弟、子侄，汉廷也进行了处理。但当汉廷准备继续追究成帝皇后赵飞燕的时候，就没能继续下去。新继位的汉哀帝和其祖母傅太后，都认为当初哀帝得以当成皇太子，赵飞燕出力甚多。于是，新君开始发挥影响力，使得赵飞燕当时没有遭到清算，又有机会苟延残喘了几年。

汉哀帝虽然是汉朝历史上著名的昏庸、无能的同性恋皇帝，政治上极其低能，但他的智商，却一点也不低。

虽然汉成帝暴死在赵合德床上，赵合德刚刚畏罪自杀，但登基大典上，汉哀帝还是尊王政君为太皇太后，尊赵飞燕为皇太后。可以想见，一个刚刚用肉体“谋杀”了先帝的坏女人的姐姐赵飞燕，如今升格成为皇太后，王氏外戚，包括王莽在内，会有多么不自在。

一朝天子一朝臣。王氏外戚也没办法，只得耐住性子，继续观察新帝的举动。

想当初，汉哀帝之所以能当成储君，肯定事先对王政君有过政治许诺，那就是这个侄子要以汉成帝儿子的身份继位。如此一来，汉哀帝等于是过继给汉成帝当儿子，他原有的亲戚就不能算数。如此去推理，汉哀帝的奶奶傅氏和他的母亲丁氏，都应该待在定陶王的封国，不能搬到京城来。

汉哀帝毕竟已经是成年人，又在足智多谋的奶奶傅氏的指点下成长，自然懂得一些政治手腕。他绕过王莽和王政君，和丞相孔光等人商量：“我的祖母傅太后，居住在哪里才合适呢？”

皇帝如此发问，做大臣的自然要心领神会，总不能傻不拉几地回答说“她在定陶王封地待着最舒服，那里不会水土不服……”

孔光虽然是个腐儒，但他深知傅太后这个人绝对不是一个省油的灯。这老太太如果到了京城和皇帝住在一起，那就不是遥控朝政，而是把控朝政了。可是，皇帝的意愿又不能硬违。孔光就建议，我们马上在长安修座新宫殿，然后让傅太后搬到新宫来住。

孔光这样说的目的，一是延迟傅太后到长安的日期，二是想让傅太后和她的亲孙子、当今皇上别太近乎。

汉哀帝正沉吟，身为大司空的何武却说：“傅太后应该马上来长安，她住在北宫很合适！”

何武不是王氏外戚集团的心腹和核心分子。所以，他也及时进行政治押宝，很是在新帝面前表现了一把。

汉哀帝特别高兴，马上照准。北宫和自己所住的未央宫之间，有一条地下秘道连接。奶奶住在北宫，可以随时从地道里面过来，给自己出谋划策。

傅太后从定陶王封地来到了长安，憋了几十年的权力欲望，如今一朝得以释放，那能量简直大得惊人。于是，北宫和未央宫之间的地道，天天晃动着傅太后白发苍苍的脑袋。来来回回，她一天都没消停过。

亲孙子都成为当今皇帝了，我和娘家人能不风光一回？

傅太后这样想的，也是这样干的。傅氏家族的人马上唆使大臣董宏上疏，要求皇帝给生母上尊号。显然，只要汉哀帝的生母有了尊号，他的亲生奶奶肯定马上也要加尊号。

由于涉及王朝的几项基本原则问题，绝大多数大臣对给哀帝生母上尊号的事情都不同意，包括汉哀帝本人的老师师丹都坚决反对。对于皇帝来说，事情可以做得过分，但一定要有底线。

汉哀帝有些傻眼，毕竟自己刚刚入宫当皇帝，底子薄，分量轻，弄不好再变成从前的昌邑王刘贺啥的，就不合算了。

踌躇间，傅太后听说此事，大怒，她马上从秘道飞奔过来，在孙子面前大哭大闹，要死要活，目的只有一个：我要尊号。

汉哀帝真没办法了，思来想去，他只得去太皇太后王政君那里寻求援助了。

王政君这个女人，从底子上说，真不是一个女强人。想当初老公汉元帝活着的时候，自己虽然是皇后，不过是幌子摆设而已，当时的傅美人和冯美人才是元帝的心头肉。如今，过了两代了，傅美人亲孙子当上皇帝了，王政君要重新面对昔日老情敌的卷土重来。

当初为了阻止傅氏干政，王政君和自己家族包括王莽在内的人都商量好了，只允许傅氏和皇帝十天见面一次。如今，看到孙子辈的新帝亲自上门求自己，王政君“妇人之仁”又发挥作用了，心一软，就同意了。

于是，汉廷先追封汉哀帝的生父、昔日的定陶王刘康为“恭皇”。然后，按部就班，傅氏就成为“恭皇太后”，哀帝的母亲就成为“恭皇后”。紧接着，又大封傅氏、丁氏家族的人，哀帝还娶了傅太后堂弟的女儿为皇后。

如此一来，傅、丁为首的新外戚集团就诞生了。这两家人一上位，可以想见，一定会和王氏外戚集团对着干。

太皇太后王政君毕竟是个心性比较厚道的女人。怕大家血拼出大祸，她授意王莽辞职回避傅、丁两家外戚。

憋着一肚子的火儿，王莽忍了。

不久，汉哀帝在未央宫大宴群臣，为了让亲奶奶高兴，他命令宫内宦者在太皇太后王政君的座席旁又给奶奶傅太后加了一个座席。

宴前巡视，身为大司马的王莽看到傅太后的座席，再也忍耐不住，斥责说：“定陶傅太后不过是个藩王太后，她怎么能和大汉朝的太皇太后并席而坐！”

说完，王莽马上令人撤席。

傅太后得知消息后，勃然大怒，在皇帝面前大撒其泼。如此，汉哀帝也怒了。

王莽心里清楚自己得罪了皇帝，例行地上了一封辞呈。汉哀帝当然照准。但脸面上还不能马上撕破，于是哀帝下诏，赐王莽黄金500两，驷马安车一辆，安慰他提前退休。

王莽下野之后，傅太后指使汉哀帝动作连连，诏令频下，很快就把朝中王氏外戚力量基本清理干净。当然，这次政治变动还是属于不流血范畴，只是换人撤官而已，没有屠刀霍霍到杀人灭族的地步。

过了一段时间，帝位坐稳，汉哀帝先后封自己奶奶傅太后为“帝太太后”“皇太太后”，称“永信宫”；封自己母亲丁氏为“帝太后”，称“中安宫”，并在京师为自己的生父立庙祭祀。

傅太后得势后骄慢嚣张，再不拿太皇太后王政君当回事儿了。两个老太太有时候见面，傅太后也不会再像从前那样对王政君低眉顺眼行个礼啥的，而是像模像样以“皇太太后”自居，甚至当面称呼王政君为“老妪”。

太皇太后王政君那个气啊。气，也没用。当初让定陶王的后裔当太子，也都是自己的错。世上后悔药没得买，只得自认晦气。更可气的，没过多久，汉哀帝又在傅太后等人唆使下，不让王莽在京城居住了，把他贬回了封国新都（今河南新野东）。

灰心丧气，王莽的政治生命似乎到头了，只得灰头土脸地离开了都城。这一去，就是三年多。

其实，汉哀帝作为西汉最后一个实际执政的皇帝，他为帝之后，并非像我们后人印象中那样全然无能，而是有一段让人称赞的振作期，甚至做出了一系列的改革措施。

我们知道，哀帝的叔父汉成帝非常荒淫。其在位26年，在国家大政方面乏善可陈，王氏外戚势力基本把持了朝政。而汉哀帝在少年时期，就一直受着良好的儒家教育，他本人还特别向往先前汉武帝、汉宣帝的“武宣之治”。所以，打压了王氏外戚势力之后，除把自己祖母傅太后的亲戚和自己母亲的丁氏家族高封以外，他对朝廷重要的官员也进行了大换血，征聘不少知名大儒入朝。

哀帝朝共有四个丞相。除孔光是成帝时代留任的丞相以外，其余三人，朱博巴结傅氏而得位，但平当和王嘉确实都是能担当丞相重任的儒者。而且，哀帝所信任的何武、龚胜、鲍宣等人，在当时都很有人望。

除知人善任以外，汉哀帝上台后还马上精简机构，对吏治进行了整顿，首当其冲遭到精简裁撤的部门，是为皇帝提供耳目之娱的“乐府”。汉哀帝即位时，由于死去的汉成帝特别爱好声色之娱，乐府已经膨胀到了八百多人。为此，哀帝下诏称：

> 惟世俗泰奢文巧，而郑卫之声兴。夫泰奢则下不逊而国贫，文巧则趋末而背本者众。郑卫之声兴则淫辟之化流，而欲黎庶敦朴家给，犹浊其源而求其清流，岂不难哉？孔子不云乎？‘放郑声，郑声淫’。其罢乐府官。郊祭乐及古兵法武乐，在经非郑声之乐者，条奏，别属他官。

如此一来，乐府只剩下不到二百人。事后证明，汉哀帝的这一举措虽然没有收到砥砺风俗之效，但作为新君继位后的举措，这项措施还是值得肯定。

汉朝一直对中高级官员子弟特别优待，二千石以上官员任职满三年的，都可以推荐一个儿子当郎官。为此，汉哀帝在精简机构的同时，废除这项偏袒高官的“任子令”。这样做，使得高官那些无能儿子不再有机会占据清显位置，有利于延揽人才和改善吏治。

哀帝继位初期，汉朝的土地兼并问题极其严重。为此，汉哀帝继位后马上开始整顿田制，下诏天下，对于王公贵族的私田数量和奴婢数量进行规限：

> 诸王、列侯得名田国中，列侯在长安及公主名田县道，关内侯、吏民名田，皆无得过三十顷。诸侯王奴婢二百人，列侯、公主百人，关内侯、吏民三十人。年六十以上，十岁以下，不在数中。贾人皆不得名田、为吏，犯者以律论。诸名田畜奴婢过品，皆没入县官。

由于既得利益集团反对力量的过于强大，汉哀帝这一政策的施行被无限期推迟，但可以从他的努力中看出，作为君王，他毕竟对土地问题有过足够的重视，这也是汉朝最高统治阶层对解决土地问题的一次全面尝试。

当然，汉哀帝从骨子里不是那种励精图治的皇帝，他所有的努力，都不过是昙花一现。有跋扈奶奶傅太后在身后，哀帝许多新政措施根本就不能实施。

大司马王莽被贬回封国，确实对王氏外戚集团是个不小的打击。接下来，汉哀帝在他祖母阴影下的荒淫政治，使得朝政混乱不堪，实际上反而给日后王莽重掌朝政创造了极好的条件。

汉哀帝重用丞相朱博。此人是专门讨好献媚傅、丁外戚集团才能上位的阿谀之徒。而朝廷实权，先后被哀帝舅父大司马大将军丁明以及傅太后的兄弟、后来代丁明做大司马的傅晏等外戚掌握。

这些政治暴发户，凭借傅太后、丁太后的势力，一直结党营私，收取巨额贿赂，排斥忠正之士，使得汉朝朝政腐败到不可收拾的地步。

《汉书·哀帝纪》最后的赞语中，说汉哀帝“雅性不好声色”。对此，有些人望文生义，以为历史上的汉哀帝并不好色。

其实，班固书中所称的“不好声色”，是指汉哀帝不喜欢音乐歌舞之娱。色，哀帝还是非常喜欢的，而且女色、男色他都喜欢，是个典型的双性恋者。

历史上，由于有汉哀帝和董贤之间著名的“断袖”典故，不少人以为他是个百分之百的同性恋者。其实哀帝本人对女人也感兴趣，他不仅喜爱董贤，还把董贤的妻子和妹妹都招入宫内，大帐同眠。

从个人机遇来讲，虽然汉哀帝的帝位是他祖母绞尽脑汁争取来的，似乎他是个很幸运的人，但真实生活中，汉哀帝反而很不幸。

《汉书·哀帝纪》也说：“（哀帝）即位痿痹，末年寖剧”。可见，他刚刚继位的时候，就患上严重的“痿痹”之病。

那么，痿痹到底是什么病症呢？《汉书注》引如淳的说法，“痿痹”是“两足不能并行”；现代人研究，有人认为“痿痹”是指汉哀帝是得了小儿麻痹。这种说法应该不确切，如果他是小儿麻痹患者，当初汉成帝不可能把残疾的侄子当成皇位继承人；当代研究者还有人认为，“痿”和“痹”是两种不同的病症，即神经炎和神经麻痹的合称……无论到底是什么病，汉哀帝当上皇帝之后就一直行走不便。所以他在精神和肉体两方面肯定都非常痛苦。

在这样的情况下，汉哀帝嗜好男色的癖好，似乎随着他病症的加重而加深。他对于一个同性美男的爱宠，确实超过了后宫的成千佳丽。一次午睡，美男董贤枕着哀帝衣袖沉睡，为了不惊醒爱人沉眠好梦，哀帝竟拔出佩刀割断价值千金的衣袖。

哀帝的刀断衣袖，后来被演绎为“断袖之癖”，和春秋时期卫灵公和美男子弥子瑕的“分桃之癖”一起，成为后世著名的同性恋典故。

董贤这个人，属于典型的草包美男子，可以说是个男儿身、女儿心的人。他生性柔和，柔媚赛女人，哀帝看见他就喜从心来，不能自已。

白天，两个人坐则同席，出则同辇；晚上，睡则共床，寝则同被，须臾不可分离。

相比先前叔父汉成帝无限度宠爱赵氏姐妹，汉哀帝宠爱起他的男宠来，更是超出常人的想象力——董贤和哀帝春风几度，即刻升驸马都尉，俸禄两千石。

一人得道，鸡犬升天。董贤的父亲沾儿子的光，马上升为光禄大夫；董贤妹妹进宫，被封为昭仪；董贤的岳丈也受封得官；董贤的妻弟被封为执金吾。生相爱恋，死亦同穴。汉哀帝甚至在他自己的陵墓旁边，几乎同等级地为董贤修建了一座巨大的坟墓。而且，坟墓与帝陵之间还挖了一条地道相通，以便死后两人在地下也要互享情爱……

爱火炽热，会焚烧一切。汉哀帝的丞相王嘉上疏奏称董贤无功受禄，哀帝就把王嘉下狱处死；哀帝亲舅舅大司马丁明对董贤表示不满，也被哀帝下诏免职。

身心俱疲之下，多病而纤敏的哀帝，肯定把董贤当成自己人世间最大的慰藉。他不能容忍任何人对自己的爱人董贤有任何指责和不满。

逆反心理下，汉哀帝最后干脆把董贤升为大司马大将军，也就是朝臣一品了。位列三公之时，皇帝的这位男宠年仅二十二岁！

封董贤如此高位，汉哀帝心里也有点打鼓，就让这位男宠去拜见丞相孔光，想试探一下对方的反应。

孔光儒生出身，在官场混了这么久，也是老人精一个。深知皇帝就是要尊崇董贤，他也趁势表演。听说董贤要到自己家里来，他早就做好准备，隆重其事，满身行头，出门恭立迎候。远远望见董贤车来，他毕恭毕敬退着行走。董贤到中门，孔光进入阁中，极尽恭敬之礼。董贤下车后，孔光才出门见礼，不敢以宾客之礼相待，对皇帝的这位同性恋伙伴异常恭谨。

董贤回宫汇报，哀帝听说孔光如此“懂事”，大喜，立刻拜孔光两个侄子为宫廷侍从。

汉成帝时代荣宠一时的外戚王氏，自从王莽被贬后，整个家族几乎全部衰废外放。唯独平阿侯王谭的儿子王去疾在哀帝当太子时曾经做过太子庶子，和哀帝相识很早。所以，哀帝称尊后，王去疾被封为侍中、骑都尉。由于王去疾这层关系，他弟弟王闳也得为中常侍。

这兄弟俩，可以说是王氏外戚仅剩的能在哀帝一朝当官的人物。

一次，汉哀帝在麒麟殿摆酒设宴，董贤亲属都在场，王去疾、王闳兄弟也在场。

酒过数巡，大概喝高了，哀帝笑望董贤，人面桃花，越看越爱，当众大声说："吾欲法尧禅舜，何如？"

哀帝这话可是不得了，言外之意就是："我想把天下禅让给董贤，你们看好吗？"

这话一出，把董贤和他一大家子人也都吓了一大跳。

众人沉默之中，王闳说话了："天下乃高皇帝天下，非陛下之有也。陛下承宗庙，当传子孙于亡（无）穷。统业至重，天子亡（无）戏言！"

汉朝天下乃高祖皇帝传下来的，不是陛下您的天下！陛下您承继宗庙重托，应该传给刘氏子孙，代代不穷不尽！家国大统如此大事，天子不能随便戏言！

王闳一席话，简直就是当面斥责汉哀帝。别看身为失势的王氏外戚残留在宫廷的人员，关键时刻，这王闳还真坚持原则。

汉哀帝默然无语，非常非常不高兴。一时间众人无言，左右皆惶恐不语。哀帝当时作为一个皇帝说出要禅让帝位给董贤这种话，显然心态已经极其不正常，应该是到了自暴自弃的地步。这种心态，也和哀帝一直疾病缠身导致的身心疲惫有关。

宴会不欢而散。此后，汉哀帝把王闳遣出，不再给他内廷侍宴的机会。

可见，为了董贤一个人，汉哀帝多次与大臣、亲戚、近臣交恶，可谓得不偿失。

哀帝元寿元年（前 2 年），有日食发生。许多到都城应试的儒生，纷纷上书，称颂王莽功德，谏劝皇帝，表示说天象示警，应该把王莽召回让他能够尽心侍奉太皇太后王政君。

此时，骄横的傅太后已死。祖母一去，哀帝也没了主心骨，很快就同意王莽返回长安。可以想见，如果傅太后在世，她不可能同意王氏外戚中这么一个名望赫赫的人重返政治中心所在地。

由此，王莽得以回到都城长安。虽然未能恢复大司马官职、也无实权在手，但他毕竟回到了京城，回到了权力中枢所处。

这几年之中，王莽在自己封地也是倍受煎熬。其间，他二儿子王获因怒乘醉，杀掉一个奴仆。对于名家高门来说，在自己家里杀了一个奴仆，绝非什么大罪。但王莽非常重视，内心非常不安。踌躇久之，他竟然公开其事，最终逼迫儿子王获自杀谢罪。

王莽如此举措，拿儿子人头当筹码，在当时也不能说完全是为了“表演”来获取人心，其中也有惶恐的成分。他非常害怕政敌抓住把柄继续对自己落井下石。

果然，王莽逼子自杀为奴仆偿命这一出儿戏，又大获成功，民间对他的印象又多加几分。加上他原本留给大家清廉公正的印象，天下更多人为他大鸣不平。最终，在前后数百人为王莽讼冤的情况下，汉哀帝不得不为这位前大司马落实政策，把他从外面的封地调回京城。

王莽回来了，官职依旧没有得到恢复。而汉哀帝正忙于一场“再受命”的闹剧。这场闹剧的起源，源于当时的天灾人祸，源于哀帝本人病入膏肓的身子骨。

成帝时代，齐地人甘忠可伪造《天官历》《包元太平经》等谶纬图书，宣扬说：“汉家逢天地之大终，当更受命于天。”甘忠可的本意，并非要革汉朝的命，而是要趁谶纬预言的机会，自己当大仙当大官。但甘忠可的谶纬图书，遭到当时的大臣刘向的激烈反对。甘忠可不仅没有得到封赏，最后还被抓起来病死狱中。

汉哀帝即位，天下遭逢大灾大难，又是日食、又是洪水、又是干旱。于是甘忠可的弟子再次向朝廷建议“再受命”。

确实是病急乱投医。哀帝病重又没有子嗣，只能把能试验的东西全部试验一遍。于是，他下诏：“以建平二年为太初元将元年。号曰：陈圣刘太平皇帝。漏刻以百二十为度。”

不仅修改了自己的年号，不仅更改了时间计时，汉哀帝还把自己不伦不类地封为“陈圣刘太平皇帝”。这个封号留下一个巨大的后遗症：对王莽大有好感的人，或者是王氏外戚的党羽，就把这个封号当成谶言四处煽动——“陈圣刘太平皇帝”，陈者，古帝大舜之后，王氏家族为陈后，王莽当代天行道！

如此，为王莽日后篡位，汉哀帝自己给人家送上了一个“预言”。

不仅玩“再受命”把戏，一向坚持传统的汉哀帝还篡改祀典，在天下广泛征求方士，到处建造祠堂神殿，下令把从前所废的七百多所祠宫全部恢复。短短一年时间内，汉廷在各地进行了三万七千多次祭祀活动，整个国家陷入空前的迷信之中。

哀帝时代，还有一个有趣的事情要说一下，那就是在建平四年（前3年）冬天，匈奴单于派使者上呈国书，表示想于第二年正月入长安朝拜汉朝天子。

本来，匈奴来朝是汉朝皇帝特别得意的事情。但出人意料的是，汉哀帝当时以“浪费公帑”的名义，拒绝匈奴单于来朝。那么，汉哀帝真是为了节约金钱吗？

当然不是！

匈奴单于每次来汉朝，确实都像一个丐帮大佬，带着一大帮匈奴贵族，就是来汉朝都城大打秋风的。汉朝每次接待这些人，都会花费无数金银财宝作为“赏赐”。所以，匈奴俯首，汉帝挥手，看上去挺和谐的场面，都是无数金钱换来的。

而汉哀帝不想接待匈奴单于，还真不是舍不得钱财。国库中金钱还不少，汉朝为了宣扬“国威”，这点“外援”还是拿得出的。最让汉哀帝感到心惊肉跳的，是每次匈奴单于到汉朝来朝见皇帝，都有不祥的事情发生——汉宣帝黄龙元年春，匈奴呼韩邪单于来朝，当年十二月，宣帝就崩了；汉元帝竟宁元年春，呼韩邪单于来朝，五月，元帝也崩了；汉成帝河平四年春，匈奴单于来朝。三月，长陵附近发生巨大的泥石流。夏六月，楚王刘嚣薨了……

所以，匈奴单于似乎就是个巨大的丧门星，他们每次来，不是拜死一个皇帝，就是拜死一个亲王。天灾人祸，让人产生不祥的遐思。

汉哀帝本来身子骨就弱。所以，听说匈奴单于乌珠留要来，他一口回绝。

这事儿，很快被大文学家扬雄得知。他马上写奏章劝谏，说从前花了那么多国力去平灭匈奴，好不容易使得匈奴臣服，陛下您如今不许单于来长安朝拜，他们肯定会怀恨在心，不利于国家安定，希望皇上当以大局为重：

> 夫百年劳之，一日失之，费十而爱一，臣窃为国不安也。唯陛下少留意于未乱未战，以遏边萌之祸。

汉哀帝读罢扬雄谏书，明白这位书呆子误会自己，以为自己是心疼钱财。但扬雄这位老夫子的劝谏，确实有效。为了避免激怒匈奴，汉哀帝召还匈奴使者，答应单于可以来朝。

哀帝元寿二年（前 1 年）春，匈奴单于乌珠留如期来朝。根据阴阳学说，由于当时太岁正好压服南方，汉哀帝就安排单于住在长安城西上林苑宫殿中最靠西面的蒲陶宫。

根据当时的迷信说法，太岁所在位置即为凶方。哀帝以此作为厌（yā）胜，就是要镇住“大扫帚星”匈奴单于。厌胜，乃古代巫术。

厌者，压也，意即压服某人或某物。

为防止匈奴人生疑，汉哀帝特意派人向乌珠留单于解释说，汉朝这样安排，是对单于的一种特殊尊敬。接着，哀帝更是大费周章，赏赐单于大批金帛——“加赐衣三百七十袭，锦绣缯帛三万匹，絮三万斤”其他赏赐，依照前例照给不误。

目的在于来汉朝打秋风的朝拜结束后，匈奴单于满载而归了。

殊不料，扫帚星就是扫帚星。匈奴乌珠留单于离开长安四个月之后，元寿二年（前 1 年）六月，汉哀帝崩于未央宫。

单于一跪，皇帝就死。这个怪圈，又轮回到汉哀帝身上。

哀帝身体确实本来就不好，但单于来朝不久汉帝就死的现象，在当时很让人感到奇怪。不知道是历史的巧合，还是匈奴单于真带来什么特殊病菌……

汉哀帝一死，大汉帝国，又面临着一次暴风骤雨般的大动荡！

热火烹油王莽

汉哀帝去世，没有儿子。

此时此刻，汉哀帝的奶奶傅太后、母亲丁太后，都已相继死去。所以，未央宫内发号施令的人，自然是太皇太后王政君了。

虽然年已古稀，王老太太还是异常灵动，她在哀帝死去的当天就开始行动，到未央宫拿到了代表皇权的玉玺。而后，她立即传召大司马董贤，语气汹汹，问他哀帝丧事如何办理。

董贤这个人，真不是大奸大坏之人。事到临头，他没有任何主见，忧心忡忡之下，竟然无言以对，只得免冠伏地，表示道歉。

看到身为大司马的董贤如此表现，太皇太后王政君就说：“新都侯王莽，从前以大司马的身份负责过先帝的丧礼，对程序非常熟悉，我让他帮你办事吧。”

这个时候，假如董贤有一点能力、有一点私心、有一点反抗意识，凭借他当时作为大司马可以调兵的权力，完全是能够反抗一下的。但董贤毕竟只是哀帝的同性恋伴侣，他没有任何政治野心，马上就同意了太皇太后的意见。

王政君马上让人驰报王莽，命他入宫统领禁军，主持天下政事。

王莽一朝权在手，马上来行动。根据姑姑王太后的指示，即刻禁止董贤再入宫办事，严防他和禁卫军有联系。

董贤得知消息后，惶恐无限，到了宫门前，免冠徒跣，跪地叩首。

很快，诏旨内出，太皇太后王政君下诏："董贤年少，不懂事理，为大司马不合众心，收缴大司马印绶，罢遣归第！"

得到这份免职诏书，董贤深知自己的末日已到，即刻和老婆在家中自杀。其家人更害怕，半夜就把两口子埋葬了。

王莽对董贤忽然"自裁"的举动感到吃惊。确实，堂堂一个有兵有权的大司马，还不如待宰小鸡呢，连挣扎一下都没有，就弄根绳子把自己吊死了？

王莽以大奸之心度人，怀疑董贤诈死，派人把董贤夫妻的棺材挖出来，弄到狱中仔细验看。

最后，查验棺内两具死尸后，王莽舒了一口气，命人把董贤夫妇的尸体埋在狱中空地内。

最终，汉哀帝花费无数钱财为同性恋伙伴大修特修的坟墓，董贤也无福消受。

听说董贤也死了，太皇太后王政君终于叹了一口长气。这口气，憋了六年了。看着侄子王莽，老太后王政君悲从中来，不能自抑。这泪水中，有悲伤，更有喜悦。

哀帝死了，老王家苦尽甘来。

很快，王政君下诏，让满朝公卿推举可以代替董贤做大司马的人。

王莽本来就做过大司马，声名卓著，又是太皇太后近亲。大家心里跟明镜一样，马上众口一词，都推举王莽复任大司马。

借坡下驴，王太后下诏，任命侄子王莽为大司马、领尚书事。军权、行政权，一朝全部回到自己娘家侄子手里。

这样一来，汉哀帝死后，王氏外戚家族一下子反攻成功，重新把持了汉朝的军政大权。

重新执政之后，王莽需要大肆宣扬被推翻的政敌的过错，这样，才能在道义上高人一头。于是，王莽授意大司徒孔光上奏，历数董贤所犯罪状。

孔光看到董贤倒台，正惶恐着呢，看到王莽给自己这个机会，这老儒生马上奋笔疾书，一脑袋胡须、头发丝乱动，口诛笔伐，强烈要求向天下公布董贤罪恶，严惩其家属：

> （董）贤质性巧佞，翼奸以获封侯，父子专朝，兄弟并宠，多受赏赐，治第宅，造冢圹，放效无极，不异王制，费以万万计，国家为空虚。父子骄蹇，至不为使者礼，受赐不拜，罪恶暴著。（董）贤自杀伏辜，死后父恭等不悔过，乃复以沙画棺四时之色，左苍龙，右白虎，上著金银日月，玉衣珠壁以棺，至尊无以加。恭等幸得免于诛，不宜在中土。臣请收没入财物县官。诸以（董）贤为官者皆免。

孔光这个人的人品确实也差，他以前和董贤的父亲是老同事。如今董贤死了，孔光找碴说董贤的父亲给儿子收尸的棺材上面的图画僭越，强烈要求朝廷收没董家财产充公。最有趣的是，孔光还在奏疏中要求罢免这几年凭借董贤关系得官的人——要知道，他在哀帝时代能得保其位，他的两个侄子能得封为郎官，都是哀帝看在董贤面子上才答应、赐予的。

董贤和哀帝尸骨未寒，孔光就倒打一耙，确实是个官场老滑头。

王莽看到孔光的奏疏，会心一笑。于是，根据这位大司徒的“建议”，朝廷把董贤父亲董恭、弟弟董宽信与董氏其他家属，全部迁到合浦，并逼迫董贤的母亲回老家巨鹿禁闭。

> 于是附顺（王莽）者拔擢，忤恨者诛灭，以王舜、王邑为腹心，甄丰、甄邯主击断，平晏领机事，刘歆典文章，孙建为爪牙。（甄）丰子寻、（刘）歆子棻、涿郡崔发、南阳陈崇皆以材能幸于（王）莽。（王）莽色厉而言方，欲有所为，微见风采，党与承其指意而显奏之。
>
> （王）莽稽首涕泣，固推让焉，上以惑太后，下用示信于众庶。

通过对董贤势力的清算，王莽不仅站稳了脚跟，还建立了稳定的打手班子。从此，党同伐异，开始了独揽大权的经营。

作为最大威胁的董贤势力，如此容易就全然消除，王莽感觉很不过瘾。很快，他就以姑姑的名义，把成帝皇后赵飞燕和哀帝皇后傅氏都废为庶人。

这二人都很“懂事”，接到诏旨后，皆当天自杀。

站在未央宫高大的台阶上，极目远眺，王莽想到了更多的事情。人死了，事儿也还没完。想起昔日哀帝祖母傅太后将自己远贬到新都，旧怨顿时涌上心头。于是，他马上给姑姑太皇太后上疏，奏称：

“定陶共王刘康的母亲傅太后、哀帝的母亲丁姬，她们不遵守藩臣姬妾礼仪，坟墓竟然建得跟元帝陵墓一样高，安葬时，其尸身中都携带‘皇太太后’（傅太后）和‘皇太后’（丁姬）玺印，依据汉律，皆为逾制。建议挖开傅太后和丁姬的坟墓，取回玺印。傅太后尸体，应该运回定陶封国，重新安葬在定陶王刘康的坟墓旁边。”

刨坟掘墓这种事情，如果仇恨没到一定的地步，一般都不会干的。踌躇久之，想起傅太后竟敢当面称自己为“老妪”，往事并不如烟，旧恨涌上心头，太皇太后王政君就同意了侄子的要求。

听说王莽要挖坟，而且挖的是前太后的坟，老百姓都乐坏了。傅氏、丁氏家族确实名声太坏，这两大家子人多年来欺男霸女，骄奢淫逸，更可气的，两个人的坟头还修建得这么高，大家恨不得马上平毁扒开，顺便看看能否捡点值钱的东西。

王莽令下：挖！

摩拳擦掌，锹铲飞舞，十多万人大干了二十多天，才把傅太后、丁太后两座坟头铲平、挖开、起棺。

> 谒者护既发傅太后冢，崩压杀数百人；开丁姬椁户，火出炎四五丈，吏卒以水沃灭乃得入，烧燔椁中器物。(《汉书·外戚传》)

傅太后坟头垮塌，丁太后坟里喷火，其实都不是什么死人怨气宣泄的灵异事件。前者属于施工事故，后者因为丁太后尸体在缺氧封闭的环境中分解，变成了可燃沼气……

总之，刨坟这事儿挺刺激，大家都兴奋，金缕玉衣，都是上好玉片，稀里哗啦，从两具尸体上被撕扯下来。这些东西倒没什么，王大司马最在意的是玺印。

于是，几个干吏撅着屁股摸了半天，终于把傅太后和丁太后的玺印都找到，洗干净之后，上呈王莽。

玺印，象征着权力。就是死了，也不能让这两个妇人带到阴曹地府里面去。至于两位前太后的尸体，办事人员胡乱找了两口薄皮棺材，把尸骨装了进去。清理完现场之后，为了警示后人，王莽还派人用荆棘把两位前太后的坟墓原址围了一圈。该干的，不该干的，都干了。

但还有一件最重要的事情，值得王政君、王莽姑侄大费心机：哀帝死了，需要找个人接班啊！

有汉哀帝的前车之鉴，太皇太后王政君和侄子大司马王莽商量久之，达成一致意见：再不能弄个成年小伙子来当皇帝！

于是，挑来拣去，姑侄二人选择了汉哀帝的堂弟、也就是汉成帝另外一个侄子，中山王刘兴之子刘衎。

当时的刘衎，年仅九岁，是为汉平帝。

《汉书·平帝纪》开宗明义就说："帝年九岁，太皇太后临朝，大司马（王）莽秉政，百官总己以听于（王）莽。"

王莽时代，就这样轰轰烈烈地开始了。

环顾宇内，几乎没有任何敢于和自己叫板的对手，王莽感到飘飘然。自己为所欲为的时代，应该开始了。

无论如何，王莽都是一个谨慎的人。想到自己毕竟是个容易引起非议的外戚，确实还需要观察一段时间才能站到最前排。于是，他推出三朝元老、名儒孔光为丞相、太师。这样一来，孔光在名义上成为群臣之首。但这个圆滑世故的老官僚心知肚明，深悉自己今天的荣耀都是人家太皇太后王政君和他侄子王莽给的。如果稍不听话，说不定自己的下场比董贤还坏。

诚惶诚恐，孔光心甘情愿做个幌子，凡事皆唯王莽马首是瞻。

先前，西南夷部落派人送来过"白雉"，至此，王莽开始拿着鸡毛当令箭。汉朝长安的政客们开始蠢蠢欲动了。

我们今天的人可能奇怪，白雉，不过是白色野鸡罢了，有什么稀奇？

在汉代，白雉，象征着祥瑞，象征着天下安定。典籍《尚书大传》中记载，交趾南面有个越裳国，在周公摄政六年使得天下太平的时候，曾经派人骑着大象，带着几重的翻译人员，跋涉迢迢，来到中原敬献白雉，敬崇中国出了圣人。如今，一样的地方一样的鸡，忽然重现汉朝，那么，王莽显然就是周公转世重生。

为此，马上就有吹捧王莽的大臣上奏太皇太后，说白雉出现，就是上天降下祥瑞，证明王莽王大司马乃安定汉朝的大功臣！他的功劳，和当初萧何萧相国一样，朝廷应该增封他食邑三万户，和当初宣帝时代霍光受赏一样！

见大侄子得到群臣如此拥戴，太皇太后挺不好意思，就在临朝的时候对公卿大臣们说：“你们这样表扬王莽王大司马，是因为他真有大功值得荣显呢，还是因为他和我是亲戚关系才夸赞他呢？”

王政君毕竟是个不谙政事的老妇人，瞧这话问的！

群臣即时跪地一片，挨个表态，拍胸脯说：正是因为王大司马的盛德，才感动天地，降下白雉。王莽如此大功，应该封他一个汉朝前所未有的爵号：安汉公。这样做，才能上应古制，下顺民意。

太皇太后听了这些话，非常满意，就让尚书省具体操办此事。

王莽的演戏才能又开始显露了，他百般谦让，反复推托，就是不肯接受封号和封地。最后，他竟然装病在家，拒绝接受封地和封爵。

王莽退到幕后，该王莽的心腹大臣们上场了。这些人纷纷向太皇太后表示：大司马肯定是想先让孔光等大臣受到荣显，他才心安。

太皇太后听了，还挺感动，觉得自己这个娘家侄子就是懂事，马上下诏，升孔光等四人的官职、增封四人的食邑。

孔光等四个心腹受赏后，王莽还装，依旧称疾在家。

于是，群臣复奏，说王莽大司马一直谦让，朝廷更应该重重嘉赏，明重元功。否则，就会让朝廷百僚和天下百姓失望！

于是太皇太后下诏，封王莽为“安汉公”：

大司马新都侯莽三世为三公，典周公之职，建万世策，功德为忠臣宗，化流海内，远人慕义，越裳氏重译献白雉。其以召陵、新息二县户二万八千益封莽，复其后嗣，畴其爵邑，封功如萧相国。以莽为太傅，干四辅之事，号曰安汉公。以故萧相国甲第为安汉公第，定著于令，传之无穷。

演戏到这份儿上，还没完。王莽假装惶恐，不得已拜受策命。但他只表示自己只能接受“安汉公”这一封号，退还食邑封地。

群臣呼天抢地，又在朝堂上集体拥戴，坚持要王莽接受封地。人家王莽接着拒绝，并表示说，应该荣宠汉朝的诸侯王后代，增封高祖以来的功臣子孙，大者封侯，或赐爵关内侯食邑，然后推及在位的王侯，各有第序，人人有份。

由此一来，在大司马王莽的力推下，汉朝那些既得利益者可谓一时间利益均沾，大伙都高兴。

有人可能会问：王莽推掉了那么多增封的食邑，没得到实惠啊，一个“安汉公”的虚号，有什么意思呢？

太有意思了！

汉朝的“三公”，是指朝廷中最尊荣的三个官位，并没有“公爵”这个层级。“万户侯”才是汉朝最高的封爵。所以，只有萧何、霍光这样功劳特别大的大臣，才能得到“万户侯”的封赠。

太皇太后所颁封王莽为安汉公的诏书中，有“复其后嗣，畴其爵邑”之语，这八个字不是虚词，是指王莽这种有特殊功勋大臣的后代子孙袭爵之时，封邑不会得到任何削减。

汉朝没有公爵，但周朝有，即公、侯、伯、子、男五个层级的爵位。王莽给自己弄个在名义上仅仅次于周天子的“公爵”，就是先把自己当成汉朝最高等级的诸侯，以此凸显自己高于汉朝所有的侯爵，甚至高出昔日的萧何和霍光。遥想当年，萧、霍二人，劳苦功高，都不过是“万户侯”而已。

可见，当时汉朝虽然王侯众多，但“安汉公”这个爵号，只有王莽一人享有。一人之下，万人之上，以后的戏就能够按部就班地演下去了。日后，曹魏、司马晋、南朝刘宋、北朝高齐，开国者都是有样学样，走王莽这个路数。

从实际角度看，王莽的这个“安汉公”，他当时虽然假模假式推掉了朝廷给自己的食邑，但他的家人亲属都有功，都要受赐。这些人的封赠前后加起来，食邑总数多达六万五千多户。王莽家如此庞大的食邑，当时连汉朝的直系诸王都没这么多。因为先前汉武帝“推恩令”的实施，刘氏诸侯王的封地越来越少。

凭借如此雄厚的经济实力，王莽才有更多的钱财去买通朝中的官员，才有足够的粮食，才能有事没事就和天下百姓“雨露共沾”。

> 莽既说众庶，又欲专断，知太后厌政，乃风公卿奏言：“往者，吏以功次迁至二千石，及州部所举茂材异等吏，率多不称，宜皆见安汉公。又太后不宜亲省小事。”令太后下诏曰：“皇帝幼年，朕且统政，比加元服。今众事烦碎，朕春秋高，精气不堪，殆非所以安躬体而育养皇帝者也。故选忠贤，立四辅，群下劝职，永以康宁。孔子曰：‘巍巍乎，舜、禹之有天下而不与焉！’自今以来，惟封爵乃以闻。他事，安汉公、四辅平决。州牧、二千石及茂材吏初除奏事者，辄引入至近署对安汉公，考故官，问新职，以知其称否。”
>
> 于是莽人人延问，致密恩意，厚加赠送，其不合指，显奏免之，权与人主侔矣。

如今，王莽都成“周公”了，也要有“周公”的权力啊。当时，姑妈太皇太后都七十三岁了，本来就精力不济。再说，姑妈垂帘听政，肯定不如自己直接当政。于是，王莽就暗示公卿上疏，规劝太皇太后不应该再费心劳神、省察小事，对于两千石级别官员的考察和任免，应该由安汉公王莽负责。

太皇太后一看奏疏，马上批准，她还真乐得能多享受一些清闲呢。

太皇太后下诏公告全国说，皇帝年纪小，我年纪大，除封爵的大事要报告给我得知以外，其余州牧任命和二千石级别的官员任免事项，皆由安汉公等人主持。

这样一来，汉朝的组织人事权，都落在王莽手中。为此，《汉书》说他“权与人主侔矣”。王莽的权力，确实和皇帝差不多了。

爵号有了，封地有了，人事权有了。接下来，王莽就要开始大张旗鼓地搞宣传活动了。

汉朝元始二年（2年），中原地区发生了范围广泛的旱灾和蝗灾。由于汉元帝以来，贵族、豪强不断兼并土地，农民生活日益困苦，遭逢灾荒，真是根本无法生存下去。

表演又开始了。王莽带头，他建议朝廷官员，包括太皇太后和皇帝，都要作为榜样，节约粮食和布帛。话不白说，王莽自己先拿出一百万钱和三十顷地，作为启动资金，开始在国内劝捐，救济灾民。

不仅如此，为了显示自己与民同苦，王莽还大肆让人宣扬自己天天吃素。急得他姑妈太皇太后王政君亲自下诏慰问：

> 闻公菜食，忧民深矣。今秋幸孰，公勤于职，以时食肉，爱身为国。

听说大司马安汉公王莽忧国忧民不吃肉，天下小民闻知，莫不感动。

大伙愿意不愿意，都出钱出地捧了场，王莽也不让官员们吃亏。接着，他慷公家之慨，宣布增加官吏俸禄，那些二千石以上的大官退休后，可以终身领取原俸禄的三分之一……

所有这些大撒金钱的行为，无非是向天下人宣示，只有我王莽在位，大家才可以得到真正的实惠。

回想哀帝时代王氏外戚集团的巨大挫折，王莽开始打提前量。他对年少的汉平帝刘衎后宫空着的皇后位置，非常关注。

其实，这事儿挺好办，王莽自己家里就有一个十四岁的女儿。虽然比十一岁的汉平帝大三岁，也不算太大，“女大三，抱金砖”嘛。

王莽当然不会傻到自己直接把女儿送入宫中或者让太皇太后王政君指定。他还像先前一样，拿捏适度，先向姑姑太皇太后上了一篇奏章，内容堂而皇之，说这些年国家大灾大难，都是因为皇帝没有子嗣和继承人而起。而先帝所配娶的皇后，也都没有母仪天下的品德。

阴阳调和太重要了。根据五经经义，王莽建议，现在应该在全国范围内，从圣帝、名王、周公、孔子、列侯等先贤在都城的后代中，选取贞洁淑女，给当今皇帝做皇后。

奏疏一上，太皇太后当然马上同意。于是，一场轰轰烈烈的选后运动，马上在都城开展起来。

这和现在不少大公司公开招聘一样，都是假海选。人员其实早内定了，都是公司高管或者高官子女。看报纸广告前来应聘的，都是陪演陪练的。所以，明眼人肯定马上就清楚，王莽这次要把自己女儿送入宫内当皇后，借此进一步巩固他自己的影响和权力。

看到手下大臣把准备选作皇后的天下淑女花名册送到自己桌案上，王莽沉吟。因为，他看到属于王氏外戚宗族的许多女子都在名单上，就怕她们成为自己女儿强有力的竞争者。毕竟对于姑姑王政君来说，手心手背都是肉，没准她会看上王氏宗族别人家的女儿，忽视或者故意忽视自己的女儿。

王莽最擅长的，就是以退为进。他马上给姑姑上表，表示自己德行不够，女儿才德也不够，不应该参加皇后海选。

估计王政君王老太太年纪太大了，一时半晌真没弄清楚侄子的真实意图，认为他太实在太替国家脸面着想了，就马上下诏说：王氏宗族的女孩，都是我的外家，不会参与此次皇后选举。

弄巧成拙，王莽这个气啊。虽然生气，但他也不着急，如今自己手下多少爪牙啊。他马上唆使心腹，先后多次向姑姑太皇太后上疏，力请马上立王莽之女为皇后。

正呆呆看着那么多群臣请求立王莽之女为皇后的奏疏发傻，太皇太后忽然又得报，说宫门外面每天都有上千人，其中有儒生、有百姓、有官吏，这些人都挤在门口大声表态，强烈要求朝廷应该选王莽的女儿做皇后：安汉公圣德巍巍，盛德堂堂，如今要立皇后，非安汉公的女儿莫属！天下归命，我们就是拥戴安汉公的女儿做天下母！

群情如此，王老太太自然也顺水推舟。先前成帝、哀帝两人的皇后，已经给自己老王家带来无数麻烦。既然侄孙女能当皇后，那敢情好。

王莽要当皇帝岳父了，权势又大，以亲以官，他更加成为众臣献媚邀宠的对象。

京城见人下菜碟的人就是多。众臣上疏，强烈建议朝廷要给皇上岳父王莽王大人增加封邑。

“国家特级演员”嘛，王莽脑袋晃得像拨浪鼓，坚拒不受。

但汉朝制度规定，皇帝娶亲乃国家大事，皇后聘礼有礼定数目，包括黄金二万斤，钱两万万，这么多东西，一定要拉到皇后家里去！

推来推去，王莽表示只受其中的四千万钱。这四千万钱他自己还不全要，把其中三千三百万钱分给十一家妃嫔。

好家伙，这事儿传出去，无论是官员还是老百姓不干了。据统计，先后有吏民四十八万余人上书，王侯宗室也有多人到宫内恳请，都表示要对王莽大加封赐。安汉公对国家贡献这么大，如果不封赠他，老天爷都会不答应的。

最后，太皇太后派有司凑足了三千万钱，专门赐给王莽。

王莽当然不会独吞，他自己又拿出一千万钱，分给王氏家族中那些家境比较贫寒的人家。

皆大欢喜。

于是，王莽的女儿，马上就要堂而皇之地成为汉平帝刘衎的皇后了。

人，雪中送炭的很少，爱锦上添花的多。

看王莽越来越红，朝中大司徒司直陈崇找来一个“枪手”，替自己给王莽写了一封空前绝后、流传千古的拍马屁文章。

这位枪手名叫张竦，乃昔日宣帝时代名臣张敞（为妻画眉那位）的孙子。他马屁拍得登峰造极，引经据典，臻于至境，以至于笔者不得不全文摘录，以飨读者：

窃见安汉公自初束脩，值世俗隆奢丽之时，蒙两宫厚骨肉之宠，被诸父赫赫之光，财饶势足，亡所牾意，然而折节行仁，克心履礼，拂世矫俗，确然特立；恶衣恶食，陋车驽马，妃匹无二，闺门之内，孝友之德，众莫不闻；清静乐道，温良下士，惠于故旧，笃于师友。孔子曰：“未若贫而乐，富而好礼”，公之谓矣。

及为侍中，故定陵侯淳于长有大逆罪，公不敢私，建白诛讨。周公诛管、蔡，季子鸩叔牙，公之谓矣。

是以孝成皇帝命公大司马，委以国统。孝哀即位，高昌侯董宏希指求美，造作二统，公手劾之，以定大纲。建白定陶太后不宜在乘舆幄坐，以明国体。《诗》曰“柔亦不茹，刚亦不吐，不侮鳏寡，不畏强圉”，公之谓矣。

深执谦退，推诚让位。定陶太后欲立僭号，惮彼面刺幄坐之义，佞惑之雄，朱博之畴，惩此长、宏手劾之事，上下一心，谗贼交乱，诡辟制度，遂成篡号，斥逐仁贤，诛残戚属，而公被胥、原之诉，远去就国，朝政崩坏，纲纪废弛，危亡之祸，不隧如发。《诗》云“人之云亡，邦国殄顿”，公之谓矣。

当此之时，宫亡储主，董贤据重，加以傅氏有女之援，皆自知得罪天下，结仇中山，则必同忧，断金相翼，借假遗诏，频用赏诛，先除所惮，急引所附，遂诬往冤，更惩远属，事势张见，其不难矣！赖公立入，即时退贤，及其党亲。当此之时，公远独见之明，奋亡前之威，盱衡厉色，振扬武怒，乘其未坚，厌其未发，震起机动，敌人摧折，虽有贲育不及持刺，虽有樗里不及回知，虽有鬼谷不及造次，是故董贤丧其魂魄，遂自绞杀。人不还踵，日不移晷，霍然四除，更为宁朝。非陛下莫引立公，非公莫克此祸。《诗》云“惟师尚父，时惟鹰扬，亮彼武王”，孔子曰“敏则有功”，公之谓矣。

于是公乃白内故泗水相丰、麓令（孔）邯，与大司徒（甄）光、车骑将军（王）舜建定社稷，奉节东迎，皆以功德受封益土，为国名臣。《书》曰“知人则哲”，公之谓也。

公卿咸叹公德，同盛公勋，皆以周公为比，宜赐号安汉公，益封二县，公皆不受。传曰申包胥不受存楚之报，晏平仲不受辅齐之封，孔子曰“能以礼让为国乎何有”，公之谓也。

将为皇帝定立妃后，有司上名，公女为首，公深辞让，迫不得已然后受诏。父子之亲天性自然，欲其荣贵甚于为身，皇后之尊侔于天子，当时之会千载希有，然而公惟国家之统，揖大福之恩，事事谦退，动而固辞。《书》曰“舜让于德不嗣”，公之谓矣。

自公受策，以至于今，亹亹翼翼，日新其德，增修雅素以命下国，逡俭隆约以矫世俗，割财损家以帅群下，弥躬执平以逮公卿，教子尊学以隆国化。僮奴衣布，马不秣谷，食饮之用，不过凡庶。《诗》云“温温恭人，如集于木”，孔子曰“食无求饱，居无求安”，公之谓矣。

克身自约，籴食逮给，物物卬市，日阕亡储。又上书归孝哀皇帝所益封邑，入钱献田，殚尽旧业，为众倡始。于是小大乡和，承风从化，外则王公列侯，内则帷幄侍御，翕然同时，各竭所有，或入金钱，或献田亩，以振贫穷，收赡不足者。昔令尹子文朝不及夕，鲁公仪子不茹园葵，公之谓矣。

开门延士，下及白屋，娄省朝政，综管众治，亲见牧守以下，考迹雅素，审知白黑。《诗》云“夙夜匪解，以事一人”，《易》曰“终日乾乾，夕惕若厉”，公之谓矣。

比三世为三公，再奉送大行，秉冢宰职，填安国家，四海辐凑，靡不得所。《书》曰：“纳于大麓，列风雷雨不迷”，公之谓矣。

此皆上世之所鲜，禹稷之所难，而公包其终始，一以贯之，可谓备矣！是以三年之间，化行如神，嘉瑞叠累，岂非陛下知人之效，得贤之致哉！故非独君之受命也，臣之生亦不虚矣。是以伯禹锡玄圭，周公受郊祀，盖以达天之使，不敢擅天之功也。揆公德行，为天下纪；观公功勋，为万世基。基成而赏不配，纪立而褒不副，诚非所以厚国家，顺天心也。

高皇帝褒赏元功，相国萧何邑户既倍，又蒙殊礼，奏事不名，入殿不趋，封其亲属十有余人。乐善无厌，班赏亡遴，苟有一策，即必爵之，是故公孙戎位在充郎，选繇旄头，壹明樊哙，封二千户。孝文皇帝褒赏绛侯，益封万户，赐黄金五千斤。孝武皇帝恤录军功，裂三万户以封卫青，青子三人，或在襁褓，皆为通侯。孝宣皇帝显著霍光，增户命畴，封者三人，延及兄孙。夫绛侯即因汉藩之固，杖朱虚之鲠，依诸将之递，据相扶之势，其事虽丑，要不能遂。霍光即席常任之重，乘大胜之威，未尝遭时不行，陷假离朝，朝之执事，亡非同类，割断历久，统政旷世，虽曰有功，所因亦易，然犹有计策不审过征之累。及至青、戎，摽末之功，一言之劳，然犹皆蒙丘山之赏。课功绛、霍，造之与因也；比于青、戎，地之与天也。而公又有宰治之效，乃当上与伯禹、周公等盛齐隆，兼其褒赏，岂特与若云者同日而论哉？然曾不得蒙青等之厚，臣诚惑之！

臣闻功亡原者赏不限，德亡首者褒不检。是故成王之于周公也，度百里之限，越九锡之检，开七百里之宇，兼商、奄之民，赐以附庸殷民六族，大路大旗，封父之繁弱，夏后之璜，祝宗卜史，备物典策，官司彝器，白牡之牲，郊望之礼。王曰："叔父，建尔元子。"子父俱延拜而受之。可谓不检亡原者矣。非特止此，六子皆封。《诗》曰："亡言不雠，亡德不报。"报当如之，不如非报也。

近观行事，高祖之约非刘氏不王，然而番君得王长沙，下诏称忠，定著于令，明有大信不拘于制也。春秋晋悼公用魏绛之策，诸夏服从。郑伯献乐，悼公于是以半赐之。绛深辞让，晋侯曰："微子，寡人不能济河。夫赏，国之典，不可废也。子其受之。"魏绛于是有金石之乐，《春秋》善之，取其臣竭忠以辞功，君知臣以遂赏也。

今陛下既知公有周公功德，不行成王之褒赏，遂听公之固辞，不顾《春秋》之明义，则民臣何称，万世何述？诚非所以为国也。

臣愚以为宜恢公国，令如周公，建立公子，令如伯禽，所赐之品，亦皆如之。诸子之封，皆如六子。即群下较然输忠，黎庶昭然感德。臣诚输忠，民诚感德，则于王事何有？唯陛下深惟祖宗之重，敬畏上天之戒，仪形虞、周之盛，敕尽伯禽之赐，无遴周公之报，令天法有设，后世有祖，天下幸甚！

如此文采横溢、满篇珠玉的文章，竟然是一篇拍马屁文章，让人遗憾之余，还是拍案叫绝。两千多年过去，字字珠玑，依旧让人神往。

张竦这篇奏章，把王莽出仕以来的光辉成就，一一铺陈，事事拔高：

第一，王莽浩然正气，克己复礼，礼贤下士，勤俭节约。

第二，王莽在当侍中的时候，敢于向恶势力开战，揭发腐败分子淳于长，大义灭亲，公而忘私。

第三，王莽做大司马的时候，坚决反对当时气焰熏天的傅太后和丁太后得到尊号，坚持原则，不畏强暴。

第四，王莽被傅太后等人驱逐到自己封地之后，恰如屈原、伍子胥等大忠离朝。自从他走后，朝纲废弛，小人当道，国家危亡在即。

第五，天下大乱之际，王莽果断入朝，接管权力，致使董贤宵小自杀，国政迅速恢复了正常秩序。

第六，王莽推贤举能，与众大臣拥立新君，为国家建立不朽功勋。

第七，王莽功高天地，却谦恭非常，他推辞封赏，高风亮节，即使周公在世，也不过如此。

第八，皇帝选后诏令发布，王莽谦抑，主动推辞自己的女儿入宫，可见，他凡事皆以国家利益为至上。此等人物，堪比古代圣君。

第九，王莽推恩及人，着重教化，一直作为臣僚表率。他自奉甚薄，生活简朴，真可谓“君子乐贫”。

第十，王莽廉洁奉公，捐田捐钱，使得朝廷大臣找到了学习榜样。

第十一，王莽事无巨细，亲自处理。兢兢业业，恪尽职责。

第十二，王莽乃我大汉三朝元老，天下赖之。他两次亲自参与组织皇帝丧仪，劳苦功高……

这篇文章之所以高妙，在于作者把文学的比兴用到极致，说一回王莽，拉出一批圣人；赞一次王莽，引一些经典。真是繁花生树，满眼形容词和名人语录，让人目不暇接。

把王莽十二项高尚品德和临危受命的事迹说完，奏章言归正传，强烈要求当今皇帝要像汉朝初期赏赐大功臣一样赏赐王莽，至少也要像当初周成王封周公一样，给王莽七百里的封地。同时，对王莽的儿子，皇帝也应该有所封赏，以慰功臣之苦心。

大司徒司直陈崇托“枪手”张竦写的这篇奏章，很快就到了王莽手中。老王读毕，自己都有点不好意思了，脸都稍稍红了一小下。而后，他挺挺胸脯，让人把这篇奏章呈给姑姑王政君。

听手下人读完了这篇洋洋洒洒两千多字的奏章，太皇太后也有点迷糊：自己侄子和古代圣人周公几乎一样了，好事儿啊！但大司徒司直陈崇提出对王莽的封赏，在汉朝从来没有出现过。这个事情自己还真做不了主，于是她召集群臣，让大家仔细合计合计。

多好的一件事情。群臣商议的过程，就是品味王莽不朽功勋的过程。这事，还不能一下子就定下来，因为谁都想参与其中。

于是，大家摇头晃脑，各个举手，人人发言，每个人都积极拥护。

正兴高采烈之际，忽然传来一个吓人的消息——安汉公王莽家里，出事了！

“周公”再世王莽

随着权势越来越大，王莽的野心随之越来越膨胀。想到哀帝时代傅氏、丁氏外戚把握朝权的教训，为了防患于未然，王莽和姑姑王政君扶立汉平帝之后，就下诏命令平帝生母卫姬、帝舅卫宝、卫玄等人依旧留在原先的中山国封地，不准许他们到长安来。

为了郑重其事，王莽还特意上疏给姑姑太皇太后：“前哀帝立，背恩义，自贵外家丁、傅，挠乱国家，几危社稷。今帝以幼年复奉大宗，为成帝后，宜明一统之义，以戒前事，为后代法。”

王莽这个建议，王太后自然同意。都七十多岁的人了，经历过哀帝祖母傅太后、哀帝母亲丁太后的折腾，这位太皇太后王政君，非常不想刚刚被扶立的小孩子平帝再有母家人入朝和自己以及王氏家族唱对台戏。

祸起萧墙。王莽和姑姑王政君一个心思，但王家之内，就是有人怀有不同意见。这个人，竟然是王莽的亲儿子王宇!

作为王莽长子，王宇倒不是出于悖逆反对自己老爸，他大概也是个读多了史书的书呆子，认为父亲王莽不让平帝生母卫氏和族人来京，后患无穷——日后平帝长大，思忆旧嫌，王家肯定会因此受祸。所以，他暗地里和平帝的舅舅卫宝通信，教唆平帝生母卫氏上疏太皇太后谢恩。在疏中谢恩的同时，卫氏竭力指斥哀帝时代丁氏、傅氏两个女人的罪恶，以此来讨好太皇太后，希望老太太能准许卫氏家族也能到京城来。

卫氏疏奏的目的，就是向太皇太后示好。表示自己虽然是平帝生母，如果能有机会到京城，一定不会像从前的傅太后和丁太后那样乱说乱动。

拿到平帝生母卫氏的疏奏，王政君自然和侄子王莽商量。王莽冷笑，心想卫氏这点心思真是太嫩了，你不是上疏表忠心嘛。好，马上以太皇太后名义让有司下诏，对作为中山王王后的卫氏加以“褒奖”，增赐七千户汤沐邑。

卫氏上疏和太皇太后通好，当然不是图钱，她确实想念儿子。接到诏书之后，得知太皇太后不允许自己入京和儿子团聚，悲伤之余，日夜哭泣。

王莽儿子王宇得知此计不成，就再想其他法子。其实也没什么别的法子，就是教唆卫氏重新上疏，絮絮叨叨，最终目的就是想要到长安和儿子平帝团圆。

王莽挺不高兴。都增赐你七千户封邑了，还得便宜卖乖。这次，朝廷干脆连表示都没有了，把卫氏冷在一边。

眼看自己计不得行，王宇就和他的老师吴章及大舅子吕宽密议，商量如何能够打动王莽，让他同意平帝生母卫氏和她的家族人员到长安来居住。

吴章大儒出身，也是一个大书呆子。他认为，王莽这个人特别固执，但笃信鬼神，可以在家门口搞出点怪力乱神的事情，吓唬一下他，然后以此为借口，再去劝告他回心转意、同意卫氏家族入京。

那么，想什么辙来吓唬王莽呢？老书呆子吴章看着小书呆子王宇，大眼瞪小眼半天。王宇忽生"妙计"，就让自己的大舅子吕宽去做一件奇怪的事情。

什么奇怪的事情呢？

说出来挺可笑，王宇让吕宽找来一盆血，也不知道是狗血、猪血还是什么血，史书上没细讲，应该不是人血，反正弄了一大盆，而后，吕宽大半夜鬼鬼祟祟，偷偷跑到王莽府邸前，准备泼在这位安汉公家的大门上面。

王莽当时毕竟是汉朝第一号大臣，其警卫特别森严。而这吕宽，估计也是大马虎一个，颤颤巍巍捧着一大盆血。踉踉跄跄而来，刚刚做出要泼洒的姿势，周围就冲出来一大堆卫士，一下子就把吕宽打翻在地。

一盆血没泼在王莽家大门上，全都洒吕宽自己脸上了。

吕宽被抓之后，没打就全招了。审讯的官吏众多，朝廷内外也没法隐瞒了。

王莽怒极！

暗地里唆使卫氏家族来京，这么敏感的事情，竟然是自己长子所为！关键时刻给自己添乱不说，还处心积虑，派人往自己家里泼血！

杀心顿起！王莽知道，天下人都引颈观望。于是，他再次“大义灭亲”，让狱卒把儿子王宇抓入大牢。思前想后，老王狠狠心，派人拿着一碗毒药，逼迫王宇喝下。

王莽为了使得自己道德楷模的形象更上一层楼，第二次逼亲儿子自杀。

杀了王宇，王莽连儿媳妇吕焉也不放过。当时吕焉正怀孕，等这女人生下孩子，王莽照样派人一刀结果了她。

这种灭绝人伦杀子杀媳的事情做出后，王莽派心腹甄邯等人马上上疏，告知姑妈太皇太皇后，说安汉公如此行为，完全是为国为民。

王太后下诏褒扬。王莽的杀子行为又一次被定性为类同周公诛杀管、蔡的大义灭亲之举：“公居周公之位，辅成王之主，而行管、蔡之诛，不以亲亲害尊尊，朕甚嘉之！”

作为帝国最高统治者的太皇太后王政君都对泼血事件做出了政治定性，王莽当然要放开手来做事。

案件由平帝母家中山国的王后卫氏而起，以王宇、吕宽为由，王莽尽灭卫氏族属，杀得卫家全宗不剩一口，只留下平帝生母卫氏。

卫氏这位女人真可怜，本来没什么野心，无非是想搬到长安陪伴儿子而已。如今，长安没去成，自己的家族还被全部诛杀殆尽，真是惨绝人寰！

族诛卫氏之后，王莽恨从心起，下令把王宇的老师吴章腰斩，然后在东市门磔尸。

对于王宇的妻兄吕宽（亲自泼血那位），当然也不能饶过，王莽基本把他全家杀尽。

以吕宽泼血案为引子，王莽大动杀心，在全国范围内开始了政治大清洗，把平常他要杀而没借口杀、没机会杀、没来得及杀的人，网罗了一大批，牵引株连，最终杀掉如下人等：

元帝妹妹敬武长公主（成帝同性恋伙伴张放的母亲），昔日一直和哀帝祖母傅太后和哀帝母亲丁太后相善，而王莽执政之后，她又多次在背后说王莽坏话，如今找个借口，杀！

王莽的亲叔叔红阳侯王立，平时就不和自己一心；王莽堂弟平阿侯王仁，一直不阿附自己。虽然上述两个人都属王氏亲族，也不能容，杀！当然，毕竟都是姓王的，就给些优待，王莽派人送他们绳子、刀子、毒药，让这两位可以选择性自杀。

杀掉这几个人之后，王莽的心腹大司空甄丰派遣使者，组成卫氏“专案组”，乘专车到各地按治所谓的卫氏党羽。

由此，以卫氏案为由，王莽手下杀掉了汉朝名臣何武，鲍宣，宣帝舅舅王商的儿子乐昌侯王安，辛庆忌的三个儿子辛通、辛遵、辛茂，以及南郡太守辛伯等人。

总之，这次王莽所杀之人，基本都是汉朝的郡国豪杰以及忠于汉朝而平时不依附王莽的人，人数有几百人之多。

平日谦虚谨慎、戒骄戒躁的安汉公王莽忽然变脸，大开杀戒，一时间天下震惊！

王莽杀儿子，杀皇亲，杀叔父，杀名臣，杀郡国豪杰，确实有些过分。但客观上说，这次政治清洗，对于当时地方豪强势力，也是一次极大的打击，使得汉朝中央权威得以上升，地方治安在短时间内也改善了不少。所以，这次大清洗运动，在百姓心目中，反而为王莽加分不少——安汉公如此不畏强权，大公无私，真是周公转世！

雷霆之后，便是雨露。

大清洗过后，元始四年（4年），王莽以皇帝名义下诏：

> 妇女非身犯法，及男子年八十以上、七岁以下，家非坐不道、诏所名捕，它皆无得系；其当验者即验问。定著令！

瞧，杀了那么多王公贵族，王莽开始向百姓广施德政了。

二月新春，汉廷派遣大司徒马宫、大司空甄丰等人奉乘舆法驾，到王莽府邸为皇帝正式迎娶王莽的女儿为皇后，入居未央宫，母仪天下。

至此，王莽在诛杀了平帝母家全族之后，又给平帝当上了老丈人。

入夏，在王莽授意下，太保王舜以及吏民八千多人上书，强烈要求朝廷对安汉公大大奖赏。

群臣经过商议，最后达成如下决议，上奏给太皇太后：

> 益封公以新息、召陵二县及黄邮聚、新野田；采伊尹、周公称号，加公为“宰衡”，位上公，三公言事称“敢言之”；赐公太夫人（王莽母亲）号曰功显君；封公子男二人，安为褒新侯，临为赏都侯；加后聘（礼）三千七百万，合为一万万，以明大礼。太后临前殿亲封拜，安汉公拜前，二子拜后，如周公故事。

王莽又开始辞让，表示说自己只希望接受母亲的“功显君”封号，两个儿子的增封，万万不能接受。

对王莽的谦逊，以太师孔光为首的大臣们马上都高举双手，坚决“反对”。他们都表示，对安汉公的谦约退让，皇帝不能再听之任之了，如果这样下去，最后就显衬得皇帝不仁不义了。所以，朝廷应该马上让安汉公入朝视事，有司再不可接受安汉公辞让的章奏。

得了便宜，卖了乖，王莽开始办公。对于自己派人给自己的赏赐，他基本照单全收，只是减去召陵、黄邮、新野的赐田而已。

如今的王莽王大人，名号又尊贤一步，成了“宰衡”。连汉朝三公那样的高官对他汇报工作，都要先说“敢言之”，以示诚惶诚恐。如此地位，刘姓诸侯王都不能享受。

王莽虽然专权，但对自己的姑姑王政君确实百般奉承供养，太后左右自不必说，贿赂遍尽，连太后姐妹王莽都赠以“君”号，赐以食邑，奉承得不行。王老太太身边的人，没有不说王莽好话的。

王莽深知，姑姑王老太太是深宫妇人，肯定在宫内待久了腻烦。于是，王莽就给老太太消闲解闷出娱乐节目，没事就派人拉着老太太在长安城内城外转悠。每次接见，王莽都以老太太的名义发钱发物，金帛牛酒，一大车一大车地颁赐。

受赠受赐的人谁不高兴啊，都跪在地上撅着屁股对着王老太太高呼万岁，喜得老太太和日后贾宝玉他奶奶老贾母一个模样，嘴都合不上。

更甚的是，“太后旁弄儿病，在外舍，莽自亲候之。其欲得太后意如此。”

《汉书·王莽传》中这句话，笔者估计一直没人注意到。可以想见，王政君老太太七十多岁的人了，其实身边一直也有小白脸男生伺候着。

到唐朝，武则天在她老太太时代有小白脸服侍，大家对此都耳熟能详。细读历史，我们才知道，早在汉朝，王老太太也好这一口，早就领先潮流……

王莽虽然号称当时大儒，对人对己道德要求高着呢，而对自己大权在手的姑妈，却一点原则也没有。老太太有位小白脸生病住在宫外，他还伺候亲爹一样端汤端药伺候，毕恭毕敬。这个小白脸病好后能不说安汉公的好话吗？如此一来，王老太太能不对侄子百般满意，万分放心吗？……

上面安稳了，下面的人也要拉拢。王莽所要拉拢的第一批人，肯定就是他一直看重的读书士子了。于是，在王莽建议下，汉朝在首都地区修建了巍峨高大的明堂、辟雍、灵台，又建设学生宿舍一万多间，质量上乘。这些表现，使得当时的读书人，无不对王莽交口称赞。

但善待读书人这些事情，毕竟都是虚的。实际上王莽当时还特想干出一件真正的政绩工程来，就是想一劳永逸地解决黄河水患问题。

结果，召集国内专家百来号人商议多日，最后还是沦为空谈。黄河治理，即使在今天依旧是大大的难题，王莽时代想正本清源地把黄河给搞好，简直就是痴人说梦。最后，这事儿就不了了之。

黄河不能治理好，朝廷还是可以治理好的。在拍马屁的大道上，从来都是有人不甘人后的。

很快，就有大臣奏言："昔周公摄政七年，制度乃定。今安汉公辅政四年，营作二旬，大功毕成，宜升宰衡位在诸侯王上。"

太皇太后马上下诏同意。同时，按照群臣的恳请，商议对王莽加"九锡"。

九锡，不是新事物，《礼记》就记载过。锡者，赐也。乃天子赐给诸侯、大臣有殊勋者的九种礼器，包括车马、衣服、乐、朱户、纳陛、虎贲、弓矢、斧钺、鬯。

这些东西，如果仔细解释，还挺麻烦：

第一是车马，指金车大辂（音 hé，车辕上用来挽车的横木）和兵车戎辂。还有玄牡二驷，即八匹黄马；第二是衣服，指衮冕之服，加上配套赤舄（xì 鞋）一双；第三是乐则，指定音、校音器具；第四是朱户，指红漆大门；第五是纳陛，大概指特制的木阶梯，供功臣登殿或者上轿用；第六是虎贲（bēn），指守门之军虎贲卫士三百人；第七是弓矢。指特制的红、黑色的专用弓箭；第八是斧钺，一种军器仪仗；第九是秬鬯（chàng），指供祭礼用的香酒，以罕见的黑黍和郁金草酿成。

王莽当时所受"九锡"，相对来说更复杂一些，包括：

> 绿韨衮冕衣裳，玚琫瑒珌，句履，鸾路乘马，龙旗九旒，皮弁素积，戎路乘马，彤弓矢，卢弓矢，左建朱钺，右建金戚，甲胄一具，秬鬯二卣，圭瓒二，九命青玉珪二，朱户纳陛，署宗官、祝官、卜官、史官，虎贲三百人。

真正以大臣身份接受"九锡"的，由王莽开头，后来东汉末年的曹操，曹魏末年的司马昭，这两个权臣都接受过；再后来，南朝宋、齐、梁、陈四朝开国皇帝，都玩过“九锡”的把戏。这些人有样学样，逐渐就把“九锡”变成篡逆前夕必演的大戏……

就在万民称颂，王莽身上光环闪耀的时候，平帝元始五年（5年）冬天，王莽女婿、十四岁的皇帝刘衎生病。根据《资治通鉴》记载，平帝生病是王莽下的毒手：

> 时帝春秋益壮，以卫后故，怨不悦。冬，十二月，莽因腊日上椒酒，置毒酒中。帝有疾，莽作策，请命于泰畤，愿以身代，藏策金縢，置于前殿，敕诸公勿敢言。丙午，帝崩于未央宫。

根据司马光的说法，似乎汉平帝这个少年因为自己母家被杀而内心怨恨王莽。为此，王莽害怕，就在腊月进椒酒的时候在酒里面放毒药，致使平帝中毒。毒性慢慢发作，平帝没有马上死亡，王莽还假模假式地写策书，藏在金縢之中，跪地对上天发誓，表示要以自己的身子替代天子，希望老天一命换一命。结果，演戏归演戏，毒酒最终要了平帝的命……

司马光的说法，乃一家之言。班固写《汉书》的时候，根本没说平帝是王莽故意毒死的。

班固肯定不是为王莽粉饰，他爷爷班稚是王莽的老朋友，后来受到王莽迫害。从这个角度看，班固不可能为王莽弑帝做掩饰。

平帝的死亡，确实属于正常死亡。这个孩子的身体自幼就很差，有先天性心脏病，当时就差点把他祖母冯太后（元帝的冯昭仪）累病。当然，王莽禁锢自己母亲卫氏，杀了自己母族全宗，平帝心情肯定不太好，这些事情肯定对他的身体有影响有刺激。但是，如果说王莽在当时就迫不及待把平帝毒死，也不是历史的事实。

那么，王莽毒杀平帝这个事情是怎么弄出来的呢？

这是后来有个叫翟义的人挟汉朝宗室刘信反王莽的时候，编造出来的政治谣言。翟义是从前自杀的丞相翟方进的儿子，为了起兵有名义，他就到处造谣说王莽毒杀了汉平帝。翟义老爸翟方进活着的时候专门爱捏造谣言陷害同僚，他儿子有样学样，也喜欢编造政治谣言。

虽然王莽不是什么正人君子，但翟义也不是什么好人。王莽当时篡位的准备工作还没有全然就绪，还需要刘汉宗室的皇帝招牌。所以，在当时他反而不会主动毒杀自己的小女婿。

既然这位十四岁的成帝刘衎暴崩了，王莽不得不再多费事，还是要扶立一个名义上的小皇帝作为自己篡位的过渡。

平帝死后，元帝以下的皇帝都是绝嗣。而宣帝曾孙中，还存有5个王、四十八个侯。根据“兄终弟及”古例，王莽完全可以从这些人中选取一个人继承皇位。

经过深思熟虑，王莽看到这五十三个人年龄都较大，长君很不容易控制。所以，他最后在宣帝玄孙辈中选了一个年纪只有两岁的孺子刘婴作为帝位继承人。

如此一个小孩子当皇帝，王莽就摄政了，并以姑妈太皇太后的名义下诏，把自己夸成“活周公”。在祭祀的时候，他自称为“摄皇帝”，臣民尊称他为“假皇帝”（这里“假”是“代理”的意思），并把转年改元为“居摄元年”。

这个时候，老迈的太皇太后王政君似乎有些明白过来，但看到王莽奏疏中说他面见自己和平帝皇后的时候依旧称臣，就心内稍安，勉强答应了。

老太太也糊涂，王莽称臣的对象，一个是亲姑姑，一个是亲闺女，他根本不是向刘氏皇帝称臣。现如今，他是实实在在的天下第一人了。

于是，居摄元年（6年）正月，王莽完全以皇帝仪式举行了祀天、迎春和大射典礼。三月，正式立孺子刘婴为太子（名义上是继承平帝帝位），由此，王莽像模像样做起“摄皇帝”来。

仅仅隔了一个月，汉宗室之一的安众侯刘崇和他的侯相张绍就在南阳起兵了。他们打出讨伐王莽的大旗，发兵猛攻宛城。但这两个人，无勇无谋，没折腾几天，很快就被官军打败。

看到刘氏皇族势力这么轻易就被打败，王莽和心腹特别高兴。借此机会，他们马上大造舆论，说刘崇等人之所以敢于起兵反抗朝廷，还是因为王莽权位不够大。于是，王莽以后朝见太皇太后王政君的时候，就不再自称“予”了，而是直接自称“假皇帝”。接着，王莽心腹们还把王莽的官属和警卫人员数量增加到和皇帝一样多，称王莽居住地为“摄省”、府为“摄殿”、第为“摄宫”。可见，这一个“摄”字，基本上就是“皇”的代名词。

王莽由“摄皇帝”发展到“假皇帝”，即代理皇帝，距离真皇帝仅半步之遥。于是，汉朝一些大臣和宗室真有些忍耐不住了。

居摄二年（7 年）九月，东郡太守翟义拥立严乡侯刘信为天子，起兵讨伐王莽。在他发布的檄文中，就包含王莽毒杀平帝的政治谣言。别说，这次武装起事吸取了上次刘崇失败的经验，翟义又会发动宣传攻势，一时间队伍很快就发展到十多万人，声势浩大。

人数虽然多，但这支大军由于缺乏专业军事指挥人员，又惧怕王莽在关东地区的威势，所以没有朝长安开拔，而是朝着东面杀去。

即便如此，翟义起兵也把王莽吓得够呛。多少天以来，他食不下咽，寝不安枕，昼夜抱着四岁的孺子婴祷告郊庙，大哭大叫，表示自己忠于汉室，祈求神灵保佑。

王莽表演的时候非常投入。他模仿周公《大诰》，对外发表宣言，申明自己只是暂时摄位，等孺子婴长大成人后，自己肯定是要把皇帝大权交回给这位姓刘的孩子。

在大打精神宣传战的同时，王莽也不敢怠慢，调动大军对翟义发动进攻。

王莽军队，毕竟是正规军。而翟义乌合之众，真正和正规军一交手，十多万人根本不禁打，很快就失败。

最终，官军活捉翟义，把他凌迟处死；数千造反者被杀，尸体堆成一个大土堆“京观”，成为警示日后造反者的巨大宣传点。

最倒霉的，要属翟义的手下有个叫王庆孙的。这个人被活捉后，不知道是因为他身体胖大，还是因为紧张时间长了王莽想找个乐子杀人放松，这位王庆孙成为大白鼠了——他被带到宫内后，扒光捆起来。王莽找来经验老到的太医和身手熟练的屠夫数名，攻克科研课题一样，对王庆孙进行活体解剖。细细剥皮之后，剃筋拨肉，摘心挑肝，用竹丝导引，几个人一顿忙乎，把王庆孙血管和经脉很仔细地量了个够。

在这位“叛臣贼子”的哀号声中，王莽带领着几名御医和屠夫仔细科研，进行了中国医药史上最早的活体解剖试验……

如此大胜取得，先前曾经让枪手张竦写那篇千古马屁文章的陈崇又露脸了。他以监军使者的名义向王莽上书报捷，吹捧王莽乃天君下凡，运筹帷幄，仅凭一纸诏书就打垮翟义十万叛众，真是天降圣君，旋转乾坤！

而后，王莽的心腹党徒，也各个争先，吹捧王莽，都希望他马上登基做真皇帝。

不巧的是，这个关键时刻，王莽的老妈病死了。按照古礼，王莽这个大儒出身的人应该回家守孝。都什么时候了，还有工夫守孝！经过手下马屁博士和儒生的一顿调研整理，大家一致认为王莽为了国家大事，穿三个月丧服就行，如此就可以完成对母亲的孝道。

这事儿刚过去，王家又出了一件事情——王莽的侄子王光，因为私怨，派人杀人。这下可把王莽气坏了，大侄子真不懂事，这太有损他道德完人的形象了！

杀大儿子杀二儿子，王莽从来没手软过，可这位侄子王光和他母亲、也就是王莽的寡嫂，曾经在王莽青年时代为他加分很多，所以，老王一时间踌躇不决。

岂料，王莽没下手，人家王光和他妈自己动手了。王莽的嫂子绝望地对自己儿子王光说："你还想活啊！你看，你不过是王莽的侄子，相比王获、王宇，你能比他们和王莽关系亲吗？人家连亲儿子都杀，你犯了这么大罪过，还想活吗？"

王光一听，也明白了，马上就和母亲一起自杀了。

其实，如果王光母子不自杀，王莽说不定会饶了他们娘俩。毕竟当初自己是靠抚养寡嫂孤侄树立的孝悌形象，但如今这娘俩自己畏罪自杀了，真有点让老王下不了台。但人死都死了，王莽自认晦气。毕竟，有更大的事情等着他操心。什么是更大的事儿呢？

当真皇帝！

"改革先锋"王莽

王莽这个人很迷信，他以为天下百官和百姓也都迷信。所以，就授意手下捏造福瑞来骗人。

喜报处处传。广饶侯刘京上报齐郡出现新井，车骑将军的部下千人扈云说巴郡出现石牛，太保王舜手下臧鸿报告扶风出现有文字的石头。对此，不顾路程迢迢，王莽派人把这些造假的东西全部迎受，摆放在皇宫之内的广场上显摆。

而后，王莽向姑姑"汇报"情况，详细说明了几项祥瑞的发现过程，也就是表示说大侄子我要开始改元当真皇帝了。当然，我这皇帝就是替人承担管理天下的责任，等孺子婴加元服举行成年礼的时候，我肯定再把帝位还给他：

> 陛下至圣，遭家不造，（敬称太皇太后）遇汉十二世三七

之厄，承天威命，诏臣莽居摄。

广饶侯刘京上书言：‘七月中，齐郡临淄县昌兴亭长辛当一暮数梦，曰：“吾，天公使也。天公使我告亭长曰：‘摄皇帝当为真。’即不信我，此亭中当有新井。”亭长晨起视亭中，诚有新井，入地且百尺。’

十一月，壬子，直建冬至，巴郡石牛，戊午，雍石文，皆到于未央宫之前殿。臣与太保安阳侯（王）舜等视，天风起，尘冥，风止，得铜符帛图于石前，文曰：‘天告帝符，献者封侯。’骑都尉崔发等眂说。

孔子曰：‘畏天命，畏大人，畏圣人之言。’臣莽敢不承用！臣请共事神祇、宗庙，奏言太皇太后，孝平皇后，皆称假皇帝；其号令天下，天下奏言事，毋言‘摄’；以居摄三年为始初元年，漏刻以百二十为度，用应天命。

臣莽夙夜养育隆就孺子，令与周之成王比德，宣明太皇太后威德于万方，期于富而教之。孺子加元服，复子明辟，如周公故事。

王老太太现在一点法子也没有，只得允其奏疏，表示同意。

王莽心思，人尽知之。

长安城内有个不好好读书的读书人，即梓潼人哀章。流氓有文化，确实很可怕。他见王莽做了“居摄皇帝”，有事没事鼓捣出符瑞来昭告天下，于是就想赌把大的。逛来找去，他花点小钱到工匠处做了几件“道具”。大冬天的，哀章穿上一身新做的黄衣，捧着一个铜匣，神神秘秘来到高庙（祭祀刘邦的宗庙），把铜匣呈给管理高庙的仆射。

仆射不敢隐瞒，马上上报王莽。

王莽会同众臣，打开铜匣一看，嗬，见里面赫然装着两卷崭新的简书，一卷标题为“天帝行玺金匮图”，一卷标题为“赤帝行玺（刘邦）

传予黄帝金策书”。大概内容，就是记载汉朝开国皇帝刘邦在天上发话，要传位给王莽，让他当真天子。

除两卷简书之外，哀章还有一个“附件”，内附十一人名单，其中有王莽八位大臣的姓名，当然，哀章把自己名字也加进去，又胡编乱造了两个名字：王兴、王盛，和上述诸人混在一起——这十一人，应该就是老天赐给王莽的大礼，派来辅佐王莽管理国家的勋臣。

哀章如此五迷三道、荒诞不经的造假物品，竟然成为王莽最终下定决心要当真皇帝的定音一锤！

于是，王莽率领官员，到高庙拜受金匮策书，也就是他铁下心来表示自己真要遵照天意接受赤帝刘邦禅让了。

而后，他戴着王冠去谒见姑母王太后，把自己的意思讲了一遍。未等老太太有所回答和表示，王莽袍袖一挥，马上急匆匆回到未央宫，开始宣布自己的即位决定：

> 予以不德，托于皇初祖考黄帝之后，皇始祖考虞帝之苗裔，而太皇太后之末属。皇天上帝隆显大佑，成命统序，符契图文，金匮策书，神明诏告，属予以天下兆民。赤帝汉氏高皇帝之灵，承天命，传国金策之书，予甚祗畏，敢不钦受！以戊辰直定，御王冠，即真天子位，定有天下之号曰新。其改正朔，易服色，变牺牲，殊徽帜，异器制。以十二月朔癸酉为建国元年正月之朔，以鸡鸣为时。服色配德上黄，牺牲应正用白，使节之旄幡皆纯黄，其署曰“新使王威节”，以承皇天上帝威命也。

王莽改国号为“新”，变易服色，改正朔，变牺牲，徽帜、器制全部都换。至此，西汉就灭亡了。

受命于天，既寿永昌。自己当上皇帝，还缺一件非常重要的东西——秦始皇时期刻制的传国玉玺。这方玺印，最早刘邦从子婴处获得，日后汉朝建立，一直以此玺当国玺。

由于先前孺子婴没有正式当皇帝，所以这方传国玉玺一直在长乐宫太皇太后居住处藏着。王莽要即位，派人到姑妈那里索要玉玺，老太太不肯。于是，王莽就派堂弟王舜到姑妈处索要。

王舜是昔日丞相王音的儿子，为人一向恭谨，王政君平时也挺信重他。看到这个堂侄带着一拨人来替侄子王莽索要玉玺，太皇太后怒骂：

“你们王家父子宗族，蒙汉家恩德，富贵累世，既无以报，竟然乘便利时，篡夺刘氏家国。为人如此，狗猪不食其余！既然王莽自己凭借金匮符命做了新朝皇帝，已经变更正朔服制，就应该自己重新刻制新朝的玺印，以图传之万世，干吗非要我手里这方亡国不祥的玉玺呢！我汉家老寡妇，旦暮且死，想拿这方玉玺陪葬，绝对不会给你们！”

言毕，王老太太泪如雨下。

看到太皇太后哭，王舜也悲不自胜，陪着堂姑哭了好久。过后，他跪在地下，仰头劝王太后：“为臣也无话可说了！但王莽必欲得传国玉玺，您难道说不给就能不给吗！”

王老太太毕竟还没老年痴呆，既然侄子连汉朝国家都篡了，他还有什么事情做不出来！

知道不交出玺印肯定不行，大怒之下，太皇太后就拿出随身携带的玉玺，使劲砸向王舜，骂道：“反正我已经是老而不死了，你们王家兄弟，日后肯定要被族灭！”

王政君王老太太最后一番举止，确实说明她对汉朝的眷恋。毕竟，自己是老刘家的媳妇啊。把持朝政几十年，最后老刘家的江山被自己侄子夺去了，老太太心里太不好受。

为此，班彪叹息道：

三代以来，《春秋》所记，王公国君，与其失世，稀不以女宠。汉兴，后妃之家吕、霍、上官，几危国者数矣。及王莽之兴，由孝元后历汉四世为天下母，飨国六十余载，群弟世权，更持国柄，五将十侯，卒成新都。位号已移于天下，而元后卷卷犹握一玺，不欲以授莽，妇人之仁，悲夫！

被王老太太那么使劲一摔，这块传国玉玺，有了一块缺角。

王莽称帝，自然要贵显妻子。于是，王莽封妻子王氏为皇后。王氏本生四男：王宇、王获、王安、王临。但王宇、王获先前都被王莽逼着自杀了，三儿子王安又是个神经病，于是王莽立第四子王临为皇太子，并加封长子王宇的六个儿子为公爵。

篡位之后，王莽还不忘演戏，他亲手抓住孺子婴的小手，唏嘘流泪，说："从前周公摄位，终能复子明辟，我今天上有皇天威命，不得如愿退居二线，只能累巴巴替你当皇帝了！"说完，他还哀叹良久。

宫臣抱着这不懂事的小孩子下殿，远远地面对王莽称臣。"百僚陪位，莫不感动。"毕竟都是从前的汉朝臣子，王莽这一演戏，引得大伙也悲从中来，真流泪的还挺多。

说句实话，王莽当天子，当时天下人几乎安之若素。自从汉元帝以来，政治黑暗，统治高压，人民疲苦已极，对于朝廷已经全然失望。如今，王莽实现了不流血的王朝革命，大家都翘首期待新君的仁政。

新朝成立，肯定要大赏功臣。

于是，王莽按照哀章造假的金匮内容，一模一样地封拜辅臣。以王舜为太师，封安新公；以平晏为太傅，封就新公；以刘歆为国师，封嘉新公；以大骗子哀章为国将，封美新公——这四个人为"四辅"，位上公。

以甄邯为大司马，封承新公；以王寻为大司徒，封章新公；以王邑为大司空，封隆新公——是为"三公"。

以甄丰为更始将军，封广新公；以王兴为卫将军，封奉新公；以孙建为立国将军，封成新公；以王盛为前将军，封崇新公——是为“四将”。

总共加起来，正好是哀章所献金匮名单中的十一公。

可笑的是，其中的王兴，原先是个城门小吏；王盛更可笑，是一个卖馄饨的。因为当时哀章所献金匮中王兴、王盛这两个名字不是王莽手下人，他就只能根据符命在城内找到十多个叫王兴和王盛的，让卦师根据相貌推算。最终，八字阴阳地瞎搞一气，才定下这两个叫王兴和王盛的人上应福瑞。

加封辅政诸公后，王莽当天还封拜卿大夫、侍中、尚书官等数百人。原先刘氏宗室当郡守实职的，王莽皆徙为谏大夫虚职，不让他们再在当地主政。

对于政治废物孺子婴，别看王莽在殿上对着他又抱又哭的，自己即位后，马上严令宫内保姆把这孩子禁闭在一个四面不透风的屋子里，而且禁止与他说话交流。所以，这个孩子虽然一直没被杀害，但长大后完全就是一个傻子，“不能名六畜”。

真不容易。从前22年以青衣儒生步入仕途在汉朝当官，到8年当上新朝皇帝，王莽总共花了三十年时间。

王莽不是曹操，他没有平定天下的功德；王莽不是司马炎，没有三世持国的威权。但是，王莽是大儒家，他有精神力量。为此，他人生的最高目标，就是要当百代圣君！

百代圣君，不是一般皇帝能做到的。

怎么当？

改革！

不是创新改革，而是复古改革！

王莽虽然为人阴险，但本质上也有书呆子的属性。

曾几何时，为了让万民赞誉，王莽通过行政手段，使得几乎所有人都得到切实的利益，施行过“普惠制”；如今，他当了皇帝，为了实现自己心目中的理想国乌托邦，他开始了“普恨制”——所有改革措施，基本得罪了天下包括“四夷”在内的所有人！

对于儒家经学，王莽一直有一种过分的迷恋，他企图以儒家经学为基础，在中国重建一个理想国。

确实，汉朝遗留下一个烂摊子，问题多多。为了摆脱社会的、政治的、经济的困境，他需要改革。但是，王莽的改革，不是着眼未来的创新改革，而是“托古改制”。

王莽改革的理论基础是《周礼》。《周礼》乃传说中的一套周朝制度的汇编，虽然汉朝古文经学家都认定《周礼》是周公亲自编定的著作，但仔细研究，可以发现其中内容基本都是战国时期儒家的政治思想，应该是战国时代儒生伪托周公所撰。

王莽自幼习经，言必称三代，事必据《周礼》。而且，他身边还有一个经学大师，就是汉朝经学大师刘向的儿子刘歆。

在“国师公”刘歆的帮助下，王莽想用古文经学替代汉朝御用的今文经学理论，为他的新朝进行“托古改制”。

王莽敬崇孔子，敬崇周公，他把上古的政治典型周公视为榜样和楷模。显然，迂腐非常。

当然，王莽的出发点没有问题，他企图按照儒家经学重建一个崭新的“大同”世界，并想一劳永逸地解决当时一切的社会问题。可惜，这位王莽王皇帝的所作所为，完全是开历史倒车，倒行逆施，最终使得天下大乱，人民大困。

王莽属于泥古不化那种人。即位伊始，他就展开空前绝后的改名运动。王皇帝真是个工作狂，他下令全国，把地名、官名、建筑名等名称，凡是能改的都改了。此外，国内一切都遵照周制推倒重来，事无巨细，连百姓养生嫁娶、宫室封国、刑罚、礼仪、田宅车服等仪式，也都全然改变，按照西周制度实行。而新朝的官职，也被改为不伦不类的古代名称。

根据周制，王莽开始在国内调整行政区划，而且一改再改，有的郡名，一年间竟然改了五次，最后往往又改回原样。为此，新朝每次颁发诏书和公文，仅仅在新名后注旧名的工作，就靡费无数人工，给各地行政工作和百姓日常生活带来莫大不便，官民为此厌恶不已。

官制方面，新朝的中央设置了四辅、三公、四将、九卿和六监。接着，王莽在地方上把全国分为九州，一百二十五郡。州设州牧，郡的长官名目就复杂多了，按照爵位的不同分为卒正、连率和大尹。县一级单位，则设县宰。

由于王莽自称是黄帝、虞舜后裔，就尊黄帝为初祖，虞舜为始祖。由此，夏商周的井田制成为王莽的理想田制，他颁布“王田令”，把天下土地改称为“王田”，严禁私下买卖。

王莽田制改革的规定很细很死，如果一家人中男丁不满八人，土地超过了九百亩，这一家就要把多余土地交给国家，然后国家再分给这家的本族人耕种。以前没有土地的家庭，依照一夫一妻一百亩的标准分配。

为了增加国家的公有劳动力，王莽颁布了“私属令”，将贵族和地主的奴婢改称为“私属”，禁止买卖，违令者流放。

本来在新朝稳稳当当继续富贵的地主豪强看到上述田制法令，都内心怨恨：凭什么要我们把多余的田地交给国家，而且不让买卖奴婢。

而那些侥幸分到土地的农民心里也不踏实，因为耕种的是公家“王田”，不是自己的田地。没准儿哪天公家又收回去，那不白忙活了吗？

即使那些最底层的奴婢，名称“私属”，地位照旧。人口买卖依旧在暗中进行，而且没活干了，境遇只会更糟。所以，这些人也不高兴。

当然，王莽的田制改革根本施行不了。三年之后，在大臣建议下，王莽只得恢复土地和奴婢的合法买卖。而随着原来业主索回交公的土地，白欢喜一场的小农更深受其害，开始对王莽怨入骨髓。

在工商行政管理方面，王莽模仿西周“官商”政策，颁布“五均、赊贷、六筦”政策。委派专职官员代表国家对工商业和物价进行控制，国家主要经济部门与物资，都由国家专营、专卖。

“五均”，指在首都长安以及洛阳、邯郸、临淄、宛、成都六个大城市，设置五均官，原长安东市市令、西市市令以及洛阳等五城的市令，都更名为“五均司市师”，其下再设置交易丞五人和钱府丞一人。通过这些官员的新增和设立，使得国家最终来管理工商业和物价；“赊贷”，指百姓遇到诸如丧事、祭祀和经营工商业无钱时，官府可以向百姓发放贷款，但借贷利息相对要少一些，工商贷款利息每年百分之十，丧葬和祭祀贷款不收利息。但是，管理办法规定，祭祀赊贷要在十天内还清，丧葬赊贷归还期限为三个月。此外，国家还将盐、铁、酒收回专卖，国家垄断铸钱，国家管理山林水泽，负责山泽税收取。

上述五项国家垄断，加上国家负责的“赊贷”，统称为“六筦”。

表面看，这些政策相当合理，制订的出发点也是为国为民，目的在于缓和社会矛盾，使得社会稳定。如果真能实行下去，政府和百姓都能从中得益，社会经济结构和社会贫富分化会得到相当程度的调节。

“齐众庶，抑并兼”，听着确实不错，办好了肯定能较好地缩小贫富差距，抑制兼并。

但是，实行这些“新经济政策”的前提，是政府必须掌握相当数量的商品和货币，同时还需要强有力的管理手段。而这两方面的条件，王莽政府都严重缺乏，所以他们只能依靠京城和各地的富商大贾来推行。如此，与虎谋皮，最终使得评定物价的权力掌握在贵族官僚以及地方奸猾商人的手里。这些人利用职权，大肆贪污和搜刮，最终导致官商垄断，使得小民听任鱼肉。

王莽经济改革的结果，不仅国家没有增加任何收入，百姓最后倒变成负担日重，连正当营业和埋头苦干的商人和手工业主也受到沉重打击。

“五均、赊贷、六筦”政策实施多年，虽取得一些成效，但最终结果还是造成官商勾结。他们对小民敲骨吸髓，搜刮无限。社会经济变得一塌糊涂，富者不得自保，贫者无以自存。最后，王莽在垮台前一年才宣布废除这项改革，但帝国已经腹烂肠流，不可收拾。

王莽新经济政策中，最大最致命的败招，就是他的币制改革。

王莽币制改革，开始只不过想模仿周朝的子母钱，复古而已。而后，天生奇想，他不顾五铢钱从汉武帝时期到新朝已经生产了二百八十亿万的现实，在国内开始盲目推行花色繁多却没有信用的各种新货币，林林总总，琳琅满目，而且制度法令频出：

其一：居摄二年（7 年），五月，更造货：错刀，一直五千；契刀，一直五百；大钱，一直五十，与五铢钱并行。民多盗铸者。禁列侯以下不得挟黄金，输御府受直；然卒不与直。

其二，始建国元年（9 年），莽以刘之为字“卯、金、刀”也，诏正月刚卯、金刀之利皆不得行，乃罢错刀、契刀及五铢钱，更作小钱，径六分，重一铢，文曰“小钱直一”，与前“大钱五十”者为二品，并行。欲防民盗铸，乃禁不得挟铜、炭。

其三，始建国二年（10 年），莽以钱币讫不行，复下书曰：“宝货皆重则小用不给，皆轻则僦载烦费；轻重大小各有差品，则用便而民乐。”于是更作金、银、龟、贝、钱、布之品，名曰宝货……于是农桑失业，食货具废，民人至涕泣于市道。

其四，始建国五年（13 年），是岁，以挟铜炭者多，除其法。

其五，天凤元年（14 年），莽复申下金、银、龟、贝之货，颇增减其贾直，而罢大、小钱，改作货布、货泉二品并行。又以大钱行久，罢之恐民挟不止，乃令民且独行大钱；尽六年，毋得复挟大钱矣。每一易钱，民用破业而大陷刑。

其六，地皇元年（20 年），莽以私铸钱死及非沮宝货投四裔，犯法者多，不可胜行；乃更轻其法，私铸作泉布者与妻子没入为官奴婢，吏及比伍知而不举告，与同罪；非沮宝货，民罚作一岁，吏免官。

终王莽之世，新朝的货币种类更是让人眼花缭乱，包括金货一种、银货两种、龟货四种、贝货五种、泉货六种、布货十种，货币共六类二十八种。

由于王莽新朝货币种类太错杂，名目太纷繁，当时的老百姓都搞不清记不住，所以人们习惯上仍旧使用汉朝的五铢钱。为此，王莽企图通过严刑峻法强制推行新朝货币，规定携带使用五铢钱的人与反对井田制的人一样，要遭受同样处罚：抓到后立刻流放边疆。

同时，为了限制盗铸私钱，他规定一家铸钱，五家连坐，而且把犯人和连坐人的家属罚为奴婢。为此，几年之间因为铸钱而得罪被罚为奴婢的人数，就多达数十万之多。

私铸通用钱币，自汉兴以来就屡禁不绝。王莽新朝时期，由于发行混乱，货币体制繁复，私铸之风极盛，即使王莽把私铸钱币定为死罪，仍然无法禁绝民间私铸钱币。

民间私铸钱币在王莽时代已经成为一种全国性的行为，对国民经济造成了重要的影响。由于盗铸之风日盛，王莽不得不下诏禁止民间储藏铜和木炭。到了始建国二年，王莽更加严刑峻法，定私铸为死罪，并且连坐邻居。到了始建国五年，他复下令解除禁藏铜、炭的法令。

始建国五年以及地皇元年，王莽两次下诏，对私铸行为开始减轻处罚，恰恰是这种“宽仁”，反而表明当时的社会动荡已经相当严重。因为，破产的人民迫于生计，只好去私铸货币，被官吏发现后，被押去抵罪。但抵罪的人越多，就越没人干活交税缴租，社会生产最终遭到严重打击。为此，王莽政府只能减轻刑罚，希望以轻罚来少抓一些人。但恶性循环，人民又去偷铸，最终还是造成货币混乱、不能抑止的局面。

王莽货币制度改革，最初目的还在于搜刮和敛财，以此来应付庞大的军政开支。而且，新朝“开创性”地使用大面值虚钱，造成极大损害。这种大钱制度，就是通过节省铸钱原料和铸钱费用等手段，达到提高面值、减少含铜量的目的。

面对迫在眉睫的经济危机，王莽在居摄元年就开始铸造错刀、契刀和大钱。以五铢钱每个3.33克计算，最大的错刀不过值十个半五铢钱，但这种货币的流通面值，却高达五千个五铢钱！

虚发大钱官钱，虽然能在短时间内把民间财富集中到政府手里，却会造成民间经济的巨大损失，使得物价大幅上涨。对于政府来说，这种手段无疑是饮鸩止渴。

王莽新朝的货币改革，造成流通环节的极大混乱。这种违背历史规律的经济政策，通过残酷的法令加以推行，最终结果是哀鸿遍野，生灵涂炭，进一步加深了人民对王莽个人和他所代表的新王朝的仇恨。

王莽时代的国家货币流通体制，也具有一定的独创性，他首次使用错刀、契刀、大钱、五铢通行的四阶货币体制。但他的改革，毕竟弊端多多，最终成为王朝覆灭的导火索。

当然，王莽钱币给后世收藏界留下了珍奇瑰宝，他在货币中多加入锌，使不少种类的货币呈现黄色。因王莽新朝以土德自居，其色尚黄。特别是“金错刀”，铜质优良，制作精致，铸工上乘，存世罕有。由于“金错刀”在泉币界名声卓著，所以，钱币收藏家手中有无“金错刀”，成为断定这个人收藏层级的一个重要标准。

笔者曾经见过“金错刀”实物，这种钱币乃方孔钱和刀币的统一体。钱币上面错金的“刀”字，笔画宛转优美，光泽富丽堂皇，而柄部“平五千”三字，更是笔力强劲，字体清晰。篆书的五字铭文和钱币本身形制浑然一体，宛若天成，诚为古代艺术精品，使人马上想起张衡之诗：“美人赠我金错刀，何以报之英琼瑶。”

王莽在其十五年统治期内，频频使用国家机器和国家暴力维持他的币制改革，而造成的结果却是这样一种景象：

> 每壹易钱，民用破业，而大陷刑。莽以私铸钱死，及非沮宝货投四裔，犯法者多，不可胜行，乃更轻其法；私铸作

> 泉布者，与妻子没入为官奴婢；吏及比伍，知而不举告，与同罪；非沮宝货，民罚作一岁，吏免官。犯者俞众，及五人相坐皆没入，郡国槛车铁锁，传送长安钟官，愁苦死者什六七。

货币的存在与流通，单单依靠武功和舆论，一定会出问题。王莽币制改革的弊端，在于他和他的政府完全丧失了信用！

末路天子王莽

但凡庸人政治，有内忧，必有外患！

国内，王莽托古改制遭到了巨大抵触，而在帝国外部，也是风尘滚滚，狼烟四起。

王莽是个心迷大一统的皇帝。新朝建立之初，为了把国内已有的北海郡、南海郡、东海郡合起来凑全古书中的“四海”，他派使臣胁迫羌人“献”出青海湖一带土地，设立西海郡。

这个新建立为郡的广大高原区域缺氧，根本不适合居住。但为了使这片地区人口稠密得像一个大郡，王莽强制移民填充。人民不去怎么办？王皇帝就在国内增加五十条法令，都是苛刻的法律条文，人民动辄得罪，就产生了成千上万罪犯。这些犯人被流放的目的地就是西海郡。由此，形成数目庞大的强制性移民。此举，给王莽招来了国内人民对他最初的不满。

作为儒生，王莽对于民族关系的处理，很早就有他自己的一套思想体系，主要是以大一统为基础，以怀柔为辅，强行分化和瓦解对于新朝有威胁的少数民族政权。

元始元年（1年）正月，王莽通过益州官员，诱使西南夷向汉朝献白雉、黑雉，目的在于取悦太皇太后，同时把自己打扮成“周公”，造成“化流海内，远人慕义”的虚假印象。

新朝建立前后，王莽沉醉于“天无二日，土无二王”思想，认为四夷不足吞灭，对于少数民族政权与新朝分庭抗礼的情况非常敏感。所以，当车师后王句姑、去胡来王唐兜因怨恨汉朝都护校尉而投奔匈奴事件发生后，王莽非常恼火，马上派中郎将韩隆等出使匈奴，强烈谴责匈奴囊知牙斯单于。软硬兼施，使者逼迫单于交出句姑和唐兜两人，最后当众杀掉了他们。

汉宣帝时代，汉朝曾与南匈奴定下协议，长城以南归汉朝所有，长城以北归匈奴所有，双方都不得接受对方投降者。句姑、唐兜事件发生后，王莽发现原有协议有漏洞，提出“造设四条”，以正式法规将汉匈以来的协议固定下来：“中国人亡人匈奴者，乌孙亡降匈奴者，西域诸国佩中国印绶降匈奴者，乌桓降匈奴者，皆不得受。”

随后，王莽派人出使匈奴，向匈奴单于当面宣布了“四条”，要求他严格按照“四条”处理与周边民族政权的关系。

向匈奴颁布了“四条”之后，王莽又采取多种措施，让匈奴囊知牙斯单于更名为“知单于”。其用意，就在于使匈奴单于能够清楚意识到自己对中原王朝所处的“藩臣”地位。

建立新朝后，王莽在对各地少数民族政权大加赏赐的同时，还派人将新朝印绶授予那些少数民族政权首领，并缴收原来汉朝的印绶。但他派出的数路“五威将”，故意制造事端。无论是在东北的玄菟、乐浪、高句丽、夫余，还是西北的西域，王莽派出的使者，把当地国王统统降格为侯，同时言语傲慢，对受封首领表现出蔑视和歧视。

对于匈奴，王莽实际上最为重视。他特派五威将王骏率领甄阜、王飒、陈饶、帛敞及丁业等六人，携带大量金帛，前往北地赏赐匈奴单于，要求单于交出从前汉朝颁发给他的“匈奴单于玺”的印章，并重新授予他“新匈奴单于章”。

单于当时垂涎王莽送给自己的宝物，没注意新朝印信的文字内容。等他得知了自己的印从“玺”变为“章”后，特别不高兴，想追回汉朝旧印玺。结果，新朝使臣收缴后怕夜长梦多，马上砸碎了旧玺。单于无奈，只得自认倒霉。过后，他向新朝索要玺印，遭到拒绝后便怀恨在心。不久，他就派手下右大且渠蒲呼卢訾等十多名将领，带领万名骑兵来到朔方塞下，威胁要攻打新朝。

始建国二年十二月，王莽又别出心裁，把匈奴单于更名为“降奴服于”，这种举动，就完全属于侮辱性质了。同时，为了耀武扬威，王莽发数路大军几十万人出击匈奴。从此，沉寂了几十年的北方国境，终于狼烟重燃，本来已经降附汉朝的匈奴，再次成为新朝的敌人。

对于王莽这种无事生非的举动大儒王夫之总结得最好：

> （王）莽之召乱，自伐匈奴始，欺天罔人，而疲敝中国，祸必于此而发。

贬西域诸国王为侯以后，王莽多次无故侵侮诸国，下令断绝西域诸国与内地的交通。后来，由于新朝和匈奴闹翻后，王莽派使者征高句丽兵去打匈奴，逼得高句丽侯率众逃遁。

后来，王莽派人诱杀高句丽侯，侮辱性地改高句丽为“下句骊”，激使高句丽、夫余诸族也开始成为新朝的敌人。

此外，属于西南夷的句町国，国君本来在汉昭帝时代被汉朝封为王。王莽却把句町王降格为侯，还派人诱杀了句町王。天凤三年（16年），王莽发动二十万人出击句町，兵士死亡约十分之六七。至此，西南地区各夷族不甘侮辱压迫，纷纷起兵反叛新朝。

可见，王莽随意改变西汉以来的惯例。他采取的降王为侯、改变旧印、单于更名及离间匈奴等离奇古怪的做法，引起了边疆和少数民族首领的普遍不满。而后，他又骄狂自大，轻率动用武力，最后导致边境冲突不断升级，使得数十万新朝大军长期陷于边疆地区无法自拔，耗费国家人力物力无数。

其实，中原王朝政权更迭，一般对周边少数民族政权影响都不是太大。作为新朝皇帝，王莽完全可以维持现状。可是，基于他书呆子理念和天下共主思想的无限膨胀，主动挑起无数争端，激使诸族争相叛裂，最终使得新朝内外受敌。

新朝不仅仅是边陲频发战事。随着时间的推移，大新王朝的内部，也矛盾不断。

如果看《汉书·王莽传》，甄丰这个名字频频出现。此人替王莽称帝鞍前马后干了不少事情，可谓是王莽心腹中的心腹。

但王莽新朝建立之后，甄丰似乎又后悔了，很怕日后王莽败亡，自己家族也会遭到清算而无所孑遗。

王莽觉察到甄丰越来越不和自己一条心，就下诏对他进行降职。甄丰恼怒，他儿子甄寻也怒。但甄寻比较有脑子，他以其人之道，还治其人之身。你王莽不是笃信符命吗，我也给你造一个！甄寻就伪造一块符命，声称新朝应该将陕地分成两大部分，让甄丰和太傅平晏分别加以治理。

看到这个符命，王莽心里很生气，但不好意思直接点破。毕竟甄氏父子对自己的新朝是有功之臣，所以，王莽还真的准备依照符命去做，让甄丰管理半个陕地。得寸进尺。甄寻似乎觉得王皇帝好骗好忽悠，紧接着又伪造了一个符命，四处招摇说上天降旨，要王莽女儿（已故汉平帝的皇后）嫁给自己作妻子。

看到这个符命，王皇帝怒了，惦记谁不行，打起我女儿的主意来。而且，她还曾经是大汉天子的皇后，你甄寻是什么东西！于是，王莽没有再忍，即刻下令抓捕甄丰父子。

甄丰听到官兵敲门，知道事情不妙，马上仰药自杀；他儿子甄寻早有逃跑的准备，撒丫子就溜了。

结果，逃跑一年后，甄寻被王莽派出的军人在华山捕得。当时，这大骗子手上还刺着“天子”二字。王莽得到报告后，让人先把甄寻胳膊砍下，送到长安宫内自己验看。

翻来覆去，拿着甄寻一只胳膊看个够，王莽对身边大臣们说，甄寻手上的刺字，哪里是“天子”啊，我看像是“一六子”，或者“一大子”。六者，戮也，显然这甄寻自找戮辱。好了，成全他吧！

于是王莽下诏，派人到华山把刚刚做了一次成功截肢手术的甄寻扶跪在地，往他脖子上再加了一刀，杀了。

甄丰、甄寻父子事件发生后，王莽对跟随自己多年的亲信们逐渐挨个生疑。借甄氏父子案件，王莽开始了新一轮内部清洗，杀掉数百人之多。其中，有不少他的“开国”功臣和其儿子辈。

此后，每当王莽外出之前，都先派出许多人马在都城各处仔细搜查，取名“横搜”。有时候一天之内，都城长安就有多达数次的“横搜”，戒严封路，搞得人心惶惶。

不仅仅是心腹大臣和自己拧巴，王莽家里也不消停。

想当初，王莽两个儿子王获和王宇给自己添乱，最后都以自杀告终。如今，长大成人的孙子辈也开始“前赴后继了”。王莽长子王宇的儿子王宗，闲极无聊，让人画了一幅自己穿着皇帝礼服的标准像，没事挂在墙上自己瞧着乐。同时，他还私刻三枚皇帝印章，没事自己盖戳儿玩。

这两件事儿，其实也没什么，少年人志向高远，王宗又是王莽长子之子，如果老王宽厚，惩罚一下也就算了。但有道德洁癖的老王肯定不能就这么算了，根据审查，他还侦知这个孙子偷偷和他被流放到北部湾地区的舅舅吕氏家族有联系，老王更怒了。于是，他拿出《春秋》，深沉地念出一句话：“君亲毋将，将而诛焉。”

王宗也是读书人，知道爷爷的意思，不得已，只得步老爸王宇后尘，被逼自杀。不久，王宗的姐姐王妨在家里擅杀婢女。王莽得知大怒，一纸诏书送到她婆家，勒令孙女自尽。

唉，这是什么生活啊。王莽夫人王氏这辈子真是倒了大霉，不到十年间，几个嫡亲的孩子，包括儿子、孙子、孙女、儿媳，都被自己老公给逼死。即使身为母仪天下的皇后，又有什么生趣呢？日夜愤懑之下，这位皇后得了大病，很快就处于弥留状态。

毕竟结发情深，王莽派皇太子王临去照看自己的皇后王氏。

王临精力旺盛，在老妈的病榻前也不闲着，顺便就和侍奉王氏的宫女原碧勾搭上了。

这位原碧，估计人长得漂亮，此前也被王莽睡过。如此，王临在榻上子承父业。但他父亲乃当今皇帝，王临这种行为，就很有大逆不道的乱伦意味了。

恐惧之下，王临体内又有父亲乱臣贼子的遗传基因。想起父皇对自己哥哥、侄子的杀心，王临也豁出去了，就和原碧在母亲榻前密谋，想先下手为强，找时机先把老爸给“做”了。

这王临也有老婆，乃王莽心腹大臣刘歆的女儿刘愔。由于父亲就是大星象家，刘愔自小耳濡目染，很会仰观天象。这天晚上无聊，她仰观群星，发现金星和木星交会。根据星象对照，皇宫内部应该会有重要人物死亡。

眨么着眼睛，她把这个事情告诉了老公王临。王临一听，心里很高兴，觉得暗杀父皇的事情应该能够成功。

王莽也是个特别迷信的人，他倒没看到金星和木星交会，而是发觉未央宫前殿的王路堂忽然被一阵狂风刮塌。望着一地碎石瓦片，老王心里就发毛了。想来想去，他开始行动，就下诏称：

“当年我封皇子王安为新迁王，皇子王临为统义阳王，是因为群臣上书，说王临的封地在洛阳，洛阳乃天下正中，所以我应当立为皇太子。当时我是一时糊涂，听了他们这个谬论，就立王临为皇太子，结果表明，我犯了大错。王临有兄长王安在，按照立长的原则，他怎么能当皇太子呢？现在天下阴阳失调，粮食减产，治安恶化，人民穷困，边疆四夷暴动，都是王临当太子的罪过。为此，我应该设法弥补，兹将皇太子王临废黜，让他继续到洛阳当统义阳王。”

也奇怪，当时王莽并没有发现王临谋杀自己的阴谋，只是因为一顿狂风把王路堂刮毁，他就把身为帝国继承人的皇太子换了。可见，王皇帝确实是个大忍之人，什么骨肉之亲、父子之义，只要对自己的帝位、对自己的国家有威胁的，不管是谁，一概下手。

而且，迷信的王莽认为，拿儿子王临当替罪羊，可以上应天象，以此塞责，让儿子为自己改革引发的天下大乱负责。

王临本来心里就有鬼，太子地位忽然又这样就没了，更慌。回到封地洛阳后，他越想越怕，就给母亲写了一封密信。信里说：“父皇对我们老王家儿女真是太严厉了，按照我的统计，无论儿子还是孙子，一般到了三十岁，肯定就要被父皇逼死了。现在我也快三十了，恐怕命不久矣……”

王莽这个人，对任何人都疑神疑鬼的，特别提防。王临这封信，又是派人送入宫中，王莽很快就收到了密报，得到了这封儿子写给老婆的密信。

读罢信件，王莽气得鼓鼓的，觉得这个儿子对自己心怀怨恨，肯定不是什么好东西。

不久，王莽的皇后去世，王莽禁止洛阳的王临来长安参加丧礼。不仅如此，丧事办完，王莽就对皇后身边的人大加勘验、审查。

查来查去，原碧和王临私通事发。儿子和宫女睡觉的事情，可大可小，但原碧供出的事情，那可大了去了！王临竟然有弑父谋逆的企图！

王莽差点气死。王获杀奴仆给自己添乱，王宇往家里大门上泼狗血给自己添乱，王宗画标准相给自己添乱。这些被逼自杀的儿孙，相比王临这个逆种，其实都算是闹剧而已，回想起来，他们简直都是大好儿孙了。

呼天抢地之余，王皇帝恢复了理智。为了顾及新朝皇帝的光辉形象，王莽先让手下把参与审讯王临和原碧的官员数十人，统统杀掉灭口，尸体就地埋在监狱里。然后告知他们的家人，这些人都为国失踪了。而后，他让人携带毒药，逼迫儿子王临喝。

这王临还挺有种，觉得喝毒药死得不痛快、不过瘾，从狱吏手里借来一把利刃，自刺而死。

杀了王临，王莽对儿媳刘愔也没放过，直接下诏给老部下、老心腹刘歆，很痛心地表示："王临本来不懂天象，责任在你女儿啊。"

刘歆虽然是个腐儒，但很快就明白老上司王莽的意思，也不好意思再麻烦官家，把诏书摊开，继而逼着女儿在家里自杀了。先前，他的两个儿子，由于牵涉甄丰、甄寻父子案，已经被杀。

王临自杀后，王莽对外没有宣布逆子弑父的真相，声称他夭亡病死，追谥为"缪王"。

就在当月，王莽最后一个嫡子，刚刚被封为皇太子的王安也得病死去。至此，王莽正妻王氏所生的四个儿子，全部命丧黄泉。

新朝后继无人，兹事重大。于是，王莽把从前在封国闲居时和婢女生下的两个儿子王兴、王匡也认下了，把他们接到长安，分别封为功修公、功建公。同时，当地还有两个庶出的女儿，也都从新都接到长安来。

看王莽天天愁眉不展，就有朝臣奉承，说皇帝您新丧皇后，而当年黄帝正是身边有 120 个美女才得道升仙的。陛下您也应该如此，享受步步登仙的乐趣。

王莽一听，挺高兴，就让人在全国大选美女充实后宫。

王莽内部祸患暂时消除，外部反抗他的义军风云突起，到处有人揭竿造反，不停攻城略地。

更要命的，这一段时间，新朝国内自然灾害频发，什么旱灾、蝗灾、瘟疫、黄河决口改道，没一天消停过。而且灾区范围大，持续时间长。

每一个王朝覆灭前，天灾人祸，互为因果，都有这么一段大插曲。

如此自然灾害，发生在一个剧烈变革的动荡时代，王莽只得自认倒霉。由于灾害频繁，饥民相继暴动。不造反要饿死，因此，赤眉军、绿林军、这个军、那个军，老百姓为了活命，相继揭竿而起。

更始元年（23 年），绿林军拥立刘玄称帝，定年号为“更始”，这刘玄就是更始帝了。

听闻刘氏皇族有后人称帝，王莽震惊无比。为了冲走晦气，他在长安举行了盛大的婚礼。为了显示老当益壮，老王还特意将自己的胡须染成了黑色。除选取杜陵史氏女为皇后外，他一次就娶了 120 个美女，各赐位号。

为了平息此起彼伏的大大小小的叛乱，笃信谶纬的王莽亲自去南郊祷天禳灾。他派人用五彩药石烧了一个北斗形的铜斗，号为“威斗”，天天拿在手里装模作样，对人说可以用这个挥舞念咒，天下叛乱就会随之平息。

光玩儿这些虚的没用。听说更始军攻克昆阳、定陵等地后，王莽大恐，他派遣大司空王邑赶到洛阳，与司徒王寻一起征发各郡郡兵百万，号曰“虎牙五威兵”。这支大军，不仅器械精良，而且辎重供应充分。合围昆阳之时，王莽军队共有四十二万多人，“车甲士马之盛，自古出师未尝有也”。

结果，昆阳大战，刘秀崭露头角。汉军以少胜多，把王莽大军打得大败，王寻被杀，王邑逃回洛阳。

消息传出，关中震恐，义军蜂起。

忧怖之间，王莽新朝内部又出大事儿了！

王莽有个叫王涉的堂弟（他父亲就是王莽的叔父王根，当年帮助王莽搞掉淳于长那位），时任卫将军。王涉和王莽一样，喜欢旁门左道。

他有一个道士好友名叫西门君惠，特别喜欢钻研天象谶纬。有一次，西门君惠对王涉说："谶文上说，刘氏不久就会复兴，国师刘秀（原名刘歆，成帝时代改名为刘秀）的名字，正好应谶啊。"

王涉听后，就去告诉和自己关系要好的大司马董忠。然后，他们两个人就经常去国师刘歆府中，和这位大儒谈论谶纬之术。

一次，王涉屏退旁人，单独对刘歆说："我想与明公您一起复兴刘氏宗族，你为什么一直不肯相信我呢？"

刘歆见王涉诚恳，就说："我夜观天象，谶文中的刘秀，应该起自东方。"

王涉觉得刘歆谦虚，就接着劝道："王莽的父亲，年轻时长年患病，据说他母亲当时和别人通奸。所以，新朝皇帝王莽，恐怕不是我们王氏家族骨血啊。董忠负责宫廷守卫，您的长子刘叠为中郎将，负责殿中守卫。我们这些人可以同心合力，劫持王莽，然后向更始汉朝投降。如此，我们大家的宗族社稷都可以保全。否则，跟着王莽一条道走到黑，日后肯定宗族无遗！"

刘歆考虑再三，深觉有理。看眼下形势，王莽政权早晚会完蛋，与其和他一起垮台，还不如先动手把王莽劫持了，向更始帝刘玄投降。日后家族还是能够得以保全的。

于是，刘歆同意王涉的提议，但对他说："根据我的星象观察，我们要等到太白星出现的时候，才能动手，那才会万事大吉！"

王涉高兴，就将刘歆的话转告给董忠。董忠因为老朋友孙伋也掌管宫内兵权，为了双保险，就邀请他一起举兵。

但孙伋这个人定性不行，回到家里之后，他有些后悔，提心吊胆的，饭都吃不下去。孙伋的老婆很会察言观色，见老公成天愁眉不展精神恍惚，就追问他情实。

孙伋也没多想，就把董忠、刘歆、王涉等人图谋劫持王莽的事情和老婆说了。

大事谋及妇人，哪里还有的成！孙伋妻子大惊，觉得在长安宫廷内搞人家皇帝，这不是找死吗，力劝孙伋赶紧去王莽那里告发董忠等人，由此将功赎罪。

孙伋武人，有点于心不忍。他妻子见劝不动他，便将此事告诉了自己的兄弟陈邯。陈邯马上急了，对孙伋说，如此灭族大事，如果你不去告发，我就亲自去告发。

事已至此，孙伋无奈，就跟着陈邯一起入宫，向王莽自首。

听到如此亲信想暗害自己，王莽眼前一黑，差点脑溢血。毕竟搞了这么多年政治，谋人杀人轻车熟路。王莽定下心神，就让人传召董忠、刘歆等人入宫议事。

当时，董忠正在带领部队出操搞训练，见有使者来传召，不疑有他，便准备进宫拜见王莽。

董忠手下护军王咸摆手，觉得事有蹊跷，对董忠说："谋久不发，容易事泄，不如我们现在就将来使斩杀，带兵杀入宫中！"

关键时刻，董忠犹豫。刘歆所说的太白星还没出现，干早了可能不行……

在这个节骨眼上犯起了迷糊，董忠不敢贸然起事，决意先跟随使者进宫见驾。

董忠到时，发现刘歆、王涉二人已经奉诏而来，也都在殿外候见。

大门一关，官吏马上审问他们三个人。

结果，没办法，都坦白吧。

谋反坐实。于是，宫内侍卫皆拔刃，押送三个人出宫。

走到半路，董忠忽然想拔剑自刎。看他拔剑，侍中王望急了，以为董忠要杀出一条血路逃跑呢，就高呼"大司马反！"

押送的卫士纷纷出剑，刀刀见血，就把董忠杀在当地。

王莽气急败坏之余，不忘厌胜，派手下虎贲卫士用斩马剑将董忠锉骨分尸，然后把肉馅盛以竹器，对外宣称"反虏出"。

而后，王皇帝下诏逮捕董忠宗族，全部杀掉后，将那些尸体连同董忠残骨一起挖大坑埋了。

刘歆、王涉二人，见董忠已经被杀，自思难以活命，先后自杀身亡。

毕竟一个是自己堂弟，一个是和自己相熟、相识、相交了大几十年的老朋友，又怕事情传出去动摇军心，王莽就没有对外公布两个人的死因，也没再追究二人家属，只下诏把刘歆长子刘叠由中郎将贬为中散大夫。

刘歆这个人，由于和王莽联系在一起，在历史上一直以一个悲哀的笑料式人物形象出现。但这个人，确实是我国古代罕见的通才型学问家。任谁都看不起的“章疯子”章太炎都说：孔子以后，最大的人物就是刘歆。刘歆不仅在儒学上造诣深厚，在天文历法学、目录校勘学、史学、诗学等方面，都是一流大家。至此，这位宿世大儒，极其窝囊地结束了他悲催的一生。

杀了董忠，刘歆、王涉自杀，王莽实际上已经众叛亲离。

身边无人可用，王莽思前想后，最后下令将昆阳的败军之将王邑召还，封为大司马。而后，加张邯为大司徒，进崔发为大司空，擢苗䜣为国师。

把一切人员重新安排好，王莽还是满怀忧懑，主食也吃不下去了，平时只饮酒，大啖鳆鱼。而且，这位皇帝还手不释卷，天天看兵书解愁，累了困了，就凭几而寐，从此再没有睡过枕头。那新娶的一百二十位美人，他也没心情没时间去享用了。

由于王莽对于厌胜小术特别爱好和沉迷，没事就大搞迷信活动，包括派人毁掉渭陵、延陵园门，又让人用黑墨泼污陵园周垣，等等。

事到如今，干啥也没用。

不久，消息传来，成纪人隗崔、隗义起兵响应汉军，他们共同推举兄长儿子隗嚣为上将军，传檄各郡，宣布王莽罪恶；很快，王莽新朝的雍州牧陈庆、安定卒正王旬先后被义军杀死。陇西武都、金城、武威、酒泉、敦煌等郡县，全部失守；再后，蜀地公孙述也反了，蜀道艰难，再和新朝没啥关系了；接着，又有邓晔、于匡百余人在南乡起兵，他们劝说析县县令统率数千名士兵，一起反正，宣布王莽为逆贼。

邓晔自称辅汉左将军，于匡自称辅汉右将军，合力进攻武关。而王莽在武关的守将，竟然不战而降。因此，邓晔、于匡率军势如破竹，直杀京兆地区。

叛乱四起，万分忧愁。王莽心烦意乱，完全不知自己应该怎么办才好。这时候，他的大臣崔发对他说："《周礼》《春秋》《左传》上都有记载：国家有了大灾大难，可以用大哭来压制。《周易》上说：'先号啕而后笑'。所以，我们应该嗟告上天，祈求解救。"

王莽知道败亡在即，也没别的办法了，就带领群臣到南郊祭祀。

他絮絮叨叨，向上天诉说自己接受符命的缘由和本末。最后，他仰天大叫："我是受皇天的旨命才做皇帝的。皇天既然授命于我，为什么不殄灭众贼呢？如果上天认为我所为不对，就请皇天下雷劈死我吧！"

言毕，王莽捶胸顿足大哭，还确实是真哭，差点哭断气。

如此白发蓬蓬一糟老头子，大哭号啕，气喘吁吁，叩头不停。这个情状，确实怪吓人的。而后，他亲自作"告天策"，自陈功劳，洋洋洒洒千余言。

王莽不仅自己哭，他还动员城中百姓跟他一起大哭。哭，不白哭，王莽特别设立豪华粥棚，让来哭的人吃饱了，有劲再哭。

于是，真真假假，整个长安城哭了个天昏地暗。从这些人中，王莽挑出来能诵读策文的年轻人为郎官，人数多达 5000 余人。

光哭，哭死也没用。王莽情急，又封九名将军为大将，都以"虎"为号，称为"九虎"。为了让这几个人为自己殊死战斗，王莽把"九虎"的妻子搬进宫中作为人质，然后让他们统率数万精兵去抵御郑晔、于匡的军队。

当时，王莽宫中还存有黄金六十柜，每柜有万斤之多。一向大方的王莽此时变得极其吝啬，不肯尽数拿出犒军，仅赏赐出战的士兵每人四千钱。为此，众军嗟怨，没有丝毫决死之心。

“九虎”率领军队抵达华阴，凭借险要关隘防守。但兵心不稳，根本打不了仗。

于匡带兵在正面挑战，邓晔带兵抄了“九虎”后路。

双方甫一交战，其中“六虎”就被打得抛盔卸甲。而后，“两虎”自杀，“四虎”溜走。剩下的“三虎”带领残兵败将退回京师附近的仓城。

接下来，更始皇帝刘玄的先头部队两千余人，由李松带领杀到京郊，他们与邓晔、于匡的部队合军，猛攻长安。与此同时，陇西举兵的隗嚣军队也逼近长安城。

各部义军此时都想率先杀入长安掳掠，所以拼死攻城。

手下没兵，王莽只得派遣使者到各个监狱，把囚犯全放出来，给他们配发武器，还让他们在出发前喝猪血酒对天发誓：“如果不效忠新朝皇室，鬼神会记下他们的罪孽！”

都啥时候了，王莽还玩鬼鬼怪怪这一套！

如此临时拼凑起来的囚徒军队，根本没有战斗力，没走几步，皆一哄而散。

城外，众兵大集，攻城的闲暇，开始发掘王莽妻子父祖坟冢，并且点火烧毁了王氏家族的棺椁。一时间，火光熊熊，什么王氏九庙、明堂、辟雍，全都点着了，一片通红。到了晚上，火光映彻城中。

十月一日，义军大兵攻入宣平城门，王莽手下大将王邑、王林、王寻等人分兵距守北阙。战至黄昏时，新朝官府邸第全部奔亡溃乱。乱了一宿，到第二天，城内年轻人朱弟、张鱼等人怕遭到乱兵劫掠，就也召集了一些人响应义军，给义军带路，直朝着宫殿方向杀去。并且放大火，高声大呼："反虏王莽，何不出降？"

大火四燃，王莽跑到宣室前殿避火，宫女们纷纷哀呼"当奈何！"

再看老爷子王莽，还装呢。他带着玺韨，手持虞帝匕首，闭着眼睛，嘴里念叨不停。还有天文郎桉栻于前，随着时辰光影，王莽旋席转动，随斗柄所指而坐，不停自言自语道："天生德于予，汉兵其如予何！"

城内已经到处都是义军，群臣扶掖着王莽，西出白虎门。王莽从那里登车，想逃到渐台躲避。

如此危急时刻，老爷子还抱持着符命、威斗紧紧不放。此时，跟随他逃跑的，还有公、卿、大夫、侍中、黄门郎从官一千余人。

王莽手下大将王邑昼夜力战，疲劳至极，士卒死伤几尽。王邑最后不支，就率领残卒奔驰入宫，追随王莽到渐台。其间，王邑儿子王睦解衣冠欲逃。王邑叱之使还，于是父子共同守卫王莽。

很快，义军人多势众，砸破宫门，高喊着攻入殿中，呼问："反虏王莽安在？"

有一美人出房，战战兢兢指说："在渐台。"

于是众兵追之，围渐台数百重。

由于隔水，渐台上还有不少弓弩。王莽手下负隅顽抗，与义军相射相持。

义军也不着急，王莽反正已经逃无可逃了，义军就把渐台围得铁桶一般。

不久，王莽手下箭矢用尽，无以复射，义军开始登台进攻。双方短兵相接，杀得你死我活。

其间，王邑父子、王巡等人皆战死，台阶上遍布尸体。眼看周围已经无人护卫，王莽逃入室内。

这时候，义军已经杀得眼红，四处入室，胡乱杀人。

有个叫杜吴的商人，看到一间房子里面有个老头子撅着屁股趴在那里，不由分说，上去就是一刀，把那人一刀砍死。

由于当时混乱，杜吴又到处寻找财宝，因此他并不知道自己刚刚杀的就是新朝皇帝王莽。杀人之后，他看到王莽身上的绶带很漂亮，金丝遍绣的，又没沾上血迹，就随手取下挂在自己身上。然后四处走动寻找，杀人取宝。

结果，杜吴半路上遇到了校尉公宾就。此人曾经在汉朝担任过礼官，看到杜吴身上绶带，马上就问："这绶带主人在哪里？"

杜吴挺老实，马上回答："在内室的西北角。"

公宾就大乐，马上疯癫一般飞跑过去，踹门而入后，把王莽尸体反过来。嗬，真是这个老爷子，他大笑一声，一刀就把王莽脑袋斩下，然后高举示意。

啊，王莽在这里！

兵士们纷纷冲前，都想抢夺王莽尸身以邀功。混乱间，相杀者数十人。最后，王莽尸身被那些争抢的士兵乱斩成数份……

班固《汉书》虽然写得不如司马迁《史记》精彩，但也有部分文采华章。其中，《王莽传》最后的赞文，就写得文采飞扬，意味深长：

> 王莽始起外戚，折节力行，以要名誉，宗族称孝，师友归仁。及其居位辅政，成、哀之际，勤劳国家，直道而行，动见称述。岂所谓"在家必闻，在国必闻"，"色取仁而行违"者邪？
>
> 莽既不仁而有佞邪之材，又乘四父历世之权，遭汉中微，国统三绝，而太后寿考为之宗主，故得肆其奸慝，以成篡盗之祸。推是言之，亦天时，非人力之致矣。
>
> 及其窃位南面，处非所据，颠覆之势险于桀纣，而莽晏然自以黄、虞复出也。乃始恣睢，奋其威诈，滔天虐民，穷凶极恶，毒流诸夏，乱延蛮貉，犹未足逞其欲焉。是以四海

之内，嚣然丧其乐生之心，中外愤怨，远近俱发，城池不守，支体分裂，遂令天下城邑为虚，丘垅发掘，害遍生民，辜及朽骨，自书传所载乱臣贼子无道之人，考其祸败，未有如莽之甚者也。

昔秦燔《诗》《书》以立私议，莽诵《六艺》以文奸言，同归殊途，俱用灭亡，皆炕龙绝气，非命之运，紫色蛙声，余分闰位，圣王之驱除云尔！

读毕班固雄文，俯首思之，再诵白居易《放言》一诗，更是别有滋味：

赠君一法决狐疑，不用钻龟与祝蓍。
试玉要烧三日满，辨材须待七年期。
周公恐惧流言日，王莽谦恭未篡时。
向使当初身便死，一生真伪复谁知。

天下神器非力争

光武帝刘秀中兴汉朝

依稀记得，前几年曾经看过一部蹩脚的电视剧。画面中，一个留着三七开飘逸大分头的年轻皇帝（大概是刘秀）骑在马上，脚踏东汉时期还未出现的马镫，手持一柄东汉时期根本没有的类似三尖两刃刀般的花哨兵器，对一个匈奴使者（此人帽子上悬挂两条大狗尾巴、身穿女真人的行头）怒喝："我东汉不是好欺负的！"……

听这位演员一声怒喝，我马上就被气乐了，赶紧按遥控器转台。

这出东汉时代背景的电视剧不是穿越剧，而刘秀自称"东汉天子"则完全是"穿越"了——无论是汉光武帝刘秀还是他的后世子孙帝王，都不会自称自己的帝国是"东汉"，应称"大汉"才对。"东汉"是后人对刘秀所建王朝的称呼！

东汉、西汉，如果从实际角度分析，可以说是完全不同的两个王朝。首先，东、西汉在时间上不相衔接，西汉在8年就被王莽给篡亡了，东汉直到25年才被刘秀建立，其间世道纷纭，不仅有王莽的"新朝"，还有绿林军扶立的刘玄"更始政权"以及赤眉军扶立的刘盆子"建世政权"；其次，刘秀虽然也姓刘，但他的皇位不是继承的，如果按照亲亲疏疏的皇室继承法则，大汉的帝位，别说八竿子打不着刘秀，一百八十竿子也打不着他！根据《汉书·平帝纪》所载，汉平帝时代的宗室子弟，就多达十万人。生活在西汉末年的刘秀这一支刘皇后裔，支属疏远，地位低微，而刘秀兄弟几乎就是平头百姓而已。为此，大才子曹植才慨叹："汉之二祖（高祖刘邦、世祖刘秀），俱起于布衣！"

但无论如何，刘秀是汉室后裔，更是打着刘氏皇族的旗号取得江山，自称大汉中兴，一点问题也没有。后世所谓的东汉、西汉之分，是因为刘邦所建立的汉朝都城在偏西的长安，所以称为"西汉"，而刘秀建立的汉朝都城相对来讲在偏东的洛阳，所以称为"东汉"。

当时年少春衫薄

刘秀的青少年时代

刘秀，生于前6年。《后汉书》记载："世祖光武皇帝讳秀，字文叔，南阳蔡阳人，高祖九世之孙也。"

根据《东观汉记》，刘秀的父亲刘钦（时任济阳县令）在刘秀要出生的时候，因为自己庐舍卑湿，就假公济私，把老婆弄到了当时济阳县（今河南兰考）内汉武帝原先的行宫安顿下来。所以，刘秀出生于昔日汉武帝的行宫。龙宫生龙子，似乎预示着这孩子日后大有出息。

今人对于《东观汉记》非常陌生，听这书名似乎是什么笔记小说之类的著作。其实，这本书是东汉时代记载光武帝至灵帝那段历史的纪传体史书，经过几代人修撰才最后成书。因当时官府在东观设馆修史，所以得名。

在范晔《后汉书》问世之前，《东观汉记》影响很大，当时与《史记》《汉书》并称"三史"，时人广为诵习。

范晔《后汉书》流行后，《东观汉记》才逐渐遭到忽视。《隋书·经籍志》记载，当时存有《东观汉记》全书一百四十三卷；《旧唐书·经籍志》时，存有一百二十七卷；到了《宋史·艺文志》时，著录仅存八卷。可见，到了宋代，《东观汉记》大部分内容已经散佚殆尽。清朝文人从古籍中钩沉，又找出一些内容增补成书。所以，《东观汉记》这本书中所载内容，大多是信史。

刘秀之所以叫“秀”，据说是当时济阳县一块麦地里有棵麦茎上长出了九个沉甸甸的大麦穗。秦汉时代，百姓和士大夫非常迷信，认为这种植物变异乃天降祥瑞，就马上报告给县令刘钦。恰好自己儿子出生，刘钦很高兴，就给刚刚呱呱坠地的孩子起名为“秀”——嘉禾之瑞也！

当然，帝王附会祥瑞，都是出生时红光满室、异香满室啥的。刘秀作为中兴英主，弄出九个大麦穗还真不出格。

嘉禾献瑞，献出来一个大胖小子。刘秀成长过程中，也是命运多舛。年方九岁，老爹刘钦病死了，当时是汉平帝元始三年（3 年）。刘钦病死的地方，倒不是刘秀的出生地济阳，而是在南顿县。西汉的南顿县，在今天的河南沈丘附近。

刘秀父亲虽然早死，留下的孩子却不少，刘秀共有兄弟姐妹六人，大哥叫刘缜，二哥叫刘仲，刘秀在兄弟中最小；大姐叫刘黄，二姐叫刘元，妹妹叫刘伯姬。

少年早孤，刘秀真是不容易。他母亲樊娴就更不容易，一个女人拉扯六个孩子，根本照顾不了。幸亏，刘钦有个兄弟叫刘良，也就是刘秀的叔叔，在萧县（今属安徽）当县令。于是，樊娴就带着三个闺女回到老家春陵，让自己的三个男孩跟随叔叔刘良去了萧县。三个青少年跟着做县令的叔叔一起，最起码衣食无忧。

刘秀哥仨跟着刘良在萧县待了几年，逐渐成人，也不能总跟在叔叔身边成为负累，所以最后都回到了春陵乡下，过起了躬耕陇亩的生活。

刘家哥仨，老大刘缜性情刚猛，平时喜欢交朋结友，弄侠使气，逐渐变成了乡村黑社会头目一类的人物；老二刘仲性格普通，只知道埋头种田；而老三刘秀性情温和，似乎对于当时的农桑稼穑非常寄情，与世无争，一点没有胸怀大志的意思。为此，大哥刘缜常常笑话三弟刘秀没出息。

刘家兄弟在乡下过着普通而平静的日子，大汉王朝却日益走向危亡。西汉大司马王莽居心叵测，一步一个脚印，逐渐把持了汉朝的大权。8年，王莽篡汉，改国号为“新”，自己当皇帝了。

王莽初继位，为了表现他大善的嘴脸，开始还拉拢刘氏宗室。待他帝位坐稳之后，就不再在乎刘氏宗室的态度了。他于新朝的始建国二年（10年），凶相毕露地下诏收回汉朝诸侯王玺绶。一时间，刘姓宗室共有诸侯王三十二人、列侯一百八十一人同日遭贬，皆被废为庶人。

王莽的废汉行动，对于舂陵的刘氏哥仨没多大影响，但对刘秀叔叔刘良就有影响。他只得灰溜溜地以平民身份回到舂陵和几个侄子一起种地。

不过，虽然篡汉成功，但王莽毕竟不是曹操那样的雄才大略之人，身后更无曹丕那样的好儿子，这大书呆子乃天生乌托邦式的狂人。所以，随着他“改革”措施的不断出台，新朝社会越来越动荡。

作为汉朝后裔，刘氏兄弟显然是“墙上大葱，根枯叶烂心不死”，肯定想回到从前。刘氏哥仨的“从前”，也不见得多体面，但当时的天下毕竟姓刘。

那么，我们的主人公刘秀，青年时代长相如何呢？

还不错。《后汉书》上说：（刘秀）身长七尺三寸，美须眉，大口，隆准，日角。

汉代的一尺，相对于现在的23.1厘米，所以刘秀身量不是很高，一米七不到。不过，他须眉甚美，也就是浓须浓眉，嘴大，还有着刘氏皇族的显性遗传特征“隆准”，也就是高鼻梁。至于日角，是指前额饱满，中圆如日。

刘秀这副相貌，其实不算太奇特，中规中矩。除高鼻梁有点特别以外，在汉代也就是张“大众脸”而已。

王莽天凤中，乃之长安，受《尚书》，略通大义。

天下虽然不再是刘家天下，生活还是要继续。于是，青年时代的刘秀，就在王莽天凤年间到长安求学，专门研习《尚书》。《尚书》据说是孔子删定，乃上古政治文献的汇编。史书上说刘秀对这部书“略通大义”，似乎大英雄都是这种读书不求甚解的主儿。反正又不是做老学究，犯不着精研学问。

从刘秀长安之行就可以看出，他绝对不是那种甘心在乡下种地平凡过一生的人，其实也是胸怀大志。

作为汉家子孙，在王莽新朝阴影下，刘秀不甘寂寞，远赴京城求学，确实是他求上进的一种表现。如果说这时的刘秀就怀有恢复大汉王朝之心，肯定是瞎说八道。进入太学研习经学，刘秀肯定是想为日后能够从政打下基础，毕竟，当太学学生是当时一条做官途径。而且，在长安，不仅能够学到知识，还能结交显贵，相识同好。

单就刘秀的经历看，可以看出，王莽虽然虚伪，可他对于亡国的刘氏宗室子弟却没有大动杀心。所以，刘秀到长安后就投书给新朝功臣，也是刘氏宗室的国师公刘歆，从而顺利地进太学学习。

刘秀当时不是独自到长安的，与他一起的还有他的族兄刘嘉。相比刘秀，刘嘉更好学，除研习《尚书》，他还学习《春秋》。刘秀当时的老师是庐江人许子威。同学之中，有邓禹、严光、朱佑等人。其中的邓禹，和刘秀的二姐夫邓晨同属新野邓氏大家族。邓禹虽然年纪比刘秀小六岁，却很有识人之能，他总觉得刘秀绝非等闲之辈，所以一直推心交结。

人在都城长安的刘秀，显然不是那种读死书、死读书的人。他很会勤工俭学，除和老同学朱佑合资买蜜合药图财以外，还和同宿舍的韩子两个人凑钱买了一头驴，出租给同学使用赚钱。一次，为了替叔父家追讨粮租，他竟然去当时的大司马严尤家里追讼，使得严尤对他另眼相看。从上述这几件小事儿就可以看出，刘秀不仅有经营头脑，还是那种很有胆略的人。他情商很高，很容易给别人留下深刻的印象。

作为莘莘学子之一，刘秀自然也喜欢在都城游历。一次，他和邓禹、强华、严光三人在长安游览，正好赶上新朝皇帝王莽出行。卫士净街，只见负责京城治安的执金吾在高头大马上端坐，威风凛凛，由众多羽林郎簇拥着，嘚嘚而行。为此，刘秀慨叹："仕宦当作执金吾，娶妻当得阴丽华！"从他这一声感叹，就可知在长安求学的刘秀，还没有什么远大的政治志向，当时新朝政治还比较稳定，他不过是想当个能让人羡慕的公安部门首长而已。至于他所说的阴丽华，乃是家乡新野美丽动人的大美人。这位阴丽华不仅美丽贤淑，出身也很显赫。据说南阳阴氏乃春秋时代齐国名相管仲的后人，当时也是南阳赫赫有名的豪门大族。日后，刘秀这两个人生愿望，皆圆满实现。不，是超圆满实现，他仕宦不仅仅当成了执金吾，还有执金吾替他鸣锣开道……

长安米贵，居大不易。书，学了；友，交了；钱，没了。都城三年间，青年刘秀确实大开眼界。可是这里是销金窟啊，啥事都要花钱。刘秀家里本来就不富裕，新朝社会又逐渐动荡四起，所以刘秀不得不返回家乡。

回到老家没多久，家里就出事儿了。倒不是刘秀自己出事儿，而是他一直从事准黑社会活动的哥哥刘缜犯案了，大概是带着数位"宾客"四处劫掠事发，被官府通缉。刘缜被通缉，刘秀也逃不脱干系。为了避免被官府抓入牢房顶祸，刘秀就跑到家在新野的姐夫邓晨家里躲避。姐姐刘元对自己好，姐夫邓晨对自己也不错，刘秀到了新野也有如鱼得水的感觉。待了一阵子觉得危险过去，趁着当时社会动荡，刘秀就做起了粮食贩子，在新野和宛两地之间往来贩运，不仅赚钱糊口，还能在生意场上结交新的朋友，因此眼界大开。

刘秀的姐夫邓晨是新野望族，座上客常满，樽中酒不空。交往中，刘秀也结识了不少当地豪杰。有一次，刘秀跟随姐夫邓晨到宛城，去拜访一个叫蔡少公的名士。当时，蔡家也是宾朋满堂，大家高谈阔论，蔡少公这个人非常擅长图谶之学，当众高言："根据我对图谶的推究，刘秀当为天子！”话音刚落，座中就有人接话茬：“难道是国师公刘秀吗？”

那人口中的国师公刘秀，就是当时王莽手下的宠臣刘歆，这刘歆原来也是汉朝宗室，而且皇族血缘比刘秀一族要近得多。别看是正宗宗室，刘歆在王莽篡汉过程中可是出了大力帮了大忙，一直为王莽摇旗呐喊。所以，王莽做皇帝之后，就封他为国师。

谶纬学说乃秦汉时代的显学之一，不仅蔡少公知道“刘秀当为天子”的谶言，深谙图谶的刘歆也早知道。所以他前几年也把自己刘歆的名字改为“刘秀”，以应图谶。

众人喧扰间，刘秀大笑，随口接言：“既然图谶说‘刘秀当为天子’，怎么见得就不是我呢！”

满堂宾客看到刘秀这么一个毛头小伙子如此说，也都哄堂大笑。当时，没有任何人拿刘秀的话当真，这么一个貌不惊人的小粮食贩子，竟敢自比天子，不得不让人发笑。

别人没当真，刘秀的姐夫邓晨暗自心喜，他内心中还真拿这句谶言当回事儿了。日后如果自己这位小舅子真成了天子，自己家族荣华富贵还差得了？从此，邓晨就更高看刘秀一眼，过后，他还以言语试探刘秀：“王莽悖暴，盛夏斩人，老天要灭亡新朝啊。当时宛城蔡少公所说的谶言，应该就是说你吧？”

对此，刘秀的反应是笑而不答。

与其说当时刘秀是卖关子，不如说刘秀本人还真没那种野心。在宛城接蔡少公的话头，确实就是开玩笑。作为一个精明的粮食贩子，钱是赚了一些，希图天下，当时还非刘秀所望。

时势造英雄。

书呆子王莽改制，最终大失人心。加上当时天灾不断，哀鸿遍野，四夷乱起，王莽的新朝，一时间岌岌可危。

趁新朝统治混乱之际，海内沸腾，绿林、赤眉、铜马等数十股大小农民军，攻杀四出。

由于饥荒，新市（今湖北京山）一带的王匡、王凤等人率众起事，匿藏于绿林山（今湖北大洪山）中，没过多久就拥众数万，号称“绿林军”；山东一带，莒县人樊崇在一年多时间内也拥众几万人，在青州等地四处转战，攻城略地，给新莽政权造成严重威胁。为此，王莽特派太师王匡（此王匡不是绿林军的王匡）前去镇压。对此，樊崇等人丝毫不惧，紧锣密鼓准备迎战。为了在混战中和王莽新朝军队有所区别，樊崇命令自己手下人全部把眉毛涂成红色，由此号为“赤眉军”。赤眉军和王匡新朝军队大战，王匡大败，狼狈而逃。而后，赤眉军在东海郡一带转战，给新朝军队以极大的打击，并从山东向河南方向移动。

后来，由于瘟疫发生，绿林军死者过半，余部分散。北入南阳的一支号称“新市兵”，此军以王匡、王凤为首，马武、朱鲔、张印为副；西入南郡发展的一支称“下江兵”，由王常、成丹率领；还有平林人陈牧、廖湛为了响应“新市兵”而发起流民组成的“平林兵”，等等。

大乱之下，南阳宛城人李通也坐不住了。由于图谶中有“刘氏复兴，李氏为辅”的预言，他就很想乱中推举刘氏宗室后代起事。得知刘秀等人在新野一带逗留，他就让人联系刘秀，让刘秀到自己家中相见，商议大事。

李通作为新朝的县级官员，其父又是王莽政权中的高官，他之所以铁下心和刘秀联系欲图推翻新朝，倒不是出于解民倒悬的初衷，而是迷信图谶的结果。刘秀被李通一劝就通，也是同样因为笃信图谶预言。谶纬之术，汉朝人一般都信。

精神的力量，无比巨大，二人相见恨晚。最后，李通和刘秀商定，在立秋都试骑士那一天，当众劫持南阳太守甄阜和他的副手，然后正式发动反对王莽新朝的起义，先把宛城占领。

约定之后，李通本人积极联系人在京城的父亲李守。刘秀回到春陵，和大哥刘縯密谋，积极组织当地人马，准备届时举兵响应。

绝地逢生立威名

刘秀的昆阳之战

刘秀不敢怠慢，和李通分手后，马上回舂陵（今湖北枣阳南），把自己与李通的定谋告知大哥刘縯。

本来刘縯就是王莽新朝社会中的“不安定因素”，内心时刻想恢复汉朝天下，闻之大喜。一声召唤，刘縯手下顿时就集结有百来号人马，准备跟从他共起大事。

刘縯挺有军事才能，他认为在宛城劫持手下拥有重兵的甄阜和梁丘赐，近乎不可能。所以，他派人通知李通，希望对方届时能够前来舂陵和自己刘氏兄弟汇合，然后再联络附近的绿林军力量，共同举事，如此，成功的可能性就更大。

可能有人会感奇怪：刘秀老家不是南阳蔡阳吗，为什么舂陵又变成了他们刘氏兄弟的据点了呢？

刘秀先祖中，有一位舂陵侯刘买。传了几代之后，到了刘仁继承舂陵侯爵位的时候，就上疏朝廷，说自己的封地舂陵地势低下，湿毒相侵，请求在减少自己封邑的前提下内徙。于是，汉元帝时代，朝廷就把刘仁徙封到南阳的白水乡。

刘仁虽然被徙封，封国国名依旧叫“舂陵”。而与刘仁一起徙封的，还有他的一个叫刘回的从弟。这个刘回，就是刘秀兄弟的祖父。

可见，刘秀先辈的舂陵封国，其实也在当时蔡阳的管辖下。从大的范围来说，史书中说刘秀是南阳蔡阳人，确实也对。秦汉时代的中国人，非常喜欢宗族群居。所以，如果一个人想起事，肯定要凭借宗族的力量。

但是，正当刘縯、刘秀兄弟磨刀霍霍想要大干一场的时候，同乡的刘氏宗族得到消息后，几乎没什么人表示赞成。他们怕被刘氏兄弟牵连，纷纷逃匿，还四处言道："伯升造反，简直是要杀我们啊。"

刘秀的二姐夫邓晨家族的人听说此事后，也都怪邓晨招惹祸端，怪怨说："我们邓氏家族家里本来很富足，奈何跟随你老婆一家人往汤锅里面跳！"

内部纷扰之际，坏消息又传来，与刘氏兄弟同谋的李通家里出事了。李通的父亲李守在长安被王莽政权逮捕，不久遭到处决。由于谋逆株连，李氏家族在长安的六十多个人，全部被杀。

而李通，当然也败露了。如此一来，当初预料的宛城方面的响应友军，顿时就成为泡影。这一次，真正把刘氏兄弟撂在旱地里了。

人心惶惑之际，刘秀却扬扬自得。他穿上一身绛红色衣服，戴着一种形式夸张的武冠大帽，天天四处招摇。这样一来，达到了一种特殊的效果——刘氏宗族子弟看到平时谨小慎微的刘秀都一身戎装要造反，也都有所触动，互相点头说："谨厚者亦复为之！"——（嗯，刘秀这么老实谦谨的人都造反了，我们也干吧！）

于是，反正知道躲过初一躲不过十五，天下已经大乱，众人就索性跟着刘秀、刘縯兄弟造反。于是大家纷纷加入造反队伍。其间，连刘秀的叔父刘良和二哥刘仲也来了，甚至包括舂陵侯嫡子刘祉。

时间不长，刘縯、刘秀手下已经有了八千兵马。为了筹集军饷，刘秀把家里产业全部变卖，置办军械武器和粮草马匹。同时，他还和新野的姐夫邓晨等人联系，准备在棘阳汇合后大干一场。

声势虽然不小，由于李通家里出事儿，先前准备攻占宛城的计划全然失效。外援失去，舂陵刘氏兄弟孤掌难鸣。在这种情况下，只有联络绿林系统的势力，才有力量和可能同王莽的新朝势力相抗衡。

起事之初，刘秀的大哥刘縯绝对是主角。他派刘秀和族弟刘嘉前往随州、郢州和当地绿林军联络，说服了平林兵首领陈牧和新市兵首领王风，二人最终同意率领所部与春陵刘氏兄弟合兵。

很快，王凤的新市军就开拔过来，和刘缜所率数千乡兵合军，打起了“推翻新莽、光复汉朝”的旗号。

合兵之后，在刘缜亲自指挥下，起义军首战告捷，攻克了春陵之北一个叫“长聚”的小城。这个地方虽然小，但属于新朝比较重要的军事据点，里面存有不少军资。所以，攻克这个军事据点之后，本来无马骑牛作战的刘秀，也终于得乘一匹真正的战马了。

万事开头难。首战旗开得胜，义军的运气和勇气都要包括在内。高兴之余，义军联军乘胜，开始攻打唐子城。这个地方，乃新朝军队一个特别重要的辎重军需存放地。所以，新朝的地方武官“湖阳尉”亲自在这里驻守。

结果，义军联军乘锐而攻，一举攻克了唐子城，阵斩湖阳尉。

唐子城大胜后，大家伙高兴是高兴，但大问题也紧随而来。这里面军需辎重太多了，新市军和平林军都是强人出身，打仗除为吃饱饭以外，最大的目的就是抢东西。为此，面对这么一个小城的战利品，三路人马大打出手，差点造成火并。

关键时刻，刘秀挺身而出。他亲自劝说自己刘氏宗族的子弟，让他们把抢到手的全部辎重财物都交出来，转让给绿林的兵士。而后，还约束纪律，强调要争天下就要取民心的重要性，严禁刘氏部伍掳掠扰民。别说，刘秀的影响力真不小，在他劝说下，刘氏宗族子弟都交出了财物。

如此一来，最后弄得平林、新市两部绿林军的首领都有些不好意思。接下来，他们肯定会死心塌地和刘氏兄弟一起与新莽官军死磕。

这等事儿，如今我们叙述起来挺简单。但在真实历史中，让人把吃下去的东西吐出来，没有一定的影响力和鼓动力，还真不成。由此，可以看出我们这位时年二十八岁的主人公刘秀确实有长者帝君之风。

有钱有物，自然就有兄弟情。义军一场因为争夺财物而起的内讧，被刘秀消灭于萌芽状态。绿林军的兵士和头目高兴，打仗就更卖力了。于是，大家开始攻打棘阳。

由于刘氏兄弟带领的联军闹出的动静太大，长安的王莽很焦急，赶忙命令驻守宛城的甄阜和梁丘赐立刻起兵，前去征剿。

义军很快来到棘阳城外。由于驻守棘阳的新朝军队人数太少，即使城墙坚厚，还是被刘縯、刘秀兄弟以及绿林军只花了一天时间就攻克。

此时，李通、邓晨等人也各自率领宗族私人兵丁前来汇合，起义军兵势更盛。

经过多日的连续作战，义军兵马非常疲劳，就在棘阳城内暂作修整。刘縯和春陵、平林、新市各军首领商议，准备稍事休息后，就兴兵直取宛城。

确实，这几次胜仗，让起义军士气大涨。不仅刘縯、刘秀等人信心满满，王凤、陈牧等人也士气倍增，觉得接下来的宛城一战必胜。

战胜而骄，义军首领这时候头脑都太热了，犯下大错——首先，先前作战，对手人数少不说，而且所在城池都不太大；其次，义军乱哄哄得胜后，人数越来越多，家眷也越来越多。这些随军家属跟着军队打仗，一旦战事有所胶着，他们马上就会成为义军巨大的心理负担和事实上的负累。

在当时，刘縯、刘秀兄弟都没有打大仗的经验，对于进攻宛城没有足够的心理准备和物质准备。在棘阳稍事修整之后，义军高举大旗，倾营而出，身后带着大批的从军眷属，兴冲冲直杀宛城。

宛城还没到，半路行至一个叫“小长安”的地方，义军恰好遇到了奉王莽旨意前来镇压的甄阜和梁丘赐所率新朝部队。不巧的是，当时天降大雾，影影绰绰，在几乎看不见对方人影的情况下，义军就和新朝军队大打出手。

宛城甄阜和梁丘赐所率部队，不仅骑兵很多，而且都是受过训练的正规军。一旦正规军和春陵、新市、平林这些乌合之众相遇，真开打起来，义军还真不是对手。

稍有小败，义军从心理上就先垮了——老婆孩子爹娘都在军队后面跟着，谁不惦记亲人啊。

就这样一分神一分心，义军就不行了，很快四散溃逃。

刘縯等人本来信心满满，觉得此役宛城必克，谁料到半路就被人家堵在这里死揍。仓皇之余，刘縯幸亏座下有匹好马，逃出生天；刘秀见势不妙，也跑了，半路还找到了妹妹刘伯姬，二人骑着一匹马猛跑。

前行不久，刘秀又遇到披头散发的二姐刘元和她的三个女儿。只看见这娘四个，却不见姐夫邓晨。刘秀估计，大概因为遇敌仓促，姐夫一家人先行失散了。

这可如何是好呢？一个妹妹，一个姐姐，三个外甥女，都是女流之辈，兵荒马乱的，到底先顾谁啊？

刘秀心乱如麻。没办法，他下得马来，让二姐带着三个外甥女也骑马一起跑。

刘元虽然是女流之辈，意志却很坚定。她毅然催促刘秀重新上马，对弟弟和妹妹高呼：

> 行矣！不能相救，无为两没也！

你们两个赶紧跑吧，六个人骑一匹马是不可能逃走的。事已如此，我们就别同归于尽了！

说着话，刘元奋力在刘秀的马屁股上猛击一掌。战马受痛，翻蹄亮掌而去。

泪眼模糊，刘秀和妹妹刘伯姬在马上回头看，眼睁睁看着自己的二姐和三个外甥女被追上的新朝军队杀在当地……

此次大败，不仅刘秀的二姐和三个外甥女被杀，刘秀老实巴交的二哥刘仲以及刘氏宗族数十人，皆在乱中被害。

最后，刘秀带着妹妹逃回棘阳，和先行逃到这里的大哥刘縯重聚。

大家盘点兵马，发现近乎一半的义军兵马已经报销。至此，义军不敢再主动与新朝军队争锋，只得龟缩于棘阳城内固守不出。

“小长安”这次惨败，确实给了义军极大打击。平林和新市两支部队也开始对刘縯的军事指挥能力产生疑虑，诸将汹汹，很想乘间离开棘阳这个是非之地。

刘縯、刘秀兄弟自然也忧心忡忡。倘若友军一去，舂陵军人数太少，甄阜和梁丘赐新朝大军一到，形势肯定大为不妙。弄不好，大家的性命全都会送掉。

正发愁呢，被新朝官府通缉已久的李通忽然出现在棘阳，这让刘氏兄弟大为高兴。

李通此行，还带来了一个好消息：五千下江兵在王常带领下，已经赶到了平氏县的宜秋聚（今河南唐河西南近淮河处）。

那么，这王常又是哪路神仙呢?

王常，最早就是绿林军的建军大头领之一。后来，绿林军因为瘟疫流行死伤大半之后，王常就分兵一支独立发展。所以，他所率下江兵，也是绿林军中的一支。

王常不仅性格豪爽，相比其他绿林头领，他的政治头脑也要清醒得多。乱世纷纷之际，他想到的不仅仅是打家劫舍抢东西，而是想在乱世之中能够找到一位拨乱救世之主来辅佐，从而成就一番大业。

为此，刘縯亲自前往宜秋，游说王常和他手下的下江兵，死劝他们和自己棘阳的军队联合在一起，合力抵抗新朝王莽军队。

一看刘縯、刘秀乃汉朝宗室，特别是刘縯，为人诚恳，能言善道，分析起天下大事来头头是道，王常自然一见倾心。

特别是刘縯一句话，给王常吃了一颗定心丸：“如事成，岂敢独飨之哉！”这意思就是说，以后我们刘家兄弟得了天下，肯定要和诸位同享荣华富贵啊。

由此一来，王常很快就答应和刘氏兄弟一起联合作战。他不仅自己出兵，还说服了成丹等下江兵头目，最终率领下江兵主力开进到棘阳城中。

至此，平林兵、新市兵、春陵兵、下江兵四部人马，终于在困难关头实现了一致对敌。

对于棘阳城诸路英雄合兵，王莽手下的甄阜、梁丘赐并没有产生足够的警惕。先前“小长安”大胜，使得这两个新朝军官也开始骄傲起来。奉王莽之命，他们积极准备，想一举全歼以刘氏兄弟和绿林军为首的起义军。

甄阜、梁丘赐把后勤辎重留在黄淳水以北的蓝乡后，率领主力进至黄淳水和沘水之间地区，准备实施对义军最后的歼灭战。

棘阳城内，刘氏兄弟和绿林军几个首领也不闲着，开会商议对策。会议上，刘秀建议说：“敌军近十万，我军不及其五分之一，如果和他们正面对阵，难以取胜。如今，甄阜、梁丘赐最主要目的就是攻取棘阳，其后勤补给基地蓝乡肯定空虚。如果我们夜袭蓝乡，截其辎重，敌军军心肯定马上动摇。如此，敌人或可一举成擒！”

众人思之，皆觉有理。于是依计行事。刘缜派兄弟刘秀担任防守棘阳城的重任。然后，他自己和绿林军诸将带着主力人马，连夜潜出棘阳城，直杀蓝乡。

当天，乃十二月的最后一天，在蓝乡守卫辎重的新朝军队很有过年气氛，正三三两两凑在一起赌博喝酒过除夕。结果，义军忽然而至，守军没有任何防备，稀里糊涂就被解除武装。新朝军队堆积如山的军资，全部为义军缴获。

第二天大早，也就是新年的第一天，趁着新胜的锐气，义军联军凭借两川地势，开始对新朝军队主力发起大规模进攻。

春陵军从西南方向猛攻甄阜，下江兵从东南方向猛攻梁丘赐。喊杀阵阵，刀砍剑刺。战至中午，梁丘赐一军首先溃败；甄阜军队本来还能勉强抵抗，忽然看到友军军溃，也一发不可收拾，似乎忽然就支持不住了，也都转身狂逃。

至此，义军开始了类似打猎般的追杀。义军得势不饶人，把新朝军队追赶到黄淳水岸边，逼得新朝军队士卒纷纷落入河中。此战，被砍杀溺杀的新朝兵士，就有两万多人。

乱战之中，新朝军队的两个大头目甄阜和梁丘赐，全部被杀于阵中。

义军此次大捷，就是“黄淳水大捷”，也称“沘水大捷”。

经此一战，义军从心理上又获得了优势，先前不久溃败大输的“小长安”惨败，也得以报仇。

此次大捷，刘缜出色的军事才能得到了印证。于是绿林军系统的头目们心服口服，推举刘缜为主帅，让他统领三军部队，准备夺取最近的战略要地宛城。

王莽派往南方镇压义军的纳言将军严尤、秩宗将军陈茂得知新朝军队在沘水惨败，非常惊惧，也玩命地率领军队往宛城进发，准备先发制人，给予义军以灭顶之击。

刘缜此时眼见义军士气大振，乘沘水之捷，他陈兵誓众，鼓行迎敌。结果，双方在淯阳相遇，一场大战，新朝军队被义军打得大败而逃。不仅严尤、陈茂两个人逃走，王莽军队还丢下三千多具尸首。

刘缜挥军北进，自号“柱天大将军”，率领十多万义军，把宛城团团包围起来。

人在长安深宫之内的王莽，得知刘氏后裔在南阳一带搞得风生水起，急得七窍生烟。至此，刘缜这个人的名字，越来越使他寝食难安。

先前虽然起义军在各地开花，但都属于不相统属、没有明确政治信念的流寇而已。如今，这春陵的刘家子弟以恢复汉朝为口号，显然成为新朝真正的心腹之患。

王莽恨极之余，开始玩心理战，开始大搞厌胜巫术。在对刘縯人头悬赏食邑五万户、黄金十万斤的同时，王莽下令长安的官署及新朝所有乡亭的塾门侧堂，都要贴上刘縯的画像，并且规定差役们每天早起之时，必须向刘縯画像射箭。以此怪力乱神之举，盼老天诛杀这位新朝的大贼。

可惜，这种迷信诅咒不仅诅咒不死刘縯，还免费为刘縯和他的军队进行了宣传。天下老百姓，由于痛恨新朝种种不得人心的统治措施，如今看到有汉室子弟图谋恢复，纷纷前来加入，使得包围宛城的义军人数越来越多。

在这种情况下，起义军内部逐步达成统一。此时此地，确实需要及时推出一位汉朝宗室来高举大汉旗帜。

一旦兴复汉室的旗号打出来，王莽新朝的合法性就会随之丧失，天下人心的向背才更有利于义军一方。于是，义军内部首领开会，研究推立合适的人选。

舂陵军和下江兵首领王常，自然力推刘縯为主。这不仅仅因为刘縯本人是汉室后裔，他还是首义元勋，为人又豪勇大略，天下闻名。

别说，还真有不服的，新市兵、平林兵的首领王匡、王凤等人就不服，而且坚决反对推举刘縯为帝。那么，他们拥护谁呢？还真有一个人——刘玄！

按照刘氏皇族的宗属，这位刘玄确实比刘縯血缘更纯正一些。他也是舂陵侯后人，和刘縯、刘秀属于同族兄弟。先前，刘玄因弟弟被别人所害，就设酒席招待宾客朋友，扬言要为弟弟报仇。酒宴上，他还把地方上的治安小官也请来。不料，他一个朋友酒醉，唱歌讥笑地方治安官员，惹得几个捕头大怒，把刘玄那个醉酒唱歌的朋友暴打一顿。这样一来，刘玄和官府结上梁子，不得已逃走避祸。

后来，刘玄逃到平林军头领陈牧手下，担任“安集掾”此类义军胡乱编出来的一个官职，类似高级军事参谋。

平林、新市的头目们拥立刘玄，倒不只是因为他的族属比刘縯、刘秀兄弟更近，而是因为刘玄和绿林军诸帅关系更近。而且，刘玄这个人，性格软弱，又没有直系下属，相比刘縯、刘秀兄弟，更易于控制。所以，王匡、王凤拥立刘玄之举，出发点在于忌惮刘縯。

听说王匡和王凤坚持要立刘玄为帝，刘縯表示担忧。他公开表示："大家拥立汉室子弟为皇帝，肯定对于汉家乃厚德之事。但目前大事未成，如果我们这里拥立了皇帝，那么青州、徐州等地的赤眉军数十万人，或许也会拥立一位刘氏皇帝。我们双方肯定会发生内讧。如今王莽未灭，宗室如果互相攻杀，肯定两败俱伤，使得天下人对我们恢复汉家天下的目的产生疑虑。而且，首义之时就自称尊号，历史上鲜有成功者，陈胜、项羽就是前车之鉴。我们匆忙拥立皇帝，或许就成为天下各路人等的靶子，说不定日后被别人捡了便宜。依我的意思，不如暂且称王，如果赤眉军所拥立的人贤德，我们将来就听他们的号令；如果他们不立刘氏子弟为帝，等日后我们破王莽，降赤眉，再立皇帝不迟！"

刘縯一席话，确实有至公之心，无论是从权谋还是现实考虑，"缓称帝"都是一件理智的事情。但是，绿林军内部诸位军将还是一直坚持拥立新帝以为号召，认为"疑事无功"，必须推举刘玄为帝才能成事。

无奈，刘縯、刘秀兄弟最终接受了现实，和绿林军一道拥立刘玄为天子。

王莽新朝地皇四年（23年）二月初一，众人在淯水岸边建立了一个高坛，然后大摆排场，陈兵大会。

刘玄即皇帝位，戴冠冕，着衮服，南面称尊。包括刘縯、刘秀兄弟在内，义军诸将帅鱼贯登上高坛，对着刘玄跪倒拜贺。

根据《后汉书》记载："（刘玄）素懦弱，羞愧流汗，举手不能言。"

从个性方面讲，刘玄确实不是帝王材料，估计当时依旧还是宗室疏属的状态，看到众将叩伏，哆哆嗦嗦，竟然到了羞愧流汗的地步，没一点帝王的派头和心理素质。

登基仪式结束后，按照惯例，颁布年号为“更始元年”，然后就广封群臣。由于日后正统史书不承认刘玄，所以就以年号代称，称他为“更始”或者“更始帝”。

在陈牧、张印授意下，刘玄大封诸将，封叔父刘良为“国三老”；封新市兵统领王匡为定国上公，封王凤为成国上公，封朱鲔为大司马；封平林兵统领陈牧为大司空；封春陵兵柱天大将军刘縯为大司徒；封下江兵渠帅王常为廷尉；刘秀也被封为“太常偏将军”。

绿林军系统诸将帅都有封赠，大家都挺高兴。

相较而言，封春陵军出身的刘縯为“大司徒”的官职还真不算小。而刘秀的官职就有些不伦不类——太常，本来是朝廷中掌管礼仪祭祀的官员；偏将军则只是个中级军事职衔。而此时的刘秀，连个作为调兵凭证的印信都没有，只好把一块在战场上缴获的“武定侯家丞”的印信佩在身上，来装样子充数。

有了幌子皇帝，别说，义军联军一时间士气大振。刘縯呢，自己炖肉别人吃，心里肯定七上八下，但想想所立皇帝毕竟姓刘，也就稍感释然。接着，刘縯继续发挥他的军事指挥才能，把宛城当作下一步的攻击目标。

听闻绿林军拥立了刘玄做皇帝，四处宣传光复汉朝，王莽怒不可遏。这个消息对他来说，简直是噩梦成真。那么一伙草寇，忽然推立了一个汉室后裔来，打着“匡扶汉室”的旗号，如此，不正好彰显自己乱臣贼子的名声吗？长此以往，新朝的正统性肯定会逐渐丧失。

此时的王莽孤注一掷，决心不惜本钱，马上除掉“更始帝”这个心腹大患。

“更始帝”出炉前，河南一带的赤眉军人多势众，最吸引王莽的注意力。但当时赤眉军并没有抬出哪个汉室后裔做幌子，所以，王莽就可以心安理得地以“新朝皇帝”的诏命命令军队攻打这帮“乱臣贼子”。

如今，绿林军弄出个姓刘的做皇帝，王莽也顾不上赤眉军了，加上严尤、陈茂两位大将新败，他就搜罗出几乎新朝全部的家底，拼凑成军，决定不惜一切代价，要把这个刘氏汉朝的象征部伍先歼灭掉。

从王莽的举动可以看出，当初刘縯的担心，非常有道理。先称帝，就把自己推置于炉火之上。天下无论敌友，皆会把先称帝的那位当成首先要除掉而后快的敌人或者假想敌。如果不是日后昆阳大战中绿林军有幸取得了胜利，推出“更始帝”的举措肯定会成为中国改朝换代历史上最糟糕的案例之一。

> 王莽闻严尤、陈茂败，乃遣司空王邑驰传，与司徒王寻发兵平定山东；征诸明兵法六十三家以备军吏，以长人巨毋霸为垒尉，又驱诸猛兽虎、豹、犀、象之属以助威武。
>
> （王）邑至洛阳，州郡各选精兵，牧守自将，定会者四十三万人，号百万；余在道者，旌旗、辎重，千里不绝。夏，五月，寻、邑南出颍川，与严尤、陈茂合。”

可见，为了对付更始军队，王莽组编了一支可谓当时最强大的部队。他任命大司空王邑和司徒王寻为统帅，征调当时国内六十三家最精通兵法的人（皆纸上谈兵之辈），以一个身材巨大的胖汉“巨毋霸”为仪仗队队长，命令各州郡均自选精兵，然后由牧守亲自率领，限期抵达洛阳附近集中汇合。

此次战役投入真是不惜血本，王莽新朝部队人数多达四十二万多人，对外号称“百万大军”。书呆子王莽最可笑的举动，就是在旌旗招展、气势汹汹的虎狼之师中携带了许多大铁笼子，里面装有从皇家动物园内搜罗出的虎、豹、犀、象等猛兽，用以在军中助威。

“巨无霸”或称“巨毋霸”，在中国历史上是一个非常有意思的人。《汉书》第九十九卷《王莽传》记载：

> （天凤）六年春，莽见盗贼多……夙夜连率韩博上言：“有奇士，长丈，大十围，来至臣府，曰欲奋击胡虏。自谓巨毋霸，出于蓬莱东南……轺车不能载，三马不能胜。即日以大车四马，建虎旗，载霸诣阙。霸卧则枕鼓，以铁箸食……愿陛下作大甲高车，贲育之衣，遣大将一人与虎贲百人迎之于道。京师门户不容者，开高大之……

在新莽（天凤）六年（19年），王莽见天下大乱，内忧外患，很是忧虑……夙夜连率（太守）韩博就向王莽推荐说：“有一个奇人，身高有三米多高，腰围有十围，他来到臣下的家里，说愿意为陛下奋击匈奴。此人自称‘巨毋霸’，是山东蓬莱人……一般的车子坐不下他，三匹马也拉他不动。臣下我马上用四匹马拉着特制大车，挂着虎旗，把‘巨毋霸’带到京城来见陛下。‘巨毋霸’睡觉要用大鼓来做枕头，用一双大铁筷子吃饭……希望陛下能制作大甲高车，虎豹斑皮之衣，派遣大将一人以及虎贲百人的仪仗队于道上迎接他。如果京城里有些门太小，希望陛下能下令把门改高加阔，以使‘巨毋霸’能够从门下走过去……”

而《后汉书》第一卷《光武帝纪》中也说到此人：

> 初，王莽征天下能为兵法者六十三家数百人，并以为军吏；选练武卫，招募猛士，旌旗辎重，千里不绝。时有长人巨无霸，长一丈，大十围，以为垒尉；又驱诸猛兽虎豹犀象之属，以助威武。自秦、汉出师之盛，未尝有也……

特别可笑的是，据《天津卫记》记载：“巨家庄在城南五十里，世传巨毋霸故居”。也就是说，我的家乡天津津南区八里台镇，也相传是“巨无霸”的老家。由此，除“王母娘娘”之外，我们天津人又多了一位神奇乡亲。

言归正传，王莽时代的“巨无霸”，既不是汉堡包，也不是传说中的人物，乃是被禁卫部队簇拥在高车骏马之上的巨人。如此一个患有“垂体前叶机能亢进症”的病人，福兮祸兮，在今天肯定因“肢端肥大症”而痛苦，却在当时被新朝军队奉为神异之人，半躺半倚在舒服的大车中听着军号奔向战场。

在“巨无霸”身后，还有多辆载有珍奇动物的大车以及看不见尽头的士兵队伍，浩浩荡荡。在惊天动地的鼓声中，进逼首攻目标昆阳（今河南叶县辉河北岸）。

昆阳乃古代兵家必争之地。如果北进得到昆阳，就等于打开了西北通向洛阳，东向长驱黄淮平原的门户；如果南下得到昆阳，就等于掌握了通向南阳盆地的锁钥。作为南阳东北出口的“桥头堡”，昆阳乃新朝军队必拔之地。

此时，更始军队的主力，大概有十多万人，都在刘縯率领下围攻宛城。由于新朝守将岑彭和副将严说拼死抵抗，加上宛城城墙坚牢，更始军队一直难以攻克。

宛城作为南阳地区的大城，是更始军队最重要的目标。国老刘良乃刘縯与刘秀的叔父，更始帝继位之初，他就进谏说，希望皇帝派大司徒刘縯率汉军主力攻下重镇宛城。如此，宛城可以当作日后的都城。所以，一旦义军攻下宛城，新出炉的更始帝也好有个立足点。

经过一番苦战之后，刘縯深知一时半会儿还难以攻下宛城，就果断采取围困战略，命令手下义军将宛城团团围住，想等到日后城中粮草消耗殆尽之时，再一举拿下宛城。

围攻宛城的同时，刘縯还派出刘秀、王常、王凤等人率领兵士四处攻击，清理宛城周围地区，一个一个“拔钉子”。

义军歼灭甄阜、梁丘赐的新朝军队之后，又打败了王莽手下严尤、陈茂的军队。由于严尤、陈茂退往颍川，刘秀与王凤等人就趁机攻克了昆阳。

而后，刘秀率本部人马北上，攻克定陵（今河南叶县东）、郾县（今河南郾城）等地，缴获了数十万斛粮食以及大量的战马、耕牛等军需、民需物资；王常则指挥部队在汝南等地打了不少胜仗。

此后，更始汉军分兵在这几处新攻下的城池驻守。如此，这些军事据点就与围攻宛城的刘缜主力形成掎角之势，相互呼应。

得胜意切，刘秀撒欢率属下数千骑兵继续四处追赶新莽大将严尤、陈茂等人的残部，追到阳关（今河南禹州西北）附近，忽然听说前面有新朝大军正在汹汹而来。再仔细打听，原来是王邑、王寻率领的数十万大军！

登高一看，新朝军队黑压压一眼望不到尽头。如此庞大的阵容，刘秀这辈子是第一次看见。

他怕吗？当然怕！非常害怕！

但刘秀知道，新朝这几十万大军，肯定不是冲着自己来的，他们的攻击目标是宛城和昆阳。凭着自己手下这几千人马和眼前的新朝大军开战，无异于以卵击石。

迫在眉睫的就是要及时通知友军。在昆阳的更始军要马上想办法守住城池；在宛城围攻的更始军要马上想办法别被新朝军队反包围。

不敢怠慢，刘秀连忙率手下部队飞速撤回昆阳，并马上通知王凤、王常等人，准备誓死守城。

昆阳城中的更始军队兵力，只不过七八千人。大家听说新朝大军数十万来攻的消息后，无不惊怖流汗，相顾失色。

敌我实力如此悬殊，根本没有半点胜算！

心里哀叹归哀叹，还是要硬着头皮商议打仗的事情。表面上大家商议军情，内心中都各自心怀鬼胎，想着如何让别人顶缸，自己能够乘乱带着老婆孩子和抢来的东西跑掉……

真正商议如何对敌的时候，没有人献计献策，都乱哄哄说应该马上放弃昆阳，各自散归诸城，还都说此举可以分散敌军注意力。其实说白了，就是要撒丫子先跑了再说。

听众将如此言说，刘秀心内挺生气，但还不能表现出来，他只能苦口婆心劝说大家：

“我们兵力粮草都不多，王莽军队势力强大，如果我们并力御敌，或许侥幸可以成功；如果弃城分散逃跑，结果还是一个‘死’字。更何况，现在宛城还没有攻下，我军主力不可能回援我们。一旦昆阳城破，敌人就会集中兵力进攻我们宛城的主力部队。如此，一日之间，我们诸部军队，必将全军覆没！如此情势下，大家不同心合力以取功名，反而打算私心去守护妻子财物，能够有好结果吗？”

刘秀一席话，说得绿林军诸将面红耳赤。恼羞成怒之余，这些人都扭脸看着刘秀，怒斥道：“刘将军何敢如是！”

绿林军诸将各个握剑，怒目相向，愤愤不平。见到如此情状，刘秀只是笑了笑，转身离开。

刘秀刚刚转身离去，就有探马来报：“敌军马上就要抵达城北，军阵有数百里那么长，看不到尽头！”

听闻如此消息，绿林军诸将更是骇惧至极，面面相觑。

王莽派出王邑、王寻统帅的大军，与严尤、陈茂军队在颍川会合后，即刻向宛城方向挺进。

新莽大军路过昆阳城，发现这里驻有更始汉军，于是王邑、王寻立即下令把昆阳围困起来，准备先拔了这颗大钉子再说。

事已至此，逃跑都没有机会了。强敌兵临城下，绿林军诸将唉声叹气了半天，只得派人把刘秀再请回来，想再听听这位年轻人的主意。

刘秀挺大度，一点不记念前嫌，稍作沉吟，就表示说：“我们昆阳城内，如今只有八九千人，出城克敌肯定不可能。昆阳城坚池阔，如果我们拼死守城，还是有机会的。但事起仓促，城内我军粮草不足，肯定不能相持太久。当今之计，是要派人前往郾城、定陵一带，调集援兵前来，我们昆阳守军或可有机会逃出生天。”

绿林军众将听刘秀如此说，都不停点头，但没有一个人说话。因为，谁接了话茬，就意味着谁要自告奋勇率领人马出城去搬救兵。

现在外面有几十万敌兵，待在城里还可以多活几天，如果亲冒矢石现在就往外冲，估计跑不了几步就会被新朝军队剁成肉泥……

对于绿林军诸将的心思，刘秀自然能猜透。于是，他自告奋勇，率领着骠骑大将军宗佻，五威将军李轶（李通的弟弟），偏将军邓晨、任光以及校尉臧宫等十二个人，先行冒险出城搬取救兵。

看见刘秀如此定计，绿林军诸将都暗吐一口气。大家归座，开始仔细商议对敌计划。

既然刘秀率十二骑突围去定陵和郾城搬救兵，那么王凤、王常就要率留守的八九千人坚守昆阳，以此来消耗和牵制新莽军队。

刘秀的计策，看似是不可能完成的任务，其实也有他的合理性——新朝大军在王寻、王邑率领下逼近昆阳，如果守城的义军弃城撤退，不但本部难以保全，溃败之余，围攻宛城的友军诸部肯定也会被新莽军队消灭。

那么，关键时刻稳住阵脚，收缩兵力坚守昆阳就成为最佳选择。在冷兵器时代，昆阳城小而坚，敌军人数虽然超出自己军队数倍，但这些人要肉搏攻城，还是需要很长一段时间的。只要坚守昆阳的汉军能够掌握时机，伺机而战，扭转时局也不是没有可能……

战场上，往往最后活下来的，是那些不怕死的人。刘秀区区十三个人、十三匹马，竟然能够从围城的十多万敌军中找到一个缝隙飞驰而出！第一，是因为刘秀等人的勇气；第二，是因为刘秀等人的运气。

当时新莽军队陆续抵达，人多眼杂，昆阳城内不断有汉军开城投降、逃跑，都没有引起新莽军队太多的注意。所以，刘秀这一支十三人的小分队级别的人马出城，新莽军队根本没有多加留意。

那么，王莽军队几十万人都是草包吗？

当然不是！

其中，大将严尤，虽然是败军之将，但他是新莽军队中脑子最清醒的一个人。

《资治通鉴》有如下记载：

> 寻、邑纵兵围昆阳，严尤说邑曰：“昆阳城小而坚，今假号者（指更始帝刘玄）在宛，亟进大兵，彼必奔走。宛败，昆阳自服。”
>
> 邑曰：“吾昔围翟义，坐不生得以见责让。今将百万之众，遇城而不能下，非所以示威也。当先屠此城，蹀血而进，前歌后舞，顾不快邪！”
>
> 遂围之数十重，列营百数，钲鼓之声闻数十里，或为地道、冲𫓬撞城；积弩乱发，矢下如雨，城中负户而汲。
>
> 王凤等乞降，不许。
>
> 寻、邑自以为功在漏刻，不以军事为忧。
>
> 严尤曰：“《兵法》：‘围城为之阙’，宜使得逸出以怖宛下。”
>
> 邑又不听。

严尤力劝新莽军队统帅王邑：昆阳城虽然小，但城池坚厚，应该舍弃昆阳不攻，先去进攻在宛城外面攻城的更始帝刘玄。大军忽然攻击宛城，刘玄军队惊愕，肯定会马上奔逃而去。如果宛城围城敌军大败，昆阳城自然可以不攻自破！

对此，王邑摇头不听：“当初我被皇帝差遣进攻翟义，就是因为没有临阵活捉翟义而受到责罚和谴责；如今，我将百万大军，路中遇到昆阳如此小城而不能攻克，就不能产生示范效应。我就是要屠灭昆阳，然后喋血而进，前歌后舞，让敌人触目惊心，才能取得日后不战而胜的效果！”

于是，王邑指挥新莽军队，把昆阳围得层层叠叠数十重，钲鼓之声，远达数十里之遥。同时，下面挖掘地道、上面冲车云梯，新莽军队多层次猛攻昆阳。

反正有的是军资，新莽军不停乱发弩箭，致使当时昆阳城内矢下如雨。城内人临井取水，都要几个人一起去，有人汲水，有人张着门板做盾牌遮蔽箭矢……

在如此攻防劣势下，城内防守的王凤等人也坚持不住了，派人到城外乞降，希望王邑能够饶命。岂料，王凤等人的乞降竟然遭到王邑的拒绝。他派人斩杀来使，给昆阳城守军一个明白无误的信号：投降没用，我们新朝大军就是要攻克昆阳，然后尽情屠城！

既然投降都没用，昆阳守军也就最终死心了。大家铁下心来，反正都是一个死，与其投降被砍头，不如挣扎一下，死于守城算了……

而王邑、王寻两位新莽大军主帅，自认为马上能够破城，心思根本就不在攻城方面，而是日夜笙歌，并且让人草拟上报王莽的公文。

王莽新朝大军内，只有严尤一个人忧心忡忡。不久，他又向王邑建议："既然您不同意进攻宛城，也不同意昆阳守军投降，那就把围城的大军放出一个缺口来，这样一来，可以让昆阳城内的军队能够逃出去一部分。这些人逃出昆阳后，肯定会奔向宛城。他们会把我们大军几十万即将到来的消息传达给围攻宛城的敌军。如此，一方面使得宛城敌军惊怖，一方面也会使得我们困守宛城的军队因为救援马上要到而坚守城池。"

对严尤这个建议，王邑依旧不听。废这事儿干吗，昆阳城马上就要被攻克，然后大军直捣宛城，肯定全歼叛匪！

王邑不听严尤的建议，就等同于自掘坟墓。

宛城方面，由于王莽大军即将抵达的消息未到，无知者无畏，刘縯继续指挥大军围攻。

宛城内部的新朝官兵坚守将近半年之久，粮食已经吃尽。不久，城内出现了人吃人的惨景。到了这个地步，困守宛城的新朝守将岑彭和严说无奈，只得开城向更始帝乞降。

至此，宛城竟然不战而下！

刘縯大军进入宛城后，更始帝刘玄终于有了“都城”。更始帝手下诸将看到投降的岑彭和严说，都拔剑相向，力劝更始帝杀掉二人。确实，在几个月的攻战中，由于岑彭和严说踞城坚守，义军不少人在城下战死。

更始帝犹豫间，刘縯劝说道：“岑彭和严说作为新朝官吏，守城是他们的职责。如今我们是要夺取天下，更要表彰岑彭这样守节的义士，不如封赠他们官职。由此，可以彰显皇帝的仁德，以为天下表率。”

最终，更始帝刘玄听从了刘縯的建议，封岑彭为“归德侯”。

可见，王邑、王寻率领四十二万新朝大军到来，坚守宛城的岑彭和严说竟然没有得到任何消息。最终，为了保全全城百姓不被饿死，他们在关键时刻选择了投降。

刘秀和冒死闯敌营的十三名勇士突围之后，不敢耽搁片刻，马不停蹄、人不离鞍，渡过昆水后，星夜疾驰，奔赴郾城、定陵。到达之后，刘秀迅速召集二城守将商议大事。

出乎刘秀意料，二城诸将闻讯，没有一个人主战，皆闪烁其词，支支吾吾。

这些将领的想法，其实特别简单：这些天出生入死抢来这么多财货，忽然抛在当地不守，傻不拉几前往昆阳城下去平白找死，这不是吃饱了撑的吗？

刘秀沉吟，很快明白了诸将的心思，他苦笑一声，奉劝说：

> 今若破敌，珍宝万倍，大功可成；如为所败，首领无余，何财物之有！

有些话，真是一点就通：如果我们能够破敌，珍宝肯定会多出万倍，而且能够建立奇功；如果失败，脖子上的脑袋都保不住，哪里还保得住这些既得的财物！

诸将仔细寻思，对啊！

富贵险中求！事已至此，发昏当不了死，还是豁出去拼一次吧！

于是，郾城和定陵的更始军的将领们，被刘秀所激，暂时都放弃了苟且偷生念头，把心一横，决定跟随刘秀前往昆阳城下和新莽军队决战。

刘秀清点援军人数，虽然不过万人，但毕竟可以一战。于是，他率领着这支援军，火速奔赴昆阳城。

至此，昆阳大战，拉开了序幕。

刘秀为了树立榜样作用，亲自率千余人为先锋，奋勇争先，率先来到了昆阳城外，在距离新莽大军几里地开外扎下阵脚。

见来援的更始军队人马稀少，王邑根本没有在意，随意派遣几千人马迎击。

出乎所有人的意料，刘秀一马当先，带领手下援军就冲杀过去。一次冲锋过后，刘秀本人斩首数十级！

到如此情景，随之赶到的更始援军诸将看也都感兴奋，纷纷相语道：

> 刘将军平生见小敌怯，今见大敌勇，甚可怪也！且复居前，请助将军！

所以，刘秀这种平时少见的个人英雄主义表演，确实起到了激励的作用。

面前数十万敌军成阵，刘秀一彬彬文士，竟然能够奋勇杀敌，砍下几十个敌兵的脑袋，怎能不让更始军队的士卒兴奋呢！

义军诸将和士兵感慨之余，大受鼓舞。情绪有传染作用。至此，大家都变得勇猛起来。于是，跟随着刘秀，更始汉军步步紧逼，经过数次冲锋，杀掉新莽敌军成百上千人，把自己的阵地不断推前，义军援军距离昆阳城越来越近。

此时，宛城其实已经被刘縯攻克，但无论是昆阳诸将还是刘秀，都不知道内情，没有任何消息说更始帝已经入据宛城。

为了振奋精神，刘秀情急智生，他派人装扮成宛城方面更始军队的信使，纵马赶到昆阳城下，大叫："宛城救兵到！"此后，那个信使还假装忙中出错，把一封书信丢在城下。

昆阳守城汉军心急火燎，马上把信使缒上城去，而新朝军队则很快就抢得了信使"丢落"在地上的那封书信。

这封信交给统帅一看，急得王邑直跳脚。原来，刘秀伪造的这封书信，就是以更始帝诏书的名义，激励昆阳守军坚守，并且报称宛城已经被大军攻克，救兵马上就到。

昆阳义军守军不知就里，认定援军马上赶到，勇气百倍，坚守的意志更加坚决；而王莽新朝军队得知这一消息后，即刻灰心丧气。确实，四十万大军，连小小一个昆阳城都久攻不下，如果刚刚得胜的宛城更始军队到来，那还不被人家反包围啊！

殊为可笑的是，刘秀所传的假情报，其实是真消息。宛城，确实已经被义军攻克。但刚刚得手的更始军队也需要休息，他们还真没有决定即刻前来救援昆阳。

两军相斗，精神因素的影响是巨大的。昆阳城内一万人不到；城外，刘秀所率援军也一万人不到。但如今，他们胆气倍增。

相较之下，新朝军队虽然有四十多万众，却离心离德、士气低落。

机不可失，时不再来！

经过几次交手，刘秀发现，新莽军队人数虽多，但部署混乱，指挥不灵，基本上是外强中干。于是，刘秀当机立断，亲率三千名勇士，从昆阳城西的昆水（今河南叶县辉河）涉水而过，呐喊着攻击敌军的中军，也就是王邑的大本营。

> 寻、邑易之，自将万余人行陈，敕诸营皆按部毋得动，独迎与汉兵战，不利，大军不敢擅相救。
>
> 寻、邑陈乱，汉兵乘锐崩之，遂杀王寻。城中亦鼓噪而出，中外合势，震呼动天地。莽兵大溃，走者相腾践，伏尸百余里。
>
> 会大雷、风，屋瓦皆飞，雨下如注，滍川盛溢，虎豹皆股战，士卒赴水溺死者以万数，水为不流。
>
> 王邑、严尤、陈茂轻骑乘死人渡水逃去，尽获其军实辎重，不可胜算，举之连月不尽，或燔烧其余。
>
> 士卒奔走，各还其郡，王邑独与所将长安勇敢数千人还洛阳，关中闻之震恐。
>
> 于是海内豪桀翕然响应，皆杀其牧守，自称将军，用汉年号以待诏命；旬月之间，遍于天下。

王寻听说城西水上出现一支几千人的汉军，气得发笑：区区数千人来进攻我数十万大军，真是螳臂当车啊！

据傲之余，王邑、王寻决定亲自前去狙击来犯汉军。由于提前知道汉军人数不多，二王很想歼灭来犯之敌立威，就下令各营州郡兵勒卒自持。没有命令，谁也不能擅自出兵。

于是，身着王莽新朝奇装异服的两位大帅，放着几十万人马不用，仅仅点了一万多兵马，前去迎战刘秀。

王邑、王寻手下这一万多兵士，盔甲鲜明，马匹精良，但士气非常低落。而对面呐喊而来的刘秀士兵，虽然人数仅有三千人，各个衣衫褴褛，却皆是敢死之士。

狭路相逢，勇者胜！

交战没多久，王邑、王寻的一万多兵马忽然崩溃，在几十万新莽军队面前，被刘秀更始汉军追杀。

而新莽一方呆立在一边观战的军队和参加嘉年华的观众差不多，心惊肉跳看着自己的两位大帅和友军精锐惨遭屠戮，被人家砍瓜切菜般弄死在当地，但没有一个人敢出列帮忙。

这种情况的发生，倒不是因为新莽军队士卒多么胆怯。事前，王邑、王寻已经明确下令，各部各自把守阵营，不能擅自出击。毕竟都是新莽正规军，还都挺服从命令，到最后也没有一部队伍敢于轻举妄动。

由此一来，王邑、王寻所部人多势众的优势也发挥不出来。

刘秀率领汉军一鼓作气把王邑、王寻亲自率领的一万多人打得屁滚尿流。其中，要属那位王寻最倒霉。由于所骑战马受伤，他一头栽于马下，正好被几个更始汉军瞄上，唰唰几刀，身首分离不说，连四肢都被汉军士兵砍下报功。

刚才还耀武扬威的统帅，瞬时变成一只被大卸八块的“白斩鸡”。

得知副手王寻被杀，王邑反应挺快，跑！

王邑弃军而逃，新莽军各部就等于丧失了总司令。指挥中枢一混乱，庞大的四十万人军队，立刻成为一团乱麻，没有任何机会组织起有效的反击。

更可怕的是，一直在昆阳城头指挥守城的王凤、王常，近日一直被新莽军队按在城头上死打，起先想投降还得不到批准，差点被新莽军队的弩箭射成刺猬，憋足了一肚子气。如今，居高临下，他们眼睁睁看到刘秀所率数千敢死队把新莽的中军打得凌乱不堪，登时间也豪气顿起，马上下达命令，指挥城中官兵打开城门，呐喊着从里面冲杀出来。

与此同时，作为刘秀后援的郾城、定陵诸将也来了精神，指挥部伍加入战斗行列。

这一来，可不得了！新莽军队本来精神上就处于劣势，忽然看到城内城外敌人开始夹击自己，又联想到日前所知宛城汉军马上到来的消息，都感觉自己要被敌军包围了。

惊骇之余，新莽军队开始四散溃逃。

兵败如山倒！四十多万人一旦丧失了战斗的欲望，马上就成为别人眼中待宰的羔羊。

在刘秀的带领下，义军无不以一当百，奋勇争杀，在几十万新莽军队中杀出杀入，蛟龙入水一般，横冲直撞，勇往直前。

运气一来，挡都挡不住。倘若新莽军队任何一个中级军官能够喝住败退士兵，稍稍稳住阵脚，新莽军队凭借人数上的巨大优势，反败为胜，是完全可能的事情。

忽然间，狂风大作，雷电交加，来了一场超级暴风雨。当时雨如倾盆，河水暴涨，吓得新莽军队那些当噱头的各种虎豹野兽都哆嗦发抖。

新莽士兵更是胆战心惊，没头苍蝇一样四处狂奔。其中掉入水中淹死的多达万人，尸体把河道都堵了。

而漂浮在河面上的尸体，反而成全了新莽军统帅王邑和大将严尤、陈茂等人。这些人骑得马好，踏着河上自己军队士兵尸体堆浮而起的“浮桥”，从战场上逃脱。

最后，王邑和手下数千残兵逃到了洛阳，各郡士卒没死的，也都仓皇逃归本郡。

至于史书中曾经数度出现的“巨无霸”，却在这场昆阳大战中毫无踪影，没有任何史书提及他的下落。

大战之后，刘秀指挥汉军在昆阳城下收缴新莽军队抛弃的辎重物资。财物军资取之不尽，汉军运了一个多月都没搬完。最后，剩下的东西太多实在搬不走，汉军就堆积起来一把火焚烧了事。

昆阳一战，王莽几乎把新朝全部的筹码都输光了。国内各地郡县皆奋起反抗，杀掉新朝派驻在当地的官员，并以更始年号纪年，等待汉朝军队收编。

旬月之间，天下，似乎已经不是王莽新朝的天下了。

从战役过程中可以发现，一场战争中个人的意志力是那么重要。昆阳之战，完全靠刘秀的理性、血性，使得不可能之事成为可能！

刘秀，这个昔日的太学生，竟然创造了中国战争史上的一个奇迹！

昆阳一战，昔日碌碌如常人的刘秀，拔然而起，一举盖过了他大哥刘縯的风头。相比宛城久战不克后的献城投降，刘秀的昆阳血战，使他一夜成名！

昆阳大战，新莽主力消耗殆尽，王莽再无能力组织大规模军事行动剿杀各路义军。对于更始帝而言，其属下义军也进入了一个相对稳定发展的时期。

大捷之后，刘秀没有回宛城朝见更始帝，而是继续领兵作战，更加卖力地为更始帝刘玄拓疆括土，在河南一带攻城略地。

刘秀所率义军有仁有义，所到之处秋毫无犯，深得百姓拥戴。

攻克颍阳（今河南许昌西）之后，刘秀带兵进攻父城（今河南平顶山北）。这座小小城池，竟然久攻不下。刘秀也不焦躁，就屯兵于附近的巾车乡修整。

新朝的颍川郡掾冯异当时行监五县，被汉兵俘虏。由于冯异名声不错，刘秀就把他奉为上宾。和刘秀交谈久之，冯异就表示："我有老母在父城，希望您能放归我回到父城，待我说降五城，以此效功报德！"

刘秀挺厚道，对人很信任，就马上放归冯异。冯异进入父城之后，找到为新朝坚守父城的官员苗萌，说："更始诸将多暴横凶蛮，唯独刘秀刘将军所到之处不掳掠，不侵暴，我观其言语举止，非庸人可比！"

本来冯异就是苗萌上司，二人惺惺相惜。如今听冯异对刘秀这么一夸奖，苗萌马上率领五县军民向刘秀投降……

正当刘秀为更始帝卖命之际，一天，忽有消息传来，使得刘秀如五雷轰顶、呆立在当地——首起义兵的大哥刘縯，竟然被更始帝刘玄和绿林诸将给杀了！

对于更始帝来说，作为同属刘氏宗室的刘縯、刘秀兄弟劳苦功高，宛城、昆阳大捷，皆是兄弟二人所为。

那么，刘縯到底犯了何罪，竟然被更始帝所杀呢？

蛟龙入海转乾坤

幽蓟赫赫“铜马帝”

刘縯无罪。但功高震主，这就是罪！

自从春陵起义兵，刘縯作为首义元勋，在义军中威名赫赫。更始帝军队之所以有那么多人前来投奔，绝大多数都是冲着刘縯而来。绿林诸将推举刘玄当皇帝后，刘縯没有怨言。得封大司徒之后，作为更始帝军队的最高军事将领，他一直身先士卒，统领更始汉军和新莽军队作战。

待刘秀取得昆阳大捷之后，刘縯、刘秀兄弟的声名，更是臻至顶峰。

> 新市、平林诸将以刘縯兄弟威名益盛，阴劝更始除之。
>
> （刘）秀谓（刘）縯曰：“事欲不善。”（刘）縯笑曰：“常如是耳。”
>
> 更始大会诸将，取（刘）縯宝剑视之。绣衣御史申徒建随献玉玦，更始不敢发。（刘）縯舅樊宏谓縯曰：“（申徒）建得无有范增之意乎？”（刘）縯不应。
>
> 李轶初与（刘）縯兄弟善，后更谄事新贵。（刘）秀戒（刘）縯曰：“此人不可复信。”（刘）縯不从。
>
> （刘）縯部将刘稷，勇冠三军，闻更始立，怒曰：“本起

兵图大事者，伯升兄弟也。今更始何为者邪！”

更始以（刘）稷为抗威将军，（刘）稷不肯拜。更始乃与诸将陈兵数千人，先收（刘）稷，将诛之，（刘）縯固争。李轶、朱鲔因劝更始并执（刘）縯，即日杀之；以族兄光禄勋（刘）赐为大司徒。

（刘）秀闻之，自父城驰诣宛谢。司徒官属迎吊秀，（刘）秀不与交私语，惟深引过而已，未尝自伐昆阳之功；又不敢为（刘）縯服丧，饮食言笑如平常。更始以是惭，拜（刘）秀为破虏大将军，封武信侯。

从史书中可见，绿林军中的平林、新市诸将，眼见刘縯兄弟名气越来越大，怕他们日后威胁到自己的利益，就暗中不停劝说更始帝刘玄除掉这兄弟二人。

从当时起兵的实际情况讲，以德以才以武，刘縯都比刘玄更有资格做皇帝。可惜，当时绿林军诸将最终拥戴刘玄当上皇帝，因为他们能够抓住刘縯兄弟的唯一弱点说服众人，那就是论起血统，刘縯确实比刘玄差一点儿——刘玄的曾祖父是春陵侯的继承人，而刘縯、刘秀的曾祖父，则是春陵侯庶子。

即便如此，刘縯以大局为重，把帝位拱手相让给刘玄。按理说，刘縯确实挺仁义挺识大体的。但随着刘氏兄弟的威名日益显赫，占义军领导层多数的绿林军势力就待不住了。在他们劝说下，与刘氏兄弟同宗的更始帝刘玄也日益不安。这位庸人害怕刘縯、刘秀兄弟俩羽翼日丰之后，没准哪天会惦记上自己的皇帝宝座。

更始帝和绿林诸将不信任刘縯，刘秀早就心知肚明，并且曾经劝说过大哥要多加留心。但刘縯自以为对更始帝劳苦功高，对刘秀的话恬然不以为意。

一次，更始帝刘玄和绿林军首领设下圈套，决定在大会诸将的时候召刘缜入宫，借机杀掉这位功臣。宴饮欢畅之时，刘玄故意当众猛夸刘缜的佩剑，要他解下来观赏。刘缜遵命，即刻将防身宝剑解下来递给更始帝。

依据原本计划，更始帝刘玄此时应该亲自以剑刺杀刘缜，但不知道什么原因，当时更始帝犹疑了。为此，刘玄手下大臣申徒建两次当廷进献玉玦，提醒刘玄下手，或者命卫士对刘缜动手。

玦者，决也！

但刘玄当时可能畏惧刘缜的勇武，迟疑未发。

宴会过后，刘缜的舅舅樊宏提醒外甥说："申徒建献玉，与当年鸿门宴范增举止相类，你可要小心啊。"对此，刘缜依旧笑而不言。

不仅更始帝刘玄和绿林诸将疑忌刘缜，与刘氏兄弟首倡义兵的李轶也慢慢转向，逐渐和绿林军将领站在一条线上。看到李轶首鼠两端，刘秀劝大哥小心此人，但刘缜依旧没有听进去。

刘缜被杀的触发点，乃是刘缜手下的将军刘稷。这位刘稷和刘玄、刘缜、刘秀一样，同属春陵侯的宗室子弟。他不仅打仗勇敢，和刘缜的关系也非常好。当初绿林诸将拥戴刘玄称帝，刘稷马上就非常愤怒，当众扬言说："我们大家当初起兵图谋天下大事，乃伯升兄弟的功劳。如今拥立更始帝，哪里有这样的道理！"

为此，刘稷深为更始帝和绿林诸将所恨。

所以，宛城、昆阳大捷之后，更始帝封拜诸将，就给刘稷封了一个"抗威将军"。如此封号，显然带有侮辱性质，明白地奚落刘稷抗威不尊。

刘稷性格直爽，当然不接受更始帝对自己的封拜。结果，更始帝刘玄以此为借口，和绿林诸将谋议之后，集兵数千人，收捕刘稷，宣布他抗命不遵的"罪行"，要当众杀掉他。

眼看族弟危险，刘缜自然上前为刘稷争辩，在朝会上据理力争，陈说刘稷功高无罪，不应处决。

大家争议间，更始帝身边的近臣朱鲔、李轶等人立即撺掇，痛陈刘縯包庇刘稷，有谋反之心，劝说更始帝应该把刘縯和刘稷一道斩首以立威。眼见周围都是自己的兵将，更始帝刘玄终于鼓足勇气，喝令卫士把刘縯和刘稷一同推出去杀掉。

事起仓促。刘縯至死也想不到族兄刘玄肯狠心对自己下死手。

刀落血溅，为更始帝立下了汗马功劳的刘縯刘伯升，就这么稀里糊涂死在了自己拥立的族兄皇帝的刀斧之下。

杀了族弟刘縯这个大司徒，更始帝马上下令，任命自己另外一个族兄刘赐为大司徒，以此来安慰刘氏宗族子弟。同时，他任命族侄刘信为奋威将军，前往颍川一带接替刘秀的军权。

刘秀听到大哥刘縯被杀的噩耗，心如刀绞。按照一般人的思维常理，他或者马上出逃，或者马上起兵反叛更始帝。

此两种行为，哪个也不行！

如果出逃，又能逃向哪里去？王莽新朝不能去，赤眉军也不能投；如果反叛更始帝，更是没有任何意义。如今刘玄已经是天下众望所归的“大汉皇帝”，自己兄弟先前所立功劳，天下人都会算在更始帝头上。如果自己公开背叛更始帝，马上就会成为人人得而诛之的叛臣贼子。

思前想后，刘秀做出了一件让许多人都始料不及的事情——他单身独骑离开刚刚投降于他的父城，亲自到达更始帝的都城宛城，上殿谢罪。

听说刘秀到来，刘縯大司徒府的府吏有不少人前来迎候。但刘秀一个都不接待，连话都不和大哥昔日的僚属说上一句，以此避嫌。而后，拜见更始帝之时，刘秀不停谢罪，表示作为罪臣刘縯的亲弟弟对大哥有失明察，闭口不提自己昆阳大捷的功劳。

回到府邸之后，刘秀也不敢为大哥服丧，更无任何报仇雪恨的言谈举止。其饮食言笑，一如往常。

对此，更始帝和绿林军诸将都大感意外。

不久之后，想想自己的帝位确实是人家刘縯、刘秀兄弟所挣，更始帝刘玄心里面有点过意不去了，就下诏封刘秀为破虏大将军、武信侯。

此时此刻，刘秀哪怕稍有举止失措，肯定会被刘玄以及绿林军诸将杀掉。由于当时春陵刘氏宗族亲戚都在宛城，绿林势力在军中又如此强大，刘秀只能忍气吞声，万事以忍为先！

更始帝刘玄也一直在观察刘秀。他发现，这刘秀确实是个彬彬君子，做人又低调又恭顺，一点没有刘縯那种张扬和霸气。所以，更始帝就逐渐放松了对刘秀的警惕。而且，更始帝内心还挺得意，对刘氏兄弟的一杀一赏，在安抚了春陵刘氏宗族的同时，也彰显了自己的帝王威风，可谓一举两得。

刘秀虽然被更始帝封为武信侯，但手中实际的军权却被剥夺掉。如此，刘玄心安，刘秀心安，绿林诸将更心安。

义军内部相对平静，外部的"革命"形势也一派大好——王莽新朝日趋走向灭亡，更始帝派遣王匡攻打洛阳、派申徒建攻打武关。最终，各路义军齐集长安，终于灭掉了新朝政权，杀死了王莽。而王匡一部也最终顺利接管了洛阳。

听到洛阳被占领，更始帝做出决定，想要移都洛阳。自己车驾出发之前，他派刘秀为"行司隶校尉"先去洛阳，到那里整修官府，做好迁都之前的准备工作。

但是，刘秀深知更始帝对自己并不十分放心，所以他在更始帝身边时，更加小心谨慎，待人接物格外恭敬。

> （刘秀）于是置僚属，作文移，从事司察，一如旧章。时三辅吏士东迎更始，见诸将过，皆冠帻，而服妇人衣，诸于绣镼，莫不笑之，或有畏而走者。及见司隶僚属，皆欢喜不自胜。老吏或垂涕曰："不图今日复见汉官威仪！"由是识者皆属心焉。

在宛城，刘秀成功地扮演了一个因为大哥刘縯得罪更始帝而衷心悔过的罪人；在洛阳，刘秀尽心尽力，以一个小吏的耐心和细心，把洛阳整顿得条条有理，无论是市貌、宫殿，还是官员接待管理，都让更始帝到达这个城市之后，顿时产生了君临天下的感觉。

不仅让更始帝君臣满意，刘秀使老百姓也对自己留下深刻印象。更始诸将多数是打家劫舍的强人出身，他们浑身奇装异服，平时脑袋上不戴冠而戴布帻，甚至有人身穿女人衣服。所以，百姓们看到这些不伦不类的人，皆指而笑之，甚至有胆小的人看到绿林诸将之时都被吓得拔腿而跑。

而刘秀和他的僚属，皆衣冠翩翩，举止行为都遵守汉王朝旧时制度。百姓们对此感到非常亲切。一些曾经在西汉时期做过政府官吏的老人，看着刘秀和他手下的从人，禁不住流泪赞叹道：

"谁料想今日竟然复见汉家威仪！"

最终，刘秀的行为举止使得洛阳附近百姓归心，这些人对刘秀本人也留下了良好的印象。

"忍"字心头一把刀，正是刘秀的耐心和忍耐，最终使他完成了一统天下的大业。

更始政权定都洛阳后，各地纷纷效忠，都表示承认更始汉朝政权的合法性。甚至原本势力比绿林军还大的赤眉军，也派人到洛阳表示降附。

更始帝虽然暂时成为名义上的天下共主，但实际上还没有真正完成改朝换代的过程，还需要不停派出使者到先前效忠新莽王朝的各地招安抚慰。

更始政权得胜太快，其实际势力所及，只有河南以及长安等地。所以，更始政权招安和招抚程序也显得过于简单粗糙——但凡各地先前的新朝官员派人或者送信表示臣服，更始政权就委任来降之人以原官。

如此政权变更，如果更始政权很快能够稳定天下局势，不可谓不是好事。但是，如果更始政权内部起了动乱，原先效忠它的地方势力，马上也会变脸。

为此，虽然不少地方都表示归服，但更始政权还是非常费劲地进行招抚工作。新莽王朝虽然一时覆灭，但河北（黄河以北）各州郡都在骑墙观望，未曾明确表示归附更始政权。同时，“河北三王”、铜马、尤来、隗嚣、公孙述等割据势力也都跃跃欲试。赤眉军在山东的势力更是日益壮大。

当时，作为京畿重地附近的河北地区，其境内各种军阀割据、流民武装四处游荡，局势复杂而危险。所以，更始政权对于河北地区的招安工作很感头痛。

为此，和刘秀同为舂陵宗室的大司徒刘赐就劝说更始帝派刘秀前往河北一带宣慰。

更始帝是个庸才，对刘赐的建议不置可否。但他手下大司马朱鲔表示坚决反对，认为如果放刘秀去河北，日后恐怕不能再控制住他。

刘赐毕竟和刘秀兄弟是舂陵同宗，还是在背后不停苦劝更始帝外放刘秀。最终还是更始帝的尚书曹诩说话管用，他在更始帝面前力荐刘秀，最终使得刘玄同意任命刘秀为“行大司马事”，持节到河北地区宣慰。

那曹诩和刘秀无亲无故，他为什么替刘秀在更始帝面前说好话呢？

这就要归功于刘秀的手下冯异了。我们知道，先前冯异被刘秀厚待，替刘秀说降了父城五县。后来，冯异又给在洛阳办事的刘秀当了主簿，成为他的机要秘书长。冯异得知更始政权内部左丞相曹竟、尚书曹诩父子深受更始帝信任，就提前提醒刘秀结交这两个“贵人”，暗地送钱送物与曹氏父子，打通关节。

曹氏父子还真不错，关键时刻在更始帝面前力保刘秀，终于使得我们这位主人公龙入大海、虎入深山。

前途艰险，势单力薄，冒着寒风，骑马行于河北，时年二十九岁的刘秀脸上露出了难得一见的微笑——终于逃出了更始政权的樊笼，终于拥有了属于自己的一片天空！

当然，更始帝刘玄对族弟刘秀的放虎归山，也不是全然出于疏忽大意。刘玄肯定也和手下亲信私下讨论过：作为自己臣下，刘秀如果能够成功宣抚河北，自然是好事一件；如果不能，河北路险人恶，刘秀肯定会被某股地方武装杀掉，这也不见得就是坏事。如此，政治隐患清除不说，自己也没有杀戮功臣的恶名。

所以，更始帝对刘秀的委派，类似给了他一张空头委任状。官名有，但兵卒器械是无论如何也不会派发的。

于是，身为更始政权“行大司马事”的全权河北处置大臣刘秀，身边只有包括谋士冯异在内不足二百人的亲信队伍。

不过，刘秀身边人数虽少，却都是心腹。不仅冯异跟随，他所推荐的乡人王霸、铫期、段建、叔寿、左隆等人，皆随之而行。

渡过滚滚黄河，回望身后没有追兵，刘秀的一颗心才一下子放松下来。

初到河北，由于刘秀有更始帝“钦差”的身份，得到所过州县官吏、百姓的拥戴和好评。其间，刘秀在长安求学时就结识的好友邓禹也千里迢迢而来，在邺地（今河北磁县南）与刘秀相见。

邓禹虽然年轻，却非常有政治头脑。他开宗明义，劝说刘秀应该以高祖刘邦为榜样，拯天下百姓于倒悬之中：

> 更始虽都关西，今山东未安，赤眉、青犊之属，动以万数，三辅假号，往往群聚。更始既未有所挫，而不自听断，诸将皆庸人屈起，志在财币，争用威力，朝夕自快而已，非有忠良明智，深虑远图，欲尊主安民者也。四方分崩离析，形势可见。明公虽建藩辅之功，犹恐无所成立。于今之计，莫如延揽英雄，务悦民心，立高祖之业，救万民之命。以公

而虑天下，不足定也。

可见，当时更始帝虽然号称天下共主，但邓禹对于更始帝本人性格的懦弱和他手下绿林诸将的弱点分析得非常透彻，认定更始君臣难以一统天下。所以，他劝说刘秀要注意延揽天下英雄，爱护百姓。

听毕邓禹一席话，刘秀大悦，命令手下尊称邓禹为“邓将军”。刘秀把这位年轻人当成自己的高级谋士，常常同榻而卧，一起商议机密大事。

当时的刘秀，刚刚脱离更始政权的阴影。此时此刻，邓禹已经明白无误地探明刘秀绝非池中之物。他的一席话，确实让刘秀倍感欣慰，心中更加有了底气，并且确定了未来的施政目标。

刘秀另外一个谋士冯异，也对刘秀提出了更加具体的建议：

> 更始政乱，百姓无所依戴。夫人久饥渴，易为充饱。今公专命方面，宜分遣官属徇行郡县，宣布惠泽。

由此，刘秀以更始政权宣慰大使的名义，有条不紊地在河北地区了解民情，开展工作，并且审理新莽时代的积案，释放王莽时期被冤入狱的囚犯，废除新莽苛政，恢复西汉时代的官称，黜陟官员，论功颁赏。

由于刘秀勤政爱民，河北百姓纷纷进献牛酒。对于百姓的这些热情奉献，刘秀皆婉言谢绝，严令部下不得扰民。

苦心经营数月，刘秀在河北地区的统治终于初具规模。由于刘秀统领军队有方，一位叫耿纯的人也投于其门下。耿纯是巨鹿人（今河北平乡西南），乃当地豪门望族出身。他投效更始帝后，也受命持符节招安、抚慰河北。

在邯郸偶遇刘秀后，耿纯看刘秀器宇轩昂，待人和蔼，更对刘秀产生好感，自此决心追随刘秀。为表诚意，耿纯向刘秀献上几匹好马和几百匹丝缣作为礼物。

刘秀在河北遇到了各色人士，其中有耿纯这样的好人，也有刘林这样的坏人。

当时，汉景帝七世孙赵缪王的儿子刘林也在邯郸一带游荡。先前，他的父亲赵王刘元肆意虐杀手下，被朝廷削去王爵。死后，由于干坏事太多，所以朝廷赐谥刘元为“缪”。对此，刘林耿耿于怀，一直幻想着自己哪天重新当上“赵王”。

听说更始帝派刘秀宣慰河北，刘林立刻来巴结刘秀。二人坐下交谈，刘林如此一个纨绔子弟，竟然还炫耀他的见识，为刘秀出谋划策说：

> 赤眉今在河东，但决水灌之，百万之众可使为鱼！

刘秀还以为这位宗室子弟会给自己出什么好主意，原来刘林是让自己水淹赤眉军。对此，刘秀默然不答。他心中暗想，如此残忍之策，一旦成功，赤眉军是灭了，百姓岂不跟着遭殃！

刘秀如此的宅心仁厚，在刘林眼中却变成了“妇人之仁”。刘林于是认定刘秀此人不能成大事，就赶紧辞别刘秀，在河北四处寻摸，重新找寻他心目中理想的人选。

刘秀万万想不到的是，与他同属刘姓宗室的纨绔子弟刘林，离去之后，竟然会给自己带来巨大的麻烦。不仅仅是麻烦，刘林几乎使刘秀陷入灭顶之灾！

刘林郁闷离去后，到了真定，遇到了老朋友王郎（又名王昌）。王郎这个人，原籍邯郸，本来是一个见多识广的江湖郎中。别看王郎是个卖野药的，但为人很有心机，又做过卦师，对于星历谶纬很有研究。而刘林多年来一直游窜于赵魏之地，结识了不少黑社会之人，加上他又喜欢奇数卦卜，所以很早就和王郎有交情。

这次重见，王郎神秘兮兮，对刘林说：“唉，我自己从前一直隐瞒真实身份！”

“您到底是谁啊？”刘林问。

“我是成帝的儿子刘子舆啊！”

王莽时代，长安有个江湖术士曾经诈称自己是汉成帝儿子“刘子舆”，当时就被新莽政权逮捕杀掉了。由于百姓日后痛恨新莽统治，所以纷纷流传汉成帝真有一个叫“刘子舆”的儿子流落民间。

看到刘林一双混浊的眼睛瞪得挺大，王郎继续编故事：“我生母乃成帝宫内的歌姬，曾经忽然在殿下摔倒昏迷，有股黄气从上而下灌入她的体内，就怀孕了。当时，皇后赵飞燕想害死我妈，宫内有贵人帮忙，用别人的孩子顶替交了出去，我才得活。我十二岁时，得遇一个算命的郎中李曼卿，与他俱至蜀地谋生；十七岁，到丹阳游走；二十岁，我还归长安；而后，辗转于中山一带、来往于燕、赵之间。这些年来，我就是等待天时，就是要恢复我大汉江山啊……”

王郎所编故事，除十二岁到二十岁之内他到处游走的经历是真实的以外，别的都是瞎编的，非常荒诞不经。我们想想，汉成帝都没临幸过他母亲，天上一股龙卷风怎么可能使其怀孕！

可是，就王郎这些瞎话，竟然使得刘林信以为真，或者是故意信以为真。

认定王郎奇货可居，刘林就和邯郸豪族李育和张参合谋，准备拥立王郎为帝。

当时，正好河北地区有谣传说赤眉军要渡河，百姓闻流言惶恐，害怕赤眉军过河杀人掠物。趁此浮言嚣嚣之际，更始元年十二月，刘林等人率车骑数百于凌晨时分突然闯入邯郸城，在昔日赵王的王宫拥立王郎为天子，对外宣称王郎乃汉成帝儿子刘子舆。

王郎当了皇帝，马上封刘林为丞相、李育为大司马、张参为大将军。

趁着民间汹汹混乱的当口，刘林率领几百人在邯郸拥立王郎为帝，这事儿就一下子成功了。江湖郎中兼卦师的王郎摇身一变成了汉成帝遗落在民间的龙子“刘子舆”，刘林也成了有拥戴“先帝之子”大功的大丞相，可谓皆大欢喜。

可见，民间传说，往往在乱世化为民间的同情心，而王郎和刘林，恰恰能够在适当的时机充分利用百姓对“先帝遗子”的同情和拥戴，趁着大家恐惧赤眉军的关口，使得一个卖野药的骗子名正言顺成为“皇帝”。

相比更始帝刘玄和替更始帝宣慰河北的刘秀，王郎汉成帝“亲儿子”的身份，从帝位继承角度看，确实比刘秀、刘玄这类宗室旁支要名正言顺得多。

刘林乃昔日正宗宗室后代，非常熟悉汉朝的典章制度。拥立王郎之后，他们立刻像模像样地分遣将帅，在河北一带树立统治威信，并且以“真皇帝”口吻移檄州郡，王郎自诉来由：

> 朕，孝成皇帝子子舆者也。昔遭赵氏之祸，因以王莽篡杀，赖知命者将护朕躬，解形河滨，削迹赵、魏。王莽窃位，获罪于天，天命佑汉，故使东郡太守翟义、严乡侯刘信，拥兵征讨，出入胡、汉。普天率土，知朕隐在人间。南岳诸刘，为其先驱。朕仰观天文，乃兴于斯，以今月壬辰即位赵宫。休气熏蒸，应时获雨。盖闻为国，子之袭父，古今不易。刘圣公未知朕，故且持帝号。诸兴义兵，咸以助朕，皆当裂土享祚子孙。已诏圣公及翟太守，亟与功臣诣行在所。疑刺史、二千石皆圣公所置，未睹朕之沈滞，或不识去就，强者负力，弱者惶惑。今元元创痍，已过半矣，朕甚悼焉，故遣使者班下诏书。

由于河北百姓思汉，王郎诈称成帝儿子这么简单的骗局，在刘林等人的煽惑下，竟然假事成真，许多郡县的百姓、官员都以为王郎是龙子即位，“于是赵国以北，辽东以西，皆从风而靡”。

一山不容二虎。当了“皇帝”之后，在刘林的支持和怂恿下，王郎要做的第一件大事，就是追杀刘秀！

于是，王郎、刘林马上以十万户侯爵的诱人赏赐，在河北各地悬赏刘秀的人头。

当时，刘秀正埋头经营河北，悉心建立自己的地盘。忽然之间，邯郸出现了一个汉朝“新天子”，而且百姓景从，自己的脑袋也忽然值钱了！

一夜之间，刘秀就成为众矢之的，惶惶然不知所之。

此时，刘秀不可能去邯郸解释，因为王郎是假宗室，回邯郸无异于自投罗网；过河投奔更始帝也不会有好结果，刚脱樊笼，不可能自己再返回。

那怎么办呢？没办法，只得继续北上，在避开王郎锋芒之后，继续逃跑，见机行事。

吉人天相。关键时刻，刘秀总能遇到贵人。在卢奴（今河北定县），他得遇耿弇。

耿弇字伯昭，扶风茂陵人，乃昔日王莽委任的上谷太守耿况的长子。其为人明达干练、智勇双全。当初更始帝即位消息传出，耿况就派年仅二十一岁的耿弇带着礼物进京上书，拜见更始帝。耿弇走到宋子县（今河北赵县东北），恰恰赶上王郎假冒汉成帝的儿子“刘子舆”在邯郸和刘林起兵。跟随耿弇的郡吏孙仓和卫包就在途中商议，劝说耿弇就近投靠王郎。耿弇手按宝剑，坚决表示不同意。孙仓、卫包无奈，半夜劫走了耿况原本要送给更始帝刘玄的礼物，偷偷投靠王郎去了。

气恼惶急之余，听说更始帝手下的大司马刘秀在卢奴，耿弇就昼夜兼行前往拜见。

看到这小伙子相貌堂堂，刘秀挺高兴，把他收于门下。

耿弇年轻气盛，当时就竭力建议刘秀应该提兵直杀邯郸。为此，刘秀对手下笑言：“小儿曹乃有大意哉！”

当时，刘秀等人对于王郎的危险性还认识不足，依旧派遣王霸到蓟地（今北京地区）招兵。此时，王郎求购刘秀人头的檄文提前到达了蓟地。为此，当王霸拿着更始帝符节到达当地时，蓟地市人皆笑，揶揄王霸说：“皇帝杀你们的檄文都到了，赶紧逃跑保命吧，还招什么兵啊！”

王霸回报之时，刘秀刚刚入城。听说王郎手下已经到达蓟地，就想率领手下往南跑。当时，耿弇劝说刘秀：“敌兵恰从南来，如果南奔，正好被人迎头撞上。渔阳太守彭宠，是您的乡亲；而上谷太守，就是我的父亲啊。事情到了这个地步，我们应该北上才对！如果我们能够集合两郡精兵，可得精骑一万，到时候再与邯郸争锋！”

刘秀心向耿弇所言，但他手下都不同意。

大家正争执间，蓟城忽然大乱。城内有个前广阳王之子刘接，由于接到王郎、刘林的檄文，他很想在新主登基后立功，就派人准备把刘秀一行擒杀。

当时，蓟城内百姓聚观，遮蔽道路，刘秀等人几乎跑不出去。在这节骨眼上，幸好刘秀手下的铫期力大无穷，挥舞大戟，骑一匹大马冲荡，为刘秀等人开路。

冲到南门，城门已经关闭，铫期杀掉数人，才救得刘秀等人逃出城去。

小伙子耿弇当时正好被派出去办事，所以，没能与刘秀等人一起逃出去。为此，他只得赶紧趁着混乱逃出蓟地，回到了父亲所在的上谷。

由于逃命太匆忙，刘秀等人连财物和衣服都没来得及带。一路之上，又担心王郎的部队追来，诸人只能捡偏僻小道行走，连滚带爬，可谓苦不堪言。

大家逃到芜蒌亭（今河北饶阳）的时候，包括刘秀在内，个个冻得发抖，面无人色。

初春二月，寒意依重。大家又冻又饿，狼狈不堪。眼见天色已晚，刘秀和手下不得不在四处漏风的芜蒌亭过夜。

猫在茅草房之内，虽然稍微暖和一些，肚子里却似乎有一只大手在抓挠，饥饿确实难忍。此时刘秀所念，绝非天下苍生，而是一碗热乎乎的“汤饼”。

刘秀正在闭眼咽唾沫，忽然冯异进来，手里还拿着一个热气腾腾的瓦罐。这位谋士护主心切，不知道从哪里找了一罐豆粥，顿解刘秀饥渴！

寒夜热粥，对于刘秀来说，可谓永生难忘。而“荒亭进粥”的典故，也成为流传后世的君臣情谊佳话。

转天，众人都冻醒了，无奈，只得接着跑。

认定王郎追兵有所不及，刘秀带着手下进入了饶阳县城。眼前最最迫切之事，就是想法先填饱众人的肚子。

感觉王郎追兵的消息没那么快，诸人就直接到公家的驿站去骗吃喝。刘秀本人冒称邯郸使者，进入驿站内，马上要求驿吏招呼饭菜。

饶阳县城当时已经归附了王郎。驿吏听说是“邯郸使者”，不疑有他，马上热情招待。

结果，饭菜端上，刘秀手下人几天来都饿疯了，冲上来就争抢吃喝。这种表现，惹得驿史疑心顿起：邯郸使者手下，怎么如此饥渴，莫非是贼人不成？

沉吟间，这位驿吏还挺有经验，忽然在屋外高喊：“邯郸将军到！”

如此一声大叫，众人大惊失色，愣在当地，也都顾不上吃喝了。

出于本能，刘秀第一个从后门窜出去，登上马车就要撒丫子。惊惧之余，他忽然仔细琢磨，如果真的是邯郸将军到此，身边肯定有大批兵马，跑也跑不掉。冷静下来之后，刘秀赶忙安抚众人，让他们继续坐下大吃，自己转身重新进屋，坐定之后，对着屋外驿吏威严地回答：

“请邯郸将军进来！”

本来就没有邯郸将军！刘秀这一声招呼，倒使得驿史十分踌躇了，只得偷偷跑回自己的办公室，坐在那里继续瞎琢磨。

驿吏正胡思乱想，刘秀一行也吃饱喝足了。刘秀带领众人大模大样登车上马，和驿吏打了招呼后，才慢悠悠离开驿站。

看着这群不三不四的陌生人离开，驿吏越想越不对劲，但刘秀人多势众，自己手下没几个驿卒，也拦不住他们。思前想后，驿吏就派手下人快马加鞭到城南，对守门的小吏打招呼，让门吏关闭城门，细问来人。

岂料，城门守吏虽然地位卑下，头脑却挺好使，他打着饱嗝，对驿吏派来的人说：“孰帝孰君，天下事尚未可知，如今干吗关门得罪大人物！”

所以，门吏心不在焉，看着刘秀一行施施然从南门离开。

出了饶阳县城，后怕之余，唯恐王郎追兵赶上，刘秀一行人只得冒着霜雪，昼夜兼程继续逃跑。由于天气十分寒冷，这些人的脸全都冻烂了。

跑到曲阳县（今河北晋州市）时，听闻王郎追兵即将追上，众人更加恐惧。

快到滹沱河的时候，派到前面侦察的士卒回来报告说：河冰消融，河边没有船只，无法渡河。

后有追兵，前有大河，这可真把人急死！刘秀低头沉思片刻，再派手下得力助手王霸前去察看。

王霸快马赶到河边一看，河水确实如侦察吏卒所言，已经融化开好大一段河面。

心灰意冷，回程路中，王霸也是百感交集。由于担心自己实话实说会离散人心，王霸见到刘秀之后，当着众人的面撒了个谎，说：“河冰很厚，可以过去。”

大家闻言，皆喘出一口大气。刘秀当然也非常高兴，笑着说：“唉，刚才派出去侦察情况的吏卒肯定眼花了，真是妄语！”于是，刘秀带领手下继续前行。

来到滹沱河边，大家发现，河水确实全部冰封了。于是王霸居后担任警戒，刘秀率领诸人迅速渡河。

马蹄得得，车轮滚滚，就在刘秀随从要快要渡过去的时候，河冰经过这些人一番踩踏，忽然垮塌。刘秀手下几位随从，连人带马都掉入河中……

王霸过河之后，才向刘秀说起实情。为此，刘秀也真心夸赞王霸说：“你刚才的话安定了军心，我们才能安全顺利地渡过此河。如果追兵赶至，我辈性命休矣！”

王霸连忙拜谢，谦虚地说：“河水突然冰封，乃明公您大德所致，上苍神灵保佑！”

如此一问一答，因祸得福。刘秀手下更坚信这位主公乃“王者不死”，大吉大利之人，跟着他干，肯定没错！

一路走来，天气骤变，大风、冻雨使得刘秀一行又被淋成落汤鸡。于是，众人找到一个废弃的房子，开始修整、避雨。

天气寒冷，异常艰苦，但刘秀一帮人其乐融融。冯异抱来柴草，邓禹当灶点火，很快大家都感到暖和了。不久，冯异又找到了半袋麦子，给大家做了麦饭。不久，他还找来一些可以吃的植物“菟肩”，煮熟后奉给刘秀。

片刻之间，大家一解饥寒。

这一次逃亡经历使得刘秀和手下关系越来越融洽。刘秀日后称帝，对待功臣不是一般的好，基本一个没杀不说，从龙功臣，大多富贵终生。

转天早起接着赶路，刘秀一行人就等于是瞎转瞎走了。特别是到了下博（今河北深州市东南），发现了多处岔路，刘秀惶惑，不知所之。

此时，刘秀忽然又遇到“贵人”：一个白衣老头站在路边，目光坚定，脸色红润，对他们说：“努力前行！信都郡距离此处才八十里，那里还忠于更始帝！”

守得云开见月明！听说信都（今河北冀州市）还没有归附王郎，刘秀等人大喜，即刻赶往当地。

信都太守叫任光，一直忠于更始政权。邯郸王郎曾经派人送达檄文要任光归顺，任光当即斩杀来使，又杀了城中主张投降的人，一直为更始政权固守信都。

听说“行大司马”刘秀来到，任光马上亲自出城迎接。

进入信都，刘秀的人生终于从谷底走出！

有了信都做根据地，不久，镇守和戎的太守邳彤也前来拜见，他又带来一拨人马。

喘息刚定，众人商议下一步对策。稍稍安全之后，刘秀手下却有多人出来劝说，表示应该趁着手下此时有兵马护送，赶紧回长安。

确实，当时的河北地区，几乎都成了王郎、刘林的地盘，只靠任光与邳彤两郡兵马的支持，似乎难以和王郎势力抗衡。

见到亲信中有人打退堂鼓，刘秀也沉吟。这一路，艰难苦恨，能活到现在真是太不容易。如今信都兵马数千人，护送自己一行返回长安，应该没什么大问题。

当然，刘秀想的，要比手下更多一些。如果得返长安，意味着自己又变成了更始帝的高级囚徒。而且，丢失河北，罪过不轻。即使活着回去，说不定也会被刘玄找借口杀掉。

眼看刘秀低头沉思，刚刚见面的和戎太守邳彤说了这样一番言语：

> 吏民歌吟思汉久矣，故更始举尊号而天下响应，三辅清宫除道以迎之……今卜者王郎，假名因势，驱集乌合之众，遂振燕、赵之地；况明公奋二郡之兵以讨之，扬响应之威，

> 以攻则何患不克！以战则何军不服！今释此而归，岂徒空失河北，必更惊动三辅，堕损威重，非计之得者也。若明公无复征伐之意，则虽信都之兵，犹难会也。何者？明公既西，则邯郸城民不肯捐父母，背成主而千里送公，其离散亡逃可必也！

这番话，前面都是虚的，最后几句才是关键：如果明公您率众撤退，邯郸王郎势力肯定就坐大成真。跟随您撤退的这些兵士，父母家属都在河北，半路上也会逃亡殆尽！

邳彤言外之意，就是你刘秀如果真要逃跑，肯定也不能活着回到长安。

刘秀听后，沉吟不语。这番道理，刘秀肯定懂，但他自己不好说出口。如今，邳彤说出来，不仅迎合了自己平定河北的心意，也堵上了那些想回撤长安的属下之嘴。

那些主张回撤长安的从人听了邳彤这一席话，仔细寻思，也觉得大有道理，于是都不再坚持了，继续死心塌地跟从刘秀经营河北。

于是，在信都重起炉灶，刘秀拜任光为左大将军、封武成侯；邳彤为后大将军，继续担任和戎太守。然后，又拜李忠为右大将军、封武固侯；万修为偏将军、封造义侯。接着，刘秀让这四个人带领本部人马出城招募流民队伍。为了稳定自己大本营，刘秀任命南阳人宗广为信都太守，替自己留守信都。

安排好事情，刘秀就与众将领率军出了信都，开始逐步清除王郎势力。

任光、李忠等人很能干，到处发布声讨王郎的檄文，并且到处声称流民军首领城头子路和力子都两个人都归附了大司马刘秀。如今，大司马手下大军百万，马上要杀到邯郸征讨王郎逆贼。

别说，待刘秀一行赶到堂阳县城（今河北新河），城内的官吏百姓得知刘秀亲自提兵而来，以为这位爷真有百万之众，马上开城投降。

接着，刘秀又攻下贳县（今河北束鹿）。不久，昌城（河北衡水西）刘植和耿纯也来投附。至此，刘秀实力大增。

当刘秀军队来到真定（今河北正定）的时候，却忽然得到一个非常大的坏消息：手下拥有十多万精兵的真定王刘杨，竟然投附了邯郸的王郎政权。

这一消息，真如晴天霹雳，刘秀等人一时间都蒙住了。

真定王刘杨，乃汉景帝七世孙，确实是刘氏皇族后裔，是真正的刘汉宗室。这方力量，如果成为自己敌手，河北胜负，就真的难以预料了。

正当刘秀愁眉不展之时，贵人又出现了——先前投附刘秀的刘植过来禀告，说自己和刘杨是同宗，可以前去当说客，为刘秀争取刘杨投附。

刘植主动请缨，刘秀只能派他一试。没多久，刘植就回来了，一脸笑意：看似千辛万苦的差事，上门喝一次酒就搞定了——刘杨不仅答应投附刘秀，还准备和刘秀联姻！

刘秀高兴得有些恍惚，半晌才反应过来："联姻？我只有一个妹妹刘伯姬没嫁出去，但已经答应和李通结成婚约……我自己也没女儿啊……"

刘植一笑，说："不是和别人联姻，新郎官就是明公您啊！"

原来，刘杨有个外甥女叫郭圣通，为了做足保险，这位真定王准备把这个外甥女嫁给刘秀。

此时的刘秀，早已经在昆阳大捷之后娶了他青少年时代的偶像阴丽华为正妻，按理说，不应该再娶别人。因为，作为真定王的外甥女，郭氏嫁过来，肯定要当正妻的。不过，在刘秀时代，当老爷们的，可不可能像今天小说、电视剧中的演员一样假模假式还做一大番思想斗争啥的，刘秀低头稍一寻思，马上就答应了——娶了郭氏，等于就得到了真定王的十万大军，就等于得到了河北豪强大族的鼎力支持！这事儿，还能犹豫吗！

马上当新郎！

真定王府内，锣鼓喧天，宾客盈门，刘秀就和刘杨外甥女郭圣通结婚了。看着自己身为更始帝大司马的外甥女婿，真定王刘杨笑得合不拢嘴，在宴席上击筑为欢。

真定王一高兴，刘秀就更高兴了——转天，原本属于真定王的十万雄兵，就成为自己手下了。

有了这些兵马，刘秀一路凯歌，进击元氏（今河北元氏北）、防子（今河北高邑西南），皆克之。此后，他领兵攻鄗（今河北高邑东南），击斩王郎大将李恽；至柏人（今河北隆尧西），复破王郎大将李育。而后，刘秀又攻下广阿城（今河北隆尧东），率领大军修整，积极筹备进攻邯郸。

在广阿期间，忽然有数千人马气势汹汹而来。刘秀急忙登城查看，却见一小将滚鞍落马，跪地叩拜——原来正是先前失散的耿弇！如今，他率领渔阳、上谷两郡精锐突骑前来投附。

看到耿弇，刘秀笑逐颜开，喜欢得不行。

上谷、渔阳这六千突骑，那可不是吃素的，乃河北地区最精锐的骑兵部队。这支联军在南下过程中，由景丹、吴汉等人指挥，一战攻下蓟县，斩杀王郎大将赵闳。而后，大军南下攻无不克，所向披靡，一路攻克了涿郡、中山、巨鹿、清河、河间等二十二座县城。所以，耿弇带来的这份“见面礼”，真是太大太大了。

眼见兵精粮足，刘秀便拜耿弇、寇恂、景丹、吴汉、盖延、王梁六人为偏将军，拜耿况、彭宠为大将军。然后，刘秀和众人商议，准备对邯郸的王郎政权发动最后总攻。

由于有上谷、渔阳“突骑”生力军加入，刘秀如虎添翼，决定立刻挥师北上攻取巨鹿。

巨鹿乃邯郸门户，巨鹿一下，邯郸就成为孤城，王郎政权就肯定灭亡在即。

正当刘秀调兵遣将之时，更始帝刘玄忽然派人来“支援”了。来人乃更始朝廷尚书令谢躬。

谢躬此来，表面上是协同刘秀攻打王郎，其实是更始帝不放心刘秀，派自己人过来分功。

刘秀对谢躬的来意心知肚明，却不能表现出不悦，只得连说“欢迎”。于是，杀牛摆酒犒赏三军之后，刘秀就请谢躬帮助自己镇守广阿。然后，刘秀本人率军直攻巨鹿城。

虽然如今手下有闻名天下的幽州突骑，但骑兵野战在行，攻城却不行。而巨鹿守将王饶勇略兼具，又是王郎心腹。刘秀率领联军围攻巨鹿将近一个月，久攻不下。

刘秀正在巨鹿城下一筹莫展，又有一个大大的坏消息传来：刘秀的根据地信都，竟然失守了！

原来，由于刘秀攻打巨鹿带走了大部分主力，后方信都空虚。王郎趁此机会，马上派兵去攻打信都，来掏刘秀老窝。而信都城内豪强马宠等人很快就打开城门向王郎军队献城投降了。

王郎军队入城后，把信都太守宗广关押了起来，又将邳彤、李忠等人的父母妻子抓起来做了人质。

信都、和戎两地是自己根据地啊，刘秀闻讯焦急非常，赶忙派右大将军李忠带兵东归，去救信都。

李忠得到刘秀命令后，即刻回到自己营中调兵遣将。信都迎降王郎的豪族马宠之弟马忠，恰好在李忠手下。于是，李忠立即把马忠招来痛斥大骂一番，然后抽刀，把这个叛臣家属杀在当地。

看见李忠杀了马忠，众将皆吃惊地问道：“将军您自己家属在人家手中，怎么能杀死马宠的弟弟呢？”

李忠答道：“为国尽忠，不知其他！”

刘秀对李忠的举动，非常感动，但也担心这样的莽撞人带兵去攻打信都，会使城内诸将的家属人质受到伤害。于是，他就改派任光前去营救。

可惜，任光出军后，连连失利，信都久攻不下。正当任光懊恼之际，更始帝手下、留守广阿的谢躬却突然率领大军出现在信都城下。

原来，谢躬到河北之后寸功未立，此时忽然良心发现，想想自己既然是更始帝派来支援刘秀的，就该在关键时刻显显身手。于是，他就带着军队来救信都。

趁着王郎守军守备松懈，谢躬、任光两军合力一击，信都终于被夺回来。

刘秀得知信都收复，非常高兴，马上改任李忠为信都太守，命其率领本部回去坚守，以此确保根据地的稳固和全军将士家属的安全。

由于迟迟没有攻下巨鹿，刘秀逐渐产生忧虑心理。此时，大将耿纯进劝，要刘秀派出精锐绕过巨鹿直接攻打邯郸。由于当时邯郸王郎的军队主力都在巨鹿、柏人等处，邯郸城内空虚。邯郸如果被攻破，巨鹿城自然会不战而降。

听完耿纯一席话，刘秀豁然开朗。他留下将军邓满指挥部分军队继续围困巨鹿，自己则率主力精锐南下进击邯郸。

四月，刘秀大军包围邯郸。为了尽量避免人命损失，刘秀让人先送劝降书给王郎，同时命令吴汉率幽州突骑列阵，向邯郸军民炫耀幽州突骑的威力。

本来这么多天一直追杀猫狗一般追杀刘秀，谁料到人家今日咸鱼翻身，忽然反客为主，还带人马把自己包围了，作为昔日的江湖郎中和算卦师傅，王郎真的灰心丧气了。

想了好久，王郎决定派手下谏议大夫杜威持节请降。

杜威不辱使命，到了刘秀面前，为王郎求情，说这位江湖郎中王郎天生贵人，确实就是汉成帝的私生子，希望刘秀接受投降后网开一面，善待王郎。

见杜威还和自己讲条件，刘秀禁不住冷笑着说："现如今天下纷乱，即使是成帝再生，恐怕也未必能够得到天下，更不必说王郎这个假皇子了！"

这一句话，噎得杜威直翻白眼。没奈何，杜威只好继续请求："如果投降，您能答应给我主公'万户侯'的爵位吗？"

刘秀又冷笑，回答说："饶他一命罢了，不必再论其他！"

看到刘秀如此强硬，杜威也急眼了，愤愤道："邯郸虽小，尽力死守，还是可以坚持数月的！大不了，我君臣共死社稷！"

杜威回城，王郎得知刘秀态度，绝望之余，也只得横下一条心，死守邯郸。

由于邯郸城高池深，刘秀军队一连攻击了十余日都没有攻破。正当刘秀忧急之时，邯郸城内王郎的少傅李立忽然宣布投降，大开城门迎接汉军入城。

大半夜的，得知刘秀军队已经攻入城内，王郎赶紧乘乱逃命。

在逃跑半路上，颠簸加惊吓，王郎这个江湖郎中竟然暴亡于车上。

刘秀手下大将王霸很快率领追兵赶到，趁着王郎尸体还热乎，咔嚓一声斩下了他的脑袋，然后送到邯郸报功。至于那位昔日拥戴王郎称帝的祸首刘林，竟然早就趁乱跑掉了，日后也不知所终……

平灭了邯郸王郎政权，刘秀一下子感觉自己翅膀硬了。至此，独为一方诸侯已经远非他的志向。

其手下人也前来试探。其中，有一个宛城人朱祜当时在刘秀手下任护军。有一天，看刘秀高兴，他就从容言道："长安政乱，公有日角之相，此天命也！"

朱祜此言，就是委婉说刘秀有天子之相，能够当皇帝。

当时刘秀听此言，看周围人多，还是被吓了一跳，赶忙大声说："如敢再言此，定召军内刺奸将军收逮护军！"

朱祜看刘秀色变，就不敢再说了。

得知刘秀歼灭王郎，更始帝便派使者到河北，封刘秀为“萧王”，并诏命他撤兵回长安。

“萧王”的王号，刘秀肯定接受；但让自己息兵回长安，刘秀都气笑了。他借口河北未平，对更始帝拒不从命。

如今的刘秀，手中已经有了大本钱，不可能再听更始帝随意差遣。

一日，刘秀在邯郸宫温明殿中躺在榻上瞎寻思，耿弇入见。见刘秀身边杂人不多，耿弇恳切说道：“大战之后，吏士死伤者多，请大王归上谷增兵。”

刘秀假装吃惊，问：“王郎已破，河北略平，复用兵何为？”

耿弇说：“王郎虽破，天下兵革，才是刚刚开始啊。今更始帝使者从西方来，欲令大王罢兵，大王切勿听之。铜马、赤眉等兵将数十百万人，所向无前，圣公（更始帝）不能办也，不久必败！”

萧王坐起，假装嗔怒说：“卿失言，我斩卿！”

耿弇推心置腹说：“大王您厚待我耿弇，情深如父子，所以我才敢披赤心劝告大王。”

刘秀微笑，说：“我和你开玩笑呢，你到底想说什么？”

耿弇说：“本来，百姓痛恨王莽，复思刘氏，听闻汉军起兵，莫不欢喜，如去虎口得归慈母。如今更始为天子，而诸将擅命于山东，贵戚纵横于长安，掳掠自恣，百姓后悔，反而追念王莽新朝，由此，可知更始帝必败也！大王功名已著，以义征伐，天下可传檄而定！天下至重，大王皇汉宗室，定当自取，毋令他姓旁人得之！”

正是耿弇一席话使刘秀开始下定决心，准备逐鹿天下，求取帝王大位。

那么，为什么先前朱祜劝说刘秀不成，差点被刘秀唤人逮捕，现在这小伙子耿弇一席话，刘秀却仔细与之商议呢？很简单，朱祜虽然久在刘秀军中，但刘秀对他毕竟没有到知根知底的地步。万一对方是更始帝卧底，刘秀争霸天下的大志反而提前暴露了；耿弇，乃自己绝对的心腹，其父子宗族都是自己的铁杆拥趸，所以刘秀才会和这个小伙子推心置腹谈雄心、说壮志。

河北之地，王郎政权虽然被消灭，但仍是乱军四起。有数十支流民军四处横行，其中势力最大的一支部队，要属“铜马军”。

更始二年（24年）秋，刘秀亲自率大军开始进攻鄡（今河北束鹿东南）、清阳（今河北清河东南）、博平（今山东茌平西北）一带的数十万“铜马军”。大战月余，没有灵魂人物的“铜马军”因补给不继，向馆陶方向撤退。刘秀乘势追击，大败“铜马军”。

随后，“铜马军”会同高湖、重连部流民军，又与刘秀军队在蒲阳（今河北顺平县）大战。结果，“铜马军”大败而降。

击败“铜马军”后，刘秀为了利用这些军队为自己打天下，就采取宽大政策，依旧让投降的头目率领原先的士卒，对他们封侯升官。

刘秀这番举动，深受刚刚降附、人心不稳的“铜马军”的爱戴。由此，刘秀手下兵马，一下子就扩充到几十万众。关西地区的各种武装，就称刘秀为“铜马帝”。

“铜马军”被刘秀收拾了，但作为赤眉别部的青犊、大肜、上江、铁胫、五幡等部十余万军队仍然威胁着刘秀。他们聚集在射犬（今河南武陟西北），还有尤来一部军队，驻扎在射犬以南地区。

射犬地方不大，但地处河内（郡治怀县，今河南武陟西南）要地，向西南渡过黄河，可直入河南、西向关中（指函谷关以西地区）；向北则直接威胁刘秀。为此，收编“铜马军”后，刘秀未等射犬一带的赤眉军有所行动，就先发制人，从东北方向率领大军直攻射犬。同时，刘秀还说服驻兵于邺（今河北临漳西南）的更始帝尚书谢躬，让他同时率军去进攻尤来的军队。

刘秀军力强大，在射犬把赤眉军打得大败散走；而尤来一军，却在山阳（今河南焦作市东）至隆虑山一带把更始帝大臣谢躬一军打得大败。

趁谢躬倒霉之际，刘秀派吴汉、岑彭袭据邺城。等谢躬率领败军回撤邺城之时，吴汉就把谢躬给杀了，悉降其众。

至此，河北一带，刘秀一枝独秀，成为割据河北最大的一支武装力量。

更始三年正月，赤眉军主力迫近长安，开始猛攻更始政权。

眼见天下局势日渐明朗，为了建立自己更加稳固的河北根据地，刘秀派邓禹率精兵两万沿黄河北岸西进抢占河东（郡治安邑，今山西夏县西北禹王城）地区，另派寇恂抢占河内；同时，派遣冯异率兵守孟津（今河南孟津东北），以堵截洛阳更始军北上之路；次年，刘秀亲自率军向北追击尤来、大枪、五幡等部军队，并在元氏（今河北元氏西北）、卢奴（今河北定县）等地，接连大败对方。

而后，刘秀乘胜，在安次县（今河北廊坊市西北）再败赤眉别部，这些军队的残余部伍后来窜至渔阳（郡治渔阳，今北京密云西南），再为刘秀军所破。没办法，残军败将们，继续向右北平无终（今天津蓟州区）、土垠（今河北奉润东南）方向转移撤退。

眼见窜入河北的赤眉别部基本被消灭干净，刘秀就引兵还蓟，派出吴汉等十三将继续追击流民军残军到浚靡（今河北遵化北），最终把流民军打得星散。

这些残余流民军队士卒的下场非常倒霉。他们逃入辽西、辽东等地后，由于势力薄弱，先后为当地的乌桓、貊人等部族击杀殆尽。

河北的赤眉别部倒霉透顶，而山东的赤眉军主力却一路高歌猛进，已经攻入关中，接连大败更始军队。

河北地区完全一统后，刘秀就率军南下，准备与赤眉军争夺天下。

平定河北的同时，刘秀也注意着关中地区。他在派出邓禹征讨赤眉军的同时，又升偏将军寇恂为河内太守，委任冯异为孟津将军，统帅魏郡、河内两路兵马，屯兵河上，防止驻守洛阳的更始政权大臣朱鲔和李轶趁机兴风作浪。

当时，更始帝刘玄封李轶为舞阴王、田立为廪丘王，让他们和大司马朱鲔等人带领三十万人马保护洛阳。冯异写信给人在洛阳的李轶，要他见机归顺刘秀。

李轶看了书信，内心非常矛盾——自己本来和刘秀兄弟关系很要好，但后来自己参与绿林诸将之谋，害死了刘秀大哥刘縯。如今，更始帝昏庸无能，长安危在旦夕，自己确实有心投靠刘秀，但又怕刘秀将来要为他大哥报仇。

思前想后不能定夺，最后李轶只得含含糊糊回了一封信给冯异，通篇都是客套虚话。

冯异见李轶不会出兵，就率精锐部队攻打天井关，连克上党两城。而后，冯异掉头再回师河南，攻下成皋以东十三县。

更始政权的河南太守武勃见成皋失守，连忙率兵前来厮杀，在士乡被早有准备的冯异杀得大败，武勃本人也在阵中被斩。至此，冯异一路克捷。

由于提前和冯异书信往来，李轶倒挺乖巧，只是稳稳守住洛阳，袖手旁观冯异率领刘秀军队攻打自己的友军。

接到冯异来信，知道李轶有所动心，但刘秀这边并没有马上信任李轶会毫无私心地投靠自己，心里仍然没有忘记当年自己兄长刘縯被杀的事。于是，刘秀还想出借刀杀人之计，叫冯异只管和李轶通信，以此来激变洛阳城内更始诸将的关系。

不出刘秀所料，刚过一个多月，和李轶同守洛阳的朱鲔忽然发现李轶暗中和冯异沟通，心惊之余，马上派人暗杀了李轶。

之后，冯异等人数败更始军，最终把朱鲔所守的洛阳团团包围。

洛阳城内军民看到刘秀军盛，全城震恐，洛阳城门昼闭。

于是，冯异等人飞送捷报。诸将趁机恳请刘秀早登大位。刘秀不同意。不久，大将耿纯也恳切劝说刘秀：

> 天下士大夫，捐亲戚，弃土壤，从大王于矢石之间者，其计固望攀龙鳞，附凤翼，以成其所志耳。今大王留时逆众，不正号位，纯恐士大夫望绝计穷，则有去归之思，无为久自苦也。大众一散，难可复合。

耿纯说得很有道理，大家背井离乡跟着大王你开拓，就是为了攀龙附凤求取功名。如果大王您逆时不取，人心易散难聚。

看耿纯言语诚切，刘秀若有所思，点头说："吾将思之。"

到了河北鄗城（今河北高邑东南），刘秀急忙召见冯异，"问四方动静"，其实也就是想向冯异打听天下人对他即将称帝的态度。

为此，冯异更坚劝刘秀马上称帝，表示说："更始（政权）必败，宗庙之忧在于大王，宜从众议！"

此时，又有儒生强华自关中远来，奉上《赤伏符》来见刘秀。打开图谶，只见上面写着："刘秀发兵捕不道，四夷云集龙斗野，四七之际火为主。"

刘秀大喜。他是汉朝人，自然和所有当时人一样，深信谶纬祥瑞。最早刘氏兄弟起兵，就是因为图谶中有"刘秀为天子"的说法。如今，自己已经具有了成为天子的实力，谶纬祥瑞又忽然再现。昔日的心理暗示，此刻变成了心理明示。

当然，强华所呈《赤伏符》三句话，前两句比较好解释，难的在于最后一句——四七之际火为主——四七，二十八也！在汉高祖立国到刘秀起兵，正好二百二十八年，即四七之际也！而刘秀据有火德，所以当为天下之主。

可能有人问，四七二十八，怎么又能和二百二十八相等同呢？谶纬就是这个样子，模模糊糊才有意思，才能够让时人云山雾罩地留空间加以解释，这就和后世《推背图》等图谶差不多。一是预言类的东西不可能讲得太明白，二是根本不可能明白。至于数字运用，在秦汉图谶中很常见。西汉灭亡前，图谶中都说汉朝有“三七之厄”，而三七二百一，从刘邦到孺子婴，二百一十年过去，正好王莽把西汉给灭了……

同时，新近发生的两件事情，最终也促使刘秀下决心马上称帝：平陵人方望在临泾擅自拥立被王莽废黜的孺子刘婴为帝，结果，他们这一伙人都被更始帝刘玄派遣的部将李松所杀；另一件事，乃公孙述在蜀地自立为蜀主，并且赶走更始帝部将李宝，在益州称王称霸，大封群臣。

连公孙述此类人等也敢称帝，刘秀不能为人之后。于是，更始三年（25 年）六月己未日，刘秀在鄗城南郊的千秋亭畔设立祭坛，祭拜祖先和神灵之后，宣布称帝。在仪式上，刘秀接受文武百官朝贺，改年号为“建武”，大赦天下。

刘秀，就成为日后史书所称的“东汉光武帝”。

当时的刘秀，刚过而立之年，才三十一岁！

有件事情要交代一下，那就是可怜的孺子婴。在每次改朝换代，最可悲的当然要属末代皇帝。可是这位孺子婴，他连个皇帝的名号也没混上。这孩子两岁时被王政君、王莽姑侄二人扶立为皇太子，一直就是王莽政权篡夺之初的幌子。孺子婴年仅五岁的时候，王莽篡国成真，封这孩子为“安定公”，假模假式将平原郡的平原、安德、漯阴、鬲、重丘等五个县封给他当“安定公国”，有民万户，地方百里。王莽虽然封了刘婴，但还是不准他回封国，下令把京城大鸿胪府改建为“安定公第”，实际上是将孩子关在里面软禁。在小屋子内部，一无所有不说，王莽还禁止那些保姆、侍者与这小孩子讲话。如此一来，孺子婴实际上在长大过程中没人和他说话，也没人教育他，完全变成了一个傻子。就是这样一个傻子，不死不活长到二十岁，又再次被方望等人当作政治工具加以利用，最后死于同宗更始帝刘玄将领手下。如此下场，真是悲剧!

刘秀称帝，确实皆大欢喜。天下百姓，终于有了一个“明主”。

我们再说一下刘秀的族兄更始帝刘玄。

刘玄称帝三年，庸懦无能，毫无建树，其手下部将也多半离心背德。而早先曾经一度称臣的赤眉军樊崇等人，早就不听更始帝号令，提大军入颍川，分其众为二部，樊崇与逄安为一部，徐宣、谢禄、杨音为一部。

而这些赤眉军几十万人，虽数次得胜，但兵士们疲敝厌兵，日夜愁泣，皆欲东归。为此，樊崇也犯愁，就和手下将领计议，认为只要大军东向，途中必散，与其半途而废，不如西攻长安。

计议已定，樊崇、逄安自武关，徐宣等人从陆浑关，两道俱入，向更始政权发动了总攻。

兵来将挡，水来土掩。更始帝派遣王匡、成丹与抗威将军刘均等分据河东、弘农，抵抗赤眉军的进攻，但多次被赤眉军打败。

赤眉军大举进攻，关中告急；而更始帝手下的河东守将王匡等人，又被刘秀手下大将邓禹所破，逃回长安。

更始帝手下大将张卬眼见形势不妙，就和诸将商议说：“赤眉旦暮且至，不久必然攻克长安，我们不如大掠长安一番，然后东归南阳；事若不成，还可以复入湖池中当强盗快活！”

众将计议已定，就入宫劝说更始帝放弃长安都城，出城东归南阳，或者四处打游击快活。

听绿林诸将如此说，更始帝怒而不应，诸将见刘玄这种表情，莫敢复言。

光武帝刘秀像　阎立本

为了稳固长安政权，更始帝派遣王匡、陈牧、成丹、赵萌等人屯新丰，李松军掫城，以拒赤眉。

正当更始帝想要振作之际，其手下大将张卬、廖湛、胡殷、申屠建等人与隗嚣合谋，想在立秋日那一天一起行动，逼劫更始帝东逃。

岂料，更始帝预先侦知了张卬等人的阴谋，托病不出，并且派人召张卬等入宫，以议事为名，想把诸将招入宫内后全部杀掉，以除后患。

隗嚣事先得知更始帝想杀人，就称疾不入。由此，更始帝狐疑不决，在宫内没敢再下令心腹将领做进一步行动。

张卬、廖湛、胡殷三人本来都进入宫门了，忽然怀疑事情有变，马上夺门而出。这三个人跑得快，唯独那个申屠建倒霉，还傻不拉唧地去殿内拜见更始帝。更始帝狠心咬牙，即刻唤卫士把申屠建斩于当地。然后，他又命令手下的执金吾邓晔将兵，去包围隗嚣在长安的府第。

张卬、廖湛、胡殷乃群贼出身，胆子奇大，他们跑出宫后，不是马上出城逃跑，而是勒兵内攻，烧毁宫门之后，闯入宫中，与更始帝的禁卫军在宫内大战。

双方真动起手来，既无军事指挥经验，手下直接指挥的嫡系部队又不多，更始帝大败。差点被杀的隗嚣溃围而出，逃回老巢天水。

战至转天早晨，更始帝东奔，跑入先前自己派驻在新丰的大将赵萌军中。更始帝之所以敢到赵萌军中，因为这位赵萌正是这位仓皇皇帝的岳父！

喘息稍定，更始帝追恨前嫌，又觉得王匡、陈牧、成丹等人肯定与张卬等人同谋，于是下诏召诸人到赵萌军中“议事”。

这几个人，当时都不知道更始帝和张卬闹翻的消息，于是陈牧、成丹闻诏而至。刚刚入得军门，更始帝挥手，陈牧、成丹就被卫士用大刀砍掉了脑袋。

王匡事先得知更始帝要杀人的消息，惊惧之下，匆忙率兵跑到长安城内，与张卬等人合军。

王匡和张印在长安见面，几个人喝酒吃肉想问题，越想越恨：你更始帝刘玄当初没有我们，哪里当得成皇帝！如今这么狠毒，想对我们下手！一不做，二不休，于是张、王二人决定马上提兵出长安，前去攻打更始帝。

更始帝刘玄如今手下也有兵，即刻召来大将李松，派李松和自己的岳父赵萌一起猛攻长安。

内讧未平，外敌又至。这边更始帝君臣窝里斗，那边赤眉大军，已经距离长安越来越近！

赤眉大军数十万人进至华阴，军中一直奉有一个齐地来的巫师。这位巫师挺有感觉，每每击鼓跳舞，在军中祭祀汉朝初年的城阳景王刘章，把刘章作为神主来尊崇。一次，巫师翻白眼吐白沫，口发狂言："景王大怒发话：'当为县官，何故为贼！'"

也怪了，军中但凡当时有笑话巫师装神弄鬼的人，事后个个得病，于是，赤眉一军都开始笃信巫鬼。

既然景王神灵都怒斥赤眉军要推举皇帝了，马上也有人向樊崇等人献策："今将军您拥百万之众，西向帝城长安，军中却无皇帝称号，被百姓视为群贼，势不可久。不如我们也拥立一个刘姓宗室，挟义诛伐，以此号令，谁敢不从！"

樊崇等人信以为然。而军中那个齐地巫师一看自己跳大神达到很好效果，更是有事没事就装神弄鬼来个景王"下凡"。

大军抵达郑（今陕西华县），赤眉众将齐集，都表示说："如今距离长安如此近，鬼神示警，应该访求一个刘氏宗室后裔推立为帝！"

赤眉军先前从式地（属于泰山郡，今属地不详）经过的时候，曾经掠得汉朝式侯刘萌的三个儿子，刘恭、刘茂、刘盆子。由于刘恭从前在太学中学过《尚书》，所以，先前他随樊崇等二十多人到洛阳降附更始帝求取封赏的时候，就被更始政权复封为"式侯"，拜为侍中，留在了长安。而刘恭的两个弟弟刘茂和刘盆子，则继续留在赤眉军中，归右校卒史刘侠卿管理，负责军内牧牛事宜，当时号为“牛吏”。

赤眉军樊崇等人想扶立刘氏宗室后代，就在军中寻找景王刘章的后人，这一寻摸可不得了，竟然找到了七十多号人，其中唯独刘茂、刘盆子以及先前的西安侯刘孝血缘最接近汉朝皇室。

为此，樊崇等人还瞎寻思，说：“听说从前古代时候的天子将兵，自称‘上将军’。”

于是，诸将就派文书在一根简上写了“上将军”三个字，然后又放了两个无字的空简，归置之后，把三个简放入一个方形竹盒中。而后，赤眉军在郑北设坛场，大行祭祀城阳景王，同时大集兵将，让刘茂、刘盆子和刘孝三个人居中而立，按照年龄大小先后探简。

当时赤眉军择帝这个仪式，和清朝开始在西藏选活佛之时举行的金瓶掣签形式差不多。

由于刘盆子年纪最小，他最后一个探简。结果，他却拿了一个上面写有“上将军”的有字符简。于是，赤眉诸将皆称臣跪拜，拥刘盆子为帝，改元“建世”。

时年十五岁的刘盆子，也就成了“建世帝”。

当时的刘盆子，不过是个被赤眉军掠在军中放牛的放牛娃，被发徙跣，破衣烂衫，忽然看到平时那么多耀武扬威的军将给自己呼啦啦跪了一大片，这孩子吓得差点当众哭出来。

此时，他二哥刘茂赶紧挤过来，悄声对他说：“把符简藏好！”但刘盆子不听，他不仅没有把那个符简藏好，反而放进嘴里猛咬了几下后，随手扔掉。

刘盆子一个少年人，作为赤眉军傀儡，他怎么表现无所谓，反正军中从此也是有皇帝了。于是，赤眉军以刘盆子名义大封群臣，以徐宣为丞相，樊崇为御史大夫，逄安为左大司马，谢禄为右大司马，其余人等皆封为列卿、将军。

徐宣之所以被众人推为丞相，是因为他乃县城狱吏出身，能通《易经》。而樊崇大字不识，当初是因为勇力被推为主帅。如今建国了，总不能让一个大字不识的人为群臣之首。由此可见，赤眉军内，确实没有什么知识分子出身的人。徐宣区区一个县吏，在里面已经算是最高学历了。

少年刘盆子被立为帝之后，肯定全身上下换了一整套行头，配置了轩车大马。但他毕竟还是个孩子，被赤眉军掠在军中几年，都变成野孩子了，平时蹦蹦跳跳，没有一丝皇帝的意思。

不管刘盆子如何调皮，赤眉军上下，看到他都要下拜敬礼。结果，刘盆子每每看到自己先前顶头上司刘侠卿，反而对之下拜。此外，还时时要找从前和自己一起牧牛的伙伴们玩耍。如此，气得刘侠卿不停对他发怒呵斥。

刘盆子如此表现，樊崇等人不闻不问。反正军中有皇帝了，城阳景王啥的神鬼都该欢喜了，至于刘盆子干啥玩啥管啥，都无所谓。

刘秀称帝后，很注意政治建设。秋七月，刘秀大封诸将，派使臣持节，在军中拜邓禹为大司徒，封酂侯，食邑万户。当时的邓禹，才二十四岁；又以王梁为大司空；以吴汉为大司马；以伏湛为司直，行大司徒事。

邓禹自汾阴渡黄河入夏阳，击败更始帝手下十多万大军；不久，在颍川、汝南等地拥众十万的宗室刘茂也投降刘秀，获封中山王。刘秀派遣耿弇、陈俊率军驻扎在五社津，以备荥阳以东战事；派吴汉率朱祐等十一位将军，把更始帝大将朱鲔紧紧包围在洛阳。

刘秀这边紧锣密鼓，长安的更始帝也挺忙。他召回大将李松之后，命令李松和老丈人赵萌合军，共攻从前的老哥们王匡和张印。诸人在长安内讧血拼一个多月。大战之间，张印和王匡战败，混乱中也互相救护不得，分头逃窜而去。由此，刘玄才得以返回长安，暂时居住在长信宫内。

更始帝君臣内讧，赤眉军却一路高歌无阻，很快杀至高陵。

先前被更始帝赶走的王匡、张印等绿林军首领，这时候也改头换面，赶忙前来归附，迎降赤眉军。然后，众人联军，猛攻长安的东都门。

听闻手下好多将领转投赤眉军，更始帝更怒，就派李松出战。结果，这位李松出城没比画几下，就被赤眉军生擒活捉了。而李松弟弟李况当时正好担任城门校尉，看到哥哥李松被赤眉军五花大绑着要活剐，心一疼，手一松，就把城门给打开了。由此，赤眉军兵不血刃就攻入长安城。

惶急之下，更始帝刘玄从厨城门仓皇而出，单骑逃走。赵萌等人也不敢迎战赤眉军，只得向樊崇投降。

出城之后的更始帝刘玄，身边只有侍中刘恭一个人追随而来。刘恭，就是赤眉军推立为帝的那位少年刘盆子的大哥。先前，他在长安听说自己弟弟被赤眉军扶立为帝，吓得够呛，赶忙把自己绑起来主动投案进了监狱。好在当时大乱，更始政权内部也没人追究他。长安被攻陷后，他得以逃出，最终在渭滨追上了更始帝刘玄。

墙倒众人推，更始帝手下的右辅都尉严本心怀叵测，以扈从为名，就把刘玄劫持到高陵，然后严兵守卫。严本名义上是保卫更始帝，实际上是围困，准备随时将刘玄当作大礼献给赤眉军邀功，

根据《资治通鉴》记载："更始将相皆降赤眉，独丞相曹竟不降，手剑格死。"

也就是说，更始帝手下文武大臣，几乎全部是墙头草，赤眉军一到，都束手归降，唯独一个人不降，那就是丞相曹竟了。他提剑进击，格斗而死。而这位曹竟，就是当初收钱后说服更始帝外放刘秀到河北的那位爷。

更始帝虽然暂时没有抓到，赤眉军还是以刘盆子的名义诏封更始帝为"淮阳王"，并且诏告天下："吏民敢有贼害者，罪同大逆；其送诣吏者封列侯。"

不久，赤眉军着急得到更始帝，再次下书称：“圣公（更始帝字圣公）降者，封为长沙王；过二十日，勿受。”

都到这份儿上了，刘玄也绝望，只得派刘盆子的大哥刘恭到赤眉军请降。于是，樊崇派遣更始帝旧将谢禄代表赤眉军受降。

而后，刘玄跟随谢禄入长安殿内，赤身肉袒，跪地俯首，把玺绶上交给刘盆子，做足投降仪式。

仪式完毕，赤眉诸将就拽住刘玄头发，把这倒霉的皇帝拖到庭中空地，准备将他斩首；刘恭、谢禄叩头力请，赤眉军不允。

此刻，刘恭也急了，追呼道：“臣诚力极，请得先死！”说着话，刘恭抽出腰间宝剑，就要拔剑自刎。

刘玄现在是个政治废物，是死是活都不要紧，可这刘恭却是赤眉军刚刚拥立的建世帝刘盆子的大哥。眼看他要抹脖子，赤眉军主帅樊崇等人也慌了，赶忙上前抱住刘恭，答应赦免刘玄。想来想去，赤眉军就封投降的更始帝刘玄为“畏威侯”。这个封号，显然带有讥讽之意。刘恭复为固请。最后，依据先前刘盆子名义颁发的诏书旨意，更始帝被赤眉军封为“长沙王”。

自此，身为赤眉军王爷的刘玄为了保命，一直居于其旧将谢禄府第，而刘恭一直服侍于其左右。

但刘玄这样的人，一直活在世上肯定不是好事。不久之后，长安居民痛恨赤眉军暴虐，就纷纷传言要把更始帝劫出去。

更始政权旧将张卬等人，一直对更始帝刘玄恨之入骨，正好以此为借口把这位旧主弄死。于是，他们和樊崇说明利害之后，得到后者同意，就授意更始旧将谢禄将更始帝刘玄勒死，然后，草草埋葬了事。

刘恭得知消息后，悲愤难消。但人都死了，他只得找到刘玄尸首所埋地点，仔细加以标记。后来，邓禹进长安，奉刘秀之命，才将刘玄的陵墓徙到霸陵，并给更始帝刘玄的三个儿子刘求、刘歆、刘鲤都封了爵位。

正当更始帝倒大霉的时候，刘秀一方却风生水起。

刘秀手下诸将困围洛阳数月，把更始帝大将朱鲔逼得几乎不行。为了减少人命损失，刘秀派作过朱鲔部属的廷尉岑彭到城下说降。

朱鲔在城上，岑彭在城下，开始说降工作。哥俩从前是朋友，是上下级，所以唠得挺开心、挺直接。

朱鲔开宗明义，也不讲什么条件，只是陈说自己不敢投降的原因："大司徒（刘縯）被害时，鲔与共谋，又谏更始无遣萧王北伐，诚自知罪深，不敢降！"

朱鲔确实是明白人，所以他就直言说：刘秀大哥刘縯先前被杀，自己是共谋，而且还曾经谏劝更始帝不要派遣刘秀去河北。为此，自知罪孽深重，所以不敢投降。

岑彭回到大营后，把朱鲔一席话告知刘秀。

刘秀什么人啊，人中龙虎，如今都是皇帝了，自然更有帝王胸怀，马上就对岑彭说：

> 举大事者不忌小怨。（朱）鲔今若降，官爵可保，况诛罚乎！河水在此，吾不食言！

岑彭乘马即刻返回洛阳城下，把刘秀言语转告朱鲔。朱鲔起初还有些不信，就让人从城头往下抛了一根绳索，对岑彭说："如果你讲话为真，可乘此绳索上城。"

岑彭心内无鬼，攀住绳索就要往上爬。

看到岑彭如此表现，朱鲔知道岑彭和刘秀许诺无诈，马上答应投降。

转天，朱鲔下城，把自己捆绑起来，然后跟着岑彭到河阳向刘秀投降。

刘秀看到朱鲔亲自前来归降，即刻亲解其缚，召见慰问。然后，刘秀再派岑彭连夜送朱鲔返回洛阳城内。

转天一大早，洛阳城城门大开，朱鲔和手下苏茂等人，率领城内所有兵士出降。

由此可见，即使朱鲔亲自去河阳，他还是留了一手：只要自己被刘秀斩杀，城内的苏茂还可以继续抵抗。

刘秀不食言，马上拜朱鲔为平狄将军，封扶沟侯。后来，朱鲔在洛阳官至东汉政权的少府，爵位传封累世，从来没有因为从前谋杀刘缜之事而遭到刘秀的政治清算。

从对待朱鲔这件事情可以看出，刘秀确实不是小肚鸡肠之人。

得到洛阳坚城，眼见宫殿巍峨壮丽，城坚池深，刘秀大喜。十月癸丑，皇帝车驾入洛阳，刘秀从此定都在洛阳。

刘秀至此有了最大的政治符号所在地。

刘秀在洛阳令行禁止，人民欢乐。但在长安的老百姓，可就不那么幸运了。

赤眉军进入长安之后，横行无忌，所做坏事多多。

老百姓惶惑不知所归。听说刘秀大将邓禹的军队连续得胜，军纪又好，百姓皆望风归附。降者日以千数，很快就众达百万。

邓禹每到一地，也很会来事儿，停车拄节以劳来降百姓，“父老、童稚，垂发、戴白满其车下，莫不感悦，于是名震关西”。

当时，邓禹手下诸将、豪杰都很着急，不停力劝邓禹直接率军进攻长安，但邓禹表示时机未到：

> 不然。今吾众虽多，能战者少，前无可仰之积，后无转馈之资；赤眉新拔长安，财谷充实，锋锐未可当也。夫盗贼群居无终日之计，财谷虽多，变故万端，宁能坚守者也！上郡、北地、安定三郡，土广人稀，饶谷多畜，吾且休兵北道，就粮养士，以观其敝，乃可图也。

可见，邓禹虽然年轻，但不气盛，行军非常谨慎。为此，他决定不去直逆赤眉军新锐得胜之气，而是暂时休兵养士，以待大战。

刘秀因为关中一直没有平定，而大将邓禹又长时间不进兵，于是下诏书催促：“你邓司徒就是具有大德的尧帝；赤眉流贼就是缺大德的暴桀。长安官吏百姓，惊慌归依。此时，你应该掌握时机进军讨伐赤眉军，安抚西京，以维系都城百姓人心。”

但邓禹依旧坚持己见，分派将军另行攻打上郡各县。同时，他发兵运输谷物，都送到大要县存储并且派遣手下大将冯愔、宗歆守栒邑。不料，冯、宗两个人争权，冯愔竟然杀掉宗歆，并且回头来反攻邓禹。

惶急之下，邓禹马上派使者向刘秀汇报。

刘秀听到消息后，冷静思考片刻，就问邓禹派来的使者：“冯愔平时亲近宠爱的人，是谁啊？”使者回答：“护军黄防。”

想了一想，刘秀很快推测冯愔和黄防二人不可能长久和睦相处，就转告邓禹说：“绑缚冯愔的人，一定是黄防！”

于是，刘秀就派尚书宗广拿着符节去招降黄防。

一个多月后，黄防果然拘捕冯愔，还率领冯愔的部下到宗广那里投降认罪。

黄防不战自降的这一出，还挺有示范作用，就连更始帝昔日手下绿林军首领王匡、胡殷等人，也都想给刘秀当手下了。他们从安定（今甘肃境内）回军，走到安邑（今河北境内）之时，听说宗广代表皇帝刘秀在这里宣慰，也都到宗广那儿投降。

有人可能问，王匡等人不是投降了赤眉军了吗，他们又怎么会去安定呢？原来，赤眉军撤离长安之前，樊崇为了有人打前站，就派王匡等人出略天水、安定等地求食。结果，王匡一路打败仗，天寒地冻加上缺衣少食，一路上损失人马无数，最终只能往回走。到了安邑，正好遇到刘秀派出来持节招安的宗广，想想前路迢迢，赤眉军和自己本来就不是一个系统，所以索性就投降了刘秀手下的宗广。

行至半道，王匡等人反复，又想逃走，宗广挺果断，马上派人就把来降的王匡等前绿林军头领全都杀了，传首洛阳。

作为绿林军最早的起义大头目，王匡死得确实太不堪。想当初，昆阳大战，正是王匡和刘秀里外夹攻，悉心配合，才取得了中国战争史上一大奇迹。如今，老部下、老朋友刘秀都当皇帝了，王匡还是穷途末路的贼人，想想真让人抚膺叹息……

有句话，老天要谁灭亡，先要谁疯狂！蜂集长安的赤眉军主力，倒行逆施，无所不为。

> （刘）盆子居长乐宫，诸将日会论功，争言欢呼，拔剑击柱，不能相一。三辅郡县营长遣使贡献，兵士辄剽夺之。又数虏暴吏民，百姓保壁，由是皆复固守。
>
> 至腊日，（樊）崇等乃设乐大会，（刘）盆子坐正殿，中黄门持兵在后，公卿皆列坐殿上。酒未行，其中一人出刀笔书谒欲贺，其余不知书者请起之，各各屯聚，更相背向。大司农杨音按剑骂曰："诸卿皆老佣也！今日设君臣之礼，反更淆乱，儿戏尚不如此，皆可格杀！"更相辩斗，而兵众遂各逾宫斩关，入掠酒肉，互相杀伤。卫尉诸葛稚闻之，勒兵入，格杀百余人，乃定。
>
> （刘）盆子惶恐，日夜啼泣，独与中黄门共卧起，唯得上观阁而不闻外事。

可见，刘盆子作为赤眉军的政治符号，居于长乐宫内根本不能视事。而三辅郡县、部队官员遣使到长安向刘盆子贡献财物，根本不能入宫，金宝粮食在半道都被赤眉兵士剽掠；由于赤眉军素质低下，不停在长安地区暴掠吏民；赤眉内部会议，也无复尊卑，无秩序，无礼仪，内部相杀。

看到赤眉军如此暴虐，本来投附赤眉军的军民都纷纷转向，依凭险要和城池重新固守。

笔者细读《后汉书·刘盆子传》，还发现了一条被多数研究者一直忽略的史料：

> 时掖庭中宫女犹有数百千人，自更始败后，幽闭殿内，掘庭中芦菔根，捕池鱼而食之，死者因相埋于宫中。有故祠甘泉乐人，尚共击鼓歌舞，衣服鲜明，见（刘）盆子叩头言饥。盆子使中黄门禀之米，人数斗。后盆子去，皆饿死不出。

此中的史料记载，尤其凸显了赤眉贼军的残忍，也反映出刘盆子这个刘氏宗室少年的善良一面：

更始帝刘玄败后，长安掖庭内还有宫女成百上千人，都被赤眉军幽闭在殿内关着不放出来。由于没有食物来援，这些女孩儿不得不挖掘庭中芦菔根充食，饿急了还抓宫内残留的池鱼充饥。日久食尽，女孩一个接一个饿死，没办法，活着的人就把死去的同伴埋在宫内泥土下面。

除这些宫女之外，宫中还有隶属于甘泉宫的一个专业乐队，成员基本上都是绝色美女。虽被关押在宫内，但这些女孩子的职业感挺强，非常敬业，依旧击鼓歌舞，每天都穿上干干净净的衣服，按照礼节进行祭祀仪式。后来，实在饿得不行了，这些女孩们就隔墙向刘盆子叩头，说，“我们这些人好多天都没饭吃，希望陛下能够哀怜我们”。刘盆子这个少年人看到这个惨景，也觉辛酸，马上派手下使唤的宦者给这群女孩送去生米，每人有数斗之多。日后，刘盆子被赤眉军强行劫持离开长安宫殿，这些女孩就紧闭宫门，最终全部饿死也不出宫，害怕遭受赤眉残军的污辱……

凡此种种，赤眉军在长安犯下的罪行，不可胜数。

不久，赤眉军腊日大会，流贼出身的赤眉诸将没有任何规矩，竟然因为喝酒吃肉这样的小事儿而相互争抢杀伤。更过分的，一大群人马为了抢酒抢肉，竟然敢于斩关入宫，全然没有君臣上下礼仪。而可怜的“皇帝”少年刘盆子吓得日夜哭泣。除在赤眉将领朝会议事的时候当幌子以外，他没有任何权力。

更始帝原先的侍中、刘盆子的大哥刘恭深知赤眉必败，就暗地教让弟弟刘盆子在适当的时候辞去帝位。于是，他手把手教给弟弟归还玺绶的礼仪，练习辞让之言。

而后，待到赤眉军正旦大会之时，刘恭出班，首先对赤眉诸将表示说：

> 诸君共立恭弟为帝，德诚深厚！立且一年，殽乱日甚，诚不足以相成，恐死而无益，愿得退为庶人，更求贤知，唯诸君省察！

樊崇等人听刘恭如此说，出乎意外，皆伏地表示道歉，说：“造成长安城内如此混乱，确实都是我樊崇等人的罪过啊。”

即使樊崇等人道歉，刘恭依旧坚持自己弟弟刘盆子应该马上辞去皇帝大位。看到刘恭如此絮叨，赤眉诸将中也有人非常不高兴，纷纷在殿中高言道：“当不当皇帝，这等大事，难道是您一个‘式侯’所能做主的事情吗？”

刘恭听到有人这样说，还真心慌，马上惶恐起去。

先前大哥教了好久，刘盆子记忆力确实不错。看到大哥起身离殿，他就马上从座床上下来，解下身上佩戴的玺绶，向赤眉诸将叩头言道：

> 今设置县官（皇帝）而为贼如故，四方怨恨，不复信向，此皆立非其人所致。愿乞骸骨，避贤圣路！必欲杀盆子以塞

责者，无所离死！

言毕，刘盆子涕泣嘘唏。

再怎么说，刘盆子这个少年人也是自己这些人推立的皇帝。看到皇帝当众叩头哀求，樊崇以及到会的数百赤眉将领，莫不心怀哀怜，皆避席顿首，向刘盆子道歉，表示说日后肯定要约束手下，不敢在长安放纵士兵掳掠：

臣无状，负陛下，请自今已后，不敢复放纵！

于是，诸将上前一起抱持着刘盆子，把他扶上帝座，重新挂上玺绶。

刘盆子号呼痛哭，诸将哄孩子一样抚慰。最终，正旦大会不欢而散。

别说，大会之后，赤眉诸将还真老实了一段时间，他们命令兵士闭营自守，禁止出营抢掠。一时之间，三辅翕然，皆誉称天子聪明。已经逃离都城的百姓们也争还长安，市坊很快恢复了繁荣。

但是，赤眉军流贼习性难改。也就消停了二十多天，诸营兵士忽然从军营中呼啸而出，大掠如故。

数十万乱兵居于长安城中，很快粮食就吃完了。赤眉军本来就没有任何远大政治抱负，也从来没有拿都城长安当作根据地的打算。于是，这些兵士在将领率领下，四处搜刮，而后收载珍宝，纵火大烧宫室、市里，恣行杀掠，一时间，使得长安城中无复人行，如同死城一般。

忽然一天早晨起来，幸存的长安市民发现，街上已经看不到一个赤眉军士兵。这些贼寇，已经乘着夜色呼啸而去。

赤眉军出长安后，引兵而西，对外号称百万大军，自南山转掠城邑，进入安定、北地一带掠食。

自从冯愔窝里反后，邓禹大伤元气，不敢南行。听闻赤眉军撤走，邓禹这才率领汉军进入长安，收拾残局，安抚百姓，并屯兵于昆明池。

得知手下部队占领了长安，刘秀很高兴，下诏加封邓禹为梁侯，其余功臣都有晋封。

赤眉军出关西行后，本来打算进入陇地掠食，结果，他们被陇右的隗嚣派部将杨广截击。赤眉军丢盔卸甲，慌忙逃走。由于人生地不熟，又遭到重创，赤眉军奔命般狂逃，当时就连在长安等地抢来的财物也都全部抛弃在当地。

而后，赤眉军逃到阳城山谷之后，恰遇百年难遇的大暴雪，结果又冻死数万人马。

眼看西行不成，本来就是流贼的赤眉军就掉转头再往长安回行。但他们也深知，长安城在他们先前撤退的时候已经被烧杀抢掠差不多了，其时又有刘秀手下汉军大将邓禹把守，因此也不敢贸然入城。

转来逛去，赤眉军最后乱哄哄地赶到长安附近各个汉朝皇陵，开始肆意挖掘，纵情践踏，掘取宝物。

> 凡有玉匣殓者，率皆如生，贼遂污辱吕后尸。

从这条记载中，我们可以发现，汉朝王公死后所用的金缕玉衣，还真有特殊的防腐效果，死了二百多年的人，挖出来竟然颜色如生。于是，大名鼎鼎的女强人吕后，竟然遭到奸尸的报应。

赤眉军侮辱尸体，确实挺不应该。而这些农民军口味之重，也真骇人听闻。想想吕后生前的杀戮残忍，我们或可感到释然：报应啊，报应！

诸陵之中，只有汉文帝崇尚俭德，赤眉军觉得其中宝货不多，所以文帝陵墓没有遭到挖掘；而汉宣帝的杜陵，因为有延岑率兵守卫，赤眉军也不敢进犯。

延岑是南阳人，也是流贼出身，曾在汉中起兵时杀败过汉中王刘嘉，一度割据称雄。后来，延岑被更始帝刘玄部将李宝击败，他就从汉中北出散关，进兵杜陵屯聚。

邓禹听说赤眉军发掘汉室陵寝，马上下令手下将士前去驱赶，结果，反而被赤眉军打败，伤亡惨重。邓禹只得亲自出兵，刚走到云阳，又接到警报，说赤眉军乘虚攻下了长安。

邓禹心急如焚，赶忙率领军队往回赶。好容易到了长安城下，听说赤眉大军主力都被逢安带走去攻击杜陵的延岑，所以就立刻率领汉军攻城。结果，赤眉军将谢禄恰好前来救援，邓禹又吃败仗。不得已，他只好退兵到高陵，向刘秀求救。

贼将谢禄这边打走了邓禹，赤眉军前往攻击延岑的大将逢安却惨败而归，被杀十多万人。

刘秀见邓禹已经不能胜任平定长安的任务，就转派智勇双全的冯异接替邓禹，率大兵西征。邓禹呢，也不好马上召回，刘秀就派他前去招降汉中王刘嘉。

建武二年（26年），对于长安百姓来说，是惨痛的一年。

> 三辅大饥，人相食，城郭皆空，白骨蔽野，遗民往往聚为营保，各坚壁清野。赤眉虏掠无所得，乃引而东归，众尚二十余万，随道复散。

天灾人祸，赤眉暴虐，兵戈相连，关中地区人民苦不堪言，致使城郭皆空，白骨蔽野。有幸保命的百姓，无奈之余只得相聚为营，坚壁清野，以抵抗撤退中的赤眉流贼对自己报复性的残害。

赤眉军一路撤逃，一路抢劫，一路溃散，最后，还有余众二十多万，就一窝蜂呼啸东下。

穷寇必追。刘秀得知赤眉大军溃逃消息之后，马上派破奸将军侯进屯兵新安，建威大将军耿弇屯兵宜阳。出发前，刘秀明确告诉诸将：如果赤眉军向东去，宜阳兵便支援新安兵进攻；如果赤眉军向南去，新安兵便支援宜阳兵进攻。同时，刘秀还命令冯异率军四处截击，以免逃出去的赤眉军日后再死灰复燃。

无头苍蝇一样，兜转久之，赤眉军最后奔向东面而来，正好就被汉军三路大军围住痛击。汉军一连猛攻两个多月，大战数十合，赤眉军死伤无数，冯异部汉军收降赤眉军五千多人。

相持到了建武三年（27年）初，汉军大将邓禹惭于受任无功，多次率领手下缺粮兵士邀击赤眉军，但每战皆败；于是，他就率车骑将军邓弘等人自河北（今山西芮城）急行军到湖（今河南灵宝东），要求冯异和自己军队一起进攻赤眉军。

冯异回信劝告邓禹，说：赤眉军虽然不少勇将被擒，但余众尚多，应该诱以恩信，慢慢招降。仓促之间，难以一下子就把他们吃掉。如今皇帝派我西面阻截，而使诸将屯扎于渑池，就是要等到时机成熟时，一举取之，此乃万全之计也！

冯异如此说，邓禹却认为冯异不肯和自己分功，心里很不舒服。于是，他就强派邓弘率兵攻打赤眉军。其间，赤眉军佯败，最后反戈一击，把邓弘打得大败；眼见情势未及，冯异只得与邓禹合兵救援，打得赤眉军稍稍退却；冯异此时，再次苦口婆心劝告邓禹休兵。邓禹不听，又一次提兵大战，转被赤眉军所败，一战下来，又死伤三千多人。赤眉军杀得邓禹本人最后只与手下二十四骑脱归宜阳。

冯异此战也几乎丧命，弃马步行而逃。最后，他与部下数人逃归渑池附近的营垒，坚壁自守。

冯异脱身回营后，赶紧收集散兵，重新布置战斗方案。

赤眉军大胜之后，未免从心理上开始轻视汉军，便下战书挑战冯异。

大败之后，冯异依旧应战，接受战书，与赤眉军约期会战。战前，他预先派出一部精兵穿上赤眉军的军服，画红眉毛，然后埋伏在道边。

转天一大早，赤眉军派出万余精兵，击鼓鸣号，进攻冯异前部军。眼见赤眉军汹汹而来，冯异派出少数人马迎战。看到汉军兵少，赤眉军以为冯异势弱，就马上派出全体军队进攻。

此时，冯异再不含糊，即刻派出全部队伍，纵兵大战。

双方鏖战，杀得你死我活，难解难分。你砍我刺，一直杀到太阳西下。由于赤眉军人数占上风，一时间还是难分胜负。但赤眉军战斗力，其实还是很有问题的。打仗时间一长，他们士卒的精气神就不行了。趁此机会，冯异先前派出的伏兵得令，忽然从路侧杀出。由于这些人衣服、装扮都和赤眉军一模一样，忽然呐喊杀出，赤眉军还以为自己军队内部有人反叛了，一下子就大惊而溃。

冯异乘胜追击，杀得赤眉军尸横遍野。最终，汉军在崤底（今河南渑池西南）大败赤眉军，冯异部汉军收降赤眉军及其家属有八万人之多。

得知冯异大胜的消息后，刘秀高兴得不得了，即刻降玺书慰劳冯异说：

> （爱卿）始虽垂翅回溪，终能奋翼渑池，可谓失之东隅，收之桑榆。方论功赏，以答大勋！

恰如先前刘秀所判断的那样，大败之后，赤眉军残军仓皇东向，逃亡宜阳。结果，这支逃亡大军，正好被刘秀率领大军候个正着！

赤眉军刚到宜阳地界，忽然看到前面旌旗蔽天，枪戟如林，一打听，才得知刘秀乘皇帝法驾，正率领六军严阵以待。

看到汉军如此大规模迎战，赤眉军头领顿时间吓得肝胆皆裂。虽然樊崇、逄安等人身经百战，杀人如麻，但面对刘秀汉朝这么多的正规军，也是再无办法取胜。

仓皇之余，赤眉军想来想去没有别的任何办法，只有投降一条路可走。于是，樊崇等人派遣刘恭先行出阵，持书到汉军之中请降。

刘恭毕竟宗室出身，又是读书人，见到刘秀跪拜后，还想讨得些优待条件，就试探性问刘秀：

（刘）盆子将百万众降陛下，何以待之？

事到如此，刘恭还是打诳语。如今的赤眉军，哪里还有百万！这些天杀的杀逃的逃，其实只剩下十多万人了。

刘秀一笑，回答只有一句："待汝以不死耳！"

虽然刘秀这句话不怎么客气，毕竟弟弟能够保命，刘恭听毕也就放心了。

于是，刘盆子及丞相徐宣以下三十余人，肉袒出降，在阵前跪拜刘秀后，呈上传国玺绶。这传国玉玺，就是最早秦始皇定制的那一方玉玺。后来王莽篡位，还被王政君老太太摔缺了一角。

不过，如果细观《后汉书·光武帝纪》，上面却说"（刘盆子）奉高皇帝玺绶"——如果刘盆子呈献刘秀的是汉高祖刘邦玺绶，那就复杂多了，不仅仅是一块玉玺，而是六块——根据蔡邕《独断》记载："皇帝六玺，皆玉螭虎纽，文曰'皇帝行玺''皇帝之玺''皇帝信玺''天子行玺''天子之玺''天子信玺'，皆以武都紫泥封之。"

无论多少块玉玺，反正赤眉军现在就玩完了！

被缴械之后，赤眉军脱下、交出的兵甲全部堆在了宜阳城西，高与熊耳山相齐。

此时，赤眉军人还有十多万人，或蹲或坐，全部满脸菜色。俯视着这群可怜虫，刘秀生出怜悯之心，马上让从官派人做饭赐食。

看到粮食煮熟，饿鬼一样的赤眉军残军蹲在地上，风卷残云，狼吞虎咽。

转天早晨，刘秀在洛水大陈兵马，命令刘盆子君臣部伍亲临观看。而后，刘秀站在皇帝乘舆上，高声问刘盆子：“你知道你犯的是死罪吗？”

刘盆子这时候已经算是少年老成了，马上伏地叩首回答：“微臣罪该万死，但庆幸皇帝能够赦免我的死罪。”

刘秀听刘盆子如此回答，也挺高兴，笑着说：“嗯，这孩子聪明，我们刘氏宗室本来就没傻人。”

接着，他又转向垂头丧气的樊崇等人，辞色愈厉，问：“你们投降后悔吗？如果后悔，朕今遣卿归营，我们重新勒兵鸣鼓相攻，一决胜负！我所担心的是，你们心里不服，说朕赢得不光明正大！”

樊崇是个粗人，忽然面对刘秀发问，脑袋一蒙，根本不知道如何回答。幸好，狱吏出身的原建世政权“丞相”徐宣挺机灵，马上叩头说：“臣等自从逃出长安东都门，君臣计议，就想归命陛下。但百姓愚昧，可与乐成，难与图始，所以就没有告知手下这些人要向您投降的事情。今日得向陛下归降，犹去虎口而归慈母，诚欢诚喜，我们哪里敢后悔啊！”

徐宣这马屁拍得真好，刘秀也笑了，说：“卿所谓铁中铮铮，庸中佼佼者也。”言语之中，虽存揶揄，刘秀心里还是非常舒服。

最后，俯视着眼前这些败兵降将，刘秀开始了一番总结性发言：

> 诸卿大为无道！所过皆夷灭老弱，溺社稷，污井灶。然犹有三善：攻破城邑，周遍天下，本故妻妇无所改易，是一善也；立君能用宗室，是二善也；余贼立君，迫急皆持其首降，自以为功，诸卿独完全以付朕，是三善也。

你看你们这些人，真是无道至极，所过之处，残灭老弱、毁社稷、污井灶，坏事做绝！但还有三个让人感到可以原谅的地方——第一，打遍天下，攻城破邑，却能始终不弃糟糠之妻；第二，拥立皇帝，能从刘氏宗室中选人；第三，别的贼众拥立幌子皇帝后，一旦事急，肯定会杀了傀儡之后拿着首级邀功，你们却能把刘盆子交给朕来处理。所以，有此三善，朕就有宽恕你们性命的理由！

接受赤眉军残军投降后，刘秀下令安排樊崇等将领和家属留居洛阳，各赐田二顷、宅第一区。没多久，樊崇、逄安又想造反，被东汉政府逮捕诛杀；而建世政权中的两个文人徐宣和杨音归于乡里后，都规规矩矩，得享天年。

刘秀对身为宗室的刘盆子特别怜悯，封他为赵王郎中。后来这孩子得病失明，刘秀就下令赐他荥阳一带的赋税、官田作为食邑，厚养善待，最后也是善终。想起昔日这个少年人善待甘泉宫那帮美女的善行，仅此一项，就能够得到好报。

至于刘盆子大哥刘恭，投降后没多久就在洛阳为更始帝刘玄报仇，亲手把缢死更始帝的谢禄给杀了。然后，他自己向官府自首。对此，刘秀赦而不诛。

史书之中，虽然都称樊崇、逄安最后是降后反复，因为意图造反被诛。其实明眼人一看就知道是怎么回事儿。这些个赤眉大盗，即使在洛阳乖得不能再乖，他们早晚都会被东汉政府结果掉。反与不反，他们都只有死路一条。

得陇望蜀固金瓯

刘秀一统天下

大破赤眉军之后，关中底定；而后，光武帝刘秀手下的汉军，步步为营，悉平山东；再之后，汉军在河北又平定了降而复叛的彭宠军事集团，击走卢芳。

所以，大概经历了六七年时间，刘秀已经基本上控制了广大中原之地。至此，刘秀与当时控制陇右的隗嚣和控制巴蜀的公孙述二人，形成鼎足之势。

隗嚣，字季孟，天水成纪人，青年时代曾在新莽的凉州为官，在陇西素有威名，就连王莽手下位高权重的国师刘歆也都赞叹隗嚣为名士。王莽末年，隗嚣见新朝将败，就率人以复兴汉朝为由，起兵攻杀新朝的雍州牧陈庆，连下陇西、武都、金城、武威、张掖、酒泉、敦煌等郡。

新朝灭亡之后，隗嚣入长安朝见更始帝刘玄。更始帝认定隗嚣为忠义之人，授其为御史大夫、右将军。而后，更始政乱，隗嚣几乎因疑被杀，最后乘乱率领数十骑亡归陇右，复聚其众，自称“西州上将军”。

隗嚣素来谦恭爱士。更始政权灭亡后，关中豪杰名士倾心归附，隗嚣人马日众，名声赫赫，远达山东。后来，赤眉军窜入陇右地区，被隗嚣率军迎击退走；陈仓人吕鲔拥众数万，勾结西蜀公孙述政权，也一度进攻关中，隗嚣更是积极兴兵，与东汉大将冯异齐心合力，将吕鲔击退。

建武三年（27 年），隗嚣上书诣阙，表示归附光武帝刘秀。他协同汉军作战击走吕鲔，而刘秀又素闻其卓著声名。为此，刘秀对隗嚣报以殊礼。贵为皇帝，刘秀每次派使节送达国书，对隗嚣皆称字不名，待以平等友国之仪。同时，刘秀情深意切，还给隗嚣写了一封流传千古的亲笔信：

> 慕乐德义，思相结纳。昔文王三分，犹服事殷。但驽马铅刀，不可强扶。数蒙伯乐一顾之价，而苍蝇之飞，不过数步，即托骥尾，得以绝群。隔于盗贼，声问不数。将军操执款款，扶倾救危，南距公孙之兵，北御羌胡之乱，是以冯异西征，得以数千百人踯躅三辅。微将军之助，则咸阳已为他

人禽矣。今关东寇贼，往往屯聚，志务广远，多所不暇，未能观兵成都，与子阳角力。如令子阳到汉中、三辅，愿因将军兵马，鼓旗相当。傥肯如言，蒙天之福，即智士计功割地之秋也。管仲曰："生我者父母，成我者鲍子。"自今以后，手书相闻，勿用傍人解构之言。

这封信，其实就是一封皇帝刘秀亲自书写的感谢信。信中，刘秀先是表达了自己对隗嚣的倾慕之情，而后盛赞隗嚣挽狂澜于既倒，表示说，如果没有隗嚣的努力，关中地区都会被公孙述等人所占。接着，刘秀接连使用了几个典故来类比隗嚣，同时谦恭自喻。最终，刘秀勉励隗嚣，希望他能够做鲍叔牙式的人物，为汉朝建功立业。

刘秀拉拢隗嚣，蜀地的公孙述也遣使册封隗嚣为扶安王。权衡轻重之后，隗嚣斩杀公孙述的使者，拒不受封。恼羞成怒下，公孙述自益州出兵北上，欲进犯关中地区，再被隗嚣迎头击败。

中原大定后，关中东汉将帅都上书刘秀，表示此时可趁机进击蜀地消灭公孙述政权。为此，刘秀派人催促隗嚣发兵讨伐公孙述。

隗嚣回报，说自己力量不足，还推说卢芳等人联合匈奴为患，此时不宜大肆用兵。看到隗嚣如此首鼠两端，刘秀逐渐发觉隗嚣有不臣之心，根本不愿看到汉朝重新统一天下。至此，双方关系发生了微妙的变化。

建武五年，听说刘永、彭宠两部军事势力皆已破灭，刘秀又派遣大臣来歙来劝，希望隗嚣遣子入侍。迫于汉朝压力，隗嚣派遣长子隗恂随来歙入朝诣阙。刘秀挺重视，封隗恂为胡骑校尉，封镌羌侯。显然，刘秀对隗嚣家族确实不错，隗恂一来，无尺寸之功，就被封为两千石的高官。

遣子入侍之后，隗嚣依旧犹疑，以为天下成败未可知，所以不愿专心内事光武帝刘秀。其下王元也是胸怀大志，趁机劝说隗嚣：

昔更始西都，四方响应，天下喁喁，谓之太平。一旦败坏，大王几无所厝。今南有子阳，北有文伯，江湖海岱，王公十数，而欲牵儒生之说，弃千乘之基，羁旅危国，以求万全，此循覆车之轨，计之不可者也。今天水完富，士马最强，北收西河、上郡，东收三辅之地，案秦旧迹，表里河山。元请以一丸泥为大王东封函谷关，此万世一时也。若计不及此，且畜养士马，据隘自守，旷日持久，以待四方之变，图王不成，其弊犹足以霸。要之，鱼不可脱于渊，神龙失势，即还与蚯蚓同。

王元确实挺能说。他先回顾了隗嚣在更始帝手下为臣的历史。当时刘玄也是大有一统天下之势，可隗嚣身到长安后，世道多变，几乎在都城被杀；接着，王元又陈说当下，认为隗嚣不能听信马援的游说而放弃自己割据一方为王的基业，一定要利用天时和地利，说不定可以如当年秦国发展的历史一样，蚕食鲸吞，可成天下大事。届时，连我王元都可以轻易为大王把守住函谷关。如果一时不能统一天下，我们还可以趁势据守，耐心等待四方变化。一统不成，还可以称霸一方。总之，最重要的，王元就是劝隗嚣不能轻易离开自己的根据地。

经过王元一番撺掇，隗嚣野心更炽。

不久，公孙述蜀地大军进犯荆州南郡，刘秀下诏，让隗嚣从天水伐蜀，以此迫使公孙述军回援。对此，隗嚣百般推托，表示说蜀地大江阻隔，蜀道艰难，诚不可伐。

至此，刘秀明白隗嚣最终不会归汉，就准备首先对陇右地区进行攻伐。

建武六年（30年）四月，刘秀亲自来到长安，下令建威大将军耿弇等七将军从陇道伐蜀。虽然东汉政权表面上声称是借道伐蜀，实际上就是最后给隗嚣一个面子。

隗嚣发现汉军齐聚长安，名为伐蜀，实则就是为自己的陇右而来，就彻底和刘秀翻脸。他派遣大将王元率军到达陇坻，伐木塞道，阻塞汉军。于是，双方在陇坻一番大战。由于地形不熟，汉军最终被隗嚣军队打得大败。

得胜之后，隗嚣大军从后急追，如果不是马武断后，汉军几乎全军覆没。

此时，刘秀在洛阳得知汉军大败的消息，心内着急，马上令耿弇、冯异、吴汉等部再次部署，以成犄角之势。

此时的隗嚣军队，挟陇坻大胜之威，虎视眈眈，欲得栒邑（今山西旬邑北）。一旦栒邑被隗嚣攻破，关中便危险至极。还好，光武帝手下大将冯异急速抢占栒邑，击退汹汹而来的隗嚣军马。

汉军虽败走陇坻，隗嚣也很难再扩大战果，只好收兵。为了稳定形势，隗嚣回撤后上疏光武帝，说和汉军打仗都是属下自作主张，自己实在不知情。

隗嚣假装谢罪，其实意在缓兵。刘秀征杀十多年，也懒得和隗嚣再玩虚的。他既没有杀掉隗嚣的儿子隗恂，也没有怒骂责斥，只是直言回复隗嚣说：

> 今若束手，复遣恂弟归阙庭者，则爵禄获全，有浩大之福矣。吾年垂四十，在兵中十岁，厌浮语虚辞。即不欲，勿报。

你也别废话了，如果真心降附，把你小儿子也派过来当质子。如此，你父子爵禄双全，有莫大之福；我都四十的人了，在军中喧喧十年，不喜欢虚言浮语。如果你不愿意真心归顺，也别再来书信跟我玩虚的。

看到光武帝刘秀如此直截了当，隗嚣也死了心，遂遣使向西蜀公孙述称臣。看到隗嚣向自己表示降附，公孙述特别高兴，马上封这位先前的敌手为“朔宁王”。

有了公孙述的支持，隗嚣感觉很好，就在建武七年亲自率领三万精兵攻打安定。兵至阴槃（今甘肃泾川东），隗嚣大军被汉朝的安定太守冯异候个正着。双方大战，隗嚣没有占到任何便宜，只得郁郁而还。

不久，刘秀准备联合窦融，夹击隗嚣。

建武八年（32 年），汉军攻占了略阳（今甘肃庄浪南）。为了夺回这一陇右要地，隗嚣亲率数万大军攻城。汉军死守，和陇右军队展开激战。

鉴于陇右战局已经到了紧要关头，刘秀再次御驾亲征。

由于窦融部归汉，汉朝实际上对隗嚣的陇右军队构成东西夹击之态。为此，陇右诸将牛邯等人在刘秀手下的劝诱下，竟有十三人集体投降归汉，他们所属的十六个县、数万军队也向刘秀投降。

隗嚣惊恐，最终只得放弃略阳，退守西城（今甘肃天水西南）。

正在此时，东汉首都洛阳附近的颍川发生了民变，而河东郡守军也出现叛乱。京师震动，后院起火，刘秀不得不兼程东返。临行时，他赐书给岑彭等大将：

> 两城若下，便可将兵南击蜀虏（公孙述）。人苦不知足，既平陇，复望蜀。每一发兵，头须为白。

光武帝刘秀此番话，这就是历史上著名典故“得陇望蜀”的出处。

汉军围攻西城，隗嚣困守其中，苦苦支撑。由于隗嚣平时友爱下属，为他尽力拼命的人还是不少。其大将王捷，一直坚守戎丘。为震慑汉军，一日清晨时分，王捷登城大呼道：“我们这些为隗王守城的人，誓死无二心！希望诸军马上退兵，我现在自杀明志！”

言毕，王捷当着东汉全体攻城大军的面，竟活生生自刎而死。

由此一来，汉军心惊。

数月之后，陇右大将王元、行巡、周宗带着西蜀公孙述派来的五千救兵赶到。这些人忽然出现在汉军阵前，鼓噪大呼：“百万大军来到！”

汉军根本未料到会有西蜀救兵前来。这些人自高而下冲入汉军阵地。汉军还真不知道对方来人多少，一时之间，阵脚大乱。

趁着混乱，王元等人死战突入，击杀汉军无数，最终保护着隗嚣从西城突围。

本来汉军马上就要全取陇右，如今隗嚣突围而去，诸军失望。不久，汉军粮草又尽，只得再次退出陇右。如此一来，先前被汉军攻占的安定、北地、天水诸郡，又重为隗嚣所得。

汉军第二次对陇右用兵虽然失利，但经此大战，隗嚣已经伤筋动骨，损失惨重。征战连连，农业生产也不能正常进行，所以最后连军民的粮食供应都成为大问题。

隗嚣在西城最后确实免于被俘，但经此大败，他的身体和精神很快就垮了。根据《后汉书·隗嚣公孙述列传》记载：

> 九年春，(隗)嚣病且饿，出城餐糗糒，恚愤而死。王元、周宗立嚣少子(隗)纯为王。明年，来歙、耿弇、盖延等攻破落门，周宗、行巡、苟宇、赵恢等将(隗)纯降。宗、恢及诸隗分徙京师以东，(隗)纯与巡、宇徙弘农。唯王元留为蜀将。

也就是说，光武帝建武九年（33年）春，在粮食极为短缺的情况下，隗嚣出城巡视。他本来想做出与民同苦的样子，就当众吃了一顿大豆与米一起熬成的干饭。

嚼着嚼着，想起一生事业竟成空，隗嚣大叫一声，竟然忧愤而死！

当家的自己气死了，陇右诸将郁闷至极，只得扶立隗嚣小儿子隗纯

（此时隗嚣大儿子隗恂已经被东汉政府处决）为陇右之主，继续对抗东汉政权。

建武十年（34 年），在亲信大将冯异病死于军中的情况下，刘秀又一次亲临陇右前线，指挥平陇作战。

当年十月，东汉耿弇等将领攻破了落门聚。眼看已经没有实力再和刘秀抗衡，陇右诸将就奉隗嚣小儿子隗纯出降。至此，陇右遂平。

隗嚣手下大将中，至此基本上死的死，降的降，唯独一直作为隗嚣心腹的大将王元出逃蜀地，到公孙述手下为将，继续和东汉政权为敌。隗纯被东汉政府安置在弘农郡软禁。八年之后，这小伙子和宾客数十骑想逃亡匈奴。结果，跑到武威就被东汉政府捕杀。

攻灭陇右隗嚣政权之后，刘秀与公孙述之间的缓冲地带就已不复存在。东汉政权的下一个击破目标，就是西蜀的公孙述了。

“东帝”刘秀与“西帝”公孙述，即将开始生死对决。

公孙述，字子阳，扶风茂陵人，属于那种天生就聪明的人，在青少年时代就有令名。王莽天凤年间，他得任“导江卒正”（蜀郡太守），治绩突出，名闻蜀中。

新莽天下大乱之后，公孙述假称说，汉朝使者东来，任命自己为辅汉将军、益州牧、蜀郡太守，于是起兵割据巴蜀。

更始二年，刘玄派益州刺史张忠等人带兵万余人前来，要代表汉朝正朔来接管巴蜀和汉中。此时的公孙述，自然不甘心任人宰割，加之蜀地险要，众心归附，他就恃险凭势，迎击更始帝诸将，结果取得大胜。

得意之时，公孙述手下功曹李熊力劝公孙述称王，正式割据蜀地。公孙述大喜，在成都自立为蜀王。

由于蜀地沃野千里，兵精粮足，而关中、荆州等地的百姓屡遭战乱，此时得知蜀地太平，于是纷纷奔入蜀地躲避战乱。声威卓著之下，远近归附，连西南夷也都遣使纳贡，向公孙述称臣。一时间，蜀地红红火火，很有太平盛世的景象。

看到公孙述的事业弄得挺红火，李熊再次进言道：

> 今山东饥馑，人庶相食；兵所屠灭，城邑丘墟。蜀地沃野千里，土壤膏腴，果实所生，无谷而饱。女工之业，覆衣天下。名材竹干，器构之饶，不可胜用，又有鱼盐铜银之利，浮水转漕之便。北据汉中，杜褒、斜之险；东守巴郡，拒扞关之口；地方数千里，战士不下百万。见利则出兵而略地，无利则坚守而力农。东下汉水以窥秦地，南顺江流以震荆、杨。所谓用天因地，成功之资。今君王之声，闻于天下，而名号未定，志士孤疑，宜即大位，使远人有所依归。

李熊嘴皮子也真溜。他先讲山东地区由于战争破坏严重，民不聊生；而后，又讲蜀地自然条件优越，占尽地理优势，乃日后成就一统基业的基石。所以，公孙述应该趁此机会，称帝正名，收拾天下人心。

恰好，当时公孙述作过一个梦，梦到有人对他说："八厶子系，十二为期。"于是，他就对老婆说："这个梦我自己解了一下，虽然能当皇帝，但祚命很短，怎么办啊？"公孙述的老婆也挺好玩，马上回答郎君说："朝闻道，夕死尚可，何况我们还有十二年的大福可享呢！"

夫妻刚商量好，当夜又大雨，电闪雷鸣，似乎有龙形闪电出现在公孙述府殿中，闪亮光耀。天示异象。公孙述更高兴了，认为这些都是自己能当皇帝的符瑞。于是，他就让工匠在自己手掌上刻上"公孙帝"字样，然后在成都宣布称帝，号"成家"（起于成都，故号"成家"。但《华阳国志》记载说公孙述的国号为"大成"），规定自己王朝的服色旗帜尚白。

公孙述称帝后，建元"龙兴"，以李熊为大司徒，以弟弟公孙光为大司马、弟弟公孙恢为大司空，很快就搭起了一个建国班子。

称帝之后，公孙述派遣手下将军侯丹开赴白水关，北守南郑；又让将军任满从阆中下江州，东据扞关。至此，公孙述尽有益州之地。

在更始政权败亡之时，刘秀一心经营东方，无暇西顾。为此，关中不少豪杰，包括吕鲔等人在内，均引兵归奔西蜀。由此，公孙述政权势力大振。

割据蜀地之后，公孙述大修营垒，添置车马，聚甲数十万，在汉中囤积大量的粮草，制造不少超级战船，终日操练兵马，准备经营天下。

建武五年，割据荆州的秦丰为刘秀所败，其属下大将延岑和田戎都投奔公孙述。看到猛将归附，公孙述立封延岑为大司马、田戎为翼江王。建武六年，公孙述还派遣田戎出江关，想要他收拢其旧部之后攻取荆州。结果，田戎无功而返。

当时，蜀中有童谣称："黄牛白腹，五铢当复。"不久，好事者就解释说，王莽称"黄"，公孙述自号"白"，而"五铢钱"乃汉朝货币象征，这句童谣就意味着天下最终当归刘氏。

涉及开国称帝，意识形态和舆论非常重要。而公孙述本人，也特别迷信符命鬼神瑞应一类事情，就开始大肆妄引谶记，为自己称帝大造舆论。

《尚书纬·考灵耀》上记载："孔子为赤制，故作春秋。"所以，公孙述就说孔子作《春秋》，断"十二公"，就是预示汉朝只有十二帝。而汉朝从汉高祖刘邦到汉平帝，已经经历十二代，所以汉朝命数已尽。根据此说，刘氏一姓就不得再受天命。

然后，公孙述又引《录运法》内容："废昌帝，立公孙"；《括地象》内容："帝轩辕受命，公孙氏握"；《援神契》内容："西太守，乙卯金"……公孙述宣扬说，自己承五德之运，黄承赤，白继黄，金据西方为白德，所以，王莽继刘氏，而我公孙氏正好取代王莽，得其正序。

大肆宣扬这番谶谣之后，公孙述又向蜀地百姓显摆他手上"天生"的奇文。凡此种种，都成为自己要当皇帝的"龙兴之瑞"。

光在自己割据的蜀地煽乎这些事情还不行，公孙述不停派人给中原等地郡守发送书信，宣扬他自己称帝的正统性，百般诱引各地将帅向他投附。

看到公孙述如此大造舆论，刘秀也深以为患。当时，刘秀也想不战而屈人之兵，就写信给公孙述：

> 图谶言‘公孙’，即宣帝也。代汉者当涂高，君岂高之身邪？乃复以掌文为瑞，王莽何足效乎！君非吾贼臣乱子，仓卒时人皆欲为君事耳，何足数也！君日月已逝，妻子弱小，当早为定计，可以无忧。天下神器，不可力争，宜留三思！

而刘秀在信尾的署名，也是“公孙皇帝”。这个署名，不少研究者望文生义，以为是刘秀尊称公孙述，称对方为“公孙皇帝”，其实，这个称呼恰恰是刘秀自称，意思是天命在我汉朝这边，谶言中的“公孙”，除先朝的汉宣帝以外，此时恰恰应在我刘秀身上。

见刘秀来信劝降，公孙述读而不答。

公孙述聪明，但仅仅是聪明而已，缺乏真正的雄才大略。公孙述属下骑都尉荆邯，是个人才，很有预见性。看到刘秀已经基本平定中原地区，很快就要西向，荆邯就以隗嚣为反面教材，劝公孙述先发制人，要趁刘秀立足未稳，首先出蜀，对汉军发起攻击：

> 兵者，帝王之大器，古今所不能废也。昔秦失其守，豪桀并起，汉祖无前人之迹，立锥之地，起于行阵之中，躬自奋击，兵破身困者数矣。然军败复合，创愈复战。何则？前死而成功，逾于却就于灭亡也。隗嚣遭遇运会，割有雍州，兵强士附，威加山东。遇更始政乱，复失天下，众庶引领，四方瓦解。嚣不及此时推危乘胜，以争天命，而退欲为西伯之事，尊师章句，宾友处士，偃武息戈，卑辞事汉，喟然自

以文王复出也。令汉帝释关陇之忧，专精东伐，四分天下而有其三；使西州豪杰咸居心于山东，发间使，招携贰，则五分而有其四；若举兵天水，必至沮溃，天水既定，则九分而有其八。陛下以梁州（即益州）之地，内奉万乘，外给三军，百姓愁困，不堪上命，将有王氏自溃之变。臣之愚计，以为宜及天下之望未绝，豪杰尚可招诱，急以此时发国内精兵，令田戎据江陵，临江南之会，倚巫山之固，筑垒坚守，传檄吴、楚，长沙以南必随风而靡。令延岑出汉中，定三辅，天水、陇西拱手自服。如此，海内震摇，冀有大利。

通过荆邯上述一番论述，可以想见，公孙述手下不是没有能人。

荆邯洋洋洒洒一席话，大部分是陈述陇右的隗嚣没有远略，首先对刘秀示弱，偏安西陲，使得刘秀能够从容在中原收拾对手。话语最后，荆邯才论及公孙述政权，表示说，蜀地人民兵役沉重，土地狭隘，时间一久，可能内部就会发生动乱。因此，陛下您应该趁最后的机会，大兴兵马，南据江陵，北定关中，使得天下震恐。或许，由于天下不稳，再会引得豪杰四起。如果如此，我们可能再有新机会。

荆邯一席话，说得公孙述心花怒放，马上准备实施。但他这个人毕竟是文吏出身，好谋而无断。而那些蜀地出身的将领、文士，自然死命谏劝公孙述要保留根据地的有生力量，公孙述自已的弟弟公孙光也劝哥哥不要轻出。最终，这位蜀帝还是没能做到先发制人。

公孙述如此优柔寡断，加上在蜀地任人唯亲，使得他失去了和刘秀争天下的最后机会。

待到隗嚣暴亡之后，刘秀命令汉军再次对陇右用兵，最终彻底消灭了隗嚣割据势力。其间，公孙述派出去的援军也损失甚重，败军败将逃回，使得蜀中大震。

陇右隗氏政权的覆灭，顿使公孙述所在的益州也失去了北部屏障。

建武十一年，光武帝刘秀命大将岑彭和来歙分别从南、北两个方向大举伐蜀。从此，公孙述政权的运祚，也只好按天来计算了。

对于汉军的进攻，公孙述不是没有准备。早在建武九年，他已经命令翼江王田戎、大司徒任满、南郡太守程泛等率领数万兵马沿江乘竹排下江关（今四川奉节东）。蜀军气盛，当时还击破刘秀手下威虏将军冯骏等部汉军，并攻克巫县及夷陵、夷道（今湖北宜都）。

蜀军当时占据荆门、虎牙要地（这里的荆门、虎牙，皆为山峰之名。荆门山在南，虎牙山在北，江水从中流过。其地大概在今天湖北宜昌东南），并横江大起浮桥、楼观，在水中竖立木桩以绝水道。同时，蜀军在陆路也跨山结营，想方设法抵抗汉军的进攻。

由于荆门山防线坚固而险，公孙述西蜀南部地区一直大有屏障可依恃。汉将岑彭曾多次试图夺回荆门，一直没有成功。

既然如今皇帝命令汉军大举伐蜀，大将岑彭立功心切。他总结了以往的教训，准备大小各种战船数千艘，先对蜀军施以火攻，烧毁了蜀军设在荆门一线的几乎所有浮桥和楼观，使得蜀军大乱、溺死者数千人。

蜀军诸军溃逃。发觉大事不妙，蜀将王政就斩杀了大司徒任满，率领手下投奔了汉军；蜀将田戎自知不敌，退保江州。

岑彭率领汉将追击至江州，见城高池深，一时难以攻取，就转攻平曲，结果取得大胜，缴获蜀军粮食数十万石，使得汉军补给一时间得到了保障。

公孙述着急，马上命令自己弟弟公孙恢、大将延岑以及从隗嚣手下投奔过来的王元率领重兵据守广汉及资中。同时，他还派遣侯丹率两万余人据守黄石（今四川涪陵东北）。

汉军统帅岑彭审时度势，定下计谋。他多布疑兵，先派臧宫等人率领汉军从涪水上平曲，牵制延岑等蜀将；然后，他自己率领一支人马，顺江而下奔还江州，再溯都江而上，忽然攻袭蜀将侯丹的军队。由于敌军无备，一举破之。

得胜后，岑彭西向，倍道兼行二千余里，一鼓作气攻拔武阳。然后，他派遣精骑进驰广都，一下子就抵达距离成都数十里的地方。

想想公孙述先前下令延岑等率蜀军主力屯于广汉，目的就是为了堵截岑彭的南路汉军。如今，岑彭大部汉军竟绕出延岑军后，一举逼近了自己的都城成都，公孙述大为震骇，他以杖击地，哀叹道："是何神也！"

没多久，汉军南路军臧宫率领率五万汉军大败延岑，一战下来，蜀军被斩首加溺死者数万人，江水为之变色。

势如破竹，臧宫大军进抵绵竹，咄咄逼人。

事情发展到如此地步，绵竹肯定守不住了。于是，早先从陇右隗嚣处归奔公孙述的大将王元，不得已举城而降。

至此，刘秀亲自给公孙述写信，陈言祸福，表示说，只要公孙述投降，必定保以富贵。

看完刘秀来信之后，公孙述大声叹息，把刘秀来信递给平时所亲近的心腹常少和张隆看。这二人对当时蜀国的情况心知肚明，都力劝公孙述早降为妙。

思忖久之，公孙述慨叹道："废兴，命也。岂有降天子哉！"

于是，其左右莫敢复言投降之事。

为延缓汉军攻势公孙述又派刺客诈降，趁夜刺杀岑彭。

由于岑彭被刺杀，刘秀就派遣大司马吴汉接替岑彭，担任南路汉军统帅。吴汉思攻心切，很快在鱼涪津（今四川乐山）击败蜀将魏党和公孙永，兵围武阳；公孙述女婿史兴率兵马来助，也被吴汉所破。接着，乘胜凭锐，吴汉率领汉军攻占武阳。

刘秀得知汉军进展顺利，就命令吴汉直取广都。汉军依令而行，很快就把武阳以东诸小城逼降。

南路汉军的臧宫在逼降王元之后，又进破涪城，斩杀公孙述的弟弟公孙恢。

汉军连连克捷，势如破竹。眼看大势已去，蜀中将帅恐惧，日夜离叛。人在成都的公孙述，虽然不停诛灭叛逃将领在成都的家属，依旧不能阻止手下兵将离心离德的趋势。

事已至此，刘秀依旧去书，招降公孙述，希望他能主动投降：

> 往年诏书比下，开示恩信，勿以来歙、岑彭受害自疑。今以时自诣，则家族完全；若迷惑不喻，委肉虎口，痛哉奈何！将帅疲倦，吏士思归，不乐久相屯守，诏书手记，不可数得，朕不食言。

我一直给你下诏劝降，示以恩信，你不要因为来歙、岑彭被刺杀而怀疑我会报复你。如今你投降，家族得以保全性命；如果再执迷不悟，等于就是送肉于虎口！如今蜀军将士疲敝，吏士思归，肯定不愿意继续为你卖命。我的亲笔招降诏书不可能数次发给你，如果你投降，我绝不食言！

刘秀话都说到这个份儿上，算是给足了公孙述面子和机会。但公孙述就是铁了心，死不投降。

汉将吴汉攻拔广都之后，迫近成都。听说汉军接近成都，刘秀马上派人告诫吴汉不要轻敌。吴汉趁新胜锐气，未能听进刘秀之言，马上和大将刘尚分兵。轻敌冒进，这两部汉军竟然相距二十里之遥。

不出刘秀所料，公孙述急眼，将最后老本十多万兵马分为二十余营，其中一部分兵马截住刘尚，另外一部人马猛攻吴汉汉军。

由于远来疲敝，吴汉所部汉军与蜀军激战一整日，最终寡不敌众，败回营垒。

吴汉回营后，闭营三日不出。第三天深夜，吴汉在营内多树旗帜，使得烟火不绝，造成汉军依旧固守的假象。同时，他率领所部汉军趁夜色偷渡过江，终于得与刘尚所部汉军会合。

吴汉与刘尚会合的第二天，公孙述手下的大司徒谢丰等人，并不知吴汉军已渡江与江南岸的刘尚部会合。所以，谢丰分兵留守以牵制江北汉军，然后自将主力猛攻江南岸汉军。

双方鏖战，从早晨一直打到太阳快要落山。最终，由于分兵后人数上吃亏，最终蜀军不敌汉军，吴汉大胜，斩首五千余级，并阵斩蜀将谢丰。

而后，汉军与蜀军在广都、成都之间地带继续展开数次大战，吴汉大军均获胜利。最终，汉军主力抵达成都城下，把公孙述都城包围起来。

没多久，汉军臧宫所部也相继攻占繁、郫等地，其前锋军已经和吴汉部汉军会师于成都城下。

兵临城下，眼看汉军越聚越多，绝望之余，公孙述问手下大将延岑："事已至此，当奈何？"

延岑意气自若，激励说："男子汉大丈夫，应死中求生，岂可坐以待毙！财物容易聚得，此时不应该再吝惜！"

公孙述点头称是，马上把宫内的金帛作为赏赐，一下子就招募到五千多敢死队员。看到这些人勇气百倍，公孙述就把他们全部交由延岑指挥。

延岑很会用兵，也很有计谋。他在与汉军对阵的正面，大张旗帜，鸣鼓挑战，暗地里，却派出刚刚招募的这五千敢死队员绕到吴汉大军背后，突然发动进攻。

猝不及防，汉军被杀得大败，连吴汉本人也坠马落水。幸亏他拽住马尾，才有命从水中脱险。堂堂汉军统帅，几乎淹死在水中。

此战下来，汉军被杀不少，部队粮草也只够七日之用。灰心之下，吴汉就打算暂时退兵。关键时刻，恰好刘秀派来运送粮草的蜀郡太守张堪抵达。听说吴汉要退兵，张堪也急了，好说歹说，张堪劝吴汉一定要咬牙坚持，公孙述如今已经是强弩之末，此时退兵，功败垂成！

吴汉考虑好久，最终答应张堪，暂不退兵。如今即使得到粮草补给，吴汉也后怕，想想自己两次和蜀军交战都被打败，所以也就不敢再急于求成。于是，他命令大军继续围城，寻找攻克成都的机会。

汉军这一围，就围了有近两月之久。

十一月，臧宫汉军主力开至成都的咸门驻扎，和吴汉所部相互呼应。

看到汉军把成都包围得铁桶一般，公孙述五内俱焚。此人迷信，每每大战前就召人占卜。卦师解卦，公孙述忽然看到卦书中有“虏死城下”字句，心中大喜，认为卦书中的“虏”，肯定是指汉军统帅吴汉。于是，当天公孙述特别欢实，他自己亲自出城，率领数万人攻打吴汉汉军，并派延岑攻打臧宫部汉军。

双方大战，蜀将延岑三合三胜，打得臧宫部汉军连连退却；吴汉这边的汉军和公孙述亲自指挥的蜀军也打得你死我活，一直从早上打到中午，双方军士都没有吃饭的机会。

你刺我砍之际，蜀军和汉军都非常疲乏。胶着之间，吴汉忽然派出一只提前准备的预备队。这些力士都是精锐，忽然呐喊着从阵后杀出。

蜀兵对汉军这支生力军猝不及防，忽然间就大乱失据。仓皇之间，公孙述在马上左顾右盼。忽然，汉军后备队将领高午手持长枪，临阵直奔公孙述而来，近前一枪，就把正在指挥战斗的公孙述刺于马下。

蜀兵拼死救护，最终还真把只剩下一口气的公孙述救入城内。

汉将高午就这一枪，洞穿公孙述前胸，即使扁鹊、华佗再世，也救他不活。牛喘到当夜，公孙述气竭而亡，连一句遗嘱都没留下。临死，他以手指延岑，意思就是让延岑代替自己指挥军队。

眼看公孙述都死了，再打仗就完全失去了意义。延岑饶是能征善战，此时也完全灰心丧气。他和成都内的文臣武将商量之后，不得不开城向汉军投降。

深怒此前公孙述派人刺杀了汉军两个统帅来歙和岑彭，更怒延岑在成都城下连连杀败汉军，想想自己属下人马死伤无数，汉军统帅吴汉在接受投降后进入成都，憋了一肚子的鸟气一时释放——吴汉立刻派人把公孙述一家老小杀得干干净净，并且族诛降将延岑，而后，放兵大掠……

别说，满打满算，公孙述割据西蜀真有十二年之久，和他自己做梦梦到的年限一点不差。他老婆被杀之时，不知道是否还记得当年劝说老公割据自立的事情……

刘秀得知吴汉纵兵杀掠的消息之后，大怒，发诏谴责吴汉等人。为了挽回政治影响，刘秀马上授权蜀郡太守张堪负责安抚工作。

这位张堪乃彬彬文士，非常有才干。他招降蜀将，礼遇士人，抚慰百姓，最终使得蜀地人民归心……

蜀地克捷，全国基本统一。从建武元年到建武十二年，刘秀登基称帝后，用了十二年时间，终于一统宇内，使得自王莽灭亡后四分五裂的中国，再次归于大汉一统！

《后汉书·循吏列传》中，有下面一段话称赞光武帝刘秀，极其中肯：

> 光武（帝）长于民间，颇达情伪，见稼穑艰难，百姓病害，至天下已定，务用安静，解王莽之繁密，还汉世之轻法。身衣大练，色无重彩，耳不听郑卫之音，手不持珠玉之玩，宫房无私爱，左右无偏恩。

自新莽大乱到刘秀一统天下，二十年间，百姓伤亡惨重、颠沛流离，天下人口，十存其二。也就是说，兵荒马乱二十年，汉朝竟然丧失近百分之八十的人口。

光武帝刘秀统一天下之后，以柔道为治，偃武修文、恭行俭约、宽刑释囚、简政减租、释放奴婢、重新度田、罢郡国之兵，多项举措皆极大减轻了人民的负担。所以，到刘秀崩逝时，东汉人口数量已经恢复到两千多万，比刘秀初称帝之时增长了一倍还多，国内经济也得到了极大发展。

根据《谥法》："能绍前业曰光，克定祸乱曰武。"确实，光武帝刘秀之"光武"谥号，可不是其臣下瞎安的。

壬辰夏日，笔者读元好问《光武台》诗，感慨万千：

东南地上游，荆楚兵四冲。
游子十月来，登高送长鸿。
当年赤帝孙，提剑起嵩蓬。
一顾滍水断，再顾新都空。
雷霆万万古，青天看飞龙。
巍然此遗台，落日荒烟重。
谁见经纶初，指挥走群雄。
白水日夜东，石麟几秋风。
空余广武叹，无复云台功。

壮士雄歌出塞频

班超西域立奇功

在伟大的抗日战争中，一首至今难以考证作者的《知识青年从军歌》，曾经响彻中国的土地。面对倭寇入侵，为了激起国人的爱国心和民族自豪感，这首歌曲的歌词铿锵有力、朗朗上口、气上干云。

诗词贵比兴。《知识青年从军歌》歌词起始，就以汉朝终军和班超为导引，通过追思我们大汉民族的昔日荣耀，鼓舞抗日军人士气：

君不见，汉终军，弱冠系虏请长缨，
君不见，班定远，绝域轻骑催战云！
男儿应是重危行，岂让儒冠误此生？
况乃国危若累卵，羽檄争驰无少停！
弃我昔时笔，著我战时衿，
一呼同志逾十万，高唱战歌齐从军。
齐从军，净胡尘，誓扫倭奴不顾身！
忍情轻断思家念，慷慨捧出报国心。
昂然含笑赴沙场，大旗招展日无光，
气吹太白入昂月，力挽长矢射天狼。
采石一载复金陵，冀鲁吉黑次第平，
破波楼船出辽海，蔽天铁鸟扑东京！

一夜捣碎倭奴穴，太平洋水尽赤色，
富士山头扬汉旗，樱花树下醉胡妾。
归来夹道万人看，朵朵鲜花掷马前，
门楣生辉笑白发，闾里欢腾骄红颜。
国史明标第一功，中华从此号长雄，
尚留余威惩不义，要使环球人类同沐大汉风！

在那烽烟滚滚、旌旗猎猎的岁月，无数热血青年，哼唱着这首歌曲，满怀对伟大民族和伟大祖国的热爱，冲向那抗击倭寇的战场。

那么，喜欢秦汉史的朋友们，肯定对于歌曲中的“班定远”大感兴趣。这位“班定远”到底是谁呢？当年，这位英雄又是如何“绝域轻骑催战云”的呢？

“班定远”，就是底定西域的东汉奇人班超。

两汉时期，所谓的“西域”，泛指我国西北一大片地区：东起玉门、阳关，西至葱岭（今帕米尔高原和昆仑山脉西段、喀剌昆仑山脉东南段），北至天山，南至昆仑山，东西六千余里，南北一千余里。由于塔里木河横亘其中，西域分成南北两道。

恰恰是因为匈奴的威胁和存在，对于汉朝来说，西域地区的战略地位显得更加重要。

长期以来，匈奴对西域一直虎视眈眈，因为天山东麓的伊吾卢（简称伊吾，今新疆哈密西四堡）、车师前国（治所在今新疆吐鲁番西北交河故城）和鄯善（治所为扜泥，今新疆若羌）这三个城国，乃西域地区门户。匈奴一旦击服了这几个小国，就可以把这块地方当作入据河西的根据地。

同时，西域北道的焉耆（治所在南阿城，今新疆焉耆回族自治县）、温宿（今新疆乌什）、龟兹（治所在今新疆库车县城东郊）以及南道的于阗（治所在西城，今新疆和田）、莎车（治所在莎车城，今新疆莎车）、疏勒（治所在疏勒，今新疆喀什市）等小城国，乃汉朝与中西亚及地中海交通的必经之地。

东汉初建，刘秀忙于平定国内反抗势力，根本无暇西顾。而趁汉朝衰微稍有复兴的匈奴，则乘机在西域加紧扩大和巩固他们的势力范围。

为此，西域南道的莎车王“延”及其子“康”，挺身而出，率邻近各国，一直心向汉朝，竭力抗击匈奴势力对西域地区的渗透和侵掠。

> 匈奴单于因王莽之乱，略有西域，唯莎车王延最强，不肯附属。元帝时，尝为侍子，长于京师，慕乐中国，亦复参其典法。常敕诸子：“当世奉汉家，不可负也。”（《后汉书》）

显然，这位莎车王“延”由于在西汉元帝时曾经作为侍子久居长安，他就有机会游览华夏的大好河山，深受汉朝高度发展的灿烂文化熏陶，以致他的中原情结深厚。所以，他回到西域继承莎车国王位以后，积极推行汉朝中央政府的政令，并且依照汉朝的典章制度来治理国家，使得当时莎车在塔里木盆地各国中，国力最为强盛。

莎车王“延”死于王莽末年，即18年，也就是王莽天凤五年。“延”死后，其子“康”即位。多年来受父亲教导，这位新王一直带领莎车及塔里木盆地西南地区诸小国抗击匈奴。十年之间，血战连连，有效抵御了匈奴的入侵，并且收容和保护了原来西汉西域都护所属的一千多名没能撤走的汉族官吏、士兵以及他们的家属，使这些人免遭匈奴残害。

同时，莎车新王“康”非常关心中原局势。刘秀称帝后，他和东汉的河西大将军窦融来往密切，恳切希望东汉朝廷能够早日恢复对西域的控制，向汉朝表示衷心归顺。

在窦融鼎力支持下，建武五年（29年），东汉朝廷封“康”为汉朝

马俑　东汉

“莎车建功怀德王”、西域大都尉，并下诏西域五十五国，皆听“康”的号令。此诏一下，实际上莎车王就成为汉朝的“西域都护”了。

受到匈奴逼侵的西域诸国听到这一消息后，都感到很高兴，纷纷投附莎车王“康”，希望重新归附汉朝。因此，西域与河西之间的通道，初步得以恢复。

33年，汉光武帝建武九年，莎车王“康”去世，其弟“贤”继位。到了建武十四年，这位莎车王看到汉朝一直没动静，就遣使到洛阳，要求东汉朝廷重新设置“西域都护”，言外之意，就是想像他哥哥那样打着汉朝的旗号统领西域。但是，当时光武帝刘秀忙于内部事务，很怕在西域生事，就没有答应。过了三年，“贤”又遣使来汉，希望东汉政权给他“西域都护”的封号。

当时，窦融已经在朝中任大司空，他就劝说刘秀，说莎车王室自汉元帝以来，对朝廷一直忠心，二世三主，皆慕乐中国。特别是王莽乱后，中原板荡，莎车对汉朝依旧耿耿忠心，难能可贵。为此，刘秀点头，就下令赐给莎车王“贤”“西域都护”印绶。

莎车使者特别高兴，忙揣着西域都护印绶就往回赶。结果，当莎车使者一行路过敦煌的时候，敦煌太守裴遵得知此事，让人飞报朝廷，表示说“夷狄不可以假以大权”，坚决反对汉廷把“西域都护”这样重要的权力授给莎车王“贤”。

本来刘秀就不想在西域多事，思前想后，就让人追回“西域都护”印绶，改授莎车王“贤”大将军印绶。

莎车使节当然不愿意，但当时他人在敦煌，“西域都护”的印绶就被裴遵强行夺还。如此，这位使者回国后，一五一十汇报，莎车王“贤”大怒。

窦融之所以推荐“贤”任西域都护，还是根据固有的逻辑判断。前两任莎车王对汉朝都十分忠顺，现在的莎车王“贤”乃前王“康”的弟弟，应该也差不到哪里去。但窦融有所不知的是，这位莎车王“贤”

性情暴虐，杀戮宗室，侵扰邻国，横征暴敛，而且野心极大。所以，裴遵所谓“夷狄不能授以大权”的建议虽然有些迂腐，但他反对汉廷授予莎车王“贤”以“西域都护”的意见，还是非常正确的。

如此野心勃勃的莎车王，如果持有汉朝给他的“西域都护”印绶，他还不知道要干出什么出格的事情来。

本来印绶都要到手了，却在敦煌被裴遵强行索回。东汉王朝如此侮慢，莎车王“贤”感到非常恼怒，也就不再听从汉朝差遣。他在西域地区四处攻伐，穷兵黩武，强行兼并。

时光荏苒，到了建武廿一年，从西汉时期就与匈奴关系十分密切的焉耆、鄯善、车师前国等西域十多个国家，都派出使节到洛阳觐见光武帝刘秀，痛陈莎车王“贤”在西域横暴的行为，希望东汉朝廷派遣“西域都护”到当地主持公道。

比起汉高祖、汉武帝以及汉宣帝，刘秀虽然号称中兴明主，但他的胃口、野心和魄力那就小多了。建武二十二年，鄯善王安上书，再次请求汉朝派出西域都护，刘秀竟然说出下面一句让西域诸城国灰心丧气的话来：

> 今使者大兵未能得出，如诸国力不从心，东西南北自在也。

这话很明白：我们汉朝如今大兵和使者前往西域不方便，如果你们西域诸国力不从心，爱服从谁就服从谁吧……

从拓展中华民族生存空间角度讲，就这一句话，就显示出东汉光武帝还真算不上雄才大略之主。

见东汉王朝如此随便，出于现实政治考虑，西域国家各自心怀惴惴，只得向强权屈服。于是，鄯善等城国就不得不再投匈奴。

匈奴毕竟不似汉朝有大国风范，他们对西域各小国横征暴敛，苛求无度。因此，诸国内心实在不想给匈奴人做附庸。而且，此时在西域骄横的，不过是北匈奴一部，他们毕竟不是西汉前期铁板一块的匈奴主体。所以，北匈奴对西域的控制，也是时松时紧。

北匈奴知道自己当时的力量已远非当初，所以就想通过玩弄政治手段促使东汉朝廷和自己和亲，然后狐假虎威，凭借汉朝的威信和自己对西域的地缘政治便利来控制西域地区。

东汉光武帝建武二十八年（52 年），北匈奴遣使上书，请求东汉允许单于率领西域诸国来洛阳朝贡。如果刘秀对此表示同意，等于就默认了北匈奴乃西域诸国首领。

经过仔细考虑，东汉光武帝君臣拒绝了北匈奴的请求。

莎车那边，莎车王“贤”肆行无义，激起西域诸国反抗，势力也越来越衰微。东汉明帝永平四年（61 年），莎车国国相和莎车宿敌于阗暗中联系，于阗王广德率精兵三万攻打莎车，设计诱使莎车王“贤”出城，将他活捉后，押到城外一刀砍了脑袋。

光武帝刘秀崩逝后，其子东汉明帝继位。当时，西域地区局势和光武帝时代大有不同，不仅南匈奴早归降了汉朝，西域莎车国的势力也已经衰落，西域诸国互攻不已。为此，北匈奴乘间联合西域的亲匈势力不断侵扰汉边。

经过光武帝、明帝父子几十年经营，东汉统治的中原地区日渐安定，整体国力有了非常大的增强。因此，饱读诗书、雄心勃勃的汉明帝，就准备改变东汉初期那种消极、退缩政策，开始积极经营西域地区，打击北匈奴的势力。同时，东汉同盟军也不示弱，南匈奴、乌桓、鲜卑等族跃跃欲试，都表示要协助东汉政府剿灭北匈奴。

于是，从汉明帝永平十六年（72 年）到汉和帝永元二年（90 年）这十八年间，东汉联军对北匈奴大的战略进攻有七次之多。

东汉对北匈奴的攻击，缘起于永平十五年（72 年）大臣耿秉的上书。他希望汉明帝能够出兵攻打北匈奴，恢复汉朝对西域的控制。

当时，耿秉建议："先击白山，得伊吾，破车师，通使乌孙诸国以断其右臂；伊吾亦有匈奴南呼衍一部，破此，复为折其左角，然后匈奴可击也。"

东汉明帝认为此计可行，就在永平十六年（73年），派大兵出击北匈奴，兵分四路：

一路由骑都尉来苗率领北部各郡兵以及乌桓、鲜卑兵一万一千骑出平城塞（今大同北）；一路由太仆祭彤与度辽将军吴棠率领河东、河西羌、胡及南单于兵，共一万一千骑出高阙塞；一路由驸马都尉耿秉等统率武威、陇西、天水募士及羌、胡一万骑出居延塞；一路由奉车都尉窦固等人统率河西甲士及卢水羌、胡一万二千骑出酒泉塞。

东汉出击匈奴的兵力配备，相比前代西汉时期的动静，确实要小多了。前三路军队北出蒙古地区，匈奴四避，所以此路汉军战绩平平；窦固所部军队，到达天山后，击破驻守伊吾的匈奴南呼衍王，节节胜利，一直追打到蒲类海（今新疆维吾尔自治区东部巴里坤湖）。而后，东汉在伊吾地区设立宜禾都尉，留遣吏士在伊吾城周边屯田。如此，就打开了东汉和西域地区的通道。

永平十七年，明帝又命窦固与耿秉率军一万四千骑出击西域车师各部。耿秉率部深入，迫使车师后部王"安得"投降，而车师前部王乃安得亲子，也随其父归降汉朝。自此，整个车师地区重新归汉。

东汉大军伐匈奴，精彩谈不上，也算胜多无败。但大军的表现，相比班超一个人的功劳，那就逊色多了。

班超，字仲升，扶风平陵人，乃徐令班彪之少子。《后汉书》称：

> （班超）为人有大志，不修细节。然内孝谨，居家常执勤苦，不耻劳辱。有口辩，而涉猎书传。

显然，班超虽然读书不求甚解，但绝对是那种人中龙凤。

永平五年，班超的哥哥班固被朝廷征召为校书郎，班超就和母亲一起随兄长班固到达都城洛阳。当时，由于家贫，班超常常为官府抄书挣点小钱以糊口。日久劳苦，小伙子一度投笔长叹：

> 大丈夫无它志略，犹当效傅介子、张骞立功异域，以取封侯，安能久事笔研间乎？

班超心目中的榜样人物傅介子，在西汉昭帝时曾经出使西域，刺杀楼兰王，回国后封“义阳侯”；张骞更有名了，在汉武帝时凿空西域，获封“博望侯”。

听这位抄书小子如此说，周围人皆笑。于是班超发出一句类似当年陈胜的感慨：“小子安知壮士志哉！”

后来，有个相士夸赞班超，说他日后当封侯万里之外。班超暗喜，忙问缘由。相士仔细打量着班超的相貌，说：“生燕颔虎颈，飞而食肉，此万里侯相也。”

高兴是高兴，人家说是这样说，班超日后也继续蹉跎了十年之久。虽然他后来在宫廷当过兰台令史一类的小官，也不过是百石之官，类似现在的中央办公厅高级打杂，后来还坐事免官。

一直到永平十六年，班超才迎来了机会。当时，汉明帝派窦固出击匈奴，窦固就以班超为假司马，随着这路汉军一起出击伊吾（一称“伊吾庐”），一直追击匈奴南呼衍王到蒲类海，最终大胜而还。

经过此次实战，窦固发现了班超卓越的军事才能和吃苦耐劳精神，就派与从事郭恂率领三十多人出使西域。

作为一行使团，除郭恂和班超外，总人数并不多，才有三十六名吏士。

高扬汉朝旗幡，这些人意气洋洋，首先到达鄯善。

鄯善，也叫楼兰，王昌龄的《从军行七首（其四）》中，有“黄沙百战穿金甲，不破楼兰终不还”之句，引用的就是汉朝典故。汉武帝时，曾遣使通大宛国，其间楼兰王阻路，攻截汉朝使臣；汉昭帝元凤四年（前 77 年），霍光派傅介子去楼兰，当廷计斩楼兰王。不过，王昌龄写诗的时候倒不是讲唐朝要对西域如何下手，而是当时唐朝与吐蕃交战，诗人就借用“傅介子斩楼兰王”典故，弘扬唐朝将士誓平边患的决心。

由于汉朝窦固大军刚刚攻占伊吾庐地，鄯善王“广”出于惧怕，开始接待汉朝使臣一行的时候，特别恭敬，礼仪隆重，供奉多多。没过多久，鄯善王“广”似乎对汉使的态度有些倨傲，招待态度也日趋疏懒怠慢。

对此，班超分析认为，鄯善国内肯定有匈奴使者到来，致使鄯善国王对汉使慢待疏懈。

为了证明自己的判断，班超就向一直服侍他们的一个鄯善侍者忽然发问：“匈奴使臣来到鄯善多时，现在他们还在吧？”

这个侍者毫无思想准备，被班超突然一问，大为惶恐，就把实情全说了。

班超恨得咬牙切齿。于是，他先把鄯善侍者绑起来关上，然后，再把使团三十六名吏士全部召集到一处，饮酒为欢。

酒酣之时，班超就说：“卿曹与我俱在绝域，欲立大功，以求富贵。今虏使到裁数日，而王广礼敬即废；如令鄯善收吾属送匈奴，骸骨长为豺狼食矣。为之奈何？”

班超使出激将法，表示说，我们大家来到如此远地绝域，是来立功追求富贵的，如今匈奴使臣才来了数日，鄯善国王就对我们礼仪疏废。如果最后匈奴使者逼迫鄯善人把我们抓起来送到匈奴属地，肯定会遭到匈奴人的屠戮，尸骸也会成为荒野豺狼的食物。处在如此绝境，我们该怎么办吧？

所谓处死地而后生。吏士们经班超如此一激，血脉偾张，马上说：

“今在危亡之地，死生从司马！”

眼见士气高昂，班超建议说：“不入虎穴，不得虎子。当今之计，独有因夜以火攻虏，使彼不知我多少，必大震怖，可殄尽也。灭此虏，则鄯善破胆，功成事立矣。”

由于匈奴来使人数多达数百，又是全副武装，班超提出乘夜黑，火攻匈奴使团。如此，乘其震怖，可以尽杀其人。一旦消灭了匈奴使团，鄯善全国肯定为此破胆，大功可立。

如此英雄如此胆，异域死地求生，确实是汉朝人才有的精气神！

议定之后，当时也有人提醒班超，这件事太重大了，应和从事郭恂商议一下再做。班超即刻回绝：“吉凶决于今日！从事文俗吏，闻此必恐而谋泄，死无所名，非壮士也！”

班超本人就是文人出身，他当然知道文人好谋而无断的懦弱，所以，就根本不想通知郭恂。

众人一听，言之有理，当时皆称“善”。

入夜之后，班超率领三十六名吏士（作为使团，肯定有文有武），手持刀刃，奔赴匈奴使团所在地。

当夜恰遇狂风大作，班超命十人持战鼓隐藏在匈奴使者居住的营帐背后，约定说：“你们一旦看见火光大起，马上击鼓高呼！”而后，班超和二十六人持兵器弓箭埋伏在匈奴营帐两侧。

布置已定，班超马上派人顺风纵火。风借火势，顿时就把匈奴营帐全部点燃，烧得熟睡中的匈奴人嗷嗷乱叫。

埋伏在营帐两侧的汉朝吏卒忽然跃出，有人击鼓、有人高呼，趁黑趁乱冲入营地，四处击杀惶恐至极的匈奴人。班超手杀三人，其手下吏卒杀掉匈奴使者和从人三十多人。其余一百多武装匈奴兵，皆被烧死在营帐之中。至于匈奴使者的名字，根据《东观记》记载，叫“屋赖带”，副使名为“比离支”。

转天早晨，班超率领三十六名壮士返回汉使营地，把攻杀匈奴使团的情况告知郭恂。

> 恂大惊，既而色动。超知其意，举手曰："掾虽不行，班超何心独擅之乎？"恂乃悦。

班固这段描写，更突出了班超的有勇有谋。他看到郭恂大惊之后脸色突变，知道这位文士很害怕这次大功会被自己独占。为此，班超马上告诉郭恂，虽然您没有亲自参加这次活动，但也有您的功劳在内，我班超不会独占大功的。听班超如此说，郭恂心悦诚服。

汉朝使团如今内部统一了思想和行动，一切就好办了。

班超率领一行人，气势汹汹，怒不可遏地闯入鄯善王王廷，把匈奴正副使节血淋淋的头颅扔在地上。当时，鄯善王和他手下诸大臣的反应只有两个字：震怖！

接着，班超向鄯善王广进一步陈述了利害关系，劝慰其大臣，晓以大义，让他们知悉归顺大汉的好处。

匈奴使者都被杀了，事已至此，鄯善王"广"只得倾心降服，并让班超带走自己的一个儿子为质子，入朝侍汉。

回到军中之后，班超一五一十地将自己率领三十六人降服鄯善的经过汇报给窦固。窦固大喜过望，马上具疏，向皇帝仔细描述了班超一行的功绩，并且要求朝廷更选使节出使西域。

汉明帝看到窦固奏疏后，感慨万千，马上下诏给窦固说："吏如班超，何故不遣而更选乎？今以超为'军司马'，令遂前功。"

显然，汉明帝行事很果决，对人对事很明白：既然有班超这样的人才在，还选别的人做什么！即刻任命班超为"军司马"，让他有机会继续立功！

窦固宣布了皇帝任命后，为了大张声势，就准备给班超多派人手。班超马上拒绝："愿将本所从三十余人足矣。如有不虞，多益为累。"

所谓英雄虎胆，就是班超这种气势。三十人不少，三千人不多。远途跋涉于西域虎狼之土，匈奴窥伺，诸国怀贰，如果能当机立断，谋勇兼施，这原本的三十多人足够了；如果变生不测，人再多也多不过诸国军队和匈奴骑兵，反而成为负累……

降服鄯善后不久，班超率领手下三十多员吏士到达于阗（今新疆和田）。

当时，于阗王“广德”刚刚攻破莎车（今新疆莎车），在西域南道称雄，加上匈奴遣使者监护其国，“广德”很是倨傲。看到班超作为汉使手下只有三十多人，毫无后援，所以于阗王的态度更是冷淡。

于阗国当时有人口八万多、带甲精兵三万，在西域南道诸国中属于大国。于阗王“广德”这个人，作为西域豪酋，还特别崇信巫鬼。得知汉使一行在途，他就召来巫师询问吉凶。

这个巫师装模作样晃了半天，假装神灵下凡，大声嚷嚷：：

> 神怒！何故欲向汉？汉使有騧马，急求取以祠我。

显然这巫师自己贪图班超座下的浅黑色千里马（騧马），就假借神灵的名义，劝说于阗王“广德”派人到班超那里把马索要过来。

于阗王不知轻重，就派使者前往汉使驻地，索要宝马。

岂料，班超特别爽快，马上答应了于阗王的请求，派人把座下宝马刷洗得干干净净，准备进献给于阗王。但班超也提出一个要求：于阗巫师必须自己前来取马！

于阗王未及反应，那巫师乐坏了，带着几个人赶着去投胎一样，急赤白脸赶往汉使营地。

巫师刚刚下马，正晃着脑袋四下观瞧即将属于自己的千里马，班超满脸笑意迎上前来。

于阗巫师有些惶惑，第一次见到大汉使者，正思考用何种礼数来见，而班超不由分说，抽出腰间宝刀，迎头一下子就把巫师的脑袋砍落于地。

滚了数滚，地面上巫师那满是黄土的头颅，依旧一脸困惑……

看到大汉使者动刀，巫师随从都吓坏了，跪地乞命。

班超也不多说，让这些人收拾巫师的脑袋放入匣子里面，然后派出一个手下，前往于阗王王宫，痛斥于阗王“广德”背信弃义。

一直崇信巫师的“广德”，如今看到巫师血淋淋的脑袋在匣子里面愁眉苦脸地待着，也害怕了。他终于亲身领略了先前道听途说的汉朝使者斩杀匈奴使团的壮举，此刻真正心服口服了。

惊怖拜服之余，于阗王反应还算机灵，马上派兵攻杀了前来“监国”的匈奴使团一行人，并且率领大臣拜谒班超，表示向汉朝降服。

胡萝卜加大棒，软硬兼施。班超当面斥责了于阗王“广德”，而后，又派人抬出大批金帛，重赏了于阗王和他手下大臣，并留人在当地，负责镇抚于阗。

鄯善、于阗相继降附于汉朝。班超下一个目标，就是西域北道的疏勒了。

疏勒国当时的国王叫兜题，并非疏勒人，乃是降附于匈奴的龟兹贵族。班超率手下吏士进至距疏勒王廷盘橐城90里之时，先派田虑前往说降疏勒王兜题。

行前，班超嘱咐田虑说：“兜题不是疏勒人，疏勒国人不拥护他，你到达疏勒后，劝他降服，如果他敢违抗，你就见机行事，把他捉起来。”

疏勒王兜题在王廷召见汉使田虑，看到赫赫威名的汉朝使臣和从属只有寥寥数人，就很不以为然，态度倨傲，礼节简慢。

王廷之上，兜题高高踞坐，大模大样地饮酒吃葡萄。作为班超属下，田虑也是有样学样，话没说上几句，忽然大踏步上前，兜头就是一记老拳，把大胡子国王的脑袋打得鲜血迸流，栽倒在王座之上。接着，田虑抽出兜题腰带，把他捆缚在当座。

汉使团虽然才几个人，但皆虎胆龙威，各个拔刀拎剑。

看到国王兜题被人家汉使捆绑成粽子，疏勒王那些侍卫大臣，当时想到的不是忠心救主，而是即刻撒丫子惊慌四逃。

田虑怕时久生变，马上派人乘快马回报班超。于是，班超率领汉朝使团一行人即刻赶至疏勒王廷，召集疏勒将吏和国人，历数龟兹在匈奴指使下在西域横行无道的罪行，激励他们说："你们本来应报龟兹军队杀害疏勒王的仇恨，不应该让一个龟兹人当你们疏勒国的国王。"

语出，疏勒臣僚激愤。于是，班超宣布扶立疏勒前王的侄子"忠"为疏勒王，疏勒由此复国。听到消息后，疏勒国人大喜，纷纷转向，要求汉使立即诛杀龟兹所立的前国王兜题。

班超为了宣示大汉威信，出于长远战略考虑，没有斩杀兜题，而是把他遣归龟兹。

至此，汉朝开始控制疏勒。而龟兹因为所派国王兜题被驱逐，也开始和疏勒结怨。班超此举，正是他"以夷狄攻夷狄"策略的一个表现。

汉明帝永平十八年（75 年）八月，汉明帝崩逝。于是，北匈奴出动两万余骑兵反攻车师，包围金满城（今新疆奇台）、柳中（今新疆鄯善西）。十一月，西域北道焉耆、龟兹二国，乘机联兵攻杀西域都护陈睦和副校尉郭恂。

由于内忧，汉朝援军迟迟不至，车师国不久也叛汉。至此，西域形势大变，班超孤立无援。

乘人之危，龟兹、姑墨两国也数度发兵攻袭疏勒。此时，班超据守盘橐城，与汉朝扶立的疏勒王"忠"互为犄角，相互支援，使得疏勒一直未被龟兹攻破。

汉章帝继位后，无暇边事，就准备听信大臣第五伦和杨终等人的建议，下诏命令班超撤回汉地。而班超，由于所率士卒人数很少，坚守一年多后，已经有强弩之末的感觉。此时，朝廷诏书又至，也不得不撤军。

得知汉朝使者要全部回国，疏勒举国忧恐。疏勒都尉黎弇表现最为强烈。他悲愤陈言："汉使弃我而去，我们疏勒肯定会被龟兹灭国，我诚不忍亲眼看到汉使弃我等而去！"说罢，这位兄弟拔刀自刎……

班超等人行经于阗，于阗国的王侯大人们，看到汉朝使团欲撤离西域，皆痛哭不止，纷纷上前，抱住班超等人的马腿，如依父母，泪眼迷离，皆苦苦挽留班超等人。

眼见西域诸国依旧心向汉朝，加之为诸国王侯百姓所感，班超毅然调转马头，准备返回疏勒。当时，作为远见卓识的政治家，班超深知，只要汉使一撤，汉朝在西域先前的经营肯定就付之东流，匈奴势力会立刻填补西域的政治真空。

果然，班超离开疏勒之后，龟兹势力立刻开始侵占疏勒，并与尉头国（今新疆阿合奇）联兵，抗拒班超。

班超返回后，马上捕杀疏勒国内的反叛者，并发疏勒之军击破尉头，斩六百多人，疏勒遂告平定。

建初三年（78年），班超率领疏勒、康居、于阗、居弥等国联军一万人攻打姑墨的石城，一举攻下，斩首七百级。

为了乘胜击平西域诸国，班超就向汉章帝上疏请兵。这篇奏疏，情理相兼，豪言壮语不得不摘而录之：

> 臣窃见先帝欲开西域，故北击匈奴，西使外国，鄯善、于阗即时向化。今拘弥、莎车、疏勒、月氏、乌孙、康居复愿归附，欲共并力破灭龟兹，平通汉道。若得龟兹，则西域未服者百分之一耳。
>
> 臣伏自惟念，卒伍小吏，实愿从谷吉效命绝域，庶几张骞弃身旷野。昔魏绛列国大夫，尚能和辑诸戎，况臣奉大汉

之威，而无铅刀一割之用乎？前世议者皆曰取三十六国，号为断匈奴右臂。今西域诸国，自日之所入，莫不向化，大小欣欣，贡奉不绝，惟焉耆、龟兹独未服从。

臣前与官属三十六人奉使绝域，备遭艰厄。自孤守疏勒，于今五载，胡夷情数，臣颇识之。问其城郭大小，皆言倚汉与依天等。以是效之，则葱领可通，葱领通则龟兹可伐。

今宜拜龟兹侍子白霸为其国王，以步骑数百送之，与诸国连兵，岁月之间，龟兹可禽。以夷狄攻夷狄，计之善者也。臣见莎车、疏勒田地肥广，草牧饶衍，不比敦煌、鄯善间也，兵可不费中国而粮食自足。且姑墨、温宿二王，特为龟兹所置，既非其种，更相厌苦，其势必有降反。若二国来降，则龟兹自破。

愿下臣章，参考行事。诚有万分，死复何恨！臣超区区，特蒙神灵，窃冀未便僵仆，目见西域平定，陛下举万年之觞，荐勋祖庙，布大喜于天下！

汉章帝君臣研究了班超奏疏之后，倍感鼓舞，认为汉朝在西域大功可成，就同意了班超的增兵请求。当时，又有赞和班超平定西域的平陵人徐干挺身而出，上疏章帝，自愿前往西域，辅佐班超立功。

建初五年（80年），东汉朝廷以徐干为假司马，率领千余人赶赴西域帮助班超平定诸国。

此前，莎车国由于东汉势力撤出，就降附了龟兹；而疏勒都尉番辰也拥兵反叛。徐干率领千余汉军赶往西域后，班超就马上和徐干联兵，痛击疏勒反叛的都尉番辰。

汉军一举得胜，杀掉番辰，斩首千余级，获牲畜无数。

班超和徐干攻破番辰之后，就想继续进攻龟兹。在当时西域诸国中，乌孙国兵强，班超就想借用乌孙国的兵力攻打西域与匈奴联合的诸国。于是，他上疏汉章帝，请求皇帝遣使招慰乌孙国国王，让他们派兵在西域与汉军合力破敌。

汉章帝答应了班超请求，于建初八年（83 年）十二月，拜班超为将兵长史，批准他可以使用汉朝大将旗鼓，并任命徐干为军司马，另派大臣李邑等人，护送人在洛阳的乌孙使者返国。李邑一行带着大批赏赐乌孙大小昆弥的金帛礼物，前往乌孙商议汉朝和乌孙联兵之事。

李邑到达于阗之后，恰值龟兹猛攻疏勒，他自己恐惧不敢前行，就上疏汉章帝，大讲特讲汉朝不可能平定西域。同时，他还诋毁班超人品，说班超在西域“拥爱妻，抱爱子，安乐外国，无内顾心”。

汉章帝不是昏君，知道班超这么多年在西域劳苦功高，马上下诏切责李邑：“纵超拥爱妻，抱爱子，思归之士千余人，何能尽与超同心乎？”

切责李邑的同时，汉章帝还玩个绝招，下令李邑到达西域后听从班超节度。其实，汉章帝之意，是给班超机会，让他杀掉李邑解气。

班超是个识大体的英雄，他并没有留下李邑，而是派遣李邑带着乌孙侍子返还京师洛阳。为此，徐干劝说班超：“李邑先前上疏皇帝诋毁您，欲败国家平定西域的大事，如今您干吗不按照皇帝旨意把他留在当地处理掉呢？您完全可以派别人护送乌孙质子返归洛阳呵……”

为此，班超慨言：“是何言之陋也！以（李）邑毁（我班）超，故今遣之。内省不疚，何恤人言！快意留之，非忠臣也。”

由此，可见班超心胸之宽广，凡事以国事为重，不报私仇，不计私怨，确实是汉朝的鼎鼎忠臣。

元和元年（84 年）年底，汉章帝为了增强西域汉军实力，又派出和恭等四人率领八百士卒支援班超。和恭等人率军，一路不停，很快抵达于阗。此时，班超手下共有汉兵一千八百多人。西域区域广大，仅凭这些兵力，班超深知一时间难以击破莎车。

于是，班超就开始调发于阗、疏勒两国兵马和汉军合军，共同进攻莎车。

莎车国为了抵抗汉军，就以重金诱劝疏勒王“忠”叛汉。这位疏勒王，全然不记先前为班超所扶立的恩德，竟然为了区区小利，率兵西走，背叛了汉军，盘踞在乌即城固守。

疏勒王“忠”叛跑了，班超就改立疏勒原先的府丞“成大”为疏勒王。同时，他还调发未反叛的疏勒兵士，不停攻打“忠”所盘踞的乌即城。然而，乌即城非常坚固，汉军、疏勒联军打了半年也没打下来。

不久，情势有变，康居国派遣精兵前来救援前疏勒王“忠”。如此，情势大异，稍有不慎，汉军和疏勒联军就会被康居和疏勒叛军来个反包围。

当时，和汉朝关系亲密的月氏国刚和康居国结成姻亲，于是班超开展金帛攻势，派人赏赐给月氏国国王大量金宝，让月氏国奉劝康居不要和汉军为敌。

康居王顾念姻亲之谊，得到月氏国王的书信后，不仅撤走了救援前疏勒王“忠”的援军，顺便还把叛汉的“忠”当作“战利品”裹胁归国。

眼看康居援军和国主“忠”都人间蒸发了，乌即城内的疏勒叛军陷入绝望，很快就向汉军和疏勒联军投降。

汉章帝元和三年（86年）秋，前疏勒王“忠”估计情商还不算低，不知如何说动了康居王，后者竟然借给他几千精兵，保护他返回疏勒，意图复国。

这位“忠”带着几千雇佣兵离开康居都城之后，就屯兵于损中（在疏勒西北，接近康居国国境）。他一边观察形势，一边秘密和龟兹联系，同时派遣使者向班超诈降。

班超何等人，早知这位前疏勒王的阴谋，就假装接受对方的归附。

前疏勒王“忠”大喜，毕竟先前被班超扶立，和这位大汉使者有过一段“蜜月期”，天天一起喝酒吃肉的，感情还算不浅。于是，他得到班超允许降附的答复后，率领手下亲信数十人前往班超营帐拜谒。

酒席宴间，班超早已布设重重伏兵。酒过三巡，羊肉羊腿吃足，班超突然摔杯，下令手下把前疏勒王“忠”和他手下尽数绑缚。班超面数其罪，然后把这位倒霉的王爷推到帐前斩首。

肚内羊肉和酒还未消化，这位不忠的前疏勒王“忠”就身首异处了。

杀人之后，班超不敢怠慢，即刻挥军，击破没有任何准备的疏勒王“忠”所借之康居精兵，斩首七百多人。由此，西域南道再次被汉军打通。

章和元年（87 年）十月，班超调集于阗等国兵卒共两万多人，在汉军率领下进击莎车。龟兹国王也赶忙应付，征发温宿、姑墨、尉头等诸国军士五万多人急救莎车。

眼见众寡不敌，班超召集汉军部将和于阗王等人，在大帐内紧急商议对策。班超说：“我们如今兵力寡弱，只有以退为进，于阗军队从这里东撤，我率汉军和部分联军军队西走，从而诱使敌人分兵。到夜间，我们击鼓为号，同时分兵出发。”

计策已定，班超还故意派手下放松了对龟兹俘虏的看管，使得他们有机会逃回本军，汇报汉军和于阗军队撤离的动向。

龟兹王得知班超和于阗军队即将撤兵，大喜，就命令温宿王率领八千骑兵在东边截击于阗军队，龟兹王自己亲率一万多骑兵在西边伏击班超。

探知敌军分军独立成营，已开始向东西两方向分兵出动，班超马上命令手下各部秘密集中。待到鸡鸣之时，包括于阗军队在内，一起驰赴莎车军大营。

汉军缩指成拳，忽然在凌晨时分攻打莎车军队，一下子就把对方打蒙了。

得势不饶人，班超指挥联军追杀莎车军队，共斩首五千多级，缴获敌军大量马畜财物。就此一战，莎车国大败而降，龟兹、温宿等诸国军相继败走。

击降莎车之后，班超更是威震西域。

汉军高兴了没多久，事端又起——月氏大军七万多人，汹汹而来，似乎想一举攻灭汉朝在西域的军队。而此时班超所率的汉朝、西域诸国联军，总兵力也不过三万左右。敌我兵力对比悬殊。

那么，月氏人何故来攻打汉军呢？

我们知道，大月氏部族最早居于敦煌一带，早先他们被匈奴冒顿单于击败后，西迁到今天的阿富汗地区建立了大月氏国，逐渐成为西域地区大国之一。

班超经营西域之时，月氏国还曾经派出军队，帮助汉军击降车师有功。尔后，月氏国还派出使节，准备向洛阳的东汉朝廷贡奉珍宝、符拔（形似麟而无角的一种当地动物）和狮子等方物。同时，他们想请求汉廷赐给他们一个公主当“国母”。

不过，月氏使臣不可能直接到达洛阳，其间要得到班超的允许。看到疏奏上有“求汉公主”的条文，班超冷笑，何等小国，敢效仿匈奴！于是，班超拒还其使。

求婚遭拒，月氏王大为怨恨。汉和帝永元二年（90年），月氏国王遣其副王“谢”，率兵七万进攻班超。

当时，班超驻军疏勒，其手下汉军加上南道诸国能够调集的兵力，总数加起来也只有三万。面对汹汹而来的七万月氏精兵，班超手下大恐。

审时度势，班超安慰手下部众说：“月氏兵力虽然众多，却长途跋涉数千里翻越葱岭而来，其运输补给不济，没什么可怕的！我们只要坚壁清野，敌军肯定会粮尽兵疲，不过数十日，胜负定判！”

果然，月氏国副王“谢”率兵抵达疏勒国境之后，就指挥大军向班超等人的汉军据点进攻。汉军乘城据守，以逸待劳，月氏军队久攻不下。七万大军，人吃马嚼，月氏大军的军资消耗将尽，四处掠略又一无所得。很快，月氏军队开始恐慌。

根据当时的情势，班超断定，月氏大军粮食断绝之后，肯定会携带重礼去龟兹国请求救援。于是，班超在月氏赶赴龟兹的东界必经之途埋伏数百汉军，准备截击月氏借粮借兵的使者。

果不其然，月氏国副王“谢”很快就派遣使团携带金银珠宝前往龟兹求助，行至半路，正遇班超伏兵。结果，这些求援的使团被埋伏汉军斩杀殆尽。

忧心如焚的月氏国副王“谢”正和汉军对峙，忽然有班超使者出城，捧着一个匣子，说汉朝大将有礼物相送。

惶恐之间，月氏国副王“谢”打开了匣子，瞧了一眼，他一下子就蒙了：这不是我刚刚派出去向龟兹国求粮的使者脑袋嘛……

大惊之余，这个胡人还是挺聪明的，马上遣使，向班超请罪，希望自己手下七万大军能够活着回到月氏国境。

班超表现极为大度，接受了月氏国副王“谢”的投诚申请，纵遣月氏军队归国。

月氏国副王“谢”和他手下七万大军归国后，成为大汉朝的义务宣传员，大讲特说汉军的神勇，使得月氏国人无限震恐。由此，月氏岁岁派遣使臣向汉朝贡献礼物，奉汉朝正朔。

兵不血刃，不战而屈人之兵，谈笑之间，月氏七万大军恐惧而退，班超大英雄，可谓达致了他人生的顶峰！

班超逼退月氏国七万大军之后，西域北道诸国中，还有焉耆、危须（今新疆焉耆东北）、尉犁（今新疆库尔勒东北）、龟兹、姑墨、温宿等国，尚未对汉朝臣服。

由于畏惧汉朝神威，汉和帝永元三年（91 年），龟兹、姑墨、温宿三国就遣使派员，向汉朝表示降服。

当时在位的汉和帝，为表彰班超等人的战功，拜班超为“西域都护”、徐干为“将兵长史”，并以长年在洛阳为质子的白霸为新龟兹王，派姚光率兵送白霸归国。

姚光到达西域后，与班超合兵，以武力胁迫龟兹国人废掉了原先匈奴拥立的国王尤利多，扶立白霸为龟兹新王。由于当时北匈奴已被东汉大将窦宪彻底击败，龟兹王尤利多没有匈奴作为依恃，所以龟兹国人只得向汉朝降服，接受新王。

龟兹大定之后，西域还有焉耆、危须、尉犁三国未降服汉朝。汉和帝永元六年（94年）秋，班超调集龟兹、鄯善等八国大军七万多人，准备一举平定三国。

焉耆、危须、尉犁这三个小国，处于西域北道的中央地带。其中尉犁偏南，危须偏北，而焉耆居于中间，军势也最强大。

班超依旧是连打带拉的策略。他率领大军进至尉犁边界后，就派人向三国宣告说：“大汉西域都护到此，目的是前来镇抚三国，如若你们能够认清大局，重新投汉，就赶快让你们的首领前来亲自迎接汉军，接受汉朝赏赐。大汉专门赏赐国王彩缎五百匹，事毕，立刻纵遣来人归国。”

听说有这么大的好事儿，又惧怕汉军军威，焉耆王“广”就派遣他的左将“北鞬支”携带牛酒，前往迎接班超。

班超见焉耆王“广”没有亲来，心里也气，就对“北鞬支”说：“你是匈奴在焉耆的侍子，但现在掌握焉耆国大权，我作为大汉西域都护来此，焉耆国王竟敢不亲自迎接，肯定都是你的罪过呵。”

听班超一顿数落，“北鞬支”恐惧，伏地叩首求哀。

班超手下不少人都建议，即时杀掉这个匈奴在焉耆的代理人。

班超摇头。他低声对身边属下说：“此人之权，比焉耆国王还大。今未入其国而杀之，肯定使得焉耆国王生疑，在国境内设备守险，如果这样的话，我们汉军联军很难攻克他们的城池了！”

于是，班超依旧对“北鞬支”和焉耆国王加以赏赐，然后遣其回归。

班超率大军进至尉犁，焉耆王“广”和他手下大臣前往当地迎接班超一行，并奉物珍宝。即便如此，焉耆国王依旧首鼠两端，对班超心存犹疑。

由于焉耆国濒临秦海（今新疆博斯腾湖），其国内水泽纵横。为了阻止汉军进入焉耆国境，焉耆王就命令手下人拆毁了一座直通国内的苇桥。

班超见机行事，命令联军部队迂回行进，从另一个方向涉水而过，然后急行军，赶到距离焉耆首府二十里的大泽地带，开始扎下大营。

双方正“礼尚往来”谈判着，班超忽然统率大军兵临城下，焉耆王“广”惊骇异常，准备将其部众紧急撤至焉耆山中加以防守。此时，焉耆国内有个贵族，也就是时任“左侯”的元孟坐不住了，他派人把焉耆城内的动向秘密汇报给班超。

元孟是焉耆人，他为什么心向汉朝呢？原来，这个元孟作为焉耆贵族子弟，先前一直在洛阳为质子，深受汉朝文化熏陶，知悉汉朝国力强大。

为了进一步迷惑焉耆王“广”，班超做出了一个令人惊奇的举动。他当众下令，把元孟派来的使者斩首示众。此举，目的在于让焉耆王“广”相信班超和他的汉军根本不听信元孟之言。

经班超如此“表演”，焉耆王“广”的警戒心就松弛下来。

一切布置就绪后，班超就约西域诸王会盟，宣告届时自己将代表中央政府对西域诸国国王大行赏赐。

得知有大便宜占，焉耆王“广”、尉犁王“汎”以及“北鞬支”等三十多国国王和贵族踊跃前来，准备接受汉朝的赏赐。但焉耆国的国相“腹久”等十七个大臣，由于一直撺掇国王拒汉，害怕被班超诛杀，相继逃入海（今博斯腾湖）中隐匿。同时，那个危须王也提前逃走，不敢参加汉朝组织的“联欢大会”。

即使跑了数人，与西域大局无碍。班超紧密布置，按期大会诸国国王。

宴会开始，众人依礼入痤。

班超举杯欲言，忽然变脸大怒，责斥焉耆王“广”：

> 危须王何故不到？腹久等所缘逃亡？

没等焉耆王“广”申辩，班超就命令手下吏士逮捕焉耆王“广”和尉犁王“汎”等人，将其皆斩于西域都护陈睦先前被害之地，然后传首京师。

机不可失。班超命令汉军和西域诸国联军集结，继续追歼焉耆等国逃亡军队，斩首五千多级，生俘一万五千人，捕获牲畜三十多万头，并在焉耆扶立心向汉朝的元孟为焉耆王。

平定焉耆等国后，班超率领大军留驻当地半年，在慰抚百姓的同时，继续建设镇抚据点，宣扬汉朝威仪。至此，西域五十余国，全部向东汉王朝称臣纳贡。西域南北两道，皆归附于大汉旗帜之下。

为此，汉和帝下诏褒扬班超功绩，记功封侯：

> 往者匈奴独擅西域，寇盗河西，永平之末，城门昼闭。先帝深愍边萌婴罗寇害，乃命将帅击右地，破白山，临蒲类，取车师，城郭诸国震慑响应，遂开西域，置都护。而焉耆王舜、舜子忠独谋悖逆，恃其险隘，覆没都护，并及吏士。先帝重元元之命，惮兵役之兴，故使军司马班超安集于阗以西。
>
> （班）超遂逾葱领，迄县度，出入二十二年，莫不宾从。改立其王，而绥其人。不动中国，不烦戎士，得远夷之和，同异俗之心，而致天诛，蠲宿耻，以报将士之仇。《司马法》曰：“赏不逾月，欲人速睹为善之利也。”

其封（班）超为定远侯，邑千户。

至此，从73年随窦固出征，到92年任西域都护，而后连续十年坚守，班超在西域驻守达三十年之久。

三十年间，班超神勇非常，多次以少胜多、以弱胜强，创造了大汉王朝续张骞之后的另一个西域传奇！

和帝永元十二年（100年），班超病重。由于久在绝域，年老思土，他上疏朝廷，请求回到洛阳：

臣闻太公封齐，五世葬周，狐死首丘，代马依风。夫周齐同在中土千里之间，况于远处绝域，小臣能无依风首丘之思哉？蛮夷之俗，畏壮侮老。臣超犬马齿歼，常恐年衰，奄忽僵仆，孤魂弃捐。昔苏武留匈奴中尚十九年，今臣幸得奉节带金银护西域，如自以寿终屯部，诚无所恨，然恐后世或名臣为没西域。

臣不敢望到酒泉郡，但愿生入玉门关。

臣老病衰困，冒死瞽言，谨遣子（班）勇随献物入塞。及臣生在，令勇目见中土。

书上近三年，得不到汉廷批准。为此，班超同母妹班昭亲自上书汉和帝，辞极哀惘，要求皇帝把哥哥调回。

汉和帝览奏叹息，倍受感动，下诏同意班超回朝。

永元十四年（102年），班超回到洛阳。至此，他已经在西域为汉朝打拼了三十一年之久！

班超回朝后，朝廷拜他为“射声校尉”。由于长年劳苦于绝域，班超身体极其衰弱，回到洛阳仅仅一个月，就病重而亡，终年七十一岁。

班超从西域回洛阳后，继任西域都护的大臣任尚、段禧等人均因缺乏谋略，造成西域祸乱频频。到了永初元年（107 年）六月，由于国力衰弱，东汉朝廷内部放弃西域退守玉门关的主张甚嚣尘上。为此，汉安帝一度下诏罢“西域都护”，召回伊吾、柳中屯田吏士。

其间，北匈奴残部以乌孙等国为基地，不断出兵侵扰西域，甚至袭扰东汉的河西地区。119 年，东汉敦煌太守曹宗强烈建议朝廷出兵伊吾，招抚西域。汉安帝思前想后，最终同意，派遣敦煌长史索班率领千余人出屯伊吾。望见汉朝旗帜，西域的车师、鄯善等国望风归附。

岂料，数月之后，北匈奴和车师军队攻杀敦煌长史索班。为此，洛阳朝内一些大臣再次强烈要求放弃西域。

敦煌太守曹宗坚持要求朝廷出击匈奴，复通西域。当时执政的邓太后虽然身为一妇人，但也支持这个建议。由于西域道远费巨，朝廷确实没有必胜把握。于是，在邓太后建议下，汉廷就召班超之子班勇到宫内参加大臣会议，加以询问。

班勇在西域长大，颇具其父勇武之风，熟谙西域情况，他强烈要求朝廷派出军队，重新占领西域要地。

东汉由于国内十多年来镇压羌人起事，而兵疲财尽。为此，汉安帝延光二年（123 年），东汉朝廷以班勇为西域长史，率兵五百出屯柳中。

以此区区五百人经营西域，确实勉为其难。

班勇到达西域后，由于手下兵寡，根本没有任何奢望。他率人在柳中屯军后，只是想在玉门关外先为东汉建立一个前哨基地，瞻望河西四郡而已。

但形势的发展，出人意料。班勇到达西域后的第二年，西域诸国望风而至。不仅鄯善国归附，连龟兹王白英也率姑墨、温宿到汉营投降。手下有兵胆力豪，班勇高举汉使节帜，率西域各国步骑万余人，在车师前王廷击败匈奴伊蠡王，恢复了车师前部。

延光四年（125 年），班勇调发敦煌、张掖、酒泉六千精骑，配合

青铜匈奴人像

鄯善、疏勒、车师前部等国联军，猛攻车师后部，俘获车师后部王“军就”和监国的匈奴使节，把被俘诸人押送到索班战死之地全部斩首处决。至此，终于为先前被杀的汉朝敦煌长史索班报了仇。永建元年，班勇还改立车师后部昔日国王的儿子“加特奴”为王。

车师等六国平定后，班勇不失时机，率领诸国联军直捣匈奴老巢，打得匈奴呼衍王逃至枯梧河，其众二万余人皆降。此次大战胜利，汉军联军还生俘了单于一位堂兄。为此，班勇命令刚刚扶立的车师后部国王“加特奴”手斩了这位匈奴贵族，此举目的，就在于“以结车师匈奴之隙”。班勇如此“以夷狄攻夷狄”的精明政治手腕，可谓深得其父班超神髓。

混战之间，北匈奴单于曾经亲率万余精骑深入车师后部救援，行至金且谷，被班勇派去的汉将曹俊候逮个正着。曹俊阵斩匈奴贵族骨都侯。单于最终狼狈引退。从此以后，车师辖地再也见不到任何匈奴骑兵的踪迹。西域诸国，复归大汉统辖之下。

但自汉安帝以后，东汉统治日益腐朽。汉灵帝时期，宦官专权，东汉政治腐败至极。在西域地区，由于少了匈奴这个汉朝几百年来最看重的竞争对手，汉廷对其注意力不再。由此，西域各国离心力也日益加强。西域内部那些实力较强的城国开始自相攻伐，大国不断兼并小国。同时诸国攻伐纷纷，就不再听从东汉政府的政令。

元嘉二年（151 年），东汉西域长史王敬受拘弥王“成国”的欺骗，贪功杀死于阗王“建”；于阗将领“输僰”愤怒，率军攻杀王敬；于阗国人又杀死“输僰”，立“建”的儿子“安国”为王。为此，敦煌太守马达闻讯欲出兵于阗问罪，当时的汉桓帝不许，另派宋亮为敦煌太守。宋亮到任后，劝诱于阗把已死的“输僰”人头献上，此事不了了之。

建宁元年（168 年），疏勒内乱，王族互相攻杀；建宁三年，东汉凉州刺史孟陀派任涉等人率西域各国三万多人马围攻疏勒桢中城，竟然连攻四十余日不下，最后无奈撤围。至此，东汉朝廷在西域已经当不成

“仲裁者”，其实力和影响力日渐衰微。

后来，东汉内部持续动乱，再无能力保持对西域地区的控制……

往事越千年！

回溯东汉对西域的统一，英雄班超的超凡事迹，确实让我们无限神往。这位投笔从戎的伟大汉人先辈，自东汉明帝永平十六年（73年）出使西域起，直到东汉和帝永元十四年（102年），率领汉朝吏士在西域绝远之地，奋战了整整三十一年！

三十多年间，他威服鄯善，逼降于阗，巧服莎车、疏勒，击降强国龟兹，率领联军平定月氏和焉耆，最终为东汉王朝统一了整个西域地区。

细读班超在西域拼死力战的事迹，我们能够明显感受到，历史中那些对国家、对人民披肝沥胆、奋不顾身的伟大人物对于历史的走向所起到的至关重要的作用。没有他们伟大的个人英雄主义表现，就不可能有东汉重整西域这项名垂千古的历史伟业！

当然，身在绝域，暮年求还，班超英雄迟暮的这一幕，也让我们从人性的软弱中感觉到伟大人物血肉人生的真实。为此，当我们今天诵读宋人徐钧《班超》一诗时，更是别有一番滋味在心头：

人生适意在家山，万里封侯老未还。
燕领虎头成底事，但求生入玉门关。

豺狼当路，安问狐狸！

东汉大将军梁冀一族的盛赫与凋零

鸢肩公子二十余，齿编贝，唇激朱。
气如虹霓，饮如建瓴，走马夜归叫严更。
径穿复道游椒房，龙裘金玦杂花光。
玉堂调笑金楼子，台下戏学邯郸倡。
口吟舌话称女郎，锦袪绣面汉帝旁。
得明珠十斛，白璧一双。
新诏垂金曳紫光煌煌。
马如飞，人如水，九卿六官皆望履。
将回日月先反掌，欲作江河惟画地。
峨峨虎冠上切云，竦剑晨趋凌紫氛。
绣段千寻贻皂隶，黄金百镒贶家臣。
十二门前张大宅，晴春烟起连天碧。
金铺缀日杂红光，铜龙啮环似争力。
瑶姬凝醉卧芳席，海素笼窗空下隔。
丹穴取凤充行庖，玃玃如拳那足食？
金蟾呀呀兰烛香，军装武妓声琅珰。
谁知花雨夜来过？但见池台春草长。
嘈嘈弦吹匝天开，洪崖箫声绕天来。

天长一矢贯双虎，云靶绝骋聒旱雷。
乱袖交竿管儿舞，吴音绿鸟学言语。
能教刻石平紫金，解送刻毛寄新兔。
三皇后，七贵人，五十校尉二将军。
当时飞去逐彩云，化作今日京华春。

（李贺《荣华乐》）

唐朝有“鬼才”之称的杰出诗人李贺，辞彩绚烂，极尽铺陈，把东汉外戚梁冀一家炙手可热的权威、奢侈淫迷的生活以及富贵荣华的景象，用此首长诗进行了高度的概括和凝缩。

此诗，从梁冀长相言起，写及他气如虹霓的嚣张，描绘出他玉堂调笑的放肆，九卿百官见之畏慑的气势，黄金百镒赐予家仆的豪爽，瑶姬疱凤的奢侈，三皇后、七贵人、五十校尉二将军的家族贵盛，最后，所有这一切均为本诗最后两句全然化解：

当时飞去逐彩云，化作今日京华春！

东汉顺帝汉安元年（142 年），皇帝为了装装样子，诏遣八位使臣行巡天下，罚惩奸佞，奖掖清忠。这八位时称“八俊”的使臣大多是天下闻名的宿儒，只有张纲年纪最轻、官位最低。其余七人受命上路，唯独张纲埋其车轮于洛阳都亭，慨然说：

豺狼当路，安问狐狸！

于是他立即上奏大将军梁冀“肆无忌惮、贪污受贿、多树谄谀、陷害忠良”等十五项大罪。

书奏，京师震竦，百官惴惴。

不仅仅因为梁冀是总揽朝廷大权的大将军，还在于他一个妹妹是当朝太后，另一个妹妹还是顺帝皇后。所以，大将军梁冀，籍椒房之亲，内宠正盛，梁氏一家又姻亲满朝，盘根错节，不可一世。

忠孝传家的梁氏一族

梁冀此人，绝非那种市井之徒出了个漂亮女儿嫁给皇上就鸡犬升天的暴发户。其五世祖梁统在东汉光武帝即位后就归顺，封高山侯、拜太中大夫，常常上书言事，劝皇帝立君之道，以仁义为主。

梁统后来到九江任太守，清廉刚正，当地人畏而敬之。梁统死后，其子梁松袭侯，娶光武帝刘秀的女儿舞阴长公主。梁松博通经书，常与皇帝一起议定礼仪，宠幸莫比。

汉光武帝驾崩，遗诏辅政。“一朝天子一朝臣”。汉明帝继位后，梁松受到弹劾，说他怀私推荐官员，事发被免官，后来又牵涉写匿名书诽谤，结果被下狱论死。

梁松的弟弟梁竦在哥哥犯事后也被牵连，贬放到南方九真一带，后被召还，整日闭门著书。史载梁竦志向远大，常常叹息：“大丈夫居世，生当封侯，死当庙食。”但他一直没有机会报效国家。

梁竦有三儿三女，其中两个女儿都被汉章帝纳为贵人。小梁贵人生下个孩子，就是以后的汉和帝。当时，汉章帝正宫窦皇后自己生不出孩子，就把小梁贵人的儿子抱养为己子。梁竦一门听说此事后，暗自称庆，因为孩子被皇后养为己子，日后肯定有很大机会做皇储。

但是，当时窦皇后一家是最显赫的外戚，怕日后梁贵人的儿子当皇帝对窦家不利，就不断向皇帝进谗言，弄出是非。结果两个梁贵人都被杀掉，进而又牵连到梁竦本人。梁竦也被下狱处死。

这件事，前前后后扯进不少人，连光武帝女儿舞阴公主也被贬徙外方。当时宫廷内许多消息都封锁严密，几乎没什么人知道汉和帝的生母是被杀的小梁贵人。

89年，汉和帝继位。当时，他只以为自己是窦太后儿子。直到97年，即汉和帝永元九年，窦太后病逝后，舞阴公主的儿子梁扈上书，把汉和帝身世挑明。

和帝知道自己的亲生母亲一生如此不幸，悲恸良久，就问大臣怎样处理此事。张酺建议："追封皇帝生母尊号，召录诸舅以官。"

于是，和帝马上下诏追封小梁贵人即自己的生母为恭怀太后，并追封自己的外祖父梁竦为褒亲愍侯，把梁竦被贬到九真的三个儿子梁棠、梁雍、梁翟都封为侯爵，赏赐巨万，宠遇无比。

梁氏一族，从汉和帝时开始发迹尊显。

梁雍的儿子梁商，以外戚原因，年纪轻轻就袭封侯爵。汉顺帝永建三年，皇帝选梁商两个女儿进宫，长女为皇后，次女为贵人，并厚赐这位老丈人驷马大车，进位特进。

阳嘉二年（133年），皇帝又下诏封梁商独生子梁冀为襄邑侯。梁商固辞不受。

据《后汉书》记载，梁商为人诚实雅重，天资聪敏，孝顺父母，兄弟和爱，又"轻财货，不为富积"，是个廉洁不贪的好官。他深知自己以外戚的身份才得以骤升高官，待人更加谦柔和顺。每逢饥年，他还私自出粮赈济贫民，又不对外宣扬这些"小惠"，从未做以权谋私的事情，正所谓"忧人之忧，乐人之乐"，无论从哪方面讲，他都算是个宽厚的彬彬君子。

但是，梁商为人性格懦弱，没有果断的气派，和太监曹腾等人私交甚厚，两个儿子梁冀、梁不疑，也和宫内几个小黄门关系密切。

宫内太监之间关系复杂，相互倾轧，中常侍张逵等人就诬陷梁商和太监曹腾等阴谋废立，向皇帝告状。

汉顺帝一点也不糊涂，愤言道："大将军（梁商）父子我所亲，曹腾等我所爱，必无此谋，肯定是汝辈嫉妒诬陷。”

张逵等人闻言惶急，离开皇帝后就假传圣旨把曹腾等人在宫内逮捕收押。皇帝听说此消息后震怒，命人立刻释放曹腾等人，逮捕张逵和几个兴事的太监，将他们严刑拷打后杀掉。

梁商此次虽然幸免于难，但也是受惊不小。两年以后，梁商病重卧床。他临终嘱咐儿子梁冀等人：“吾本无德之人，生享荣华富贵。一辈子没有为朝廷办什么事情，死后千万不要耗费公款为我营丧。金珠宝玉随葬，于朽骨何益！我死之后，用我平时所穿旧衣收敛，祭奠用常饭，不必用三牲大礼。孝子善述父志，千万不要违背我的遗言。”

梁商死后，汉顺帝亲临其丧，赐以东园秘器陪葬，钱二百万，布三千匹，仍旧按照朝廷礼制厚葬。

梁商一辈子勤勤恳恳，任劳任怨，忠君孝义，说他是君子长者一点也不为过。

骄横跋扈的逆子权臣

梁商病死于永和六年（141 年），未及下葬，汉顺帝就下诏让梁冀接替父职为大将军，拜梁冀的弟弟梁不疑为河南尹。

东汉中央政府机构和西汉差不多，以君主为中心，分为中朝与外朝两个政权机构。中朝，即内朝，是以大司马（加在大将军官号上）为主，辅以左右前后将军、侍中、散骑诸官；而外朝则由三公为主，以下二千石官为辅，直至六百石官。

在东方君主集权制国家，肯定和君主越亲近的人权力越大。所以，两汉的内朝官员权力都高于外朝。举例说来，外朝作为“三公”之一的御史大夫犯了罪，内朝中的大将军就有权去议定处置御史大夫。此外，内朝的大将军，有时候还挂“领尚书事”“平尚书事”“录尚书事”名衔，一下子就把丞相、御史的职权也移到内朝，权力就更大了。而作为内朝宿卫，如果加上个“尚书事”名称，就能够参与朝政机密。所以，两汉行政系统中，自汉武帝以后，丞相其实无实权，朝廷真正的实权，都掌握在内朝大将军兼领尚书事的人手中。

东汉朝廷中，从名义上讲，太傅地位最高，是上公，其次便是三公：太尉、司徒、司空。本来，大将军在三公之下，而且身为大将军，应该必须有军功才配得上。回望西汉，唯有外戚卫青有军功，武帝派使节即军中拜他为大将军。

东汉和帝时代，外戚窦宪讨伐匈奴有大功，也拜为大将军，但彼时窦宪的位置只在太傅之下，比三公要高。到了东汉安帝时，大将军邓骘因带兵打过西羌，地位就和窦宪差不多平级。但到了汉顺帝，梁商一辈子都未上过战场，也没有打过匈奴、西羌啥的，却依旧援照前例，位居三公之上。这种情况，就是因为梁商有裙带关系，人家女儿是皇后嘛。

而梁冀，有样学样，在父亲死后等于是继承了这个位号，在梁氏外戚的力量下，一下子就跃居大将军权位。纵观梁冀一生的官职升迁，完全是权贵子弟的升官路径：初为黄门侍郎，转侍中、虎贲中郎将、越骑校尉、步兵校尉、执金吾，而后便是理论上日后肯定要到中央任要职的河南尹。

《后汉书·梁冀传》这样记载：

> （梁冀）为人鸢肩豺目，洞精矘眄，口吟舌言，裁（才）能书计。少为贵戚，逸游自恣。性嗜酒，能挽满、弹棋、格五、六博、蹴鞠、意钱之戏，又好臂鹰走狗，骋马斗鸡。

虽然两个姑姑、两个姐妹都是皇后、贵人，从遗传学角度讲，按理梁冀应该相貌不差。但据史书记载，梁冀为人鸢肩豺目，即长着往上斜翘的座山雕一样的肩膀，双眼形状如豺狼，而且这位爷还有口吃的毛病，看人时眼光也直愣愣，一点没有古人谦逊内敛的风范。

虽然梁冀不学无术，“才能书计”，仅能写字计数而已，但他在玩方面的天分却极高。由于自小生长于豪门贵戚之家，梁冀不仅嗜爱喝酒，对诸如射箭、弹棋、陆博、蹋球、赌钱等等游戏十分精熟。同时，他还喜欢架鹰放狗、跑马斗鸡。

梁商活着的时候，梁冀年纪轻轻就获任为河南尹的要职。他在任上嗜酒放任，干了不少违法之事。梁商的老朋友洛阳令吕放趁进京的机会，常常提起这位大侄子骄纵不法的事情，梁商挺气愤，就派人去责骂梁冀。

梁冀很气恼，派人埋伏于路，趁吕放回洛阳时，把爸爸的老朋友给刺杀了。

为了打消老父梁商对自己的怀疑，刺杀吕放后，梁冀马上推荐吕放的弟弟吕禹为洛阳令，并对外扬言吕放是被与吕氏平素有过节的仇家所杀。然后，他帮着吕禹带领大批兵马，忽然包围那些全然不知就里的吕氏“仇家”，连带宾客全部杀尽，一举杀掉一百多人。

东汉顺帝汉安元年，皇帝遣使八人巡视天下，就是就出现了本文开头张纲的豪言壮举。

汉顺帝知道张纲的忠直，但毕竟梁冀是皇亲血脉，又是自己舅子，加上梁冀亲党互相庇护隐瞒，最后一切，也都不了了之。

张纲，字文纪，说起他的七世祖肯定吓人一跳，就是辅佐高祖刘邦取天下的留侯张良！虽自小为贵族公子，张纲却操行贞利，刚直不阿。当时，天下盗贼蜂起，以广陵大盗张婴等人最为知名。他十多年来率数万人寇乱扬州、徐州等地，杀掉不少地方官。东汉朝廷一直派兵镇压，却怎么也平定不了。

梁冀恨张纲入骨，但因顺帝明察，一时又下不了手杀他，就趁机举荐张纲为广陵太守，目的就是想让张纲在那个是非之地就任期间，被当地的乱兵和贼人杀掉。

与先前被派去任太守的官员不同，张纲并没有带大量护兵赴任。

他一个人单车赴职，一到扬州，就带着郡府从事寥寥数人，直接赶到张婴的营垒门前要求谈判。

张婴大惊，赶忙关闭营门。张纲为了消除张婴的顾虑，就把郡府官员打发走，只留自己的从人十几个，在门前递入书信，请张婴出来相见。

见张纲太守如此推心置腹，大盗张婴也被感动，就打开营垒大门，拜见这位远近闻名的张大人。

张纲没有一点儿官架子，他请张婴上座，劝嘱道："以前的地方官确实非常贪暴，这才使得你们怀愤相聚造反。地方官确实有罪，可是你们所行之事，从道义上也讲不过去。当今皇上仁圣，只想以恩德降服叛乱之民，所以派遣我到此地，想以爵禄招安诸公，不想以刑杀相威胁。现在，可真是转祸为福的机会，如果闻义不服，天子震怒，四州大军一齐杀到，到那个时候，我想，诸位肯定全军覆没，谁也跑不掉。欲服欲反，请你们大家仔细想想！"张婴等人闻言泣下，说："我们这些荒裔草民，不能向朝廷诉冤，只是因为忍受不了地方官的侵逼，才聚众偷生。如此生存，如同鱼游在锅内，知道时间不长，喘息苟活而已！现在听明公您一席话，真让我们看到生路了。"

于是，张婴请辞还营。转天一大早，他带领部下一万多人连同家属，到张纲府前面缚请降。

张纲单身走入张婴属下人群中，置酒高会，相乐如平生挚交。然后，他散遣先前造反众人，告知对方想去哪里都妥善安排。他还亲自为这些造反的民人选择建房的地点和种田的地方，其中有想进官府效力的，他也一一择才安置。

由此，人情悦服。张纲不费一兵一卒，就把扬州、徐州一带治理得一派平和。

朝廷论功想对张纲封赏，把持朝政的梁冀借故拖延阻遏。

由于辛苦劳累，张纲到任仅一年，就病死于任上，死时年仅四十六岁。

于是，当地百姓扶老携幼，负土成坟。张婴等五百多人亲自背土，把张纲安葬。当地人民自发哀悼这位贤德的父母官，哭喊："千秋万岁，何时复见此君！"

144 年，东汉顺帝崩，时年三十。太子刘炳（母为虞贵人）即皇帝位，时年不到一岁，还在襁褓之中，是为冲帝。在位不到一年，病死。

当时，候选皇帝有清河王刘蒜和渤海孝王之子刘缵。太尉李固等人，劝梁冀等人应该迎立长君，以安天下。但梁冀与妹妹梁太后贪立幼君，以便梁氏家族能够继续把持朝政。于是，他们最终立年仅八岁的刘缵为皇帝，是为汉质帝。

质帝这个小孩子即位后，梁太后非常信任李固，朝政多以委之。

对此，梁冀深为嫉恨，派人写匿名信诬陷李固说："太尉李固假公济私，树立私党。大行皇帝在殡，路人掩涕，李固胡粉饰貌，搔头弄姿，盘旋偃仰，从容冶步，从无哀戚之容。又违诏矫制，作威作福，罪应诛杀。"

梁太后倒是个明白人，看毕便将匿名信扔掉，根本不相信其中言辞。

汉质帝虽然是个小孩子，但非常聪慧，很会识别好坏人。有一次举行朝会，他望了梁冀好大一会儿，忽然大声说："此跋扈将军也！"

梁冀听说后，惊惧交加，生怕这小皇帝长大了会不利于己。想来想去，他就派手下在汤饼中下毒药给小皇帝吃。

小孩子吃了煮饼后，腹内如绞，非常难受，痛苦之余，就叫人把太尉李固召至殿内。

这个时候，小皇帝刚刚中毒不久，还能说得出话。李固问他病因原由，孩子说："吃了煮饼就变成这样。现在我肚里烦闷疼痛，喝了水，兴许还能活下来。"

当时呢，身为大将军的梁冀也在一旁，竭力反对："喝了水就会呕吐，不能喝水。"

其实，如果小孩子喝水呕吐，很可能就把毒素吐掉，又不是鸩毒那种剧毒毒药，呕吐之后，或许这孩子还能活下来。

由于不给水喝，孩子辗转痛苦了好一阵子，小皇帝最终毒发身亡。

质帝这个孩子确实可爱、可怜。《谥法》上讲："忠正无邪曰质。"他太小了，八岁入宫，不知道成人世界的阴险和艰难，也就是说了一句实话，就招来杀身大祸，当皇帝才一年六个月，就被大将军梁冀毒杀。这样的孩子长大，很可能成为东汉的一代明君。

望着聪明伶俐的孩子转瞬间变成了尸体，李固伏尸痛哭。而后，他让人深究病因和御医的责任。

梁冀害怕阴谋败露，更加怨恨李固。

朝臣大集，只能再次商议立新帝的事情。

太尉李固、司徒胡广与司空赵戒都向梁冀表示："天下不幸，频年之间，国祚三绝。今国家事大，应该熟虑！"

大家意思很清楚，就是希望梁冀这次应该扶立长君，不要再弄个孩子坐上皇位。

由此，清河王刘蒜再次为三公所推举。

皇宫内的大太监曹腾曾拜谒过刘蒜，这位王爷对曹腾这位宦官没有十分热情接待，由此宫内的宦官势力都认定刘蒜上台不利于自己。

这位曹腾大家可能记不住他的名字，但日后威名赫赫的曹操可是他的"后人"。按理讲曹腾是曹操的爷爷，可是太监爷爷怎么会生出后代呢，难道是阉割未干净的后果吗？当然不是，而是曹操的爸爸曹嵩过继给曹腾当养子，并且凭太监老爸的关系还弄了个大司农的官当。日后，大文学家陈琳为袁绍在与曹操开战前作檄文，称曹操"窃盗鼎司，倾覆重器。赘阉遗丑，本无懿德，僄狡锋协，好乱乐祸……"，当时，曹操看后又惊又羞，从床上一跃而起，头痛都吓好了。尤其是"赘阉遗丑"四字，把爷爷是阉丑太监一事兜个底掉，真真羞煞人也！

质帝死前，平原王刘翼的儿子蠡吾侯刘志十五岁，梁太后想把自己妹妹许配给他，就叫他从封地来京城相亲。质帝暴崩，这个刘志就成为梁氏家族的人选。

不仅梁氏家族支持刘志，宦官曹腾等人也支持刘志，他们连夜劝说梁冀："大将军您家几世贵为外戚，长期执政，宾客纵横，多有过失。清河王刘蒜为人，威武明断，如果他当上皇帝，大将军您就有大祸临头了呵。不如立刘志，可以长保富贵。"

梁冀点头，大以为然。

转天，朝廷公卿聚在一起商议立帝大事。梁冀气势汹汹，提出要立刘志为帝。

大臣听闻此言，一时间都惊得屏息低头不敢言语。人情势利，这些人见风使舵，很快都齐声附和："一切听大将军安排。"

朝臣中，唯独李固和杜乔坚持原来的意见。梁冀恼怒，他一扬手，厉声喝道："散会！"

下朝后，李固仍继续写信，固请梁冀三思，最终，惹得这位大将军怒气更盛。他进宫对妹妹梁太后晓以"利害"，告诉妹妹如果刘蒜为帝，梁氏家族好日子就到头了。

妇人耳软，怎么也要听哥哥的话。于是，朝廷以梁太后名义，先下诏罢免了李固的官职，然后，梁冀本人亲自持节，以青盖车迎接刘志入宫为帝。

由于当时刘志年纪还小，梁太后临朝听政。

刘志这位皇帝，就是东汉末年非常有名的汉桓帝，与汉灵帝一起，被后世称为乱国之君的典范。

由于梁冀有定策大功，朝廷下诏增封梁冀一万三千户，连几个太监也封了侯爵。又扶立新帝新娶入门的梁太后妹妹为皇后。

可笑的是，梁家两个女孩虽为亲姐妹，姐姐是太后，妹妹是低一辈的皇后。但无论如何，她们都是梁家人。有两个妹妹母仪天下，梁冀权力就更大了。

不久，在梁冀指使下，英明严毅的清河王刘蒜被人诬称与贼勾结妄图称帝，被贬为侯爵后，又被迁到桂阴，不久自杀（很可能是被杀）。

接着，梁冀开始惦记上大臣李固和杜乔了。

建和元年（147年），桓帝即位后，清河有位叫刘文的人不服，就与魏郡刘鲔联合，想拥立清河王刘蒜为帝。朝中大臣李固、杜乔，确实一直赞成立刘蒜为帝，但朝堂上大事为公，他们根本没有参与刘文、刘鲔的活动。但是，阴险狡诈的梁冀却巧妙地将这件事与李固、杜乔联系起来，准备以此来清算这两个政敌。

在立帝问题上，汉桓帝本人就对李、杜早有私怨，如今听说他们两个人又是刘文、刘鲔的同谋者，自然就大加赞和梁冀。于是，李、杜两人被捕下狱。

可李、杜两人都是东汉高官，弟子门生众多，社会舆论也支持他们。李固的学生渤海人王调，竟然戴着木枷上书；河内人赵承等数十人，也集体到宫门外请愿。当时，梁冀的妹妹梁太后怕事情闹大了，被迫放李固出狱。为此，京师人欢喜若狂，齐集街头巷尾，欢呼万岁。

可见，梁冀越迫害李固，李固威望就越高。如此一来，梁冀就更要致李固于死地。

最终，梁冀还是派人重新把李固逮捕入狱，诬以谋逆大罪，和杜乔一起处死，然后还暴尸通衢。这两人，皆以三公之尊，未经正式审讯就被轻易杀掉，可见梁冀的权势已经到达何种地步。

李、杜二人被杀，使得当时天下正直之士大为寒心，故而一时间广泛流传着这样一首歌谣："直如弦，死道边。曲如钩，反封侯"。

梁冀气焰熏天，嚣张无限，确实也让不少人畏惧、退缩。本来，原先与李固一同上书建议立刘蒜为帝的，朝廷中还有司徒胡广和司空赵戒。但当李固和梁冀竭力抗争的时候，他们都畏惧退缩了。为此，李固临刑，还写信给老同事胡广和赵戒，斥责他们说，你们享受着汉王朝的高官厚禄，却眼看王朝覆灭而不顾，难道你们就不怕历史对你们的惩罚吗?!

但是，好人无好报，庸人有厚福。李固暴尸于路，司徒胡广和司空赵戒却因为依附梁冀而被封为安乐乡侯和厨亭侯。

桓帝建和三年（148 年），皇帝与皇太后一同亲临大将军府，梁冀招待家人一般与太后、少帝饮酒为欢。

转年二月，梁太后崩逝，死前下诏归政于已经成年的皇帝。

大丧期间，为安慰大将军，朝廷以皇帝名义增封梁冀一万户食邑，共食邑三万户，封梁冀老婆孙寿为“襄城君”，仪礼等级与长公主相同。看来，梁冀不仅是“化悲痛为力量”，而是化悲痛为钱物封号了。

梁冀的老婆孙寿，也是中国历史上有名的坏女人之一。此人善为妖媚蛊惑，其化妆打扮也领一时风气，有愁眉、啼妆、堕马髻、折腰步、龋齿笑等等。这些装扮，即使现在看来都特别前卫。

对于这么一个老婆，梁冀又宠又怕。当时有个监奴出身的漂亮小伙儿名叫秦宫，风流倜傥，梁冀很爱幸（估计两人有龙阳之欢），就把他升为太仓令。这个官儿，想想确实可笑。国家御仓，竟让这么一只贪墨的巨大人耗子管理，硕鼠在仓，不把太仓亏尽才怪!

秦宫暗度陈仓，凭着脸蛋和下半身，和梁冀老婆孙寿也有一手，于是出入招摇，肆无忌惮。刺史级的官员进京回州，都要拜见辞谢他。狗仗人势，依靠梁家势力，秦宫卖官鬻爵，不可一世。

梁冀和孙寿这两个人，确实非常另类、非常超前，在近两千年前的东汉，夫妻两个就玩“分居”。这对狗男女对街为宅，大兴土木，互相竞比。数不清的金玉宝物，充斥内宅。

他们的别墅，超出我们今人的想象力。广开园圃，采土筑山，十里九阪，深林绝涧，全是人工所为，有如自然造化而成。这样大的别墅，几乎就是国家森林公园了。其中，满放奇禽异兽，进入游玩，恍如世外桃源仙景。

对此，后汉书如此描述：

冀乃大起第舍，而寿亦对街为宅，殚极土木，互相夸竞。堂寝皆有阴阳奥室，连房洞户。柱壁雕镂，加以铜漆；窗牖皆有绮疏青琐，图以云气仙灵。台阁周通，更相临望；飞梁石蹬，陵跨水道。金玉珠玑，异方珍怪，充积臧室。远致汗血名马。又广开园囿，采土筑山，十里九坂，以像二崤，深林绝涧，有若自然，奇禽驯兽，飞走其间。冀寿共乘辇车，张羽盖，饰以金银，游观第内，多从倡伎，鸣钟吹管，酣讴竟路。或连继日夜，以骋娱恣。客到门不得通，皆请谢门者，门者累千金。

又多拓林苑，禁同王家，西至弘农，东界荥阳，南极鲁阳，北达河、淇，包含山薮，远带丘荒，周旋封域，殆将千里。又起菟苑于河南城西，经亘数十里，发属县卒徒，缮修楼观，数年乃成。移檄所在，调发生菟，刻其毛以为识，人有犯者，罪至刑死。

如此巨大园林中，梁冀、孙寿很会享受，他们两个人常常被人用辇抬着，在苑园里面游玩叹赏，有若神仙。在河南城西面，梁冀还修建一个周围数十平方里的兔苑（中国历史上爱兔第一人，梁冀的爱好真是好生奇怪），这么广大的一片地方，完全禁止闲人进入，里面养的兔子，都一一做上记号，为此，有人不小心误入兔苑，很快就会被官府逮捕杀头。

一次，有个西域的胡商闲来无事，误入兔苑。这大鼻子看见红眼小白兔可爱，就杀掉一只想尝尝鲜。很快，他就被人告发。一帮人气势汹汹冲到驿舍，把这个胡商关进大牢。

审都没审，胡商就被砍头，牵连被杀多达十余人。当时，也没什么外交豁免权。世界上，特别是东亚地区，只有汉朝是老大，诸胡都是来大汉打秋风或者做买卖赚钱的，所以，杀了也白杀。

梁家势力大，掠逼良民百姓几千口为奴婢，还美其名曰：“自卖人”，意思是讲这些人自己想当奴婢，还不要钱把自己卖了！

平时，有官员想见梁冀一面，也得先给看门人大把的银子才有机会入见大将军，以至于梁冀的守门人个个都是大富翁。扶风人士孙奋，是当时有名的亿万富豪，但本性吝啬。梁冀“送”他一乘车马，向他“借”五千万钱。孙奋财迷，知道这钱有去无回，就给出三千万钱。为此，梁冀大怒，天下竟有如此不识抬举之人！于是，梁冀马上派人告发士孙奋私藏奴婢、盗窃公物，一下子就把大富豪一家兄弟几人都关入大狱，拷掠而死后，抄没孙奋家财一亿七千多万。

同时，梁冀的门客也为他在全国各地搜刮奇珍异宝，其间掠夺妇女，殴杀官府人员，无恶不作，但也没人敢为此上书言事。

梁冀老婆孙寿枕边风很硬，竟说动梁冀褫夺自己梁姓一家兄弟子侄的官职，把高官美爵转让给孙寿的家族。对外，孙寿又声称大将军不徇私，举贤避亲。

不仅到要害部门当官，孙家十多个亲戚还假冒官员，在各地逮捕当地富人，诬之以罪，关进大狱，接着让那些富豪家里花巨款把人赎出去，稍微不如意，就在狱里把那些有钱人活活弄死。梁氏家族中，只有梁冀的弟弟梁不疑倒很有家传之风，喜欢经书文士，好客有礼。

为此，梁冀渐渐对亲弟弟也生起疑忌之心，任他为光禄勋的虚职，夺其实权。而后，梁冀还派人在梁不疑门前偷窥，记下所有上门拜访的官员名字。然后，他就上奏这些人有罪，或叛流刑，或于半道杀死。

梁冀专擅朝权，日益骄滋。四方外国贡献之物，都要选取最上等的东西先给梁冀，挑剩下的，才送到皇帝宫内。

朝廷百官升迁，各个也要先往梁冀家里拜谢。临行前，梁冀会告诉官员到任地方后，需要照顾什么人，有不听话、不办事的官员，马上会被杀死或毒死。

当时有位叫吴树的大臣，被朝廷委任为宛令，按照官场规矩，他做官前也到大将军梁冀家里去辞行。宛地是当时南阳地区最繁庶的地方，当地有很多梁冀的宾客，各个骄横。为此，梁冀嘱咐吴树，让他到任后，对他的宗族朋党多多照顾。

吴树是个直率人，当时回答说：“小人奸蠹，比屋可诛。明将军以椒房之重，处上将之位，宜崇贤善，以补朝阙。宛为大都，士之渊薮，自侍坐以来，未闻称一长者，而多托非人，诚非敢闻！”

可见，吴树说得挺好：对那些奸猾贪渎干坏事的小人，关系再近也要诛杀。大将军您身居高位，又是皇后亲兄，理应尊崇贤良的人，以补益朝廷。宛县是大县，士人很多，我坐在您府里这么久，您没说到任何一个贤能的人需要任用，所托多为徇私舞弊的小人。因此，我不敢从命。

吴树说到做到，到任后，他即将梁冀宾客中罪恶累累者杀了几十个。为此，梁冀恨透了他。

吴树名声大，官职也不小，又是外派官员，杀他还挺不容易。后来，梁冀以升吴树为荆州刺史为借口，将他召至府中饯行。酒席宴间，梁冀在酒中置毒。吴树中毒后，暴死在回家途中的马车上。

辽东太守侯猛委任状下发后，没有去梁冀家里道谢送礼，刚上任不久，他就被大将军诬以他罪加以腰斩惨刑。

当时，年仅十九的青年才俊袁著在朝中任郎中，看到梁冀如此横行霸道，就上书皇帝，要求梁冀收敛威权。这下可不得了，他马上被梁冀派人追杀。

袁郎中不得已，装病诈死，让家里人抬棺行葬，最终仍被梁冀的家丁搜捕，活活鞭打至死。

而后，袁著的好友胡武、郝絜也被牵连。胡武一家六十多人被杀；郝絜开始时还逃了一阵，后来，自知不免，就自己抬着棺材，亲自来到梁冀家门前，当众服药自杀，这才保全了一家人的性命。

最为过分的是，东汉安帝的生母耿贵人病死，梁冀派人向耿贵人的侄子耿承索求耿贵人留下的珍玩宝物。怎么说，这耿承也是个侯爵外戚，有点不买梁冀帐，不交出宝物。最终，惹得这位大将军梁冀怒起，竟然罗织罪名，族诛了耿承一家。

从血脉上讲，侯家乃汉安帝嫡亲，竟也被梁冀毫不留情整族杀掉，其炙手可热之权，可见一斑。

烈火烹油的最后结局

汉桓帝刘志，倒是一直对梁冀的拥戴之功心存感激。要知道，汉质帝死时，除清河王刘蒜以外，比他有资格当皇帝的汉室宗亲有的是，而且他爸爸平原王刘翼也因牵涉谋取帝位（邓太后想以他取代汉安帝）被贬河间，降王爵为都乡侯。终赖梁冀兄妹成全，刘志才得以为帝。所以，桓帝不仅对这位大将军有罪不问，还命令朝臣专门召开会议商议特别褒崇梁冀的方法。

几个大臣经过商议，都认为梁冀德比周公，应赐以山川、土地、附庸。由于前朝王莽篡位前有此殊礼，有大臣表示不可。最后，朝廷议定如下：增封邑一万三千户，梁冀子梁胤同时加以封赏，食四县租税，仪比邓禹；入朝不趋，剑履上殿，谒赞不名，仪比萧何；赐金钱、奴婢、车马、衣服、甲第、仪比霍光。每次朝会，位于三公之上；十日一朝，专决大事。并把上述的尊崇之礼宣告天下。

至此，梁冀一门前后有七个侯爵，三个皇后，六个贵人，二个大将军，三个驸马，其余国卿、军将、府尹、校尉五十七人，贵盛已极。

富贵如此，梁冀仍旧以为恩礼太薄，十分不高兴。

汉桓帝的皇后梁氏依仗姐姐梁太后和兄长大将军梁冀的威势，在宫内恣极奢靡，其仪服宫殿，都超过前世任何皇后；她又特别妒忌，宫内其余嫔妃基本没机会见皇帝的面。

但自从姐姐梁太后病死后，小梁皇后恩宠顿衰。从此，宫内完全就是汉桓帝一人说了算。可能现在的人不太明白，大梁太后活着，就那

女侍立陶俑

么重要吗？是的，非常非常重要。大梁太后虽然比皇帝大不了许多，但按礼法却是母后。汉朝以孝治天下，以太后废皇帝，是非常简单的事情，梁太后让大臣草拟个诏书就可以办到。前车有鉴，西汉时的昌邑王刘贺，就是被霍光以上官太后的名义废掉帝位的。

对此历史故事，桓帝心里清楚得很。

由于自己没能生下孩子，小梁皇后内毒攻心，宫人当中每有怀孕的，她就派人把母子一同弄死，让堂堂汉天子殒落了不少龙种。桓帝心中怨恨，但又迫于大将军梁冀的权力太大，不敢明面谴责，就只能对这位小梁皇后避而不见，惹不起，还是躲得起。

小梁皇后又是个气犊子，眼见皇帝连自己边儿也不沾，气怒成疾，一命呜呼。延熹二年（159 年），梁皇后死，这时桓帝已二十八岁，为帝十三年，也在宫内有了自己的羽翼。

前一年，延熹元年，正好有日食。这种普通的天文现象，在古代是吓人的大事，被认为是上天警告皇帝为政有过。当时，太史令陈授就通过小黄门徐璜对汉桓帝讲：“日食之变，是上天警告大将军梁冀为过太多。”

梁冀知道此事后，暗中授意雒阳令诬陷陈授犯法，将其逮入大狱杀掉。太史令虽是个礼官，但职位很重要，而且与皇帝关系密切。汉桓帝由此深恨梁冀。梁、刘两家的蜜月期完全结束。

不过这个皇帝与权臣的“蜜月期”也确实够长，从桓帝建和元年（147 年）算起，有十二年之久。对于梁冀本人来说，他独揽朝纲的年头，已有十九年之久。

期间，梁太后、梁皇后两个妇人作威宫内，梁大将军总权于外，还算汉桓帝刘志精明小心，没有像汉质帝那样被毒死掉。

小怨闲仇一件件积聚，已经成年却一直未握权柄的汉桓帝终于想除掉这位大将军了。趁一次上厕所的机会，刘志问一个叫唐衡的小宦官，想知道朝内外与梁冀不和的人有谁。唐衡想了想，说有中常侍单超、徐璜以及黄门令具瑗等。

可能有读者看到此处疑虑：堂堂一个皇帝，如此大事怎会蹲在厕所里偷偷摸摸与宦官商量？因为，梁冀把握朝权近二十年，耳目众多，眼线遍布，许多宦官、御林兵、宫女等都是他的“暗探”，汉桓帝稍有不慎，肯定立见废杀。

单超、徐璜等人于内殿入见，桓帝说“梁将军兄弟专权，迫胁内外，朕现在想除掉他，爱卿们以为如何？”

几个宦官连声称是，都说梁冀是奸臣当诛，并恳劝皇帝下定决心，不要中途改变主意。

桓帝为此也下决心，说：“奸臣当国，必诛不赦！”

如果梁冀稍微消停一下，可能汉桓帝还是要迟疑一阵子的，毕竟梁氏家族势力遍布天下，诛除梁冀，绝非一件简单的事情。但是，就在桓帝犹疑之际，又发生了这样一件事情，使得桓帝忍无可忍——大将军梁冀，派人要杀贵人邓猛的母亲！

邓猛，名字听上去挺猛，其实是个美人。这美人的父亲叫邓香。邓香死后，其妻又嫁给了梁纪。这个梁纪和梁冀不是同族，乃梁冀老婆孙寿的舅父。美人邓猛既然为桓帝所爱，就被升为贵人。梁冀为了继续巩固梁氏家族在内宫的势力，就认邓猛为干女儿，让邓猛改姓为梁。鉴于西汉末期外戚家族纷纷凭借家里女人上位得势，也鉴于自己一生发达的经历，梁冀左思右想，又怕日后邓猛的家族得势之后，后来居上，进而对自己梁氏家族不利。所以，梁冀想得还挺远，就派人先把邓猛姐夫、议郎邴尊给杀了。然后，他又要把邓猛足智多谋、心机深厚的妈妈也杀掉。

邓家宅邸在延熹里，府邸和中常侍袁赦家相邻。梁冀指使的刺客要杀人，就先登上袁赦家的屋顶，想经过袁敞家到邓家。大概刺客蹬落屋瓦数片，袁赦发觉，赶忙让家人鸣鼓会众，大声嚷嚷，以此来警告邓家。

邓猛的母亲得知梁冀派刺客来杀自己，吓坏了，老太太赶紧入宫，向汉桓帝痛哭，希望桓帝保自己一命。

邓猛那个美人也是梨花带雨，哭哭啼啼，哀求桓帝救救自己一家人……

至此，桓帝也急眼了。

先下手为强！

梁冀这厢，也听闻单超等人与皇帝秘密关门合议的事情，又听说邓家老太太跑入宫内，就派中黄门张恽带禁军进入宫内把守。

具瑗斥责张恽“擅自入殿，欲图不轨”，命人逮捕了他。

见事已发，桓帝亲御前殿，召诸尚书入见，分遣兵士守御皇宫，派具瑗率内庭禁卫一千多人与司隶校尉张彪一起包围了梁冀府第，收缴其大将军印绶。

由于事起仓促，不可一世的大将军梁冀，终于感觉自己末日来临。箭矢嗖嗖，门外喧哗，深知自己罪恶滔天，梁冀还挺聪明，就与老婆孙寿双双饮毒自杀。

除梁不疑先前已经病死外，梁家、孙家三族无论男女老少全被抓到闹市砍头，无一幸免。接着，桓帝还杀掉与梁冀亲善的大臣数十人，免黜梁家故吏、门人几百人，朝廷为之一空。

桓帝又没收梁冀家财三十亿，捣毁他所建的宫苑园林。“宫府市城鼎沸，数日乃定，百姓莫不称庆。”

梁冀骄横跋扈近二十年，似乎举国无人。最后，被架空的皇帝蹲在厕所里与小黄门密谋定计，而一个宦官具瑗竟最终轻而易举解决了梁冀，已可想见东汉末年的国运。

权臣除去，太监当权

单超、徐璜、具瑗、左悺、唐衡，这五个宦官，皆得大封赏。单超封新丰侯，赐食邑二万户，徐璜封武原侯，具瑗封东武阳侯，各赐食邑一万五千户，赐钱各一千五百万；左悺封上蔡侯，唐衡封汝阳侯，各赐食邑一万三千户，赐钱各一千三百万。

这五人同日封，时人谓之“五侯”。桓帝又封小黄门刘普、赵忠等八人为乡侯。从此，权归宦官，朝廷日乱。

杀掉梁冀后，桓帝的首席宦官单超很快就得病，桓帝遣使者在病床前拜他为车骑将军。单超病死后，桓帝“赐东园秘器，棺中玉具，赠侯将军印绶，使者理丧。及葬，发五营骑士，侍御史护丧，将作大匠起冢茔”。

如果我读史书不细看被赐者姓名，单看皇帝举动，以为是汉武帝给霍去病办后事呢……

单超死后，四侯专横，天下为之语曰：“左回天，具独坐，徐卧虎，唐两惶。”两惶者，意即持两端而任意，比喻权力之大。

这四个公公，竞起第宅，楼观壮丽，穷极技巧。金银罽旄，施于犬马。而且，在皇帝怂恿下，这些公公们多取良人美女以为姬妾，珍饰华侈，连奴仆都乘牛车，身后有警卫跟从。至于四个太监的兄弟姻戚，都在州郡当官，敲剥百姓，与盗贼无异。

这群宦官比梁冀更凶恶，以诛杀良臣忠贞为乐事，以卖官鬻爵为常理，持国柄为己物，操皇权如儿戏。如此，汉祚可想而知。

后来，桓帝朝中官员、太学生员与外戚联合起来，反对宦官当权。

为此，昏庸荒淫的汉桓帝竟然下诏逮捕忠臣李膺等二百余人，禁锢终身，史称“党锢之祸”。

所以，汉桓帝刘志这个人，一生沉溺佛、道，沉湎女色，信任宦官，致使东汉王朝江河日下，一天不如一天。

永康元年（167年）十二月二十八日，汉桓帝刘志崩于德阳前殿。第二天，窦太后临朝执政。

桓帝刘志好色无度，荒淫一辈子，却没留下一个子女。刘志谥号也很好玩，群臣上谥为“桓”。

“桓”，这原本是个好谥。《谥法》曰：“克敌服远曰桓。”

春秋五霸的齐桓公，人家也是“桓”，但人家真是武功赫赫。但反观这个汉桓帝刘志，除床上有不生孩子的真功夫以外，真找不出他哪里有武功！

选来选去，大臣们共议之后，推举河间王刘开的曾孙刘宏继位，是为汉灵帝。

刘宏当时只有十二岁，由于年幼，窦太后辅政。由此，窦氏外戚权倾一时。窦太后的父亲窦武为闻喜侯；其子窦机为渭阳侯，位拜侍中；其兄子窦绍为鄠侯，迁步兵校尉；窦靖为西乡侯，位拜侍中，掌管羽林左骑。

当然，窦氏不是穷人乍富的暴发户，窦武乃东汉名臣窦融玄孙，本人也是博学大儒。他和陈蕃一起，压制宦官势力，参决政事，重新在朝廷中起用了第一次党锢之祸中被贬的李膺、杜密、尹勋、刘瑜等人。一时间，政治日新，使得天下之士，无不引颈而向往太平。

身为宦官首领，中常侍曹节不敢闲着。他通过灵帝向窦太后献殷勤，逐渐取得太后的信任。

对此，陈蕃和窦武非常担忧。他们一直劝窦太后应该除去宦官，但窦氏一直犹豫。于是，陈蕃和窦武二人决定要以武力消灭把持朝政多年的宦官集团。

由于谋事不密，宦官集团首先动手。永康元年九月初七，由于有灵帝在手，宦官发动宫廷政变。他们很快就在内宫得手，还胁迫住窦太后，夺取了玉玺，并派人去逮捕窦武等人。

窦武深知宫廷内部有乱，拒不受诏，与侄子窦绍边战边退，最后召集数千人镇守都亭。

陈蕃听说事发，马上率属下官员及太学生八十多人，手持兵器冲入承明门。半途，正好与宦官武装遭遇。读书人毕竟经不起正规军打，很快陈蕃就被逮捕，押到北寺狱折磨而死。

而后，宦官带领虎贲羽林军占领京城内外要地，还以灵帝诏令名义宣示京城，诬称窦武反叛。

由于军力单薄，窦武与窦绍最后遭到重重包围。战至最后，二人皆被迫自杀。

宦官重新掌权。这些人上台后，大杀窦家亲族，并将窦太后迁入南宫软禁。而后，这些公公们还开始了历史上第二次党锢之祸，宣布对陈蕃、窦武所举荐的官员永不录用；对他们的门生、旧属，也一律免官。

至此，东汉时代的宦官专权，达到了顶峰。

由于灵帝登基时才十二岁，他自幼对宦官就特别依赖。日后亲政，灵帝还设置了十二位中常侍，虽然是十二个人，时人称之为“十常侍”——张让、赵忠、夏恽、郭胜、孙璋、毕岚、栗嵩、段珪、高望、张恭、韩悝、宋典——历史上，这些小人，大名鼎鼎。东汉江山，基本败在他们手中。

汉灵帝本人昏庸荒淫，他常对人说：“张常侍（张让）是我父，赵常侍（赵忠）是我母。”

如此变态的一个皇帝，身边还有如此变态的一群人。可以想见，灵帝时代的朝廷政治，已经黑暗到无法想象的地步。

这些宦官，在朝廷内外驱正扶邪，不停引导灵帝荒淫乱政，还撺掇灵帝在西园卖官，无恶不作。

只要有人对宦官们稍有不满，他们就无所不用其极，对异见者诬告陷害，流放禁锢，罢官下狱，最终杀人灭族。

在这样黑暗的统治下，东汉社会矛盾迅速加剧。最终，爆发了震惊全国的黄巾起义。

黄巾起义的爆发，意味着东汉王朝马上要走到尽头。

英雄辈出的三国时代，即将拉开宏伟的序幕……

秦汉史大事记

秦朝大事年表

前221年　秦灭齐，统一中国。秦王政改称“始皇帝”。废分封，分天下为三十六郡。统一度量衡，车同轨，书同文。

前220年　始修驰道。始皇北巡。

前219年　秦始皇在泰山封禅。

前215年　秦始皇令蒙恬发兵30万北伐匈奴。

前214年　秦始皇修筑长城，号称万里长城。

前213年　秦始皇准李斯之议，焚烧《诗》《书》。

前212年　筑直道，发隐宫刑徒七十万人造阿房宫和骊山墓。坑杀儒生四百六十余人于咸阳。

前210年　秦始皇出巡。还至平原津病，崩于沙丘平台（今河北平乡东北）。赵高、李斯合谋更改遗诏，立胡亥为太子，令扶苏、蒙恬自杀。至咸阳发丧，胡亥即位，是为秦二世。

前209年　陈胜、吴广在大泽乡起义。不久，项梁、项羽在吴（今江苏苏州）起义，刘邦在沛县起义。

前208年　赵高杀李斯。项羽、刘邦等拥立楚怀王孙心为王，也号称“楚怀王”。

前207年　项羽在巨鹿大破秦军，单邯投降。赵高杀秦二世，立子婴。子婴杀赵高。

两汉大事年表

（西汉）

前 202 年（汉高祖五年） 刘邦败项羽于垓下，建立汉朝（西汉）。

前 195 年（汉高祖十二年） 高祖死，子惠帝即位。

前 191 年（汉惠帝四年） 除秦挟书律。

前 188 年（汉惠帝七年） 惠帝死，吕后临朝称制。

前 180 年（汉高后八年） 吕后死，文帝立。

前 156 年（汉景帝前元元年） 减收田租之半，三十而税一。

前 154 年（汉景帝前元三年） 吴、楚七国反，周亚夫平乱。

前 140 年（汉武帝建元元年） 举贤良方正、直言极谏之士；接受董仲舒的建议，独尊儒术。

前 138 年（汉武帝建元三年） 张骞出使西域。

前 136 年（汉武帝建元五年） 设置五经博士。

前 130 年（汉武帝元光五年） 唐蒙出使夜郎，置犍为郡。

前 127 年（汉武帝元朔二年） 卫青出击匈奴，取得河南地区，设朔方郡。

前 121 年（汉武帝元狩二年） 霍去病大败匈奴，控制河西地区，打开了通西域的道路。

前 119 年（汉武帝元狩四年） 设盐铁官，算缗钱；卫青、霍去病出击匈奴，匈奴远征至漠北；张骞第二次出使西域。

前 118 年（汉武帝元狩五年） 铸五铢钱，汉币制至此始定。

前 87 年（汉武帝后元二年） 武帝死，昭帝即位。

前 60 年（汉宣帝神爵二年） 设西域都护。

前 8 年（汉成帝绥和元年） 王莽为大司马。

前 6 年（汉哀帝建平元年） 刘歆要求把《左氏春秋》等列入官学被拒，今古文经学之争开始。

前 2 年（汉哀帝元寿元年） 博士弟子景卢从大月氏使者伊存口授佛经，佛教开始传入中国。

前 1 年（汉平帝元寿二年） 哀帝死，太皇太后王氏召王莽执政。

5 年（汉平帝元始五年） 平帝死，王莽代行皇帝职务。

6 年（孺子婴居摄元年） 王莽立孺子婴为太子，自称假皇帝

8 年（孺子婴初始元年） 王莽自称皇帝，国号新，西汉结束。

（东汉）

25 年（汉光武帝建武元年） 刘秀称帝，定都洛阳，国号汉（东汉）。

48 年（汉光武帝建武元年） 匈奴分裂为南北二部。

73 年（汉明帝永平十六年） 班超出使西域。

79 年（汉章帝建初四年） 章帝会诸儒于白虎观，讨论五经异同。

89 年（汉和帝永元元年） 窦宪大败北匈奴，出塞三千余里。

94 年（汉和帝永元六年） 班超平定焉耆，西域五十余国纳贡称臣。

97 年（汉和帝永元九年） 班超派甘英出使大秦，至安息西界而还。

105 年（汉和帝元兴元年） 蔡伦改良造纸术。

132 年（汉顺帝阳嘉元年） 张衡造候风地动仪、浑天仪。

166 年（汉桓帝延熹元年） 第一次党锢之祸。

169 年（汉灵帝建宁二年） 第二次党锢之祸。

184 年（汉灵帝光和七年） 张角领导黄巾起事。

188 年（汉灵帝中平五年） 各地黄巾复起；改州刺史为州牧。

189 年（汉灵帝光熹五年） 袁绍引兵入宫，杀宦官二千余人。

190 年（汉献帝初平元年） 董卓挟持献帝专政。

200 年（汉献帝建安五年） 官渡之战，曹操大败袁绍。

208 年（汉献帝建安十三年） 赤壁之战，孙权、刘备联合打败曹操。

220 年（汉献帝延康元年） 曹丕用陈群议，行九品官人法，州郡置中正。